元十行本監本附音春秋公羊注疏

第一册

漢 何休注 唐 徐彦疏 唐 陸德明釋文

中國國家圖書館藏元刻明修印本

山東人民出版社·濟南

圖書在版編目（CIP）數據

元十行本監本附音春秋公羊注疏 /（漢）何休注 ;（唐）徐彥疏 ;（唐）陸德明釋文 .— 濟南 : 山東人民出版社 , 2024.3
（儒典）
ISBN 978-7-209-14332-5

Ⅰ . ①元… Ⅱ . ①何… ②徐… ③陸… Ⅲ . ①《公羊傳》- 注釋 Ⅳ . ① K225.04

中國國家版本館 CIP 數據核字（2024）第 036260 號

項目統籌：胡長青
責任編輯：吕士遠
裝幀設計：武　斌
項目完成：文化藝術編輯室

元十行本監本附音春秋公羊注疏
〔漢〕何休注　〔唐〕徐彥疏　〔唐〕陸德明釋文

主管單位　山東出版傳媒股份有限公司
出版發行　山東人民出版社
出 版 人　胡長青
社　　址　濟南市市中區舜耕路517號
郵　　編　250003
電　　話　總編室（0531）82098914
　　　　　市場部（0531）82098027
網　　址　http://www.sd-book.com.cn
印　　裝　山東華立印務有限公司
經　　銷　新華書店

規　　格　16開（160mm×240mm）
印　　張　69.25
字　　數　554千字
版　　次　2024年3月第1版
印　　次　2024年3月第1次
ISBN　978-7-209-14332-5
定　　價　166.00圓（全四册）

《儒典》選刊工作團隊

學術顧問　杜澤遜　李振聚　徐　泳

項目統籌　胡長青

責任編輯　劉　晨　劉嬌嬌　張艷艷
　　　　　吕士遠　趙　菲　劉一星

前言

中國是一個文明古國、文化大國，中華文化源遠流長，博大精深。在中國歷史上影響較大的是孔子創立的儒家思想，因此整理儒家經典、注解儒家經典，爲儒家經典的現代化闡釋提供权威、典范、精粹的典籍文本，是推進中華優秀傳統文化創造性轉化、創新性發展的奠基性工作和重要任務。

中國經學史是中國學術史的核心，歷史上創造的文本方面和經解方面的輝煌成果，大量失傳了。西漢是經學的第一個興盛期，除了當時非主流的《詩經》毛傳以外，其他經師的注釋後來全部失傳了。東漢的經解衹有鄭玄、何休等少數人的著作留存下來，其餘也大都失傳了。南北朝至隋朝興盛的義疏之學，其成果僅有皇侃《論語疏》幸存於日本。五代時期精心校刻的《九經》、北宋時期國子監重刻的《九經》以及校刻的單疏本，也全部失傳。南宋國子監刻的單疏本，我國僅存《周易正義》、《爾雅疏》、《春秋公羊疏》（三十卷殘存七卷）、《春秋穀梁疏》（十二卷殘存七卷），日本保存了《尚書正義》、《毛詩正義》、《禮記正義》（七十卷殘存八卷）、《周禮疏》（日本傳抄本）、《春秋公羊疏》（日本傳抄本）、《春秋正義》（日本傳抄本）。南宋兩浙東路茶鹽司刻八行本，我國保存下來的有《周禮疏》、《禮記正義》、《春秋左傳正義》（紹興府刻）、《論語注疏解經》（二十卷殘存十卷）、《孟子注疏解經》（存臺北『故宫』），日本保存有《周易注疏》《尚書正義》（凡兩部，其中一部被清楊守敬購歸）。南宋福建刻十行本，我國僅存《春秋穀梁注疏》、《春秋左傳注疏》（六十卷，一半在大陸，一半在臺灣），日本保存有《毛詩注疏》《春秋左傳注疏》。從這些情況可以看出，經書代表性的早期注釋和早期版本國内失傳嚴重，有的僅保存在東鄰日本。

鑒於這樣的現實，一百多年來我國學術界、出版界努力搜集影印了多種珍貴版本，但是在系統性、全面性和準確性方面都還存在一定的差距。例如唐代開成石經共十二部經典，石碑在明代嘉靖年間地震中受到損害，明代萬曆初年西安府學等學校師生曾把損失的文字補刻在另外的小石上，立於唐碑之旁。近年影印出版唐石經拓本多次，都是以唐代石刻與明代補刻割裂配補的裱本爲底本。由於明代補刻采用的是唐碑的字形，這種配補本難以區分唐刻與明代補刻，不便使用，亟需單獨影印唐碑拓本。

爲把幸存於世的、具有代表性的早期經解成果以及早期經典文本收集起來，系統地影印出版，我們規劃了《儒典》編纂出版項目。

《儒典》出版後受到文化學術界廣泛關注和好評，爲了滿足廣大讀者的需求，現陸續出版平裝單行本。共收録一百十一種元典，共計三百九十七册，收録底本大體可分爲八個系列：經注本（以開成石經、宋刊本爲主。開成石經僅有經文，無注，但它是用經注本删去注文形成的）、經注附釋文本、纂圖互注本、單疏本、八行本、十行本、宋元人經注系列、明清人經注系列。

《儒典》是王志民、杜澤遜先生主編的。本次出版單行本，特請杜澤遜、李振聚、徐泳先生幫助酌定選目。特此説明。

二〇二四年二月二十八日

目録

第一册

第二册

第三册

第四册

中書門下

牒奉

勑國家欽崇儒術啓迪化源眷六籍之垂文實百王之取法著於緗素皎若丹青乃有前脩詮其奧義爲之疏釋播厥方來顧索隱於微言用擊蒙於後學流傳既久譌舛遂多爰命校讎俾從刋正歷歲時而盡瘁探簡策以惟精載嘉稽古之功允助好文之理宜從雕印以廣頒行牒至准

勑故牒

景德二年六月　日牒

工部侍郎叅知政事馮

兵部侍郎叅知政事王

兵部侍郎平章事寇

吏部侍郎平章事畢

監本附音春秋公羊註疏序

漢司空掾任城樊何休序。陸氏音義曰掾弋絹反【疏】漢司空掾

解云漢者巴漢之間地名也於秦二世元年諸侯叛秦沛人共立劉季以爲沛公二年八月沛公入秦秦相趙高殺二世立二世兄子子嬰冬十月爲漢元年子嬰降二年春正月項羽尊楚懷王以爲義帝其年二月項羽自立爲西楚霸王分天下爲十八國更立沛公爲漢王王巴漢之間四十一縣都於南鄭至漢王五年冬十二月乃破項羽僤斬之六年正月乃稱皇帝遂取漢爲天下號若夏殷周既克天下乃取本受命之地爲天下號云司空者漢三公官名也掾者即其下屬官也若今之三府掾是也。任城樊何休序。解云任城者郡名樊者縣名姓何名休字邵公其本傳云休爲人質朴訥口而雅有心思精研六經世儒無及者以大傅陳蕃辟之與參政事蕃敗休坐廢錮乃作春秋公羊解詁覃思不闚門十有七年是也序者舒也舒展已意以次敘經傳之義述已作注之意故謂之序也

昔者孔子有云【疏】昔者孔子有云。解云昔者古也前也故孝經云昔者明王鄭注云

昔古也。檀弓上篇云：子疇昔夜夢，注云：昔猶前也。然則若對後言之，即言前；若對今言之，即言古。何氏言前古孔子有云云言也。

吾志在春秋，行在孝經。（疏）○吾志在至孝經。○解云：案孝經鉤命決云：孔子在庶，德無所施，功無所就，志在春秋，行在孝經，是也。所以春秋言志在，孝經言行在者，春秋者賞善罰惡之書，見善能賞，見惡能罰，乃是王侯之事，非孔子所能行，故但言志在而已；孝經者尊祖愛親，勸子事父，勸臣事君，理關貴賤，臣子所宜行，故曰行在孝經也。

此二學者，聖人之極致。（疏）此二至極致。○解云：二學者，春秋、孝經也。極者，盡也。致之言至也。言聖人作此二經之時，盡己至誠而作之，故曰聖人之極致也。

治世之要務也。○治，直吏反。（疏）治世至務也。○解云：凡諸經藝等，皆治世所須，但此經或是懲惡勸善，或是尊祖愛親，有國家者最所急行，故云治世之要務也。言治世之精要急務矣。祭統云：凡治人之道，莫急於禮。禮者謂三王以來也。若大道之時，禮於忠信為薄。正以孔子脩春秋，祖述堯舜，故言此。考諸舊本，皆作也字，又凡於理亦宜然，若作世字者，俗誤已行。

傳春秋者非一。（疏）傳春秋者非一。○解云：孔子至聖却觀無窮知秦無道將必燔書故春秋之說口授子夏度秦至漢乃著竹帛故說題辭云傳我書者公羊高也戴宏序云子夏傳與公羊高高傳與其子平平傳與其子地地傳與其子敢敢傳與其子壽至漢景帝時壽乃共弟子齊人胡毋子都著於竹帛與董仲舒皆見於圖讖是也故大史公云董仲舒廣川人也以治春秋孝景時爲博士下帷講誦弟子傳以久次相受業或莫見其面董生相膠西王疾免歸家以脩學著書爲事終不治產業是也又六藝論云治公羊者胡毋生董仲舒董仲舒弟子嬴公嬴公弟子眭孟眭孟弟子莊彭祖及顏安樂安樂弟子陰豐劉向王彦故曰傳春秋者非一舊云傳春秋者非一者謂本出孔子而傳五家故曰非一

本據亂而作

【疏】本據亂而作。解云孔子本獲麟之後得瑞門之命乃作春秋公取十二則天之數是以不得取周公成王之史而取隱公以下故曰据亂而作謂据亂世之史而爲春秋也

其中多非常異義可怪之論

。論盧困反下特論同【疏】其中至之論。解云由亂世之史故有非常異義可怪之事也非常異義者即莊四年齊襄復九世之讎而滅紀僖 年實與齊桓專封是也此即是非常之異義言異於文武時何者若其常義則諸侯不

得檀滅諸侯不得專封故曰非常異義也其可怪之論**說**者即昭三十一年邾婁叔術妻嫂而春秋善之是也

者疑惑（**疏**）說者疑惑。解云此說者謂胡毋子都董仲舒之後莊彭祖顏安樂之徒見經傳與奪異於常理故致疑惑

至有倍經任意反傳違戾者（**疏**）至有至戾者。解云此倍讀如反背之背非倍半之倍也言由疑惑之故雖解經之理而反背於經即成二年逢丑父代齊侯當左以免其主春秋不非而說者非之是背經也任意者春秋有三世異辭之言顏安樂以爲從襄二十一年之後孔子生訖即爲所見之世是任意任意者凡言見者目覩其事心識其理乃可爲見故演孔圖云文宣成襄所聞之世也而顏氏分張一公而使兩屬是其任意也反傳違戾者宣十七年六月癸卯日有食之案隱三年傳云某月某日朔日有食之者食正朔也其或日或不日者或失之前或失之後失之前者朔在前也謂二日乃食失正朔於前是以但書其日而已失之後者朔在後也謂晦日食失正朔於後是以又不書日但書其月而已即莊十八年三月日有食之是也以此言之則日食之道不過晦朔與二日即宣十七年言日不言朔者是二日明矣而顏氏以爲十四日日食是反傳違戾也**其**

勢雖問不得不廣（疏）其勢至不廣。○解云言說者疑惑義雖不是但其形勢已然故曰其勢雖復致問不得不廣引外文望成其說故曰不得不廣也一說謂顏安之徒以說義疑惑未能定其是非致使倍經任意反傳違戾是以何氏觀其形勢故曰其勢雖適畏人問難故曰雖問遂恐已說窮短不得不廣引外文望成已說故曰不得不廣也雖誤爲跡耳是以講誦師言至於百萬猶有不解（疏）是以至不解。○解云此師謂胡董之前公羊氏之屬也言由莊顏之徒解義不是致地問難遂爾謬說至於百萬言其言雖多猶有合解而不解者故曰猶有不解矣時加釀嘲辭○釀嘲陟交反（疏）時加釀嘲辭。○解云顏安樂等解此公羊苟取頑曹之語不顧理之是非若世人云雨雪其雱臣助君虐之類是也援引他經失其句讀（疏）援引至句讀。○解云二傳之理不同多矣羣經之義隨經自合而顏氏之徒既解公羊乃取他經爲義猶賊黨入門主人錯亂故曰失其句讀以無爲有（疏）以無爲有。○解云公羊經傳本無以周王爲天因之義而公羊說及莊顏之徒以周王爲天因故曰

以無爲有也甚可閔笑者（疏）甚可閔笑者○解云欲存公羊者閔其愚闇欲毀公羊者
笑其謬通也不可勝記也（疏）不可勝記也○解云言其可閔可笑處多不可勝負不可
具記也是以治古學貴文章者謂之俗儒（疏）是以
至俗儒○解云左氏先著竹帛故漢時謂之古學公羊漢世
乃興故謂之今學是以許慎作五經異義云古者春秋左氏
說今者春秋公羊說是也治古學者即鄭衆賈逵之徒貴文
章矣謂之俗儒者即繁露云能通一經曰儒生博覽羣書號
曰洪儒則言乖典籍辭理失所名之爲俗教授於世謂
之儒鄭賈之徒謂公羊雖可教授於世而辭理失所矣至
使賈逵緣隙奮筆以爲公羊可奪左氏可興（疏）
至使至可興○解云賈逵者即漢章帝時衛士令也言
緣隙奮筆者莊顏之徒說義不足故使賈逵得緣其隙
漏奮筆而奪之遂作長義四十一條云公羊理短左氏理長
意望奪去公羊而興左氏矣鄭衆亦作長義十九條十七事
專論公羊之短左氏之長在賈逵之前何氏所以不言之者
正以鄭衆雖扶左氏而毀公羊但不與讖合帝王不信毀公

羊處少興左氏不強故不言之豈如賈逵作長義四十一條奏御于帝帝用嘉之乃知古之爲真也賜布及衣將欲存立但未及而崩耳然則賈逵幾廢公羊故特言之**恨先師觀聽不決多隨二創**

（疏）恨先至二創。解云此先師戴宏等也凡論義之法先觀前人之理聽其辭之曲直然以正義決之今戴宏作解疑論而難左氏不得左氏之理不能以正義決之故云觀聽不決多隨二創者上文云至有背經任意反傳違戾者與公羊爲一創又云援引他經失其句讀者又與公羊爲一創今戴宏作解疑論多隨此二事故曰多隨二創也而舊云公羊先師說公羊義不著反與公羊爲一創賈逵緣隙奮筆奪之與公羊爲二創非也**此世之餘事**

（疏）此世之餘事。解云何氏言先師解義雖曰不是但有已在公羊必存故曰此世之餘事餘末也言戴氏專愚公羊未申此正是世之末事猶天下閑事也舊云何氏云前世之師說此公羊不得聖人之本旨而猶在世之末說故曰世之餘事也**斯豈非守文持論敗績失據之過哉**

（疏）斯豈至過哉。解云守文者守公羊之文持論者執持公羊之文以論左氏即戴宏解疑論之流矣

敗績者爭義似戰陳故以敗績言之失據者凡戰陳之法必
須據其險勢以自固若失所據即不免敗績若似公羊先師
欲持公羊以論左氏不閑公羊左氏之義反
為所窮已業破散是失所依據故以喻焉 余竊悲之
久矣 疏 余竊悲之久矣。解云何邵公精學十五年專
以公羊為已業見公羊先師失據敗績為他左
氏先師所窮但在室悲之而已故謂之竊悲非一朝一夕故
謂之久後拜為議郎一舉而起陵羣儒之上已業得申乃得
公然歎息 往者略依胡毋生條例。毋音無 多得其正 疏
往者至其正。解云胡毋生本雖以公羊經傳傳授董氏猶
自別作條例故何氏取之以通公羊也雖取以通傳意猶謙
未敢言已盡得胡毋之旨故言略依而已何氏本者作墨守
以距敵長義以強義為廢疾以難穀梁造膏肓以短左氏盡
在注傳之前猶鄭君先作六藝論訖然後注書
故云往者也何氏謙不言盡得其正故言多爾 故遂隱
括使就繩墨焉。隱括古奪反結也 疏 故遂至墨焉。解云隱
謂隱審括謂檢括繩墨
猶規矩也何氏言已隱審檢括公羊使就規矩也然則何氏
取存公羊也而讖記不見者書不盡言故也而舊曰公善射者

隱括令審射必能中何氏自言已隱括公羊能中其義也亢木受繩墨其直必矣何氏自言規矩公羊令歸正路矣

監本附音春秋公羊註疏序終

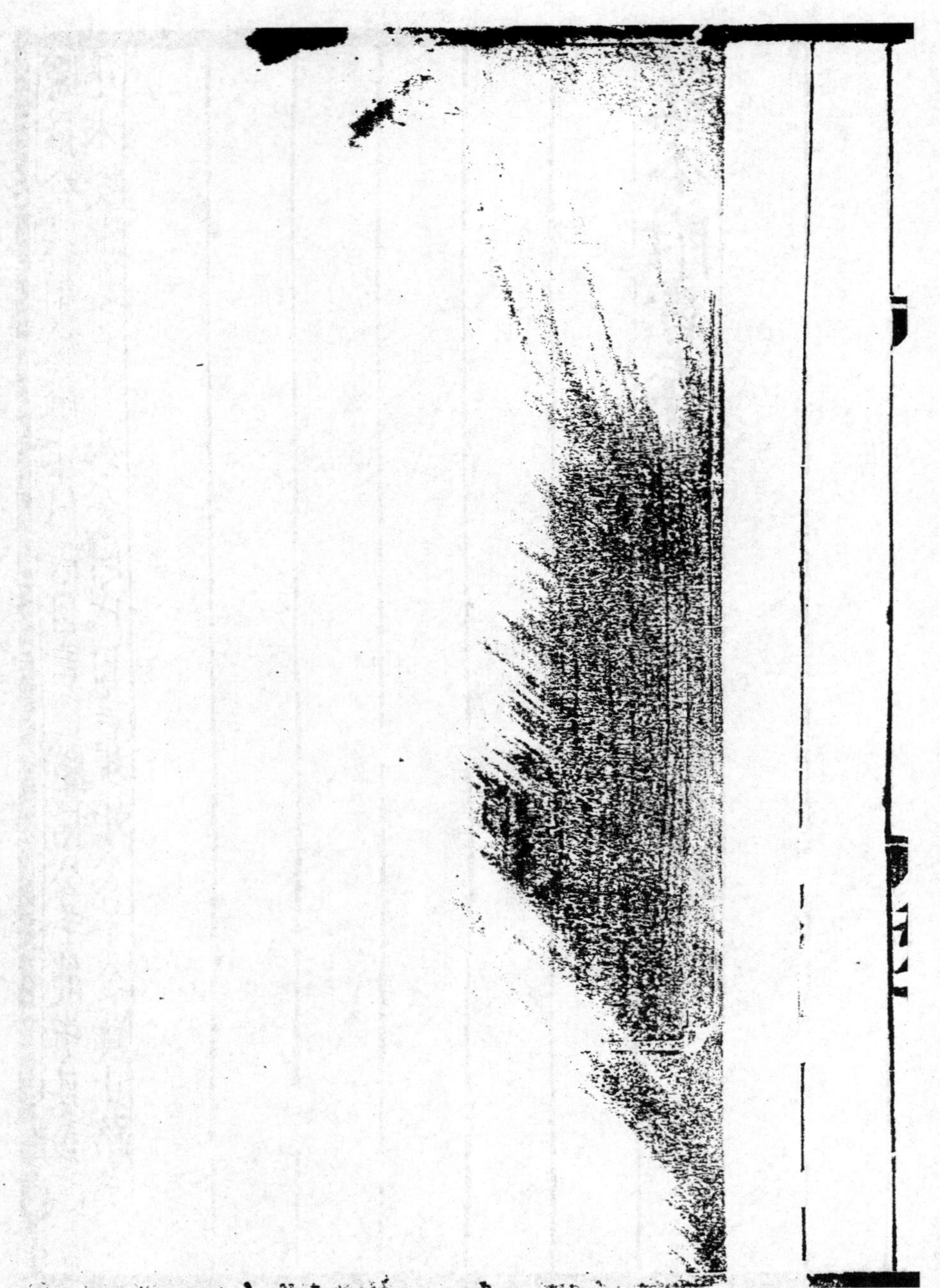

監本附音春秋公羊註疏隱公卷第一 起元年盡二年

春秋公羊經傳解詁隱公第一 ○陸曰：解詁，佳買反，下音古，訓也。○

䟽 春秋至第一○解云：案舊題云「春秋隱公經傳解詁第一，公羊何氏」，則云春秋者，一部之摠名；隱公者，魯侯之謚號；經傳者，雜縟之稱；解詁者，何所自目；第一者，無先之辭；公羊者，傳之別名；何氏者，邵公之姓也。今定本則升公羊字在經傳上，退隱公字在解詁之下，未知自誰始也。又云何休學，今案博物志曰：「何休注公羊，云何休學。」有不解者，或荅曰：休謙辭，受學於師，乃宣此義，不出於已。此言爲允，是其義也。○問曰：左氏以爲魯哀十一年夫子自衛反魯，十二年告老，遂作春秋，至十四年經成，不審公羊之義，孔子早晚作春秋乃畢？○荅曰：公羊以爲哀公十四年獲麟之後，得端門之命，乃作春秋，至九月而止筆，春秋説具有其文。○問曰：若公羊之義，以獲麟之後乃作春秋，何故太史公遭李陵之禍，幽于縲紲，乃喟然而嘆曰：「是余罪也夫！昔西伯拘羑里，演易；孔子戹陳蔡，作春秋；屈原放逐，著離騷；左丘明失明，厥有國語；孫子臏脚，而論兵法。此人皆意有所鬱結，不得通其道也，故自黄帝始作其文也。」案家語孔子戹於陳蔡之時，當哀公六年，何言十四年乃作乎。荅曰孔子厄陳蔡之時始有作春秋之意未正作其正作猶在獲麟之後也故家語云晉文之有霸心起于曹衞越王句踐之有霸心起于會稽夫陳蔡之間丘之幸也庸知非激憤厲志始於是乎者是其有意矣。問曰若左氏以爲夫子魯哀公十一年自衞反魯至十二年告老見周禮盡在魯魯史法最備故依魯史記脩之以爲春秋公羊之意據何文作春秋乎。荅曰案閔因叙云昔孔子受端門之命制春秋之義使子夏等十四人求周史記得百二十國寶書九月經立感精符考異郵說題辭具有其文以此言之夫子脩春秋祖述堯舜下包文武又爲大漢用之訓世不應專據魯史堪爲王者之法也故言據百二十國寶書也周史而言寶書者寶者保也以其可世世傳保以爲法故名寶書也。問曰若然公羊之義據百二十國寶書以作春秋今經止有五十餘國通戎夷宿潞之屬僅有六十何言百二十國乎。荅曰其初求也實得百二十國史但有極美可以訓世有極惡可以戒俗者取之若不可爲法者皆棄而不錄是故止得六十國也。問曰若言據百二十國寶書以爲春秋何故春秋說云據周史立新經乎。荅曰閔因叙云使子夏等十四人求周史記得百二十國寶書以此言之周爲天子雖諸侯史記亦得名爲周史矣。問曰六藝論云六藝者圖

所生也然則春秋者即是六藝也而言依百二十國史以爲春
秋何○答曰元本河出圖洛出書者正欲垂範於世也王者
遂依圖書以行其事史官錄其行事以爲春秋夫子就史所
錄刊而脩之云出圖書皆神妙之也○問曰案三統曆云春
爲陽中萬物以生秋爲陰中萬物以成故名春秋賈服依此
以解春秋之義不審何氏何名春秋乎○答曰公羊何氏與
賈服不異亦以爲欲使人君動作不失中也而春秋說云始
於春終於秋故曰春秋者道春爲生物之始而秋爲成物之
終故云始於春終於秋故曰春秋也而舊云春秋說云哀十
四年春西狩獲麟作春秋九月書成以其書作秋成故云春
秋也者非也何者案莊七年經云星霣如雨傳云不脩春秋
曰雨星不及地尺而復君子脩之曰星霣如雨何氏云不脩春
春秋謂史記也古者謂史記爲春秋以此言之則孔子未脩
之時已名春秋何言孔子脩之春作秋成乃名春秋乎○問
曰春秋據史書而爲之史有左右據何史乎○答曰六藝論
云春秋者國史所記人君動作之事左史所記爲春秋右史
所記爲尚書是以玉藻云動則左史書之言則右史書之鄭
注云其書春秋尚書其存者記文先言左史鄭注先言春秋
明以左史爲春秋矣云云之說左氏首已成解不能○重載
夫子所以作春秋者解疑論云聖人不空生受命而制作所

以生斯民覺後生也西狩獲麟知天命去周赤帝方起麟爲周亡之異漢興之瑞故孔子曰我欲託諸空言不如載諸行事又聞端門之命有制作之狀乃遣子夏等求周史記得百二十國寶書脩爲春秋故孟子云世衰道微邪說暴行有作臣弑其君者有之子弑其父者有之孔子懼作春秋故史記云春秋之中弑君三十六亡國五十二諸侯奔走不得保其社稷者不可勝數故有國者不可以不知春秋爲人臣者不可以不知春秋爲人君父而不通於春秋之義者必蒙首惡之名爲人臣子而不通於春秋之義者必陷簒弑之誅以此言之則孔子見時衰政失恐文武道絶又見麟獲劉氏方興故順天命以制春秋以授之必知孔子制春秋以授漢者案春秋說云伏羲作八卦丘合而演其文讀而出其神作春秋以改亂制又云丘覽史記援引古圖推集天變爲漢帝制法陳叙圖録又云丘水精治法爲赤制功又云黑龍生爲赤必告云象使知命又云經十有四年春西狩獲麟赤受命倉失權周滅火起薪采得麟以此數文言之春秋爲漢制明矣○問案莊七年星霣如雨傳云不脩春秋曰雨星不及地尺而復君子脩之曰星霣如雨又昭十二年齊高偃帥師納北燕伯于陽傳云伯于陽者何公子陽生也子曰我乃知之矣在側者曰子苟知之何以不革曰如爾所不知何春秋之信忠

也其序則齊桓晉文其會則主會者爲之其詞則丘有罪焉爾何故孔子脩春秋有改之者何可改而不改者何。答曰其不改者勿欲令人妄億措其改者所以爲後法故或改或不改示此二義。問曰公羊以魯隱公爲受命王黜周爲二王後案長義云名不正則言不順言不順則事不成今隱公人臣而虛稱以王周天子見在上而黜公侯是非正名而言順也如此何以笑子路率爾何以爲忠信何以爲事上何以誨人何以爲法何以全身如此若爲通乎。答曰孝經說云孔子曰春秋屬商孝經屬參然則其微以之語獨傳子夏子夏傳與公羊氏五世乃至漢胡毋生董仲舒推演其文然後世人乃聞此言矣孔子卒後三百歲何不全身之有又春秋藉位於魯以託王義隱公之爵不進稱王周王之號不退爲公何以爲不正名何以爲不順言乎又奉天命而制作何不謙讓之有。問曰春秋說云孔子欲作春秋卜得陽豫之卦宋氏云夏殷之卦名也孔子何故不用周易占之乎。答曰蓋孔子見西狩獲麟知周將亡又見天命有改制作之意故用夏殷之易矣或言卜則是龜之辭也不從宋氏之說若然應言陽豫之兆何言卦乎蓋龜著遍名故言卜矣。問曰何氏注春秋始乎隱公則天之數不審孔子何以正于獲麟止筆乎。答曰案哀十四年傳云春秋何以始乎隱注云據得麟乃作祖之所逮聞也注云託記高祖以來事可及問聞知者猶曰我但記先人所聞辟制作之害所見異辭所聞異辭所傳聞異辭何以終乎哀十四年彼注云據哀公未終也曰備矣彼注云人道浹王道備必止於麟者欲見撥亂功成於麟猶堯舜之隆鳳皇來儀故麟於周為異春秋記以為瑞明大平以瑞應為効也絕筆於春不書下三時者起木絕火王制作道備當授漢也是也。問曰既言始於隱公則天之數復言三世故發隱公何。答曰若論象天數則取十二緣情制服宜為三世故禮為父三年為祖期為高祖曾祖齊衰三月據哀錄隱兼及昭定已與父時事為所見之世文宣成襄王父時事謂之所聞之世也隱桓莊閔僖曾祖高祖時事謂之所傳聞之世也制治亂之法書大夫之卒文有詳略故日月備于隱如是有罪之見錄不日卒于得臣明有過以見罪益師不日者恩遠之辭。問曰鄭氏云九者陽數之極九九八十一是人命終矣故孝經援神契云春秋三世以九九八十一為限然則隱元年盡僖十八年為一世自僖十九年盡襄十二年又為一世自襄十三年盡哀十四年又為一世所以不悉八十一年者見人命參差不可一齊之義又顏安樂以襄二十一年孔子生後即為所見之世顏鄭之說實亦有途而何氏見何文句要以昭定哀為所見之世文宣成襄為所聞之世隱桓莊閔僖爲所傳聞之世乎。荅曰顏氏以爲襄公二十三年邾婁鼻我來奔傳云邾婁無大夫此何以書以近書也又昭公二十七年邾婁快來奔傳云邾婁無大夫此何以書以近書也二文不異同宜一世若分兩屬理似不便又孔子在襄二十一年生從生以後理不得謂之所聞也顏氏之意盡於此矣何氏所以不從之者以爲凡言見者目覩其事心識其理乃可以爲見孔子始生未能識別寧得謂之所見乎故春秋說云文宣成襄所聞之世不分疏二十一年已後明爲一世矣邾婁快邾婁鼻我雖同有以近書之傳一自是治近升平書一自是治近大平書實不相干涉而漫指此文乎鄭氏雖依孝經說文取襄十二年之後爲所見之世爾時孔子未生焉得謂之所見乎故不從之。問曰孝經說文實有九九八十一爲限之言公羊信緯可得不從乎。荅曰援神契者自是孝經緯横說義之言更作一理非是正解春秋之物故何氏自依春秋說爲正解明矣。問曰左氏出自丘明便題云左氏公羊穀梁出自卜商何故不題曰卜氏傳乎。荅曰左氏傳者丘明親自執筆爲之以說經意其後學者題曰左氏矣且公羊者子夏口授公羊高高五世相授至漢景帝時公羊壽共弟子胡毋生乃著竹帛胡毋生題親師故曰公羊不曰卜氏矣穀梁者亦是著竹帛者題其親師故曰穀梁也。問曰春秋說云春秋設三科九旨其義如何。荅曰何氏之意以爲三科九旨正是一物若揔言之謂之三科科者段也若析而言之謂之九旨旨者意也言三個科段之内有此九種之意故何氏作文謚例云三科九旨者新周故宋以春秋當新王此一科三旨也又云所見異辭所聞異辭所傳聞異辭二科六旨也又内其國而外諸夏内諸夏而外夷狄是三科九旨也。問曰案宋氏之注春秋說三科者一曰張三世二曰存三統三曰異外内是三科也九旨者一曰時二曰月三曰日四曰王五曰天王六曰天子七曰譏八曰貶九曰絶時與日月詳略之旨也王與天王天子是録遠近親疎之旨也譏與貶絶則輕重之旨也如是三科九旨聊不相干何故然乎。荅曰春秋之内具斯一種理故宋氏又有此說賢者擇之。問曰文謚例云此春秋五始三科九旨七等六輔二類之義以矯枉撥亂爲受命品道之端正德之紀也然則三科九旨之義已蒙前說未審五始六輔二類七等之義如何。荅曰案文謚例下文云五始者元年春王正月公即位是也七等者州國氏人名字子是也六輔者公輔天子卿輔公大夫輔卿士輔大夫京師輔君諸夏輔京師是也二類者人事與災異是也。問曰春秋說云春秋書有七缺七缺之義如何荅曰七缺者惠公妃匹不正隱桓之禍生是爲夫之道缺也文姜淫而害夫爲婦之道缺也人夫無罪而致戮爲君之道缺也臣而害上爲臣之道缺也僖五年晉侯殺其世子申生襄二十六年宋公殺其世子痤殘虐枉殺其子是爲父之道缺也文元年楚世子商臣弑其君髡襄三十年蔡世子般弑其君固是爲子之道缺也桓八年正月己卯烝桓十四年八月乙亥嘗僖三十一年夏四月四卜郊不從乃免牲猶三望郊祀不脩周公之禮缺是爲七缺也矣

何休學。學者言爲此經之學即注述之意

元年春王正月。正月音征又音政後放此 疏 元年春王正月。解云若左氏之義不問天子諸侯皆得稱元年若公羊之義唯天子乃得稱元年諸侯不得稱元年此魯隱公諸侯也而得稱元年者春秋託王於魯以隱公爲受命之王故得稱元年矣

元年者何 諸據疑問所不知故曰者何 疏 元年者何。解云凡諸侯不得稱元年今隱公爵猶自稱侯而反稱元年故執不知問。注諸據至者何。解云謂諸據有疑理而問所不知者曰者何即僖五年秋鄭伯逃歸不盟之下傳云不盟者何注云據上言諸侯鄭伯在其中弟子疑

故執不知問成十五年仲嬰齊卒之下傳云仲嬰齊者何注云疑仲遂後故問之是也若據彼難此即或言曷爲或言何以或單言何即下傳云曷爲先言王而後言正月注云據下秋七月天王先言月而後言王公何以不言即位注云據文公言即位也何成乎公之意注云據剌欲救紀而後不能是也而舊解云案春秋上下但言曷爲與何皆有所據故何氏云諸據疑者皆無所據故云問所不知故曰者何也者非

君之始年也

以常錄即位知君之始年君魯侯隱公也年者十二月之摠號春秋書十二月稱年是也變一爲元元者氣也無形以起有形以分造起天地天地之始也故上無所繫而使春繫之也不言公言君之始年者王者諸侯皆稱君所以通其義於王者惟王者然後改元立號春秋託新王受命於魯故因以錄即位明王者當繼天奉元養成萬物

【疏】注以常至始年。解云正以桓文宣成襄昭及哀皆云元年春王正月公即位故曰以常錄即位知君之始年。注君魯侯隱公也。解云案春秋說云周五等爵法五精公之言公公正無私侯之言候候逆順兼何侯王命矣伯之言白明白于德子者孳恩宣德男者任功立業皆上奉王者之政教禮法統理一國脩身絜行矣今此侯爲魯之正爵公者臣子之私稱故言君魯侯隱公也。問曰五等之爵既如前釋何名附庸乎。答曰春秋說下文云庸者通也官小德微附於大國以名通若畢星之有附耳然故謂之附庸矣。注變一爲元。解云以下有二年三年知上宜云一年而不言一年變言元年故決之。注元者至始也。解云春秋說云元者端也氣泉注云元爲氣之始如水之有泉泉流之原無形以起有形以分窺之不見聽之不聞宋氏云無形以起在天成象有形以分在地成形也然則有形與無形皆生乎元氣而來故言造起天地天地之始也。注故上無所繫之。解云春秋說云王不上奉天文以立號則道術無原故先陳春後言王天不深正其元則不能成其化故先起元然後陳春矣是以推元在春上春在王上矣。注不言至王者。解云乃天子諸侯同稱君但天子不得稱公故喪服云君鄭云天子諸侯及卿大夫有地皆曰君是也今據魯而言不言公之始年而言君之始年者見諸侯不得稱元會假魯爲王乃得稱元故傳言君之始年欲通魯于王故也

春者何 獨在王上故執不知問

疏 注獨在至知問。解云春夏秋冬皆是四時之名而夏秋冬之三時常不得配王言之唯有春字常在王上故怪而問之

歲之始也 以上繫元年在王正月之上知歲之始也春者天地開辟之端養生之首法象所出四時

本名也。昏斗指東方曰春，指南方曰夏，指西方曰秋，指北方曰冬。歲者，揔號其成功之稱，尚書以閏月定四時成歲是也。○辟，婢亦反，本亦作闢。稱，尺證反，下之稱畀稱同。

（疏）歲之始也。○問曰：元年春王正月公即位，實是春秋之五始，而傳直於元年春之下發言始，而王正月下不言始何？答曰：元是天地之始，春是四時之始，王正月公即位者人事之始，欲見尊重天道，略於人事故也。○注春者至之端。○解云：易說云：孔子曰：易始於太極，太極分而爲二，故生天地，天地有春夏秋冬之節，故生四時也。言天地開辟，分爲四時，春先爲端始也。○注養生之首。○解云：乾鑿度云：震生萬物於東方。夫萬物始生於震，震，東方之卦也，陽氣施生，愛利之道，故東方爲仁矣。故言養生之首，言是養生萬物之初首。○注法象所出。○解云：周禮大宰云：正月之吉，始和布政于邦国都鄙，縣治象之法于象魏，陜日而斂之。是象魏之法于時出之，故曰法象所出矣。○注四時本名也。○解云：凡四時先春次夏次秋次冬，百代所不變，故言春者四時本名矣。○注昏斗至冬也。○解云：皆春秋說文也。○注歲者至之稱。○解云：四時皆於萬物有功，歲者是兼揔其成功之稱也。若以當代相對言之，即唐虞曰載，夏曰歲，殷曰祀，周曰年。若散文言之，不問何代，皆得謂之歲矣。等取一名，而必取歲者，蓋以夏數爲得天正故也亦有一本云歲者總號成功之稱也○注尚書至是也○解云此堯典文彼鄭注云以閏月推四時使啓閉分至不失其常著之用成歲曆將以授民時且記時事是也

王者孰謂 孰誰也欲言時王則無事欲言先王又無諡故問誰謂

【疏】注欲言至無事○解云時王即當時平王也若是當時平王應如下文秋七月天王使宰咺來歸惠公仲子之賵是其事也今無此事直言王故疑非是當時之王矣○注欲言至無諡○解云正以死諡周道故也

謂文王也 以上繫王於春知謂文王也文王周始受命之王天之所命故上繫天端方陳受命制正月故假以爲王法不言諡者法其生不法其死與後王共之人道之始也

【疏】注以上至王也○解云春者歲始文王者周之始受命制法之王理宜相繫故見其繫春知是文王非周之餘王也○問曰春秋之道今有三王之法所以通天三統是以春秋說云王者孰謂謂文王也疑三代謂疑文王而傳專云文王不取三代何○答曰大勢春秋之道實兼三王是以元命包上文總而疑之而此傳專云謂文王者以見孔子作新王之法當周之世理應權假文王之法故偏道之矣故彼宋氏注云雖大略據三代其要主於文王者是也○注文王至之王○解云即我應瑞云季秋

之月甲子赤雀銜丹書入豐止于昌戶昌再拜稽首受之又禮說云文王得白馬朱鬣大貝玄龜是也。注天之至天端。解云天端即春也故春秋說云以元之深正天之端以天之端正王者之政是也。注方陳至王法。解云孔子方陳新王受命制正月之事故假取文王創始受命制正朔者將來以為法其實為漢矣。注不言至共之。解云死謚周道文王死來已久而不言謚者正言法其生時政教正朔故曰法其生不法其死也言與後王共之者不言謚可以通之於後王後王謂漢帝也。注人道之始也。解云何氏以見上文亦始尊重天道皆傳自有始文故不須注云天道之始今此實天下之始但略於人事無文故須注云人道之始也

曷為先言王而後言正月據下秋七月天王先言月而後言王**王正月也**以上繫於王知王者受命布政施教所制月也王者受命必徙居處改正朔易服色殊徽號變犧牲異器械明受之於天不受之於人夏以斗建寅之月為正平旦為朔法物見色尚黑殷以斗建丑之月為正雞鳴為朔法物牙色尚白周以斗建子之月為正夜半為朔法物萌色尚赤。徽許韋反械戶戒反夏戶雅反後放此以意求之見賢徧反下並見同

（疏）注王者至於人。解云王者受命

必徙居處者則堯居平陽舜居蒲坂文王受命作邑於豐是之
屬是也其改正朔易服色殊徽號異器械者禮記大傳文鄭
注云服色車馬也徽號旌旗之名也器械禮樂之器及兵甲
也然則改正朔者即下正朔三而改下注云是也易服色者即
明堂位云鸞車有虞氏之路也鉤車夏后氏之路也大路殷
路也乘路周路也夏后氏駱馬黑鬣殷人白馬黑首周人黃
馬蕃鬣之屬是也其殊徽號者即明堂位云有虞氏之旂夏
后氏之綏殷之大白周之大赤之屬是也其變犧牲者即明
堂位云夏后氏牲尚黑殷白牡周騂剛之屬是也其異器械
者器即明堂位云泰有虞氏之尊也山罍夏后氏之尊也著
殷尊也犧象周尊也注云泰用瓦著著地無足夏后氏之鼓
足彼注云足謂四足也殷楹鼓彼注云楹謂之柱貫中上出
也周縣鼓注云縣縣之簨虡也其械者即兵甲也何氏莊三
十二年注云有攻守之器曰械是也而言異者即釋器云弓有
緣者謂之弓無緣者謂之弭蓋以爲異代相變故云異也所
以止變此等者其親親尊尊之屬不可改即大傳云其不可
得變革者則有矣親親也尊尊也長長也男女有別此其不
可得與民變革者也是也○注夏以至尚赤○解云凡草物
皆十一月動萌而赤十二月萌牙始白十三月萌牙始出而
首黑故各法之故書傳略說云周以至動殷以萌夏以牙注

云謂三王之正也至動冬日至物始功也物有三變故正色有
三天有三生三死故土有三王王特一生死是故周人以日
至爲正殷人以日至三十日爲正夏以日至六十日爲正是
微三統三王若循連環周則又始窮則反本是也○問曰若
如此說則三王所尚各自依其時物之色何故禮說云若尚
色天命以赤尚赤以白尚白以黑尚黑宋氏云赤者命以赤
烏故周尚赤湯以白狼故尚白禹以玄珪故尚黑也以此言
之三代所尚者自是依天命之色何言法時物之牙色乎○
荅曰凡正朔之法不得相因猶三反本禮則然矣但見其受
命將王者應以十一月爲正則天命之以赤瑞應以十二月爲
正則命以白瑞應以十三月爲正即命之以黑
瑞是以禮說有此言豈道不復法其牙色乎 何言乎王

正月 據定公有王無正月

疏 注據定至正月○解云定公元年春王三月晋人執宋仲幾於京師是有
王無正月凡十二公即位皆在正月是以不問有事無事皆
書王正月所以重人君即位之年矣若非即位之年正月無
事之時或有二月王或有三月王矣但定公即位在六
月正月復無事故書三月王也其正月時不得書王矣 大

一統也 統者始也摠繫之辭夫王者始受命改制布政施
教於天下自公侯至於庶人自山川至於草木昆

蟲莫不一一繫於正月故云政教之始
（疏）大一統也。解云所以書正月者
王者受命制正月以統天下令萬
物無不一一皆奉之以爲始故言大一統也。注揔繫之辭
解云凡前代既終後主更起立其正朔之初布象魏於天下
自公侯至於庶人自山川至於草木昆蟲莫不繫於正月而
得其所故曰揔繫之辭。注故云政教之始。解云亦以傳
不言始故足之

公何以不言即位

據文公言即位也即位者一國之始政莫大於正始
故春秋以元之氣正天之端以天之端正王之政以王之政
正諸侯之即位以諸侯之即位正竟內之治諸侯不上奉王
之政則不得即位故先言正月而後言即位政不由王出則
不得爲政故先言王而後言正月也王者不承天以制號令
則無法故先言春而後言王天不深正其元則不能成其化
故先言元而後言春五者同日並見相須成體乃天人之大
本萬物之所繫不可不察也。治直吏反夫音扶（疏）注據文公言即位也。解云
文元年春王正月公即位是
也。問曰桓公元年春亦書即位傳所以不從始而遠據文
公何。答曰正以文公正即位之始故也桓公篡而即位非
其正故雖即位在文公前猶不據之。注即位者一國之始
解云亦以傳無始文故言此也。注政莫大於正始。解云

爲下作文勢也言凡欲正物之法莫大於正其始時是以春秋作五始令之相正也○注乃天至不察也○解云元年春者天之本王正月公即位者人之本故曰天人之大本也言萬物之所繫者春秋以之爲始令萬物繫之故不可不察其義

成公意也 以不有正月而去即位知其成公意○而去起呂反下去同

疏注以不至公意○解云下十一年傳云隱何以無正月隱將讓乎桓故不有其正月也然則正月者是公縣象魏出教令之月今公旣有讓門故從二年已後終隱之篇常去正月以見之故曰不有正月也然則今此注云不有正月者謂從二年恒去正月也今元年去即位故知成公意矣今元年言正月者公時實行即位之禮故見之然則公意讓而行即位者厭民臣之心故也舊云以有正月而去即位云無不字言凡書正月爲公即位出也以元年有正月即公實行即位禮而孔子去即位知其成公讓意者非

何成乎公之意 據刺欲救紀而後不能○刺欲七賜反後皆同更不音

疏注據刺至不能○解云莊三年冬公次于郎傳曰其言次于郎何刺欲救紀而後不能也然則欲救紀是善事公不能救紀是不終善事而春秋書次于郎以刺之今隱公有讓心實是善事但終讓不成爲他所殺亦是善心不

遂而春秋善之故以爲難也公將平國而反之桓平治也時廢桓立隱不平故曰平反還之曷爲反之桓据已立也桓幼而貴隱長而卑長者已冠也禮年二十見正而冠士冠禮曰嫡子冠於阼以著代也醮於客位加有成也三加弥尊諭其志也冠而字之敬其名也公侯之有冠禮夏之末造也天子之元子猶士也天下無生而貴者。隱長丁丈反注及下皆同已冠工亂反下同適子丁歷反下同醮子笑反

疏 注禮年至而冠。解云若以襄九年左傳言魯襄公年十二而冠也依八代記即少昊亦十二而冠則知天子諸侯幼即位者皆十二而冠矣是以異義古尚書說云武王崩時成王年十三後一年管蔡作亂周公東辟之王與大夫盡弁以開金縢之書時成王年十四言弁明知已冠矣是其證也但隱公冠當惠公之世從士禮故二十成人乃冠是以何氏即引士冠禮以解之所以必二十冠者異義今禮戴說云男子陽也成於陰故二十而冠是矣而言見正者欲道庶子不冠於阼階故也。注士冠至成也。解云鄭彼注云每加於阼則醮之於客位所以尊敬之成其爲人也是矣凡此士冠禮及禮記冠義郊特牲亦有此文鄭注冠義云阼謂主人之北也適子冠於阼若不

醮則醮用酒於客位敬而成之也戶西爲客位庶子冠於房戶外又因醮焉不代父也鄭注昏義云酌而無酬酢曰醮醮之禮如冠醮與。注三加至志也。解云此士冠記文三加者先加緇布冠次加皮弁次加爵弁也彼記云始冠緇布之冠也大古冠布齊則緇之鄭注云大古唐虞以上重古始冠冠其齊冠也諭其志者彼鄭注云彌猶益也冠服後加益尊諭其志者欲其德之進也是矣注郊特牲云冠益尊則志益大也。注冠而字之敬其名也。解云亦彼記之文鄭注云名者質所受於父母冠成人益文故敬之是也。注公侯至造也。解云此亦士冠禮記文彼鄭注云造作也自夏初以上諸侯雖父死子繼年未滿五十者亦服士服行士禮五十乃命也至其衰末上下相亂篡弒所由生故作公侯冠禮以正君臣也引之者見當時公侯有冠之言。注天子至貴者解云此亦記文鄭注郊特牲云儲君副主猶云士也明人有賢行著德乃得貴也引之者見隱公冠時年已二十宜從士禮明矣

其爲尊卑也微母俱媵也。媵以證反又繩證反

國人莫知國人謂國中凡人莫知者言惠公不早分別也男子年六十閉房無世子則命貴公子將薨亦如之

疏注國人至別也。解云古者一娶九女一嫡二媵分爲左右尊卑權

寵灼然則朝廷之上理應悉知今此傳云國人不知明是國
內凡人也雖然事大非小若早分別亦應悉知故注言惠公
不早分別是其義也○注男子至如之○解云男子六十陽
道閉藏若仍無世子其正夫人必無有生世子之理故命貴
公子以爲世子也若未滿六十則無立庶子爲世子之法何
者立而復黜是乃亂道故也然則言閉房者行房之事閉也
知男子六十陽道閉藏者家語云男女不六十者不閒居閒
居不禁閉房明矣言將薨亦姤之者謂未滿六十者將薨之
時亦命貴公子矣 隱長又賢 此以上皆道立隱所緣○以上時掌反他皆放此 諸大
夫扳隱而立之 扳引也諸大夫立隱不起者在春秋前明王者受命不追治前事孔子曰不敎
而殺謂之虐不戒視成謂之暴○扳注諸大至秋前○
普顏反又必顏反引也舊數間反 疏 解云公子翬弑隱
立桓公仲遂弑赤立宣公皆殺去公子以起見之今此諸大
夫廢桓立隱亦是不正何故不作文貶之以見罪正以在春
秋前欲明王者受命不追治前事故也○注不戒至之暴○
解云此堯曰文何氏以不先告戒比視之而責其成功爲暴
矣 隱於是焉而辭立 辭讓也言隱欲讓 則未知桓之將

必得立也疑時公子非一疏注疑時公子非一。解云隱公疑桓不知得立以否故知公子非一且如桓立且如假設之辭則恐諸大夫之不能相幼君也隱見諸大夫背正而立己不正恐其不能相之。相息亮反背正步內反下同故凡隱之立爲桓立也凡者凡上所慮二事皆不可故於是已立欲須桓長大而歸之故曰爲桓立明其本無受國之心故不書即位所以起其讓也。爲于僞反注同疏注凡者至二事。解云己若辭立則未知桓之將得立以否是其一慮也假令使桓得立又恐諸大夫不能相幼君是其二慮也隱長又賢何以不宜立据賢繆公與大夫貜且長以得立。繆音穆貜且俱縛反下子餘反疏注据賢至大夫。解云文十二年經書秦伯使遂來聘傳云秦無大夫此何以書賢繆公也何賢乎繆公以爲能變也註云感而自變海遂霸西戎故因其能聘中國善而與之使有大夫也今此亦善隱能讓何故不與使得立乎故難之。注貜且長以得立。解云文十四年晉人納捷菑于邾婁傳曰貴則皆貴矣雖然貜且也長彼以貜且長故傳與邾婁人立之今此隱

亦長何故不宜立乎故難之然則傳言長據𤔲且傳言賢据繆公而何氏先解繆公者以其事在前故

立適以長不以賢立子以貴不以長適謂適夫人之子尊無與敵故以齒子謂左右媵及姪娣之子位有貴賤入防其同時而生故以貴也禮適夫人無子立右媵右媵無子立左媵左媵無子立嫡姪娣嫡姪娣無子立右媵姪娣右媵姪娣無子立左媵姪娣質家親親先立娣文家尊尊先立姪嫡子有孫而死質家親親先立弟文家尊尊先立孫其雙生也質家据見立先生文家据本意立後生皆所以防愛爭○姪娣夫結反下大計反爭爭鬬之爭下同

桓何以貴据俱公子也母貴也据桓母右媵母貴則子何以貴据俱言公子子以母貴以母秩次立也母以子貴禮妾子立則母得為夫人夫人成風是也

疏注夫人成風○解云即文四年冬十有一月壬寅夫人風氏薨五年三月辛亥葬我小君成風是也

○三月公及邾婁儀父盟于眛及者何與也若曰公與邾婁盟也○邾音誅婁力俱反邾人語声後曰婁故曰邾婁禮記同

左氏穀梁無妻字儀父音甫本亦作甫人名字放此眛亡結反穀梁同左氏作蔑會及暨皆與

也都解經上會及暨也○暨其器反下皆同曷爲或言會或言及或

言暨會猶最也最聚也直自若平時聚會無他深淺意也最之爲言聚若今聚民爲投最

○曷爲如字或于僞反後皆同此【疏】及者何○解云欲言汲汲公仍在喪欲言非汲汲及是欲文故執不知問

二云曷爲或言會者即下六年公會齊侯盟于艾之徒是也云或言暨者昭七年春暨齊平定十年宋公之弟辰暨仲佗石

彄出奔陳是也及猶汲汲也暨猶暨暨也及我欲之暨

不得已也我者謂魯也內魯故言我舉及暨者明當隨意善惡而原之欲之者善重惡深不得已者

善輕惡淺所以原心定罪【疏】注我者謂魯也○解云此通內外皆然但傳據內言之故言我謂魯也○注欲之至

惡深○解云善重者即此文公及邾婁儀父盟于眛是也以其汲汲於善事故曰善重也惡深者即哀十三年公會晉侯

及吳子于黄池是也以其汲汲於惡事故曰惡深也○注不得至惡淺○解云善輕則暨暨齊平是也惡淺者宋公之弟辰

暨仲佗石彄是也

儀父者何邾婁之君也以言公及不諱知為君也

疏儀父者何○解云欲言其君經不書爵欲言其臣而不沒公故執不知問○注以言公及不至君也○解云凡春秋上下公與外大夫盟皆諱不言公故莊二十二年秋七月丙申及齊高傒盟于防傳云公則曷為不言公諱與大夫盟也之屬也今此不沒公故知是君矣其莊九年公及齊大夫盟于暨之屬不沒公者皆傳文分明不煩逆說

何以名据齊侯以祿父為名

疏注据齊至為名○解云即桓十四年冬齊侯祿父卒是言齊侯以祿父為名故疑邾婁君亦以儀父為名是以難也

字也以當褒知為字

疏注以當褒知為字○解云春秋以隱新受命而王儀父慕之故知當褒是以春秋說云褒儀父書趣聖者是也

曷為稱字据諸侯當稱爵

疏注据諸侯當稱爵○解云六年夏公會齊侯盟于艾之屬是也

褒之也以宿與微者盟書卒知與公盟當褒之有土嘉之曰褒無土建國曰封稱字所以為褒之者儀父本在春秋前失爵在名例爾○褒之保刀反

疏注以宿至書卒○解云所傳聞之世微國之卒本不合書而此年九月及宋人盟于宿宿為地主與在可知以其與內微者盟故至

八年得變例書卒見恩矣云有土嘉之曰襃者謂加爵與字即儀父滕侯之屬是也云無土建國曰封者即封邢衛之屬是也

曷爲襃之 据功不見○不見賢遍反下皆同 **爲其與公盟也** 爲其始與公盟盟者殺生歃血詛命相誓以盟約束也傳不足言託始者儀父比宿滕薛最在前嫌獨爲儀父發始下三國意不見故顯之○爲其于僞反注爲其獨爲皆同歃所洽反又音所甲反詛莊慮反約束並如字一音上於妙反下音戍

疏 注傳不至顯之○解云此傳應言爲其始與公盟今不具其文句言始者若言始與公盟即恐下二國不是始是以顯之不得具其文

與公盟者衆矣曷爲獨襃乎此 据戎齊侯莒人皆與公盟傳不足託始故復据衆也○復扶又反下復爲同

疏 注据戎至公盟○解云二年秋八月公及戎盟于唐六年夏公會齊侯盟于艾八年秋公及莒人盟于包來是也○注傳不足至衆也○解云傳若鄉者足其文句云道爲其始與公盟之時義勢即盡矣道理不得復言與公盟者衆矣曷爲獨襃乎此但上傳既無始與之文而得襃賞猶自可怪故更擧衆難之云託始者言隱公實非受命之王但欲託之以爲始也

因其可襃而

褒之春秋王魯託隱公以爲始受命王因儀父先與隱公盟可假以見褒賞之法故云爾。王魯于況反下而王同一音如字後王魯皆放此此其爲可褒奈何漸進也漸者物事之端先見之辭去惡就善曰進譬若隱公受命而王諸侯有倡始先歸之者當進而封之以率其後不言先者亦爲所褒者法明當積漸深知聖德灼然之後乃往不可造次陷於不義。倡尺亮反造七報反

疏注漸者至之辭　解云言物事之端者猶言物事之首也言先見之辭者見讀如見其二子焉之見也若公子陽生闖然之類也云去惡就善曰進者言能去惡就善即是行之進也。注不可至不義　解云桓十五年夏邾婁人牟人葛人來朝朝桓惡人而貶稱人夷狄之也者是其造次陷於不義矣

眜者何地期也會盟戰皆録地其所期處重期也凡書盟者惡之也爲其約誓大甚朋黨深背之生患禍重胥命於蒲善近正是也君大夫盟例日惡不信也此月者隱推讓以立邾婁慕義而來相親信故爲小信辭也大信者時柯之盟是也魯稱公者臣子心所欲尊號其君父公者五等之爵最尊王者探臣子心欲尊其君父使得稱公故春秋以臣子書葬者皆稱公于者於也凡以事定地者加于例以地定事者不

加于例。處昌慮反惡之烏路反下惡不惡其皆同大甚音泰或勑賀反近王附近之近柯音歌
疏眛者何
解云春秋之始弟子未解地期之義故執不知問。注凡書
盟者惡之　解云此言與公盟而得褒何言惡者直善其慕
新王之義而得褒豈善其盟乎。注胥命至是也　解云即
桓三年夏齊侯衛侯胥命于蒲傳云胥命者何相命也何言
乎相命近正也此其爲近正奈何古者不盟結言而退是也
。注君大至信也　解云言內君與大夫共他外盟之時其
書日皆是惡其不信也即下二年秋八月庚辰公及戎盟于
唐文八年冬十月壬午公子遂會晉趙盾盟于衡雍之屬是
也。注故爲小信辭也　解云邾婁儀父歸于新王而見襃
賞不爲大信者以下七年秋公伐邾婁是其背信也功不足
録但假託以爲善故爲小信辭也。注大信至是也　解云
即莊十三年冬公會齊侯盟于柯傳曰桓公之信著乎天下
自柯之盟始焉是也。注故春至稱公　解云謂以其臣子
之辭書其葬者悉皆稱公即桓十年夏五月葬曹桓公僖四
年秋葬許繆公之屬是也若然桓十七年秋八月癸巳葬蔡
桓侯不稱公者彼注云稱侯者亦奪臣子辭也有賢弟而不
能任用反疾害之而立獻舞國幾并於蠻荊故賢季柳桓稱
侯所以起其事是也。注凡以至于例　解云謂先約其事

乃期于某處作盟會者加于即僖二十八年夏五月盟于踐
土之屬是也○注以地至于例○解云言先在其地乃定盟
會之事者不加于即莊十九年公子結媵陳人之婦于鄄遂
及齊侯宋公盟襄三年夏六月公會單子晉侯以下同盟于
雞澤陳侯使袁僑如會叔孫豹及諸
侯之大夫及陳袁僑盟之屬是也○夏五月鄭伯克
段于鄢克之者何加之者問訓詁并問施于之為○段徒亂反鄢音偃疏克之
者何○解云欲言其殺而經書克欲言非殺克者大惡之文
故執不知問○注加之至之為○解云訓詁者即不言殺而
言克是也所以不直言克者何而并言之者非直問其變殺
為克并欲問其施于鄢之所為矣而不荅于鄢之意者欲下
乃解為當國故此處未勞解之弟子以其不
荅于鄢之意是以下文復云其地何以難之殺之也殺
之則曷為謂之克大鄭伯之惡也以弗克納大郤缺之善知加克
大鄭伯之惡也○郤缺去逆反下起悅反疏注以弗至之善○解云文十四年秋晉人納接菑于邾婁弗克納傳
云其言弗克納何大其弗克納也是也曷為大鄭伯之惡據晉侯殺其世子申生不

加克以大之（疏）注据晉至大之○解云在僖五年春

母欲立之己殺之如勿與而已矣

如即不如齊人語也加克者有嫌也段無弟又稱君甚之不明又段當國嫌鄭伯殺之無惡故變殺言克明鄭伯爲人君當如傳辭不當自已行誅殺使執政大夫當誅之克者詁爲殺亦爲能惡其能忍戾母而親殺之禮公族有罪有司讞于公公曰宥之及三宥不對走出公又使人赦之以不及反命公素服不舉而爲之變如其倫之喪無服親哭之○戾力計反讞魚列反宥音又赦也

（疏）注明鄭至誅之○解云鄭伯爲人君之法當如傳辭不與其國而已不宜忍戾其母而親殺之其誅之者自是執政大夫之事○注禮公至哭之○解云皆出文王世子其文云公族有罪獄成有司讞于公其死罪則曰某之罪在大辟其刑罪則曰某之罪在小辟彼注云讞之言白也公曰宥之有司又曰在辟公又曰宥之有司又曰在辟及三宥不對走出致刑于甸人注云對荅也先者君每言宥則荅之以將更宥之至于三罪定不復荅走往刑之爲君之恩無已公又使人追之曰雖然必赦之有司對曰無及也注云罪既正不可宥乃欲赦之重刑殺其類也反命于公注云白已刑殺公素服不舉爲之變如其倫之喪無服注云素服於

凶事為吉於吉事為凶非喪服也君雖不服臣卿大夫死則皮弁錫衰以往弔當事則弁絰於上蓋疑衰同姓則緦衰以弔之今無服者不往弔也倫謂親疏之比也素服亦皮弁矣親哭之注云不往弔為位哭之而已君於臣使有司哭之是也

段者何鄭伯之弟也殺母弟故直稱君疏段者何○解云欲言世子母弟無出子母弟之文欲言大夫復目鄭伯以殺故執不知問何以不稱弟據天王殺其弟年夫稱弟疏注據天至稱弟○解云在襄三十年夏當國也欲當國為之君故如其意使如國君氏上鄭所以見段之逆其地何據齊人殺無知不地疏注據齊至不地○解云即莊九年春齊人殺無知是也當國也齊人殺無知何以不地據俱欲當國也在內也在內雖當國不地也其不當國而見殺者當以殺大夫書無取於地也其當國者殺於國內禍已絕故亦不地不當國雖在外亦不地也明當國者在外乃地爾為其將交連鄰國復為內難故錄其地明當急誅之不當國雖在外禍輕故不地也月者責臣子不以

故也、時討與殺州吁同例不從討賊辭者主惡以失親親故書之○難乃旦反下此難同吁况于反 疏 注明當至地爾

解云下四年九月衛人殺州吁于濮及此皆是也○注不當至地也○解云昭四年秋七月楚子云云伐吳執齊慶封殺之昭八年夏楚人執陳行人干徵師殺之皆是也○注月者至同例○解云下四年九月衛人殺州吁之下注云討賊例時此月者以之也○注不從至書之○解云若作討賊辭當稱人以討如齊人殺無知然今不如此者經本主為惡鄭伯失親親而書故月鄭伯而不稱人也○

秋七月天王使宰咺來歸惠公仲子之賵宰者何官也 以周公加宰知為官也○咺况阮反一音况元反賵芳仲反 疏 宰者何○解云以其言宰與周公同疑宰為官以其言名又與宰周公異復疑非官故執不知問○注以周至官也○解云僖九年夏公會宰周公已下于葵丘是也

咺者何名也 別何之者以有宰周公本嫌宰為官 疏 咺者何○解云繫宰是官言名又卑稱故執不知問○注別何至為官○解云所以不言宰咺者何而別何之者正以周公加宰為周公身上官故別何之令相遠若然上注云以周公加宰知為官而此注

又一云本嫌宰爲官者言宰周公宰爲周公身上官今此言宰咺亦嫌宰爲咺之身上官也不謂二注異宰即非咺之身上官而繫宰言之者次士以官録言其是宰下之士故也

曷爲以官氏據石尚 疏 注據石尚。解云定十四年秋天王使石尚來歸脤石尚亦是士而不以官録之故以爲難也

宰士也天子上士以名氏通中士以官録下士略稱人 疏 注天子至稱人。解云天子上士以名氏通者即石尚來歸脤是也二云中士以官録者言以所繫之官録之即此是也二云下士略稱人者即僖八年春公會王人以下盟于洮是也

惠公疏 惠公者何。解云春秋從

者何隱之考也生稱父死稱考入廟稱禰。禰乃礼反 疏 隱至哀魯無惠公歸賵言來故執不知問。注生稱父。解云即下曲禮云生曰父是也廣雅云父者矩也以法度威嚴於子言能與子作規矩故謂之父。注死稱考。解云即下曲禮曰死曰考是也周書謚法大慮行節曰考爾雅云考成也言有大慮行節之度量甚成以下之法故謂之考鄭注曲禮云考成也言其德之成也義亦通於此。注入廟稱禰。解云即襄十二年左傳曰同族於禰廟是也舊說云禰字示傍爾言雖可入廟是神示猶自最近于已故曰禰

仲

子者何桓之母也以無謚也仲字子姓婦人以姓配字不忘本也因示不適同姓生稱母死稱妣○妣必履反（疏）仲子者何○解云正以上不見仲子卒文而得歸賵故執不知問○注以無謚也○解云凡春秋之義妾子爲君者其母得稱謚即文公九年冬秦人來歸僖公成風之襚是也今桓未爲君故其母不得稱謚也是以見其不稱謚即知桓之母也○注仲字至同姓○解云字者本國所加故稱字見其不忘本國也所以稱姓者示不適同姓矣○注生稱至稱妣○解云即下曲禮云生曰父曰母死曰考曰妣是也○問曰考與妣是死稱父與母是生稱惠公仲子之卒俱在春秋前何故此傳惠公言隱之考舉死名仲子言桓之母舉生名乎○答曰仲子已葬訖之後實合舉死稱但禮家本意母死曰妣者比於父之義也故鄭彼云妣之言媲媲于考也但仲子是妾桓未爲君其母不得爲夫人卑不得比于父故還以母言之何以不稱夫人此難生時之稱也据秦人來歸僖公成風之襚成風稱謚今仲子無謚知生時不稱夫人（疏）注此難至稱也○解云文九年冬秦人來歸僖公成風之襚舉風之謚案經成風生時傳稱夫人何者禮妾賤不得有謚故也今仲子不舉謚不與成風同明生時不得稱夫人可

知故傳家遥鄭之桓未君也賵者何喪事有賵賵者蓋以馬以乘馬束帛此道周制也以馬者謂士不備四也礼既夕曰公賵玄纁束帛兩馬是也乘馬者謂大夫以上備四也禮大夫以上至天子皆乘四馬所以通四方也天子馬曰龍高七尺以上諸侯曰馬高六尺以上卿大夫士曰駒高五尺以上束帛謂玄三纁二玄三法天纁二法地因取足以共事○乘馬繩證反注乘馬同纁許云反共音恭

疏 賵者何○解云初入春秋弟子未曉賵義故執不知問○注此道周制也○解云知者以上云以馬與士既夕禮同下言乘馬與士異明知周之禮大夫以上皆有四馬矣○注以馬至四也○解云以下言乘馬明上文直言以馬者士禮兩馬可知故即引禮為證矣○注禮大夫至方也○解云案異義古毛詩說云天子至大夫同駕四皆有四方之事士駕二也詩云四騵彭彭武王所乘龍旂承祀六轡耳耳魯僖所乘四牡騑騑周道倭遲大夫所乘書傳云士乘飾車兩馬庶人單馬木車是也○問曰若然異義公羊說引易經云時乘六龍以馭天下也知天子駕六與此異何○答曰彼謹案亦從公羊說即引王度記云天子駕六龍諸侯與卿駕四大夫駕三以合之鄭駁云易經時乘

六龍者謂陰陽六爻上下耳豈故爲禮制王度記云今天子
駕六者自是漢法與古異大夫駕三者於經無以言之者是
也然則彼公羊說者自是章句家意不與何氏合何氏此處
不依漢禮者蓋時有損益也○注天子至以上○解云月令
天子駕倉龍是其高七尺者漢制也其六尺五尺亦然○注
諸侯曰至以上○解云魯頌曰魯侯戾止其馬蹻蹻是也○
注卿大夫至以上○解云詩云皎皎白駒食我場苗是也○
注束帛至纁二○解云雜記上云魯人之贈三玄二纁是也
○注玄三至共事○解云天數不但三地數**車馬曰賵**
不但二而取三二者因取足以共事故也
貨財曰賻衣被曰襚此者春秋制也賵猶覆也賻猶
助也皆助生送死之禮襚猶遺
也遺是助死之禮知生者賵賻知死者
贈襚○賻音附襚音遂猶遺唯季反
疏注此者春秋制
也○解云上陳
周制記下乃言賵賻襚此三者是春秋之內事故云此者春
秋制也○注知生至贈襚○問曰案既夕禮云知死者贈知
生者賻鄭注云各主於所知以此言之賵專施于生者何○
答曰賻專施于生襚專施于死賵實生死兩施故何氏注知
生知死皆言賵矣而既夕禮專言知生者對贈言之故也○
問曰何知賵生死兩施乎○答曰案既夕禮云兄弟賵奠可

也注云兄弟有服親者可只賵且奠許其厚也賵奠於死生兩施又云所知則賵而不奠鄭注云所知通問相知也降於兄弟奠施於死者爲多故不奠以此言之明賵與奠皆生死兩施也言奠於死者爲多故知賵生死等矣**桓未君則諸侯曷爲來賵之**據非禮（疏）注據非禮○解云桓公未爲君則其母猶妾故諸侯賵之爲非禮**隱爲桓立故以桓母之喪告于諸侯**經言王者賵赴告王者可知故傳但言諸侯○隱爲于僞反下注爲并年末注同告古毒反一音古報反（疏）注故傳但言諸侯○解云諸侯之賵及事則在春秋之前故不書矣然則諸侯有相賵之道隱以桓母成爲夫人告天子諸侯天子猶來何況諸侯乎故傳舉以言焉**然則何言爾成公意也**尊貴桓母以赴告天子諸侯彰桓當立得事之宜故善而書仲子所以起其意成其賢**其言來何**據歸含且賵不言來○歸唅本又作含戶暗反下同（疏）注據歸至言來○解云文五年春王使榮叔歸含且賵是**不及事也**比於去來爲不及事時以葬事畢無所復施故云爾去來所以爲及事者若已在於内者（疏）

注比於至云爾。○解云：公羊之例，若其奔喪會葬，不問來之早晚，及事不及事，皆言來矣。故文元年春，天王使叔服來會葬，夏四月葬我君僖公者，是其及事言來也。文五年三月葬我小君成風，下乃言王使召伯來會葬，注云去天者不及事，是不及事亦言來矣。故元年傳云其言來會葬何？會葬礼也。注云但解會葬者，明言來者常文，不爲早晚施也。定十五年夏，邾婁子來奔喪，傳云其言來奔喪何？奔喪非禮也。彼注云但解奔喪者，明言來者常文，不爲早晚施也。以此言之，則知奔喪會葬之例，不問早晚，悉言來矣。若其含賵襚及事則不言來，不及事則言來。是以惠公仲子之葬悉在春秋前，至此乃來歸賵，傳曰其言來何？不及事也。又注云比於去來爲不及事，時以葬事畢，無所復施，故云爾。去來所以爲及事者，若已在於內者是也。若含不及事，亦須言來也。故文四年冬十有一月壬寅，夫人風氏薨，五年春王使榮叔歸含且賵，彼注云不從含晚言來者，本不當含也。以此言之，明諸侯含晚須言來矣。何者？諸侯鄰國礼客有含故也。若其襚也，文九年秦人來歸僖公成風之襚，亦是不及事言來也。何氏不注者，以其可知，省文故也。所以如此作例者，以奔喪會葬所以通哀序志，必有所費，容其事故稽留，不必苟責其及時也。其含賵襚之等，皆是死者所須，若其來晚，則無及於事，故須作文見

其早晚矣其言惠公仲子何據歸含且賵不言主名兼之兼之
非禮也禮不賵妾既善而賵之當各使一使所以異尊卑也言之賵者起兩賵也○一使所吏反疏
注言之至賵也○解云以此言之則文九年秦人來歸僖公成風之襚言之襚者亦起兩襚矣何以不言
及仲子據及者別公夫人尊卑文也仲子即卑稱也○別彼列反疏注據及至文也解云即僖十一
年夏公及夫人姜氏會齊侯于陽穀是也仲子微也比夫子微故不得並及公也月者為內恩録之也諸侯不月比於王者輕會葬皆同例言天王者時吳楚上僭稱王王者不能正而上自繫於天也春秋不正者因以廣是非稱使者王尊敬諸侯之意也王者據土與諸侯分職俱南面而治有不純臣之義故異姓謂之伯舅叔舅同姓謂之伯父叔父言歸者與使有之辭也天地所生非一家之有有無當相通所傳聞之世外小惡不書書者來接內也春秋王魯以魯為天下化首明親來被王化漸漬禮義者在可備責之域故從內小惡舉也主書者從不及事也○僭子念反而治直吏反下皆同所傳直專反下文所傳并注同被皮寄反疏注月者為內恩録○解云此文及文五年春王

正月王使榮叔歸含且賵皆是内恩録之也○注諸侯至者輕○解云即文九年冬秦人來歸僖公成風之襚是也○注會葬皆同例○解云若王使人來則書月爲内恩録之若諸侯使人來即不月以爲比王者爲輕故文五年春三月王使召伯來會葬文元年二月天王使叔服來會葬皆是也其諸侯使人來會葬不月者春秋之内偶爾無之其襄三十一年冬十月滕子來會葬定十五年九月滕子來會葬皆書月者彼是諸侯身來會葬非使人仍自非好也以此義勢言之則鄉解王與諸侯者皆是使人非身自來也而舊云襄三十一年月者爲下癸酉葬襄公出之會葬不蒙月定十五年月者爲下葬定公出之會葬亦不蒙上月者非也○注春秋至是非○解云若正之當直言王今不正之而亦言天者所以廣見是非故也何者若單言王是其正稱今兼亦言天見其非正矣○注稱使至意也　解云成二年傳云君不行使乎大夫由尊卑不敵故也今天子與諸侯亦尊卑不敵所以言使者天子見諸侯與已分職俱南面而治有不純臣之義故尊敬之而使歸賵故曰尊敬諸侯之意也○注有不至之義　解云喪服斬衰章云臣爲君諸侯爲天子既言臣爲君而别言諸侯爲天子明其與純臣者異其異者即不居廬宫是○注故異至叔父　解云下曲禮及覲禮記文○注言歸者至

之辭也　解云春秋大例此先是已物乃言歸即歸讙及闡屬是也今此賵之中馬先非魯物而言歸者與魯有之辭〇注所傳至內也　解云春秋之義所傳聞之世外小惡皆不書今此緩賵是外之小惡而所傳聞之世未合書見而書之者由接內故也〇九月及宋人盟于宿孰及之內之微者也內者謂魯也微者謂士也不名者略微也大者正小者治近者說遠者亦是以春秋上刺王公下譏卿大夫而逮士庶人宋稱人者亦微者也魯不稱人者自內之辭也宿不出主名者主國主名與可知故省文明宿當自首其榮吝也微者盟例時不能專正故責略之此月者隱公賢君雖使微者有可采取故錄也〇于宿音夙國名說音悅逮音代又大計反故省所景反後省文皆同

（疏）注微者謂士也　解云正以公羊之例大夫悉見名氏與卿同今此不見名氏故知士也〇注明宿至吝也　解云理是則主人先榮理非則主人先吝故曰首其榮吝也〇注微者至故錄也　解云春秋之例若尊者之盟則大信時小信月不信日見其責也若其微者不問信與不信皆書時悉作信文以略之即僖十九年冬會陳人蔡人楚人鄭人盟于齊之屬是今此書月者其義如注解〇冬十有二

月祭伯來。祭伯者何？天子之大夫也。以無所繫言來也○祭伯，側界反。五年注放此。

疏 祭伯者何 解云：欲言王臣，不言王使；欲言諸侯，復不言朝；欲言失地之君，復不言奔，故執不知問○注以無至來也 解云：外諸侯臣來聘，宜繫國稱使，即文四年秋衛侯使甯俞來聘之屬是也。若直來亦有所繫，如閔元年冬齊仲孫來之屬是。若外諸侯之臣來奔，當繫國言來奔，即文十四年秋宋子哀來奔，襄二十八年冬齊慶封來奔之屬是也。今無所繫，直言來，故知宜是天子之大夫也。

何以不稱使？據凡伯稱使。

疏 注據凡伯稱使 解天即下七年天王使凡伯來聘是也。

奔也。奔者，走也。以不稱使而無事，知其奔。

疏 注以不至其奔 解云：下三年武氏子來求賻，文九年毛伯來求金，是無使文而有事也。上文秋七月天王使宰咺，文元年天王使叔服之徒，皆是有使有事也。今此無使復無事，故知其正是奔也。

奔則曷為不言奔？據齊慶封來言奔。

疏 注據齊至言奔 解云：在襄二十八年冬。

王者無外，言奔則有外之辭也。言奔則與外大夫來奔同文，故去奔，明王者以天下為家，無絶義主書者以罪舉内外皆書者重乖離之禍也當春秋時廢選舉之務置不肖於位輙退絀之以生過失至於君臣忿爭出奔国家之所以昏亂社稷之所以危亡故皆録之録所奔者爲受義者明當受賢者不當受惡人也祭者采邑也伯者字也天子上大夫字尊尊之義也月者爲下卒也當案下例當蒙上月日不也奔例時一月二事月當在上十言有二者起下復有二兆十中之二○選息變反省音笑采七代反

疏注故去至絶義○問曰若王者以天下爲家無絶義故不言奔何故襄三十年夏王子瑕奔晉昭二十六年冬尹氏君伯毛伯以王子朝奔楚成十二年春周公出奔晉皆言奔乎○答曰春秋進退無義若來奔魯者見王者以天下爲家無絶義故不言奔矣若奔別国即見春秋黜周與外諸侯同例故言奔矣既以魯爲王而不專黜周者若專黜周則非遜順之義故也○注主書者以罪舉○解云一則罪祭伯之去王一則罪魯受叛人故曰以罪舉○注内外皆書者重乖離之禍也○解云内書者閔二年秋公子慶父出奔莒是也又在外奔書者昭二十年冬十月宋華亥向甯華定出奔陳之屬是也○注當春至於位○解云王制云凡官民材必先論之論辨然後使之任事然後爵之位定然後禄之爵人於朝與士共之是擇人之法也當春秋之時不問賢與不肖悉

皆出位故言此○注輒退至過失○解云君若退絕其臣不聽出祿以生過失矣○注至於至出奔○解云由不肖者在位故有忿爭出奔之事矣○注伯者字也○解云知伯非爵者正見桓八年經云冬祭公來遂逆王后于紀公是其爵明伯是其字矣○注當案至不也○解云一月有數事重者皆蒙月也若上事輕下事重輕者不蒙月重者自蒙月若上事重下事輕則亦重者蒙月輕者不蒙月故言當案下例當蒙上月矣曰不者謂一日有數事即不得上下相蒙故桓十二年冬十一月丙戌公會鄭伯盟于武父丙戌衛侯晉卒彼下注云不蒙上日者春秋獨晉書立記卒耳當蒙上日與不嫌異於篡例故復出日明同是也○注奔例時○問曰襄三十年夏五月王子瑕奔晉昭二十六年冬十月尹氏召伯毛伯以王子朝奔楚悉書月何言例時乎○荅曰案襄三十年五月甲午宋災伯姬卒天王殺其弟年夫王子瑕奔晉昭二十六年冬十月天王入于成周尹氏召伯毛伯以王子朝奔楚以此言之則似月為上事其二處出奔仍不蒙月是以襄三十年五月甲午之下注云外災例時此日者為伯姬卒日昭二十六年冬十月之下注云月者為天下喜錄王者反正位是其月為上事之明文不妨出奔仍自時也故此乃注云月者為下卒奔例時也舊云春秋王魯是以王臣來奔魯者皆

與外諸侯之臣來奔同書時故與襄二十八年冬齊慶封來奔同書時矣若王臣奔他國者悉皆書月見別于諸侯之臣矣是以王子瑕毛召之徒悉皆書月○問曰君然成十二年春周公出奔晉亦是出奔何故不月○答曰王臣之例實不言出亦不書時但周公自其私出奔故自從小國例言出書時矣凡諸侯出奔大國例月小國時○

公子益師卒何以不日搭臧孫辰書日○不日人實反（疏）此傳皆以日月爲例後放此

注搭臧孫辰書日○解云即文十年春王三月辛卯臧孫辰卒者也○問曰下五年冬十二月辛巳公子彄卒亦書日所以不據之而遠據文十年之篇何○答曰下五年何氏云日者隱公賢君宜有恩禮於大夫益師始見法無駭有罪使又未命也故獨得於此日以義言之正由同在所傳聞之世非嘗書日之限故不據之所聞之世大夫日卒者非一正據辰者以其是所聞之始故也

遠也孔子所不見**所見異辭所聞異辭所傳聞異辭**所見者謂昭定哀己與父時事也所聞者謂文宣成襄王父時事也所傳聞者謂隱桓莊閔僖高祖曾祖時事也異辭者見恩有厚薄義有深淺時恩衰義缺將將以理人倫序人類因制治亂之法故於所見之

世恩已與父之臣尤深大夫卒有罪無罪皆日録之丙申季孫隱如卒是也於所聞之世王父之臣恩少殺大夫卒無罪者日録有罪者不日略之叔孫得臣卒是也於所傳聞之世高祖曾祖之臣恩淺大夫卒有罪無罪皆不日略之也公子益師無駭卒是也於所傳聞之世見治起於衰亂之中用心尚麤觕故内其國而外諸夏先詳内而後治外録大略小内小惡書外小惡不書大国有大夫小国略稱人内離會書外離會不書是也於所聞之世見治升平内諸夏而外夷狄書外離會小国有大夫宣十一年秋晉侯會狄於攢函襄二十三年邾婁鼻我來奔是也至所見之世著治大平夷狄進至於爵天下遠近小大若一用心尤深而詳故崇仁義譏二名晉魏曼多仲孫何忌是也所以三世者礼為父母三年為祖父母期為曾祖父母齊衰三月立愛自親始故春秋據哀録隱上治祖祢所以二百四十二年者取法十二公天數備足著治法式又因周道始壞絕於惠隱之際主所以卒大夫者明君當隱痛之也君敬臣則臣自重君愛臣則臣自盡公子者氏也益師者名也諸侯之子稱公子公子之子稱公孫○見恩賢遍反下見治皆同殺所介反麤七奴反觕才古反又七奴反説文大也諸夏户雅反凡諸夏皆放此攢才官反下函音咸太平音泰期音基齊衰音咨本亦作齋下七雷反盡津忍反

疏　注所見至事也　解云孔子親仕之定哀故以定哀已時定哀既當於已明知昭公爲父時事知昭定哀爲所見文宣成襄爲所聞隱桓莊閔僖爲所傳聞者春秋緯文也○注時恩衰義缺　解云當時子弑父父殺子爲恩衰也臣弑君君殺臣爲義缺故喪服四制云爲父斬衰三年以恩制爲君斬衰三年以義制是也○仕將以至之法　解云孔子見時如此遂制春秋理人倫者理君臣之倫次令得所也序人類者類謂父子序父子之恩使之厚也因以制治亂之軌式矣○注故於至卒是也　解云隱如逐君而書日即定五年丙申季孫隱如卒是也若非罪書日即昭二十五年冬十月戊辰叔孫舍卒二十九年四月庚子叔倪卒是也而此注不言之者從首文也○注於所至日録　解云無罪書日者即襄五年冬十有二月辛未季孫行父卒襄十九年八月丙辰仲孫蔑卒是無罪而書日者録之故也若然文十四年九月甲申公孫敖卒于齊敖實有罪而書日者彼注云已絶卒之者爲後齊胥魯歸其喪有恥故爲内諱使若尚爲大夫昇也○注有罪至是也　解云宣五年九月叔孫得臣卒何氏云不日者知公子遂欲弑君爲人臣知賊而不言明當誅是有罪而不日者略之故也○注於所見至卒是也　解云公子益師無罪而不日即此是也無駭有罪而不日即下

八年冬十有二月無駭卒是也若然莊三十二年秋七月癸
巳公子牙卒僖十六年三月壬申公子季友卒秋七月甲子
公孫慈卒並是所傳聞之世而得書日牙卒之下何氏云莊
不卒大夫而卒牙者本以當國將弒君書日者録季子之遏
惡也其季友之下何氏云日者僖公賢君宜有恩禮於大夫
故皆日也其公孫慈之下何氏云一年喪骨肉三人故日痛
之是也○注録大略小 解云謂録不國卒葬小國卒葬不
録是也○注内離至是也 解云内離會者即下二年春公
會戎于潛桓元年春公會鄭伯于垂是也外離會不書者桓
五年齊侯鄭伯如紀傳云外相如不書此何以書離不言會
也何氏云時紀不與會故略言如也○注於所至升平 解
云升進也稍稍上進而至於大平矣○注宜十至損勇 解
云即此一經而當是二義也○注襄二至是也 解云若然
莊二十四年冬曹羈出奔陳莊二十七年冬莒慶來逆叔姬
皆非所聞之世而小國得有大夫書名者曹羈之下傳云曹
無大夫此何以書賢也莒慶之下傳云莒無大夫此何以書
譏爾大夫越竟逆女非禮也然則一譏一賢故變例書之爾
○注至所至大平 解云當爾之時實非大平但春秋之義
著治之大平於昭定哀也猶如文宣成襄之世實非升平但
春秋之義而見治之升平然○注夷狄至于爵 解云即宣

隱元年

四年夏晉人執戎曼子赤歸于楚十三年夏公會晉侯及吳子于黄池是也○注晉魏曼多仲孫何忌是也　解云哀十三年晉魏多帥師侵衛傳云此晉魏曼多也曷爲謂之晉魏多譏二名二名非禮也定六年仲孫忌圍運傳云此仲孫何忌也曷爲謂之仲孫忌譏二名二名非禮也何氏云春秋定哀之間文致大平欲見王者治定無所復爲譏唯有名故譏之此春秋之制也○注所以至三年　解云毋雖不斬衰亦痛與斬同故連言之○注爲曾至三月　解云不言高祖父母者文不備○注立愛自親始　解云即祭義云子曰立愛自親始教人睦也立敬自長始教人順也鄭注云親長父兄也睦厚也是○注故春至祖禰　解云即大傳云上治祖禰尊尊也下治子孫親親也旁治昆弟合族以食序以昭穆別之以仁義人道竭矣鄭注云治猶正也竭盡也○注取法至法式　解云考諸舊本皆作式字言取十二公者法象天數欲著治民之法式也若作戒字言著治亂之法著治國之戒矣○注諸侯至公孫　解云出喪服傳也

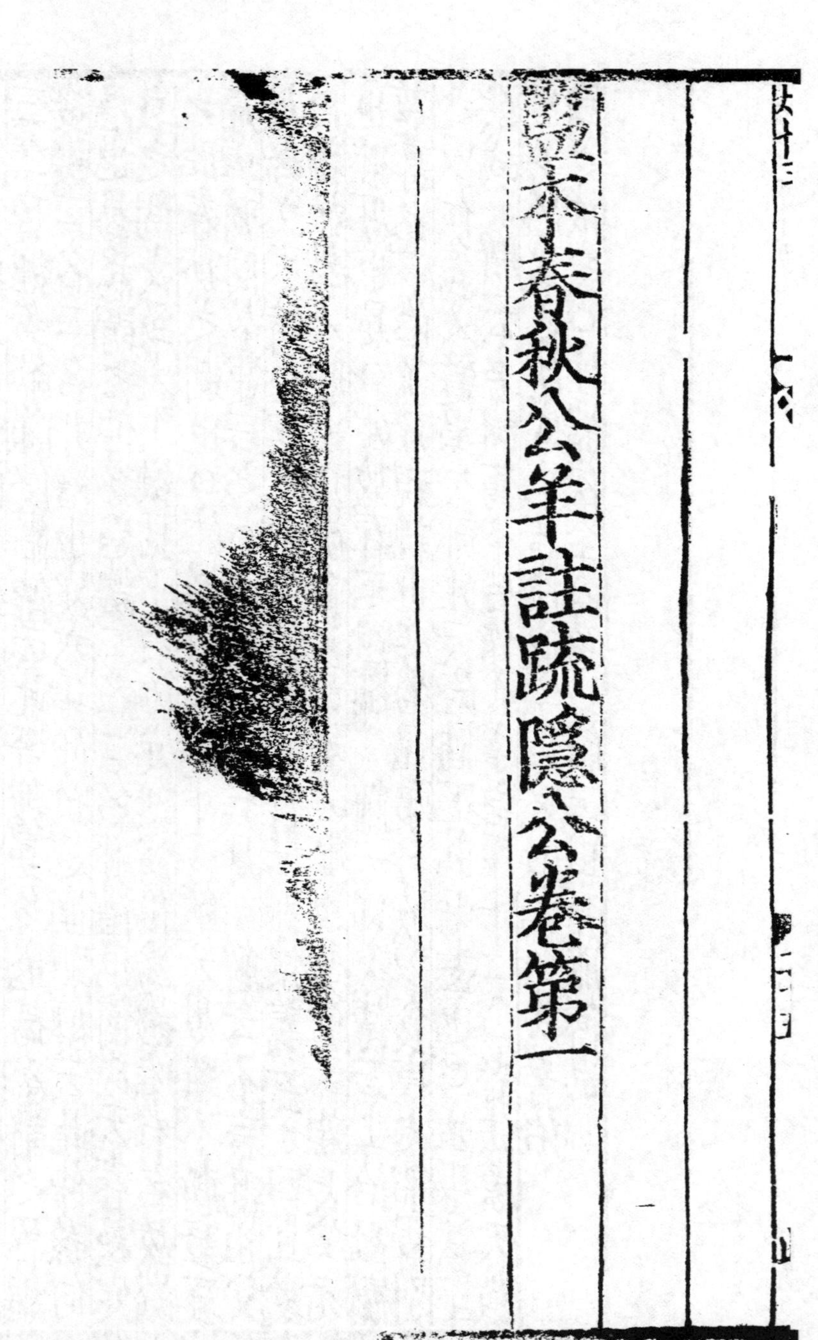

監本春秋公羊註疏隱公卷第一

監本春秋公羊註疏隱公卷第二 起二年盡四年

何休學

二年春，公會戎于潛。凡書會者，惡其虚内務，恃外好也。古者諸侯非朝時不得踰竟。所傳聞之世，外離會不書，書内離會者，春秋王魯，明當先自詳正，躬自厚而薄責於人，故略外也。王者不治夷狄，録戎者，來者勿拒，去者勿追。東方曰夷，南方曰蠻，西方曰戎，北方曰狄。朝聘會盟，例皆時。○惡，烏路反，下同。好，呼報反。非朝，直遥反，凡此字不音者皆同。踰竟，音境，今本多即作境字，更不音。所傳，直專反，年末相傳同。

【疏】注凡書會者至外好也。○解云：以其非自求多福之義故也。○注古者諸侯至踰竟。○解云：案曲禮下云：諸侯相見於郤地曰會。故定十四年注云：古者諸侯將朝天子，必先會閑暇之地。以此言之，則會合於禮。言會為惡之，非朝時不得踰竟，若正以春秋之會非為天子而作之，故得然解。○注古者不治至勿追。○解云：言當是所傳聞之世，王者草創，夷狄有所不暇治之，即先書晉滅下陽，未書楚滅穀鄧是也。而此經録戎者，來者勿拒故也。○注東方曰夷至曰狄。○解云：下曲禮及王制皆有此文。○注朝聘至皆時。○解云：朝書時者，即又十五年夏曹伯來朝，昭十七年春小邾子來朝之類是也。其聘書時者，即文四年秋衛侯使甯俞來聘，文六年夏季孫行父如陳之屬是也。其會書時者，即莊十三年春齊侯宋人以下會于北杏，十四年冬單伯會齊侯宋公以下于鄄之屬是也。盟書時者，即莊十三年冬公會齊侯盟于柯之屬是也。其有書日月者，皆別著義，即不信者日，小信者月之屬是也。

○夏五月，莒人入向。入者何？得而不居也。

入者，以兵入也。已得其國而不居，故云爾。凡書兵者，正不得也。外內深淺皆舉之者，因重兵害衆，兵動則怨結禍，更相報償，伏尸流血，無已時。諸侯擅興兵不爲大惡者，保伍連帥本有用兵征伐之道，魯入邾不諱是也。入例時，傷害多則月。○莒音舉，向舒亮反，國名。更音庚。償，時亮反。擅，市戰反。

疏 入者何。○解云：侵伐戰圍入皆是用用兵之文，而不言帥師，故執不知問。○注凡書兵至得也。○解云：言春秋之內凡書兵事者，皆欲言正之道，其理不合然。○注諸侯至是也。○解云：保伍連帥者，即禮記王制云五國爲屬，屬有長；二屬爲連，連有帥是也。言本有用兵征伐之道者，謂禮下五國爲屬，屬有長；二屬爲連，連有帥；三連爲卒，卒有正；七卒爲州，州有伯。若州內有無道者，則長、帥、正、伯當征之。

若其不征則與同惡故曰有征伐之道知非大惡者正以春
秋之義內大惡皆諱不書而魯入杞者即僖二十七年秋公
子遂帥師入杞者是也若然禮法諸侯賜弓矢然後專征伐
而保伍連帥得有征伐之道者隨州伯故也○注入例至則
月○解云入例時者即成七年秋吳入州來定五年夏於越
入吳之屬是也傷害多則月者即此文及僖二十三年春王二
月秦人入滑是也若然僖二十七年秋八月乙巳公子遂帥
師入杞而書日者彼注云日者杞屬脩禮朝魯雖無禮君子
躬自厚而薄責於人不當乃入之故○無駭帥師入極
録責之者是其不引者以此求之○
無駭者何展無駭也何以不氏據入公子遂帥師入杞氏公子也○駭
戶楷反 疏 無駭者何○解云欲言其君經不書爵欲言大夫又復無氏故執不知問○注據入公子遂帥師至子
也○解云在僖二十七年秋○貶貶猶損也○彼檢反損也曷為貶據入公子遂俱用兵入杞不
貶也疾始滅也以下終其身不氏知貶疾始滅非但起入為滅 疏 注據公子遂俱用兵不貶也
解云欲決隱八年庚寅我入邴非用兵故也○注以下終至
為滅○解云即下八年無駭卒傳曰何以不氏疾始滅也故

終其身不氏然則若乞欲起此此入爲滅亡應此經貶之而已不應終身貶之故知并欲見其疾始滅也○

始滅昉於此乎昉適也齊人語据傳言撥亂世○昉甫往反適也

疏注昉適也齊人語○解云胡毋生齊人故知之若鄭譜云然則誅討之道放于此乎之類○注据傳言撥亂世○解云哀十四年傳云君子曷爲爲春秋撥亂世反諸正莫近諸春秋是也注言作春秋治亂世明知往前相滅非一矣而此經爲始疾滅是以據而難之

前此矣前此者在春秋前謂宋滅郜是也○郜古報反

前此則曷爲始乎此

託始焉爾焉爾猶於是也

疏注謂宋滅郜是也○解云桓二年夏四月取郜大鼎于宋傳云此取之宋其謂之郜鼎何器從名彼注云從本主名名之宋始以不義取之故謂之郜鼎是也然則宋滅郜在春秋前故如此解○

曷爲託始焉爾据戰伐不言託始○

疏注据戰至託始○解云隱二年鄭人伐衛桓十年齊侯衛侯鄭伯來戰于郎傳皆不言託始焉爾故難之而注先言戰者直漫據春秋上下戰伐之事而已故意及則言不爲次第矣

春秋之始也春秋託王者始起所當誅也言疾始滅者諸滅復見不復

殷皆從此取以所以省文也○復見扶又反下不復同見音賢遍反（疏）注言疾滅至省文也　解云諸滅復見不復殷即定四年蔡公孫歸姓帥師滅沈定六年鄭游遬帥師滅許之屬是也

此滅也其言入

何據齊師滅譚不言入

內大惡諱也明魯臣子當為君父諱滅例月下不復出月者與上同月常案下例當蒙上月日不○當為于偽反下為後皆隱同（疏）注據齊師滅譚不言入　解云在莊十年○注滅例月至同月○解云莊十年冬十月齊師滅譚莊十三年夏六月齊人滅遂之屬是也○注常案下至日不○解云元年祭伯來之下已有此注而復言之者正以彼月為下公子益師卒其祭伯來奔不蒙月今此夏五月一事皆蒙之嫌與異故重發之○

秋八月庚辰公及戎盟于唐

後不相犯日者為後背隱而善相能自復為唐之盟○背音佩（疏）注後不相至之盟○解云春秋之例不信者日故後不相犯日者言為後背隱而善相能自復為唐之盟者即桓二年秋九月公及戎盟于唐是也言背隱者桓是弑君之賊而與桓盟是背隱之義矣言善相能自復者戎與相同好相隨繼其所能故善其將國矣若左氏之義以極是戎國都案此經傳及注似非一

物而舊解曰以爲戎能自梭者非也○九月，紀履緰來逆女。紀履緰者何？紀大夫也。以逆女不稱使，知爲大夫。○履緰音須，左氏爲裂繻。【疏】紀履緰者何○解云：不書爵，又不言使，君臣不明，故孰不知問。○注以逆至大夫○解云：正以桓三年秋，公子翬如齊逆女之屬，皆是大夫爲君逆女，而文皆不言使，今此履緰逆女不言使，故知是大夫也。或者使爲爵字誤也。何以不稱使？据宋公使公孫壽來納幣稱使。婚禮不稱主人。爲養廉遠恥也。【疏】注据宋公至稱使○解云：在成八年夏。○注爲養廉遠恥也者，謂養成其廉，遠其慙恥也。然則曷稱？稱諸父兄師友。宋公使公孫壽來納幣，則其稱主人何？辭窮也。辭窮者何？無母也。禮有母，母當命諸父兄師友，稱諸父兄師友以行。宋公無母，莫使命之，辭窮，故自命之。自命之，則不得不稱使。【疏】注辭窮者何○解云：弟子未解辭窮之義，故執不知問。○注禮有母至師友○解云：即昏禮記云「言子無父母命之」是也。○注稱諸父至以行○解云：謂使者稱

之而文不言使者以其非君故也○注宋公至稱使○解云即昏禮記云親皆沒己躬命之是也○**然則紀**

有母乎曰有以不稱使知有母**有則何以不稱母**据非主人

何不稱母通使文○**母不通也**禮婦人無外事但得命諸父兄師友稱諸父兄師友以行耳母命不得達故不得稱母通使文所以遠別也○別彼列反**外逆女不書此何以書**据伯

婣歸于宋不書逆人（疏）注据伯至逆人○解云在成九年春**譏**譏猶譴也○譴遣戰反**何譏**

爾譏始不親迎也禮所以必親迎者所以示男先女也於廟者告本也夏后氏逆於庭

殷人逆於堂周人逆於戶○親迎魚敬反注及下同先悉薦反（疏）注禮所至先女也○解云出昏義文○注於廟

者至於戶○解云即書傳云夏后氏逆於廟庭殷人逆於堂周人逆於戶者是也○**始不親迎昉**

於此乎前此矣以惠公妃匹不正不嫌無前也○妃音配又芳非反（疏）注以惠至前也

解云不以正妃匹者是不重昏姻之禮故知往前宜有不親迎之事矣**前此則曷爲始**

乎此託始焉爾焉尒猶於是也曷爲託始焉爾據納幣不託始春秋之始也春秋正夫婦之始也夫婦正則父子親父子親則君臣和君臣和則天下治故夫婦者人道之始王教之端内逆女常書外逆女但疾始不常書者明當先自正躬自厚而薄責於人故略外也○治直吏反疏注夫婦正至之端○解云昏義鄭注云言子受氣性純則孝孝則忠是也○注内逆女常書者即桓三年公子翬宣元年公子遂成十四年叔孫僑如之屬是也女曷爲或稱女或稱婦或稱夫人女在其國稱女未離父母之辭紀履緰來逆女是也○未離力智反下同在塗稱婦在塗見夫服從之辭公子結媵陳人之婦是也疏女曷爲或稱女或稱婦者即此經是也或稱婦者即莊十九年陳人之婦是也○注在塗見至之辭○解云案僖二十五年宣元年傳皆云其稱婦何有姑之辭也者若兼二義故也何者在塗稱婦者服從夫辭其至國猶稱婦者對姑生稱也入國稱夫人入國則尊尊有臣子之辭夫人姜氏入國也紀無大夫書紀履緰者重婚禮也月者不親迎例月重録之親迎例時疏注入國至

入是也。○解云在莊二十四年秋是也。○注月者至例時。○解云不親迎例月者即此文及桓三年秋七月公子翬宣元年正月公子遂之屬是也其親迎時者即莊二十四年夏公如齊逆女莊二十七年冬莒慶來逆叔姬之屬是也有不如此者別見義即文四年夏逆婦姜成十四年秋叔孫僑如之屬是也當文自有解不能逆說也。○

冬十月。伯姬歸于紀。伯姬者何。内女也。以無所繫也不稱公子者婦人外成不得獨繫父母

【疏】伯姬者何。○解云欲言内女於紀言歸欲言外女文無所繫故執不知問。○注不稱公至父母。○解云正以莊元年傳云羣公子之舍則已卑矣明有得稱公子之道故注者決之。○

其言歸何。据去父母國也

婦人謂嫁曰歸。婦人生以父母爲家嫁以夫爲家故謂嫁曰歸明有二歸之道書者父母恩錄之也禮男之將取三日不舉樂思嗣親也女之將嫁三夜不息燭思相離也内女歸例月恩錄之。○取七住反。○

【疏】注婦人生至爲家。○解云謂始生時。○注明有二歸之道也。○解云即此伯姬歸于紀宣十六年秋郯伯姬來歸之屬是也。○注禮男之至女將嫁。○解云皆出禮記曾子問。○注内女歸至錄之。○解云即此文冬十月隱七年三月

叔姬歸于紀成九年二月伯姬歸于宋之屬是也○紀子伯莒子盟于密紀子伯者何無聞焉爾言無聞者春秋有改周受命之制孔子畏時遠害又知秦將燔詩書其說口授相傳至漢公羊氏及弟子胡毋生等乃始記於竹帛故有所失也○紀子伯左氏作子帛遠于萬反燔扶元反毋音無○疏紀子伯者何○解云欲言紀君經不稱侯欲言大夫復敘人君之上故執不知問○十有二月乙卯夫人子氏薨夫人子氏者何隱公之母也以不書葬疏夫人子氏者何○解云欲言魯之夫人終無葬處欲言弟子未識故執不知問○注以不書葬○解云今隱公欲表已讓故宜尊卑其母不成夫人之禮是以見其不書葬知其是隱公母也何以不書葬○據姒氏書葬○姒音似○疏注據姒氏書葬○解云即定十五年九月辛巳葬定姒是也彼定姒之子哀公者未踰年之君也其母亦得書葬今隱公雖欲讓桓不作成君應比未踰年之君今其母不書葬故據而難之成公意也何成乎公之意據已立即位○去起呂反子

將不終爲君故母亦不終爲夫人也時隱公卑屈其母不以夫人禮葬之以安禮葬之以卑下桓母無終爲君之心得事之宜故善而不書葬所以起其意而成其賢子者姓也夫人以姓配號義與仲子同書薨者爲隱公恩録痛之也日者恩録之公夫人皆同例也○丁遐嫁反疏注子者至子同○解云上文仲子之下而注云仲字子姓婦人以姓配字不忘本國示不適同姓今此稱姓者亦是示不適同姓之義故云義與仲子同其不稱字之義乃自異故注云以姓配號號即夫人是也○鄭人伐衛書者與入向同侵伐圍入例皆時○疏注書者與入向同○解云即上注云凡書兵者正不得也外內深淺皆舉之者因重兵害衆是也○注侵伐圍入例皆書時○解云其侵伐書時者即僖二十八年春晉侯侵曹晉侯伐衛之屬是也入例時者已說於上而注言此者正以文承日月之下故須解之

三年春王二月二月三月皆有王者二月殷之正月也三月夏之正月也王者存二王之後使統其正朔服其服色行其禮樂所以尊先聖通三統師法之義恭讓之禮於是可得而觀之○疏注二月至王者

解云二月有王即此是三月有王者即定元年王三月之屬是也。注使統其正朔。解云統者始也謂各使以其當代之正朔爲始也。注所以尊至覩之。解云春秋黜杞而言通三統者黜杞爲魯也通三王之正者爲師法之義己

巳日有食之何以書諸言何以書者問王書。疏注諸言至王書。解云至此乃解之者正以有所据下言何以書者還在据彼難此之例故不得然解也即上二年傳云外逆女不書此何以書是也今此直言何以書上無所据則是問王書故如此解。

記異也異者非常可怪先事而至者是後衛州吁弑其君完諸侯初僭魯隱係獲公子翬進諂謀。殺其申志反下殺其君同翬許韋反諂勑檢反疏注是後衛至先僭。解云在四年春。注諸侯初僭。解云下五年秋初獻六羽傳云何以書譏何譏爾譏始僭諸公也然則僭諸公昉於此乎前此矣前此則曷爲始乎此僭諸公猶可言也僭天子不可言也是也。注魯隱係獲者。解云即下六年春鄭人來輸平傳云狐壤之戰隱公獲焉是也。注公子至諂謀。解云下四年秋翬帥師及宋公以下伐鄭傳云公子翬諂乎隱公謂隱公曰百姓安子諸侯說子盍終爲君矣是也此等諸事皆是陰陽之象故取之曰食

日食則曷

為或日或不日或言朔或不言朔曰某月某日朔日有食之者食正朔也桓三年秋七月壬辰朔日有食之是也此象君行外彊內虛是故日月之行無遲疾食不失正朔也疏日食則曷爲或日者○解云即此是也或不日者莊十八年三月日有食之是也或言朔者桓三年秋七月壬辰朔日有食之是也○注此象君至朔也○解云外彊者謂外有威嚴其民臣望而畏之內虛者虛心以受物正得爲君之道故食不失正朔也祭義云虛中以治之鄭注云虛中言不兼念餘事是也其或日或不日或失之前或失之後失之前者朔在前也謂二日食己巳日有食之是也此象君行暴急外見畏故日行疾月行遲過朔乃食失正朔於前也失之後者朔在後也謂晦日食莊公十八年三月日有食之是也此象君行懦弱見陵故日行遲月行疾未至朔而食失正朔於後也不言月食者其形不可得而覩也故疑言日有食之孔子曰多聞闕疑愼言其餘則寡尤不傳天下異者從王錄內可知也○懦乃亂反又乃卧反○疏

注不傳至可知也○解云正以僖十四年沙鹿崩成五年梁山崩傳皆云何以書記異也外異不書此何以書為天下記異也今無此傳故須解之也彼不從王內錄者以其皆在晉竟內故也○三月庚戌天王崩平王也何以不書葬據書葬桓王疏注平王也○解云知者以本紀當之故也○注據書葬桓王○解云即莊三年五月葬桓王是也○天子記崩不記葬必其時也至尊無所屈也諸侯記卒記葬有天子存存在不得必其時也設有王后崩當越紼而奔喪不得必其時故恩錄之○紼音弗疏注設有至奔喪○解云何氏以意言之不言天子崩者舉輕以明重故也曷為或言崩或言薨天子曰崩大毀壞之辭諸侯曰薨小毀壞之辭大夫曰卒卒猶終也士曰不祿不祿無祿也皆所以別尊卑也葬不別者從恩殺略也書崩者為天下恩痛王者也記諸侯卒葬者王者亦當加之以恩礼故為恩錄○以別彼列反下同恩殺所界反為天于偽反下故為主為傳所

爲同○夏四月辛卯尹氏卒尹氏者何天子之大夫也以尹氏立王子朝也○尹氏左氏作君氏朝如字疏尹氏者何○解云欲言諸侯不言國爵欲言外臣而書其卒欲言內臣內無尹氏故執不知問○注以尹氏立王子朝也者○解云在昭二十三年其稱尹氏何據宰渠氏官劉卷卒名○卷音權○疏注據宰渠氏官者○解云即桓四年夏天王使宰渠伯糾來聘是注劉卷卒名之者○解云在定四年秋貶曷爲貶據俱卒也疏注據俱卒也○解云據劉卷言之○譏世卿世卿者父死子繼也貶去名者氏者起其世也若曰世世尹氏也○去起呂反世卿非禮也禮公卿大夫士皆選賢而用之卿大夫任重職大不當世爲其秉政久恩德廣大小人居之必奪君之威權故尹氏世立王子朝齊崔氏世弑其君光君子疾其末則正其本見譏於卒者亦不可造次無故驅逐必因其過卒絕之明君案見勞授賞則衆譽不能進無功案見惡行誅則衆讒不能退無罪○見譏賢徧反下同造七報反疏世卿非禮也○解云詩序云古之仕者世祿也於賢者言之也○注齊崔至君光○解云崔氏世者

即宣十年齊崔氏出奔衛傳云崔氏者何齊大夫也其稱崔氏何貶曷爲貶譏世卿世卿非礼也者是也言弒其君光者在襄二十五年夏○注君子疾其末○解云即襄二十五年與昭二十三年是也○注則正其本者○解云即此及宣十年是也○注見譏至絕之○解云以因過卒絕之者過即崔氏出奔衛尹氏立王子朝是也卒即此文是也若然尹氏立王子朝還言尹氏而崔杼弒其君光不復言崔氏者正以大夫弒君例稱其名故也○注明君至無功○解云衆譽者若共工鯀等迭相爲譽之類是也○注察見惡至無罪○解云謂君有明德察見惡行誅則刑不濫也故雖衆譏亦不能退黜無罪之善人也舊云言不能退無罪者謂不能退使無無罪非也○外大夫不卒此何以卒据原仲不卒○疏注据原仲不卒○解云即莊二十七年秋公子友如陳葬原仲而經不書原仲之卒是也天王崩諸侯之主也時天王崩魯隱往奔喪尹氏主儐贊諸侯與隱交接而卒恩隆於王者則加礼録之故爲隱恩録痛之日者恩録之明當有恩礼○疏注時天至恩礼○解云魯隱奔喪而不書者蓋以得其常故也若遣大夫往則書之即文九年二月叔孫得臣如京師辛丑葬襄王是也彼傳云王者不書

葬此何以書不及時書過時書彼注云重録失時我有往者則書彼注云謂使大夫往也惡文公不自往故書葬以起大夫之會是也○注恩隆至録之○解云言隱公恩隆於王者則加禮録其償賵之人也

○秋武氏子來求賻武氏子者何天子之大夫也其稱武氏子何据宰渠氏官仍叔不稱氏尹氏不稱子【疏】武氏子者何○解云欲言王臣不言王使欲言諸侯之臣文無繫國故執不知問○注据宰渠氏官者○解云即桓四年夏天王使宰渠伯糾來聘是也○注仍叔不稱氏○解云即桓五年天王使仍叔之子來聘是也○

譏何譏爾父卒子未命也時雖世大夫緣孝子之心不忍便當父位故順古先試一年乃命於宗廟武氏子父新死未命而便爲大夫薄父子之恩故稱氏言子見未命以譏之○【疏】注時雖世大夫○解云知者正見尹氏之屬故也○注緣孝至宗廟○解云知如此者正以此經譏父卒子未命而便爲大夫故也

何以不稱使据南季稱使【疏】注据南季稱使○解云即下九年春天王使南季來聘是也

當喪未君也當喪謂天子也未君

者未三年也未可居君位稱使也故絶正其義與毛伯同【疏】注未君至伯同。解云即文九年春毛伯來求金傳云何以不稱使當喪未君也踰年矣何以謂之未君以天子三年然後稱王緣民臣之心不可一日無君故踰年即位緣孝子之心即三年不忍當是故三年乃稱王命使大夫矣

武氏子來求賻何以書

不但言何以書者嫌以主覆問上所以譏二事不問求賻。覆，芳服反。【疏】注不但至求賻。解云上二事者即父卒子未命當喪未君是也嫌言父卒子未命何以書當喪未君何以書故須連言之注主爲求賻書也者嫌爲上二事書故也。

譏何譏爾喪事無求求賻非禮也

主爲求賻書也禮本爲有財者制有則送之無則致哀而已不當求求則皇皇傷孝子之心。【疏】注求則皇至子之心。解云言制禮本意所以喪事無求者恐傷孝子之心故也何者正以孝子本意無心求矣

蓋通于下

云爾者嫌天子財多不當求下財少可求故明皆不當求之。【疏】蓋通于下。解云蓋訖爲皆君似蓋二云歸哉之類或者不受於師故疑之○

八月庚辰宋公和卒

不言薨者春秋王魯死當有王

文聖人之爲文辭孫順不可言崩故取外言卒所以褒内也宋稱公者殷後也王者封二王後地方百里爵稱公客待之而不臣也詩云有客宿宿有客信信是也○孫音遜 疏 注故取至内也○解云魯得尊名不與外諸侯同文即是萬魯爲王之義○冬十有二月齊侯鄭伯盟于石門○

癸未葬宋繆公葬者曷爲或日或不日不及時而日渴葬也不及時不及五月也禮天子七月而葬同軌畢至諸侯五月而葬同盟至大夫三月而葬同位至士踰月外姻至孔子曰葬於北方北首三代之達禮也之幽之故也渴喻急也乙未葬齊孝公是也○宋繆公音穆左氏作穆凡此後倣此背手反 疏 注禮天子至姻至○解云皆隱元年左傳文○注孔子至故也解云檀弓下篇文云孔子曰之下無礼字○注渴喻至是也解云即僖二十七年六月庚寅齊侯昭卒八月乙未葬齊孝公是也而言渴葬者謂更無他事但孜孜於葬故不待五月矣

不及時而不日慢葬也慢葬不能以礼葬也八月葬蔡宣公是也 疏 注慢薄至葬也○解云即下八年夏六月己亥蔡侯考父

卒。注八月至是也。解云言但自慢薄不依禮，故不待五月也。過時而日，隱之也。隱痛也。痛賢君不得以時葬。丁亥葬齊桓公是也。疏注隱痛至是也。解云即僖十七年冬十二月乙亥齊侯小白卒，十八年秋八月丁亥葬齊桓公是也。過時而不日，謂之不能葬也。解緩不能以時葬。夏四月葬衛桓公是也。○解古避反，又古賣反。疏注解緩至是也。解云即下四年二月戊申衛州吁弒其君完，至五年夏四月葬衛桓公是也。當時而不日，正也。六月葬陳惠公是也。○當時丁浪反，又如字，下同。疏注六月至是也。解云即定四年二月癸巳陳侯吳卒，六月葬陳惠公是也。當時而日，危不得葬也。此當時何危爾？

宣公謂繆公曰：以吾愛與夷則不若愛女，以為社稷宗廟主，則與夷不若女，盍終為君矣？與夷者，宣公之子。繆公者，宣公之弟。○與夷如字，又音餘。凡人名字及地名之類，皆從首音；借假字則時復重出。變文音汝下及注同盡終户臘反四年傳同（疏）當時至葬也。解云即此年八月宋公和卒十二月癸未葬宋繆公是也而注不言之者以下有問不注可知也。以吾至愛女。解云若如也言吾愛於與夷則不止如女而已言其甚也云以爲社稷宗廟主則與夷不若女者言不如女道其不賢云盡終爲君矣者何不遂爲君不聽其反讓宣公死繆公立繆公逐其二子莊公馮與左師勃左師官勃名也。馮皮冰反曰爾爲吾子生毋相見死毋相哭所以遠絶之。毋音無下同與夷復曰復報先君之所爲不與臣國而納國乎君者以君可以爲社稷宗廟主也今君逐君之二子而將致國乎與夷此非先君之意也且使子而可逐則先君其逐臣矣繆公曰先君之不爾逐可知矣爾女也可知者欲使我反國。吾立乎此攝也暫攝行君事不得傳與子也謙辭。傳與直專反下音與終致國乎與夷莊公馮弒與夷馮與督共弒殤公在桓二年危之於此者死乃反國非至賢之君不能不争也。馮弒音試注同争争鬭之争【疏】注馮與至二年。解云即桓二年春王正月戊申宋督弒其君與夷及其大夫孔父是也。注死乃至争也。解云至賢之君謂受國者正以與夷不賢殺終見篡矣。故君子大居正明脩法守正最計之要者【疏】故君子大居正。解云言由是之故君子之人大其適子居正不勞違礼而讓然也宋之禍宣公爲之也言死而讓開争原也繆公亦死而讓得爲功者反正也外小惡不書録湣隱者明諸侯卒王者當加恩意憂勞其國所以哀死閔患也。【疏】注言死而至原也。解云言後人見其死乃讓已疑非誠心至意是以還讓其子致後禍故曰開争原也。注繆公至反正也。解云其繆公之叧即桓二年馮弒君是也。注所以哀死閔患也。解云哀死者即慢之屬是也閔患者隱之是也

四年春王二月莒人伐杞取牟婁牟婁者何

杞之邑也以上有伐杞。○牟武侯反（疏）牟婁者何。○解云外相取邑例所不書疑非凡取故

執不知問外取邑不書此何以書據楚子伐宋取彭城不書（疏）注據楚至

不書。○解云即襄元年傳曰魚石走之楚楚爲之伐宋取彭城以封魚石者是也疾始取邑也

外小惡不書以外見疾始者取邑以自廣大比於貪利差爲重故先治之也内取邑常書外但疾始不常書者義與上逆

女同不傳託始者前此有滅不嫌無取邑常託始明故省文也取邑例時。○見疾賢徧反年末見張同差初賣反（疏）

注内取邑常書者。○解云即下十年取郜防昭三十二年取闞之屬是也。○注義與上逆女同。○解云即上注云内逆女

常書外逆女但疾始不常書者明當先自正躬自厚而薄責於人故略外是也。○注傳不託始者。○解云何故不發傳云

取邑昉於此乎前此矣前此則曷爲始於此託始焉爾曷爲託始焉爾春秋之始也凡不託始之義有四一則見其經而

不託始即上二年彼注云據戰伐不言託始納幣不託始之類是也二則其大惡不可託始即五年初獻六羽之下傳云

始僣諸公昉於此乎前此矣前此則曷爲始於此僣諸公猶
可言僣天子不可言彼注云傳云爾者解不託始也二則省
文不假託始即此是也四則無可託始即桓七年焚咸丘之
下注云傳不託始者前此未有無所託此是也○注取邑例
時○解云即下六年冬宋人取長葛之屬
是然則取邑雖在月下不蒙上月也○**戊申衛州**
吁弒其君完曷爲以國氏 据齊公子商人弒其君舍氏公子○弒其申志
反弒字從式殺字從殳不同也君父言弒積漸之名也臣子
云殺卑賤之意也字多亂故時復音之可知則不重出也完音
丸 **疏** 注据齊至公子○解云在文十四年秋也商人所以得氏公子者正以商人次正當立其罪差輕故也○
當國也 與段同義曰者從外逆辭以賊鬭例 **疏** 注與段同義者○解云即上元年注云欲當國爲君
故如其意使如國君氏上鄭所以見段之凶逆是也○注曰
者至闘例○解云公羊之例合書則書不待赴告而言從外
赴辭者謂其君被弒此君之臣即以其日赴於天子諸侯望
天子諸侯早來救已是以春秋悉皆書日故云曰者從外赴
辭也言以賊鬭例者言以賊弒君鬭於天子諸侯例日如此
故下八年傳云卒何以日而葬不日卒赴何氏云赴天子也

緣天子閔傷欲其知之義亦通乎此○夏公及宋公遇于清遇者何不期也一君出一君要之也古者有遇禮爲朝天子若朝罷朝卒相遇于塗近者爲主遠者爲賓稱先君以相接所以崇禮讓絕慢易也當春秋時出入無度禍亂姦先多在不虞無故卒然相要小人將以生心故重而書之所以防禍原也言及者起公要之明非常遇也地者重錄之遇例時○要之一遥反注同易以豉反疏遇者何○解云欲言冬見其文曰夏欲言會聚又不言會故執不知問○注言及者至遇也○解云正以及者汲汲之文故也其常遇者即朝天子罷朝之時相遇于塗是也○注遇例時者○解云即隱八年春宋公衛侯遇于垂莊三十年冬公及齊侯遇于魯濟及此之屬皆是而僖十四年夏六月季姬及鄫子遇于防書月者彼注云甚惡內是也○宋公陳侯蔡人衛人伐鄭○秋翬帥師會宋公陳侯蔡人衛人伐鄭翬者何公子翬也以入桓稱公子疏翬者何○解云無公子故執不知問○注以入桓稱公子○解云即桓三年秋公子

翬如齊逆女是也何以不稱公子貶曷爲貶據叔老會鄭伯伐許不貶

疏注據叔至不貶○解云在襄十六年夏○與弒公也弒者殺也臣弒君之辭以終隱之篇

貶知與弒公也○與弒音預下及注同○疏注以終隱至弒公○解云即此及十年夏翬帥師會齊人鄭人伐宋

傳云此公子翬也何以不稱公子貶曷爲貶隱之罪人也故終隱之篇貶也是也其與弒公柰

何公子翬諂乎隱公諂猶佞也謂隱公曰百姓安

子諸侯說子盍終爲君矣隱曰吾否否不也○說音悅

吾使脩塗裘吾將老焉塗裘者邑名也將老焉者將辟桓居之以自終也故南面

之君勢不可復爲臣故云爾不以成公意者隱本爲桓守國國邑皆桓之有不當取以自爲也○將辟音避今本多即作

辟守後不更音復扶又反本爲于僞反下自爲傳吾爲皆同○疏注不以成至爲也○解云上元年傳云公何以

不言即位成公意也此傳何以不言營塗裘何以不書成公意也言隱非正君直爲他守国而已邑非已有不當擅取之

取之非是以不得作成公意解也公子翬恐若其言聞乎桓於是

謂桓曰吾爲子口隱矣口猶口語相發動也疏注口猶至動也○解云語

讀如子語魯大師之語○隱曰吾不反也桓曰然則奈何曰

請作難難注難也○難乃旦反注同弑隱公諡者傳家所加疏注諡者至所加○解

云死諡周道也今始請弑已言隱公者公羊子從後加之所以至此乃注者嫌是傳語故明之於鍾巫

之祭焉弑隱公也鍾者地名也巫者事鬼神禱解以治病請福者也男曰覡女曰巫傳

道此者以起浴祀之無福○禱解丁老反或丁報反下古賣反又古買反覡户狄反疏注男曰覡女曰巫者○解

云楚語文也○注傳道至無福○解云自言弑隱公義勢已盡而必言於鍾巫之祭焉者以起浴祀之無福故也○

九月衛人殺州吁于濮其稱人何據晉殺大夫里克俱弑君

賊不稱人○濮音卜一音剝○疏注據晉殺大夫里克○解云在僖十年夏○討賊之辭也

討者除也明國中人人得討之所以廣忠孝之路書者善之也討賊例時此月者久之也疏注討賊例至久之也

解云討賊例時者莊九年春齊人殺無知是也桓六年秋八月蔡人殺陳佗亦書月者與此同也○冬十有二月衛人立晉晉者何公子晉也以下有衛侯晉卒文言立疏晉者何○解云欲言立正而文言立欲言非正而夆衆立之故執不知問○注以下至言立○解云以有衛侯晉卒則知此文衛人立晉者是先君之子公然立之爲君矣又言立者篡文知非正也大子故知公子矣其衛侯晉卒在桓十二年冬立者何立者不宜立也諸侯立不言立此獨言立明不宜立之辭疏立者何○解云諸侯之立例所不書今特言立故執不知問○其稱人何據尹氏立王子朝也疏注據尹至朝也○解云在昭二十三年秋衆立之之辭也晉得衆國中人人欲立之然則孰立之石碏立之石碏立之則其稱人何據尹氏立王子朝不稱人○碏七略反一音七洛反衆之所欲立也衆

雖欲立之其立之非也

凡立君爲衆衆皆欲立之嫌得立無惡故使稱人見衆言立也明下無廢上之義聽衆立之篡也不刺嗣子失位者時未嘗喪與土得權重也月者大國篡例月小國時立納入皆爲篡卒日葬月達於春秋爲大國例主書從受位也〇篡初患反〇疏注不刺至權重也〇解云刺桓公嗣子失位者即不書晉之立矣故襄十四年衛侯衎出奔齊襄二十六年傳云曷爲不言剽之立不言剽之立者以惡衛侯也彼注云欲起衛侯失衆出奔故不書剽立剽立無惡則衛侯惡明矣今書晉立則不刺嗣子可知〇注月者至國時〇解云大國篡例月者即此文冬十二月衛人立晉莊六年夏六月衛侯朔入于衛哀六年秋七月齊陽生入于齊之屬是也而莊九年夏齊小白入于齊不月者彼注云不月者移惡于魯也其小國時者即僖二十五年秋楚人圍陳納頓子于頓昭元年秋莒去疾自齊入于莒之屬是也〇注立納入皆爲篡解云立爲篡者此文衛人立晉昭二十三年尹氏立王子朝之屬是也其納爲篡者納頓子于頓及文十四年晉人納捷菑之屬是也其入爲篡者小白陽生之屬是也〇注卒日至大國例〇解云隱八年夏六月己亥蔡侯考父卒秋八月葬宣公之屬是也〇注主書從受位也〇解云謂主惡晉之從

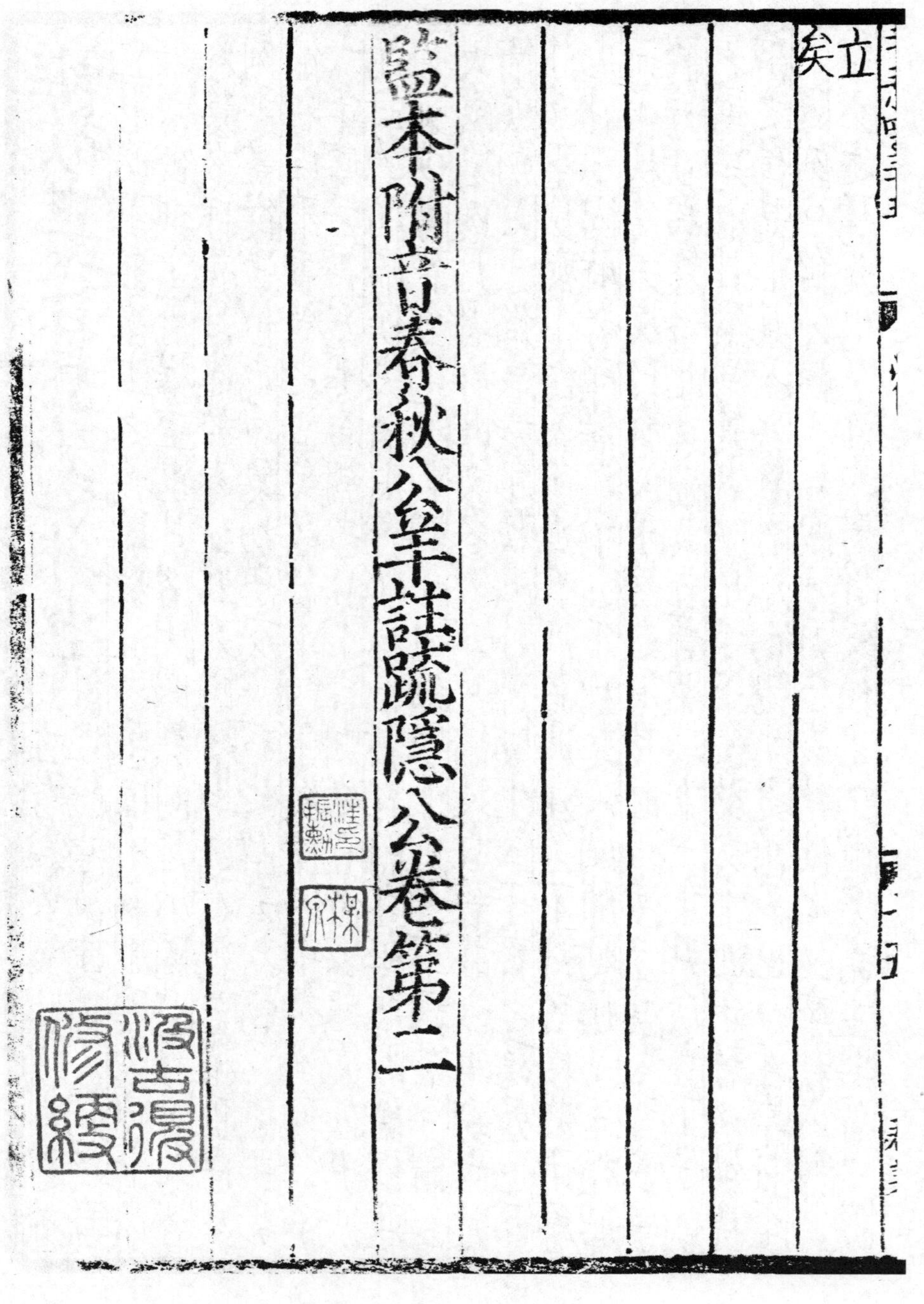

立矣

監本附音春秋公羊註疏隱公卷第一

監本附音春秋公羊註疏隱公卷三　起五年盡十一年

何休學

五年春公觀魚于棠何以書譏何譏爾遠也

公曷爲遠而觀魚據浚洙也○觀魚左氏作矢魚○浚思俊反洙常朱反【疏】注據浚洙也○解云莊九年冬浚洙傳曰洙者何水也浚之者何深之也曷爲深之畏齊也注云洙在魯北齊所由來然則近國北自有洙水何故遠至棠地而觀魚乎故難之

登來之也登讀言得來得來之者齊人語也齊人名求得爲得來作登來者其言大而急由口授也○登來依注登音得【疏】注得來至語也○解云齊人名求得爲得來而云此者謂齊人急語之時得聲如登矣○注由口授也○解云謂高語之時猶言得來之至著竹帛時乃作登字故言由口授矣

百金之魚公張之解言登來之意也百金猶百萬也古者以金重一斤若今萬錢矣張謂張罔罟障谷之屬也○罟音古鄣之尚反又音章【疏】注解言至意也○解云正以價直百

金故言得來之。○注障谷之屬也。○解云僖三年傳云桓公曰無障谷云是也。**登來之者何？**弟子未解其言大小緩急故復問之○解戶買反或作買反故復扶又反下不得復同**美大之之辭也。**其言大而急者美大多得利之辭也寧闕幾張魚而言觀譏遠者取公去南面之位下與百姓爭利匹夫無異故諱使若以遠觀爲譏也諸諱主書者從實也觀例時從行賤略之〔疏〕注觀例時○解云莊二十三年夏公如齊觀社及此是也彼此非禮故言從行賤略之**崇者何？濟上之邑也。**濟者四瀆之別名江河淮濟爲四瀆○濟上子禮反注同濟水之上〔疏〕崇者何○解云正以崇非永名而於之觀魚故執不知問○注江河至四瀆○解云即釋水云江河淮濟爲四瀆四瀆者發源注海者也○**夏，四月，葬衛桓公。**〔疏〕夏四月至桓公○解云即上三年傳云過時而不日謂之不能葬也何氏云解緩不能以時葬夏四月葬衛桓公是也然則桓公見弑在去年之春過期乃葬故以解緩言之○**秋，衛師入盛。**

曷爲或言率師或不言率師？將尊師衆稱其

率師將尊者謂大夫也師衆者滿二千五百人以上也千五百人稱師無駭率師入極是也禮天子六師方伯二師諸侯一師。入盛音成左氏作郕【疏】注將尊至夫也。解云公羊之例大夫見名氏故云此。注二千至稱師解云大司馬序官文。注無駭至是也 解云在上二年夏。注天子至六師。解云天子六師者即周士于邁六師及之是也方伯者九州牧也即王制云千里之外設方伯是也二師者即昭五年春王正月舍中軍舍中軍者何復古也是矣然則魯之初封地方七百里至於僖公復伯禽之宇更爲州牧而以二軍爲復古是爲方伯二師方伯之屬而以二師爲正則知凡平諸侯一師明矣然則論語云子曰三軍可奪帥之屬其指王官之伯乎

將尊師少稱將師少者不滿二千五百人也衛孫良夫伐廧咎如是也。咎音羔【疏】注衛孫至是也。解云成三年晉郤克衛孫良夫伐將咎如是也不言郤克者科舉以言之

將卑師衆稱師將卑者謂士也衛師入盛是也

將卑師少稱人鄭人伐衛是也【疏】注鄭人伐衛是也解云在上二年冬也

君將不言率師書其重者也分別之者責元師因錄功惡有小大救徐從王

伐鄭是也。公別彼列反元率所類反本又作帥

疏注分別至小大。解云：責元帥者，凡書兵者是正不得故責之也，因録功惡有小大者，即將尊師衆而有功，小將卑師少而有功，大將卑師少而無功爲惡小，將尊師衆而無功爲惡大是也。注救徐至是也。解云：僖十五年春，公孫敖率師及諸侯之大夫救徐，桓五年秋，蔡人、衞人、陳人從王伐鄭是也。公孫敖救徐者，將尊師衆無功，是其惡大也；蔡人等從王伐鄭，稱人而行義，是其功大也。

九月，考仲子之宫。考宫者何？考猶入室也。始祭仲子也。

考，成也。成仲子之宫廟而祭之，所以居其鬼神，猶生人入宫室必有飲食之事。不就惠公廟者，妾毋卑，故雖爲夫人，猶特廟而祭之。禮，妾廟子死則廢矣。不言立者，得變禮也。加之者，宫廟尊卑共名，非配號稱之辭，故加之以絶也。

疏注考宫者何。解云：上無立文，而經言考，春秋之内更無考禮，故執不知問。注猶生至之事。解云：即下雜記云"路寢成則考之而不釁"，鄭注云"言路寢者，生人所居，不釁者，不神之也。考之者，設盛食以落之"。檀弓曰"晉獻文子成室，諸大夫發焉。張老曰：美哉輪焉，美哉奐焉，歌於斯，哭於斯，聚國族於斯。文子曰：武也得歌於斯，哭於斯，聚國族於斯，是全要領以從先大夫於九原北面再拜稽首者是也。注禮妾至發矣 解云即喪服小記云慈母與妾母不世祭鄭注云以其非正即引穀梁傳云於子祭于孫止是也。注不言至禮也 解云欲決成六年立武宮定元年立煬宮皆言立者以其非禮故也。注加之至絶也 解云言宮廟尊卑共名者尊所言宮故武煬是君仲子是妾是尊卑共名號稱者即仲子是也武煬是君配宮言之正是其宜仲子是妾不宜與宮廟連文故加之以絶之矣 桓未君則

曷爲祭仲子 據無子不廟也 疏 注據無子不廟也 解云即上解於孫止是也其子死訖猶尚不祭其子未君之時不祭明矣故難之然則妾母之貴正由其子爲君即元年傳云母以子貴是也若子未爲君之時義與未踰年之君相似莊三十二年傳云未踰年之君也有子則廟廟則書葬無子不廟不廟義亦通於此 隱爲桓立

故爲桓祭其母也然則何言爾成公意也 尊桓之母爲立廟所以彰桓當立得事之宜故善而書之所以起其意成其賢也。隱爲于僞反 初獻六羽

初者何始也六羽者何舞也 持羽而舞 疏 初者何 解云獻羽

是常而反言初故執不知問。六羽者何解云諸侯仍用四此反言六羽故執不知問初獻六羽何以書譏何譏爾譏始僭諸公也僭齊也下傚上之辭〔疏〕初獻至以書　解云不但言何以書嫌覆問上文始與舞故復舉句而問之不注之者與三年求賻同故省文六羽之爲僭奈何天子八佾佾者列也八人爲列八八六十四人法八風。佾音逸列也諸公六六人爲列六六三十六人法六律諸侯四四人爲列四四十六人法四時諸公者何諸侯者何天子三公稱公王者之後稱公其餘大國稱侯大國謂百里也〔疏〕諸公者何解云正以諸公有二等故執不知問。諸侯者何　解云漫言諸侯明是五等揔名文次公下復嫌偏指七命故執不知問所以不待荅訖而連句問之者正以上文并解諸公六諸侯四故也。注大國謂百里也　解云公侯方百里王制文也侯與公等者據有功者言之矣小國稱伯子男者王以上巳有侯故不復言之其實凡平之侯正與伯等小國稱伯子男小國謂伯七十里子男五十里【疏】注小國至五十里。解云王制文彼注云此地殷所因夏爵三等之制也春秋變周之文從殷之質合伯子男以爲一則殷爵三等者公侯伯也異畿內謂之子周武王初定天下更立五等之爵增以子男而猶因殷之地以九州之界尚狹也周公攝政致大平斥大九州之界制禮成武王之意公地方五百里侯四百里伯三百里子二百里男一百里諸侯亦以功黜陟之其不合者皆益之地爲百里焉是以周世有爵尊而國小爵卑而國大者唯天子畿內不增

天子三公者何天子之相也相助也。之相息亮反注及下同【疏】天子三公者何。解云正以春秋上下無三公之文故執不知問

天子之相則何以三據經但有祭公周公【疏】注據經至周公。解云即桓八年祭公來云云僖九年公會宰周公是也經但有二公而傳言三公故難之

自陝而東者周公主之自陝而西者召公主之一相處乎內陝者蓋今弘農陝縣是也禮司馬主兵司徒主教司空主土春秋撥亂世以絀陟爲本故舉絀陟以所主者言之。陝失冉反何云

弘農陝縣也一云當作郟古洽反王城郟〔疏〕注司馬至言
鄏郟公上照反又作召音同絀勑律反之○解云上
傳云諸公者何天子之相天子之相則何以三云云不道二
王之後者何二王之後何以二地者正以天子三公主絀陟
故偏取言之是以注者解其意**始僭諸公昉於此乎前此矣前**
此則曷爲始乎此僭諸公猶可言也僭天子
不可言也傳云爾者解不託始也前僭八佾於惠公廟大惡不可言也還從僭六羽議本所當託者
非但六也故不得復傳上也加初者以爲常也獻者下奉上
之辭不言六佾者言佾則干舞在其中明婦人無武事獨奏
文樂羽者鴻羽也所以象文德之風化疾也夫樂本起於和
順和順積於中然後榮華發於外是故八音者德之華也歌
者德之言也舞者德之容也故聽其音可以知其德察其詩
可以達其意論其數可以正其容薦之宗廟足以享鬼神用
之朝廷足以序羣臣立之學官足以協萬民凡人之從上教也
皆始於音音正則行正故聞宮聲則使人溫雅而廣大聞商
聲則使人方正而好義聞角聲則使人惻隱而好仁聞徵聲
則使人整齊而好禮聞羽聲則使人樂養而好施所以感蕩

血脉通流精神存寧正性故樂從中出禮從外作也禮樂[illegible]於身望其容而民不敢慢觀其色而民不敢争故禮樂者君子之深教也不可須臾離也君子須臾離禮則暴慢襲之須臾離樂則姦邪入之是以古者天子諸侯雅樂鍾磬未曾離於庭卿大夫御琴瑟未曾離於前所以養仁義而除淫辟也魯詩傳曰天子食日舉樂諸侯不釋縣大夫士日琴瑟王者治定制禮功成作樂未制作之時取先王之禮樂宜於今者用之堯曰大章舜曰蕭韶夏曰大夏殷曰大護周曰大武各取其時民所樂者名之堯時民樂其道章明也舜時民樂其脩紀堯道也夏時民樂大其三聖相承也殷時民樂大其護已也周時民樂其伐討也蓋異號而同意異歌而同歸失禮鬼神例日此不日者嫌獨考宫以非禮書故從未言初可知○夫樂音扶發句之端故此朝廷徒佞反好義呼報反下同徵張里反施式豉反争争鬬之争離也力智反下同邪似嗟反未曾在能反下同淫辟匹亦反縣音玄治定直吏反韶常昭反夏日戶雅反下同護戶故反紂直久反

（疏）注云至始也○解云其託始者即上二年傳云無駭者何展無駭也何以不氏貶曷爲貶疾始滅也始滅昉於此乎前此矣前此貶曷爲始乎此託始焉爾曷爲託始焉爾春秋之始也今傳亦宜云前此則曷爲始乎此託始焉爾曷爲託始焉爾春

傳

秋之始也而○僭諸公猶可言僭天子不可言解不得託始
意也○注前僭至公廟○解云謂自此以前不必要指春秋
前也而言惠公廟者欲道於周公廟時不爲僭故也○注本
所至傳上也○解云由非六之故是以不得復祭傳云上古
已有六矣○注羽者至化疾○解云知鴻羽者時王之禮且以
舉則冲天所以象文德之風化疾故也詩云右手秉翟者其
兼用之乎注夫樂本起於和順和順積於中然後榮華發於
外者樂記文也○注故聞至性故○解云温雅而廣大者
土之性也方正而好義者金之性也惻隱而好仁者木之性
也整齊而好禮者火之性也樂養而好施者水之性也○注
樂從至作也○解云樂記文樂由中出和在心是也禮自外
作敬在貌是也此注皆出樂記○注取先王至用之○解云
謂同其文質也王者治定制禮功成作樂功成治定同時爾
功王於王業治主於教民故明堂位曰周公治天下六年朝
諸侯於明堂制禮作樂○注失禮至可知○解云失禮鬼神
例日者成六年二月辛巳立武宮之屬是也言考宮與獻羽
實同日者置日於考宮上則嫌獻羽不蒙之獨自考宮以非
禮而已故從下事言初初是非禮辟則獻羽非禮亦可知然
考宮得變禮而不置於獻羽上者嫌初日
故也知初是非禮者正以初稅畝同文矣○

邾婁人鄭

人伐宋邾婁小國序上者主會也疏注邾婁至會也。解云傳宋而言注會者謂相共伐宋時邾爲首故也。○螟何以書記災也災者有害於人物隨事而至者先是隱公張百金之魚設苛令急治以禁民之所致○螟亡丁反蟲食苗心苛音何疏注災者有害於人物隨事而至者。解云欲對異爲先事而至故也。○注先是至所致。○解云苛令急法者即三年春王二月己巳日有食之注云此象君行暴急外見畏是也。○冬十有二月辛巳公子彄卒日者隱公[illegible]君宜有[illegible]於大夫益師始見法無駭有罪據挾又未命也故獨得於此日。○彄苦侯反見賢徧反疏注日[illegible]大夫[illegible]云正以所聞之世例不合日故也。○注益師始見法。○解云元年十二月公子益師卒是所傳聞之世初始欲見三世之法故不書日也。○注無駭有罪。○解云即八年冬十有二月無駭卒傳云何以不氏疾始滅也故終身不氏是也。○注俠又未命也。○解云即九年三月俠卒傳云俠者何吾大夫之未命者是也。○宋人伐鄭圍長葛邑不言圍此其言圍何據伐於餘丘不言圍疏注據伐至言圍解云即莊二年夏公子慶父帥師伐於餘丘是也疆也至邑雖圍當言伐惡其疆而無義也必欲爲得邑故如其意言圍也所以不知鄭疆者公以楚師伐宋國緡不言疆也○疆渠羌反下同惡烏路反

六年春鄭人來輸平輸平者何輸平猶墮成也何言乎墮成據翬會諸侯伐鄭後未道平也何道墮成○輸平式朱反墮也左氏作渝平墮許規反疏輸平者何○解云正以言異於常例故執不知問注據翬至墮成○解云上四年秋翬帥師會宋公陳侯蔡人衛人伐鄭是也敗其成也翬伐鄭後已相與平但外平不書故云爾疏注翬伐至云爾○解云魯與鄭平而言外平者謂伐鄭之後特公子翬在外與鄭平不得公命是以不書故曰外平不書耳曰吾成敗矣吾魯也疏曰吾成敗矣○解云稱魯人之辭故加曰吾與鄭人末有成也末無也此傳發者解鄭稱人爲共國辭疏注此傳至國辭解云傳發此吾與鄭人末有成一段事者非直欲鄭遭獲諸侯爲有罪而魯侯不能死難亦當絕故令鄭稱人言輸平則魯侯亦合稱人矣

一箇人字兩國共有故云稱人爲共國辭
吾與鄭人則曷爲未有成據無
戰伐之文狐壤之戰隱公獲焉時與鄭人戰於狐壤爲鄭所獲○壤如丈反然
則何以不言戰戰者內敗文也據鞌戰君獲言師敗績（疏）注戰者內敗文也○解云
即桓十年齊侯衛侯鄭伯來戰于郎傳云何以不言師敗績
內不言戰言戰乃敗矣彼注云春秋託王於魯戰者敵文也
王者兵不與諸侯敵戰乃其已敗之文故不復言師敗績是
也○注據鞌至敗績○解云成二年季孫行父以下師會
晉郤克云云及齊侯戰于鞌齊師敗績秋七月齊侯使國佐
如師云云傳云君不行使乎大夫此其行使乎大夫何佚獲
也注云佚獲者已獲而逃亡也然則彼獲言
敗績則知此時魯侯被獲亦宜言戰故難之諱獲也君獲不言
師敗績故以輸平諱也與鞌戰辟內敗文是戰例時偏戰日
詐戰月不日者鄭詐之不月者正月也見隱終無奉正月之
意不地者深諱也使若實輸平故不地也稱人共國辭者嫌
來輸平獨惡鄭擅獲諸侯魯不能死難皆當絕之○難乃旦
反（疏）注君獲至諱也○解云君獲不言師敗績即僖十五
年晉侯及秦伯戰于韓獲晉侯傳云此偏戰也何以

不言師敗績注云舉君獲爲重也是也然則此由魯公見獲是以不得言戰故以輸平諱之○注與鞌至敗文○解云成二年傳云君不行使乎大夫此其行使乎大夫何佚獲也注云二公當絶賤使與大夫敵體以起君獲不言師敗績等是不去師敗績者辟內敗文也然則鞌戰之時實齊侯彼獲宜去敗績直言戰而已但時內大夫在焉辟內敗文故不得言戰矣今此輸平之經自由魯公見獲是以不得言戰故云與鞌戰辟內敗文異○注戰例時偏戰日○解云即桓十二年丁未戰于宋傳云此偏戰也何以不言師敗績云云是也○注詐戰月○解云即莊十年春王正月公敗齊師于長勺之屬是也○注不地者深諱也○解云若地宜言輸平于狐壤似君戰于之類○夏五月辛酉公會齊侯盟于艾秋七月此無事何以書春秋雖無事首時過則書首始也時四時也過歷也春以正月爲始夏以四月爲始秋以七月爲始冬以十月爲始歷一時無事則書其始月也○艾王蓋反［疏］夏五月至則書○解云下無相犯之處而書日者以下八年三月庚寅我入邴傳云其言我何言我者非獨我也齊亦欲之然則雖不復侵伐亦有爭邑之嫌故書

日也

首時過則何以書據無事也春秋編年，四時具然後為年。明王者當奉順四時之正也。尚書曰：欽若昊天，歷象日月星辰，敬授民時是也。有事不月者，人道正則天道定矣。○編，必連反，字林、聲類皆布千反，一音甫連反。昊，戶老反。

冬，宋人取長葛。外取邑不書，此何以書？久也。古者師出不踰時，今宋更年取邑，久暴師苦衆，居外，故書以疾之。不繫鄭舉伐者，明因上伐圍取也。○更音庚。暴，步卜反。

疏外取至以書。解云：據與四年牟婁同。

七年春王三月，叔姬歸于紀。叔姬者，伯姬之媵也。至是乃歸者，待年父母國也。婦人八歲備數，十五從嫡，二十承事君子。媵賤書者，後為嫡，終有賢行。紀侯為齊所滅，紀季以酅入于齊，叔姬歸之，能處隱約，全竟婦道，故重錄之。○從適，丁歷反，本亦作嫡，下同。賢行，下孟反，下皆同。酅，戶圭反。

疏注叔姬至國也。○解云：知如此王見上二年冬伯姬歸于紀，自爾以來不見紀伯姬卒之文，今叔姬又歸之，明知是其媵矣。○注婦人至君子○解云書傳文○注滕賤至賢侯○解云春秋之内例不書滕以其賤故今此書者以其後爲姬終有賢行也知後爲嫡者正以莊二十九年冬十二月紀叔姬卒三十年八月癸亥葬紀叔姬卒葬皆書爲嫡明矣而成九年伯姬歸于宋書二國媵者彼傳云録伯姬是也○注紀侯至所滅解云即莊四年夏紀侯大去其國是也○注紀季至于齊解云在莊三年○注叔姬至録之○解云莊十二年春王三月紀叔姬歸于酅傳云其言歸于酅何隱之也何隱爾其國亡矣徒歸于叔爾也是也○

滕侯卒何以不名據蔡侯考父卒名疏注據蔡至卒名○解云在下八年夏微國也小國故略不名微國則其稱侯何據大國稱侯小國稱伯子男疏注據大至子男○解云上五年傳文案彼大國非直侯而注特言大國稱侯者案彼傳之成文故也不嫌也滕侯卒不名下常稱子不嫌稱侯爲大國疏注下常稱子解云桓二年滕子來朝因茲已下常稱子矣春秋貴賤不嫌同號貴賤不嫌者通同號稱也若齊亦稱侯滕亦稱侯微者亦稱人貶亦稱人皆有起文貴賤不嫌同號是也○號稱尺證反疏注齊亦稱侯○解云

不云晉者晉爵未大故。注微者亦稱人。解云隱元年九月及宋人盟于宿之屬是也。注皆有起文。解云滕侯卒不名下佰稱子起其微也齊侯佰以宋公之上起其大也宋人盟于宿不書日亦起微也鄭人來輸平稱人者共國辭起其賤之故曰皆有起文也。注貴賤至是也。解云不論貴賤不嫌者通其同號稱由是之故春秋同其號也

美惡不嫌同辭 若繼體君亦稱即位繼弒君亦稱即位皆有起文美惡不嫌同辭是也滕微國所傳聞之世未可卒所以稱侯而卒者春秋王魯託隱公以爲始受命王滕子先朝隱公春秋褒之以禮嗣子得以其禮祭故稱侯見其義。惡烏路反又如字注同傳直專反見賢徧反

(疏)注若繼至即位。解云文成之屬是也。注繼弒即位。解云桓宣是也。注皆有起文。解云前君之薨書地者起其後即位者是繼體之君也若前君薨不地者起其後即位者非是繼體之君也。注美惡至是也。解云謂美惡不嫌者通其同辭由是之故春秋同其辭矣。注滕子至其義。解云在十一年即此君之子也滕子辟侯俱朝隱公滕幷褒其父而辟否者辟侯父卒在春秋之前故無褒之文。

夏城中丘 中丘者何內之邑也城中丘

何以書上問中丘者何指問邑也故因言何以書嫌但問書中丘故復言城中丘何以書也○復扶又反（疏）中丘者何○解云楚丘同皆直云城文無別故執不知問以重書也以功重故書也當稍稍補宇之至令大崩弛壞敗然後發衆城之猥苦百姓空虛國家故言城明其功重與始作城無異故邑例時○令力呈反弛戸爾反又氏反（疏）注城邑例時○解云即下九年夏城郎襄十三年冬城防之屬是也○齊侯使其弟年來聘其稱弟何據諸侯之子稱公子母弟稱弟母兄稱兄母弟同母弟母兄同母兄不言同母言母弟者若謂不如爲如矣齊人語也公別同母者春秋變周之文從殷之質質家親親明當親厚異於羣公子也聘者問也來聘書者皆喜內見聘事也古者諸侯朝罷朝聘爲慕賢孝禮一法度尊天子不言聘公者禮聘受之於大廟孝子謙不敢以已當之歸美於先君且重賓也○別彼列反大廟音泰下同（疏）母兄稱兄○解云昭二十年秋盜殺衛侯之兄輒是也○秋公伐邾婁○冬天王使凡伯來聘書者喜之也古者諸侯有較德殊風異行

天子聘問之當北面稱臣受之於大廟所以尊王命歸美於先君不敢以已當之

戎伐凡伯于楚丘以歸凡伯者何上言聘此言伐嫌其異故執不知問疏注上言聘此言伐○解云謂聘伐辭異嫌其非一人也

天子之大夫也此聘也其言伐之何据出聘與郊非異不得言伐也問伐加之者辟問輕重兩舉之疏注据出至伐也○解云昭二十三年晉人圍郊傳云郊者何天子之邑也曷爲不繫于周不與伐天子也宣元年晉趙穿帥師侵柳傳云柳者何天子之邑也曷爲不繫乎周不與伐天子也然則郊柳皆是天子之邑猶可言其侵圍今此聘大夫不應得言伐故難之先言郊者文便言之故不次也○注問伐至舉之○解云桓十二年及鄭師伐宋丁未戰于宋傳云戰不言伐此其言伐何彼問輕重兩舉不言之故此言之者辟問輕重兩舉之

執之也執之則其言伐之何据執季孫隱如不言伐疏注据執至言伐○解云昭十三年平丘之會晉人執季孫隱如以歸是也

大之也尊大王命責當死位故使與國同曷爲大之据王子突繫諸人疏

注據王人至諸人○解云莊六年春王三月王人子突救衛傳云王人者何微者也子突者何貴也貴則其稱人何繫諸人也是也等是王臣一伸一屈故難之

不與夷狄之執中國也因地不接京師故以中國正之中國者禮義之國也執者治文也君子不使無禮義制治有禮義故絕不言執正之言伐也執天子大夫而以中國正之者執中國尚不可況執天子之大夫乎所以降夷狄尊天子為順辭

其地何據執季孫隱如不地

大之也順上伐文使若楚丘為國者猶慶父伐於餘丘也不地以衛者天子大夫銜王命至尊顧在所諸侯有出入所在赴其難當與國君等也録以歸者惡凡伯不死位以辱王命也○難乃旦反惡烏路反

【疏】注順上至命也○解云莊二年夏公子慶父帥師伐於餘丘傳云於餘丘者何邾婁之邑也曷為不繫乎邾婁國之也者是

八年春宋公衛侯遇于垂宋公序上者時衛侯要宋公使不虞者為主明當戒慎之無主者遇在其間置上則嫌為事出置下則嫌無天法可以制月文不可施也○要一遙反為事于偽反下為魯為小國為桓并年末注皆同

【疏】注宋公至其間○解云何氏以為會盟則以大小為序遇則以不序為[illegible]

故如此解是以莊三十二年經云夏宋公齊侯遇于梁丘齊在宋下是其一隅耳○注置上至事出○解云若言八年春王宋公衛侯遇于垂即嫌桓王亦與之遇故言則嫌為事出事謂遇事也或者嫌為遇事之故出此王故云則嫌為遇事出也○注置下至施也解云天法即春是也

○三月鄭伯使宛來歸邴宛者何鄭之微者也邴者何鄭湯沐之邑也天子有事于泰山諸侯皆從泰山之下諸侯皆有湯沐之邑焉有事者巡守祭天告至之禮也當沐浴絜齊以致其敬故謂之湯沐邑也所以尊待諸侯而共其費也禮四井為邑邑方二里東方二州四百二十國凡為邑廣四十里袤四十二里取足舍止共槀穀而已歸邴書者甚惡鄭伯無尊事天子之心專以湯沐邑歸魯背叛當誅也錄使者重尊湯沐邑也王者所以必巡守者天下雖平自不親見猶恐遠方獨有不得其所故三年一使三公絀陟五年親自巡守巡猶循也守猶守也循行守視之辭亦不可國至人見為煩擾故至四嶽足以知四方之政而已尚書曰歲二月東巡守至于岱宗柴望秩于山川遂覲東

右協時月正日同律度量衡脩五禮五玉三帛二生一死贄
如五器卒乃復五月南巡守至于南嶽如岱禮八月西巡狩
至于西嶽如初十有一月朔巡守至于北嶽如西禮還至嵩
如初禮歸格于禰祖用特是也○宛於阮反人名也一音烏
卯反又烏勉反邴彼命反又音丙鄭邑左氏作祊從才用反
巡守手又反本又作狩下除猶守守視以外同絜齊側皆反
本多即作齊字後放此更不音而共音恭下同費芳味反廣
古曠反褒音茂亳古老反甚惡烏路反下同背步內反使所
吏反行下孟反量音亮贄音至嵩夙忠反格
本又作假同古百反禰乃禮反本又作藝○【疏】宛者何○解云欲言
大夫經不言氏欲言微者書名見經故執不知問○邴者何
解云欲言魯物先無取文欲言鄭邑於魯言歸故執不知問
注歸邴至誅也○解云正以將所傳聞之世外小惡不書故
也○注錄使至其所○解云正決哀八年齊人歸讙及僤之
屬不錄使故也○注故三至絀陟○解云書傳文○注五年
至而已○解云堯典文○注尚書至是也○解云惟是一字
注者言之以上皆堯典文也鄭注歲二月者正歲建卯之月
也巡守者行視所守也岱宗者東嶽名也柴者考績燎也望
秋于山順者遍以尊卑祭之五嶽視三公四瀆視諸侯其餘
小者或視卿大夫或視伯子男矣秋次也東治東方之諸侯

也協正四時之月數及日名備有失誤者度丈尺量斗斛衡
斤兩五禮公侯伯子男朝聘之禮矣五玉五瑞節執之曰瑞陳
列曰玉也三帛所以薦玉也受瑞玉者以帛薦之帛必三者
高陽之後用赤繒高辛氏之後用黑繒其餘諸侯皆用白繒
周禮改之爲繅也二生一死贄者羔鴈生也卿大夫所執雉
死士所執也如者以物相授與之言授贄之器有五卿大夫
上士中士下士也器各異飾飾未聞所用也用禮改之卿大
鴈飾雉執之而已皆去器卒已也復歸也然守禮畢乃反歸
矣每歸用特牛告于文祖然矣五月不言於者以 庚寅我入
其文相近八月十一月言初者文相涉故也
邴其言入何 据上書歸取邑已明無事復書入也○復書扶又反下故復同 難也 入者
桀已至之文難辭也此魯受邴與鄭同罪當誅故諱入欲爲
魯見重難辭○難也乃旦反一音如字注及下同見重賢徧
反下同○【疏】注入者至之文○解云直就而入之非是將歸之辭也 其日何 据取邑不日○【疏】
注据取邑不日○解云即隱四年春王二月莒人伐杞取牟婁之屬也○ 難也 以歸後乃日也書時道難不同
即入至此日乃入○ 其言我何 据吳伐我以日伐故言我【疏】注据吳至言我○解云在哀八年

春言我者非獨我也自入邑不得書我有他人在其中乃得言我故能起其非獨我齊亦欲之時齊與鄭魯比聘會者亦欲得之故以非獨我起齊惡齊惡起則魯蒙欲邑見於惡愈矣

疏注時齊亦至得之○解云即上三年冬齊侯鄭伯盟于石門六年夏公會齊侯盟于艾七年夏齊侯使其弟年來聘九年冬公會齊侯于邴十年春王二月公會齊侯鄭伯于中丘之屬是也○

夏六月己亥蔡侯考父卒○辛亥宿男卒宿本小國不當卒所以卒而日之者春秋王魯以隱公爲始受命王宿男先與隱公交接故卒褒之也不名不書葬者與微者盟功薄當褒之爲小國故從小國例

疏注宿男至交接○解云即上隱公元年秋九月及宋人盟于宿是也○注爲小至國例○解云即上七年春滕侯卒不書其葬傳云何以不名微國也者是○

○秋七月庚午宋公齊侯衛侯盟于瓦屋○八月葬蔡宣公卒何以名而葬不名卒從正卒當赴告天子君前臣名故從君臣之正義言也○而葬從主

人至葬者有常月可知不赴告天子故自從蔡臣子辭稱公卒何以日而葬不日卒赴赴天子也緣天子閔傷欲其知之又臣子疾痛不能不具以告而葬不告不告天子也發傳於葬者從正也【疏】注發傳至正也○解云言從正者謂卒日葬不日者是卒葬之正隱三年經云癸未葬宋繆公而書日即失其正也其衛桓公葬不發傳者桓公者初則見殺于州吁終有簡慢之失侵小國之略故發傳於此○九月辛卯公及莒人盟于包來公曷為與微者盟據與齊高傒盟諱之○包來左氏作浮來傒音兮【疏】注據與至諱之○解云莊二十二年秋及齊高傒盟于防傳云齊高傒者何貴大夫也曷為就吾微者而盟公也公則曷為不言公諱與大夫盟也是也稱人則從不疑也從者隨從也實莒子也言莒子則嫌公行微不肖諸侯不肯隨從公盟而公反隨從之故使稱人則隨從公不疑矣隱為桓立狐壤之戰不能死難又受湯沐邑卒無廉恥令翬有緣諂為桓所疑故著其不肖僅能使微者隨從之耳盡籍錄隱所以失之又見獲受邑皆諱不明因與上相起也○行戶孟反

難乃旦反令力呈反權其戰反疏注言皆至相立○解云行微者其行卑微不肖若鄭注昏禮記云不肖者不似者也○注狐壤至廉恥○解云在上六年春○注令輩至失之○解云皆以其行微不肖弊無廉恥故也○注又見至趣也○解云見獲諱不明者即言輸平是也受邑諱不明者即庚寅我入邴是也何者書日入者見其重難言我者見其欲得我故也言因與上相起者也○經若其不肖與其事實甚惡矣○

螟先是有狐壤之戰中丘之役又受邴田煩擾之應○應應者之應○疏注有狐壤之戰○解云在六年注中丘之役○解云在上七年○

冬十有二月無駭卒此展無駭也何以不氏據公子彄卒氏公子疾始滅也故終其身不氏嫌上貶正起入為滅不為疾始故復為疾始滅終身貶之足見上貶為疾始滅疏注此展無駭也○解云正以上二年師展無駭故此弟子因難之○注據公子彄卒解云在五年

九年春天王使南季來聘○三月癸酉大雨

震電何以書記異也何異爾不時也震雷電者陽氣也有聲名曰雷無聲名曰電周之三月夏之正月雨當水雪雜下雷當聞於地中其雉雊電未可見而大雨震電此陽氣大失其節猶隱公久居位不反於桓失其宜也日者一日之中也凡災異一日者日歷日者月歷月者時歷時者加自文爲異發於九年者陽數可以極而不還國於桓之所致○震電徒練反雊古豆反見賢徧反○【疏】注雷當至中也○解云月令二月雷乃發聲故知正月之時聞於地中矣其雉雊雞乳雖起季冬之月此時猶然故得言此也亦有一本云雷當聞於雉雊誤也○注凡災至所致○解云一日者日即此文是歷日者月即桓八年冬十月雨雪之屬是也歷月者時即桓元年秋大水之屬是也歷時者加自文爲異者即文二年自十有二月不雨至于秋七月之屬是也○庚辰大雨雪何以書記異也何異爾俶甚也俶始怒也始怒甚猶大甚也蓋師說以爲平地七尺雪者盛陰之氣也八日之間先示隱公以不宜久居位而繼以盛陰之氣大怒此桓將怒而弒隱公之象○雨于付反俶尺叔反始也大甚音泰○俠卒俠者何吾

大夫之未命者也以無氏而卒之也未命所以卒之者嘗疑從重無氏者少略也○俠卒音協穀梁云所俠少詩照反【疏】俠者何○解云欲言大夫經不書氏欲言微者而記其卒故執不知問○注以無氏略也○解云無氏降於大夫書卒嫌於微者故知其未命耳○夏城郎○秋七月○冬公會齊侯于邴○于邴左氏作防

十年春王二月公會齊侯鄭伯于中丘月者隱前爲鄭所獲今始與相見故危錄內明君子當犯而不校也【疏】注犯而不校○解云謂校報之亦不謂爲報也○夏翬帥師會齊人鄭人伐宋此公子翬也何以不稱公子據楚公子嬰齊貶後復稱公子○復扶又反又音服【疏】此公子翬解云正以上四年師解云言公子翬故小弟子因以難之○注據楚至公子○解云成二年公及楚人已下盟于蜀彼傳云此楚公子嬰齊也其稱人何得壹貶焉爾今成六年書楚公子嬰齊率師伐鄭是也貶曷爲貶隱之

罪人也故終隱之篇貶也嫌上一貶可移於他事若故終隱之篇貶之明為隱貶所以起隱之罪人也○明為于僞反下為同○疏注嫌上至人也○解云上一貶謂四年時也○

六月壬戌公敗宋師于菅○公敗必邁反凡臨佗曰敗皆同此音菅古顔反○

辛未取郜○郜古報反○辛巳取防取邑不日此何以日據取闞不日也○闞苦暫反○疏注據取闞不日也○解云即昭三十二年春王正月取闞是也一月而再取也欲起一月而再取故日○何言乎一月而再取據取鄟東田及沂西田亦一月再取兩邑不日○鄟火號反又音郭沂魚依反疏注據取至不日○解云哀二年春王二月季孫斯叔孫州仇仲孫何忌帥師伐邾婁取漷東田及沂西田是也甚之也甚魯因戰見後生事利心數動○數所角反內大惡諱此其言甚之何春秋錄內而略外於外大惡書小惡不書於內大

惡諱小惡書明取邑為小惡一月再取小惡中甚者耳故書也於內大惡諱於外大惡書者明王者起當先自正內無大惡然後乃可治諸夏大惡因見臣子之義當先為君父諱大惡也內小惡書外小惡不書者內有小惡適可治諸夏大惡未可治諸夏小惡明當先自正然後正人小惡不諱者罪薄恥輕敗宋師日者見結日偏戰也不言戰者託王於魯故不以敵辭言之所以彊王義也。見賢徧反下同。

秋宋人衛人入鄭。

宋人蔡人衛人伐載鄭伯伐取之其言伐取之何据國言滅邑言取ノ徐人取舒不言伐

疏注据國言滅。解云僖五年滅弘之屬是也。注又徐至言伐。解云在僖三年夏

易也其易奈何因其力也因誰之力因宋人蔡人衛人之力也載屬為上三國所伐鄭伯無仁心因其困而滅之易若取邑故言取欲起其易因上伐力故同其文言伐就上載言取之也不月者移惡上三國。易以豉反下及注同屬音燭適也。

疏注不月至三國。解云正以滅國例月故也

冬十

月壬午齊人鄭人入盛日者盛魯同姓於隱篇中日入者明當憂録之○入盛左氏作郕後皆放此疏注日者至録之○解云正以入例時傷害多則月今此云日故解也云弗見入者謂五年秋衛師入盛及此爲弗入者也

十有一年春滕侯薛侯來朝其言朝何據內言如疏注據內言如○解云即成十三年春公如京師之屬是也諸侯來曰朝大夫來曰聘傳言來者解內外也春秋王魯王者無朝諸侯之義故內適外言如外適內言朝聘所以別外尊內也不言朝公者禮朝受之於大廟與聘同義○別彼列反疏注傳言來者解內外也春秋至外也○解云謂內鄉外不言來外鄉內乃言來今言諸侯來曰朝大夫來曰聘者據外鄉內言之故云解內外也○注與聘同義○解云即上七年夏齊侯使其弟年來聘注云不言聘公者礼聘受之於大廟孝子謙不敢以已當之歸美於先君是也其兼言之何據鄧穀來朝不兼言朝疏注據鄧至言朝○解云桓七年夏穀伯綏來朝鄧侯

吾離來 微國也 略小国也稱侯者春秋託隱公以爲始受命王滕薛先朝隱公故褒之已於儀父見法復出滕薛者儀父盟功淺滕薛朝功大宿與微者盟功尤小起行之當各有差也滕序上者春秋變周之文從殷之質質家親親先封同姓○見法賢遍反年末注同後出扶又反下文不復注故復同 ○夏五月公會鄭伯于祁黎○祁黎祁音巨之反又上之反黎音力弓反又力私反左氏作時來 ○秋七月壬午公及齊侯鄭伯入許 日者危録隱公也爲弟守国不尚推讓數行不義皇天降災諂臣進謀終不覺悟又復構怨入許危亡之釁外内並生故危録之○爲弟子僞反年末注同數所角反釁許覲反○疏注日者至降灾○解云上二年夏五月莒人入向彼注云入例時傷害多則月此書日故決之○注諂臣進謀○解云上四年傳云百姓安子諸侯說子是也○冬十有一月壬辰公薨何以不書葬 據莊公書葬 疏注據莊公書葬○解云即閔元年夏六月辛酉葬我君莊公是也 隱之也何隱爾弒也 爲桓公所弒○弒申志反注及

下並同

弒則何以不書葬據桓公書葬【疏】注據桓公書葬。解云桓十八年冬十二月己丑葬我君桓公是也。桓亦被弒而書葬，故難之。

春秋君弒賊不討不書葬以爲無臣子也道春秋通例與文武異【疏】注道春秋至文武異。○解云言文武之時，周之盛德，既無諸侯相犯，寧有臣子弒君父者？是以古典無責臣子討賊之義。春秋撥亂而作，時則有之，因設其法，故言與文武異。

子沈子曰君弒臣不討賊非臣也不復讎非子也葬生者之事也春秋君弒賊不討不書葬以爲不繫乎臣子也子沈子後師明說此意者明臣子不討賊當絕君喪無所繫也。沈子稱子冠氏上者，著其爲師也。不但言子曰者，辟孔子也。其不冠子者，他師也。○冠，古亂反，下同。【疏】注沈子至師也。○解云知子沈子爲己師者，正以下文宣五年傳云子公羊子同故也。○注不但至他師也。○解云即昭十一年傳云子曰我乃知之矣之屬是也。

公薨何以不地據莊

公薨于路寢不忍言也不忍言其僵尸之處。僵居良反處昌慮反○疏注不忍至之處解云不終天年者非人所欲故謂被殺之處爲僵尸之處讀如齊人强之强非强弱之强

隱何以無正月據六年輸平不易隱將讓乎桓故不有其正月也嫌上諸成公意適可見始讓不能見終故復爲終篇去正月明隱終無有國之心但桓疑而弒之公薨主書者爲臣子恩痛之他國自從王者恩例錄也○去起呂反

疏注嫌上至錄也○解云即元年傳曰公何以不言即位成公意歸賵之下傳云然則何言爾成公意二年子氏薨之下傳云何以不書葬成公意五年考仲子之宮下傳云然則何言爾成公意非止一處故言諸也以

隱公十一年

監本附音春秋公羊註疏隱公卷第三

監本附音春秋公羊註疏桓公卷第四 起元年盡六年

何休學

元年春王正月公即位繼弒君不言即位此其言即位何據莊公不言即位。○繼弒申志反注皆同二年放此。疏繼弒君不言即位。○解云莊元年傳云繼弒君子不言即位而此不言子者欲見桓無臣子之道不念其君父故也寧知不由桓非隱子故不言子者正見僖元年傳云公何以不言即位繼弒君子不言即位此非子其稱子何臣子一例也正以僖是閔兄而言子故知桓公若有臣人之道言子矣。○注據莊至即位。○解云即莊元年經云元年春王正月不言公即位是也如其意也弒君欲即位故如其意以著其惡直而不顯諱而不盈桓本貴當立所以為篡者隱權立桓北面君事隱也即者就也先謁宗廟明繼祖也還之朝正君臣之位也事畢而反凶服焉。疏注直而至不盈。○解云繼弒君者無即位之文今此書其即位直是桓弒但不顯道其弒故曰直而不顯也言諱而不盈者桓之弒隱是為內諱而書其即位以見其弑不盈兩其諱文故曰諱而不盈也○注先謁至服焉○解云皆時王之禮也○三月公會鄭伯于垂桓公會皆月者危之也桓弑賢君篡慈兄專易朝宿之邑無王而行無仁義之心與人交接則有危也故爲臣子憂之不致之者爲下去王適足以起無王未足以見無王罪之深淺故復奪臣子辭成誅文也○爲下于僞反下爲告同去起呂反見賢遍反故復扶又反下同疏注桓公至危之也○解云即此文及下二年三月公會齊侯已下于稷三年春正月公會齊侯于嬴六年夏四月公會紀侯于成之屬是也而十年秋公會衛侯于桃丘弗遇不書月者彼是公欲要衛侯衛侯不肯見公以非禮動見拒有恥是以不復見其危矣○注不致至文也○解云即下二年注云凡致者臣子喜其君父脫危而至○今不致之者其惡又誅殺故曰奪臣子辭成誅文也○鄭伯以璧假許田其言以璧假之何據實假不當持璧也易之也易之則其言假之何爲恭也爲恭孫之辭使若暫假借之辭○孫音遜曷爲爲恭據取邑不爲恭敬辭疏注據取至敬辭○解云即哀八年齊人取

諱及僤之屬是有天子存則諸侯不得專地也許田者何地皆不得專而此獨爲恭辭疑非凡邑故更問之魯朝宿之邑也諸侯時朝乎天子天子之郊諸侯皆有朝宿之邑焉時朝者順四時而朝也緣臣子之心莫不欲朝朝莫夕王者與諸侯别治勢不得自專朝故即位比年使大夫小聘三年使上卿大聘四年又使大夫小聘五年一朝王者亦貴得天下之歡心以事其先王因助祭以述其職故分四方諸侯爲五部部有四輩輩主一時孝經曰四海之内各以其職來助祭尚書曰羣后四朝敷奏以言明試以功車服以庸是也宿者先誡之辭古者天子邦畿千里遠郊五百里諸侯至遠郊不敢便入必先告至由如他國至竟而假塗也皆所以防未然謹事上之敬也王者以諸侯遠來朝亦加殷勤之禮以接之爲告至之須當有所住止故賜邑於遠郊其實天子地諸侯不得專也桓公無尊事天子之心專以朝宿之邑與鄭背叛當誅故深諱使若暫假借之者不舉假爲重復舉上會者方諱言許田不舉會無以起從魯假之也○朝朝上如字下直遥反莫音暮治直吏反背叛音佩凡背叛

之類皆放此○【疏】注故即位至小聘○解云此孝經說文聘義亦云天子制諸侯比年小聘三年大聘相厲以禮也是與此合○注五年一朝○解云虞傳文○注尚書曰至庸是也○解云此逸書也言舜在四朝者謂諸侯順四時而朝也敷奏以言者謂諸侯來朝之時徧奏以言語也言明試以功者國功曰功謂明試以國事之功也言車服以庸者民功曰庸若欲賜車服之時以其治民之功高下矣○注宿者先誠之辭○解云宿可以轉訓為肅也是以祭統云先期旬有一日宮宰宿夫人夫人亦散齊七日致齊三日鄭注云宮宰守宮官也宿讀為肅肅猶戒也戒輕肅重是也

此魯朝宿之邑也則曷為謂之許田諱取周田也諱取周田則曷為謂之許田繫之許也曷為繫之許近許也此邑也其稱田何田多邑少稱田邑多田少稱邑分別之者古有分土無分民明當察民多少課功德○近附近之近別彼列反【疏】諱取周田也○解云謂魯人諱取周田而專用之近許也又云魯頌云居常與許復周公

之字以此言之似魯国界内舊自有許何言近許而繫之許也彼注云常許魯南鄙西鄙此在王圻之内則非此許也○田多至稱邑○解云田多邑少稱田者謂邑外之田多邑内家數少如此之時則稱田即此是也言邑多田少稱邑者謂邑内家數多而邑外之田頃畝少如此之時則稱邑即京八年齊人取讙及僤是也○注分別至功德○解云知古有分土無分民者正以詩云誓將去汝適彼樂土論語云四方之民襁負其子而至矣皆是樂就有德之義故也○夏

四月丁未公及鄭伯盟于越○越本亦作粵音同（疏）夏四月至于越○解云所以日者正以十年冬齊侯衛侯鄭伯來戰于郎相負故也○秋大水何以書

記災也災傷二穀以上書災也經曰秋大水無麥苗傳曰待無麥然後書無苗是也先是桓篡隱百姓痛傷悲哀之心既蓄積而復專易朝宿之邑陰逆而與怨氣并之所致○以上時掌反凡言以上皆放此蓄勅六反（疏）注災傷至之邑○解云自經曰以下智是莊七年傳文也彼傳云曷為先言無麥而後言無苗一災不書待無麥然後書無苗彼注明君子云云至麥苗獨書者民食最重是也以此言之則知此經災傷二穀以上故不書穀名直言大水而已

而莊二十八年經云冬築微大無麥禾不兼言大水者傳云冬既見無麥禾矣曷為先言築微而後言無麥禾諱以凶年造邑也彼注云諱使若造邑而後無麥禾者惡愈也此蓋叙大水所傷就築微下俱辛水則嫌冬水者是也○注陰逆至所致○解云陰逆者專易朝宿之邑是怨氣者百姓痛傷悲哀之心是也○冬十月

二年春王正月戊申宋督弒其君與夷及其大夫孔父賢者不名故孔父稱字督未命之大夫故國氏之○疏及其大夫孔父○解云此經之下亦有注云賢者不名故孔父稱字督未命之大夫故国氏之者但考諸舊本悉無此注且與注違則知有者衍文也。及者何以公夫人言及仲子微不得及君上下大夫言及知君尊亦不得及臣故問之疏注以公夫人言及○解云即僖十一年夏公及夫人姜氏會齊侯于陽穀是也○注仲子至及君○解云隱元年秋天王使宰咺來歸惠公仲子之賵傳云何以不言及仲子仲子微也彼注云比夫人微故不得並及公是也○注上下至問之○解云哀六年夏齊國夏及高張來奔是國夏上大夫高張下大夫累也累累從君而死齊人語也弒君多矣舍此無累者乎曰有仇牧荀息皆累也舍仇牧荀息無累者乎曰有叔仲惠伯是也○舍此音捨下同【疏】仇牧至曰有○解云仇牧之事在莊十二年秋荀息之事在僖十年春○注叔仲惠伯是也○解云應在文十八年但成十五年傳乃言之○有則此何以書賢也何賢乎孔父據叔仲惠伯不賢○【疏】注據叔至不賢○解云成十五年傳云叔仲惠伯傳子赤者也文公死子幼公子遂謂叔仲惠伯曰君幼奈之何願與子慮之叔仲惠伯曰吾子相之老夫抱之何幼君之有公子遂知其不可與謀退而殺叔仲惠伯弒子赤而立宣公彼注云殺叔仲惠伯不書者舉弒君爲重叔仲惠伯事與荀息相類不得爲累者有異也叔仲惠伯直先是殺爾不如荀息死之以此言之則叔仲惠伯不可與謀而見殺非衛君而死春秋不賢之是以不書故此注云叔仲惠伯不賢也○孔父可謂義形於色矣以稱字見先君死○見先賢遍反下形見日見序見見恩並同下惡薦反【疏】孔父至色矣○解云孔父事君之正義形見於顏色矣○其義

形於色奈何督將弒殤公孔父生而存則殤公不可得而弒也故於是先攻孔父之家大夫稱家父者字也禮臣死君字之以君得字之知先攻孔父之家。殤式羊反。疏注大夫稱家。解云即定十二年孔子行乎季孫三月不違门家不藏甲邑無百雉之城是也。注父者字也。解云穀梁傳文。注禮臣至字之。解云臣死君不名之類諡若字也者出玉藻文殤公知孔父死已必死趨而救之皆死焉趨走也傳道此者明殤公知孔父賢而不能用故致此禍設使殤公不知孔父賢焉知孔父死已必死設使魯莊公不知季子賢焉知以病召之皆患安存之時則輕廢之急然後思之故常用不免。死焉於虔反注同。疏注設使至思之。解云莊公三十二年傳云莊公病將死以病召季子季子至授之以國政曰寡人即不起此病吾將焉致乎魯國云云是也。注故常用不免。解云謂宋殤公不免死魯莊公不免亂。孔父正色而立於朝則人莫敢過而致難於其君者孔父可謂義形於色矣。内有其義而外形見於顔色。孔子曰：君子正其衣冠，尊其瞻視，儼然人望而畏之，是也。重道義形於色者，君子樂道人之善，言及者，使上及其君，若附大國以名通，明當封爲附庸，不絶其祀，所以重社稷之臣也。督不氏者，起馮當國。不舉馮弑爲重者，繆公廢子而反國，得正，故爲之諱也。不得爲讓者死乃反之，非所以全其讓意也。○難，乃旦反。嚴，魚檢反，本又作儼。重，直用反。故爲，于僞反。傳爲隱諱，下注不爲諱、爲後同。

疏　注督不至諱也。○解云：春秋之内，當國不氏者，無知、州吁之屬是也。今宋督實戴公之孫，而不言公孫者，正欲起其取國與馮故也。○注不得至意也。○解云：招二十年傳云"何賢乎公子喜時？讓國也"，昭三十一年傳云"何賢乎叔術？讓國也"，繆公之傳不言讓國者，死乃反之，非所以全其讓意也。

○滕子來朝。○三月，公會齊侯、陳侯、鄭伯于稷，以成宋亂。内大惡諱，此其目言之何？目見也。所見其惡，言成宋亂。遠也。所見異辭，所聞異辭，所傳聞異辭。所以復發傳者，益師以臣見恩，此以

君見恩嫌義異也所見之世臣子恩其君父尤厚故多微辭所
是也所聞之世恩王父少殺故立煬宮不日武宮日是也所
傳聞之世恩高祖曾祖又少殺故子赤卒不日子般卒日是
也○傳聞直專反注傳聞及下注傳之皆同以復扶又反下
反復同少殺所介反下同煬餘亮反舊始鄭反般音班
〔疏〕注所以復發傳者○解云隱元年公子益師卒之下
已有傳故言復矣○注益師至尤厚○解云彼以臣之故欲
見臣恩之薄厚故曰以臣見恩也此以君之故欲見君恩之
厚薄故曰以君見恩也○注故多微辭○解云定元年傳云
定哀多微辭彼注云定公有王無正月不務公室喪失國寶
哀公有黃池之會獲麟故總言多是其定公有王無正月得
爲微辭者即定公元年傳云定何以無正月正月者正即位
也定無正月者即位後也彼注云雖書即位於六月實當如
莊公有正月今無正月者昭公出奔國當絶定公不得繼體
奉正故諱爲微辭使若即位在正月後故不書正月者是也
其不務公室者即定二年冬十月新作雉門及兩觀其言新
作之何脩大也脩舊不書此何以書譏何譏爾不務乎公室
也彼注云務勉也不務公室亦可施於以不脩亦可施於不
務公室之禮微辭也者是也其喪失國寶得爲微辭者定公
八年盜竊寶玉大弓傳云寶者何璋判白彼注云不言璋言

玉者起圭璧琮璜璋五玉盡亡之也傳獨言璋者所以郊事天於重書大弓者使君都以國寶書微辭也謂之寶者世世保用之辭是也其黄池之會得爲微辭者哀十三年公會晉侯及吴子于黄池傳云其言及吴子何會兩伯之辭也不與夷狄之主中國則曷爲以會兩伯之辭言之重吴也曷爲重吴吴在是則天下諸侯莫敢不至也彼注云不書諸侯者爲微辭使若天下盡會之而魯侯蒙俗會之者惡愈是也其獲麟得爲微辭者哀十四年春西狩獲麟不言爲漢之將興不言爲周之將亡故得爲微辭也○注所聞至武宫日是也○解云立煬宫不日者即定元年九月立煬宫是也立武宫日者成十六年二月辛巳立武宫是也公羊之義失禮鬼神例日故言此○注所傳至卒日是也○解云子赤卒不日者文十八年冬十月子卒傳云何以不日隱之也何隱爾弒也弒則何以不日不忍言也注云所聞世臣子恩事王父深厚故不忍言其日與子般異是也其子般卒日者莊三十二年冬十月乙未子般卒彼注云日者爲臣子恩録之也殺不去日見隱者降子赤也者是

隱亦遠矣曷爲爲隱諱據觀魚諱隱賢而相賤也宋公馮與督共弒君而立諸侯會於稷欲共誅之受賂便還令宋亂遂成桓公本亦弒隱

而立君子疾同類相養小人同惡相長故賊不爲諱也古者諸侯五國爲屬屬有長二屬爲連連有帥三連爲卒卒有正七卒爲州州有伯也州中有爲無道者則長帥卒正伯當征之不征則與同惡當春秋時天下散亂保伍壞敗雖不誅不爲成亂令責其成亂者疾其受賂也加以者辟直成亂也○令力呈反相長丁丈反下同帥所類反下同爲卒子忽反下皆同

疏 注據觀魚諱○解云隱五年春公觀魚于棠彼注云實譏張魚而言觀譏遠者恥公去南面之位下與百姓爭利匹夫無異故諱使若以遠觀爲譏者是也○注古者諸侯至有伯也○解云王制及春秋說文○注加以至亂也○解云下十四年傳云以者何行其意也彼注云以已從人曰行言四國行宋意也今此言以成宋亂者若言公爲三國所以遂行其意而成宋亂非公本意故云加以者辟直成亂也

○夏四月取郜大鼎于宋此取之宋其謂之郜鼎何據莒人伐杞取牟婁後莒牟夷以牟婁來奔不繫杞也

疏 注據莒至杞也○解云隱四年莒人伐杞取牟婁昭五年莒牟夷以牟婁來奔是也

器從名從本主名名之地從主人從後所屬主人器何以從名

地何以從主人據錯【疏】注據錯○解云二理相違故謂之錯器之與人非有即爾即就也若曰取彼器與此人異國物凡人取異國物非就有取之者皆持以歸爲有爲後不可分明故正其本名【疏】非有即爾○解云謂非有就而有之爾宋始以不義取之故謂之郜鼎宋始以不義取之不應得故王之謂之郜鼎如以義應得償言取宋大鼎郜本所以有大鼎者周家以世孝天瑞之鼎以助享祭諸侯有世孝者天子亦作鼎以賜之禮祭天子九鼎諸侯七卿大夫五元士三也【疏】宋始至取之○解云謂滅郜取之也○注如以義應得者解云謂若天賜之也○注周家至享祭者解云謂殷衰之時鼎沒于泗水及武王克殷之後鼎乃出見故漢書云鼎於周出見也○注禮祭至三也○解云春秋說文而膳夫云王日一舉鼎十有二物何氏不取也而士冠禮士喪禮皆一鼎者士冠士喪略於正祭故也至乎地之與人則不然凡取地皆就有之與器異也俄而可以爲其有矣俄者謂須臾之間制得之頃也諸侯土地各有封疆里數今日取之然後王者起興滅國繼絕世反取邑

[不嫌不明故卒可使以爲其有不復追録繫本主○彊居良反]然則爲取可以爲其有乎[爲取恣意辭也弟子未解故云爾○解音蟹]曰否何者[何者將設事類之辭]若楚王之妻婿無時焉可也[婿妹也引此爲喻者明其終不可名有也經不正者從可知省文也○婿音胃妹也]

疏若楚至可也○解云婿音于貴反以妹爲妻終無可時以若器從介主之名地取便爲己有亦無可時故言此也本更敢二難可推據未知此君名號云何○注明其至有也○解云君作名字言器不可從今主之名地不可作後主之有也考諸古本名作多字雖然意取之亦不得多有也若如此解以覆上爲取之義矣○注經不至文也○解云也不得爲今十二之有而經不繫本國以正之者從可知省文

戊申納于大廟何以書譏何譏爾遂亂受賂納于大廟非禮也[納者入辭也周公稱大廟所以有廟者緣生時有宮室也孝子三年喪畢思念其親故爲之立宗廟以鬼享之廟之爲言貌也思想儀貌而事之故曰齊之日思其居處思其笑語思其志意思其所樂思其所嗜祭之日入室]

僾然必有見乎其位，周旋出入，肅然必有聞乎其容聲，出戶而聽，愾然必有聞乎其嘆息之聲。孝子之至也。質家右宗廟，上親親；文家右社稷，尚尊尊。○大廟，音泰，下及注同。嗜，市志反。僾，音愛，又烏改反。愾，苦愛反。

疏 注納者入辭也○解云：即莊九年傳云納者何入辭也是也。○注故爲今享之○解云：孝經文。○注故曰至所嗜○解云：皆祭義文也。彼注云所嗜素所欲飲食是也。○注祭之至之聲○解云：亦祭義文。彼注云周還出戶謂薦設時也，無尸者闔戶若食間則有出戶而聽之是也。○注質家至尊尊○解云：春秋說文。祭義緯末云建國之神位，文家右社稷而左宗廟，所謂一隅也。

○秋七月，紀侯來朝。稱侯者，天子將娶於紀，與之奉宗廟，傳之無窮，重莫大焉，故封之百里。月者，明當尊而不臣，所以廣孝敬。蓋以爲天子得娶庶人女，以其得專封也。

疏 注稱侯至百里○解云：知天子將娶於紀者，正以下八年冬遂逆王后于紀，九年春紀季姜歸于京師之文也。知其元非大國者，正以隱二年紀子伯、莒子盟于密，伯子並稱之，故知此侯非本爵也。知非暫得褒賞而已而知封之百里者，正以自今以後恒稱侯故也。即下六年夏公會紀侯于成，十三年春公會紀侯、鄭伯之屬是也。○注月者至孝敬○解云：凡朝例時，以其尊而不臣，故書月，令與朝異○注蓋以爭封也○解云此欲道諸侯不得專封是以不取于大夫以下即文四年夏逆婦姜于齊略之也彼注云賤非所以奉宗廟故略之是也○蔡侯鄭伯會于鄧離不言會此其言會何據齊侯鄭伯如紀二國會曰離二人議各是其所是非其所非所道不同不能決事定是非立善惡不足采取故謂之離會疏注據齊至離會○解云五年齊侯鄭伯如紀當時紀不與會是以齊侯鄭伯爲離會也但離不言會故變言如矣蓋鄧與會爾時因鄧都得與鄧會自三國以上言會者重其少從多也能決事定是非立善惡尚書曰三人議則從二人之言蓋取諸此○與會音預疏注尚書至之言解云洪範文○九月入杞○公及戎盟于唐不日者戎狄隱不及國善柏能自復翕然相親信○冬公至自唐致者君子疾賢者失其所不肖者反以相親禁故與隱相違也明前隱與戎盟雖不信猶可安也今柏與戎二雖信猶可危也所以深抑小人也凡致者臣子喜其君父脫危而至疏注故與隱相違也○解云即隱二年秋八月公及戎盟于唐不書致是也○注明前至安也○解云隱公

之盟書日故言不信也不書致故言猶可安○注今桓至而至○解云不日故爲信書致故言危也

三年春正月公會齊侯于嬴無王者以見桓公無王而行也二年有王者見始也十年有王者數之終也十八年有王者桓公之終也明終始有王桓公無之爾不就元年見始者未無王也二月非周之正月所以復去之者明春秋之道亦通於三王非主假周以爲漢制而已○嬴音盈以見賢徧反下并年末以見同復扶又反下同去起呂反

疏注二年至始也○解云即二年春王正月戊申宋督弑其君與夷是也○注十年至終也○解云即十年春王正月庚申曹伯終生卒是○注十八年至終也○解云即十八年春王正月公會齊侯于濼是也○注不就至始者○解云元年春王正月初即位之時自知己篡戰懼畏討未敢無王是以春秋於正月之際不得見始須臾之後還復爲惡擅易天子之田儼然無憚故至二年正月言王以見始○注二月無王○解云即七年二月己亥焚咸丘十有三年春二月公會紀侯鄭伯云云十五年春二月天王使家父來求車之屬是也○

夏齊侯衛侯胥命于蒲胥命者何相命也胥相也時盟不歃血

但以命相誓○歃本又作歃所洽反又所甲反疏胥命者何○解云春秋上下更無胥命之文故執不知問○注時盟至相誓○解云亦相誓勑但不歃血而已故謂之盟也何言乎相命據盟亦相命不道也近正也以不言盟也○近正附近之近下及注同疏近正也○解云古者不盟而言近正雖不歃血口相誓勑不若古者結言而退故言近正而已此其為近正奈何古者不盟結言而退善其近正似於古而不相背故書以撥亂也○背音佩○六月公會紀侯于盛○盛音成○秋七月壬辰朔日有食之既既者何盡也光明滅盡也是後楚滅鄧穀上僭稱王故尤甚也楚滅鄧穀不書者後治夷狄疏既者何○解云與例不同故執不知問○注是後楚滅鄧穀○解云即下七年夏穀伯綏來朝鄧侯吾離來朝傳云皆何以名失地之君也是也○注上僭稱王○解云春秋說云桓三年秋七月壬辰朔日有食之既其後楚僭號稱王滅穀鄧政教陵遲是也○公子翬如齊逆女○九月齊侯送

姜氏于讙何以書譏何譏爾諸侯越竟送女

非禮也以言姜氏也禮送女父母不下堂姑姊妹不出門○讙呼官反疏注以言姜氏也○解云讙君齊地宜言齊侯送孟姜于讙今言姜氏故知越竟也○注禮送至出門○解云時王之禮此入國矣

何以不稱夫人據讙魯地自我言齊怨已以及人也父母之於子雖爲鄰國夫人猶曰吾姜氏所以崇父子之親從父母辭不言子孟姜言姜氏者從魯辭起魯地疏猶曰吾姜氏○解云若有言孟姜者孟爲衍字也○注從父母至魯地○解云子孟姜者即詩云彼美孟姜正謂此也子孟字亦有作季字者誤也○公會齊侯于讙

夫人姜氏至自齊翬何以不致據遂以夫人婦姜至自齊致疏注據遂至齊致○解云在宣元年得見乎公矣本所以致夫人者公不親迎有危也翬當并致者翬親迎重在翬也上會讙時夫人以得見公得禮失禮在公不復在翬故不復致不就讙上致者婦人危重故據

都城乃致也月者爲夫人至例危重之疏注不就至乃致
○親迎魚敬反下同爲夫于僞反下同解云若就讙致
即鄉者至讙之時書之宜在公會齊侯于讙上○注月者至
重之○解云即宣元年三月遂以夫人婦姜至自齊成十四
年九月僑如以夫人婦姜氏至自齊是也○冬齊侯使其弟年來聘○有
年有年何以書方分別問大有年故不但言何以書○別彼列反以喜書也
大有年何以書亦以喜書也此其曰有年何
僅有年也僅猶劣也謂五穀多少皆有不能大成熟○僅其靳反劣也疏注謂五至成熟
解云舊本如此是其穀下亦云皆有不能大成熟多少二字或衍
文也若必存字解之多謂麥禾少謂豆之屬是事皆有但不
能大熟也彼其曰大有年何問宣十六年也大豐年也謂五穀皆
大熟成僅有年亦足以當喜乎恃有年也恃賴也若桓公
之行諸侯所當誅百姓所當叛而又元年大水二年耗減民
人將去國喪無日賴得五穀皆有使百姓安土樂業故喜而

書之所以見不省之君爲國尤危又明爲國家者不可不有乎○行下孟反耗減呼報反下佳斬反喪息浪反

四年春正月公狩于郎狩者何田狩也田者蒐狩之揔名也古者肉食衣皮服捕禽者故謂之田取獸于田故曰狩易曰結繩罔以田魚○狩手又反冬獵也

【疏】狩者何○解云正以春而言狩故執不知問○注田者蒐狩之揔名也○解云即尚書云文王不敢盤于遊田○注古者肉食衣皮服捕禽獸故謂之田取獸于田故曰狩易曰結繩罔以田魚○解云此古者謂三皇之時也故礼運退三皇時云昔者先王未有火化食草木之實鳥獸之肉飲其血茹其毛未有麻絲衣其羽皮後聖有作然後脩火之利治其麻絲以爲布帛以養生送死以事鬼神又不繫辭云黄帝堯舜垂衣裳而天下治彼注云始去羽毛故鄭注易説云古者田漁而食之因衣其皮先知蔽前後知蔽後後王易之以布帛而猶存其蔽前者重古道不忘本以此言之則黄帝以後始有火化而去毛羽則此古者三皇時可知

春曰苗苗毛也明當見物取未懷任者

【疏】春曰苗○解云周礼春田謂之蒐何氏所不取

秋曰蒐蒐簡擇也簡擇幼稚取其大者○曰度本又作搜亦作蒐所求反簡擇也

冬曰狩狩猶獸也冬時禽獸長大遭獸可取不以夏田者春秋制也以爲飛鳥未去於巢走獸未离於穴恐傷害於幼稚故於苑囿中取之○長大丁反年末同易力智反囿音又疏注不以至制也解云正以周礼四時皆田故也常事不書此何以書譏何譏爾遠也以其地遠礼諸侯田狩不過郊疏注以其至遠也○解云十年冬齊侯衞侯鄭伯來戰于郎傳云郎者何吾近邑也莊三十一年春築臺于郎傳云何以書譏何譏爾臨民之漱浣也以此言之則郎爲近邑言遠也者盖以郎邑右郊內其屬地在郊外若據邑言之則爲近若據地言之則爲遠也故哀十○年左氏郊之戰檀弓謂之戰于郎也者是郎邑在郊內之證也則此言狩于郎者据郊外屬地言之故言遠是以此注云以其地遠礼諸侯田狩不過郊不五年大雩之下注云去國遠狩是也而舊云以其云大野遠故言遠者非諸侯曷爲必田狩梏有囿也疏注梏有囿也○解云即成十八年築鹿囿之屬是也一曰乾豆一者第一之殺也自左髀射之達於右䯚中心死疾鮮絜故乾而豆之中薦於宗廟豆祭器名狀如鐙天子二十有六諸公十有六諸侯十有二卿上大夫八下大

夫六玉二○左膘毗小反又扶了反上倉云小腹兩邊肉說文云脅後前肩肉射之食亦反下同右髃本又作腢魚俱反又五苟反說文云肩前也字林云肩前兩乳骨也五口反中心丁仲反下同鐙都鄧反又音登〔疏〕注自左至如鐙解云時王之禮古制無文○注天子上士二○解云自下大夫六以上禮器文也其士三者何氏左之寀聯札致饔餼于上大夫堂上八豆設于房西則知此者堂上豆數也公食大夫禮曰宰夫自東房薦豆六設于醬東則食下大夫之礼而豆六則知食卿上大夫亦八明矣周禮公之豆四十侯伯之豆三十有二子男之豆二十有四者蓋普言之

二曰賓客二者第二之殺也自左膘射之達於右脾遠心死難故以為賓客○遠于萬反〔疏〕二曰賓客解云言以為賓俎實為德依也

三曰充君之庖充備也庖廚也三者第三之殺也自左膘射之達于右髃中腸胃汚泡死遲故以充君之庖廚已有三牲必田狩者孝子之意以為己之所養不如天地自然之牲逸豫肥美禽獸多則傷五穀因習兵事又不空設故因以捕禽獸所以共承宗廟示不忘武備又因以為田除害狩例時此月者識不時也周之正月夏之十一月陽氣始施鳥獸懷任草木萌牙非所以養微○庖步苞反左脾方爾反又步啓反股

外也本又作膘古䏚半絕反字林子小反一本作胘音賢泡
普交反又百交反捕音步本又作慱音博又音付共音恭爲
田于僞反疏注狩例時○解云即莊四年冬公及齊人狩
下音同于郜僖二十八年冬天王狩于河陽是也○
注此月者至養微○解云在哀十四
年孔子欲見之孟冬以爲田狩之月夏天王使宰渠
伯糾來聘宰渠伯糾者何天子之大夫也其
稱宰渠伯糾何考刘卷卒氏采不名且字○糾居黙反氏采七代反後放此疏
宰渠伯糾者何○解云欲言微者而經稱伯欲言尊卿連名
言之故執不知問○注據刘至且字○解云在定四年也刘
是其采卷
是名也下大夫也天子下大夫繫官氏名且字繫官
者卑不得專官事也稱伯者上敵
老也上敬老則民益孝上尊齒則民益弟是以王者以父事
二老兄事五更食之於辟廱天子親袒而割牲執醬而饋執
爵而酳冕而揔干率民之至也先王之所以治天下者有五
貴有德爲其近於道也貴臣爲其近於君也貴老爲其近於
父也敬長爲其近於兄也慈幼爲其近於子弟也礼君於臣
而不名者有五諸父兄不名經曰王札子是也詩曰王謂叔

桓四年

父是也上大夫不名祭伯是也盛德之士不名叔肸是也老臣不名宰渠伯糾是也下去二時者桓公无王而行天子不能誅反下聘之故爲貶見其罪明不宜○弟大計反更音庚食音嗣辟必亦反俎音阻饋其愧反酳以刃反又士刃反其近附近之近下同札側八反肸許乙反去起呂反見賢徧反

【疏】注天子至益榮○解云言繫官以爲氏渠是名糾是且字也○注是以至之至也○解云祭義云食三老五更於大學天子親祖而割牲執醬而饋執爵而酳冕而揔干所以教諸侯之弟也鄭注云割牲制俎實也冕而揔干親在舞位以樂侑食也教諸侯之弟次事親是也樂記亦有此文○注先王至宋也○解云皆祭義文也○注禮君至是也○解云皆何氏之意故皆取經以當之○注諸公至是也○解云宣十五年王札子殺召伯毛伯傳云王札子者何長庶之號也注云天子之庶兄札者冠且字也禮天子庶兄冠而不名所以尊之是也○注上大夫至是也○解云隱元年祭伯來傳云祭伯者何天子之大夫也是也○注盛德至是也○解云宣十七年公弟叔肸卒彼注云稱字者賢之宣公篡立叔肸不仕其朝不食其祿終身於貧賤故孔子曰篤信好守死善道危邦不入乱邦不居天下有道則見無道則隱此之謂也是○注老臣至不宜○解云渠是其名而言不名者

謂計其官爵之時實合氏官名而且字但以其年老故兼稱伯示有不名之義也故知之矣

五年春正月甲戌己丑陳侯鮑卒曷爲以二日卒之怴也怴者狂也齊人語。怴呼述反狂也齊人語甲戌之日亡己丑之日死而得君子疑焉故以二日卒之也君子謂孔子也以二日卒之者闕疑【疏】注君子至闕疑。解云正以哀十四年傳云君子曷爲爲春秋故也○夏齊侯鄭伯如紀外相如不書此何以書据蔡侯東國卒于楚不言如也【疏】注据蔡至如也。解云在昭二十三年夏此案襄二十六年許男甯卒于楚在蔡侯之前而不據之者科取一以當之不以後見義或者正以蔡是大國鄭之類故取之離不言會也時紀不與會故略言如也春秋始録內小惡書內離會略外小惡不書外離會至所聞之世著治升平內諸夏而詳録之乃書外離會嫌外離會常書故變文見意以別嫌明疑。與音預治直吏反見意賢徧反下文注並同別彼列

反

疏注書内離會者○解云即隱二年公會戎于潛是也○注不書外離會者解云即此文変會言如是也○注乃書外離會○解云即宣十一年晉侯會狄于欑函是也○注嫌外至明疑○解云君不載此事以略言如則嫌所傳聞之世合書外離會但遇無之而已故曰嫌外離會常書也故書而変其文見所傳聞之世不書外離會之意故曰変又見意也所以別其嫌而明其疑故曰以別嫌明疑也○

天王使仍叔之子來聘

仍叔之子者何天子之大夫也其稱仍叔之子何據宰渠氏官武氏子不稱子字又不加之尹氏不稱子

疏仍叔之子者何○解云欲言大夫而文言之子欲言未仕而天王使之故執不知問○注據宰渠氏官○解云即上四年夏天王使宰渠伯糾來聘是也○注武氏至加之○解云即隱三年秋武氏子來求賻是也○注尹氏不稱子○解云即隱三年夏四月辛卯尹氏卒是也

譏

何譏爾譏父老子代從政也禮七十縣車致仕不言氏者起父在也加之者起子辟人○縣音玄

疏注禮七十縣輿致仕○解云案春秋説文謂之縣輿者淮南子曰日至於悲谷是

謂脯時至於淵隅是謂高春至於連石是謂下春至於悲泉爰止其女爰息其馬是謂縣輿。舊說云日在縣輿一日之暮人年七十亦一出之暮而致其政事於君故曰縣輿致仕也亦有作車字者。注不言至在也。解云言仍氏子則與武氏子文同嫌亦無父故曰起父在。注加之至一人。解云君言仍叔子則與僖三十三年百里子與蹇叔子之類是一人故曰加之者。**葬陳桓公**不月者責臣子也知君父庶亨辟一人有疾當營衛不謹而失之也傳曰葬生者之事（疏）注不月至之也。解云正以卒日葬月乃是大國之例今書時故決之。注傳曰至之事解云隱十一年傳文。**城祝丘。秋蔡人衛人陳人從王伐鄭其言從王伐鄭何**據河陽舉王狩別出朝文不連王王師不道所加。從王如字又才用反下及注同（疏）注據河至連王。解云僖二十八年冬公會晉侯以下于溫天王狩于河陽壬申公朝于王所彼文舉王狩此不舉之彼別出公朝之文其文不連上王今言從王伐鄭經連王言之故難之或者上會于溫諸侯之文連王言之。注王師不道所加。解云成元年秋王師敗績于貿戎不道伐某今言伐鄭故難之**從王**

正也美其得正義也故以從王征伐録之蓋起時天子微弱諸侯背叛莫肯從王者征伐以善三國之君獨能尊天子死節稱人者刺王者也天下之君海内之主當秉綱撮要而親自用兵故見其微弱僅能從微者不能從諸侯猶莒稱人則從不疑也不使王者首兵者本不爲王舉也知實諸侯者以美得正○撮七活反不爲于僞反下所爲與爲六年同

疏注伯莒至疑也○解云即隱八年公及莒人盟于包來傳曰公曷爲與微者盟稱人則從不疑也注云從者隨從也實莒子也言莒子則嫌公行微不肖諸侯不肯隨從公盟而公反隨從之故稱人則隨從公不疑矣是也○注不使至得正○解云若使王者首兵宜言王以衆人衛人陳人伐鄭與此若僖二十六年公以楚師伐齊取穀然○

大雩大雩者何旱祭也雩旱請雨祭名不解大者祭言大雩大旱可知也君親之南郊以六事謝過自責曰政不一與民失職與宮室榮與婦謁盛與苞苴行與讒夫倡與使童男女各八人舞而呼雩故謂之雩不地者常地也○一與音餘下同苞苴子餘反

疏注君親至責曰○解云皆韓詩傳文○注政不一與○解云謂政不專一出自權臣之門○注民失職與○解云謂廢其農業○注宮室榮與○解云謂若丹楹刻桷之屬○注婦謁盛

與。解云謂阿諂亂國。注苟直行與。解云謂受人之饋
政以賄成。注讒夫倡與。解云謂若魯任鄭瞻。注使童
至之雩。解云論語云冠者五六人童子六七人與此異者
彼言暮春者春服既成明魯人正雩故其數少復不言男女
今此書見于經非正雩也凡脩雩者皆爲旱甚而作之故其
數多又兼男女矣是以司巫職曰若國大旱則率巫而舞雩
是也春秋說云冠者七八人童子八九人者蓋是天子
雩也。注不地者常地也。解云謂在魯城南沂水上
然

則何以不言旱據日食鼓用牲于此〔疏〕注據日至于社。解云莊二十五年經彼擧日食乃言鼓用牲于社此不言旱直言大雩故据難之

言雩則旱見言旱則雩不見從可知故省文也日食獨不省文者與大水同禮若但言鼓用牲則不知其所爲必見雩者善其能戒懼天災應變求雨憂民之急也。應應對之應下同〔疏〕注與大至急也。解云諸言日食與大水皆鼓用牲也即莊二十五年秋大水鼓用牲于社是也

何以書記災也旱者政教不施之應先是桓公無王行比爲天子所聘得志益驕去國遠狩大城祝丘故致此旱〔疏〕注比爲天子所聘。解云即注四年夏天王使

宰渠伯糾來聘是也○注去國遠狩○解云即四年春公狩于郎是也○注大城祝丘○解云在今年夏正以大崩壞敗然後發衆城之故曰大城○蝝何以書記災也蝝者煩擾之所生與上旱同說○蝝音緣本亦作蝝說文蝝或蝝字○冬州公如曹外相如不書此何以書過我也為六年化我張本也傳不言化我者張本非再化也繫州公者申其尊起其慢責無禮○過古禾本反又古卧反疏注稱公至無禮○解云天子三公稱公二王者之後稱公州國非此二者必非是公但今過魯自尊若公故如其意書之曰公以起其無禮也但諸文不知本爵是何諸家之意亦氏已具也

六年春正月寔來寔來者何猶曰是人來也猶曰是人來不錄何等人之辭○寔市力反疏寔來者何○解云不書其人之而經言寔來欲起不知問勳謂州公也以上如曹書曷為謂之寔來慢之也曷為慢之据葵丘之盟日化我也行過無禮謂之化齊人語也諸侯相過至竟必假塗

入都必朝所以崇禮讓絕慢易戒不虞也今州公過魯都不朝魯是慢之爲惡故書寔來見其義也月者危録之無禮之人不可備責之○易以豉反見其賢徧反下見無正同疏注據蔡至盟曰○解云僖九年九月戊辰諸侯盟於葵丘傳云桓之盟不日此何以日危之也何危爾桓公震而矜之叛者九國震之者何猶曰振振然注云亢陽之貌矜之者何猶曰莫若我也注云色自美大之貌然則桓公振矜慢人而書日危之本魯慢州公非敬逆之道是以據而難之○注行過至義也○解云今州公過魯而慢之傳言化我故知化我是行過無禮之言是以哀六年傳云陳乞曰常之母有魚菽之祭願諸大夫之化我也諸大夫皆曰諾於是皆之陳乞之家亦是行過無禮之事○注月者至責之○解云凡朝例時此不朝故書月以見危不書日以見其危者無禮之人不可備責故也○夏四月公會紀侯于成○秋八月壬午大閱大閱者何簡車徒也大簡閱兵車使可任用而習之○閱音悅任音壬疏大閱者何○解云欲言習兵而不言狩欲言他事而經書大閱故執不知問何以書蓋以罕書也罕希也孔子曰以不

教民戰是謂棄之故比年簡徒謂之蒐三年簡車謂之大閱五年大簡車徒謂之大蒐存不忘亡安不忘危不地者常地也蒐例時此曰者有既無文（疏）何以至書也○解云大閱德又忽忘武備故尤危錄之禮三年一爲而公忽忘武備過於三年是以書之○注孔子至弃之○解云何氏之意與鄭別○注故比至之蒐○解云即昭八年秋蒐于紅之屬是也○注三年至大閱○解云比丈是也○注五年至大蒐○解云即定十四年大蒐于比蒲之屬是也知其年數者漢禮猶然○注不地者常地也○解云蓋在郊內而賈注經云簡車馬于廟也者何氏不取○注蒐例時者昭八年秋蒐于紅定十四年夏大蒐于比蒲之屬是也○注此日至危錄○解云例合書時而乃書日故以爲尤危錄也

蔡人殺陳佗陳佗者何陳君也以躍卒不書葬也○佗大阿反（疏）陳佗者何○解云欲言陳君經不書爵欲言大夫又不書氏故執不知問○注以躍至葬也○解云十二年八月壬辰陳侯躍卒注云不書葬者佗子也佗不稱侯者嫌服在名例不當絕故去躍葬也是以昭十一年楚師滅蔡執世子有以歸用之傳云此未踰年之君也其稱世子何不君靈公不成其子也不君靈公則曷爲不成其子誅君之子不立以此言

之正由陳佗不君而見絶故去其子葬是故以躍不書葬知佗是陳君若其不然不知陳侯躍何以不書葬矣

陳君則曷爲謂之陳佗 據殺蔡侯般不言蔡般。侯般音班 〔疏〕注據殺至蔡般。○解云昭十一年楚子虔誘蔡侯般殺之於申是也 絶也 絶者國當絶 曷爲絶之 據戕鄫子不絶。戕在良反。鄫才陵反 〔疏〕注據戕至不絶。○解云宣十八年邾婁人戕鄫子鄫子而不名是也

賤也其賤奈何外淫也惡乎淫 惡乎猶於何也。惡音烏烏乎猶於何也注同

淫于蔡蔡人殺之 蔡稱人者與使得討之故從討賊辭也賤而去其爵者起其見卑賤猶律文立子姦母見乃得殺之也不月不書葬者從賤文。去起呂反 〔疏〕注猶律至之也。解云猶言對子姦母也。注不日至賤文。○解云陳佗是君若而見弑例合書日即隱四年戊申衞州吁弑其君完之屬是也君被外國殺者不責臣子不討賊例合書葬即桓十八年葬我君桓公是也今不書日不書葬者從賤文故也

○九月丁卯子同生子同生者孰謂謂莊公也 以夫人言

同非吾子。嚴公音莊本亦作莊案後漢諱莊改爲嚴【疏】子同生者孰謂。解云春秋之内魯侯多矣皆不書生今特書故問爲誰。注以夫至吾子即莊元年傳云夫人譖公于齊侯公曰同非吾子齊侯之子也者是也正以道公疑非已子則是其長子同既繫躰是常故知莊公也

何言乎子同生據君存稱世子子般不言生

【疏】注據君至言生。解云莊三十二年冬十月乙未子般卒傳云子卒云子卒此其稱子般卒何君存稱世子君薨稱子某既葬稱子踰年稱公是也

喜有正也喜國有正嗣未有言喜有正者此其言喜有正何久無正也子公羊子曰其諸以病桓與其諸辭也本所以書莊公生者感隱桓之禍生於無正故喜有正而不以世子正稱書者明欲以正見無正疾惡桓公日者喜錄之禮生與來日死與往日皆取其所見日也禮世子生三日卜士負之寢門外以桑弧蓬矢射天地四方明當有天地四方之事三月君名之大夫負朝于廟以名徧告之。桓與音餘稱尺證反惡烏路反射食亦反徧音遍

【疏】注而不至桓公。解云若以正稱書宜言世子同生也同實世

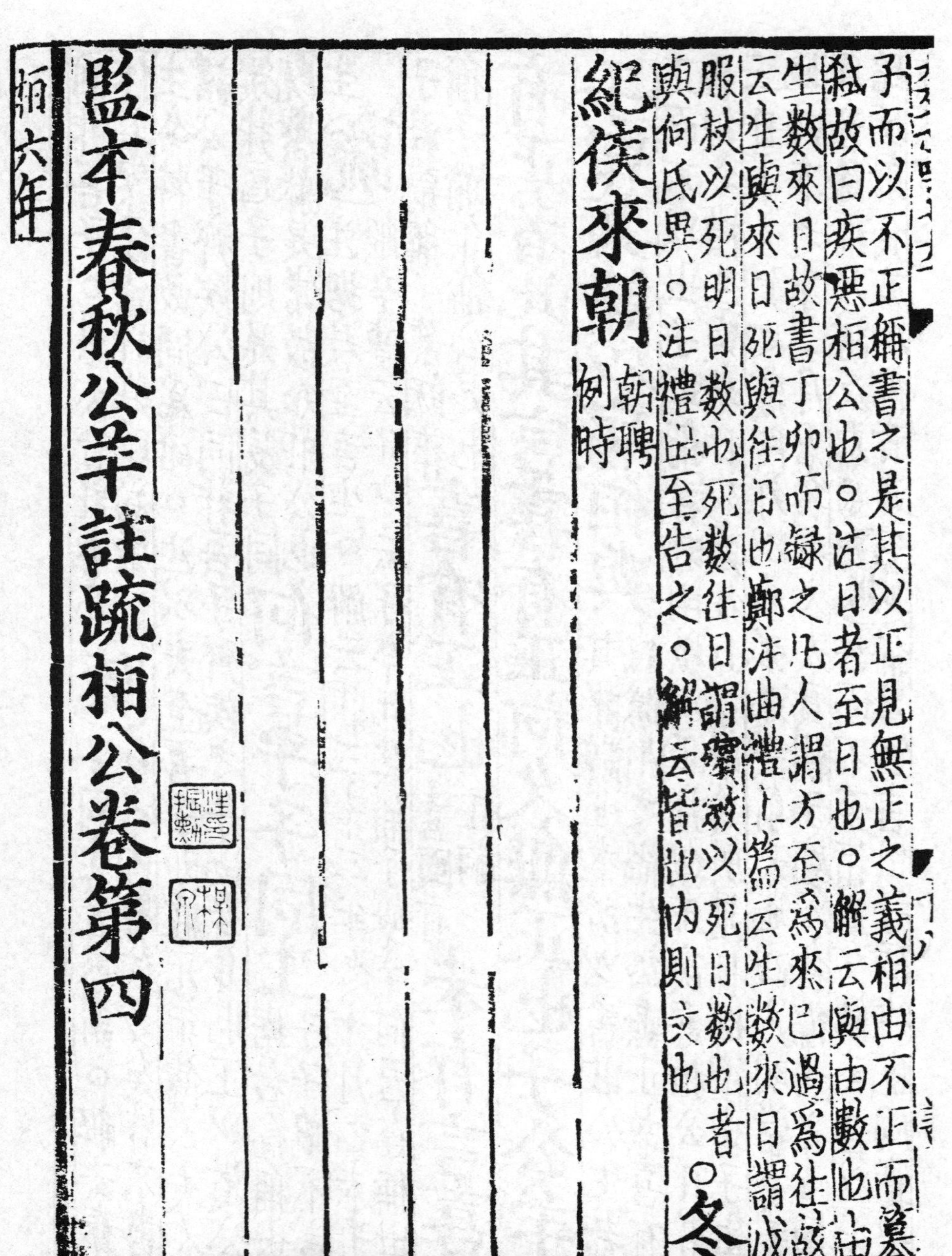

子而以不正稱書之是其以正見無正之義桓由不正而篡弑故曰疾惡桓公也。注日者至日也。解云與由數也由生數來日故書丁卯而録之凡人謂方至爲來已過爲往故云生與來日死與往日也鄭注曲禮上篇云生數來日謂成服杖以死明日數也死數往日謂殯斂以死日數也者與何氏異。注禮出至告之。解云皆出内則文也。冬

紀侯來朝 朝聘例時

監本春秋公羊註疏桓公卷第四

監本附音春秋公羊註疏桓公卷第五 起七年盡十八年

何休學

七年春二月己亥焚咸丘焚之者何樵之也樵薪也以樵燒之故因謂之樵之樵之齊人語○樵似遙反薪也【疏】焚之者何○解云咸丘是邑而反焚之故孰不知問樵之者何以火攻也何言乎以火攻据戰伐不道所用兵○攻音貢又如字下同【疏】樵之者何○解云雖言焚言樵仍非邑之義故孰不知問疾始以火攻也征伐之道不過用兵服則可以退不服則可以進火之盛炎水之盛衝雖欲服罪不可復禁故疾其暴而不仁也傳不託始者前此未有無所託也○復扶又反咸丘者何邾婁之邑也曷爲不繫乎邾婁据郱鄑郚繫紀○郱步丁反鄑子斯反一音晉郚音吾【疏】咸丘者何○解云欲言是国經典未有欲言非国文無所繫故孰不知問○注据郱鄑郚繫紀○解

云莊元年冬齊師遷紀郱鄑郚是國之也欲使如國故無所繫加之者辟寔国也曷爲國

之据邾戕鄫不国君存焉爾所以起邾婁君在咸丘邑明臣子當赴其難與在国等也日者

重録以火攻也○難乃旦反（疏）注日者至攻也○解云正以侵伐例時即隱七年秋公伐邾婁之屬是也故決

之○夏穀伯綏來朝鄧侯吾離來朝皆何以

名据滕薛不名也（疏）注据滕薛不名也○解云即隱十一年春滕侯薛侯來朝是也失地之

君也其稱侯朝何据以賤也（疏）失地之君也○解云即曲礼下云諸侯失地名

具貴者無後待之以初也穀鄧本與魯同貴爲諸侯今失爵亡士來朝託

寄也義不可卑故明當待之如初所謂故舊不遺則民不偷無後者施於所奔国也獨妻得配夫託衣食於公家子孫當

受田而耕故云介下去二時者桓公以火攻人君故貶明大惡不月者失地君朝惡人輕也名者見不世也○不偷他侯

反本又作偷去起吕反見賢徧反（疏）注無後至大惡○解云知如此者正以郊特牲云諸侯不臣寓公故古者

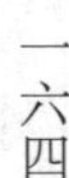

寓公不繼世彼注云寓寄也寄公之子非賢者世不足尊也是其義又云繼世以立諸侯象賢也注云賢者子孫恒能法其先父德行。注不月至輕也。解云朝例時春秋常典郜文十五年夏曹伯來朝是也而此責其月者以文十二年春王正月盛伯來奔傳云盛伯者何失地之君彼書月見其奔重宜尊遇之此不月者朝惡人輕故也僖二十年夏郜子來朝僖公非惡人而不月者正以朝輕于奔故也然則此注因桓惡人故言此若其不然正宜直云失地之君來朝輕矣。注名者見不世也。解云郜子盛伯皆不名者兄弟故也

八年春正月己卯烝烝者何冬祭也春曰祠薦尚韭卵祠猶食也猶繼嗣也春物始生孝子思親繼嗣而食之故曰祠因以別死生。烝之承反冬祭也祠嗣緣反卵力管反猶飤音飼下同別彼列反夏曰礿薦尚麥苗麥始熟可礿故曰礿。礿音予若反本又作禴同

疏烝者何。解云欲言宗廟之祭而文無所繫欲言祭天天無烝名故執不知問。注薦尚韭卵又注薦尚麥至曰礿。解云王制云春薦韭夏薦麥秋薦黍冬薦稻韭以卵麥以魚黍以豚稻以鴈秋曰嘗薦尚黍肫嘗者

先辭也秋穀成者非一黍先熟可得薦故曰嘗冬曰烝薦尚稻鴈烝衆也氣盛貌冬萬物畢成所薦衆多芬芳備具故曰烝無牲而祭謂之薦天子四祭四薦諸侯三祭三薦大夫士再祭再薦祭於室求之於幽祭於堂求之於明祭於祊求之於遠皆孝子博求之意也大夫求諸明士求諸幽尊卑之差也殷人先求諸明周人先求諸幽質文之義也礼天子諸侯卿大夫牛羊豕凡二牲曰大牢天子元士諸侯之卿大夫羊豕凡二牲曰少牢諸侯之士特豕天子之牲角握諸侯角尺卿大夫索牛。祊必庚反少詩照反索所百反

疏 注無牲至之薦。解云謂無牛羊豕之牲也而中霤礼云祭五祀于廟用牲有尸皆薦于奥何以薦用牲彼謂正祭之時先薦于奥仍自無牲其正祭五祀乃用牲有尸耳。注天子至差也。解云皆時王之礼中霤礼亦然。注殷人至義也。解云郊特牲云殷人先求諸陽周人先求諸陰是也。注礼天至大牢。解云皆時王之礼也。注天子至索牛。解云皆指祭宗廟之牲也仍不妨王制云祭天地之牛角繭栗賓客之牛角尺之文也

常事不書此何以書譏何譏爾譏亟也亟數也屬十二月已烝今復烝也不異烝祭名而言烝者取冬祭所薦衆多可以包四時

之物。亟去冀反數也注及下同數所角反屬十音燭下同今復扶又反下同 疏 注屬十至烝也。解云烝者冬祭之名明去年十二月已有烝但得常不書今正月復作烝故言亟。注不異至。解云烝者冬時祭名前已作訖今宜易名而尤言烝故說之也

亟則黷黷則不敬 黷渫黷也。黷徒木反渫息列反

君子之祭也敬而不黷 君子生則敬養死則敬享故將祭宮室既脩牆屋既繕百物既備亨其禮樂具其百官散齊七日致齊三日夫婦齊戒沐浴盛服君牽牲夫人奠酒君親獻尸夫人薦豆卿大夫相君命婦相夫人洞洞乎屬屬乎如弗勝如將失之齊齊乎致其敬也愉愉乎尽其忠也勿勿乎其欲饗之也文王之祭事死如事生孝子之至也。養餘亮反散齊素旦反下側皆反相君息亮反下同洞洞大董反勝音升齊齊子禮反又似兮反愉愉羊朱反勿勿如字 疏 注君子至敬享。解云祭義文也彼鄭注云享尤祭也。注故將祭至百官。解云皆出祭義何氏差約言之也。注散齊七日。解云即祭統云故散齊七日以定之注云定者定其志意也定其志意者讀齊之日不御不樂不弔是也。注致齊三日。解云即祭統云致齊三日以齊之是致齊者即鄭氏云致之言至致謂深也

罍也之罍是也。注夫婦至奠酒。解云案今祭義注作盎字鄭注云奠盎謂盎齊之罇蓋所見異或何休以義引之不取正文。注君親至如事生。解云皆出祭義唯孝子之至一句注者之言也注礼本下爲士制者即士喪礼士虞士相見之屬是也言此者欲道庶人无礼篇故傳家偏舉言之即曲礼上篇礼不下庶人鄭注云爲其遽於事且不能備物義亦通於此

疏則怠怠則忘怠解。疏音踈下注同解古賣反士不及茲四者則冬不裘夏不葛礼本下爲士制茲此也四者四時祭也疏數之節靡所折中是故君子合諸天道感四時物而思親也祭必於夏之孟月者取其見新物之月也裘葛者禦寒暑之美服士有公事不得及此四時祭者則不敢美其衣服蓋思念親之至也故孔子曰吾不與祭如不祭。折中之設反下丁仲反御寒魚呂反又如字不與音預○天王使家父來聘家采地父字也天子中大夫氏采故稱字不稱伯仲也

疏注天子至仲也。解云上大夫稱伯仲者即祭伯南季之屬是也次大夫不稱伯仲者即此是也下大夫稱官氏名且字者即宰渠伯糾是也○夏五月丁丑烝何以

書譏亟也與上祀同爲亟也疏注與上至亟也。解云周之三月乃是夏之孟月自有春祠之礼今周之五月乃夏之三月也尤與上祠同在一時而復爲烝故曰與上祀同爲亟也○秋伐邾婁。冬十月雨雪何以書記異也何異爾不時也周之十月夏之八月未當雨雪此陰氣大盛兵象也是後有郎師龍門之戰流血尤深。雨雪于付反流古流字疏注是后尤深。解云郎師即下十年齊侯衛侯鄭伯來戰于郎是也其龍門之戰者即下十三年公會紀侯鄭伯己巳及齊侯宋公衛侯燕人戰云云是也春秋說云龍門之戰民死傷者滿溝故此注云流血尤深也○祭公來遂逆王后于紀祭公者何天子之三公也天子置三公九卿二十七大夫八十一元士凡百二十官下應十二子祭者采也天子三公氏采稱爵。祭公側介反后祭仲祭叔放此應應對之應疏祭公者何。解云欲言諸侯而逆王后欲言大夫而經文言公故執不問。注天子至采也。解云春秋說云立三台以爲三公北斗九星爲九卿二十七大夫內宿部衛之列八十一

紀以爲元士凡百二十官焉下應十二子宋氏云十二次上
爲星下爲山川也此言天子立百二十官者非直上紀星數
亦下應十二辰故曰下應十二子也。注三公氏來稱爵者
解云即祭公周公是也上大夫即例稱五十字即祭伯南季
榮叔之屬是也次大夫例稱二十字即家父之屬是也下大
夫繫官氏名且字即宰渠伯糾是也上士名氏通石尚是也
次士以官錄即宰咺是下士略稱人公會王人于洮是也其
剡子单子之屬不稱字而稱子者謂諸侯入爲天子大夫故
設文非王臣之常称若然祭公周公官爵適等而僖九年夏
公會宰周公特加宰者彼傳云宰周公者何天子之爲政者
也注云宰尤治也三公之職號尊名以加宰知其職大尊重
當與天子參聽萬機而下爲諸侯所會惡不勝任故加宰仍
非常称也何以不稱使據宰周公称使疏注據宰周公称使者。解云即僖三十年天王
使宰周公來聘是也而称宰者義與九年同婚禮不稱主人時王者有母也遂者
何生事也生犹造也專事之辭大夫無遂事此其言遂
何據待君命然后卒大夫也疏注據待至夫也。解云成十七年十一月壬申公孫嬰齊卒于貍軫傳云

桓八年

一七〇

非此月日也曷爲以此月日卒之待君命然後卒大夫曷爲
待君命然後卒大夫曷爲待君命然後卒大夫前此者嬰齊
走之晉公會晉侯將執公嬰齊爲公請公許之反爲大夫歸
至於貍軫而卒無君命不敢卒大夫公至曰吾固許之反爲
大夫然後卒之者是也　成使乎我也　以上來無事殊遂成使于我○成使所吏反注及下成使
同　其成使乎我奈何使我爲媒可則因用是
往逆矣　婚禮成於五先納采問名納吉納徵請期然後親迎時王者遣祭公來使魯爲媒可則因用魯往迎
之不復成禮疾王者不重妃匹逆天下之母若逆婢妾將謂海內何哉故譏之不言如紀者辟有外文○媒亡杯反請期
音情又七井反迎魚敬反妃匹音配絶句　疏　注不言至外文○解云外相如者例所不錄言如紀即外相與文故曰
辟有外文也　女在其國稱女此其稱王后何王者無
外其辭成矣　疏　女在其國稱女者○解云即隱二年紀履綸來逆女下三年公子翬如齊
逆女之屬是也

九年春紀季姜歸于京師其辭成矣則其稱紀季姜何自我言紀父母之於子雖為天王后猶曰吾季姜明子尊不加於父母京師者何天子之居也以季姜言歸疏京師者何。解云欲言天子之居而文不言王欲言凡国而為王后所歸故執不知問京師者何大也師者何衆也天子之居必以衆大之辭言之地方千里周城千雉宮室官府制度廣大四方各以其職來貢莫不備具所以必自有地者治自近始故據土與諸侯分職而聽其政焉即春秋所謂内治其国也書者季姜歸者明繫屬為婦當有送迎之礼。治自直吏反疏京者至言之。解云京師之名理須訓解故分而開之。注地方千里。解云即詩云邦圻千里是也。注周城千雉。解云在定十二年。注即春至之礼。解云春秋據魯為王故内魯得周公制礼内京師然也

○夏四月○秋七月○冬曹伯使其世子射姑

來朝諸侯來曰朝此世子也其言朝何据臣子例當言聘。射音亦疏諸侯來曰朝。解云隱十一年師解云亦故出弟子執而難之。注据臣至言聘。解云僖元年傳文

春秋有譏父老子代從政者則未知其在齊與曹與在齊者世子光也時曹伯年老有疾使世子行聘礼恐卑故使自代朝雖非礼有尊厚魯之心傳見下卒葬詳録故序經意依違之也小国無大夫所以書者重惡世子之不孝甚。齊與音歟絕句下同惡戒烏路反疏注在齊至光也。解云即襄九年冬、公會晉侯已下齊世子光滕子薛伯小邾婁子伐鄭十一年、公會晉侯已下齊世子光莒子邾婁子云云伐鄭是也。注時曹至之心。解云正以十年春卒今又世子代其朝故知其疾也。注傳見至詳録。解云即十年王正月庚申曹伯終生卒夏五月葬曹桓公是也。注故序孝甚。解云世子代朝明亦合譏世子序諸侯之上明亦合譏而傳云未知在齊曹者正以其卒葬詳録故依違之不信言耳

十年春王正月庚申曹伯終生卒。夏五月葬

曹桓公小国始卒當卒月葬時而卒日葬月者曹伯年老使世子來朝春秋敬老重恩故爲魯恩録之尤深

疏注小国至桓公。解云所傳聞之世未録小国卒葬所聞之世乃始書之其書之也卒月葬時文九年秋八月曹伯襄卒冬葬曹共公者是也今卒日葬月者正以敬老重恩故也云云之説當文皆自有解。秋公會衛侯于桃丘弗遇會者何期辭也其言弗遇何公不見要也時實桓公欲要見衛侯衛侯不肯見公以非礼動見拒有恥故諱使若會而不相遇言弗遇者起公要之也弗者不之深也起公見拒深傳言公不要見者順經諱文。見要一遥反注同疏會者何。解云經既書會作聚集之名。辭言弗遇是未見之稱故執不知問冬十有二月丙午齊侯衛侯鄭伯來戰于郎郎者何吾近邑也以言來也疏郎者何。解云欲言是邑戰於其内欲言非邑經有城郎之文故執不知問。注以言來也。解云凡言來者鄉内之辭今經言來故知近邑也而僖四年楚屈完來盟于師是時在召陵而言來者據師道

楚故得言來

吾近邑則其言來戰于郎何 据齊師宋師次于郎不言來○公敗宋師不言戰龍門之戰不書地也 疏 注据齊師至不言○解云在莊十 注公敗至不言戰○解云隱十年公敗宋師于菅莊十年公敗宋師于乘丘莊十一年公敗宋師于鄑凡有三經宜隱十年以當之○注龍門至地也 解云即下十三年春公會紀侯鄭伯己巳及齊侯宋公衛侯燕人戰云云依春秋書者是龍門之戰而不言戰于龍門是也

近也惡乎近近乎圍也 地而言來者明近都城與圍无異不解戰者從下說可知○惡音烏明近附近之近幾音祈 疏 近也至圍也○解云近讀如附近之近圍讀如圍言兵圍都城相似故言近乎圍也考諸古本圍皆作国字而舊解以国為圍

此偏戰也何以不言師敗績 据十三年師敗績偏一面也結日定地各居一面鳴鼓而戰不相詐 疏 注据十三至相詐○解云即龍門之戰齊師宋師衛師燕師敗績是也

內不言戰言戰乃敗矣 春秋託王於魯戰者敵文也王者兵不與諸侯敵戰乃其已敗之文故不復言師敗績魯不復出主名者兵近都城明本国无大小當戰

一七五

力拒之。○不復扶又反下同戮音六又力彫反字亦作勠

十有一年春正月，齊人、衛人、鄭人盟于惡曹。月者，桓公行惡，諸侯所當誅，屬上三国來戰于郎，今復使微者盟，故爲魯懼危録之。○行下孟反屬音燭今復扶又反下故復同爲于僞反(疏)注月者至録之。○解云正以微者盟例合時今而書月故須解之

○夏五月癸未，鄭伯寤生卒。○寤音[illegible]反○秋七月葬鄭莊公。莊公殺段所以書葬者段當国本當從討賊辭不得與殺大夫同例(疏)注莊公至同例。○解云春秋之例君殺无罪大夫皆去其葬即成十年晉侯獳卒注云不書葬者殺大夫趙同等是今段有罪故莊公書葬也然則此言不得與殺大夫同例者謂不得與殺无罪大夫同例耳

九月，宋人執鄭祭仲。祭仲者何？鄭相也。不言大夫者欲見持国重。○相息亮反見賢遍反下同(疏)祭仲者何。○解云欲言无罪聽脅立篡欲言有罪褒而稱字故執不知問

何以不名？賢也。何[illegible]

乎祭仲据身執君出不能防難○防難乃旦反下同以爲知權也權者稱也所以别輕重喻祭仲知国重君輕君子以存国除逐君之罪雖不能防其難罪不足而功有餘故得爲賢也不引度量者取其平然以無私○稱尺證反别彼列反其爲知權奈何古者鄭國處于留先鄭伯有善于鄶公者通乎夫人以取其國而遷鄭焉遷鄭都於鄶也○鄶古外反而野留野鄙也傳本上事者解宋所以得執祭仲因以爲戒莊公死已葬祭仲將往省于留塗出于宋宋人執之宋人宋莊公也謂之曰爲我出忽而立突突宋外甥○爲于僞反下注爲突非能爲突爲爲賂爲爲突歸爲承同祭仲不從其言則君必死國必亡祭仲死而忽旋爲突所驅逐而出奔經不書忽奔見微弱甚是時宋強而鄭弱祭仲探宋莊公本弒君而立非能爲突將以爲賂動守死不聽令自入見国無拒難者必乘便將滅鄭故深慮

其亡者也。令自力呈反，下同。便婢面反。〔疏〕注祭仲死至者也。解云：下十五年秋九月鄭伯突入于櫟，傳云櫟者何？鄭之邑。曷爲不言入于鄭？末言尒。曷爲末言尒？祭仲亡矣。然則曷爲不言忽之出奔？言忽爲君之微也。祭仲存則存矣，祭仲亡則亡矣。若是注祭仲探宋莊公本弒君而立者，在桓二年。

從其言則君可以生易死，國可以存易亡，少遼緩之，宋當從突求賂，鄭守正不與，則突外乖於宋，內不行於臣下，遼假緩之。〔疏〕君可以生易死。解云：謂易去死也。国可以存易亡。解云：易去亡也。

則突可故出，而忽可故反，是不可得則病，使突有賢才，是計不可得行，則已病逐君之罪。〔疏〕則突可故出。解云：突可以此之故出之也。而忽可故反。解云：言忽可以此之故而反之也。是不可得則病。解云：言已終能出突而反忽，則爲權之成；若不能如是，乃爲其病矣。

然後有鄭國，已雖病逐君之罪，討出突，然後能保有鄭国，殊愈於国之亡。〔疏〕然後有鄭國。解云：言突有賢才，已計不行，雖然，仍須勉力詞之，令忽有国，雖貴功力，猶愈於国之亡也。

古人之有

權者祭仲之權是也 古人謂伊尹也湯孫大甲驕蹇亂德諸侯有叛志伊尹放之桐宮令自思過三年而復成湯之道前雖有逐君之負后有安天下之功猶祭仲逐君存鄭之權是也。大音泰

疏 注古人至之道。解云出書序長義云若令臣子得行則閉君臣之道啓篡弑之路解云權之設所以扶危濟溺舍死亡无所設也若使君父臨溺河井寧不執其髮乎是其義也

權者何權者反於經然後有善者也權之所設舍死亡無所設 設施也舍置也如置死亡之事不得施

疏 權者何。解云欲言正逐君立庶欲言不正今又言權故執不知問

行權有道自貶損以行權 身蒙逐君之惡以存鄭是也 不害人以行權 已納突不害忽是也 殺人以自生亡人以自存君子不為也 祭仲死則忽死忽死則鄭亡生者乃所以生忽存鄭非苟殺忽以自生亡鄭以自存反覆道此者皆所以解上死亡不施於已宋不称公者脅鄭之篡當誅非的執也祭仲不称行人者時不銜君命出使但往省留耳

執例時此月者爲突歸鄭奪正鄭伯出奔。○覆芳服反使所吏反【疏】注皆所至於己。○解云言上辟死辟亡皆爲忽故也。○注宋不至執也。○解云史成十五年晉侯執曹伯歸于京師稱爵也即僖四年傳云稱侯而執者伯討也稱人而執者非伯討是也。○注祭仲至留耳。○解云史定六年秋晉人執宋行人樂祁犂之屬稱行人也。○注執例時者解云即祁犂言秋是也而僖十九年六月己酉邾婁人執鄫子用之而書日者彼注云日者魯不能防正其女以至於此明當痛其女禍而自責之然則凡執例時而在日月下者皆當文有解

○突歸于鄭。突何以名據忽復歸于鄭俱祭仲所納繫國稱世子不但名也【疏】注据忽至名也。○解云即十五年鄭世子忽復歸于鄭是挈乎祭仲也挈尤提挈也突當國本常言鄭突欲明祭仲從宋人命提挈而納之故上繫於祭仲不繫國者使與外納同也時祭仲勢可殺突以除忽害而立之者忽內未能懷保其民外未能結款諸侯如殺之則宋軍彊乘其弱滅鄭不可殺故少遼緩之。○挈苦結反提挈也【疏】注欲明至同也。○解云言與外納同者即繫祭仲言于鄭是也言似僖二十五年楚人圍陳納頓子于頓文十四年晉人納接菑于邾婁之屬是也其

言歸何據小白言入疏注據小白言入。解云即莊九年齊小白入于齊是也順祭

仲也順其計策與使行權故使无惡疏注順其至无惡。解云下十五年傳例云歸者出入无惡故言

此○鄭忽出奔衛忽何以名據宋子既葬称子疏注據宋至称子

解云僖九年三月宋公禦說卒夏公會宰周公齊侯宋子已下盟于葵丘是也若然案彼經文宋公禦說三月卒夏則公會宋子于葵丘計應未葬故注云宋未葬不称子某者出會諸侯非居尸柩前故不名也此云宋子既葬称子者謂以其非居尸柩之前故特已葬之称而单言子既此鄭忽之父久已葬訖而反名故難之春秋伯子男

一也辭無所貶春秋改周之文從殷之質合伯子男爲一一辭无所貶皆從子夷狄進爵稱子

是也忽称子則與諸侯改伯從子辭同於成君无所貶損故名也名者緣君薨有降既葬名義也此非罪貶也君子不奪人之親故使不離子行也王者起所以必改質文者爲承衰亂救人之失也天道本下親親而質省地道敬上尊尊而文煩故王者始起先本天道以治天下質而親親及其衰敝其失也親親而不尊故后王起法地道以治天下文而尊尊及

其衰敝其失也尊尊而不親故復反之於質也質家爵三等者法天之有三光也文家爵五等者法地之有五行也合三從子者制由中也。省所景反

（疏）注夷狄至名也。解云襄二十九年吴子使札來聘哀十三年公會晉侯及吴子于黄也之屬是也。注名者至義也。解云言君弒稱子某既葬稱子者正以既葬繼弒故不得名也然則初弒所以名者降於既葬也今鄭忽書名者緣君薨而名之義也。注天道本下親親而質省者已下至反之於質皆出於樂說文。注質家爵三等法天之有三光也已下皆春秋說文也。

○柔會宋公陳侯蔡叔盟于折柔者何吾大夫之未命者也以俠卒也輒發傳者无氏嫌貶也所以不卒柔者深薄桓公不與有恩礼於大夫也盟不日者未命大夫盟會用兵上不及大夫下重於士罰疑從輕故責之略蔡侯稱叔者不能防正其姑姊妹使淫於陳佗故貶在字例。折之設反又時設反一本作祈思歷反

（疏）柔者何。解云欲言大夫經不言氏欲言微者而書其名故執不知問。注以俠卒也。解云隱九年春俠卒傳云俠者何吾大夫之未命者也彼注云以无氏而卒之也然則此亦无氏而書見故知未命之大夫也。注輒發至貶

也。解云凡內大夫不書氏有二義若未命大夫亦無氏而此與俠是也貶者亦無氏即無駭與翬之屬是也故此注云無氏嫌貶也。注所以至夫也。解云欲道俠之卒當隱公之世故得書之。注盟不至之略。解云春秋之例不信者日下十二年及鄭師伐宋丁未戰于宋是其違信矣不日者正以未命大夫故責之略也。注蔡稱至字例。解云正以隱八年蔡侯考父卒故有其姑姊妹淫於陳侯佗之事在上六年○公會宋公于夫童。○夫童音扶下音鍾又如字左氏作夫鍾○冬十有二月公會宋公于闞。○闞口暫反

十有二年春正月○夏六月壬寅公會紀侯莒子盟于毆蛇。○毆蛇丘于反又音曲侯反蛇音移又音地左氏作曲池○秋七月丁亥公會宋公燕人盟于穀丘。燕音煙○八月壬辰陳侯躍卒。不書葬者佗子也佗不稱侯者嫌貶在名例不當絕故復去躍葬也。躍弋若

反佗子大何反故復扶又反下同去起呂反○公會宋公于郯。郯音談○二傳作虛

冬十有一月，公會宋公于龜。○丙戌，公會鄭伯，盟于武父。父音甫○丙戌，衛侯晉卒。不蒙上日者，春秋獨晉書立記卒耳，當蒙上日與不嫌異於篡例，故復出日明同。

疏注不蒙至明同。解云：春秋之例，篡不明者至卒時合去日以略之，即僖二十四年冬晉侯夷吾卒，襄十八年冬十月曹伯負芻卒于師之屬是也。若其篡明有立入之文者，不嫌非篡，故不勞去日，即僖十七年冬十二月乙亥齊侯小白卒，莊二十一年夏五月辛酉鄭伯突卒之屬是也。今此衛侯晉亦隱四年有立文，不嫌非篡，當日。若不重言丙戌，則嫌不蒙上日，以其篡故略之，是以重言丙戌以明嫌也。而言獨晉書立者，鄭突、齊小白皆上有入文，不言立，故言獨。○

十有二月，及鄭師伐宋。丁未，戰于宋。戰不言伐，此其言伐何？辟嫌也。惡乎嫌？嫌與鄭人戰也。時宋主名不出，不言伐，則嫌内微者與鄭人戰于宋地，故

舉伐以明之宋不出主名者兵攻都城與鄭同義○惡乎音烏十二年傳同（疏）注宋不云至同義 解云上十年來戰于郎注云魯不復出主名者兵近都城明舉国無大小當戮力拒之是也 此偏戰也何以不言師敗績內不言戰言戰乃敗矣（疏）此偏云敗矣○解云上十年郎戰之下已有此傳今復發之者上經來戰于魯此則往戰于宋嫌其異故明之

十有三年春二月公會紀侯鄭伯己巳及齊侯宋公衛侯燕人戰齊師宋師衛師燕師敗績曷爲後日據鞌之戰先書日○鞌音安（疏）注據鞌至書日○解云成二年六月癸酉云云及齊侯戰于鞌是也 恃外也其恃外奈何得紀侯鄭伯然後能爲日也得紀侯鄭伯之助然後乃能結戰日以勝君子不掩人之功不蔽人之善故後日以明之○勝詩證反蔽必袂反 內不言戰此其言戰何據公敗宋師于

管〇管右頰反【疏】注據公至于管〇解云在隱十年從外也從外諸侯相與戰例曷為從外據戰于宋不從外言敗績【疏】注據戰至敗績〇解云即上十二年也于時有鄭人不書敗績之文矣恃外故從外也明當歸功於紀鄭故從紀鄭言戰何以不地據在下句【疏】注據在下句〇解云即下云郎亦近矣郎何以地近也惡乎近近乎圍郎亦近矣郎何以地郎猶可以地也郎雖近猶尚可言其處今親戰龍門兵攻城池尤危故取之續功也非義不戰故以功言之不言功者取其積聚師衆有尊卑上下次第行伍必出萬死而不弃此故以自敗為文明當坐也熟戰稱人敗績稱師者重敗也戰少而敗多言及者明見我首為主故得汲汲敗勝之文〇處昌慮反行戶郎反【疏】郎猶可以地也〇解云即上十年齊侯衛侯鄭伯來戰于郎是也〇注郎雖至其處〇解云謂郎雖在郊內乃非攻城猶可以文舉其地〇注今親至取之〇解云春秋說云龍門之戰民死傷者滿溝也若主說此經故知之〇注續功至不戰〇解云凡書兵者正得奉王命伐无礼乃有戰事故言非義不戰〇注

必出屬死○解云若武王萬民致死而定天下之類○注無
戰至敗也○解云蓋師不及戰故言戰少敗時悉走故言敗
多而旣二十八年齊人伐衛衛人及齊人戰衛人敗績傳即
據此經云敗者稱師衛何以不稱師未得乎師也彼注云未
得成列爲師也鄙戰不言戰言戰者衛
未有罪方欲使衛主齊見直文也者是○三月葬衛宣
公背殯用兵而月不危之者衛弱於齊宋不從亦有
危故量力不責也○背殯音佩后背殯皆放此【疏】
注背殯至責也○解云隱三年傳云當時而不日正也當時
而日危不得葬也然則衛宣公去年十一月卒至今年二月
正當五月之際而又背殯用兵宜書日
以見危而不日者正以量力不責故也○夏大水爲龍門之戰死
傷者衆民悲哀之
所致○爲于僞反○秋七月○冬十月
十有四年春正月公會鄭伯于曹○無冰何
以書記異也周之正月夏之十一月法當堅冰无冰者
溫也此夫人淫泆陰而陽行之所致○泆
音逸行下孟反○夏五鄭伯使其弟語來盟夏五者何

無聞焉爾來盟若聘而盟也不言聘者舉重也內不出主名者主國也莅盟可知莅盟來盟例皆時時者從內爲王義明王者當以至信先天下○莅盟音利又音類下同（疏）夏五者何○解云正以文異常例故執不知問○注莅盟至天下○解云其莅盟書時者僖三年冬公子友如齊莅盟定十一年冬叔還如鄭莅盟之屬是也其來盟書時者宣七年春衛侯使孫良夫來盟之屬是也而文十五年春三月宋司馬華孫來盟書月彼注云月者文公微弱大夫秉政宋亦厭于三世之黨二乱結盟故不與信辭是也然則來盟之例例不言月而此言夏五師所不說何氏以五字或衍文故如此解○秋八月壬申御廩災御廩災者何粢盛委之所藏也黍稷曰粢在器曰盛委積也御者謂御用于宗廟廩者釋治穀名禮天子親耕東田千畝諸侯百畝后夫人親西郊采桑以共粢盛祭服躬行孝道以先天下○廩力甚反粢盛音咨下音成委于偽反注同積子賜反共音恭（疏）御廩者何○解云欲言宮室而文言御廩欲言倉庫今彼災之於義不強故執不知問○注廩者釋治穀名○解云謂廩之言藏之義故也○注礼天至天下○解云皆出祭義之文御廩災何以

桓十四年

書者嫌覆問上粢盛委之所藏故不但言何以書御廩災何以書記災也火自出燒之曰災先是龍門之戰死傷者衆桓无惻痛於民之心不重宗廟之尊逆天危先祖鬼神不饗故天應以災御廩。○應應對之應（疏）注火自至曰災。○解云公羊之例内悉言災而復言火自出燒之者入春秋始有此災欲通人火不書之義也○乙亥嘗常事不書此何以書譏何譏爾譏嘗也譏新有御廩災而嘗之曰猶嘗乎難曰四時之祭不可廢則无尤嘗乎。○難乃旦反御廩災不如勿嘗而已矣當廢一時祭自責以奉天災也知不以不時者書本不當嘗也（疏）注知不至嘗也。○解云周之八月非夏之孟秋而反爲嘗故以不時言之○冬十有二月丁巳齊侯祿父卒○宋人以齊人衛人蔡人陳人伐鄭以者何行其意也以已從人曰行言四国行宋意也宋前納突求賂突背恩伐宋故宋結四国伐之四国本不起兵當分別之故加以也宋特四国乃伐鄭四国當與宋同罪非爲四国見輕重○背音佩別彼列反見賢遍反（疏）以者何○解云正以宋非強国而以齊衛故執不知問○注宋前納突求賂○解云上十一年宋人執鄭祭仲突歸于鄭是○注突背恩伐宋者解云上十二年及鄭師伐宋丁未戰于宋是也

十有五年春二月天王使家父來求車何以書譏何譏爾王者無求求車非禮也王者千里畿內租稅足以共費四方各以其職來貢足以尊榮當以至廉无爲率先天下不當求求則諸侯貪大夫鄙士庶盜竊求例時此月者桓行惡不能誅反從求之故獨月○共費音恭下芳味反行下孟反下行惡同（疏）何以書至礼也○解云隱三年武氏子來求賻之下傳云何以書譏何譏尒喪事无求求賻非礼也然則彼已有傳而重發之者正以彼云喪事无求恐此吉時得求故明之○注諸侯至盜竊○解云相對爲優劣之稱也○注求例時○解云隱三年秋武氏子求賻文九年春毛伯來求金之屬是也○

三月乙未天王崩桓王也○夏四

月己巳葬齊僖公當時而日者背殯伐鄭危之（疏）注當時至危之○解云去年十二月齊侯卒至今年四月是爲當時隱三年傳云當時而不日正也當時而日危不得葬今此書日故曰危也其背殯伐鄭者即去年冬十二月宋人以齊人已下伐鄭是○五月鄭伯突出奔蔡

突何以名據衞侯出奔楚不名不連爵問之者并問上已名今復名故使文相顧○復扶又反下注故復及傳文復入并注下不復皆同（疏）注據衞至不名○解云在僖二十八年夏○注不連至并問○解云正以下十六年傳云衞侯朔何以名哀八年傳云曹伯陽何以名故決之○注上已至相顧○解云欲書十一年已書名故言復也

奪正也明祭仲得出之故復於此名者其奪正不以失衆録也月者大国奔例月重乖離之禍小國例時也（疏）注奪正至衆録○解云決襄十四年夏四月己未衞侯衎出奔齊之屬書其名者爲失衆録之故也○注月者至之禍○解云下十六年十一月衞侯朔出奔齊及廿書五月之屬皆是○注小国至時也○解云昭三年冬北燕伯款出奔齊之屬是也○鄭世子忽復歸于鄭其稱世子何

據上出奔不稱世子疏注據上至世子。解云上十一年鄭忽出奔衛是也。復正也欲言鄭忽則嫌
其出奔還入與當國同文反更成上鄭忽爲當國故使顯世子明復正以效祭仲之權亦所以解上非當國也疏
注欲言至復正。解云莊九年夏齊小白入于齊傳云曷爲以國氏當國也者是也。注以效祭仲之權。解云即上十
一年傳云而忽何故反是也曷爲或言歸或言復歸復歸者
出惡歸無惡復入者出無惡入有惡入者出
入惡歸者出入無惡皆於還入乃別之者入國說命爲重也忽未成君出奔不應絶
出惡者不如死之榮也入無惡者出君不應絶則還入不應篡國○別彼列反疏曷爲或言歸。解云僖二十八年
衛侯鄭歸于衛之屬是。或言復歸。解云此經是也。復入者至有惡。解云襄二十三年晉欒盈復入于晉之屬是
也。入者出入惡。解云下文許叔入于許鄭伯突入于櫟之屬是也。○許叔入于許稱叔
者春秋前失爵在字例也入者出入惡明當誅也不書出者略小國疏注稱叔至字例。解云正以莊十六

年同盟于幽經書許男故也○注不書是小国○解云正以上文怨與突明入並書故○公會齊侯
于鄗○鄗户老反又火各反左傳作艾穀梁作蒿○邾婁人牟人葛人
來朝皆何以稱人据言朝也疏注据言朝也○解云正以隱十一年傳云諸侯來曰朝
夷狄之也桓公行惡而三人俱朝事之三人爲衆衆足責故夷狄之○秋九
月鄭伯突入于櫟櫟者何鄭之邑曷爲不言
入于鄭据齊陽生立陳乞家言入于齊○櫟力狄反一音西狄反疏櫟者何○解云欲言国都不言
鄭欲言入于鄭復言櫟邑故執不知問○注据齊至于齊○解云在哀六年彼傳云景公死而舍立陳乞迎陽生于諸其
家諸大夫不得已皆逡巡北面再拜稽首而君之爾然則陽生實入于陳乞家而言入于齊今突入于櫟而不言于鄭故
難之末言爾末者淺也解不言入國意曷爲末言爾据俱篡也祭仲亡
矣亡死亡也祭仲亡則鄭国易得故明入邑則忽危矣不須乃入国也所以效君必死国以亡矣○易以豉反

然則曷爲不言忽之出奔？據上言出奔也。言忽爲君之微也，祭仲存則存矣，祭仲亡則亡矣。言忽微弱，其存於傷毛，僅若匹夫之出耳，故不復錄。皆所以終祭仲之言，解不虛設危險之嫌。

疏注「此皆所至之言」。解云：上云「祭仲亡則亡矣」者，所以效十一年「君必死，國必亡」之文。今此傳云「言忽爲君之微也」已下者，可以終十一年「國何以有易亡之文」，故言皆所以終祭仲之言也。十一年雖不出祭仲之口，但傳家爲祭仲而爲此辭，故得公祭仲之言也。○注「解不至之嫌」。○解云：權者危險之事，祭仲比來欲爲君存國，非徒然也，但國內之人嫌其虛設，故作經傳以解之，故曰解不虛設危險之嫌。

○冬，十有一月，公會齊侯、宋公、衛侯、陳侯于侈，伐鄭。月者，善諸侯征突，善錄義兵也。不舉伐爲重者，用兵重於會，嫌月爲伐，伐有危，舍不爲義兵錄，故復錄會。○侈，昌氏反，二傳作袲，爲袲什侈反，下同。

疏注「月者至錄會」。○解云：正以隱十年秋，公伐邾婁之屬，則言征伐例時，而此書月，故決之。

十有五年春正月公會宋公蔡侯衛侯于曹○夏四月公會宋公衛侯陳侯蔡侯伐鄭○秋七月公至自伐鄭致者善桓公能疾惡同類比與諸侯行義兵伐鄭致例時此月者善其比與善行義故以致復加月也○復扶又反疏注致者至伐鄭○解云桓是篡賊動作有危今能疾篡賊危而至故致之○注致例時解云即上二年冬公至自唐之屬是○冬城向○向式亮反○

十有一月衛侯朔出奔齊衛侯朔何以名据衛侯出奔楚不名疏衛侯朔何以名○解云嫌問出奔之屬何以名故復連句問之○注据衛至不名○解云在僖二十八年絕曷為絕之据俱奔也得罪于天子也其得罪于天子奈何見使守衛朔朔十二月朔政事也月所以朝廟告朔是也而不能使衛小衆時天子使發小衆不能使行越在岱陰齊

越猶走也岱岱山宗泰山也山北曰陰先言岱山陰後言齊者明名山大澤不以封諸侯以爲天地自然之利非人力所能加故當與百姓共之傳著於岱陰者明天子當及是時未能交連五國之女早誅之（疏）注明天子至誅之 ○ 解云其五國者莊五年冬公會齊人宋人陳人蔡人伐衛是

屬負茲舍不即罪爾

屬託也天子有疾稱不豫諸侯稱負茲大夫稱犬馬士稱負薪舍止也託疾止不就罪 ○ 屬負茲音燭注同爲託也諸侯有疾稱負茲言朔託有疾（疏）注天子至負薪者 ○ 解云皆漢禮之名譽語爲棄諸侯言負茲者謂負事繁多故致疾大夫言犬馬者代人勞苦行役遠方故致疾士稱負薪者祿薄不足代耕故致疾

十有七年春正月丙辰公會齊侯紀侯盟于黃 ○ 二月丙午公及邾婁儀父盟于趡本失爵在名例中朝桓公稱人今此不名者蓋以爲儀父最先與隱公盟明王功之臣有誅而無絕 ○ 趡翠癸反（疏）注本失至在名例 ○ 解云正以隱元年得褒乃書字故也 ○ 注中朝至名者 ○ 解云即上十五年邾婁人牟人葛人來朝是 ○ 注此蓋

以至之臣。解云隱元年公及邾婁儀父盟于眛是也。注有誅而无絕。解云有誅者十五年称人是責之无絕者全還其字无絕其功故也 ○ 五月丙午及齊師戰于奚夏者陽也月者陰也去夏者明夫人不繫於公也此戰盡由桓公曰同非吾子云尔。去起呂反下同 疏 注此戰至云尔。解云莊元年傳云公曰同非吾子身然則夫人姜氏三年至魯六年九月莊公乃生桓公何云同非吾子蓋夫人諸之也或云蓋在齊之日已共私通魯侯知之悼恨之言耳 ○ 六月丁丑蔡侯封人卒 ○ 秋八月蔡季自陳歸于蔡称字者蔡侯封人无子季次當立封人欲立獻舞而疾害季季辟之陳封人死歸反奔喪思慕三年卒無怨心故賢而字之出奔不書者方以起季奔喪歸故使若非出奔歸不称弟者見季不受父兄之尊起宜為天子大夫天子大夫不得施諸侯親親道故魯季子紀季皆去其氏唯卒以恩錄親季友叔肸卒是也 疏 注魯季至其氏。解云即閔元年季子來歸莊三年紀季以酅入于齊是也。唯卒至是也。解云即僖十六年公子季友卒宣十七年公弟叔肸卒是也 ○ 癸巳葬蔡桓侯稱侯者亦奪臣子辭也有賢弟而不能任用反疾害之而立獻舞国戕并於蠻荆故賢季抑栢稱侯所以起其事○戕音祁并必政反又如字（疏）注稱侯至其事○解云正以諸侯之葬皆稱公故決之○及宋人衛人伐邾婁○冬十月朔日有食之是後夫人譖公爲齊侯所誘殺去日者著栢行惡故深爲内懼其將見殺無日○行下孟反爲于僞反（疏）注去日至無日上解云若以隱三年傳言之即某月某日朔日有食之者食正朔若言某月某日日有食之者謂二日食也若言其月日有食之者謂食在晦也今此言朔而不書日故此解之

十有八年春王正月公會齊侯于濼○濼郎沃反又音洛說文云匹沃反公夫人姜氏遂如齊○公何以不言及夫人据公及夫人會齊侯于陽穀（疏）注据公至陽穀解云在僖十一年夫人外也若言夫人已爲公所絕外也（疏）注若言至外也解云欲言不假言及自外外之意夫人外者

何內辭也內爲公諱辭○爲于僞反其實夫人外公也時夫人淫
於齊侯而譖公故云爾言遂者起夫人本與公出會齊侯于
濼故得并言遂如齊不書夫人會書夫人以者明遂在夫人
齊侯誘公使遂如齊以夫人
譖公故○譖公側鴆反下同○夏四月丙子公薨于
齊不書齊誘殺公者深諱恥也地者在外爲大國所殺於國外危國重故不服隱也疏注不書至恥也
解云如此注注者正決昭十一年楚子虔誘蔡侯般殺之于申
之文也○注地者至隱也○解云魯侯被殺例不辛地故隱
公閔公直言薨而已
今此言齊故如此解丁酉公之喪至自齊凡公薨外致日者危
痛之外多窮厄伐喪內多乘便而起不可不戒慎加之者喪
者死之僶辭也本以別生死不以明貴賤非配公之稱故加
之以絕○便婢面反別彼列反稱尺證反疏注凡公至痛之○即此及定元年夏六月癸亥公之喪至自乾侯之
屬是也○秋七月○冬十有二月己丑葬我君桓
公賊未討何以書葬據隱公也讎在外也讎在外

則何以書葬据俱讎也君子辭也時齊強魯弱不可立得報故君子量力且假使書葬於可復讎而不復乃責之諱與齊狩是也相者謚礼注有爵者有謚所以勸善懲惡也礼諸侯薨天子謚之卿大夫受謚於君唯天子称天以誄之孟以爲祖祭乃謚丁酉公之喪至自齊丁巳葬我君定公雨不克葬戊午日下昃乃克葬是也以公配謚者終有臣子之辭上葬日者起生者之事也且明王者當遣使者與諸侯共會之加我君者録內也尤君薨地也。懲直升反使所吏反

疏注諱與齊狩是也。解云莊四年冬公及齊人狩于郜公曷爲與微者狩齊侯也齊侯則其称人何諱與讎狩是也。注礼諸至誄之解云即曾子問曰賤不誄貴幼不誄長礼也鄭注云誄累也累列生時行迹讀之以作謚謚當由尊者成又云唯天子称天以誄之注云以其无尊焉又云諸侯相累非礼也是也。蓋以至是也。解云所以知祖祭乃謚者正以公之喪至自齊未有謚丁巳葬我君定公欲葬遇雨不得葬經書定公故知宜是作祖祭時爲之也礼記檀弓下篇云公叔文子卒其子戍請謚於君云日月有時將葬矣請所以易其名者義亦通於此。注上葬至地也。解云考諸古本皆无上字有者衍文隱三年傳過時而日隱之注云隱痛賢君不得以時葬丁亥葬

齊桓公是也然則此君四月薨至于今十二月亦是過時而曰者亦是痛其賢君不得以時葬非其事實故曰起生者之事言其非爲臣子矣或者上葬爲此上文之葬若昭三年葬滕成公之下注云月者善公上葬諸侯莫肯加礼獨滕子來會葬故恩録之之類也

監本附音春秋公羊註疏桓公卷第五

監本附音春秋公羊註疏莊公卷六 起元年盡七年

何休學

元年春王正月公何以不言即位春秋君弒子不言即位君弒則子何以不言即位 據繼君不絶也 ○君弒申志反下皆同 【疏】公何以不言即位○解云隱元年傳云公何以不言即位注云據文公言即位然則彼已注解是以此處不復注之○春秋至即位○解云而言春秋者欲道孔子意春秋之內皆爾非止此處故舉其大號言之是以隱元年傳云公何以不言即位繼弒君子不言即位此非子也其稱子何臣子一例也然則宣公之傳不言子直以其無臣子之道不念其君父亦不由宣公非子赤之子故不言子

隱之也孰隱隱子也 隱痛是子之禍不忍言即位 【疏】孰隱至子也○解云莊公既踰年即位之後合稱成君而言子者以諸侯於其封內三年稱子故也若表臣子之心未可曠年無君乃稱公耳

○三月夫人孫

于齊孫者何孫猶孫也孫猶遁也○孫音遜下及注皆同孫猶遁也遁徒困反

疏孫者何○解云欲言初出實先在齊欲言非初出而與公孫文同故執不知問○孫猶孫也○解云凡言孫者孫遁自去之辭今此言孫與尚書序云將孫於位讓於虞舜義同故言孫猶孫也猶彼文也而注云孫猶遁也者欲解彼此之孫皆爲孫遁自去之義故曰遁也

內諱奔謂之孫言于齊者盈諱文

疏內諱奔謂之孫○解云據百二十國寶書以爲春秋非獨魯也而言內者託王於魯故言內猶言內其國外諸夏之義也然則內魯爲王王者無出奔之義故謂之孫矣而僖二十四年冬天王出居于鄭言出者彼傳云王者無外此其言出何不能於母也注云不能事母罪莫大於不孝故絕之言出也者是○注言于至諱文○解云凡言于某者從此往彼之辭今此夫人實非始往而言于齊與昭二十五年公孫于齊文同者盈蒲且諱文若今始然故云言于齊者盈諱文耳

夫人固在齊矣其言孫于齊何據公夫人遂如齊未有來文

疏注據公至來文○解云公夫人遂如齊在桓十八年言未有來文者欲決文九年春夫人姜氏如齊夫人姜氏至自齊之

文耳若然案下一年注云不致者本無出道有出道乃致奔喪致是也若然則何氏指文九年夫人姜氏如齊亦無出道而責未有來文者夫人如齊之時得公之命非無出道故如此解 念母也 固在齊而書孫者所以起念母也 正月以存君念母以首事 礼練祭取法存君夫人當首祭事時莊公練祭念母而迎之當書迎反書孫者明不宜也 疏 注礼練至宜也○解云存君者即襄二十九年注云正月歲終而復始臣子喜其君父與歲終而復始執贄存之然則今此練祭者亦是臣子閔君父往年此月没今年復此日存而礼祭之取法存君矣言夫人當首祭事者謂夫人當爲首而營其祭事也言時莊公練祭者謂桓公去年四月薨今年三月方爲練祭而欲迎母非謂此時已爲練矣 夫人何以不稱姜氏 据夫人姜氏孫于邾婁 疏 注据夫至邾婁者解云閔二年經文 貶曷爲貶 据俱以孫爲文 與弑公也其與弑公柰何夫人譖公於齊侯 如其事曰訴加誣曰譖○與殺音預下同譖側鴆反加誣曰譖 公曰同非吾子齊侯之子也

以淫於齊侯所生【疏】公曰至子也○解云夫人加誣此言非謂桓公實有此言何者正以夫人之至在桓三年秋子同之生乃在六年九月故也

齊侯怒與之飲酒欲醉而殺之禮飲酒不過三爵

【疏】注禮飲不過三爵○解云玉藻云君子之飲酒也受一爵而色洒如也注云洒如肅敬貌也二爵而言言斯注云言言和敬貌禮已三爵而油油注云油油悅敬貌以退注云禮飲酒過三爵則敬殺可以去矣也者是也

於其出焉使公子彭生送之於其乘焉於其將上車時○將上時掌反下同

搚幹而殺之搚折聲也扶上車以手搚折其幹○拹幹路合反本又作搚亦作拉皆同折聲也幹音古旦反脇也【疏】於其至送之○解云與下句絕讀○於其乘焉搚幹而殺之○解云二句連讀○注扶上至幹解云折音如字

念母者所善也則曷爲於其念母焉貶之据貶必於其重【疏】念母者所善也○解云謂念母者宜春秋之所善也○注据貶必於其重○解云即僖元年傳云夫人何以不稱姜氏貶曷爲貶與弒公也然則曷爲不於弒焉貶貶必於其重者莫重

莊元年

乎其以喪至也注云刑人于市與衆棄之故必於
其臣子集迎之時貶之所以明誅得其罪是也不與念
母也念母則忘父背本之道也故絕文姜不為不孝距蒯
聵不為不順脅靈社不為不敬蓋重本尊統使尊行
於卑上行於下貶者見王法所當誅至此乃貶者并不與念
母也又欲以孫為内見義明但當推逐去之亦不可加誅誅
不加亅之義非實孫○月者起練祭左右○背音佩蒯聵苦怪
反下五怪反見王賢遍反下同為内于偽反下為卑為管同
去起吕反疏注故絕至不順○解云謂貶氏是也距蒯聵不為
不順者哀三年傳云曼姑受命乎靈公而立輒以
曼姑之義為固可以距之也注云曼姑無惡文者起曼姑得
拒之曼姑臣也拒之者上為靈公命下為輒故者是也○注
脅靈至不敬○解云即莊二十五年傳云日食則曷為鼓用
牲于社求乎陰之道也注云求責求也以朱絲營社或曰脅
之注云脅之與責求同義社者土地之主也月者土地之精
也上繫于天而犯日故鳴鼓而攻之脅其本也朱絲營之助
陽抑陰也是脅靈社不為不敬之道也○注蓋重至當此○
解云此蓋詁為皆也謂脅社以重陽距父以尊祖皆是尊行
於卑上行於下之義○注至此至之義○解云注言此者欲
道桓十八年公始如齊之時不貶意也言又欲以孫為内見

義者正言道魯臣子不合誅夫人之意。○注非實至左右。○解云閔二年九月夫人姜氏孫于邾婁彼注云凡公夫人奔例日此月者有罪然則此書月者正是其例而言月者起練祭左右者謂此夫人非孫今乃書孫書三月起其練祭在左右故也若直言春無以起其練祭矣○夏單伯逆王姬。單伯者何。吾大夫之命乎天子者也。以稱字也礼諸侯三年一貢士於天子天子命與諸侯輔助爲政所以通賢共治示不獨專重民之至大國舉三人次國舉二人小國舉一人○單伯音善後放此逆王姬左氏作送王姬治直吏反

疏單伯者何○解云若言內臣而逆王女若言王臣文無王使故執不知問○注以稱字也解云諸侯之大夫例合稱名若其貢于天子天子理宜尊異是以見其稱字知其貢于天子○注諸至一人○解云皆書傳文射義云古者天子之制諸侯歲獻貢士于天子天子試之於射宮鄭注云歲獻獻國事之書及計偕物也三歲而貢士舊說云大國三人次國二人小國一人者是與此同何以不稱使。據公子遂如京師言如者內稱使之文

疏注據公子遂如京師言如者內稱使之文○解云公子遂如京師者僖三十年經文也言如者內稱使之文者

欲道傳云何以不稱使者問經不道單伯如京師之意天子召而使之也逆之

者何使我主之也逆者魯自往之文方使魯爲父母主嫁之故與魯使自逆之不言于

京師者使魯主之故使若自魯女無使受之疏逆之者何○解云天子之臣其數非一而魯大夫使逆其女故

執不知問曷爲使我主之据諸侯非之天子嫁女乎諸侯

必使諸侯同姓者主之諸侯與天子同姓者諸侯嫁女于

大夫必使大夫同姓者主之大夫與諸侯同姓者不自爲主者尊卑不

敵其行婚姻之禮則傷君臣之義行君臣之礼則廢婚姻之

好故必使同姓有血脉之屬宜爲父道與所適敵體者主之

礼尊者嫁女于甲者必持風旨爲甲者不敢先求亦不可斥

與之者申陽倡陰和之道天子嫁女於諸侯備姪娣如諸侯

之礼義不可以天子之尊絶人繼嗣之路○主書者惡天子

也礼齊衰不接弁冕仇讎不交婚姻○好呼報反風如字又

方鳳反倡昌亮反和戶卧反惡烏路反齊音咨下七雷反疏注其行婚姻之礼○解云謂敵偶行事○注行

君臣之礼。解云謂君坐于上而臣立于下。注必使至士之。解云謂於女有血脉之親屬。注礼尊至之道。解云風猶放也言使卑者待已放其命云道有女可嫁然後卑者乃敢求婚也云亦不可斥與之者亦不可斥言嫁於某國所以然者正以申陽倡陰和之道故也。注天子至之礼。解云知者見十九年傳諸侯娶一國則二國往媵之以姪娣從若其礼異當有別文。注義不至之路。解云注知如此者正見十九年傳下文云諸侯壹聘九女諸侯不再娶然則既不得再娶適夫人設無姪娣即是絶嗣之義故云此。注礼齊至婚姻。解云義取穀梁之文仇讎之人非所以接婚姻衰麻非所以接弁冕之言也所以然者正由吉凶不相求。矣今莊公主婚于齊相犯二事是以春秋主書惡天子耳。

秋築王姬之館于外何以書譏何譏爾築之禮也于外非禮也以言外知有築内之道也于外非礼也礼同姓本有主嫁女之道必闕地于夫人之下羣公子之上也時魯以將嫁女于讎國故築于外【疏】注以言至道也。解云正以經言于外以爲非礼則知于内以礼明矣。注必闕至下也。解云取下傳文爲義于外何以非禮據非內也築于外非禮也于遠辟也爲營衛不固不以將嫁于讎國除譏者魯本自得以讎爲解無爲受命而外之故曰非禮○解古賣反其築之何以禮据禮當豫設主王姬者必爲之改築主王姬者則曷爲必爲之改築据諸侯宮非一○必爲于爲反下必爲爲襄公并注同疏注据諸至非一○解云即下云路寢小寢之屬是也於路寢則不可者謂外內無別於路寢則不可小寢則嫌皆所以遠別也○別彼列反疏小寢則嫌○解云嫌藥讀游築例時者即此年秋築王姬之館二十八年冬築微三十一年春築臺于郎秋築臺于秦之屬是也羣公子之舍謂女公子也則以卑矣以爲大卑○大音泰一音他賀反其道必爲之改築者也以上傳言爾知當築夫人之下羣公子之上築例時○冬十月乙亥陳侯林卒○王使榮叔來錫桓公命錫者何賜也上與下之辭○

錫星歷反　疏　錫者何○解云正以變賜言錫，疑禮九賜之文異故執不知問　命者何加我

服也　增加其衣服令有異於諸侯禮有九錫一曰車馬二曰衣服三曰樂則四曰朱戶五曰納陛六曰虎賁七

曰弓矢八曰鈇鉞九曰秬鬯皆所以勸善扶不能言命不言服者重命不重其財物禮百里不過九命七十里不過七命

五十里不過五命○令力呈反賁音奔鈇音甫又方于反下音越秬音巨黑黍也鬯勑亮反香酒　疏　命者何○

解云正以生時有功而受褒賜今死乃賜命故執不知問○注禮有至不能○解云此禮緯含文嘉文也彼注云諸侯有

德當益其地不過百里後有功加以九賜進退有節行步有度賜以車馬以代其步其言成文章行成法則賜以衣服以

表其德其長於教誨內懷至仁賜以樂則以化其民其居處脩理房內不泄賜以朱戶以明其別其動作有禮賜以納陛

以安其體其勇猛勁疾執義堅強賜以虎賁以備非常其內懷至仁執義不傾賜以弓矢使得專征其亢陽威武志在宿

衛賜以鈇鉞使得專殺其孝慈父母賜以秬鬯使之祭祀皆如有德則陰陽和風雨時四方所瞻臣子所望則有秬鬯之

草景星之應是也○注禮百里至五命○解云案周禮典命云上公九命侯伯七命子男五命者是也　其言

稱公何据錫文公命不言謚疏注据錫至言謚。解云即文元年夏四月天王使毛伯來錫公命不言謚是也追命也舉謚明知追命死者礼生有善行死當加謚謚不當復加錫不言天王者桓行實惡而乃追錫之尤悖天道故云爾。善行下孟反下同復扶又反悖補内反疏注不言至云爾。解云如此注者欲決文元年稱天王也○王姬歸于齊何以書我主之也魯主女爲父母道故恩録而書之内女歸例月外女不月者聖人探人情以制恩實不如魯女疏注内女至之也解云即隱三年冬十月伯姬歸于紀隱七年春王三月叔姬歸于紀成九年二月伯姬歸于宋之屬是也然則此事亦在月下而言不月者何氏以意斟酌故如此解而莊十一年冬王姬歸于齊而不書月者彼則魯不主婚自著天子有恩于王姬故也○齊師遷紀郱鄑郚遷之者何取之也以齊師知取之。郱步丁反鄑子斯反又音晉郚音吾疏遷之者何。解云欲言實遷不言遷所欲言取之而經書遷故執不知問取之則曷爲不言取之也据莒人伐杞取牟婁疏注据莒至牟婁解云卽隱四年經文為襄公諱也襄公將復讎於紀故先孤弱取其邑本不爲利舉故爲諱不舉伐順諱文也外取邑不書此何以書大之也何大爾自是始滅也將大滅紀從此始故重而書之

二年春王二月葬陳莊公○夏公子慶父帥師伐餘丘於餘丘者何邾婁之邑也曷爲不繫乎邾婁國之也曷爲國之君存焉爾慶父幼少將兵不譏者從不言弟意亦施之○少詩照反

疏於餘丘者何○解云欲言是國天下未聞欲言是邑而不繫國故執不知問○曷爲至焉爾○解云桓七年傳云咸丘者何邾婁之邑也曷爲不繫乎邾婁國之也曷爲國之君存焉爾然則彼已有傳而復發之者正以邑不繫國凡有二種故須解之卽昭三十二年取闞傳云闞者何邾婁之邑也曷爲不繫乎邾婁諱亟也注云與受濫爲亟是○注慶父至趣之○解云正以桓六年九月丁卯子同生則莊公年十五矣慶父

之年官十二三，故云幼少將兵矣。所以不書月以譏之者，正以不言弟，意亦起之。何者？文元年注云不能王子者，時天子諸侯不務求賢而專貴親親，故尤其在位子弟，刺其早任以權也。無得言公子者，方録異辭，故獨不言弟也。諸侯得言子弟者，一國失賢輕。然則魯不言在位之弟者，刺其專貴親親而早任以權。今慶父實是公之母弟，君於凡下諸侯之國，則合言弟，但是魯公之弟，故于例不得言之。既言弟刺其專貴親親早任以權，則於幼少將兵之義亦良矣，故云從不言弟意亦起之也。杜氏云慶父者莊公異母兄，何氏知其幼者，正見稱仲，非兄明矣。○

秋七月，齊王姬卒。外夫人不卒，此何以卒？録焉爾。曷為録焉爾？据王后崩猶不録。**我主之也。**魯主女，當父母道，故卒録之，明當有恩礼。内女卒例日，外女卒不日者，實不加魯女也。

疏　注內女至女也○解云：即僖十六年四月丙申鄭季姬卒，成八年冬十月癸卯杞叔姬卒，襄三十年夏五月甲午宋伯姬卒之屬是也。而莊四年三月紀伯姬卒，莊二十九年十二月紀叔姬卒之屬皆不日，莊四年下文注云卒不日葬日者，魯本宜葬之，故移恩録文於葬是也。○**冬十有二**

月夫人姜氏會齊侯于郜書者婦人無
近淫不致者責
有出道乃致奔喪致是也○郜古報反二
傳作禚四年亦爾近附近之近亦如字
疏注
也
文九年春夫人姜氏如齊三月夫人姜氏至自齊注
母之喪也不言奔喪者尊內也出獨致者得禮故曰
是
也○乙酉宋公馮卒
三年春王正月溺會齊師伐衛溺音
大夫之未命者也所伐大夫不卒者莊公薄
之恩故不卒大夫與桓同
衛朔背叛出奔天子新立衛公子留齊侯無懼天子
之心而伐之故明惡重於伐故月也○溺乃歷反
何○解云欲言內臣經不書氏欲言外臣復不繫國故
知問○五六不至者也○解云隱九年傳云俠者何吾大
未命者也桓十一年柔會宋公以下于折傳曰柔者何
夫之未命者注云熊發傳者無氏嫌貶也然則今復發
嫌會讎人而致貶故也○注所伐至大夫○解云八稱名
大夫不書卒者正以莊公薄於臣子之恩故也知未命

外事外則
無出道
以致至是
解云即
云奔父
臣子辭
何吾
於邑子
者
溺者
疏
新不
大之
吾大
學者
將
夫

莊三年

二一六

得書卒者正見隱九年經書俠卒也彼注云未命所以[illegible]者賞宜從重無氏者少略也者即其義○注與柏同義○解云柏十一年柔會宋公已下于折傳曰柔者何吾大夫之未命者也彼注云所以不卒柔者溺薄柏公不與有恩[illegible]於大夫也今溺亦然故言與柏同義○注月者至出奔○解云正以侵伐例時即上二年夏公子慶父伐於餘丘之屬是也今此月者背叛出奔罪重故也其背叛出奔之事者即下十六年衞侯朔出奔齊是也○注天子新立衞公子留○解云出本及史記並有其事○夏四月葬宋莊公莊公馮篡不見書葬者篡以計除非以起他事不見也○不見賢偏反下皆同

疏注莊公馮篡不見書葬者篡以計除非以起至見也○解云春秋之例篡不明者皆貶去其葬以見篡即僖二十四年晉侯夷吾卒注云篡故不書葬明當絕也又宣九年秋晉侯黑臀卒于扈彼注云不書葬者篡也之屬是也其篡明者不嫌非篡故不去葬以見篡即隱四年衞人立晉桓十二年冬衞侯晉卒十三年春葬衞宣公又莊九年齊小白入于齊至僖十[illegible]年冬齊侯小白卒十八年秋葬齊桓公又哀六年秋齊陽生入于齊至哀十年春齊侯陽生卒夏葬齊悼公此等皆由其初有立入之文不嫌非篡故書其葬今宋公馮初篡不明所以亦書

其葬者正以其父繆公有讓國之善故詐其父功而除其篡罪故云篡以計除也襄十四年夏衛侯衎出奔齊至二十六年春甯喜弒其君剽衛侯衎復歸于衛傳云然則曷爲不言剽之立不言剽之立者以惡衛侯也注云起衛侯失衆出奔故不書剽立剽立無惡則衛侯惡明矣又宣六年傳言而立成公黑臀彼注云不書者以惡夷獋也然則剽與成公之篡皆不惡者以惡衎與夷獋矣是爲以起他事不見今宋莊公之立不書惡之者自以計除之不見義故云并以起他事不見也既以計除則逈然無罪故得書葬何則晉侯重耳亦篡不明而僖公二十三年得書葬皆文八公者春秋爲賢者諱也

○**五月葬桓王此未有言崩者何以書葬蓋改葬也**改更也改葬服輕不當月月者時無非常之變榮奢改葬爾故惡錄之書者諸侯當有恩礼

疏此未有言崩者。解云桓十五年經書三月乙未天王崩何言未有言崩者正以此年事不相接故也。注蓋改葬也。解云案宣三年郊牛之口傷改卜牛經即書其改卜此若改葬經宜書改而不書改者蓋以天王之崩去此七年是改可知何勞書改乎其改卜牛須書改者若直言卜牛嫌卜前已傷之牛故須言改以明之傳必知改葬者正見春秋説云桓星

[illegible]見周人榮奢改葬桓王冢死尸復擾終不覔之文故也○
注改葬至録之○解云言改葬服輕者即喪服云改葬緦是
也言下當月月者欲決昭二十二年六月叔鞅如京師葬景
王之文也言時無非常之變者即決礼有非常之變者將亡
失尸柩之時改葬也言榮奢改葬者即春秋說云恒星不見
夜明周人榮奢改葬桓王冢死尸復擾終不覔之文也若然
案春秋說改葬在恒星不見之後即宜在七年之末而在三
年者宋氏云由三年改葬故七年恒星不見夜明皆正由兮
日榮奢改葬故也云故惡録之者謂由此之故惡而深録之
也○注書者至恩礼○解云文九年傳云王者不書葬此何
以書不及時書過時書注云重録失時我有往者則書注云
謂使大夫往也惡文公不自往故書葬以起大夫會之然則
此改葬桓王非彼之類而得書者欲見諸侯當有恩礼故也○秋紀季以酅入于
齊紀季者何紀侯之弟也何以不名賢也何
賢乎紀季據叛也○酅戶圭反疏紀季者何○解云欲言其君經不書爵欲言大夫又不言
氏故執不知問服罪也其服罪奈何魯子曰請後五廟

以存姑姊妹紀與齊爲讎不直齊大紀小季知必亡故以酅首服先祖有罪於齊請爲五廟後以
酅共祭祀存姑姊妹稱字賢之者以存先祖之功則除出奔
之罪明其知權言入者難辭賢季有難去兄入齊之心故見
之男謂女先生爲姊後生爲妹父之姊
妹爲姑○共音恭難辭乃旦反下皆同【疏】魯子曰至姊妹解云傳所以記
魯子者欲言孔氏之門徒受春秋非唯子夏故有他師矣其
隱十一年傳記子沈子者欲明子夏所傳非獨公羊氏矣故
輙記其人以廣義也季爲附庸而得有五廟者舊說云出諸
侯之礼故也直言以存姑姊妹不言兄弟子姪者謙不敢言
之欲言兄弟子姪亦隨國亡但外出之女有所歸趣而已○
注故以至於齊○解云注言首者先服之辭紀國未滅令以
往服故謂之首服也先祖有罪於齊者即四年傳云哀公亨
乎周紀侯譖之是也○注言入至見之○解云正以襄二十
六年二月衛孫林父入于戚定十三年晉荀寅士吉射入于
朝歌之屬皆是不獲已故以爲難辭也○注男謂至爲姑
解云皆釋親文○冬，公次于郎次者兵舍止之名【疏】注次者至之名解云正以僖元
年齊師宋師曹師次于聶北救邢之文故也其言次于郎何國內兵而當書公斂處父

師師而至雖有事而猶不書是也【疏】注國內至是也○解云公斂處父帥師而至者定八年傳文案昭十三年春叔弓帥師圍費定十二年冬公圍成之屬是也

刺欲救紀而後不能也

惡公既救人辟難道還故書其止次以起之諸侯本有相相救之道所以抑強消亂也次例時○惡烏路反【疏】注諸侯至亂也○解云言此者欲道春秋善齊襄復讎不書其滅而刺魯侯不救紀者以諸侯本有相救之道所以抑強消亂是以刺不相救也而善齊襄復讎者所以申仁孝之恩各自爲義豈相妨奪乎○注次例時○解云即此及三十年夏師次于成之屬是也而八年春王正月師次于郎云云書月者自爲下文甲午祠兵出之次仍不蒙月也十年夏六月齊師宋師次于郎公敗宋師于乘丘書月者自爲下文敗宋師出之次仍不蒙月也

四年春王二月夫人姜氏饗齊侯于祝丘

書者與會鄑同義牛酒曰犒加飯羹曰饗月者再出重也三出不月者省文從可知例○犒苦報反勞也【疏】注書者至同義○解云即二年冬十有二月夫人姜氏會齊侯于郜彼注云書者婦人無外事外事則近淫今此亦然故云同義○

注牛酒至曰饗。解云時王之礼也。注月者至知例。解云案上二年經云冬十有二月夫人姜氏會齊侯于郜一出亦書月而言再出重者正以下文三出四出皆無月故也而上二年月者自爲下經乙酉宋公馮卒其會仍自不蒙月矣言三出不月者即下五年夏夫人姜氏如齊師是也○三月紀伯姬卒礼天子諸侯絕期大夫絕緦天子唯女之適二王後者諸侯唯女之爲諸侯夫人者恩得申故卒之。朞音基緦音絲疏注礼天至絕期。解云正見不杖期章無天子諸侯服故也。注大夫絕緦。解云正見緦麻章無大夫服故也。○夏齊侯陳侯鄭伯遇于垂○紀侯大去其國大去者何滅也孰滅之齊滅之曷爲不言齊滅之爲襄公諱也春秋爲賢者諱何賢乎襄公據楚莊王亦賢滅蕭不爲諱。○爲襄于僞反下爲賢注爲諱及下注爲諱爲襄同疏大去者何。解云欲言其奔而經言大去欲言其滅又無賊文故執不知問。○注爲襄公至者諱。○解云言所以爲襄公諱者正由春秋爲賢者諱故也。○

注据楚莊王亦賢滅蕭不爲諱者即宣十二年冬十有二月戊寅楚子滅蕭彼注云日者屬上有王言今反滅人故深責之是也若然莊十年齊師滅譚莊十三年齊人滅遂之屬不爲賢者諱滅而不據之者滅遂之下注云不諱者桓公行霸不任文德而尚武力又功未足以除惡然則桓公是時賢德未著不爲諱適是其宜寧得据之乎楚莊是時已有王言賢德已著宜爲之諱而書其滅故据之也

復讎也何讎爾遠祖也哀公亨乎周亨煮而殺之。亨普庚反注同煮殺也（疏）注哀公亨乎周。解云鄭氏云懿始受譖而亨齊哀公是也周語亦有其事紀侯譖之以襄公之爲於此焉者事祖禰之心盡矣盡者何襄公將復讎乎紀卜之曰師喪分焉龜曰卜著曰筮分半也師喪亡其半。禰乃禮反師喪息浪反注同著音尸筮市制反（疏）盡者何。解云以襄公淫泆行同鳥獸而言事祖禰之心盡故執不知問。卜之至分焉解云卜之者謂襄公之辭。注龜曰卜著曰筮。解云曲礼文寡人死之襄公答卜者之辭不爲不吉也遠祖者幾世乎九世矣九世猶可以復讎乎雖百世可也百世大言之爾猶詩云嵩高維嶽峻極于天君子萬年○幾居豈反崧嵩息忠反本亦作嵩

【疏】寡人死之不爲不吉也○解云皆齊侯之語故注云答卜者之辭所以謂死爲吉事者以復讎以死敗爲榮故也○注百世至萬年○解云蓋以百十者數之終施之於彼則無罪施之於己則無義故謂之大言耳

家亦可乎家謂大夫家曰不可國何以可据家不可國君一體也先君之恥猶今君之恥也今君之恥猶先君之恥也先君謂哀公今君謂襄公言其恥同也國君何以爲一體据非一世國君以國爲體諸侯世故國君爲一體也雖百世號猶稱齊侯今紀無罪今紀侯也此非怒與怒遷怒齊人語也此非怒其先祖遷之于子孫與○怒與音餘曰非也古者

有明天子則紀侯必誅必無紀者紀侯之不誅至今有紀者猶無明天子也古者諸侯必有會聚之事相朝聘之道號辭必稱先君以相接然則齊紀無說焉不可以並立乎天下

無說無說懌也○無說音悅注同懌音亦

疏 古者至天子也○解云從康王已下歷宣王之世而言無明天子者蓋以宣王之德駁而不純故也○號辭至相接○解云正以號辭必稱先君之故是以齊紀不得並立于天下古者有明天子則須去其不直是以上文云古者有明天子則紀侯必誅也

故將去紀侯者不得不去紀也有明天子則襄公得爲若行乎

若如也猶曰得爲如此行乎○將去起呂反下及注同若行下孟反注同

疏 故將至紀也○解云若不去紀則有紀侯故也○襄公至行乎○解云行讀如有子行之之行

曰不得也不得則襄公

曷爲爲之上無天子下無方伯有而無益於治曰無，猶易曰闚其無人。○治直吏反。闚苦規反。疏注猶易至無人。○解云豐卦上六爻辭也。緣恩疾者可也。疾痛也。賢襄公爲諱者，以復讎之義除滅人之惡。言大去者，爲襄公明義，但當遷徙去之，不當取有，有明亂義也。不爲文實者，方諱，不得貶。疏緣恩疾者可也。○解云時無明王賢伯以誅無道，緣其有恩痛於先祖者，可以許其復讎矣，故曰緣恩疾者可也。○注賢襄至之惡。○解云擅滅同姓合書而絕之，今不書者，以復讎除罪故也。○注不當至義也。○解云謂但當推逐而已，不當取而有之，明其亂王義矣。然則襄公亂義而不惡者，正以復讎除之。○注不爲至得貶。○解云凡爲文實者，皆初以常事爲罪而貶之，然後以功除過，是以僖元年經云齊師宋師曹師次于聶北救邢，傳云曷爲先言次後言救，君也，君則其稱師何，不與諸侯專封也，曷爲不與，實與而文不與，文曷爲不與，諸侯之義不得專封也，諸侯之義不得專封，則其曰實與之何，上無天子，下無方伯，天下諸侯有相滅亡者，力能救之，則救之可也，是文實之義耳。今此若作文實，經宜言齊師滅紀，或言齊人滅紀，傳曰孰滅之，襄公滅之，曷爲不言襄公滅之，不與諸侯擅滅，曷爲不與實與而文不與文曷爲不與諸侯之義不得擅滅諸侯之不得擅滅則其曰實與之何上無天子下無方伯緣恩疾可若其如此即經不免貶惡襄公君貶惡襄公則不名爲之諱是以不得作文實之義矣而後桓公得作文實者桓公非滅人其罪惡輕也○

六月乙丑齊侯葬紀伯姬外夫人不書葬此何以書據鄭季姬也疏注據鄭季姬也○解云即僖公十六年鄭季姬卒卒無葬文是**隱之也何隱爾其國亡矣徒葬於齊爾**徒者無臣子辭也國滅無臣子徒爲齊侯所殺故痛而書之明魯宜當閔傷臨之卒不日葬日者魯本宜葬之故移恩錄文於葬疏注徒者至臨之○解云正以徒詁爲空○注卒不至於葬○解云卒不日者即上經書三月紀伯姬卒是也春秋之義內女卒例日而紀伯姬卒不日故如此解其隱三年傳云不及時而日者渴葬也不及時而不日慢葬也者自施於諸侯非夫人之例故此文雖不及五月不得以渴隱解之**此復讎也曷爲葬之**據恩怨不兩行**滅其可滅葬其可葬此其爲**

可葬奈何復讎者非將殺之逐之也以爲讎遇紀侯之殯亦將葬之也以爲者設事辭而言之以大讎而徙棺曰殯夏后氏殯於阼階之上云存殷人殯於兩楹之間賓主夾之周人殯於西階之上賓之也稱齊侯者善葬伯姬得其宜也○斂力驗反夾古洽反【疏】注夏后至賓之也解云檀弓上篇文⊙秋七月○冬公及齊人狩于郜公曷爲與微者狩據與高傒盟諱此競逐恥同【疏】注據與高傒盟諱○解云即莊二十二年秋及齊高傒盟于防○傳云公則曷爲不言公諱與大夫盟也是也○注此競逐恥同○解云謂與微者競逐鳥獸與大夫盟不異矣齊侯也以不沒公知爲齊侯也【疏】注以不至侯也○解云正以大夫盟即沒公此不沒公者齊侯故也齊侯則其稱人何諱與讎狩也禮父母之讎不同戴天兄弟之讎不同國九族之讎不同鄉黨朋友之讎不同市朝稱人者使若微者不沒公言齊人者公可以見齊微者至於魯人皆當復讎義不可以見齊侯也○以見賢遍反下同

疏 注礼父至市朝。解云皆出曲礼上篇與檀弓上篇何氏差約而爲此言也檀弓云從父昆弟之讎故此何氏以九族言之曲礼云交遊之讎故此何氏以朋友言之定四年傳云朋友相衞古之道也義亦通於此鄭氏云交遊或爲朋友是也

前此者有事矣溺會齊師伐衞是也 疏 注溺會至是也。解云在上三年春

後此者有事矣師及齊師圍盛是也 疏 注師及至是也。解云在莊八年夏

則曷爲獨於此焉譏於讎者將壹譏而已故擇其重者而譏焉莫重乎其與讎狩也狩者上所以共承宗廟下所以教習兵行義。共音恭

於讎者則曷爲將壹譏而已讎者無時焉可與通通則爲大譏不可勝譏故將壹譏而已其餘從同同其餘輕者從義與重者同不復譏都與無讎同文論之所以省文達其異義矣凡二同故言同同。勝音升復扶又反

疏 注其餘至者同。解云謂皆是與讎

父接矣。注不復至論之。解云謂更無貶文矣。注所以至義矣。解云一則省文二則違其異義矣其異義者圍盛不稱公者諱其滅同姓溺會齊師伐衛不稱氏者見未命大夫故也若不省文無以見此義故曰所以省文違其異義矣。注凡二同故言同同。解云輕者不譏見輿重者同一同也都與無駢同文論之一同也故曰凡二同矣考諸古本傳及此注同字之下皆無重語有者衍文且理亦宜然

五年春王正月。夏夫人姜氏如齊師。秋倪黎來來朝倪者何小邾婁也小邾婁國。倪五兮反二傳皆作郳黎來力兮反小邾婁力居反二傳亦無婁字（疏）郳者何。解云欲言是國而言名欲言非國經言來朝故執不知問小邾婁則曷爲謂之倪未能以其名通也倪者小邾婁之都邑時未能爲附庸不足以小邾婁名通故略謂之倪黎來者何名也其名何据僖七年稱子（疏）注据七年稱子。解云即僖七年夏小邾婁子來朝是也微國

也此最微得見者其後附從齊桓爲僖七年張本文○見賢徧反爲僖于僞反下文注同疏注此最至本文○解云時未能爲附庸故謂之最微矣言爲僖七年張本文者即彼注云至是所以稱爵者時附從霸者朝天子旁朝罷行進齊桓公白天子進之固因其得礼者其能以爵通是也

○冬公會齊人宋人陳人蔡人伐衛此伐衛何納朔也曷爲不言納衛侯朔據納頓子于頓言納下朔入公入致伐齊人來歸衛寶知爲納朔伐之疏注據納頓子于頓至言納○解云即僖二十五年秋楚人圍陳納頓子于頓是也○注下朔入公入致伐○解云即下六年衛侯朔入于衛公至自伐衛是也然則衛侯朔入于衛之下即言公至自伐衛亦一隅也○注齊人來歸衛寶○解云即下六年冬齊人來歸衛寶是也辟王也辟王者兵也王人子突是也使若伐而去不留納朔者所以正其義因爲内諱

六年春王三月王人子突救衛王人者何微

者也子突者何別何之者稱人序上又僖八年王人不稱字嫌二人疏王人者何。解云王言微者書其美字欲言其貴連人言之故孰不知問。子突者何。解云稱字尊卑未分故孰不知問。注別何至二人。解云所以不言王人子突者何而別何之者正以稱人序在子突之上又僖八年公會王人以下于洮單稱王人不稱字問者之意嫌此王人與子突別人故別何之然則言嫌二人者猶言疑二人矣貴也貴子之稱。稱尺證反貴則其稱人何據王子瑕不稱人本當言王子突示諸侯親親以責之也疏注據王子瑕不稱人。解云即襄三十年夏王子瑕奔晉是也。注本當至之也。解云言王子則是王之親親所以責諸侯違王命之深繫諸人也曷爲繫諸人據不以微及大疏注據不以微及大。解云即定二年傳云然則曷爲不言雉門災及兩觀主災者兩觀也主災者兩觀則曷爲後言之不以微及大也是也然則彼不以微及大而此以子突繫諸人故難之王人耳剌王者朔在岱陰齊時一使可致一夫可誅而緩令交連五國之兵伐天子所立還以自納王遣貴子突卒不能救遂爲天下笑故爲王者諱使若遣微者弱愈因

爲内殺惡救倒時此月者嫌實微者故加録之以弛寶貴子
突○使所吏反令力陳反爲王于僞反下因爲不爲危録皆
同 疏 王人耳○解云欲道子突但是微者矣○注刺王至
可誅○解云即相十六年冬衛侯朔出奔齊傳曰衛
侯朔何以名絶曷爲絶之得罪于天子也其得罪于天子柰
何見使守衛朔而不能使衛小衆越在岱陰齊屬負兹舍不
即罪爾者是其朔在岱陰齊時之事也言當爾之時微弱至
甚一使可攝服一夫可就誅故曰一使可致一夫可誅耳○
注而緩至内納○解云即上五年冬公會齊人宋人陳人蔡
人伐衛者是其交通五國之兵矣言伐天子所立者在上三
年耳彼注云天子新立衛公子留是也○注王遣至能救○
解云王遣貴子突者此文是也卒不能救者下文朔入衛是
也○注因爲内殺惡○解云謂犯微人之命惡淺犯貴者之
命惡深故也○注救倒時○解云即僖六年秋諸侯遂救許
僖十八年夏師救齊之屬是○夏六月衛侯朔入于衛衛侯朔
何以名據衛侯入于陳儀不名 疏 注據衛至不名○解云在襄二十五年秋絶曷爲
絶之據俱入也犯命也犯天子命尤重其言入何據頓子不復書入○不復

扶又反下皆同疏注据頓至書入。解云即僖二十五年秋楚人圍陳納頓子于頓是而言不復書入者謂彼經直連圍陳而言納不復別書入也今此衛朔之事去年已書伐衛訖今復別言入故如此注

篡辭也

上辟王不得言納故復從篡辭書入也不直言篡者事各有本也殺而立者不以當國之辭言之非殺而立者以當國之辭言之國人立之曰立他國立之曰納從外曰入諸侯有屬託力加自文也不書公子留出奔者天子本當絕衛不當復立公子留因為天子諱微弱。殺而申志反下皆同屬音燭

疏注上辟至言納。解云即上五年傳云此伐衛納朔也曷為不言納衛侯朔辟王也者是。注故從至入也。解云正以公羊之例立納入皆為篡辭故也。注不直至本也解云欲道春秋上下所以不直言衛晉篡齊小白篡衛世子篡而書其立入納者事各有本故也。注殺而至言之。解云即文十四年秋齊公子商人弒其君舍不去公子是也所以然者正以其弒君取國不嫌非篡故也。注非殺至言之解云衛晉言立蒯聵言納小白言入是也所以然者以其非殺而立恐不成篡故也。注國人立之曰立。解云隱四年衛人立晉是也。注他國立之曰納。解云即哀二年夏晉趙鞅納衛世子于戚是也。注從外曰入。解云即莊九年

夏齊小白入于齊是也○注諸侯至文也○解云即昭元年
秋莒去疾自齊入于莒昭十三年夏楚公子比自晉歸于楚
之屬是也○注因爲至微弱○解云公子留本天
子所立故也其立公子留之事說在上三年也○秋公
至自伐衛曷爲或言致會或言致伐得意致
會所伐國服兵解國安故不復録兵所從來獨重其本會之時【疏】曷爲至致會○解云即襄十一年公
至自會是也○注所伐至之時○解云即襄十一年秋公會
晉侯宋公衛侯曹伯齊世子光以下伐鄭會于蕭魚公至自
會是也不得意致伐所伐國不服兵將復用國家有危故重録所從來此謂公與二國以上也
公與一國及獨出用兵得意不致不得意致伐公與二國以上出會盟得意致會不得意不致公與一國出會盟得意致
地不得意不致皆例時【疏】注所伐至從來○解云即襄十一年夏公會晉侯宋公衛侯曹伯齊世子光已下伐
鄭秋七月己未同盟于京城北公至自伐鄭是也又僖四年
春公會齊侯宋公以下侵蔡蔡潰遂伐楚次于陘秋八月公
至自伐楚傳云楚已服矣何以致伐楚叛盟之屬是也若然
成十六年秋公會尹子晉侯齊國佐邾婁人伐鄭冬十二月

公至自會又成十七年夏公會尹子單子晉侯齊侯宋公衛侯曹伯邾婁人伐鄭六月乙酉同盟于柯陵秋公至自會又成十七年冬公會單子晉侯宋公衛侯曹伯齊人邾婁人伐鄭十一月公至自伐鄭以此言之則十六年秋伐鄭十七年夏伐鄭皆是鄭人不服而致會者止以十六年時鄭人始叛晉帥諸侯伐而討之當是時寔服明年乃叛是以致會也其十七年夏公會單子已下伐鄭者止以比年用兵不能服故以得意為文其十七年冬公會單子已下伐鄭以伐致者至於三伐事寔當見故言公至自伐鄭矣若然桓十六年夏四月公會宋公衛侯陳侯蔡侯伐鄭秋七月公至自伐鄭從此之後鄭不背叛何故不致而致伐者桓元年三月公會鄭伯于垂彼注云不致之者桓弑賢君篡慈兄與人交接則有危故奪臣子辭成誅文然則桓是惡人本不合致而桓十六年注云致者善桓公能疾惡同類比與諸侯行義兵伐鄭也若是其得致之由而致伐者諸侯本意正欲助忽以誅突突終得國忽死不還以其不得伐力故致伐○注公與至致伐解云其獨出用兵得意不致者即隱七年秋公伐邾婁僖三十三年夏公伐邾婁哀七年秋公伐邾婁之屬皆不致是也其與一國用兵不得意致伐者即僖二十六年冬公以楚師伐齊取穀公至自伐齊傳云此已取穀矣何以致伐未得乎

取穀也曰患之起必自此始也是也其公獨出用兵不得意致伐者即下二十六年春公伐戎夏公至自伐戎是也其公與一國用兵得意不致春秋之内偶爾無之春秋既無而知然者正以用兵得意兵不復用何勞致伐乎不致會者離不成會故也其不得意所以致伐者兵將復用重録兵所從來故也○注公與二國至不致○解云其二國以上出會盟得意致會者即哀十三年夏公會晉侯及吴子于黄池秋公至自會是也其不得意不致者即宣十年冬公會晉侯宋公衛侯鄭伯曹伯于黑壤之屬是也其得意致會者以其成會也其不得意不致者無功可言故也○注公與一國至不致○解云其得意致地者即桓二年秋公及戎盟于唐冬公至自唐之屬是也其不得意不致〻者即隱二年秋八月庚辰公及戎盟于唐之屬是也其得意所以致地者離不成會故也其不得意所以不致者無功可致矣○注皆例時○解云謂鄭來諸例皆書時即桓二年冬公至自唐僖二十六年冬公至自伐齊哀十三年秋公至自會之屬是也其僖四年八月公至自伐楚彼注云月者凡公出滿二時月危公之久然則彼以公正月出會齊侯伐楚至八月乃反故云滿二時矣成六年春王正月公至自會何氏云月者前魯大夫獲齊侯今親相見故危之是也而襄十一年公至自伐鄭公至自會不

蒲二時而皆在日月下，何氏不注，蓋以爲不蒙月故也。成十六年公至自會，亦不蒙二時而在日月下，是不蒙月明矣。成十七年十一月公至自伐鄭，彼注云「月者，方正下壬申，故月之」，然則公至亦不蒙月矣。衛侯朔入于衛。何以致伐？據得意。不敢勝天子也。與上辟王同義，故不月者，不與伐天子也。故不爲危録之。疏注「與上辟王同義」。○解云：上五年五國伐衛之時，實納衛侯朔，所以不言納衛侯朔者，辟王者兵也，若伐而去不留納朔者，所以正其義，因爲內諱也。今此寔得意，所以不致會而致伐者，不敢勝天子，使若更以他事伐衛，不爲納朔然，所以正其義，因爲內諱，故曰同義。○注「不月至録之」。○解云：僖四年八月公至自伐楚，彼注云「月者，凡公出滿二時，月，危公之久」。然則今此兵歷四時而不月者，不與伐天子，故不爲危録故也。○螟。先是伐衛納朔，兵歷四時乃反，民煩擾之所生。○螟，亡丁反。疏注「兵歷四時」。○解云：謂從五年冬訖于此年之秋故也。○冬，齊人來歸衛寶。此衛寶也，則齊人曷爲來歸之？衛人歸之也。以稱人，共國辭。○衛寶，左氏經作衛俘。疏

莊六年

注以稱人共國辭。○解云注言此者欲決三十一年齊侯來獻戎捷不言人也言以稱人共國辭者謂稱齊人可以兼得兩國人之辭也衛人歸之則其稱齊人何讓乎我也其讓乎我奈何齊侯曰此非寡人之力魯侯之力也時朔得國後遣人賂齊齊侯推功歸魯使衛人持寶來雖本非義賂齊當以讓除惡故善起其事主書者極惡魯犯命復貪利也不爲大惡者納朔本不以賂行事畢而見謝爾寶者玉物之凡名○惡烏路反

〔疏〕注故善起其事。○解云言春秋善齊侯之讓是以不言衛人而稱齊人所以起其讓事矣。○注不爲至謝爾。○解云所傳聞之世內大惡諱之今此書見故知不爲大惡矣。○注寶者至凡名。○解云猶言玉物之揔名耳定八年傳云寶者何璋判白弓繡質龜青純是也

七年春夫人姜氏會齊侯于防○夏四月辛卯夜恒星不見夜中星霣如雨恒星者何列

星也恒常也常以時列見。辛卯夜一本無夜字穀梁作昔不見賢編反注及傳皆同疏恒者何。解云欲道星稱宿無恒星欲言非星而連星言之故執不知問。恒常也至列見。解云恒者常也天之常宿故經謂之恒星矣言以時列見于天故傳謂之列星矣列星不見何以知夜之中星反也反者星復其位疏列星至之中。解云謂無所在度故也。注反者星復其位。解云謂星反附在半夜之後則知鄉者不見之時是夜中矣如雨者何如雨者非雨也非雨則曷爲謂之如雨不脩春秋曰雨星不及地尺而復不脩春秋謂史記也古者謂史記爲春秋。雨星于付反一音如字下注雨星同疏如雨者何。解云欲言是雨不應言如其實非雨而文言雨故執不知問。注不脩春秋。解云據此傳及注言則孔子未脩之時已謂之春秋矣而舊解云孔子脩之春作秋成謂之春秋者失之遠矣云云之說在首卷君子脩之曰星霣如雨明其狀似雨爾不當言雨星不言尺者霣則爲異不以尺寸録之何以書記異也列星者天之常宿分守度諸侯之象周之四月夏之二月昏參伐狼注之宿當見參伐主斬艾立義狼注主持衡平也皆滅者法度廢絕威信陵遲之象時天子微弱不能誅衛侯朔是後遂失其正諸侯背叛王室日甲星賈未墜而夜中星反者房心見其虛危斗房心天子明堂布政之宮也虛危齊分其後齊桓行霸陽穀之會有王事○常宿音秀下同參伐所林反下同狼注張又反與味同朱鳥口星也一音之住反艾魚發反隊直類反分扶問反

疏注分守至之象○解云言分者謂十二之分野矣言守度者守三十度爲一次矣言諸侯之象者謂星度有多少若諸侯之国有大小耳○注昏參至當見○解云正以參伐狼注爲西南之維候故也○注參伐至立義○解云以其在西方金主斷割之義故也○注狼注至平也○解云正以其在南方南方主礼故也○注而夜至危斗○解云火見於周爲五月者謂昏時今在周之四月是以半夜之後乃房星見其虛危斗者謂在夜半時明矣○注房心至宮也○解云即上備云房爲天子明堂文耀鈎云房心爲中央火星天王位若相對言之則房爲明堂心爲天王矣既有天王復有明堂布政之象也○注其後至王事○解云齊桓行霸者虛危斗也有王事者房心見也

○秋大

大四十九

水○無麥苗無苗則曷爲先言無麥而後言無苗苗者禾也生曰苗秀曰禾据是時苗微麥彊俱遇水災苗當先亡一災不書待無麥然後書無苗明君子不以一過責人水旱螟螺皆以傷二穀乃書然不書穀名至麥苗獨書者民食最重螟螺音終

疏一災不書○解云一穀之災不書于經也○注明君至責人○解云謂災傷五穀者皆人行致之故也○注水旱至穀名○解云大水傷二穀書於經者即桓元年秋大水傳云何以書記災也彼注云災傷二穀以上書災也其旱傷二穀以上書者即僖二十一年夏大旱是也其螟螽書者即隱五年經書螟傳云何以書記災也文八年經書螽之類是也○注至麥至最重○解云災傷麥苗當書即此及莊二十八年大無麥禾之屬皆是也麥禾比於餘穀最重故言民食最重矣

何以書記災也先是莊公伐衛納朔用兵踰年夫人數出淫泆民怨之所生○數所角反泆音逸

疏注先是至踰年○解云即五年冬公會齊人宋人陳人蔡人伐衛六年秋公至自伐衛是也○注夫人數出淫泆○解云即五年夏夫人姜氏如齊師七年春夫人姜氏會齊侯於

防冬夫人姜氏會齊侯于穀之屬故言數出耳〇冬夫人姜氏會齊侯于穀

監本附音春秋公羊註疏莊公卷第六

監本春秋公羊註疏莊公卷第七 起八年盡十七年

何休學

八年春王正月師次于郎以俟陳人蔡人次不言俟此其言俟何據次于陘侯屈完不書俟。屈居勿反疏注據次至書俟。解云即僖四年經云遂伐楚次于陘傳云其言次于陘何有俟也孰俟俟屈完也是也然則彼但録其次而不書俟與此異故據之託不得已也師出本爲下滅盛與陳蔡屬與魯伐衛同心人國遠故因假以諱滅同姓託待二國爲留辭主所以辟下言及也加以者辟實侯陳蔡稱人者略以外國辭稱人微之。本爲于僞反傳及注爲久皆同屬與音獨疏注陳蔡至伐衛。解云即其經云公會齊人宋人陳人蔡人伐衛是也。注同心又國遠。解云欲對齊宋雖亦同心而近魯是以不得託待齊宋。注所以辟下言及也。解云即經下云夏師及齊師圍成是也凡言及者汲汲之辭若此時已出師其間更無所待即下文言及乃至汲汲之甚者便是魯人欲得滅同姓孜孜之深是以託待陳蔡以辟之○注加以者辟實候○解云若其實候宜但云師次于郎候陳人蔡人而已何須言以乎今言以候陳人蔡人明更有由以乃始候之故言加以者辟實候也

甲午祠兵祠兵者何出曰祠兵禮兵不徒使故將出兵必祠於近郊陳兵習戰殺牲饗士卒○祠兵音辭祭也左氏作治兵下文注同卒子忽反【疏】祠兵者何○解云凡出師之禮皆有祠兵之事而此特書故執不知問○出曰祠兵○解云何氏之意以爲祠兵有一義也一則祠其兵器二則殺牲享士卒故曰祠兵矣○注禮兵至近郊○解云時王之禮也

入曰振旅五百人曰旅【疏】注五百人曰旅○解云大司馬敍官文

其禮一也皆習戰也言與祠兵禮如一將出不嫌不習故以祠兵言之將入嫌於廢之故以振訊士衆言之互相見也祠兵壯者在前難在前振旅壯者在後復長幼且備後也○訊音信又音峻本亦作迅相見賢徧反下同難乃旦反長丁丈反

何言乎祠兵据出不書【疏】注据不書○解云今此書之而言据不書者正謂他處皆不書即例不書矣而此書之者是以致難

爲久也爲久稽留之辭【疏】

注爲久稽留之辭。○解云爲猶作言作久稽留之辭矣　**曷爲爲久**　据取長葛久之　疏　注据

取長葛久之。○解云隱五年冬宋人伐鄭圍長葛六年冬宋人取長葛傳云外取邑不書此何以書久也是然則彼所以

書者譏其久今以祠兵者爲久稽留之辭似於義反故難之　**吾將以甲午之日然後祠兵於是**　諱爲久留辭使若無欲滅同姓之意因見出竟明盛非內邑也　疏　注因見至

邑也。○解云出曰祠兵即爾雅出曰治兵之文也今書祠兵即是出竟之義則知下言圍成者非內邑明矣　**夏師及齊師圍成成降于齊師成者何盛也**　以上有祠兵下有盛伯來奔。○成如字二傳作郕降于户江反傳及下注皆同　疏　成者何。○解云成爲內邑孟氏

所有而與齊圍之故執不知問。○注以上至來奔。○解云文十二年春王正月盛伯來奔傳云盛伯者何失地之君也何

以不名兄弟辭也是也　**盛則曷爲謂之成諱滅同姓也**　因魯有成邑同聲相似故云爾　疏　注因魯至云爾。○解云定十二年十有二月公圍成者是魯有成邑之文　**曷爲**

不言降吾師據戰於宋不言歸衛（疏）注據戰至歸鄭○解云桓十二年十有二月及鄭師伐宋丁未戰于宋是也彼則不言宋歸于鄭此言成降于齊師故難之其歸字有作敗字者誤也辟之也辟滅同姓言圍者使若魯圍之而去成自從後降於齊師也降者自伏之文所以醇歸於齊言及者起魯實欲滅之不月者順諱文不書盛伯出奔深諱之（疏）注言及者至滅之○解云以及者汲汲之文故也○注不月者順諱文解云凡滅例月即莊十年冬十月齊師滅譚莊十三年夏六月齊人滅遂之屬是也今此亦滅而不書月者順諱文使若不滅矣○注不書至諱之○解云如此注者正欲決莊十年冬十月齊師滅譚譚子奔莒之屬書其出奔也今成被滅至文十二年春乃書盛伯來奔於所傳聞世不言所奔者深諱故也○秋師還還者何善辭也此滅同姓何善爾病之也慰勞其罷病○慰勞力報反下同其罷音皮下同（疏）還者何○解云欲言其惡還是善辭欲言其善實滅同姓故執不知問曰師病矣曷爲病之據師出皆罷病曷爲獨勞此病也非師之罪

也明君之使重在君因解非師自汲汲【疏】注明君云云在君○解云所以[illegible]勞師之罷病者明君之滅同姓非師之罪其重在于君也○注因解非師自汲汲○解云正以汲者汲汲之辭故也○冬十有一月癸未齊無知弑其君諸兒諸兒襄公也無知公子夷仲年之子襄公從弟○兒如字一音五兮反從才用反

九年春齊人殺無知○公及齊大夫盟于暨

公曷爲與大夫盟據與高傒盟諱不言公○暨其器反左氏作蔇【疏】注據與云云言公○解云莊二十二年秋七月丙申及齊高傒盟于防傳云齊高傒者何貴大夫也曷爲就吾微者而盟公也公則曷爲不言公諱與大夫盟也者是齊無君也然則何以不名據高傒名爲其諱與大夫盟也使若衆然鄰國之臣猶吾臣也君之於臣當告從命行而反歃血約誓故諱使若衆得齊諸大夫約束之者愈也不月者是時齊以無知之難小白奔莒子糾奔魯魯迎子糾

欲立之，魯不與，而與之盟。齊爲是更迎小白，然後乃伐齊，欲納子糾，不能納，故深諱，使若信者也。不致者，魯地也。子糾出奔不書者，本未命爲嗣，賤，故不録之。○爲其，于僞反，注「爲是」及下注「寔爲魯」「爲同」。歃，所洽反，又所甲反。難，乃旦反。

疏注不月至信者也。解云：公羊之例，大信時，小信月，不信日。經公不月，使若信者，謂若大信也，不謂月非信辭也。○注不致者魯地也。解云：正決桓二年秋，公及戎盟于唐，冬，公至自唐之文也。若然，定十二年十有二月，公至自圍成，然則成是内邑而書致者，彼注云「成，仲孫氏邑。圍成月，又致者，天子不親征下土，諸侯不親征叛邑，公親圍成不能服，不能以一國爲家，甚危，若從他國來，故危録之」是也。○注子糾至録之。解云：如此注者，正決昭十一年鄭忽出奔衛書之故也。子糾出奔魯，宜言來奔，而言出奔者，據齊言之，亦無傷矣。

○**夏，公伐齊納糾。納者何？入辭也。其言伐之何？**據晉人納捷菑于邾婁，下言伐。○納糾，左氏經亦作「納子糾」。

疏夏公伐齊納糾。○解云：無「子」字者，與左氏經異。○納者何。○解云：欲言得國，下有齊人取殺之文；欲言不得國，納者入辭，故執不知問。○其言伐之何。○解云：案隱七年冬，戎伐凡伯于楚丘以歸，傳云「此聘也，其言伐之何」，彼注云加之者辟問輕重兩舉之然則此傳非問輕重兩舉而亦言之下十年傳云觕者曰侵精者曰伐戰不言伐圍不言戰入不言圍滅不言入書其重者也然則侵伐戰圍入滅數者相對是其輕重之名今以納問伐直据納接菑不言伐而已實非輕重兩舉故得言之矣。注据晉至言伐。解云即文十四年經云晉人納接菑于邾婁是也

伐而言納者猶不能納也伐者非入國辭故云尒

（疏）注伐者至云尒。解云下十年傳云觕者曰侵精者曰伐然則伐者辭重於侵仍非入國之義是以此經兼舉其伐見不能納矣

糾者何公子糾也何以不稱公子据下言子糾知非當國本當去國見挈言公子糾。去國起呂反下故去同

（疏）糾者何。解云欲言已臣納於他國欲言齊臣文不繼齊故執不知問。注据下至子糾。解云下經云九月齊人取子糾殺之傳云其稱子糾何貴也其貴奈何宜爲君者也彼注云故以君薨稱子某言之者著其宜爲君則下經言子見其貴則知此經單言糾者非當國之辭既不作當國之辭故今宜但去國言公子糾見挈於魯侯而已是以問其名不稱公子

君前臣名也春秋別嫌明疑嫌當爲齊君在魯君前不爲臣禮公

子無去國道，臣異國義，故云父子見臣於魯也。納不致者，言伐得意不得意可知，猶遇弗遇例也。不月者，非納篡辭。○別，彼列反。見，賢徧反。

【疏】注「禮公至国義」。○解云：然則禮有三諫不從待放去者，其異姓之臣乎？公子者，同姓之臣，亦無去國之義矣。○注「納不至可知」。○解云：上六年注云「公與一國及獨出用兵，得意不致，不得意致伐」。今此納糾而不入，亦是不得意，而不言公至自伐齊者，謂此經既言公伐齊納糾，言伐者不得意明矣，何勞致伐見不得意乎？故云納不致者，言伐得意不得意可知矣。○注「猶遇弗遇例也」。○解云：上六年注云「公與一國出會盟，得意致地，不得意不致」。然則春秋之内亦有遇禮，所以不致地以見得意者，正以經書亦有遇弗遇之文，則知書遇得意明矣，何勞致地以見之乎？則知隱四年夏公及宋公遇於清，言遇得意可知；桓十年秋公會衛侯于桃丘，不遇，不得意明矣。故云猶遇弗遇例也。○注「不月至篡辭」。○解云：隱四年冬十有二月衛人立晉，注云「月者，大國篡例月，小國時。立、納、入皆為篡」。然則莊六年夏六月衛侯朔入于衛、哀六年秋七月齊陽生入于齊之屬皆是也。今此亦書納而不月者，子糾次正宜立，非篡故也。非篡而言納者，納者入辭，子糾不得國，魯公之由，是以書伐納，見其伐而不能納，以刺魯侯矣。

齊小白入于

齊曷爲以國氏据宋公子池自陳入于蕭氏公子也〔疏〕注据公至子也。解云即定十一年春宋公之弟辰及仲佗石彄公子池自陳入于蕭以叛是也當國也當國故先氏國也不月者移惡于魯也〔疏〕注不月至魯也。解云正以大國篡例月故言此矣而言移惡于魯者正以小白成篡實由魯人不早送子糾故也其言入何篡辭也。秋七月丁酉葬齊襄公。八月庚申及齊師戰于乾時我師敗績內不言敗此其言敗何据郎之戰〔疏〕其言入何。解云据桓十七年秋八月蔡季自陳歸于蔡不言入今言入故難之不注言者文不悉也。秋七月至襄公。解云隱三年傳曰過時而曰隱之也彼注云隱痛也痛賢君不得以時葬則襄公去年十一月見殺至今年秋七月盤九月也而書曰葬之明是痛賢君不得以時葬故也而注不言之者從可知省文也其襄公之賢見於上四年。注据郎之戰。解云桓十年冬十有二月丙午齊侯衛侯鄭伯來戰于郎傳云此偏戰也何以不言師敗績內不言戰言戰乃敗矣然則彼文師有成辭故此弟子據而難之。伐敗也。自誇大其伐而取敗。○自誇，苦瓜反，本又作夸，下同。曷爲伐敗？
據內不言敗績，曷爲自誇大其伐而取敗。復讎也。復讎以死敗爲榮，故錄之。高齊襄、賢仇牧是也。（疏）
注高齊襄。○解云：即上四年夏紀侯大去其國，傳云：曷爲不
言齊滅之？爲襄公諱也。春秋爲賢者諱。何賢乎襄公？復讎也。
襄公將復讎乎紀，卜之曰：師喪分焉，寡人死之，不爲不吉也。
者，是高齊侯復讎以死敗爲榮之事矣。注賢仇牧是也者，即
下十二年秋，宋萬弒其君接及其大夫仇牧，傳云：何以書？賢
也。何賢乎仇牧？仇牧可謂不畏強禦矣。其不畏彊禦奈何？云
云。萬怒，搏閔公，絶其脰。仇牧聞君弒，趨而至，遇之於門，手劍
而叱之。萬臂摋仇牧，碎其首，齒著乎門闔。仇牧可謂不畏彊
禦矣。是賢仇牧復讎以死敗爲榮之義。此復讎乎大國，曷爲使微者？
據納子糾，公猶自行，即大夫當有名氏。（疏）注即大夫當有名氏。○解云：公羊之義，以大夫得見名氏，謂士爲微，
故言此。公也。如上據知爲公。公則曷爲不言公？不與公復
讎也。曷爲不與公復讎？據諱與讎狩。（疏）注據諱與讎狩。解云：即上四年

文公及齊人狩于郜傳云公曷爲與微者狩齊侯也齊侯則其稱人何諱與讎狩也然則公與讎狩則以爲不書而諱之今乃復讎于齊宜以爲善而反不與故難之

復讎者在下也時實爲不能納子糾伐齊諸大夫以爲不如以復讎伐之於是以復讎伐之非誠心至意故不與也書敗者起託義戰不致者有敗文得意不得意可知例

疏注書敗者起託義。○解云春秋之例內不言戰言戰乃敗今乃經上文云戰于乾時即內敗明矣而又言我師敗績者起託以敗爲榮故也。○注戰不至知例。○解云六年不得意致伐之下注云公與一國及獨出用兵得意不致不得意致伐今此亦不得意合致伐而不致伐者既有我師敗績之文不得意明矣故言可知例○

九月齊人取子糾殺之其取之何據楚人殺陳夏徵舒不言取執齊慶封殺之言執也。夏戶雅反

疏注據楚至言取。○解云宣十一年冬十月楚人殺陳夏徵舒是也。○注楚齊至執也解云即昭四年秋七月楚子蔡侯陳侯以下伐吳執齊慶封殺之是也

內辭也脅我使我殺之也以下凌弱知其脅也以稱人共國辭知使魯殺之時小白得國與鮑叔牙圖國政故鮑叔

薦管仲召忽曰使彼國得賢已國之患也乃脅魯使殺子糾求管仲召忽魯惶恐殺子糾歸管仲召忽死之故深諱使若齊自取殺之○邵忽本文作召上照反恐丘勇反【疏】注以稱至殺之○解云謂不言齊鮑叔取子糾殺之亦言齊人則知一人之號二國共有一人之號既二國共有則知齊魯皆有殺子糾之惡明矣是以注者約之○注特小白至取殺之○解云皆世家及齊語之事**其稱子糾何**據不立也【疏】注據不立也○解云正以下三十二年冬十月乙未子般卒傳云君存稱世子君薨稱子某然則子糾者嗣君之稱今竟不立得言子糾故難之**貴也其貴奈何宜爲君者也**故以君薨稱子某言之若者其宜爲君明魯爲齊殺之皆當坐弑君因解上納言糾皆不爲篡所以理嫌疑也月者從未踰年君例主書者從齊取也○當坐才卧反後當坐之類皆放此【疏】注故以君至言之○解云取三十二年傳文注明魯至弑君○解云魯所以當坐弑君即穀梁傳云十室之邑可以逃難百室之邑可以隱死以千乘之魯而不能存子糾以公病矣是○注因解至嫌疑○解云此經若不言子糾上納言糾有當國之嫌後人疑其篡矣今作嗣君之稱則知上經單言糾作君前臣名之故也故言所

以理嫌疑也。注月者從未踰年君例。解云隱公四年春王二月戊申衞州吁弒其君完注云日者從外赴辭以賊聞例然則弒成君者例皆書日即宣二年秋九月乙丑晉趙盾弒其君夷獆宣四年夏六月乙酉鄭公子歸生弒其君夷之屬是也今此子糾見弒而書月故知從未踰年君例若然僖九年冬晉里克弒其君之子奚齊傳云其言弒其君之子奚齊何弒未踰年君之號也所以不月者彼注云弒未踰年君例當月不月者不正遇禍終始惡明故略之是也若然僖十年春正月晉里克弒其君卓子及其大夫荀息其踰年而不日者彼注云不日者不正遇禍終始惡明故略之是也鄉來所述皆是外諸侯之例若其内例則異于此是以莊三十二年冬十月乙未子般卒文十八年十月子卒皆是未踰年之君而或日或月者彼自作三世之義云云之說已寫于上。注主書者從齊取也。解云言主書此事者正欲從而罪齊但因見魯之惡耳。冬浚洙。洙者何水也。以言浚也。浚思俊反深也洙音珠水名

疏 洙者何。解云欲言城邑而無營築之文欲言小水更無比例故執不知問。注以言浚也。解云正以與尚書浚畎澮之文同故知水名。

浚之者何深之也曷爲深之据本非人[illegible]

功所爲疏浚之者何。解云正以洙是舊水今始言浚故執不知問。注据本非人功所爲。解云正言畋濬之屬是人功爲之故也畏齊也洙在魯北齊所由來曷爲畏齊也据伐敗也疏注据伐敗也。解云即上傳云內不言敗此其言敗何伐敗也注云自誇大其伐而取敗是也辭役子糾也時魯新見脅畏齊浚之微弱恥甚故諱使若辭不肯殺子糾也齊自取殺之畏齊怨爲備亦所以起上脅也疏注亦所以起上脅也。解云言今此畏齊者由前被脅而殺子糾因茲失援遂深洙水矣

十年春王正月公敗齊師于長勺○勺時灼反。二月公侵宋曷爲或言侵或言伐觕者曰侵觕麤也將兵至竟以過侵責之服則引兵而去用意尚麤。○觕者七奴反又才古反疏曷爲或言侵或言伐。解云即此文公侵宋乃上九年夏公伐齊納糾之屬是。○注以過侵責之。解云以其犯過而侵責之精者曰伐精猶精密也侵責之不服推兵入竟伐擊之益深用意稍精密疏注侵責至益深。○解云推猶舉也言淺侵不服

則更辛兵深入其竟戰不言伐舉戰爲重然戰是圍
而伐擊之益深於前也合兵血刃曰戰
不言戰辛圍爲重楚子圍鄭入不言圍舉入爲重晉
是也以兵守城曰圍侯入曹執曹
伯是也得而滅不言入舉滅爲重齊滅萊書其重者
不居曰入是也取其國曰滅
也明當以重者罪之猶律一人有數罪以重者論之月者
屬此敗彊齊之兵南侵彊宋南此有難復連禍於大國
故危之○數所疏注月者至危之○解云正以侵伐例時
主反屬音燭即上九年夏公伐齊之屬是也今書月
故如此解是以穀梁傳曰侵例時此其月何也乃深其
怨於齊又退侵宋以衆其敵惡之故謹而月之是也○二
月宋人遷宿遷之者何不通也以其不道疏遷
所遷之地之
者何○解云欲言其遷不言于某欲言不遷經書遷宿故執
不知問○注以其不道所遷之地○解云正以不言于某知
非其以地還之也還繞也解上不通也不通反爲遷者
迂矣宋本欲遷宿君取其國不知宿之不
肯邪宋逆詐邪先繞取其地使不得疏注宋逆詐邪○解
通四方宿窮從宋求遷故得言遷云謂宋人逆慮其

不服頭許而遷之。宿窮從宋求遷。解云謂宿君服去矣**子沈子曰不通者蓋因而臣之也**以宋稱人也宿不得通四方宿君遷宋因臣有之不復以兵攻取故從國辭稱人也月者遷取王封當與滅人同罪書若宋當坐滅人宿不能死社稷當絕也主書者從宋也。不復扶又反〔疏〕注故從國辭稱人也。解云端拱取宿不煩兵武人人皆欲故以國辭稱人矣。注月者至絕也。解云春秋之例大國之遷例月即僖三十一年十有二月衛遷于帝丘小國特若即昭九年春許遷于夷之屬是也今此宿是小國宋人遷之而反書月故云月者遷取王封當與滅人同罪也其滅國書月即下冬十月齊師滅譚十二年夏六月齊人滅遂之屬是也若然案僖元年夏六月邢遷於陳儀邪是小國而書月者彼注云遷例大國月重煩勞也小國時此小國月者霸者所助城故與大國同是也。注主書者從宋也。解云言主書此事者正欲從而罪宋遷取王封但因見宿君不死社稷之惡耳

○夏六月齊師宋師次于郎公敗宋師于乘丘其言次于郎何据齊國書伐我不言次敗不言乘丘。乘繩證反〔疏〕注据

郎至言次○解云即哀十一年春齊國書帥師伐我是也○注敗言乘丘○解云正以敗言乘丘反次在郎於義似乖故難之

伐也時伐魯故書次郎魯地伐則其言次何据齊國書伐我不言次齊與伐而不與戰故言伐也此道本所以當言伐意也齊與伐而不與戰伐兵得成敗當言伐也○齊與音預下及注同

疏齊與伐至言伐也○解云若齊本與宋共伐而但不與戰故有書其伐耳

我能敗之故言次也此解本所以不言伐言次意也二國纔止次未成於伐魯即能敗宋師齊師罷去故不言伐言次也明國君當彊折衝當遠魯微弱深見犯至於近邑賴能速勝之故云爾所以彊內且明臣子當將順其美匡救其惡○折衝之設反下昌容反

疏注折衝當遠○解云謂折服衝禦之心當遠也○注至於近邑○解云即桓十年傳云郎者何吾近邑是也○注且明至其惡孝經及襄十四年左氏傳文也言爲臣子之法宜行君父之義順君父之美即此上注云賴能速勝之是也若見君父之惡當正而救之即上注云魯微弱深見犯至於近邑是也

○秋九月荆敗蔡師于莘以蔡侯獻

舞歸。荊者何州名也州謂九州冀兗青徐揚荊豫梁雍○莘所巾反雍於用反

疏荊者何○解云欲言是國由來未有欲言非國而敗蔡師故執不知問○注州謂至梁雍○解云案禹貢冀州既載鄭注云載之言事事謂作徒役也兩河間曰冀州不書其界者時帝都之使若廣大然濟河惟兗州鄭注云兗州之界在此兩河間海岱惟青州鄭注云今青州界自海至岱東岳曰岱山海岱及淮惟徐州鄭注云徐州界又南至淮水淮海惟揚州鄭注云揚州界自淮而南至海以東也荊及衡陽惟荊州鄭注云荊州界自荊山南至衡山之南荊河惟豫州鄭注云豫州界自荊山而北至河華陽黑水惟梁州鄭注云梁州界自華山之南至于黑水也黑水西河惟雍州鄭注云雍州界至黑水而東至西河也然則何氏此注九州之名及次第皆依禹貢之州界不敢依職方與爾雅何者正以禹貢爲正典故也案爾雅釋地云兩河間曰冀州李巡云兩河間其氣性相近故曰冀冀近也河南曰豫州孫氏郭氏皆云自東河至西河之南曰豫州李巡曰河南其氣著密厥性安舒故曰豫豫舒也河西曰雝州李氏云其氣蔽壅受性急凶故曰雝雝壅塞也漢南曰荊州其氣慘剛稟性強梁故曰荊荊強也江南曰揚州李氏云江南其氣慘勁厥性輕揚故曰揚揚州也孫

氏郭氏曰自江至南海也濟河閒曰兖州李氏云濟河閒其氣專質厥性信謹故曰兖兖信也燕曰幽州李氏云燕其氣深惡厥性僄疾故曰幽幽惡也孫氏郭氏曰自易水至北狄也齊曰營州李氏曰齊其氣清舒受性平均故曰營營平也今爲青州孫氏郭氏曰自岱東至海濟東曰徐州李氏曰濟東至海其氣寬舒稟性安徐徐舒也孫氏郭氏曰濟東至海也然則爾雅九州有幽營無梁青蓋是殷制故與禹貢不同案今禹貢則有梁青無幽營蓋是夏之法矣其舜攺九州而置十二者則幽并及營是案周礼職方氏云東南曰揚州正南曰荆州河南曰豫州正東曰青州河東曰兖州正西曰雍州東北曰幽州河內曰冀州正北曰并州然則周礼有青幽并也若對爾雅則長青并無徐營若對禹貢則長幽并無徐梁矣但職方周法何氏不取故此注不依之耳

州不若國國不若氏氏不若人人不若名名不若字

皆取精詳錄也

疏

州不若國○解云言蒯不如言楚○國不若氏○解云言楚不如言潞氏甲氏○氏不若人○解云言潞氏不如言楚人○人不若名○解云言楚人不如言介葛盧○名不若字○解云言介葛盧不如言邾婁儀父○注皆取精詳錄也○解云正以貴重爲詳錄輕賤爲略之

也。字不若子爵最尊春秋假行事以見王法聖人爲文辭孫順善善惡惡不可正言其罪因周本有奪爵稱國氏人名字之科故加州文備七等以進退之若自記事者書人姓名主人習其讀而問其傳則未知己之有罪焉爾猶此類也。見賢偏反孫音遜惡惡並如字一讀上烏路反傳有專反疏字不若子。解云言邾婁儀父不如言楚子吳子。注春秋至王法。解云即孔子曰我欲託諸空言不如載諸行事是也。注善善至其罪。解云若其善善可正言其美但以惡惡不可正言其罪若正言其罪則非孫順之義故此何氏偏以其罪言之若其備文宜云不可正言其善惡矣。注因周至之科。解云即隱元年注邾婁儀父云稱字所以得爲褒者春秋前失爵在名例之屬是也。注故加州至姓名。解云所以必備七等之法者正以北斗七星主賞罰示法春秋者賞罰之書故則之故說題辭曰北斗七星有政春秋亦以七等宣化運斗樞曰春秋設七等之文以貶絶録行應斗屈伸是也。注主人至焉爾。解云定元年傳文彼注云此假設而言之主人謂定哀也習其經而讀之問其傳解詁則未知已之有罪於是是也

蔡侯獻舞何以名据獲晉侯不名疏注据獲晉侯不名。解云僖十五年晉侯及秦

伯戰于韓獲晉侯是也絶曷為絶之據晉侯不名絶（疏）絶○解云禮諸侯不生名則書
名者絶之不以為諸侯也獲也獲得也戰而為敵所得獻舞不言獲故名以起之曷為不言
其獲據晉侯言獲也不與夷狄之獲中國也與凡伯同義夷狄謂楚不
言楚言荊者楚彊而近中國卒暴責之則恐為害深故進之以漸從此七等之極治也○近附近之近卒千忽反（疏）
不與至中國也○解云秦亦夷狄而得獲晉侯者若非真故也
是以爵得稱伯居舊土耳○注與凡伯同義○解云即隱七
年注云中国者礼義之國也執者治文也君子不使無禮義
制治有禮義故絶不言執正之言伐也所以降夷狄尊天子
為順辭然則此亦獲者治文君子不使無禮義制治有礼義
故絶不言獲正之所以降夷狄尊中国為順辭矣故云與凡
伯同義然則彼已有傳此復發之者彼是天子大夫此則諸
侯嫌其異故同之○注夷狄至極始也○解云注言此者欲
道楚屬荊州吴屬揚州所以抑楚言荊不抑吴言揚者正以
楚近中国恐為中国之害故欲進之以漸先從卑稱進之若
先得貴名而後退之則恐害於諸夏故也運斗樞曰抑楚言
荊不使夷狄主中國者義亦通於此戴氏云荊楚一物義能

相發吳揚異訓故不得州名也若與何氏異穀梁傳曰荊者楚也何爲謂之荊狄之也何爲狄之聖人立必後至天子弱必先叛故曰荊狄之也與此異不得合也○冬十月齊師滅譚譚子奔莒何以不言出據衛侯出奔也○譚徒南反【疏】注據衛侯出奔也解云即僖二十八年衛侯出奔楚襄十四年衛侯衎出奔齊之屬是也注者欲據二人故不道所奔國也國已滅矣無所出也別於有國出奔者孔子曰君子於其言無所苟而已矣月者惡不死位也○別彼列反惡烏路反

十有一年春王正月○夏五月戊寅公敗宋師于鄑○鄑子斯反○秋宋大水何以書記災也外災不書此何以書據漷移不書○漷火虢反又音郭【疏】注據漷移不書○解云即襄十九年取邾婁田自漷水傳云其言自漷水何以漷爲竟也何言乎以漷爲竟漷移也注云魯本與邾婁以漷爲

竟鄆移入邾婁界魯隨而有之者是也**及我也**時魯亦有水災書魯則宋災不見兩舉則煩文不省故詭例書外以見內也先是二国比與兵相敗百姓同怨而俱災故明天人相與報應之際甚可畏之○不見賢徧反下同省所景反應應對之應**疏**注時魯至見內也○解云案襄九年春宋火傳云外災不書此何以書為王者之後記災與此異者正以比言大水水者流通之道可以及兩國故得書外以明內矣彼是火災無及內之理而得書見明為王者之後記災故也若然襄十九年傳云鄆移也亦是水災何不書邾婁大水以見及內者彼直移入邾婁竟內故魯隨而侵之實不及魯寧得類此○注先是二国比與兵相敗○解云即上所云公敗宋師于鄑十年夏公敗宋師于乘丘之屬是也

○冬王姬歸于齊何以書過我也時王者嫁女於齊塗過魯明當有送迎之礼在塗不稱婦者王者無外故從在国辭○過古禾反**疏**注在塗不稱至在国辭○解云正以隱二年傳云女在其国稱女在塗稱婦入国稱夫人今此在塗而不稱婦故如此注也云王者無外者桓八年傳云女在其國稱女此其稱王后何王者無外其辭成矣是也

五五 七之四下五 六七

十有二年春王三月紀叔姬歸于酅其言歸于酅何據國滅來歸不書酅非紀国而言歸〔疏〕注據國至不書。解云即上四年紀侯大去其国不書叔姬來歸是也叔姬來歸所以不書者江熙云叔姬來歸不書非歸寧且非大歸是也然則紀國之滅在莊四年至此乃歸酅者江熙云叔姬守節積有年矣季雖有酅入于齊不敢懷二然襄公豺狼未可闇信桓公飾立德行方宣於天下是以叔姬歸于酅啓其女得申其志也。注酅非紀國而言歸。解云謂非國都今又屬齊如此注者意決隱七年叔姬歸于紀之經矣隱之也何隱爾其國亡矣徒歸于叔爾也叔者紀季也婦人謂夫之弟爲叔來歸不書書歸酅者痛其國滅無所歸也酅不繫齊者特齊所後五廟故国之起有五廟存也月者恩録之〔疏〕注婦人至爲叔。解云爾雅文即曲禮上篇云嫂叔不通問是也。注酅不至廟存也。解云如此注者正欲決昭二十一年宋華亥等自陳入于宋南里以畔之文矣。注月者恩録之。解云即上元年注云内女歸例月外女不月者聖人探人情以制恩實不如魯女然則内女之歸皆書月以治悉爲恩録故也是

以此注云者恩錄之月〇夏四月〇秋八月甲午宋萬弒其
君接及其大夫仇牧及者何累也弒君多矣
舍此無累者乎孔父荀息皆累也舍孔父荀
息無累者乎曰有復反覆發傳者樂道人之善也孔子曰益者三樂損者三樂樂節禮
樂樂道人之善樂多賢友益矣樂驕樂樂佚遊樂宴樂損矣〇接左氏作捷仇牧音求下音木舍音捨下舍孔父同復扶
又反年末同覆芳服反驕樂音洛下宴樂同【疏】宋萬弒其君接〇解云正本皆作接字故賈氏云公羊穀梁曰
接是也〇及者何〇解云尊卑灼然而言及以殊之故執不知問〇孔父荀息皆累也〇解云孔父之累在桓二年荀息
之累在僖十年〇曰有〇解云欲指文公十八年叔仲惠伯被殺之事〇注復反至之善也〇解云謂桓二年已有此傳
矣〇注孔子曰至損矣〇解云樂皆是發心之樂唯有禮下一樂是禮樂之樂耳言樂節禮樂者言樂得禮樂之節言樂
道人之善者謂口道之道言樂佚遊者樂欲遊縱言樂宴樂者樂欲安樂而好內矣有則此何以

書賢也。何賢乎仇牧？據與孔父同也。疏注據與孔父同。解云：案桓二年傳云「何賢乎孔父」，彼注云「據叔仲惠伯不賢」，今此傳云何賢乎仇牧者，亦與孔父同據，故言據與孔父同。仇牧可謂不畏彊禦矣。以下錄萬出奔月也。御禦，禁也。言力彊不可禁也。○禦，魚呂反。疏注以下至月也。解云：即下文「冬十月，宋萬出奔陳」，注云「月者，使與大國君奔同例，明彊禦也」是。其不畏彊禦奈何？萬嘗與莊公戰，莊公即魯莊公。戰者，乘丘時。疏注戰者乘丘時。解云：即上十年「公敗宋師于乘丘」是也。獲乎莊公。莊公歸，散舍諸宮中，散，放也。舍，止也。獲不書者，士也。疏注獲不書者士也者。解云：以公羊之例，大夫見經故也。數月然後歸之。歸反爲大夫於宋。與閔公博，傳本道此者，極其禍生於博戲相慢易也。○數，所主反。公博，如字，戲名也，字書作簙。易，以豉反。疏歸反至於宋。解云：歸而反國，乃爲大夫於宋矣。婦人皆在側。萬曰：「甚矣，魯侯之淑淑善魯侯之美也美好天下諸侯宜爲君者唯魯侯爾萬見婦人皆在側故訐閔公以此言言閔公不如魯侯美好○訐九列反九謁反一音九刈反又一本作揭其列去列二反閔公矜此婦人色自美大於此婦人妬其言顧曰此虜也顧謂側婦人曰此萬也虜執虜也○妬丁故反爾虜焉故爾女也謂萬也更向萬曰女嘗執虜於魯侯故稱譽爾○爾女音汝下同稱譽音餘又音預魯侯之美惡乎至惡乎至猶何所至○惡音烏注同萬怒搏閔公絕其脰脰頸也○齊人語○搏音博脰音豆脛也仇牧聞君弒趨而至遇之于門手劍而叱之手劍持拔劍叱罵之○叱昌實反萬臂摋仇牧碎其首側手曰摋首頭○萬臂必賜反本又作辟婢亦反摋素葛反又素結反側手擊也齒著乎門闔闔扇○著直略反門闔户臘反門扇也仇牧可謂不畏彊禦矣

猶乳犬攫虎伏雞搏貍精誠之至也爭搏弒君而以當國言之者重錄彊禦之賊竭不可測明當防其重者急誅之○乳如住反攫俱縛反又九碧反一本作搏又音付伏扶又反貍力之反（疏）注猶乳至之至也○解云言仇牧知力不敵而有討心亦有精誠之至也似若產乳之犬不憚猛虎伏雞愛子投命敵貍之類故比之○注爭搏弒至急誅之○解云當國者即言宋萬是也故隱四年衛州吁弒其君完傳云曷爲以國氏當國也者是也○冬十月宋

萬出奔陳萬弒君所以復見者重錄彊禦之賊明當急誅之也月者使與大國君奔同例明彊禦也○見賢偏反（疏）注萬弒君至誅之也○解云欲道春秋上下皆是弒君之賊皆不重見即宋督鄭歸生齊崔杼之屬是也而宋萬趙盾之屬復見者當文皆有注更不勞重說○注月者至禦也○解云春秋之例云大國君奔皆悉書月即桓十六年十有一月衛侯朔出奔齊之屬是也今此大夫而書月者明彊禦之甚故也若然昭二十年冬十月宋華亥向甯華定出奔陳亦是大夫而書月彼注云月者危三大夫同時出奔將爲国家患明當防之是也而沱氏此處注云宋又不討賊致令得奔故譏而月之也若與何氏別

莊十二年

二七二

十有三年春齊侯宋人陳人蔡人邾婁人會于北杏齊桓行霸約束諸侯以尊天子故爲此會也桓公時未爲諸侯所信鄉故使微者會也桓公不辭微者欲以卑下諸侯遂成霸功也○鄉許亮反下遐嫁反疏注桓公時至會也○解云言未爲諸侯所信任而歸鄉之是以諸侯皆使微者會即宋人陳人之屬是也○夏六月齊人滅遂不會北杏故也不諱者桓公行霸不任文德而尚武力文功未足以除惡疏注不諱者至武力○解云春秋爲賢者諱而不諱者正以不任文德而尚武力故也其武力者即此滅遂是也繁露云論功則桓兄文弟論德則文兄桓弟是也而論語云齊桓公九合諸侯不以兵車之力謂自此以後○注又功未足以除惡○解云春秋褒貶皆以功過相除計桓公之立雖有北杏之會前有篡逆滅譚之非論其功不足而惡有餘故不爲諱也而言未者欲道其九合之後功足以除惡也○秋七月○冬公會齊侯盟于柯何以不日據唐之盟日○柯音歌疏注據唐之盟日○解云即隱二年秋八月庚辰公及戎盟于唐是也易也易猶佼易

二七三

也相親信無後患之辭○易也以豉反注及下同佼古卯反 其易奈何桓之盟不日其會不致信之也其不日何以始乎此莊公將會乎桓曹子進曰君之意何如進前也曹子見莊公將會有慙色故問之【疏】桓之至信之也○解云謂桓公諸會皆如是也以不日爲信者公羊之例不信者日故也以不致爲信者凡致者臣子喜其君父脫危而至其會無危故以不致爲信也○注曹子至慙色○解云注者之意也

莊公曰寡人之生則不若死矣自傷與齊爲讎不能復也伐齊納糾不能納反復爲齊所脅而殺之○能復扶又反下同【疏】注自傷至復也○解云桓十八年公薨于齊莊九年及齊師戰于乾時我師敗績是也○注伐齊納糾不能納○解云即上九年夏公伐齊納糾傳曰伐而言納者猶不能納也是也○注反復至殺之○解云即上九年齊人取子糾殺之是也 曹子曰然則君請當其君臣請當其臣當猶敵也將劫之辭 莊公曰諾於是會

乎桓莊公升壇土基三尺土階三等曰壇會必有壇者爲升降揖讓稱先君以相接所以長其敬。壇大丹反以長丁丈反疏注土基至曰壇。解云時王之禮也必爲三等者正以公爲上等侯爲次等伯子男爲下等故也。注稱先君以相接。解云即四年傳云古者諸侯必有會聚之事相朝聘之道號辭必稱先君以相接是也曹子手劍而從之從隨也隨莊公上壇造桓公劍而脅之曹子本謀當其臣更當其君者見莊有不能之色。上時掌反造七報反下同疏注曹子至見莊有不能之色。解云亦注者之意也管子進曰君何求乎管子管仲也君謂莊公也桓公卒愕不能應故管子進爲此言。卒七忽反愕五各反應應對之應爲此言丁僞反下爲殺同疏注桓公至此言。解云正以切桓公而管子對故也曹子曰莊公亦造次不知所言故代曹子疏注莊公至曹子。解云正以問莊公而曹子對故言此城壞壓竟齊数侵魯取邑以喻侵深也。壓於甲反又於輒反數所角反疏城壞壓竟。解云謂齊比來攻魯城令至壞敗抑壓魯竟以爲己物也君不圖與君謂齊桓公圖計也猶曰君不當計侵魯太甚○與音餘 管子曰然則君將何求 所侵邑非一欲求何者（疏）管子曰至何求○解云意欲少還而已 曹子曰願請汶陽之田 欲復魯竟（疏）曹子曰至之田○解云舉其大畔言之欲盡取之故注云欲復魯竟矣 管子顧曰君許諾 諸侯死國不死邑故可許諾（疏）注諸侯至許諾○解云即曲礼下篇云國君去其國止之曰君之何去社稷矣是無去國之文不言君之何去田邑故知不死邑也 桓公曰諾 曹子請盟桓公下與之盟 下壇與曹子定約盟誓莊公也欲下壇者爲殺牲不絜又盟本非禮故不于壇上也（疏）注下壇云至莊公也○解云猶言定約束其盟誓莊公也○注欲下至不絜解云不字亦作清字者○注又盟本非禮○解云即桓三年傳云古者不盟結言而退是也 已盟曹子摽劍而去之 摽辟也時曹子端劍守桓公已盟乃摽劍置地與桓公相去離故云爾○摽劍普交反辟也辟劍置地刘兆云辟捎也辟也婢亦反下同去離力智反（疏）注時曹子端至故云爾○解云端猶始也

言曹子從始持劍而守桓公矣及其盟訖乃摽劍而置于地乃與桓公相去離者釋傳云而去之之文要盟可犯臣約其君曰要彊見要脅而盟爾故云可犯○要一遥反而桓公不欺曹子可讎以臣劫君罪可讎而桓公不怨桓公之信著乎天下自柯之盟始焉諸侯由是會翕然信鄉服從冉會于鄄同盟于幽遂成霸功故云爾劫桓公取汶陽田不書者諱行詐劫人也疏注冉會于鄄解云即下十四年冬及十五年春比會于鄄是也○注同盟于幽○解云即下十六年冬同盟于幽是也○注劫桓至劫人也○解云正以成○年書取汶陽之田故也

十有四年春齊人陳人曹人伐宋○夏單伯會伐宋其言會伐宋何據伐國不殊會曹伯襄言會諸侯疏注據伐國不殊○解云與上諸侯俱是伐宋事不殊異何勞別生會文乎故難之○注曹伯至諸侯○解云即僖二十八年冬曹伯襄復歸于曹遂會諸侯圍許是也後會也本期而後故但舉會書者刺其不信因以分別功惡有深淺也

從義兵而後者功薄，從不義（疏）注本期至舉會。解云若
兵而後者惡淺。別彼列反　其不後宜言單伯會齊人
陳人曹人伐宋，如下文單伯會齊侯宋公衛侯鄭伯于鄄之
文。注從義兵至功薄。解云即此是。注從不義至惡淺
解云無經可據
但言理當然也。秋七月，荆入蔡。冬，單伯會齊
侯宋公衛侯鄭伯于鄄。鄄本亦作甄，規面反
十有五年春，齊侯宋公陳侯衛侯鄭伯會于
鄄。夏，夫人姜氏如齊。秋，宋人齊人邾婁
人伐兒。兒音郳。（疏）夫人姜氏如齊。解云復與相通也。秋宋人至伐兒。解云范氏云宋主兵
故序齊上也。班序上下以國大小爲次，征伐則以主兵爲先，春秋之常也。鄭人侵宋。冬
十月
十有六年春王正月。夏，宋人齊人衛人伐

莊十四　十五

鄭。秋荊伐鄭。冬十有二月公會齊侯宋公陳侯衛侯鄭伯許男曹伯滑伯滕子同盟于幽同盟者何同欲也同心欲盟也同心爲善善必成同心爲惡惡必成故重而言同心也。滑于八反疏同盟者何。解云欲言同善不見褒賞之文欲言同惡復無刺譏之處故執不知問。邾婁子克卒小國未嘗卒而卒者爲慕霸者有尊天子之心行進也不日始與霸者未如瑣瑣卒在二十八年。爲慕于僞反如瑣息果反疏注小國至進也。解云正以所傳云之世未錄小國卒葬故也。注不日者至二十八年。解云即二十八年經云夏四月丁未邾婁子瑣卒注云日者附從霸者朝天子行進是也然則此亦行進而不日者但始與霸者有尊天子之心未朝天子故也其始與霸者之事即上十三年春齊侯宋人陳人邾婁人會于北杏是也

十有七年春齊人執鄭瞻鄭瞻者何鄭之微

者也以無氏也疏鄭瞻者何○解云欲言尊卿名氏不具欲言微者書名見經故執不知問此

鄭之微者何言乎齊人執之據獲宋萬不書者不坐獲微者今書齊稱人坐執文○鄭瞻二傳作詹疏注據獲至執文○解云上十二年傳云萬嘗與莊公戰獲乎莊公注云獲不書者士也然則以獲微者不罪坐故不書今書齊稱人作坐執之文故難之

書甚佞也爲甚佞故書惡之所以輕坐執人也然不得爲伯討者事未得行罪未成也孔子曰放鄭聲遠佞人罪未成者伯當遠之而已○爲其于爲反惡之烏路反下惡之皆同遠佞于萬反下同疏注不得爲至未成也○解云僖四年傳云執者曷爲或稱侯或稱人稱侯而執者伯討也稱人而執者非伯討也今稱人而執故云不得爲伯討矣○注孔子曰至佞人○解云論語文案樂記魏文侯問子夏曰敢問溺音何從出也子夏對曰鄭音好濫淫志宋音燕女溺志衛音趨數煩志齊音敖辟喬志此四者皆淫於色而害於德是以祭祀弗用也然則四國皆有淫聲蓋逐甚者言之故許氏云鄭詩二十一篇說婦人者十九此之謂也或何氏云鄭聲淫與服君同皆謂鄭重其手而音淫過非鄭國之鄭也○夏齊人

殲于遂。殲者何？殲，積也，衆殺戍者也。殲者死文。殲之爲死，積死非一之辭，故曰殲。積，衆多也。以兵守之曰戍。齊人戍遂，遂民不安，欲去，齊強戍之，遂人共以藥投其所飲食水中，多殺之。古者有分土無分民，齊戍之非也，遂不當坐也，故使齊爲自積死文也。稱人者，衆辭也。不書戍將帥者，封内之兵，故不書。○殲，子廉反，二傳作殲。積，未又作漬。強，其丈反。將帥，子匠反，下所類反。

疏殲者何。○解云：正以異於常例，故執不所問。○注殲者至衆多也。○解云：即曲禮下篇云"羽鳥曰降，四足曰漬"，鄭注云"異於人也。降，落也。漬謂相殲汙而死"是也。○注齊人戍遂。○解云：在上十三年。○注古者有分土無分民。○解云：說在桓元年注文也。

○秋，鄭瞻自齊逃來。何以書？書甚佞也。曰佞人來矣，佞人來矣。重言來者，道經主書者君。傳云爾，蓋痛魯知而受之，信其計策，以取齊淫女，丹楹刻桷，卒爲後敗也。加逃者，抑之也。所以抑之者，上執稱人，嫌惡未明，繫鄭者，明行當本於鄉里也。子貢問曰："鄉人皆好之，何如？"子曰："未可。""鄉人皆惡之，何如？"子曰："未可。不若鄉人之善者善之，鄉人之惡者惡之。"○重，直用反。明行，下孟反。

疏注重言至

七之五十六

云爾。解云經所以主書此事者正惡佞人之來恐其作禍矣。注蓋痛魯知而受之。解云春秋痛傷魯人知其佞人惡而受之。注信其計至淫女。解云即下二十四年夏公如齊逆女秋夫人姜氏入是也知取齊淫女是鄭瞻之計者春秋說文云。注丹楹刻桷。即下二十三年秋丹桓宮楹二十四年春刻桓宮桷是也。注卒爲後敗也解云即莊二叔殺二嗣子是也。注加逃者抑之也。解云謂逃是辟事不應見經而見逃于經者抑之故也或者子哀嬰封之屬皆言奔今此加逃故決之。注上執至未明。解云謂稱人爲坐執文非伯討之義故也。注子貢至惡之。解云一鄉之人皆好此人此人何如子曰未可即以爲善向者此人或者行與衆同或朋黨矣子貢又曰一鄉之人皆惡此人此人何如子曰未可即以爲惡也何者此人或者行與衆異或孤特矣不若鄉人之善行者善之惡行者惡之與善人同復與惡人異道理勝于前故知是賢善云云之疏備于鄭注

冬，多麋。何以書？記異也。麋之爲言猶迷也象魯爲鄭瞻所迷惑也言多者以多爲異也。麋亡悲反

疏注象魯至惑也。解云感精符文。注言多至異也。解云舊魯有麋但今乃多耳。

春秋公羊註疏卷第七

元十行本監本附音春秋公羊注疏

第二册

漢 何休注 唐 徐彦疏 唐 陸德明釋文

中國國家圖書館藏元刻明修印本

山東人民出版社·濟南

監本春秋公羊註疏莊公卷第八 起十八年盡二十七年

何休學

十有八年春王三月日有食之是後戎犯中国魯蔽鄭瞻夫人如莒淫泆不制所致（疏）注是後戎犯中国○解云即下文夏公追戎于濟西是也○注魯蔽鄭瞻○解云下文秋有蜮是○注夫人至所致○解云即下十九年秋夫人姜氏如莒之屬是也是陰勝陽之象是以日爲之食○夏公追戎于濟西以兵逐之曰追○濟子礼反此未有言伐者其言追何据公追齊師至酅舉齊侵也（疏）注据公至侵也○解云即僖二十六年齊人侵我西鄙公追齊師至酅弗及是也大其爲中國追也以其不限所至知爲中国追也○爲中于僞反注及下皆同（疏）注以其至追也○解云公追齊師至酅限其所至乃是自爲已追故知如此此未有伐中國者則其言爲中國追何大其未

至而豫禦之也其言于濟西何据公追齊師至嶲弗及不言于也大之也大公除害恩及濟西也言大者當有功賞也追例時疏注言大者至賞也○解云公追齊師至嶲弗及不言于今言于者謂公有大功於王法當賞矣○注追例時○解云即此文是而僖二十六年公追齊師雖在正月己未下不家日月○秋有蜮何以書記異也蜮之猶言蜮也其毒害傷人形體不可見象魯爲鄭瞻所惑其毒害傷人將以大亂而不能見也言有者以有爲異也○蜮音惑短狐也或謂之射工音食疏注蜮之猶言蜮也○解云即五行志云蜮猶惑也者是○注其毒害傷人○解云即五行志云能射人甚者至死是也○注形射不可見○解云即草木志云在水中射人影即死是也○注言有者以有爲異也○解云謂魯先無蜮今乃有之案昭二十五年經書有鸜鵒來巢今此不書來者亂氣所生不從外來故也○冬十月

十有九年春王正月○夏四月○秋公子結媵陳人之婦于鄄遂及齊侯宋公盟媵者何

諸侯娶一國則二國往媵之以姪娣從言往媵之者礼君不求媵二国自往媵ㄴ人所以一夫人之尊○媵陳以證反又繩證反娣從才用反下注同

（疏）媵者何解云媵是碎事例不見經今而書之故執不知問

姪者何兄之子也娣者何弟也諸侯壹聘九女諸侯不再娶必以姪娣從之者欲使一人有子二人喜也所以防嫉妬令重繼嗣也因以備尊尊親親也九者極陽數也不再娶者所以節人情開媵路○嫉音疾又音自

（疏）姪者何○解云昭穆異等而與嫡俱行故執不知問○娣者何○解云與姪同倫而在姪下故執不知問○諸侯至再娶○解云傳言此者解所以有媵之意言諸侯娶女非一者正由不得再娶故也○注必以至人喜也○解云即穀梁傳云一人有子三人緩帶范氏云欲共享其禄是也○注所以防嫉妬○解云謂三人不相疾也○注令重繼嗣也解云謂三人不相疾共保其子○注因以備至親也○解云謂備姪所以尊尊備娣所以親親其上尊下親皆指嫡也○注九者極陽數也○解云謂對一三五七以為極矣也○注開媵路○解云謂亦有為嫡之望也

媵不書

此何以書據伯姬歸于紀不書媵也（疏）注據伯姬歸于紀者解云在隱二年冬為其有遂事書為下有遂事善也故書所以不當書以起將有所詳錄猶伯姬書媵也不媵則當取得書者張本文言公子結如陳遂及齊侯宋公盟于鄄○為其于偽及注及下注同（疏）注為下有遂事善也○解云即遂及齊侯宋公盟是也○注故書所至不當書○解云謂書媵是也○注以起將有所詳錄○解云正欲見盟事之善合詳而錄之○注猶伯姬書媵也○解云即成八年衛人來媵傳曰媵不書此何以書錄伯姬也九年晉人來媵傳曰媵不書此何以書錄伯姬也十年齊人來媵傳云媵不書此何以書錄伯姬也三国來媵非礼也曷為皆以錄伯姬之辞言之婦人以衆多為侈也者是也○注言公至于盟于鄄○解云是其得書之文也大夫無遂事此其言遂何聘禮大夫受命不受辭以外事不素制不豫設故天八關出竟有可以安社稷利國家者則專之可也先是鄄幽之會公比不至公子結出竟遭齊宋欲深謀伐魯故專矯君命而與之盟除国家之難全百姓之命

故善而詳録之先書地後書盟者明出竟乃得專之也盟不地者方使上爲出竟地即更出地嫌上地自爲媵出地也陳稱人者爲内書故略以外国辭言之此陳侯夫人言婦者在塗也加之者礼未成也冬齊人宋人陳人伐我西鄙而盟不日者起国家後背結之約非結不信也○矯居表反難乃旦反背音佩【疏】注先是至不至○解云即上十五年春齊侯宋公陳侯衛侯鄭伯會于鄄十六年冬會齊侯宋公以下同盟于幽是也正以彼二經皆不言公會故知魯侯不至矣○注欲深謀伐魯○解云正以善而詳録之故知欲伐矣○注先書地○解云謂書鄄是也○注明出竟乃得專之也○解云正以鄄爲衛地故也○注此陳至在塗也○解云即隱二年傳云在塗稱婦是○注加之者礼未成也○解云正以此婦未成爲夫人故加之絶之若其已配礼宜言媵陳夫人不假言之以絶也○注冬齊至西鄙○解云即下經也○注而盟不至不信也○解云以公羊之例不信者書日故如此解

○夫人姜氏如莒

○冬齊人宋人陳人伐我西鄙鄙者邊垂之辭榮見遠也

二十年春王二月夫人姜氏如莒月者再出也不從四年已

月者
異国【疏】注月者再出也〇解云欲對上十九年秋夫人姜
氏如莒之文也〇注不從至異国〇解云即上四
年經云春王二月夫人姜氏饗齊侯于祝丘彼注云月者再
出重也三出不月者省文從可知例然則此經不從四年之
例而復出月者正爲齊
莒異国不得相因故也〇夏齊大災大災者何大
瘠也瘠病也齊人語也以加大知非火災也〇大瘠在亦
反痾也本或作瘠才細反一本作漬才賜反鄭注曲
禮引
此同【疏】大災者何〇解云欲言大疾而經書災故執不
知問〇注以加大知非火災也〇解云正以襄三
十年宋災昭九年陳火之屬皆不言大故也案襄九年傳云
大者曰災小者曰火注云大者謂正寢社稷宗廟朝廷也下
此則小矣然災是兩火自對故以
災少別之此則非火故更言大耳大瘠者何痢也痢者
民疾
疫也〇痢力二反
疾疫也疫音役何以書記災也外災不書此何
以書及我也與宋大水同義痢者邪亂之氣所生是時
魯任鄭瞻夫人如莒淫泆齊侯亦淫諸姑
姊妹不嫁者七
人〇邪似嗟反【疏】注與宋大水同義〇解云即上十一年
宋大水傳云何以書記災也外災不書

此何以書及我也注云時魯亦有水災書魯則宋災不見爾峯則煩文不省故詭例書外以見内也是也○注齊侯至七人○解云晏子春秋文案彼齊景公問於晏子曰吾先君桓公淫女公子不嫁者九人而得爲賢君何又此解言七人者彼此其有誤矣然則襄公霸諸侯唯淫妹而已齊人猶作南山崔崔以刺之桓公小白相淫九人而齊人不刺之者蓋以功多足以除惡故也或者遇爾不作或采之不得寧可問乎○秋七月○冬齊人伐戎

二十有一年春王正月○夏五月辛酉鄭伯突卒○鄭伯突徒没反厲公也○秋七月戊戌夫人姜氏薨○冬十有二月葬鄭厲公春秋篡明者書葬

疏注春秋至書葬○解云言春秋篡明者欲見通例如此矣篡明者謂有立入之文即隱四年冬衛人立晉桓十三年春葬衛宣公上九年夏齊小白入于齊僖十八年秋葬齊桓公之屬是也今此鄭突入于鄭桓十五年秋亦有入櫟之文即是篡明書其葬耳若篡不明者則去其葬以見其篡不合爲諸侯是以僖十年里克弑卓子之時惠公無入文至僖二十四年晉侯夷吾卒下不書葬

晉惠公矣若有立入之文者不嫌非篡何勞夫葬以見篡若然案文公重耳亦無篡文而僖三十年經書葬晉文公者正以文公功蓋天下春秋爲賢者諱故書其葬若其不篡然也若然齊侯小白是賢者而書其入又録其葬見其篡明不爲之諱者僖十年傳云桓公之享国也長美見乎天下故不爲之諱本惡也文公之享国也短美未見乎天下故爲之諱本惡也是也

二十有二年春王正月肆大省肆者何跌也跌過度○肆音四本或作佚大省所景反除自省皆同二傳作眚跌大結反過度也疏肆大省○解云肆讀如放肆也省讀如減省之省也○肆者何大省者何○解云皆以異於常例故執不知問大省者何災省也謂子卯日也夏以卯日亡殷以子日亡先王常以此日省吉事不忍舉又大自省敕得無獨有此行乎常若聞災自省故曰災省也○行下孟反疏注先王至忍舉○解云此先王謂夏殷之後成礼者以是夏殷亡日故省吉事而已不忍舉而行之○注又大至此行乎○解云又若似見不賢而內自省之義矣○注常若至災省也

穀梁傳云災省之文也言聞有災輒自省察若爲行而致之乎

肆大省何以書譏何譏爾譏始忌省也時魯有夫人喪忌省日不哭省日本以忌吉事不以忌凶事故禮哭不哭子卯日所以專孝子之思也不與念母而譏忌省者本不事毋則已不當忌省猶爲商人責不討賊○惠息嗣反爲于僞反

【疏】肆大省何以書○解云不但言何以書者恐人以爲但問大省云大自省勑何以書故復舉句而問之○注故礼至卯日○解云案士喪礼旣殯之後云朝夕哭不辟子卯是也引之者證不以忌凶事也○注不與至忌省解云不與念母者即上元年三月夫人孫于齊傳曰夫人固在齊矣其言孫于齊何念母也念母者所善也則曷爲於其念母焉貶不與念母也彼注云念母則忘父背本之道也是也○注猶爲至討賊○解云文十四年九月齊公子商人弑其君舍然則商人者是簒弑之賊也齊之臣子理宜討之而反臣事失其所也及文十八年夏齊人弑其君商人而不書其葬者以責臣子不討賊也似文姜罪實宜絕之公既不絕宜盡子道而反忌省故得責之

○癸丑葬我小君文姜文姜者何莊公之母也諷發傳者起從母録

大三十五

子恩凡母在子年無適庶皆繫子也不在子年適母繫夫庶母繫子言小君者比於君爲小俱臣子辭也文者謚也夫人以姓配謚欲使終不忘本也○無適丁歷反下同

疏 葬我小君文姜○解云穀梁傳曰小君非君也其曰君何也以其爲公配可以言小君也者是○文姜者何○解云欲言莊母謚異其父欲言非母備禮葬之故執不知問○注輒發至子恩○解云隱元年傳云仲子者何桓之母也今假令不發亦是桓之夫人莊公之母可知而云文姜者何莊公之母故言輒矣今此經云葬我小君文姜傳云文姜者何莊公之母也者正欲録子之恩故備礼而葬之○注凡母至繫子也解云即此傳云文姜者何莊公之母是適母繫子也宣八年傳云頃熊者何宣公之母也襄四年傳云定弋者何襄公之母也皆是庶母繫子也而僖二年傳云哀姜者何莊公之夫人也在子年而繫夫者譏以僖公非所生爲其非子故也○注不在至繫夫○解云即僖二年哀姜是也○注庶母繫子也○解云即文五年傳云成風者何僖公之母也是也定十五年秋姒氏卒傳曰姒氏者何哀公之母也者亦是庶母不在子年而繫于子然則鄉來所言傳皆葬上乃言其公之母而姒氏特于卒上發傳者正以姒氏之葬直云葬定姒不得稱小君是以傳家亦於葬略之矣定姒所以葬不得稱小君

公羊之義毋以子貴哀公閔時未得爲君是以定姒未得○全同夫人矣○注欲使終不忘本也○解云本即姓是也

陳人殺其公子御寇書者殺君之子重也疏注書者殺君之子重也○解云正以不言大夫而得書殺則知由其是君之子故也○夏五月以五月首時者譏莊公取仇國女不可以事先祖奉四時祭祀猶五月不宜以首時○秋七月丙申及齊高傒盟于防防魯地○傒音兮

齊高傒者何貴大夫也曷爲就吾微者而盟據暨與公盟也疏齊高傒者何○解云欲言其貴魯侯恥之欲言微者名氏見經故執不知問○注據暨與公盟也○解云即上九年春公及齊大夫盟于暨是也

公也以其日微者不得日大夫盟當出名氏疏注以其日至得日○解云即隱元年九月及宋人盟于宿傳曰孰及之內之微者也彼注云宋稱人者亦微者也微者盟例時不能專正故責略之此月者隱公賢君雖使微者有可采取故錄也是其微者不得日矣其微者盟例時者即僖十九年冬會陳人蔡人楚人鄭人盟于齊之屬是也○注夫人至名氏○解云即成元

年臧孫許及晉侯盟于赤棘之屬是也公則曷爲不言公諱與大夫盟也○冬公如齊納幣納幣即納徵納徵禮曰主人受幣士受儷皮是也禮言納徵春秋言納幣者春秋質也凡婚禮皆用鴈取其知時候唯納徵用玄纁束帛儷皮玄纁取其順天地也儷皮者鹿皮所以重古也○纁許云反儷力計反本又作麗

疏 注納徵至天地也○解云即隱元年注云束帛謂玄三纁二玄三法天纁二法地是也何者玄纁者是天地之色故也○注儷皮者鹿皮所以重古也○解云正以古者食肉衣皮服捕禽獸故也儷者兩也兩皮者二儀之數

納幣不書此何以書據桓三年公子翬如齊逆女不書納幣譏何譏爾親納幣非禮也時莊公實以淫泆大惡不可言故因其有事於納幣以無廉恥爲譏不譏喪娶者齊淫爲重也凡公之齊所以迎淫者皆以危致也

疏 注凡公至致也○解云即下二十三年春公至自齊夏公如齊觀社公至自齊二十四年夏公如齊逆女秋公至自齊之屬是也凡書至者臣子喜其君父脫危而至故也

二十有三年春公至自齊桓之盟不日其會不致信之也據柯之盟不日柯之會不致疏注據柯至不致○解云即上十三年冬公會齊侯于柯不書日不致是也此之桓國何以致危之也何危爾公一陳佗也公如齊淫與陳佗相似如一也○佗大何反疏注公如至如一也解云即桓六年蔡人殺陳佗傳云陳佗者何陳君也陳君則曷爲謂之陳佗絕也曷爲絕之賤也其賤奈何外淫也惡乎淫淫于蔡蔡人殺之是也○祭叔來聘不稱使者公一陳佗故絕使若我無君以起其當絕因不與天子下聘小人○祭側界反疏注不稱使至小人○解云如此注者正欲決隱七年天王使凡伯來聘九年天王使南季來聘等是王使而皆稱使今此獨不稱使故決之何氏知不稱使是我無君之文者正見閔二年高子來盟傳云何以不言使我無君也若然案桓四年夏天王使宰渠伯糾來聘桓五年夏天王使仍叔之子來聘桓八年春天王使家父來聘然則桓公篡逆經猶稱使而不絕之莊公時淫絕之者桓四年伯糾之下何氏云下去二時者桓公無王而

大九十一

行天子不能誅反下聘之故爲貶見其罪明不宜也然則桓公惡甚故去二時以明不宜莊公罪輕故不言使以見絶因不與天子下聘小人而已春秋見義非唯一譏未可然恠也○夏公如齊觀社何以書譏何譏爾諸侯越竟觀社非禮也觀社者觀祭社諱淫言觀社者與親納幣同義社者土地之主祭者報德也生萬物居人民德至厚功至大故感春秋而祭之天子用三牲諸侯用羊豕疏注諱淫至同義○解云謂實以淫泆大惡不可言因其有事于觀社故以觀社譏耳○注天子至羊豕者解云時王之禮

公至自齊○荆人來聘荆何以稱人据上荆州疏注据上荆州○解云即上十六年秋荆伐鄭之屬是也始能聘也春秋王魯因其始來聘明夷狄能慕王化脩聘禮受正朔者當進之故使稱人也稱人當繫國而繫荆者許夷狄者不一而足疏注稱人至而足○解云正以十年傳云州不若國知進稱人宜繫國矣文九年楚子使椒來聘傳云椒者何楚大夫也楚無大夫此何以書始有大夫也始有大夫則何以不氏許夷狄者不一而足也又襄二十九年傳云札者

何異季子之名春秋賢者不名此何以名許夷狄者不壹而足也是以此注引之耳○公及齊侯遇于穀○蕭叔朝公其言朝公何據公在內不言朝公在外言會

疏注據公至朝公○解云即隱十一年春滕侯薛侯來朝之屬是也○注在外言會○解云定十四年邾婁子來會公及公會某侯之屬皆是也

公在外也時公受朝於外故言朝公惡公不受於廟○惡公烏路反下同

疏注時公至於廟○解云隱七年注云不言聘公者礼聘受之於大廟孝子謙不敢以已當之歸美於先君且重賓也隱十一年注云不言朝公者禮朝受之於大廟與聘同義今此言公故如此解○

秋丹桓宮楹何以書譏何譏爾丹桓宮楹非禮也楹柱也丹之者爲將娶齊女欲以誇大示之傳言丹桓宮者欲道天子諸侯各有制也禮天子斲而礱之加密石焉諸侯斲而礱之不加密石大夫斲之士首本失禮宗廟例時○宮楹音盈柱也下傳及注同爲將于僞反斲丁角反下同礱力工反

疏注禮天子至首本○解云皆外傳晉語張老謂趙文子椽之制穀梁傳曰天子之桷斲之礱之加密石焉諸侯之桷斲之

礱之大夫斵之士斵本今此何氏於丹楹之下揔言之矣斵本者正謂全以樹本而行斤斵之○注失禮宗廟例時○解云正謂此文是也下經二十四年三月刻桓宮桷而書月者以其功重故也此謂失禮僭差之例也若其祭祀失禮者則書日是以隱五年初獻六羽之下何氏云失禮鬼神例日是也若始造宗廟而失禮者亦書日即成六年春王二月辛巳立武宮是也而定元年九月立煬宮亦爲非禮而不書月者所見之世其恩尤厚故不爲書日使若得禮然

○冬十有一月曹伯射姑卒曹達春秋常卒月葬時也始卒日葬月嫌與大国同後卒而不日入所聞世可日不復日○射姑音亦後扶又反

疏注曹達至時也○解云即文九年秋八月曹伯襄卒冬葬曹共公昭十八年春王三月曹伯須卒秋葬曹平公之屬是也其有卒葬在日月下者不蒙日月矣其文各自有解○注始卒日葬月○解云即桓十年春王正月庚申曹伯終生卒夏五月葬曹桓公是也所以然者敬老重恩故也○注後卒而不日○解云正以對桓十年曹伯終生卒以爲後矣○注入所聞世可日不復日○解云即文九年秋八月曹伯襄卒是案曹爲小国入所聞之世正合卒月而言可日者正以傳聞之世已得録之故所聞世可以書日但以嫌同大国

故不日矣○十有二月甲寅，公會齊侯盟于扈。桓之盟不日，此何以日？危之也。何危爾？我貳也。莊公有淫泆汚貳之行○扈音户有汚汙辱之汙一音烏卧反後放此行下孟反

疏注汚貳之行○解云謂莊公之行既不清潔又不專一故謂之汚矣

曾子曰：我貳者，非彼然，我然也。嫌上說以齊惡我貳相疑而盟故日也解言非齊惡我也我行汚貳動作有危故日之也

二十有四年春王三月，刻桓宫桷。何以書？譏。何譏爾？刻桓宫桷，非禮也。與丹楹同義月者功重於丹楹○桷音角椽也

疏注與丹楹同義○解云即上注云丹之者爲將娶齊女欲以誇大示之是也○注月者功重於丹楹○解云正以失禮宗廟例時故如此注

○葬曹莊公○夏，公如齊逆女。何以書？親迎，禮也。諱淫故使若以得禮書也禮諸侯既娶三月然後夫人見宗廟見宗

覿然後成婦禮。迎魚命反見宗賢（疏）葬曹莊公。解云雖在月下不蒙上編反下傳文見也見用幣及注同
月也。何以書親迎禮也。解云魯侯如齊本實淫通非爲
親迎而往但春秋之意以其大惡不可言之要以言其逆女
使若得禮善而書日矣是以注云諱淫故使若以得禮書也
。注禮諸侯至婦禮。解云注言此者欲道莊公夫人未至
于国而行婦事既非正禮明矣。秋公至自齊八月丁丑夫人姜
氏入其言入何據夫人姜氏言至不言入（疏）注據夫人至言入。解云即桓三年九月夫人姜氏至自齊是難也其言日何據夫人姜氏至不日。難也乃旦反下及注同難
也其難奈何夫人不僂不可使入與公有所
約然後入僂疾也齊人語約約遠媵妾也夫人稽留不肯疾順公不可使即入公至後與公約定八
月丁丑乃入故爲難辭也夫人要公不爲大惡者妻事夫有
四義雞鳴縰笄而朝君臣之禮也三年惻隱父子之恩也圖
安危可否兄弟之義也樞機之內寢席之上朋友之道不可
純以君臣之義責之。不僂力主反疾也注同遠于萬反要

一遥反縱并所買反又所綺反惻隱初力反 疏 注夫人要公至責之。解云正以所傳聞之世內之大惡皆諱不書今而書之故知然也

戊寅大夫宗婦覿用幣宗婦者何大夫之妻也覿者何見也用者何用者不宜用也不宜用幣爲贄也。覿大歷反見也贄音至 疏 宗婦者何。解云欲言大夫之妻文不言及欲言非妻相與俱見故執不知問。覿者何。解云欲言是礼男女無别欲言非礼而在用上故執不知問。用者何。解云初至之覿禮則有之而經書用乃是不宜之稱故執不知問

見用幣非禮也以文在覿下不使齋見知非禮也 疏 見用幣非礼也。解云言其見夫人之法卿大夫宜用羔爲宗婦宜用棗栗腶脩而皆用幣是爲非禮也。注以至非禮也。解云若其是禮宜言大夫宗婦用幣覿也

然則曷用棗栗云乎腶脩云乎腶脩者脯也礼婦人見舅姑以棗栗爲贄見女姑以腶脩爲贄見夫人至尊兼而用之云乎辭也棗栗取其早自謹敬腶脩取其斷斷自脩正執此者若其辭云爾所以敘情配志也凡贄天子用鬯諸

侯用玉卿用羔大夫用鴈士用雉雉取其耿介鴈取其在人上有先後行列羔取其執之不鳴殺之不號乳必跪而受之類死義知礼者也玉取其至清而不自蔽其惡潔白而不受汚内堅剛而外溫潤有似乎備德之君子鬯取其芬芳在上臭達於天而醇粹無擇有似乎聖人故視其所執而知其所任矣日者礼夫人至大夫皆郊迎明日大夫宗婦皆見故者其明日也大夫妻言宗婦者大夫爲宗子者也族所以有宗者爲調族理親疏令昭穆親疏各得其序也故始統世世繼重者爲大宗旁統者爲小宗小宗無子則絶大宗無子則不絶重本也天子諸侯世以三牲養禮有代宗之義大夫不世不得專宗著言宗婦者重教化自本始也○斷脩丁亂反注同本又作腶音同鍛脯加薑桂曰脩耿介古幸反下音界行户郎反號户刀反跪其委反醇音純粹雖遂反爲調于僞反下仕爲同令力呈反昭穆上遥反凡昭穆之例皆同

疏注腶脩者脯也○解云正以穀梁傳云束脩之肉不行竟内以肉言之故知脩爲脯矣又下曲禮婦人之贄脯脩棗栗謂之脯脩其義益顯○注礼婦人至志也○解云時王之礼且以其文先言棗栗故也○注凡贄至用雉○解云皆下曲礼文彼言諸侯用圭此言玉者蓋所見異也○注大夫不世不得專宗○解云欲道大夫之妻所以謂之婦人之義○注重

教化自本始也○解云正以宗子者宗族之本故也○大水夫人不制遂淫二叔陰氣盛故明年復水也○復扶又反疏注夫人至二叔○解云即下二十七年傳云公子慶父公子牙通乎夫人以脅公是也○注明年復水也○解云即二十五年秋大水云云是也○冬戎侵曹曹羈出奔陳

曹羈者何曹大夫也以小国知無氏爲大夫○曹羈居宜反下同疏曹羈者何○解云欲言曹君經不稱伯欲言大夫單名無氏故執不知問○注以小至大夫○解云即襄二十三年邾婁鼻我來奔昭二十七年邾婁快來奔之屬是也若其大国大夫不書名氏者或有未命或有罪見貶矣曹無大夫此何以書据羈無氏疏注据羈無氏○解云曹無大夫之文也言問者見羈無氏知曹無大夫既無大夫何以特書曹羈故難之賢也何賢乎曹羈据国見侵出奔以辟難戎將侵曹曹羈諫曰戎衆以無義戎師多又常以無義爲事君請勿自敵也記兵敵則戰不敵則守君師少不如守且使臣下往○則守手又反又如字下

同曹伯曰不可臣下不可獨往三諫不從遂去之故君子以爲得君臣之義也孔子曰所謂大臣者以道事君不可則止此之謂也諫必三者取月生三日而成魄臣道就也不從得去者仕爲行道道不行義不可以素餐所以申賢者之志孤惡君也諫有五一曰諷諫孔子曰家不藏甲邑無百雉之城季氏自墮之是也二曰順諫曹羈是也三曰直諫子家駒是也四曰爭諫子反請歸是也五曰戇諫百里子蹇叔子是也○魄普白反餐七千反諷方鳳反墮許規反爭爭鬭之爭戇諫陟降反又呼弄反又丑用反

疏三諫不從至義也○解云然則下二十七年傳云君子辟內難而不辟外難者謂三諫不從之屬是也而曲禮下篇云三諫不聽則逃之蓋士不待放故言逃之○注諫必三者至君也○解云即此及鄉飲酒義云讓之三也象月之三日而成魄是也○注諫有五至墮之是也解云即定十二年傳云孔子行乎季孫三月不違曰家不藏甲邑無百雉之城於是帥師墮費是也○注二曰順諫○解云即此文是也○注三曰至駒是也○解云昭二十五年傳云昭公將弒季氏告子家駒曰季氏爲無道僭於公室久矣吾欲弒之何如子家駒曰諸侯僭於天子大夫僭於諸侯久

矣昭公曰吾何僣矣哉子家駒曰設兩觀乘大路朱干玉戚以舞大夏八佾以舞大武皆天子之礼也是也○注四曰至歸是也○解云即宣十五年傳云外平不書此何以書大其平乎已也何大其平乎已莊王圍宋軍有七日之糧爾盡此不勝將去而歸爾於是使司馬子反乘堙而闚宋城宋華元亦乘堙而出見之子反曰子之国何如華元曰憊矣曰何如曰易子而食之析骸而炊之司馬子反曰嘻甚矣憊雖然吾聞之也圍者相馬而秣之使肥者應客是何子之情也華元曰吾聞之君子見人之厄則矜之小人見人之厄則幸之吾見子之君子也是以告情於子也司馬子反曰諾勉之矣吾軍亦有七日之糧爾盡此不勝將去而歸爾揖而去之反于莊王莊王曰何如司馬子反曰憊矣曰何如曰易子而食之析骸而炊之莊王曰嘻甚矣憊雖然吾今取此然後而歸爾司馬子反曰不可臣已告之矣軍有七日之糧爾莊王怒曰吾使往視之子曷爲告之司馬子反曰以區區之宋猶有不欺人之臣可以楚而無乎是以告之也莊王曰諾舍而止雖然吾猶取此然後歸爾司馬子反曰然則君請處于此臣請歸爾莊王曰子去我而歸吾孰與處于此吾亦從子而歸爾引師而去之故君子大其平乎已也者是也○注五曰至子是也○解云僖三十三年傳云秦伯將襲鄭百里子與蹇叔

子諫曰千里而襲人未有不亡者也秦伯怒曰若爾之年者
宰上之木拱矣爾曷知師出百里子與蹇叔子送其子而戒
之曰爾即死必於殽之嶔巖是文王之所辟風雨者也吾將
尸爾焉子揖師而行百里子與蹇叔子從其子而哭之秦伯
怒曰爾曷爲哭吾師對曰臣非敢哭君師哭臣之子也者是也○**赤歸于曹郭公赤**
者何曹無赤者蓋郭公也以郭公在赤下○赤歸于曹郭公此連爲句郭
音虢亦如字連讀郭公爲一句（疏）赤者何○解云欲言曹伯經不書爵欲言微者復有郭公之號故執不知問○
曹無至公也○解云謂此郭公實非曹人故也言蓋郭公者蓋郭之公矣**郭公者何失地**
之君也失地者出奔也名言歸例郭公置赤下者欲起曹伯爲戎所殺故使若曹伯死謚之爲郭公而赤微
者自歸曹也不言赤奔者從微者例不得録出奔（疏）郭公者何○解云欲言郭君經無其事欲言曹伯而文言
郭公故執不知問○注不言至出奔○解云謂不言郭公赤奔曹者假作微人之文即從微者例寧得録其奔正得言道
赤歸于曹

二十有五年春陳侯使女叔來聘稱字者敬老也禮七十雖庶人主孝而禮之孝經曰昔者明王之以孝治天下也不敢遺小國之臣是也○女音汝疏注稱字敬老也○解云正以稱字異於諸侯大夫之例故知其老也○注孝經至是也○解云注言此者欲道春秋假魯以爲明王謂女叔爲小國之臣矣○夏五月癸丑衛侯朔卒春秋篡明者當書葬朔不書葬嫌與篡同例身絕國不絕故去葬明犯天子命重不得書葬與盜國同○故去起呂反年末同疏注春秋至君同○解云篡明者謂經有立入之文也不嫌非篡則書其葬隱四年冬衛人立晉桓十三年春葬衛宣公莊九年夏齊小白入于齊僖十八年秋葬齊桓公之屬是也若篡不明者則去其葬以見其篡不合爲諸侯即晉惠公之屬是也今此衛朔於上六年經云夏六月衛侯朔入于衛既有入文即是篡明當合書葬而不書葬者若其書葬則嫌與篡明者同例但身合絕而已其國不合絕故亦去其葬明其犯天子之命罪重不得書葬與盜國同盜國即篡是也朔犯天子命在上六年○六月辛未朔日有食之鼓用牲于社日食則

曷爲鼓用牲于社據日食在天疏注據日食在天○解云謂日食在天上何由于地而鼓用牲乎求乎陰之道也求責求也以朱絲營社或曰脅之或曰爲闇恐人犯之故營之或曰者或人辭其義各異也或曰脅之與責求同義社者土地之主也月者土地之精也上繫于天而犯日故鳴鼓而攻之脅其本也朱絲營之助陽抑陰也或曰爲闇者社者土地之主尊也爲日光盡天闇冥恐人犯歷之故營之然此說非也記或傳者示不欲絕異說爾先言鼓後言用牲者明先以尊命責之後以臣子禮接之故以爲順也不言鼓于社用牲者與禘于大廟用致夫人同辭起用牲爲非禮書者善內感懼天災應變得禮也是後夫人遂不制通於二叔殺二嗣子也○營社一傾反又如字本亦作縈同爲闇于僞反注爲闇爲日光同大廟音泰惡烏應對之應疏注或曰至說非也○解云知其非者正以日食者陰氣侵陽社官五土之神理宜抑之而反營衛失抑陰之義故也○注不言至非禮○解云公羊之義救日食而有牲者以臣子之道接之故也與左氏天災有幣無牲異矣僖八年秋七月禘于大廟用致夫人彼注云以致

文在廟下不使入廟知非礼也然則此經若鼓用牲之文在
于社之下不使在社上則用牲爲非礼若然上二十四年傳
云用者不宜用也而此注復以用牲爲得礼者公羊之義以
用爲時事不必著不宜也○注書者至嗣子也○解云謂經
書日食善内之得礼矣夫人遂不制以下是其日食之義言
通於二叔者下二十七年傳云公子慶父公子牙通乎夫人
以脅公是也言殺二嗣子者子般閔公是也○伯姬歸于杞○秋大水鼓
用牲于社于門其言于社于門何據一鼓用牲耳于
社禮也于門非禮也于門非礼故略不復舉鼓用牲不舉非礼爲重者如去于社嫌
于門礼也大水與日食同礼者水亦土地所爲雲實出于
地而施于上乃雨歸功于天猶臣歸美于君○復扶又反疏
注大水至于君○解云○冬公子友如陳如陳者聘也內朝聘言如
同礼謂同鼓用牲矣
者尊內也書者録内所交接也朝京師大国善
有加録文如楚有危文聘無月者此於朝輕也疏注朝京至録文
解云凡朝聘例時加録謂書月是也即成十三年三月公如
京師彼注云月者善公尊天子者者是其朝京師有加録之

文矣襄二十一年春王正月公如晉彼注云月者溴梁之盟後中国方乖離善公獨能與大国者是朝大国有加録之文矣○注如楚有危文○解云即襄二十八年冬十有一月公如楚彼注云如楚皆月者危公朝夷狄也是也○注聘無月至輕也○解云即春秋上下内聘京師及大国悉書時是也而襄三十年春王正月楚子使薳頗來聘書月者彼注云月者公數如晉希見荅今見聘故喜録之是也然則此云聘無月者據内言之矣

二十有六年公伐戎○夏公至自伐戎○曹殺其大夫何以不名據莒小於曹殺公子意恢名疏春公伐戎夏公至自伐戎○解云即上六年注云公獨出用兵不得意致伐者即此是也○注據莒至恢名○解云知莒小於曹者正以春秋上下曹伯恒敘於莒上故也其莒殺公子意恢名者即昭十四年冬莒殺其公子意恢是也衆也曷爲衆殺之據殺三郤名疏注據殺三郤名○解云即成十七年晉殺其大夫郤錡郤州郤至是也言晉殺三郤亦是衆殺之而皆書名此曷爲衆殺而復不稱其名乎不死于曹君者也

曹諸大夫與君俱敵戎戰曹伯爲戎所殺諸大夫不伏節死
義獨退求生後嗣子立而誅之春秋以爲得其罪故衆略之
不名凡書君殺大夫大夫有非以專殺書他皆以罪舉 疏 注凡書至罪舉○解云春秋之義諸侯之君不得專
殺大夫若殺有罪大夫春秋書之者責君專殺矣其他無罪
君枉殺之而書之者欲以罪君之故而舉之其罪君者即去
其君之葬是也 君死乎位曰滅曷爲不言其滅 據胡子髡滅○髡苦
門反 疏 注據胡子髡滅○解云即昭二十三年云胡子髡沈子楹滅云云是也凡注不言沈子楹者省文故也
爲曹羈諱也此蓋戰也何以不言戰 如上語知爲戰○爲
曹于僞反下同 疏 注如上語知爲戰○解云即上謂不死于曹君是也 爲曹羈諱也 諱者
上出奔嫌辟難欲起其賢又所諫者戰也故爲去戰滅之文所以致其意也曹無大夫書殺大夫者起當誅也○辟難乃
旦反爲去于僞反下起呂反 疏 注故爲至意也○解云謂曹羈之意唯恐其滅欲其不戰是故諱其戰滅之文
所以使若諫得其君然也○注曹無大夫○解云上二十四年傳文○注起當誅也○解云言大夫之義理合死於君今

不死君當合誅討是以經書殺其大夫欲起其合誅矣○秋，公會宋人、齊人伐徐。○冬，十有二月，癸亥，朔，日有食之。異與上日食略同

疏 注異與上日食略同。○解云：上二十五年日食之下注云：是後夫人遂不制，通于二叔，殺二嗣子也。今此日食之異亦為此事故，云異與上日食之說相似，是以不復指解之。

二十有七年，春，公會杞伯姬于洮。書者惡公數內女以非禮也。洮，內也。凡公出在外致，在內不致。其與婦人會不別得意，雖在外猶不致。伯姬不卒者，蓋不與卒于無服。女會來例皆時。○洮，他刀反。惡公，烏路反。下「惡莊」同。別，彼列反。

疏 注凡公出在外致。○解云：即哀十三年夏，公會晉侯及吳子于黃池，秋，公至自會，是其公與二國以上得意致會也；桓二年秋，公及戎盟于唐，冬，公至自唐，是其公與一國出會盟得意致地也。其不得意皆不致矣。○注在內不致。○解云：即隱五年公觀魚于棠，不書公至自唐之屬是也。○注其與至不致。○解云：春秋上下無公會婦人于外之經，而注言雖在外猶有不致者，但遇爾無之。○注伯姬至無服。○解云：凡諸

侯之女嫁於諸侯者爲之期若嫁於大夫者則不服矣其有服者春秋皆書其卒以録恩即紀伯姬宋伯姬之屬是若無服者則略之今此伯姬春秋不記其卒者蓋以其嫁於大夫故云不與卒于無服矣○注女會來例皆時○解云即此經書春公會杞伯姬于洮下文云冬杞伯姬來之屬是也

○夏六月公會齊侯宋公陳侯鄭伯同盟于幽○秋公子友如陳葬原仲原仲者何陳大夫也大夫不書葬此何以書据益師等皆不書葬稱字者葬從主人也

疏原仲者何○解云欲言陳君其稱異常欲言大夫不合録葬故執不知問○注据益至書葬○解云即隱元年冬十二月公子益師卒之屬皆無葬文是也○注稱字至人也解云若五等諸侯之卒例書本爵及其葬時悉皆稱公亦是葬從主人之稱故取尊名矣

通乎季子之私行也不以公事行曰私行不言葬原仲于陳若告糴者告糴上有無麥禾知以國事起此上下無起文而不言如陳嫌不與國事實私行也不嫌使乎大夫者有國文也○告糴音狄下同使所吏反

疏

注私行至告糴。解云即下二十八年經云冬築微大無麥禾臧孫辰告糴于齊傳云何以不稱使以為臧孫辰之私行是也。注不嫌至國文也。解云成二年傳云君不使乎大夫此其行使乎大夫何者是其文也又閔二年傳云高子者何齊大夫也何以不稱使我無君也者亦是也今此葬原仲不嫌使乎夫夫者正以上有如陳之文故也無國事言如陳者文九年注云大夫繫國是也

何通乎季子之私行據大夫私行不書辟內難也欲起其辟以難。內難乃旦反注及下同君子辟內難而不辟外難禮記曰門內之治恩揜義門外之治義揜恩。之治直吏反下之治同

疏注禮記曰至揜恩。解云喪服四制文也案彼文事作治字下揜字作斷字蓋以所見異

內難者何公子慶父公子牙公子友皆莊公之母弟也公子慶父公子牙通乎夫人通者淫通

疏內難者何。解云正以弒君之事乃在莊三十二年冬今已辟之故執不知問

以脅公語在三十二年

疏注語在三十二年。解云即公

曰不謂我曰魯一生一及君已知之矣慶父也存是也季子起而治之則不得與于國政坐而視之則親親親至親也○與音預因不忍見也因緣已心不忍見親親之亂故於是復請至于陳而葬原仲也書者惡莊公不能任用使辟難而出疏故於是復請至于陳○解云案上二十五年冬公子友如陳今又請往故言復也○冬杞伯姬來其言來何據有來歸疏冬杞伯姬來○解云即上二十五年夏伯姬歸于杞者是也非謂此年春公會杞伯姬于洮者杞伯姬自是大夫之妻然則此伯姬是其女洮之伯姬是其姊妹故今得並稱伯矣○注據有來歸○解云即宣十六年秋郯伯姬來歸是也直來曰來直來無事而來也諸侯夫人尊重既嫁非有大故不得反唯自大夫妻雖無事歲一歸宗疏注諸侯至得反○解云即此文直來曰來是也其夫人故者奔喪之謂文九年夫人姜氏如齊彼注云奔父母之喪也是也○注唯自大夫至一歸宗○解云自從也言從大夫妻以下即詩云歸寧父母是也案詩是后妃之事而云大夫妻者何

氏不信毛叙故也

大歸曰來歸大歸者廢棄來歸也婦人有七棄五不娶三不去嘗更三年喪不去不忘恩也賤取貴不去不背德也有所受無所歸不去不窮窮也喪婦長女不娶無教戒也世有惡疾不娶棄於天也世有刑人不娶棄於人也亂家女不娶類不正也逆家女不娶廢人倫也無子棄絕世也淫泆棄亂類也不事舅姑棄悖德也口舌棄離親也盜竊棄反義也嫉妒棄亂家也惡疾棄不可奉宗廟也○更音庚背音佩喪息浪反長丁丈反悖補内反

疏注不背德也○解云言已賤時彼已事已是其恩德也若貴而棄之即是背德而不報非礼也○注逆家至人倫也○解云謂仍見其家不行正直而行頑嚚廢其尊卑之倫故不可娶

○莒慶來逆叔姬莒慶者何莒大夫也莒無大夫此何以書譏何譏爾大夫越竟逆女非禮也礼大夫任重爲越竟逆女於政事有所損謙故竟内乃得親迎所以屈私赴公也言叔姬者婦人以字通言叔姬賤故略與歸同文重乖離也

疏莒慶者何○解云欲言莒君經不稱子欲言大夫莒無大夫故執不知問○大夫至非礼也○解云大夫

所以不得越竟逆女者正以大夫任重於政事有所損曠故
也若士則得越竟娶妻者正以其任輕故也是以士昏禮云若
異邦則贈大夫送者以束錦是也○注言叔至乖離也○解
云若不與歸同文宜言莒慶來逆女叔姬歸于莒矣然則言
叔姬者是其歸文也注又云重乖離者謂書其逆女與歸文同
也何者嫁于大夫賤不合錄而書其逆叔姬者重其乖離矣
○杞伯來朝杞夏后不稱公者春秋黜杞新周而故宋以春秋當新王黜而不稱侯者方以子貶
起伯爲黜說在僖二十三年○夏戶雅反疏注杞夏后不稱公○解云隱五年傳云王者之後稱公今而稱伯故
怪之○注黜而至三年○解云僖二十三年十有一月杞子
卒注云始見稱伯卒獨稱子者微弱爲徐莒所脅不能死位
春秋伯子男一也辭無所貶貶稱子者春秋黜杞不明故以
其一等貶之明本非伯乃公也又因以見聖人子孫有誅無
絕故貶不失爵是也言方以子貶者方以僖二十三年
貶之稱子今與伯共爲一等故於此處不得稱侯耳○公
會齊侯于城濮○濮音卜

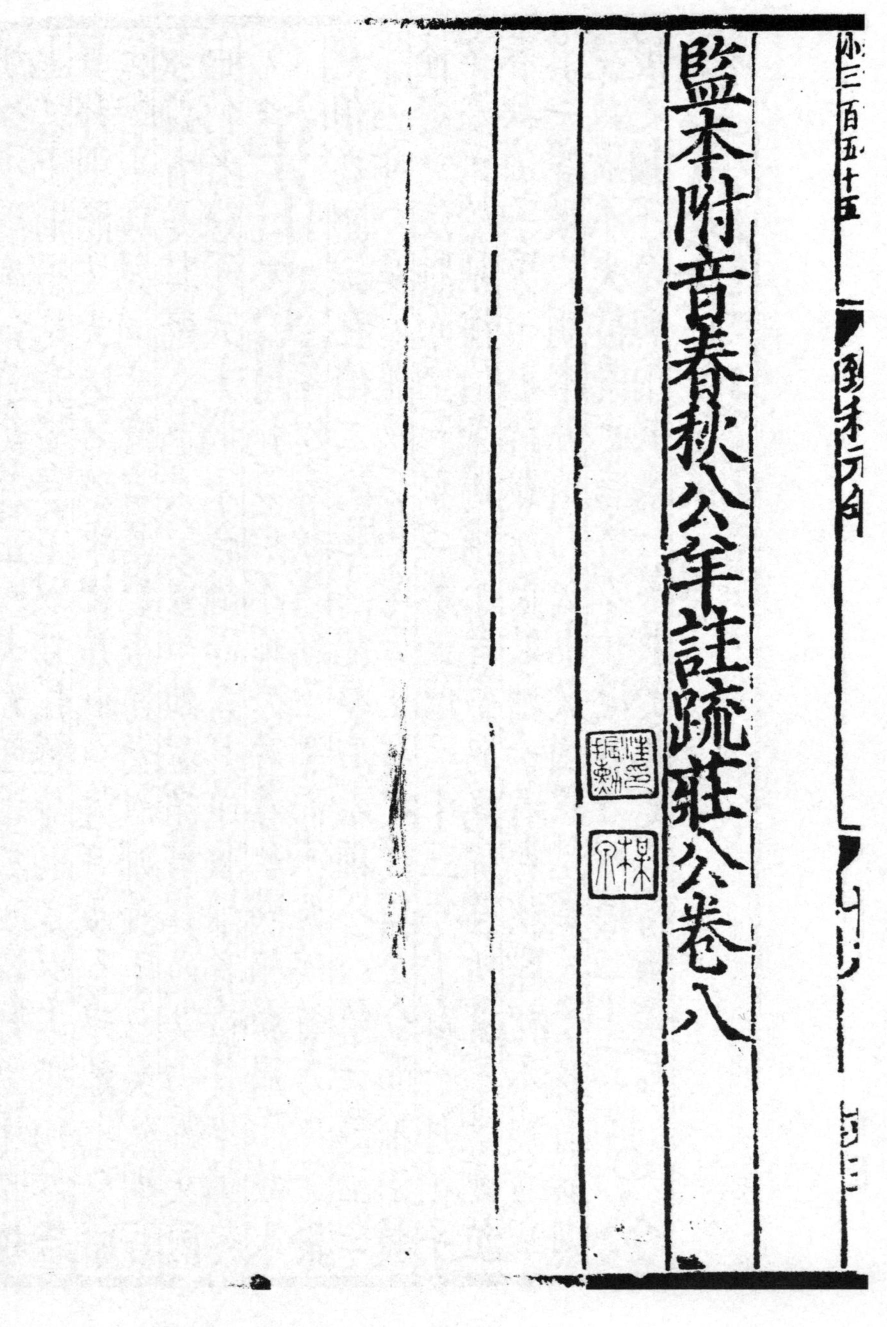
監本附音春秋公羊註疏莊公卷八
小三百五十五
劉和元刊

監本春秋公羊註疏莊公卷第九 起二十八年盡閔公二年

何休學

二十有八年春王三月甲寅齊人伐衛衛人據鄭人伐衛不日及齊人戰衛人敗績伐不日此何以日疏注據鄭人伐衛不日。解云在隱二年冬案彼文雖在十二月乙卯夫人子氏薨之下不蒙其日月故得據之至之日也用兵之道當先至竟侵責之不服乃伐之今日至便以今日伐之故日以起其暴也戰不言伐此其言伐何至之日也至日便伐明暴故舉伐疏戰不至伐何。解云正以上十年傳云戰不言伐云云書其重者故以弟子據而難之春秋伐者爲客伐人者爲客讀伐長言之齊人語也。伐者爲客何云讀伐長言之伐人者也疏春秋伐者爲客。解云謂伐人者必理直而兵強故引聲唱伐長言之喻其無畏矣伐者爲主見伐者爲主讀伐短言之齊人語也○伐者爲主何云讀伐短之見伐者也〔疏〕伐者爲主○解云謂被伐之必理當而寡援恐得罪於鄰國故促聲短言之喻其恐懼也公羊子齊人因其公羊可以見長短故言此**故使衛主之也**戰序上言及者爲主**曷爲使衛主之**據宋襄公伐齊宋主齊〔疏〕注據宋至主齊○解云即僖十八年春王正月宋公會曹伯衛人邾婁人伐齊夏五月戊寅宋師及齊師戰于甗齊師敗績傳云戰不言伐此其言伐何宋公與伐而不與戰故言伐春秋伐者爲客伐者爲主曷爲不使齊主之與襄公之征齊也曷爲與襄公之征齊桓公死豎刀易牙爭權不葬爲是故伐之也是也**衛未有罪爾**蓋爲幽之會服父喪未終而不至故○蓋爲于偽反〔疏〕注蓋爲至至故○解云上二十七年夏公會齊侯宋公陳侯鄭伯同盟于幽是也案上二十五年夏五月癸丑衛侯朔卒至二十七年六月幽之會時始二十六月未盡今傳復以爲無罪故知正爲父喪未終是以不至則幽之會不至之衛侯惠公朔之子蓋懿公也**敗者稱師衛何以不稱師**据桓十三年己巳燕人戰敗績稱師也〔疏〕注据桓至稱師也○解云即彼經云十

三年春二月公會紀侯鄭伯己巳及齊侯宋公衛侯燕人戰齊師宋師衛師燕師敗績是**未得乎師也**未得成列爲師也詐戰不言戰言戰者衛未有罪方欲使衛主齊見直文也不地者因都王國也。見直賢徧天

（疏）注許戰不言戰解云通例如此

夏四月丁未邾婁子瑣卒日者附從霸者朝天子行進。瑣素果反

（疏）注日者至行進。解云欲決上十六年冬十二月邾婁子克卒不書日故也正以行進而書日故知附從霸者朝天子賢於會霸者於北杏而已但外相如例所不書故無其文何氏以理知之故如此解

。**秋荊伐鄭公會齊人宋人邾婁人救鄭**書者善中國能相救。**冬築微**。築微左氏作糜**大無麥禾**

冬既見無麥禾矣曷爲先言築微而後言無麥禾諱以凶年造邑也諱使若造邑而後無麥禾者惡愈也此蓋秋水所傷就築微下俱舉水則嫌冬〻水推秋無麥禾使若冬〻水所傷者但言無麥禾則嫌秋自不成不能赴秋水因疾莊公行類同故加

大明有秋水也此。注此盖至秋水。○解云既言無麥是夫人淫泆之所致 疏 建未之前事故知秋水所傷也若其經云冬築微大水無麥禾則大水在冬下嫌是冬水矣則嫌推尋此秋無麥禾之事若使冬水傷殺之者矣若不言大而但言無麥禾則嫌此秋但地氣不養而麥禾不成不能起見此秋實有水矣因欲疾莊公之行不制夫人令其陰盛類同於水故加大以見之

臧孫辰告糴于齊告糴者何請糴也 買穀曰糴 疏 告糴者何○解云欲言買穀不見將物之文欲言非買穀而經書糴者故執不知問 何以不稱使 据上大無麥禾知以國事行當言如也 疏 注注當言如也○解云正以如者内稱使文故也 以為臧孫辰之私行也曷為以臧孫辰之私行 据國事也 君子之為國也必有三年之委一年不熟告糴譏也 古者三年耕必餘一年之儲九年耕必有三年之積雖遇凶災民不飢乏莊公享國二十八年而無一年之畜危亡切近故諱使若國家不匱大夫自私行糴也○委於鬼反儲直魚反

畜勑六反匱其位反疏注危亡切近故諱○解云謂危亡之事切於國家理應不遠矣

二十有九年春新延廏新延廏者何脩舊也舊故也繕故曰新有所增益曰作始造曰築○廏九又反疏新延廏者何○解云欲言新造不見作名欲言脩舊脩舊不書故執不知問○注繕故曰新○解云即此是也○注有所增益曰作○解云即僖二十年新作南門是也○注造曰築○解云即上築微傳云凶年不造邑也之屬是也脩舊不書此何以書據新宮災後脩不書疏注據新至不書○解云即成三年二月甲子新宮災三日哭於此以後不見脩作之文是也譏何譏爾凶年不脩不諱者繕故功費差輕於造邑隨廏馬廏也○費芳味反差初賣反疏注不諱至造邑○解云上二十八年築微之事實在大無麥禾後而在前言之者諱以凶年造邑故也然則去年無麥禾今茲凶歲而脩廏不諱者正以功費輕也○夏鄭人侵許○秋有蜚何以書記異也蜚者臭惡之虫也象夫人有臭惡之行言有者南越盛暑所生非中

國之所有○蜚扶味反臭惡也行下孟反○冬十有二月紀叔姬卒國滅卒者從夫人行待之以初也【疏】注國滅至以初也○解云桓七年夏穀伯綏來朝鄧侯吾離來朝傳云皆何以名失地之君也其稱侯朝何貴者無後待之以初也然則今此叔姬其国已滅而書卒正以本貴爲夫人今雖国滅猶以夫人之礼待之而書其卒故云待之以初也案隱七年與此叔姬乃是伯姬之媵而言從夫人行者正以十二年春叔姬歸于酅傳云其言歸于酅何隱之也何隱爾其国亡矣徒歸于叔爾也然則初去之時雖爲媵妾至莊四年三月伯姬卒之後紀国未滅之前紀侯立之爲夫人其年夏紀侯大去其国叔姬乃歸于魯至十二年春歸于酅時爲夫人故曰從夫人行也○城諸及防諸君邑防臣邑言及別君臣之義君臣之義正則天下定矣○別彼列【疏】注諸君至臣邑○解云知如此者正以昭五年夏莒牟夷以牟婁及防茲來奔傳云其言及防茲來奔傳云其言及防茲來奔何不以私邑累公邑也彼注云公邑君邑也私邑臣邑也累次也義不可使臣邑與君邑相次序故言及以絕之然則都邑言及別公私故知此言城諸及防者是君臣邑故也○注言及至定矣○解云所以君臣之義正則天下定可以

莊二十九年

爲王者之法矣

三十年春王正月。夏師次于成。秋七月齊人降鄣鄣者何紀之遺邑也降之者何取之也取之則曷爲不言取之爲桓公諱也時霸功足以除惡故爲諱言降者能以德見歸自來服者也。降鄣户江反下注同鄣音章爲桓于僞反注同（疏）鄣者何。解云欲言是國春秋未有欲言非國復無所繫故執不知問。降之者何。解云欲言自服文道齊人欲言兵加而文言降故執不知問外取邑不書此何以書盡也襄公服紀以過而復盡取其邑惡其不仁之甚也月者重於取邑。復扶又反惡烏路反下同（疏）注月者重於取邑。解云以取邑例時即隱六年冬宋人取長葛之屬是。八月癸亥葬紀叔姬外夫人不書葬此何以書隱之也何隱爾其國

亡矣徒葬乎叔爾○九月庚午朔日有食之
鼓用牲于社是後魯比弒二君狄滅邢衛○比弒申志反也疏徒葬乎叔爾○解云謂不得
與夫合葬故言徒徒者空也案上四年齊侯葬紀伯姬傳云
外夫人不書葬此何以書隱之也何隱爾徒葬于齊爾而此
重發之者正以彼則于齊此則于叔故重言之○注是後魯
比弒二君○解云謂下三十二年子般卒閔二年公薨是也
○注狄滅邢衛○解云謂僖元年次聶北
救邢僖二年春王正月城楚丘之屬是也○冬公及齊
侯遇于魯濟○濟子禮反○齊人伐山戎此齊侯也
其稱人何據下言齊侯來獻戎捷疏注據下至戎捷○解云即下三十一年夏六月齊侯
來獻戎捷是也貶曷為貶據齊侯伐北戎不貶疏注據齊至不貶○解云即僖十年夏齊侯
許男伐北戎是也若然而此注不道許男者正以其解齊人伐山戎之故省文子司馬子曰蓋
以操之為已蹙矣操迫也已甚也蹙痛也迫殺之甚痛○以操七刀反迫也注同蹙子

六反此蓋戰也何以不言戰据得捷也春秋敵者言戰

桓公之與戎狄驅之爾時桓公力但可驅逐之而已戎亦天地之所生而乃追殺之甚痛故去戰貶見其事惡不仁也山戎者戎中之別名行進故錄之○去起呂反見賢徧反

【疏】春秋敵者言戰　解云謂軍人衆寡相敵者不謂將之尊卑等是以僖二十八年晉侯已下及楚人戰于城濮宣十二年晉荀林父帥師及楚子戰于邲之屬雖君與大夫亦言戰矣○注故去至不仁也○解云謂貶去其戰以見力不得等惡齊侯之不仁也○注行進故錄之○解云謂言山詳錄之耳

三十有一年春築臺于郎何以書譏何譏爾

臨民之所漱浣也無垢加功曰漱去垢曰浣齊人語也譏者為瀆下也禮天子外屏諸侯內屏大夫帷士簾所以防泄慢之漸也禮天子有靈臺以候天地諸侯有時臺以候四時登高遠望人情所樂動而無益於民者雖樂不為也四方而高曰臺○漱素口反浣戶管反垢古口反去起呂反為瀆于偽反下為威同

【疏】

臨民之所漱浣也○解云謂郎臺近泉臺故知如此是以文十六年傳云泉臺者何郎臺也郎臺則曷爲謂之泉臺未成爲郎臺既成爲泉臺彼注云既成更以所置名之者即其近泉之證也○注無垢加功曰漱○解云謂但用手矣既無垢而加功者盖亦少有但無多垢故謂之無非全無也文取其斗漱耳若以里語曰斗漱也注去垢曰浣者盡用足物是以舊說云用足曰浣是也故内則云冠帶垢和灰請漱衣裳垢和灰請澣鄭注云手曰漱足曰澣和漬也是也○注礼天至士蕭○解云礼説文也○注大子至四時○解云皆是礼説文也文王受命之後乃築靈臺亦是天子曰靈臺之義正以侯天地故以靈言之諸侯侯四時故謂之時臺○注四方而高曰臺○解云爾雅釋宫文

○夏四月薛伯卒卒者薛與滕俱朝隱公桓弑隱而立滕朝桓公薛獨不朝知去就也○桓殺申志反（疏）卒者至去就也○解云所傳聞之世小国卒例不合書而今書之故解之耳言薛與滕俱朝隱公者即隱十一年滕侯薛侯來朝是也言滕朝桓公者即桓二年滕子來朝是也言知去就者謂知去惡就善矣○築臺于薛何以書譏何譏爾遠也礼諸侯之觀不過郊○觀工奐反（疏）注礼諸至遠

解云正以郎爲近邑而在郊内鄉者上傳不譏其遠今此云薛傳云遠也故亦禮法不得過郊矣○六月齊侯來獻戎捷戰所獲物曰捷齊大國也曷爲親來獻戎捷据齊未嘗朝魯威我也以威恐怖魯也如上難知爲威魯書之○恐怖丘勇反下普故反其威我奈何旗獲而過我也旗軍幟名各有色與金鼓俱舉使士卒望而爲陳者旗獲建旗縣所獲得以過魯也不書威魯者恥不能爲齊所忌難見輕侮也言獻捷繫戎者春秋王魯因見王義古者方伯征伐不道諸侯交格而戰者誅絶其國獻捷於王者楚獻捷時此月者刺齊桓憍慢恃盈非所以就霸功也○幟音志又申志反又尺志反本又作織同難乃旦反因見賢遍反

疏注旗軍至有色○解云即禮大帛以即戎之屬是也○注與金鼓俱舉○解云謂以金錞和鼓金鐲通鼓之時而建之○注旗獲至過魯也○解云凡言過者謂道所經過之稱今齊侯伐山戎而得過魯則此山戎不在齊北可知蓋戎之别種居于諸夏之山故謂之山戎耳○注言獻捷繫戎至不道○解云正決僖二十一年冬楚人使宜申來獻捷無所繫矣○注諸侯交至於王者○解云格猶拒也謂

與交戰而距王令人謂不順之處爲格化之類○注楚獻至此月○解云即僖二十一年冬楚人使宜申來獻捷是也而云持盈者謂自持盈滿之道而傲諸侯失謙虛之義故月之○**秋築臺于秦何以書譏何譏爾臨國也**言国者社稷宗廟朝廷皆爲国明皆不當臨也臨社稷宗廟則不敬臨朝廷則泄瀆也○**冬不雨何以書記異也**京房易傳曰旱異者旱久而不害物也斯祿去公室福由下作故陽雖不施而陰道獨行以成万物也先是比築三臺慶牙專政之應○施中豉反

疏注先是比築三臺○解云即上文于郎臺薛于秦之屬是也○注慶牙專政○解云即上二十七年傳云公子慶父公子牙公子友皆莊公之母弟也公子慶父公子牙通乎夫人以脅公季子起而治之則不得與于國政坐而視之則親親因不忍見也故於是復請至于陳而葬原仲也下三十二年傳云季子至而授之以国政然則上既言二子脅公季友不得爲政下文始言授季子国政即於是時慶牙爲政明矣○

三十有二年春城小穀○夏宋公齊侯遇于

梁丘。秋七月癸巳公子牙卒何以不稱弟據公弟叔肸卒。肸許乙反疏城小穀。解云二傳作小字與左氏異。夏宋公至梁丘。解云隱八年注云宋公序上者時衛侯要宋公使不虞齊爲主明當戒愼之然則今宋公序上亦爲齊侯所要故也。注據公弟叔肸卒。解云即宣十七年冬十有一月壬午公弟叔肸是也殺也殺則曷爲不言刺據公子買有罪殺之言刺不言卒疏注據公至言卒。解云即僖二十八年公子買戍衛不卒戍刺之傳云不卒戍者何不卒戍者內辭也不可使往也不可使往則其言戍衛何遂公意也是也爲季子諱殺也曷爲爲季子諱殺據殺孫得臣卒不日者惡不發揚公子遂弒也。爲季子于僞反下爲季而爲注故爲同疏注據叔至遂弒也。解云即宣五年九月叔孫得臣卒注云不日者知公子遂欲弒君爲人臣知賊而不言明當誅是也然則季子若其發揚牙之罪惡誅之正是臣人之道今而諱殺故難之云季子之遏惡也遏止。遏於葛反止也不以爲國獄不就致獄其刑故言

卒緣季子之心而爲之諱季子過在親親疑於非正故爲之諱所以別嫌明疑
。別彼列反（疏）注季子至明疑。解云季子仁者不忍用刑其
兄是失事君之道然則季子之過在於親其親
者故曰過在親親春秋以掩過牙之惡與周公行誅于兄異
是以疑其非正礼耳故爲之諱剌文所以別嫌者謂諱剌別
於親親失臣道之嫌明疑者
明於掩惡非正禮之疑耳季子之過惡柰何莊公
病將死以病召季子召之於陳（疏）注召之於陳。解云
正以上二十七年傳
云因不忍見也故於是復請至
于陳而葬原仲也之文故也季子至而授之以國
政至不書者內大夫出與歸不兩書（疏）注至不至兩書。解云謂通例
如此宣八年夏公子遂如齊至
黃乃復書其乃復者彼傳云何言乎有疾乃復譏何譏爾大
夫以君命出聞喪徐行而不反彼注云夜尚不當反況於疾
乎是也宣十八年秋公孫歸父如晉冬歸父還自晉至檉遂
奔齊書其還者彼傳云還者何善辭也何善爾歸父使於晉
還自晉至檉聞君薨家遣墠帷反命乎介自是走之齊彼注
云士書者善其不以家見逐怨懟成踊哭君終臣子之道起

時莫能然也言至檉者善其得禮于檉是也昭十四年春隱如至自晉文昭二十四年春叔孫舍至自晉皆書至者正由彼亦而得歸是以重而書至猶非正歸當書之例也閔二年秋季子來歸書者初出亦不書不得亂此也曰寡人即不起此病吾將焉致乎魯國致與也。焉於虔反季子曰般也存君何憂焉公曰庸得若是乎庸猶傭傭無節目之辭。般音班牙謂我曰魯一生一及君已知之矣父死子繼曰生兄死弟繼曰及言隱公生桓公及今君生慶父亦當及是魯國之常也慶父也存時莊公以為牙欲立慶父疏慶父也存者解云非公辭季子曰夫何敢是將為亂乎夫何敢再言夫何敢者反覆思惟且欲以安病人也孔子曰君子有九思視思明聽思聰色思溫貌思恭言思忠事思敬疑思問忿思難見得思義。夫何音扶下及注同覆芳服反思難乃旦反也疏注再言至病人也○解云謂反覆思惟踟躕之間故再言此言夫何敢使病者意安耳○注孔子曰至思義○解云引之者欲言季子之反覆思惟合於君子之道言見得思義者得謂利祿也俄而牙弒械成是時牙實欲自弒君兵械已成但事未行爾有攻守之器曰械○弒五多反牙殺申志反注及下親弒同械戶戒反季子和藥而飲之藥者酖毒如傳曰酖之是也時季子亦有械故能飲之傳不道者從可知○飲於鴆反注同酖毒本亦作鴆直蔭反下文同疏注藥者至是也○解云即下云然則曷爲不直誅而酖之云云者是曰公子從吾言而飲此則必可以無爲天下戮笑必有後乎魯國時世大夫誅不宣揚子當繼體如故疏則必可以無爲天下戮笑○解云言不爲天下所共戮不爲天下所共笑矣○注時世大夫○解云欲道古禮大夫不但今不從吾言而不飲此則必爲天下戮笑以無後乎魯國於是從其言而飲之飲之無傫氏至乎王堤而死公子牙今將爾今將欲殺無傫○無本又作巫傫音力委

反又力追反堤丁兮反【疏】飲之無傫氏○解云或是大夫家或是邑名言飲酖毒之藥于無傫氏矣舊云飲之無傫氏者言飲此毒不累其子孫謂當立其氏族也者非也○至乎王堤而死○解云王堤蓋地名辭曷爲與親弒者同辭傳序經辭親躬親也【疏】注辭傳序經辭○解云知如此者正以經言公子牙卒無誅殺之文傳云曷爲不言剌之云是將爲亂乎故知此辭與親弒者同但是傳序經辭非爲經也君親無將將而誅焉親謂父母○無將如字閔公本將不誅將而皆同或子匠反非也然則善之與曰然殺世子母弟直稱君者甚之也季子殺母兄何善爾誅不得辟兄君臣之義也以臣事君之義也唯人君然後得申親親之恩○與音餘【疏】殺世子母弟至之也○解云即僖五年春晉侯殺其世子申生襄二十六年秋宋公殺其世子痤之屬者是殺世子直稱君之經也隱元年夏五月鄭伯克段于鄢襄三十年夏天王殺其弟年夫之屬者是殺母弟直稱君之經也○注唯人至之恩○解云欲道殺世子母弟

所以立偁君甚之之義言得申親親之恩而不甲之故甚其惡耳**然則曷爲不直誅而酖之行誅乎兄隱而逃之使託若以疾死然親親之道也**明當以親親原而與之於治亂當賞疑從重於平世當罰疑從輕莊不卒大夫而卒牙者本以書國將弒君書日者録季子遏惡也行誅親親雖酖之猶有恩也〔疏〕隱而逃之　解云言隱匿辟殺是以不有誅而酖之矣。注明當至與之。解云明春秋之道當親其親而原季子之心而與之故善之耳。注於治至從輕。解云注言此者欲道春秋若撥乱之書是以原其親親而賞季氏即賞疑從重也當所傳聞之世丟下未平見以升平疑獄不得不誅故云於平世乃可罰疑從輕矣。注莊不至弒君。解云上三年春王正月溺會齊師伐衛傳云溺者何吾大夫之未命者也彼注云所以大夫不卒者莊公薄於臣子之恩故不卒大夫與桓同義是也今牙書卒者本以當國將弒君故也。注書日至遏惡也。解云正以春秋之義於所傳聞之世大夫之卒未問有罪無罪皆不書日以略之因下其恩淺即隱元年冬十二月公子益師卒隱八年冬十有二月無駭卒之屬是也今而書日故解之言録季

子過惡也者正以爲季子過其惡之故是以詳録之耳

○八月癸亥公薨于路寢路寢者何正寢也公之正居也天子諸侯皆有三寢一曰高寢二曰路寢三曰小寢父居高寢子居路寢孫從王父母妻從夫寢夫人居小寢在寢地加録内也夫人不地者外夫人不卒内書薨已録之矣故出乃地

［疏］路寢者何○解云欲言正寢公存之時經文無路寢之名欲言非正寢而公薨於内故執不知問○注天子諸侯至人居小寢○解云皆時王之禮矣若春秋定十五年夏五月壬申公薨于高寢僖三十三年冬十二月乙巳公薨于小寢之屬是也然則諸侯有三寢而薨其内者是正矣而文十八年二月丁丑公薨于臺下襄三十一年夏六月辛巳公薨于楚宮之屬皆爲失處而無譏文者蓋以不在三寢非禮自見故也而云父居高寢者蓋以寢中最尊若父子並薨之時父殯于高寢矣其嗣君亦薨乃殯於路寢若其孫又薨則從王父母小寢所以不再言母者妻從夫寢故也其夫人若存定居于寢内之三宮矣若非有並喪則三寢之中科薨其一而謂路寢爲公之正居者以其始正之常處也○注在寢地加録内也○解云正決外諸侯之卒不地故也○注故出乃地○解云即僖元年秋七月戊辰夫人姜

氏薨于夷是也○冬十月乙未子般卒子卒云子卒此其稱子般卒何據子赤不言子赤卒疏據子赤不言子赤卒解云文十八年冬十月子卒傳云子卒者孰謂謂子赤也是也君存稱世子明當世父位爲君疏君存稱世子○解云內外同矣而桓六年九月丁卯子同生不言世子者彼注云而不以世子正稱書者明欲以正見無正疾惡桓公是也君薨稱子某緣民臣之心不可一日無君故稱子某明繼父也名者尸柩尚存猶以君前臣名也疏注緣民臣至名也○解云子者嗣君之稱是以稱子某明其嗣父也既不可無君令之繼父而書名者正以尸柩尚存猶君前臣名故也其緣民臣之心不可一日無君若文九年傳文既葬稱子不名者無所屈也緣終始之義一年不二君故稱子也疏注不名至子也○解云正以先君既葬更無所屈所以不稱爵而言子者一年不二君矣其緣終始之義一年不二君者文九年傳文踰年稱年不可曠年無君疏注不可曠年無君解云文九年傳文子般卒何以不書葬据定姒俱

稱卒書葬。疏注據定至書葬。解云即定十五年秋七月壬申姒氏卒九月辛巳葬定姒然則定姒稱卒而書葬今子般稱卒不書葬故難之

未踰年之君也有子則廟則立廟也廟則書葬錄子恩也無子不廟不廟則不書葬未踰年之君礼臣下无服故无子不廟不廟則不書葬示一年不二君也弑卒不地者降成君也日者爲臣子恩錄之也弑不去日見隱者降子赤也。去起呂反見賢徧反。疏注未踰至二君也。解云案喪服不杖期章之内有爲君之長子臣下尤服之況爲嗣君而言无服者正以爲長子之時其臣下從君而服之若其爲嗣君則无從服之義是以知其无服矣不但如此作君長子之時其臣皆吉故得爲之服期若作未踰年之君臣下皆爲前君服斬寧得更爲之服乎若迭服期即是發重服輕若爲斬衰三年即違一年不二君之義故也。注稱卒不至之也。解云案隱公閔公皆是成君而亦不地故隱十一年傳云公薨何以不地不忍言也故彼注云不忍言其僵尸之處今子般亦弑死正合不書地而言降成君者欲道好死者亦不書地所以降成君故也其好死者即襄三十一年秋九月癸巳子野卒是也。注弑不至子赤也。解云

即文十八年冬十月子卒傳云子卒者孰謂子赤也何以不日隱之也何隱爾弒也弒則何以不日不忍言也彼注云所聞世臣子恩痛王父深厚故不忍言其日與子般異是也○然則子般尤是所傳聞之世恩降于子赤是以忍言日也

公子慶父如齊如齊者奔也是時季子新誅牙慶父雖歸獄鄧扈樂尤不自信於季子故以他不言奔者起季子不探其情不暴其罪○樂音洛扈步卜反【疏】注慶父至扈樂○解云其歸獄鄧扈樂之事在閔元年傳也○狄伐邢

閔公起元年盡二年

元年春王正月公何以不言即位繼弒君不言即位復發傳者嫌繼未踰年君義異故也明當隱之如一○弒申志反【疏】注復發至如一○解云即莊元年傳云公何以不言即位春秋君弒子不言即位君弒則子何以不言即位隱之也孰隱隱子也然則莊元年已有此傳今復發之者正嫌此繼未踰年之君異于成君故也其異一成一未而不異之者明臣子隱痛之當如一矣若然案

莊公繼弑弑是齊侯，今閔公繼弑弑是慶父，何氏寧知不嫌此異，而知爲所繼之君成與不成者，正以解即位之義，欲道后君痛其見弑不忍即其位處明据恩之深淺，无弑者內外之義故也。孰繼？据子般弑不見。○見，賢徧反。繼子般也。孰弑子般？慶父也。殺公子牙，今將爾，季子不免。慶父弑君，何以不誅？將而不免，遏惡也；既而不可及，因獄有所歸，不探其情而誅焉，親親之道也。論季子當從議親之辟，犹律親親得相首匿，當與叔孫得臣有差。○探，他南反。辟，婢亦反。匿，女亦反。

疏注論季子至首匿。○解云：謂季子緩縱慶父之事，當從周礼小司徒議親之法，非其罪也。○注當與至有差。○解云：即宣五年叔孫得臣卒，注云：不日者，知公子遂欲弑君，爲人臣知賊而不言，明當誅，則得臣與遂不宜相隱，是以罪之。今慶父、季友親則親矣，得相首匿，是以舍之，故言當與叔孫得臣有差矣。

惡乎歸獄？歸獄僕人鄧扈樂。曷爲歸獄僕人鄧扈樂據師還也。○惡音烏扈樂音路或如字疏注據師還也。○解云卽莊八年秋師還還傳云還者何善辭也此滅同姓何善爾非師之罪也注云明君之使重在君然則莊八年尊者使師滅同姓而歸善於師今則尊者使樂殺子般而反歸惡於樂故離之

莊公存之時樂曾淫于宮中子般執而鞭之莊公死慶父謂樂曰般之辱爾國人莫不知盍弒之矣使弒子般然後誅鄧扈樂而歸獄焉殺鄧扈樂不書者微也○曾才能反盍戶臘反疏樂曾淫于宮中○解云卽左氏傳云雩講於梁氏女公子觀之圉人犖自牆外與之戲也者得與此合季子至而不變也至者閔君弒從家至朝季子知樂勢不能獨弒而不變正其眞僞○齊人救邢

○夏六月辛酉葬我君莊公○秋八月公及齊侯盟于洛姑時慶父內則素得權重外則出奔彊齊恐爲國家禍亂故季子如齊聞之奉閔

公詑齊桓為此盟下書歸者使與君致同主書者起詐君也【疏】注故季子如齊聞之。解云正以下經云季子來歸故知時如齊矣。注書君至致同。解云正以大夫歸例不書而下經書歸故如此解也。注主書者起詐君也。解云謂主書此盟又下文即書季子來歸者欲起季子詐君于齊侯矣所以不書公至自洛者桓之會不致故也

季子來歸。其稱季子何？據如陳名不称季卒不称子【疏】注據如陳名不称季。解云即莊二十七年公子友如陳葬原仲是也。注不称子。解云即僖十六年三月壬申公子季友卒是也

賢也。嫌季子不探誅慶父有甚惡故復於詐君安国賢之所以輕歸獄顯所當任達其功不称季友者明齊繼魯本感洛姑之託故令與高子俱称子起其事。令力呈反【疏】注嫌季至賢之。解云嫌有趙盾不誅趙穿而獲弒君之惡故曰甚惡也。注所以至其功。解云所以輕歸獄者欲輕季子往前縱慶父歸獄之過矣言顯所當任者謂書曰季子來歸明託君而還欲顯當存国之任矣言達其功者欲達其存国之功矣。注不称至其事。解云以僖十六年卒時称季友故决之但當称季足得起其賢而称子者見義故也何者案下二年冬齊高子來盟傳云高子者何齊

大夫也何以不名喜之也何喜尒正我也其正我奈何莊公死子般弒閔公弒比三君死曠年无君設以齊取魯不與師徒以言而已矣桓公使高子將南陽之甲立僖公而城魯人至今以爲美談曰尤望高子也然則齊侯所以遣高子存魯而立君繼之者由此洛姑之託故令季子與高子同称子起見其事矣**其言來歸何**据召歸不書隱如言至

疏 注据召歸不書。解云即莊二十七年公子友如陳葬原仲莊三十二年傳云莊公召季子季子至而授之以国政彼注云至不書者內大夫出與歸不兩書是也。注隱如言至。解云即邵十四年隱如至自晉是也

喜之也季子來歸則国安故喜之而変至加録云尒盖與賢相起言歸者主爲喜出言來者起從齊自外來盟不日公不致者桓之盟不日其會不致信之也。主爲于僞反下文注皆同

疏 注盖與賢相起。解云謂称字所以賢之亦見其喜矣変至言歸所以喜之亦起其賢故云與賢相起耳。注桓之盟不日至之也。解云莊十三年傳文

○**冬齊仲孫來齊仲孫者何公子慶父也公子慶父則曷爲謂之齊仲孫繫之齊也曷**

閔元年

爲繫之齊據栾盈出奔楚還不繫楚疏斉仲孫者何。解云欲道斉人經不言使欲言巳臣
而繼于斉故執不知問。注據栾至不繫楚。解云即襄二
十一年秋晉栾盈出奔楚至襄二十三年夏栾盈復入于晉
入于曲沃是也外之也曷爲外之據俱出奔遠也春秋爲尊者
諱爲閔公諱受賊人也爲親者諱爲季子親親而受之故諱也疏注爲季至諱也
解云謂季子是閔公之親親而反受其賊故爲諱耳爲賢者諱以季子有遏牙不殺慶父之賢故爲
諱之子女子曰以春秋爲春秋以史記氏族爲春秋言古謂史記爲春秋
疏注以史記氏族爲春秋。解云謂以史記人之氏族而爲春秋。注言古至春秋。解云夫子脩史記爲春秋
今言以春秋爲春秋則史記舊有春秋之名是言古者謂史記爲春秋矣齊無仲孫其諸
吾仲孫與斉有高国崔魯有仲孫氏亦足以知魯仲孫言仲孫者以后所氏起其事明王書者賊不
宜來因以起上如斉実殺君出奔。子女子音汝疏注斉有高国崔。解云即国夏高固高張崔杼之屬是矣

。注魯有仲孫氏。解云即仲孫蔑仲孫羯之屬是也。注主書至出奔。解云正以經書其來見不宜來則知上如齊者是其犯罪而去矣莊三十二年冬公子慶父如齊者即上如齊之經矣

二年春王正月齊人遷陽不爲桓公諱者功未足以覆比滅人之惡也

疏 春王正月齊人遷陽。解云莊十年三月宋人遷宿彼注云月者遷取王封當與滅人同罪然則春秋之例大國之遷例月小國書時即僖三十一年十有二月衛遷于帝丘昭九年春許遷于夷之屬是也而今陽爲小国齊人遷之亦是遷取王封當與滅人同罪故云月矣云云之說在莊十年。注不爲至惡也。解云莊十年冬十月齊師滅譚莊十三年夏六月齊人滅遂今遷取王封因而臣之雖當時未滅終不得在故云比滅人之惡矣如此注者正决僖十七年夏滅項傳云孰滅之齊滅之曷爲不言齊滅之爲桓公諱也春秋爲賢者諱桓公嘗有繼絶存亡之功故君子爲之諱然則彼經不言齊而此言齊人故決之

。夏五月乙酉吉禘于莊公其言吉何據禘于大廟不言吉。吉禘大計反大廟音泰下同

疏 注禘至言吉。解云即僖八年七

月禘于大廟用致夫人是也言吉者未可以吉也都未可以吉祭。經舉重不書禘于大廟嫌獨莊公不當禘于大廟可禘者故加吉明大廟皆不當疏注都未可以吉祭。解云在三年之內莊公及始祖之廟皆未可以吉祭故言都尒。注經舉重不書解云春秋之義常事不書有善惡者乃始錄而美刺之今既已舉重特書于莊公不書于大廟則嫌莊公一廟獨不當禘大廟便可禘矣然莊公卑于始祖而言舉重者言三年之內作吉祭之時莊公最不宜吉故言舉重不謂莊公尊于始祖也曷為未可以吉據三年也疏注據三年也。解云莊三十二年八月公薨至今年五月已入三年之竟故言據三年也未三年也礼禘祫從先君數朝聘從今君數三年喪畢遭禘則禘遭祫則祫。君數所主反下同祫音洽疏未三年也。解云謂未滿二十五月也。注礼禘祫從先君數。解云謂為禘祫之祭合從先君死時月而數之若滿三年已后遭禘則禘遭祫即祫耳。注朝聘從今君數。解云謂若今君即位以治數其年歲制為朝聘之數三年矣曷為謂之未三年三年之喪實以二十五月時莊公薨至是適二十二月所以必二十五月者取期再期恩倍漸三年也孔子曰子生三年然後免于父母之懷夫三年之喪天下之通喪禮士虞記曰期而小祥曰薦此常事又期而大祥曰薦此常事中月而禫是月也吉祭猶未配是月者二十七月也傳言二十五月者在二十五月外可不識。取期音基下同禫大感反

疏注所以至三年也。解云二十五月是再期矣故曰取期再期矣父母之喪倍於期者之恩正當其禮數故曰其恩倍矣言漸三年也者謂二十五月漸得三年之竟故云漸三年也議如得漸二君之遺教。注禮士至常事。解云彼注云小祥祭名祥吉也古文期皆作基常者期而祭禮古文常爲祥。注又期至祥事。解云亦彼文注中月而禫是月也吉祭猶未配者亦彼文彼注云中猶間也禫祭名也與大祥間一月自喪至此凡二十七月禫之爲言澹澹然平安意也是月是禫月當四時之祭月則祭猶未以某妃配某氏哀未忘也

其言于莊公何據禘于大廟不言周公祫僖公不言僖宮

疏注據禘至周公。解云即僖八年秋七月禘于大廟用致夫人是也。注祫僖至僖宮。解云祫僖公不言僖宮定八年從祀先公傳云從祀者何順祀也文公逆祀去者三人定公順祀叛者五人彼注云諫不以禮而去曰叛云不

書禘者后祫亦順非獨禘也不言僖公者閔公亦得其順是其祫僖公不言僖公者即文二年八月丁卯大事于大廟躋僖公傳云大事者何大祫也者是也未可以稱宮廟也時閔公以莊公在三年之中未可入大廟禘之于新宮故不称宮廟明皆非也曷為未可以稱宮廟據言禘也疏注據言禘也。解云正以禘是吉祭之称既得言禘何故不得称宮廟故難之在三年之中矣當思慕悲哀未可以鬼神事之疏注未可以鬼神事之。解云正言以宮廟者鬼神居之之称故也吉禘于莊公何以書譏何譏爾譏始不三年也與託始同義疏注與託始同義。解云案隱二年九月紀履緰來逆女不書此何以書譏何譏尒譏始不親迎也始不親迎昉於此乎前此矣前此則曷為始乎此託始焉尒曷為託始焉尒春秋之始也然則此亦宜云始不三年昉於此乎前此矣前此則曷為始乎此託始焉尒曷為託始焉尒春秋之始也故云與託始同義矣而傳不言託始盡省文從可知也。秋八月辛丑公薨公薨何以不地隱之也何隱爾弒也孰弒之慶父也殺公子牙今將爾季子不免慶父弒二君何以不誅將而不免遏惡也既而不可及緩追逸賊親親之道也與不探其情同義不書葬者賊未討。弒音試下及注同

疏 公薨何以不地。解云隱十一年傳云公薨何以不地注云据莊公薨于路寢然則此傳云公薨何以不地者亦据莊公但從彼注省文故也。注與不至同義。解云即上元年傳云孰弒子般慶父也殺公子牙今將尔季子不免慶父弒君何以不誅將而不免遏惡也既而不可及因獄有所歸不探其情而誅焉親親之道也。注不書葬賊未討。解云即隱十一年冬十有一月壬辰公薨傳云何以不書葬隱之也何隱爾弒也弒則何以不書葬春秋君弒賊不討不書葬以爲无臣子也是也而言未者欲道於后討得之即僖元年傳於是抗輈經而死者是也

九月夫人姜氏孫于邾婁爲淫二叔殺二嗣子出奔不如文姜于出奔貶之者爲內臣子明其義不得以子絕母凡公夫人奔例月此月者有罪

疏注不如文姜至絕母○解云莊元年三月夫人孫于齊傳云夫人何以不稱姜氏貶曷爲貶與弒公也是於出時貶之之文也爲內匠了明其義不得以子絕母若正謂此處見其義而已不謂此夫人卒竟不絕也故僖元年夫人氏之喪傳云夫人何以不稱姜氏貶曷爲貶與弒公也然則曷爲不於弒焉貶貶必於其重者莫重乎其以喪至也者是其亦貶之矣○注凡公至有罪○解云正以昭二十五年九月己亥公孫于齊而書日則知夫人之孫亦宜然而此及文姜之孫皆書月案此二人皆有罪故如此注之目

公子慶父出奔莒慶父弒二君不當復見所以復見者起季子緩追逸賊也不日者內大夫奔例無罪者日有罪者月外大夫奔例皆時○當復扶又反下同見賢徧反下文復見同

疏注慶父至逸賊也○解云知弒君之人不合復見者正見宣六年春晉趙盾衛孫免侵陳傳云趙盾弒君此其復見何復注云弒宋督鄭歸生齊崔杼弒其君後不復見傳又曰親弒君者趙穿也彼注云復見趙盾者欲起親弒者趙穿非盾是○注不日者至皆時○解云襄二十三年冬十月乙亥臧孫紇出奔邾婁是無罪者書日也其有罪書月者即昭十二年冬十月公子慭出奔齊之屬及此文皆是而文八年公孫敖如京師不至復丙戌奔莒案傳

云不可逆往也則是有罪而書丙戌者彼注云日者嫌赦罪明則是君弱故諱使若無罪者是也其外大夫奔例皆時者不問有罪與無罪即襄二十七年夏衛侯之弟鱄出奔晉二十八年夏衛石惡出奔晉冬齊慶封來奔之屬是也○

冬齊高子來盟高子者何齊大夫也以名高傒也（疏）高子者何○解云欲言齊侯而經稱子欲言大夫名不書見經故執不知問○注以有高傒也○解云即莊二十二年秋七月丙申及齊高傒盟于防是也

何以不稱使據鄭伯使其弟語來盟（疏）注據鄭至來盟○解云在桓十四年夏

我無君也時閔公弒僖公未立故正其義明君臣無相適之道也春秋謹於別尊卑理嫌疑故絕去使文以起事張例則所謂君不使乎大夫也○別彼列反故絕去起呂反下欲起同（疏）注所謂君不使乎大夫也○解云成二年齊侯使國佐如師之下傳云君不行使乎大夫此其行使乎大夫何佚獲是也

然則何以不名據國佐盟名（疏）注據國佐盟名○解云即成二年及國佐盟于袁婁者是也

喜之也何喜爾正我也其正我奈何莊

公死子般弒閔公弒比三君死曠年無君與曠年無君無異疏注與曠年無君無異○解云正以莊公死時子般即位子般弒後閔公即位閔公弒後僖公即位君常不絕而傳言曠年無君者正以三年之內三君比死與曠年無君無異非實無君也設以齊取魯曾不興師徒以言而已矣設時勢然桓公使高子將南陽之甲南陽齊下邑甲華皆鎧胄也○華更百反鎧苦愛反胄直又反立僖公而城魯或曰自鹿門至于爭門者是也或曰自爭門至于吏門者是也魯人至今以爲美談曰猶望高子也久闊思相見皆引此爲喻美談至今不絕也立僖公城魯不書者諱微弱喜而加高子者美其二國相繼絕于魯故尊其使起其功明得子續父之道○鹿門魯南城東門也○其使所吏反疏注明得至之道○解云凡人子之道宜繼祖禰之功不絕之今僖公繼于魯豈止得續父功德之義故尊其使而

稱子耳言明其得入子續其人以功德之道也。十有二月，狄入衛。○鄭棄其師。鄭棄其師者何？連國若并問稱國（疏）鄭棄其師者何。○解云：正以言異常則故勢不知閔。惡其將也。以言棄師。○惡其，烏路反，下及注同。將也，子匠反，下同。鄭伯惡高克，使之將，逐而不納，棄師之道也。鄭伯素惡高克，欲去之無由，使將師救衛，道後逐之，因將師而去，其本雖逐高克，實棄師之道，故不書逐高克，言棄師為重，猶趙盾加弑也。不解國君重衆從國体録可知。繫閔公篇于莊公下者，子未三年，無改於父之道。傳曰：則曷為於其封内三年稱子？緣孝子之心，則三年不忍當也。○盾，徒本反。（疏）注猶趙盾加弑。○解云：謂實逐高克，但言棄師為重，實趙穿弑君，但言加弑為重，相似。趙盾加弑在宣二年。○注子未三年。○解云：謂莊三十二年八月薨，至閔二年八月薨時，始二十五月，故曰未三年也。○注傳曰至忍當也。○解云：文九年傳文也。

監本附音春秋公羊註疏閔公卷九

監本附音春秋公羊註疏僖公卷十 起元年盡七年

何休學

元年春王正月公何以不言即位據文公言即位繼弒君子不言即位此非子也其稱子何僖公者閔公庶兄據閔公繼子般傳不言子○弒申志反臣子一例也僖公繼成君閔公繼未踰年君禮諸侯臣諸父兄弟以臣之繼君猶子之繼父其服皆斬衰故傳稱臣子一例○衰七雷反○齊師宋師曹師次于聶北救邢救邢救不言次此其言次何據夏師救齊不言次○聶女涉反○疏注據夏至言次○解云即下十八年夏師救齊是也不及事也不及事者何邢已亡矣刺其救急舒緩使至於亡故録之止次以起之疏不及事者何○解云正以次者間暇之名而言不及事似於義違故執不知問孰亡之蓋

狄滅之以上有狄伐邢疏注以上有狄伐邢者解云即莊三十二年冬狄伐邢者是曷爲

不言狄滅之據狄滅温言滅疏注據狄滅温言滅者解云即下十年春狄滅温温子奔衛

者是爲桓公諱也曷爲爲桓公諱據徐人取舒晉滅夏陽楚滅黃皆不

諱○爲桓于僞反下爲桓爲僖並下注爲諱爲桓爲内爲僖皆同夏戶雅反疏注據徐人取舒解云即下三年

夏徐人取舒者是也○注晉滅夏陽解云即下二年虞師晉師滅夏陽是也○注楚滅黃解云即下十二年夏楚人

滅黃是也然即彼三事皆不爲桓公諱者取舒之下何氏云不爲桓諱者刺其不救也是也今此實救故爲之諱四

上無天子下無方伯天下諸侯有相滅亡者

桓公不能救則桓公恥之故以爲諱所以醇其能以治世自任而厚責之疏

上無至方伯○解云上無天子下無方伯亦四年何氏云有而無益于治曰無猶易曰闃其無人者是也○注以治世自

任者猶言以天子治世爲己任矣○曷爲先言次而後言救據叔孫豹先言

救〇【疏】注據救至言救〇解云即襄二十三年秋齊侯伐衛遂伐晉八月叔孫豹帥師救晉次于雍榆是也。君也。叔孫豹臣也當先通君命故先言救今此先言次者實諸侯〇君則其稱師何？不與諸侯專封也。故沒君文但舉師而已〇曷為不與？據狄滅之為桓公諱實與，不書所封歸是也〇【疏】注不書至是也〇解云昭十三年秋蔡侯廬歸于蔡陳侯吳歸于陳傳云此皆滅國也其言歸何不與諸侯專封也彼注云故使若有國自歸者也名者專受其封當誅然則彼經書所封歸是不與楚專封則知此經不書所封歸者與齊桓專封明矣若書所封歸宜言邢侯歸于邢矣而文不與。文曷為不與？據實與也【疏】而文不與〇解云連上向讀之諸侯之義不得專封也。此道大平制〇大音泰〇【疏】注此道大平制〇解云正以春秋作義實與齊桓專封而言諸侯之義不得專封故知是大平制也諸侯之義不得專封，則其曰實與之何？上無天子，下無方伯，天下諸侯有相滅亡者力能救之則救之可也主書者起文從實也。疏注主書者從實也○解云謂雖文不與其義實與故言起文從實也○夏六月邢遷于陳儀遷者何其意也其意自欲遷時邢創畏狄兵且欲依險阻○陳儀左氏作夷儀。疏遷者何○解云欲言自遷實齊遷之欲言齊遷而作自遷之文故執不知問○遷之者何非其意也謂宋人遷宿也書者譏之也王者封諸侯必居土中所以教化者平貢賦者均在德不在險其後爲衛所滅是也遷例大國月重煩勞也小國時此小國月者霸者所助城故與大國同。疏注謂宋人遷宿也○解云即莊十年三月宋人遷宿是也案彼傳云遷之者何不通也以地還之也今反發之者正以此有自遷之文故取此對之也○注王者至土中○解云謂各處其土中不謂據天下○注貢賦至是也○解云即二十五年春王正月丙午衛侯燬滅邢是也○注遷例大國月○解云即下三十一年十有二月衛遷于帝丘之屬是也○注小國時○解云即昭九年春許遷于夷之屬是也○齊師宋師曹師城邢此一

事也曷爲復言齊師宋師曹師据首戴前目而後凡○復言扶又反下同

【疏】注据首至後凡○解云即下五年夏公及齊侯宋公陳侯衛侯鄭伯許男曹伯會王世子于首戴秋八月諸侯盟于首戴是也

不復言師則無以知其爲一事也言諸師則嫌與首戴同嫌實師言諸侯則嫌與緣陵同嫌歸聞其遷更與諸侯來城之末以反故入也故順上文則知桓公宿留城之爲一事也○

【疏】注言諸師至實師○解云首戴之會歷序齊侯宋公之屬下文揔道諸侯更是實諸侯今此亦上歷序齊師之屬若下文直揔言諸師則與首戴同嫌是實師非必齊侯宋公等是以得序之以順上文也○注言諸侯至入也○解云即下十三年公會齊侯宋公陳侯衛侯鄭伯許男曹伯于鹹十四年春諸侯城緣陵是時會諸侯各自還國至十四年春更來城之故此復注云言諸侯則嫌與緣陵同嫌歸聞其遷更與諸侯來城之未必反故人也○注故順至事也○解云宿音須就反留音霤胥反案十四年穀梁傳曰諸侯散辭也范氏云直曰諸侯無大小之序是各自欲城無揔一之者非伯者所制故曰散辭傳又曰聚而曰散何也范氏云据上言諸侯城則是聚傳又云諸侯城有散

辭也桓德衰矣范氏云言諸侯城則非伯者之爲可知也齊桓德衰所以散也何休曰案先是盟亦言諸侯非散也又穀梁美九年諸侯盟于葵丘即散何以美之於義穀梁爲短然則何氏彼處廢穀梁不聽爲散辭而此所引以作散辭者何氏之意直以言諸侯者見桓德衰待諸侯然後能城之故穀梁以爲散辭耳今此注亦道緣陵之諸侯十三年鹹之會各自歸國十四年復來城之仍自不道十四年諸侯爲散辭矣○秋七月戊辰夫人姜氏薨于夷齊人以歸夷者何齊地也齊地則其言齊人以歸何据從國中歸不當書邾婁人執鄫子不書以歸是也○鄫似陵反

疏夷者何解云夫人之薨例不言地今言于夷故執不知問○注邾婁至是也○解云即下十九年夏六月宋人曹人邾婁人盟于曹南鄫子會盟于邾婁已酉邾婁人執鄫子用之是夫人薨于夷則齊人以歸夫人所以薨于夷者齊人以歸至夷夫人薨于夷則齊人曷爲以歸据上說夫人薨于夷者齊人以歸至夷也齊人曷爲故以歸至于夷桓公

召而縊殺之 先言薨後言以歸而不言喪者起桓公召夫人于邾婁歸殺之于夷因爲內諱恥使若夫人自薨于夷然後齊人以歸者也主書者從內不絕錄因見桓公行霸王誅不阿親親疾夫人淫佚二叔殺二嗣子而殺之。縊一賜反一本作搤於革反見賢徧反泆音逸 疏 注主書至殺之。解云即閔二年九月夫人姜氏孫于邾婁注云不如文姜于出奔貶之者爲內臣子明其義不得以子絕母者是。楚人伐鄭 稱楚人者爲僖公諱與夷狄交婚故進使若中國又明嫁娶當慕賢者。 疏 注楚稱人者。解云欲道莊二十八年秋荊伐鄭之經也。注爲僖至交婚。解云即下八年秋七月禘于大廟用致夫人傳云夫人何以不稱姜氏貶以妾爲妻也其言以妾爲妻奈何蓋脅于齊媵女之先至者也彼注云僖公本聘楚女爲嫡齊女爲媵齊先致其女脅僖公使用爲嫡故從父母辭言致不書夫人及楚女至者起齊先致其女然後脅魯使立也楚女未至而豫廢故皆不得以夫人至書也者是其與夷狄交婚之事。注故進使若中國。解云正以稱人爲楚進稱故也。八月公會齊侯宋公鄭伯曹伯邾婁人于朾 月者危公會霸者而與邾婁有辨也。不從有夫人喪出會惡之者，不如危重也。○朾，勑貞反，又他丁反，左氏作檉。惡之，烏路反，下同。（疏）八月至于朾。○解云：朾字左氏作檉，亦有作朾字。○注月者至辨也。○解云：正以月非大信辭故也。知與邾婁有辨者，即下文公敗邾婁師于纓是也。既出尊者之側而有私爭，故危之。

○**九月，公敗邾婁師于纓。**有夫人喪，不愿親用兵者，時怨邾婁人以夫人與齊，於喪事無薄故也。○于纓，左氏作偃。（疏）九月公敗至于纓。○解云：左氏作偃字。○注有夫至故也。○解云：正以僖三十三年晉人及姜戎敗秦于殽，下傳云襄公親至，則其稱人何？貶。曷為貶？君在乎殯而用師，危不得葬也。然則彼背殯用兵，貶而危之。今此經云九月公敗邾婁師于纓，與莊十年春王正月公敗齊師于長勺、夏六月公敗宋師于乘丘之屬無異者，時於喪事無薄故也。然則公敗邾婁者，爲哀姜復讎也。若然，案莊九年及齊師戰于乾時，亦是為桓公復讎于齊，經不言公，此言公者，彼傳云此復讎于大國，曷為使微者？公也。公則曷為不言公？不與公復讎也。曷為不與公復讎？復讎者在下也。注云時實為不能納子糾伐齊，諸大夫以為不如以復讎伐之，於是以復讎伐之，非誠心至意，故不與也。然則此言公者，本出公意故也。○**冬十月壬**

午公子友帥師敗莒師于犂獲莒挐莒挐者何莒大夫也莒無大夫此何以書大季子之獲也何大乎季子之獲據獲人當坐。于犂力知反又力兮反左氏作酈莒挐女居反一音女加反一本作茹音同 【疏】莒挐者何 解云欲言莒君經不稱子欲言大夫莒無大夫故執不知問季子治内難以正謂拒慶父。内難乃旦反下同禦外難以正其禦外難以正柰何公子慶父弒閔公走而之莒莒人逐之將由乎齊齊人不納却反舍于汶水之上使公子奚斯入請季子曰公子不可以入入則殺矣義不可見賊而不殺 【疏】將由乎齊 解云欲從齊而自安矣。舍于汶水之上 解云舊本皆作洛溪也何者今齊魯之間有汶無洛也。奚斯不忍反命于慶父自南涘涘水涯涘音俟○北面而哭痛慶父自殺求之出慶父聞之曰嘻嘻發痛語首之聲○嘻許其反疏注嘻發至之聲○解云謂哭必自痛傷而以嘻為語之首也此奚斯之聲也諾已諾已皆自畢語疏注諾已皆自畢語○解云猶似今人云休一生罷去已自畢竟之辭故云自畢語矣畢作畢字誤耳曰吾不得入矣於是抗輈經而死輈小車轅冀州以北名之云爾○輈音竹由反車轅也○疏於是至而死○解云鄭氏云慶父輈死者正取此文莒人聞之曰吾已得子之賊矣以求賂乎魯魯時雖綏追猶外購求之○購古豆反魯人不與為是興師而伐魯故與季子獲之季子待之以偏戰傳云爾者善季子忿不加暴得君子之道疏注傳云至之道○解云此特之以偏戰者即經書敗文是也敗者內戰文耳莒人可忿而能結日偏戰偏戰是其不加暴之義故得君子之道○十有二月

于邑夫人氏之喪至自齊夫人何以不稱姜氏據薨于夷稱姜氏經有氏不但問不稱姜并言氏者嫌據夫人婦姜欲使去氏○去起呂反

疏注經有至去氏○解云夫人婦姜之文即宣元年三月遂以夫人婦姜至自齊是也

貶曷為貶據薨于夷不貶與弒公也與慶父共弒閔公○與弒音預又如字下申志反

疏注與慶至閔公○解云不言子般者據成君言之省文○

然則曷為不於弒焉貶據酖牙於卒時貶

疏注據酖至時貶○解云即莊三十二年公子牙卒傳云何以不稱弟殺也是傳言殺者言由其見殺貶之矣

貶必於重者莫重乎其以喪至也刑人于市與衆棄之故必於臣子集迎之時貶之所以明誅得其罪因正王法所加臣子不得以夫人禮治其喪也貶置氏者殺子差輕於殺夫別逆順也致者從書薨以常文錄之言自齊者順上以歸文○差初賣反又初佳反別彼列反○

疏注刑人至棄之○解云禮記文○注所以至喪也○解云季子之遂慶父齊桓之討哀姜二義相違而皆善之者誅不辟親任賢之道親親

相隱古今通式然則齊桓之討哀姜得伯者之義季子之緩慶父因獄有所歸逐申親親之恩義各有途不可以為難矣○注貶置氏者○解云謂貶而留置其氏矣○殺子至順也解云言殺子差輕於殺夫者欲道莊元年夫人孫于齊姜氏亟去者正循殺夫罪重故此言別逆順者言殺夫之逆甚於殺子二事相對而言之不謂哀姜殺子得為順是以晉侯宋公殺世子皆直稱君而甚之○注致者至錄之○解云謂不書殺而書薨作常文是以於歸亦作常文錄之若公之喪至自齊至自乾侯之屬○注言自至歸文○解云其實從夷來而言至自齊正以上文云薨於夷齊人以歸故言至自齊順之

二年春王正月城楚丘孰城據內城不月故問之疏注據內至問之○解云內城不月者即隱七年夏城中丘襄十九年冬城西郛之屬是也其內城有在日月下者皆不蒙日月城衛也曷為不言城衛據無遷文以言城故當言城衛疏注據無至城衛○解云舊本曷為之下有不言二字今無者脫也言以前之經未有遷衛于楚丘之文今言城之固當言城衛所不應言城楚丘故難之固字亦有作故字者言由是之故當言城衛滅也孰滅之蓋狄滅之以上

有狄入衛【疏】滅也。解云言正由是時衛國已滅故不得言衛矣。注以上有狄入衛。解云即閔二年冬狄入衛是也曷爲不言狄滅之爲桓公諱也曷爲爲桓公諱上無天子下無方伯天下諸侯有相滅亡者桓公不能救則桓公恥之也然則孰城之據不出主名見桓公德優不待之又不獨書齊實諸侯也。爲桓于僞反下爲桓曷爲注深爲同見桓賢徧反下傳苟息見弁注同桓公城之曷爲不言桓公城之不與諸侯專封也曷爲不與實與而文不與文曷爲不與諸侯之義不得專封諸侯之義不得專封則其曰實與之何上無天子下無方伯天下諸侯有相滅亡者力能救之則救之可也復發傳者君子樂道人之善也不繫衛者明去衛而國楚作起其遷也不書遷與救次者深爲桓公諱使若始時尚倉卒有所救其後晏然無干戈之患所以重其在而厚責之主書者起文從實也○復扶又反卒寸忽反疏注不繫至遷也○解云欲決襄十年冬戍鄭虎牢繫鄭矣○注不書至責之○解云正決元年經次于聶北救邢邢遷于陳儀之文○注主書至實也解云謂經文雖不與當從其實理而與之○夏五月辛巳葬我小君哀姜哀姜者何莊公之夫人也誅當絕不當以夫人禮書葬書葬者正齊桓討賊辟責內嫌齊疏哀姜者何○解云欲言其妾經書小君欲言適妻與夫別謚故執不知問○注誅當至嫌齊耳○解云即元年夫人氏之喪不言姜者是其誅文也上既明之即當合絕不以夫人之禮書葬而書葬者欲正齊桓討其賊故也而言辟責內嫌齊者公羊之例君弒賊不討不書其君葬責臣子不討賊今君喪無所繫矣今若不書葬所似責魯臣子不討齊桓故言正齊桓討賊辟責內嫌齊耳○虞師晉師滅夏陽虞微國也曷爲序乎大國之上據繻師有加文

知不主會。○夏陽，左氏作下陽。【疏】注據邾婁人至主會。解云：即隱五年秋邾婁人鄭人伐宋，注云"邾婁小國，序上者，主會也"。然則邾婁小國稱人，無加文而得序于鄭上者，正由主會故也。今虞爲小國而得稱師，是有加文，則知序于晉上者，不爲主會。既不爲主會而在大國之上，故難之。知稱師爲加文者，正以小國例不得稱師，其稱師者，乃是大國將卑師衆之稱故也。○使虞首惡也。曷爲使虞首惡？據楚人、巴人滅庸，不使巴首惡。【疏】注據楚人至首惡。○解云：即文十六年秋楚人、秦人、巴人滅庸是。案彼經有秦人而不言之者，直取巴爲小國不序在上之意，故省文。○虞受賂，假滅國者道以取亡焉。其受賂奈何？獻公朝諸大夫而問焉，曰："寡人夜者寢而不寐，其意也何？"諸大夫有進對者曰："寢不安與？其諸侍御有不在側者與？"獻公不應。荀息進曰："虞、郭見與？"猶曰虞郭豈見於吾之心乎。荀息素知獻公欲伐此二國故云爾○安與音餘下若與見與同應對之應鄭音虎又如字注及下同○疏寢不至若與○解云言直置寢自不安與爲侍御之人有不在側者與其諸蓋爲辭矣故桓六年傳云公羊子曰其諸以病桓與彼注云其諸辭也則知論語云其諸異乎人之求之與者其諸亦爲辭矣獻公揖而進之以手通指曰揖疏注以手通指曰揖○解云蓋謂揖而招之言用拱揖弁招引近已若文七年傳云眣晉大夫使與公盟彼注云以目通指曰眣眣大結反又丑乙反遂與之入而謀曰吾欲攻郭則虞救之攻虞則郭救之如之何願與子慮之荀息對曰君若用臣之謀則今日取郭而明日取虞爾君何憂焉獻公曰然則奈何荀息曰請以屈產之乘屈產出名馬之地乘備駟也○屈其勿反之乘繩證反注及下同疏注屈產至駟也○解云謂屈產爲地名不似服氏謂產爲產生也○與垂棘之白璧垂棘出美玉也

[illegible]玉以尚白爲美。一本作𩣡音同 往必可得也則寶出之內藏

藏之外府如虞可得猶外府藏也。內藏才浪反注同。疏注如虞至藏也 解云本藏下有之字

馬出之內廄繫之外廄爾君何喪焉獻公

曰諾雖然宮之奇存焉如之何荀息曰宮之

奇知則知矣君欲言其知實知也。廄九又反喪息浪反知則音智下及注同。雖然

虞公貪而好寶見寶必不從其言請終以往

於是終以往虞公見寶許諾宮之奇果諫記

曰脣亡則齒寒記史記也。好呼報反疏虞公貪而好寶。解云謂立性貪頗於寶

甚也。請終以往 解云請君終竟齎寶馬以往不欲令其難之。虞郭之相救非相

爲賜賜猶惠也則晉今日取郭而明日虞從而亡

爾君請勿許也虞公不從其言終假之道以取郭明郭非虞不滅虞當坐滅人○疏注明郭至滅人○解云欲以道亭虞于晉上令其晉惡之甚也○還四年反取虞還復往故言反疏還四年反取虞○解云言晉人滅郭還歸其四年反往滅虞矣虞公抱寶牽馬而至荀息見曰臣之謀何如獻公曰子之謀則已行矣寶則吾寶也雖然吾馬之齒亦已長矣蓋戲之也以馬齒長戲之喻荀息之年老傳極道此者以終荀息宮之奇言且以為戒又惡獻公不仁以滅人為戲謔也晉至此乃見者著晉楚俱大國後治同姓也以滅人見義者比楚先治大惡親疏之別○牽馬本又作擘音同巳長丁丈反注同惡烏路反謔許略反別彼列反○疏注以馬至謔也○解云言雖有謀年老必昏耄不任使故言蓋戲之○注晉至至姓也解云即正十年秋九月荊敗蔡師于莘以蔡侯獻舞歸是先書楚小惡而治之也以前不見晉之小惡者後治同姓故也○注以滅

至之别○解云以前楚滅穀鄧不書之而先書此晉滅夏陽者先治同姓之人惡欲見骨肉之親大則誅小則隱故言親疎之别也夏陽者何郭之邑也曷爲不繫于郭國之也曷爲國之君存焉爾疏夏陽者○解云欲言是國天下未有欲言是邑而不繫國故○執不知問秋九月齊侯宋公江人黃人盟于貫澤江人黃人者何遠國之辭也据公德盛不嫌使微者知以遠國辭稱人○貫澤古亂反二傳無澤字疏江人黃人者何○解云欲言是君經不稱子欲言微者得廁齊侯故執不知問遠國至矣則中國曷爲獨言齊宋至爾大國言齊宋遠國言江黃則以其餘爲莫敢不至也晉大于宋不序晉而序宋者時實晉致之君子不至君子成人之美微褒益以爲徧至之辭所以獎夫霸功而勉盛德也江黃附從霸者當進不進者方爲徧至之辭○徧至音遍下同疏注江黃至進者○解云舊

其不稱爵矣○注方為徧至之辭 解云言方為徧至之○
辭故宜以遠國辭稱人若進而稱爵無以見徧至之義
冬十月不雨何以書記異也注與前同疏注說與前者○解云
即莊三十一年冬不雨傳云何以書記異也彼注云京房易
傳曰旱異者旱久而不害物也欺祿去公室福由下作故陽
雖不施而陰道獨行以成萬物也先是比築三臺慶牙專政
之應今此亦是僖公喜於得立委任陪臣不恤政事故有此
異耳故言說與前同○楚人侵鄭
三年春王正月不雨○夏四月不雨何以書
記異也太平一月不雨即書春秋亂世一月不雨未害物未足為異當滿一時乃書一月書者時僖公得立
欣喜不恤庶眾比致三旱即能退辟正殿飭過求已循省百
官放佞臣郭都等理冤獄四百餘人精誠感天不雩而得澍
雨故一月即書其應變改政旱不從上發傳者著人事之
備積於是○大平音泰飭過音勅下同冤於元反澍之樹反
其應應對之應後同祥之應皆放此疏注太平至即書○解云正以太平之時陰陽和調若一月不雨足以為異

故知然也○注當滿至即書○解云即莊三十一年冬不雨傳云何以書記異是也○注此致三旱○解云即上二年冬十月不雨三年春王正月不雨夏四月不雨是也○注即能至澍雨○解云皆感精符文○注故一月即書○解云即去年十月不雨今年正月不雨夏四月不雨是也○注不從上發傳○解云即上二年十月不雨之下已發云何以書記異也今不從其例而又發之者欲著人事之備積于是故也○徐人取舒其言取之何據國言滅疏注據國言滅○解云即莊十年齊師滅譚十三年齊人滅遂之屬是也易也易者猶無守禦之備不爲桓諱者刺其不救也○易以豉反注同爲于僞反疏注不爲至救也○解云決上元年二年狄滅邢衛皆爲桓公諱不書其滅也○六月雨其言六月雨何據上得雨不書疏注據上得雨不書○解云即十二年十一月十二月三年二月三月五月之屬皆不書不雨是其得雨故也上雨而不甚也所以詳錄賢君精誠之應也僖公勤過求已六月澍雨宣公復古行中興于穀大豐明天人相與報應之際不可不察其意疏注宣公至大豐○解云謂宣十五年初稅畝其冬蝝生宣

公受過纔寤明年復古行中十六年冬大有年是也○注書天至其意○解云謂人行德天報之福人行惡天報之禍兩令相反故言之際矣此大會也○**秋齊侯宋公江人黃人會于陽穀此大會也曷爲末言爾**末者淺耳但言會不言盟據貫澤言盟

（疏）曷爲末言爾○解云上二年齊侯宋公江人黃人盟于貫澤傳云大國言齊宋遠國言江黃則以其餘爲莫敢不至也此經亦書齊侯宋公江人黃人故弟子言此大會也以難之○注據貫澤言盟者○解云謂貫澤亦大會言盟故據之

桓公曰無障谷無障斷川谷專水利也水注川曰谿注谿曰谷○障之亮反一音章注同斷丁管反溪口兮反

（疏）注水注至曰谷○解云釋水文李巡云水出于山入於川爲谿水相屬曰谷是

無貯粟有無當相通○貯中呂反**無易樹子**樹立本正辭無易本正當立之子**無以妾爲妻**此四者皆時人所患將相公功德隆盛諸侯咸曰無言不從曷爲用盟哉故告誓而已○

○**冬公子友如齊莅盟莅盟者何往盟乎彼也**猶曰往盟於齊

莅盟也時國與都盟王國主名不出者春秋王魯故言莅以見王義使若王者遣使臨諸侯盟飭以法度○莅音利又音類注同以見賢徧反

疏莅盟者何○解云欲言諸盟例不言莅欲言非盟而書盟見經或執不知問

其言來盟者何來盟于我也此亦因魯都以見王義使若來之京師盟白事于王不加莅者來就魯魯已尊矣

疏來盟者何○解云即文十五年春宋司馬華孫來盟宣七年春衛侯使孫良夫來盟之屬是也但此經既有莅盟之文故引來盟以對之○注不加至尊矣○解云正以上經言莅者見尊魯爲王之義今此來盟者已是就魯之文不見尊魯矣何勞言莅以見之乎若其加莅宜直云莅孫良夫盟也○

○楚人伐鄭

四年春王正月公會齊侯宋公陳侯衛侯鄭伯許男曹伯侵蔡蔡潰潰者何下叛上也國曰潰邑曰叛不與諸侯潰之爲文重出蔡者長爲惡舉潰爲惡蔡録義各異也月者善義兵也

潰例月叛例時○蔡潰戶內反下及注同重直用反縣蔡烏路反下惡其專并六年注同 疏 潰者何○解云舊本淺辭隱者深辭二者並書故執不知問○國曰潰 解云即此及文三年春正月沈潰之屬是也○邑曰叛○解云即襄二十六年衛孫林父入于戚以叛定十三年秋晉趙鞅入于晉陽以叛冬晉荀寅等入于朝歌以叛之屬是也○注月者善義兵○解云正以侵伐例時故也○注潰例月○解云即此經書正月文三年沈潰書正月是也成九年經云庚申莒潰彼注云月者録責中國無信同盟不能相救至爲夷狄所潰是也○注叛例時○解云即晉趙鞅書秋荀寅書冬之屬是也

遂伐楚次于陘其言次于陘何 據召陵侵楚不言次來盟不言陘○陘音刑召陵上照反下文同 疏 注據召至言次○解云即定四年三月公會劉子晉侯已下于召陵侵楚是也○注來盟不言陘○解云即下文夏楚屈完來盟于召陵是也

有俟也孰俟俟屈完也 時楚強大卒暴征之則多傷士衆桓公先犯其與國臨蔡蔡潰以精威付乃推以伐楚楚懼然後使屈完來受盟脩臣子之職不煩一兵血刃以文德優柔服之故詳録其止次待之善其重愛民命生事有漸故敏則有功○屈居

勿反卒寸忽反 疏 注善其至有功○解云言上事有漸者即先伐于蔡乃遂伐楚是也言敏則有功者敏審也言舉事敏審則有成功矣○夏許男新臣卒 不言卒於師者桓公師無危不月者爲下盟去月方見大信○爲于僞反下爲桓公同去起呂反見賢編反 疏 注不言至無危○解云決成十三年曹伯廬卒于師之屬皆以其有危故言于師矣○注不月至大信解云正以莊二十三年冬十有一月曹伯射姑卒然則許與曹等而不月者君會盟之例大信者時若不去月恐其盟不爲大信故也○楚屈完來盟于師盟于召陵屈完者何楚大夫也何以不稱使 據陳侯使袁僑如會○僑其驕反一本作驕音同 疏 屈完者何○解云欲言楚子經不書爵欲言大夫文不言使故執不知問○注據陳至如會○解云即襄三年六月公會單子晉侯已下同盟于雞澤陳侯使袁僑如會是也 尊屈完也曷爲尊屈完 據陳侯使袁僑如會不尊之 以當桓公也 增倍使若得其君以醜霸德成王事也 疏 注增倍至其君○解云倍讀如陪益之陪矣○

注以醇至事也。解云即下傳云桓公救中國而攘夷狄卒怗荊以此爲王者之事也其言盟于
師盟于召陵何據戊寅叔孫豹及諸侯之大夫及陳袁僑盟不舉會與地疏注據戊寅
至與地。解云在襄三年夏也彼經不言陳袁僑來盟于會盟于雞澤與此異故難之師在召陵
也時喜得至完來服於陘則退次召陵與之盟故言盟于師盟于召陵師在召陵則曷
爲再言盟據齊侯使國佐如師己酉及國佐盟于袁婁俱從地不再言盟疏注據齊至言盟
解云在成二年秋言俱從地者謂國佐從晉于袁婁也喜服楚也孔子曰書之重辭之復嗚呼不
可不察其中必有美者焉。重直用反又直容反之復扶又反年末乃復同又音福疏注孔子曰至美者焉。解
云春秋說文何言乎喜服楚據服蔡無喜文疏注據服蔡無喜文解云即上侵蔡蔡
潰是也楚有王者則後服桓公行霸至是乃服楚無王者則
先叛桓公不脩其師先叛盟是也疏注桓公至是也。解云即下經云八月公至自伐楚傳云楚已

取矣何以致伐楚叛盟也彼注云為桓公不脩其師而執濤塗故也者是

夷狄也而亟病中國數侵滅中國○亟去冀反數音朔

［疏］注數侵滅中國○解云即莊二十八年秋荊伐鄭者是其數侵中國之文其數滅中國者即滅鄧穀之屬是也而經不書者後治夷狄故也

南夷與北狄交南夷謂楚滅鄧穀伐蔡鄭北夷謂狄滅邢衛至于溫交亂中國

［疏］注南夷至蔡鄭○解云楚滅鄧穀不書而此言者正以上桓七年夏穀伯綏來朝鄧侯吾離來朝傳云皆何以名失地之君也故知之伐蔡鄭者謂蔡鄭服從楚即上經齊侯侵蔡蔡潰遂伐楚者蓋是蔡為楚之屬矣其鄭為楚屬者蓋見莊十五年鄭人侵宋十六年夏宋人齊人衛人伐鄭之文也何者莊十五年時正是桓公為霸宋為書霸而鄭侵之豈不從楚故也莊十六年齊人助宋伐之豈不怒乎是從楚而侵宋也蓋于時鄭人文服于齊是以十六年秋荊伐鄭故此作注云蔡鄭矣○注北夷至中國○解云狄滅邢衛在閔元年二年狄滅溫在僖十年溫言至于者以其在後故言至于僖十年文滅溫也或者溫是圻內之國云京師近故言至于矣

中國不絕若綫綫縫帛縷以喻微也○綫思賤反

桓公救

中國存邢衛是也而攘夷狄攘卻也北伐山戎是也○攘如羊反卻也卒怗荆卒盡也怗服也荆楚也○怗他協反一本作貼服也劉兆同廣雅云靜也玉篇文丁簟反一本作拈或音章聶反以此爲王者之事也言桓公先治其國以及諸夏治諸夏以及夷狄如王者爲之敍云爾其言來何據陳袁僑如會不言來與桓爲主也以從内文知與桓公爲天下霸主前此者有事矣謂城邢衛是也䟽注謂城邢衛是也○解云即上九年夏六月齊師宋師曹師城邢二年春王正月城楚丘孰城城衛也是後此者有事矣謂城緣陵是也䟽注謂城緣陵是也○解云即下十四年春諸侯城緣陵是也則曷爲獨於此焉與桓公爲主序績也序次也績功也累次桓公之功德莫大於服楚明德及強夷最爲盛○齊人執陳袁濤塗濤塗之罪何辟軍之道也其辟軍之道柰何濤塗謂桓公曰

君既服南夷矣何不還師濱海而東服東夷且歸濱涯也順海涯而東也東夷吳也從召陵東歸不經陳而趨近海道多廣澤水草生所便也○濤徒刀反辟四亦反又音避下同濱音賓涯五佳反近附近之近便婢面反〔疏〕注而趨近海道○解云趨猶鄉也謂鄉近海之道也桓公曰諾於是還師濱海而東大陷于沛澤之中草棘曰沛漸洳曰澤○沛澤音貝又普貝反草棘曰沛漸如曰澤漸子廉反洳人庶反〔疏〕注草棘至曰澤者解云爾雅無文也顧而執濤塗時濤塗與桓公俱行執者曷爲或稱侯或稱人稱侯而執者伯討也言有罪方伯所宜討〔疏〕執者曷爲或稱侯○解云即下二十八年晉侯執曹伯畀宋人成十五年晉侯執曹伯歸之于京師之屬是也稱人而執者非伯討也此執有罪何以不得爲伯討古者周公東征則西國怨西征

則東國怨此道黜陟之時也詩云周公東征四國是皇【疏】注此道至時也解云正以諸典不見周公西討之文故也桓公假塗于陳而伐楚則陳人不欲其反由己者師不正故也故令濤塗有此言○令力呈反不脩其師而執濤塗古人之討則不然也以己所招而反執人古人所不爲也凡書執者惡其專執【疏】注凡書至專執○解云言雖有罪方伯所宜討要須白天子乃可執之○秋及江人黃人伐陳○八月公至自伐楚楚已服矣何以致伐楚叛盟也爲桓公不脩其師而執濤塗故也月者凡公出滿二時月危公之久【疏】秋及至伐陳○解云內之微者矣○楚已至致伐○解云莊六年傳云得意致會不得意致伐今此楚已服而致伐故難之○注凡公至之久○解云即此僖公春去秋乃還而云八月公至自伐楚及襄二十八年冬公如楚二十九年夏五月公至自楚之屬皆是危而久之久字亦有作之字者案莊五年冬公會齊人宋

下伐衞至六年秋八公至自伐衞注歷四時而不月者彼注云父不月者不與八伐天子也故不爲危錄之者是　○葬

許繆公得卒葬於所傳聞世者許大小次曹故卒少在曹後○傳丈專反［疏］注得卒至曹後　解云所傳聞之世微國卒葬例不錄之今許得書葬故須注解也何者正以曹許雖小亦大國亦非微故得錄見也知許大小次曹後者案僖五年夏公及齊侯宋公陳侯衞侯鄭伯許男曹伯會王世子于首戴許在曹上者正是會盟之序皆是主會次之非孔子之意不必得其正故何氏不以爲妨矣若然案昭十二年傳云春秋之信史也其序則齊桓晉文彼注云唯齊桓晉文會能以德優劣國大小相次序傳文云其會則主會者爲之也彼注云非齊桓晉文則如主會者爲之雖優劣大小相越不改更信史也又云其詞則丘有罪焉爾彼注云丘孔子名其貶絕譏刺之辭有所失者是丘之罪然則首戴之會正是齊桓爲伯之時而云許在曹上皆是主會者次之未必得其正者案下五年之會注云世子所以會者時桓公德衰諸侯背叛故上假王世子示以公義然則桓公德衰故曹在許下仍自不妨下于曹則知昭十二年傳云其序則齊桓晉文者据其盛時大判言耳　○冬十有二月公孫慈帥師會

齊人宋人衛人鄭人許人曹人侵陳月者刺公不脩其師因見患誑不內自責乃復加人以罪。慈左氏作兹誑九況反〔疏〕注月者至以罪。解云正以侵伐例時今此書月故須主解也言因見患誑者言因是不脩其師之故而爲陳之所苦患遂爲所謟誑矣

五年春晉侯殺其世子申生曷爲直稱晉侯以殺據鄭殺其大夫申侯稱國也續問以殺者問殺所稱例爾非稱晉侯不當稱國爵也〔疏〕注據鄭至例爾。解云即下七年夏鄭殺其大夫申侯是也。注非謂至爵也。解云若直問曷爲直稱晉侯即嫌時不合稱晉侯傳須云以殺明其但怪何故稱晉侯以殺耳殺世子母弟直稱君者甚之也甚之者甚惡殺親親也春秋公子貫於先君唯世子與母弟以今君錄親親也今舍國體直稱君知以親親責之。舍音捨〔疏〕注今舍國體。解云謂不直言晉殺申生也。

杞伯姬來朝其子其言來朝其子何據微者不當書朝連來者內辭也與其子來者閔

直來乎爲下朝出○爲下于僞反【疏】注據譏至書朝○解云即隱十一年傳云諸侯來曰朝大夫來曰聘是也○注連來至朝出○解云直來者即莊二十七年冬紀伯姬來傳云其言來何直來曰來注云直來無事而來是也今此傳又何故不云其言朝其子何而連來問之者欲問伯姬來旨爲是無事而來歟是有事言來者爲是朝其子而出之○

內辭也與其子俱來朝也因其與子俱來禮外孫初冠有朝外祖之道故使若來朝其子以殺直來之恥所以辟教戒之不明也譏無君命言朝者服非實○冠古亂反【疏】注禮外至之道○解云正以士冠禮冠訖見于兄見兄弟入見于姑姊乃易服玄冠玄端爵韠奠摯見于君遂以摯見于鄉大夫鄉先生鄭氏云易服不朝服者非朝事也摯雉也鄉先生鄉中老人爲卿大夫致仕者然先生猶尚見之況其外祖乎故言外孫初冠有朝外祖之道○注譏無至非實○解云正見桓九年曹伯使其世子射姑來朝彼言使來朝則有君命今既是譏人復不言使而經書書朝明其非實也○

夏公孫慈如牟○牟亡侯反○公及齊侯宋公陳侯衛侯鄭伯許男曹伯會王

世子于首戴爲殊會王世子據宰周公不殊別也○首戴左氏作首止別彼列反【疏】注據宰至別也○解云即僖九年公會宰周公齊侯宋子已下于葵丘是也世子貴也世子猶世世子也解貴意也言當世父位儲君副主不可以諸侯會之爲文故殊之使若諸侯爲世子所會也自王者言之以屈遠世子在三公下禮喪服斬衰曰公上大夫之衆臣是也自諸侯言之世子尊於三公此禮之減儀各有所施言及者因其文可得見及及也世子所以會者時桓公德衰諸侯背叛故上假王世子示以公義【疏】注使若諸至會也○解云使若世子爲會主致諸侯於此而會之故言使若諸侯爲世子所會也○注自王至是也○解云何氏引喪服者欲言三公臣有衆之稱衆世子則無是卑於二公之義○注自諸至所施○解云即殊與不殊是也何者世子於諸侯將有君臣之義故也○注言及至會者○解云及汲汲之文故隱元年傳云及猶汲汲及我欲之然則此言及者因會王世子之經得見魯侯汲汲于齊桓矣○注時桓至公義○解云即上四年傳文桓公不脩其師楚振盟下文鄭伯逃歸不盟九年葵丘之盟書日以見危之屬皆是也○秋

八月諸侯盟于首戴諸侯何以不序據上會序一事而再見者前目而後凡也省文從可知間無事不省諸侯會盟一事不重重者時出子不與盟○見賢遍反省文所景反下同與音預疏注間無至諸侯○解云昭十三年秋公會劉子晉侯已下于平丘八月甲戌同盟于平丘然則彼經以其間無事不重言諸侯今重言諸侯盟于首戴故解之○注會盟至與盟○解云文十四年公會宋公陳侯衛侯已下同盟于新城然則彼是會盟一事舉盟以為重不言會于某今此會盟正舉故須解之也言時出子不與盟者若不言諸侯則恐世子亦與之盟故須言諸侯盟于首戴則世子不與可知○

鄭伯逃歸不盟其言逃歸不盟者何據上言諸侯鄭伯在其中弟子疑故執不知問疏注據上至其中○解云亦有無據字者非正本不可使盟也時鄭伯內欲與楚外依古不盟爲辭安居會上不肯從桓公盟故後言不盟○解古賣反疏注時鄭伯至不盟○解云知古不盟者正見桓三年夏齊侯衛侯胥命于蒲傳云胥命者何相命也何言乎相命近正也此其爲近正奈何古

者不盟結言而退是也不可使盟盟則其言逃歸何據後言不盟吾會上辭魯子曰蓋不以寡犯衆也諸侯以義相約而鄭伯懷二心依古不肯盟故言逃歸所以抑一人之惡申衆人之善哉云爾○楚人滅弦弦子奔黃○九月戊申朔日有食之此象齊桓德衰是後楚遂背叛狄伐晉滅溫晉里克比弒其二君○比弒申志反疏注楚遂背叛○解云即下六年秋楚人圍許之屬是也○注狄伐晉滅溫○解云即下八年夏狄伐晉十年春秋滅溫之屬是也○注晉里克比弒其二君○解云即下九年晉里克弒其君之子奚齊十年春晉里克弒其君卓子是也○冬晉人執虞公虞已滅矣其言執之何據滅言以歸上傳云四年反取虞知去滅變以歸言執○去起呂反下同疏注據滅言以歸○解云即定六年鄭游遬帥師滅許以許男斯歸之屬是也○上傳至取虞○解云在上二年○注知去至言執○解云注言此者欲解傳家得知虞已滅矣之義耳不與滅也曷爲不與滅滅者

亡國之善辭也言滅者王者起當存之故爲善辭滅者上下之同力者也言滅者臣子與君戮力一心共死之辭也不但去滅復去以歸言執者明虞公滅人以自亡當絕不得責不死位也晉稱人者本滅而執之不以王法執治之故從執無罪辭也虞稱公者奪正爵起從滅也不從滅例月者略之○戮音六又作剹力彫反

六年春王正月○夏公會齊侯宋公陳侯衛侯曹伯伐鄭圍新城邑不言圍此其言圍何彊也惡桓公行霸彊而無義也鄭背叛本由桓公過陳不以道理當先脩文德以來之而便伐之彊非所以附疏○彊也其良反○秋楚人圍許諸侯遂救許○冬公至自伐鄭專邅於救許以伐鄭致者舉不得意疏注事邅至得意○解云莊六年傳云得意致會不得意致伐今此以伐致故云舉不得意然伐鄭救許皆不得意故以伐致或者但伐鄭不得意兵將復用於鄭故

舉其不得意者言之，即下七年春齊人伐鄭是也。

七年春，齊人伐鄭。夏，小邾婁子來朝。至是所以進稱爵者，時附從霸者朝天子，旁朝罷行進。齊桓公白天子進之，固因其得禮，著其能以爵通。（疏）注至是至爵者。○解云：如此注者，欲決莊五年秋倪黎來來朝之文。○注時附至爵通。○解云：正以得進而稱爵，故如此解。小邾婁子朝天子不書者，例所不錄也。今朝魯而謂之旁朝者，正以諸侯之法，五年一朝天子，但是常事，故不書之。欲對朝王爲正朝，故謂之旁朝。案隱十一年滕侯、薛侯來朝，皆以其來朝新王，故進稱侯。今此知不由朝新王而得進者，正以僖公非受命之王故也。○鄭殺其大夫申侯。其稱國以殺何？據晉侯殺其世子申生侯侯。（疏）注據晉至稱侯。解云：在上五年春。稱國以殺者，君殺大夫之辭也。諸侯國體，以大夫爲股肱，士民爲肌膚，故以國體錄。○秋七月，公會齊侯、宋公、陳世子款、鄭世子華盟于甯母。

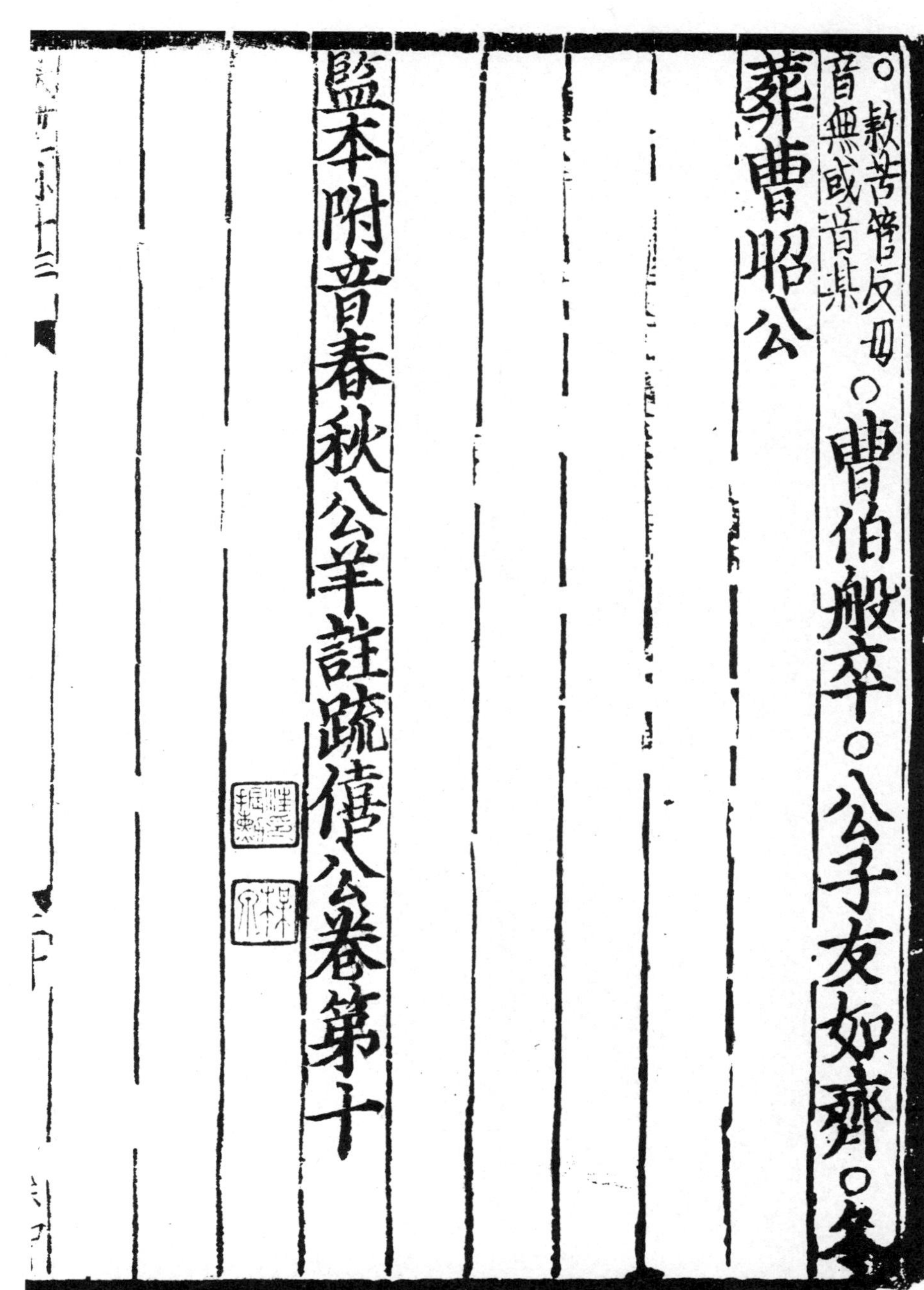

○穀苦管反毋音無或音某○曹伯般卒○公子友如齊○葬曹昭公

監本附音春秋公羊註疏僖公卷第十

監本春秋公羊註疏僖公卷第十一　起八年盡二十年

何休學

八年春王正月公會王人齊侯宋公衛侯許男曹伯陳世子款鄭世子華盟于洮王人者何微者也曷爲序乎諸侯之上先王命也銜王命會諸侯諸侯當北面受之故尊序於上時桓公德衰寗毋之盟常會者不至而陳鄭又遣世子故上假王人之重以自助。洮他刀反【疏】注寗母云不至。解云在上七年傳也其常會者不至正以衛侯許男已下不至也。注而陳鄭又遣至世子。解云即世子款世子華之屬是也鄭伯乞盟乞盟者何處其所而請與也以不序也【疏】乞盟者何。解云正以盟是常事自應得與今而言乞故執不知問其處其所而請與奈何蓋酌之也酌挹也時鄭伯欲與莊不肯自來盟處其國遣使挹取其血而請與之約束無汲汲慕中國之心故抑之使若叩頭乞盟者也不録使者方抑鄭伯使若自來也不盟不爲大惡者古者不盟也。遣使所吏反下録使同　疏　注不盟不爲大惡。解云知非大惡者正以鄭伯不貶不絶故也若其是大惡宜如陳佗之貶爵而書名也知古者不盟者桓三年傳云古者不盟結言而退是也。

夏狄伐晉。秋七月禘于太廟用致夫人用者何用者不宜用也致者何致者不宜致也禘用致夫人非禮也以致文在廟下不使入廟知非禮也禮夫人始見廟當特祭而因禘諸公朝見欲以省煩勞不謹敬故譏之不日者下用失礼明。大音泰始見賢徧反下同省所景反　疏　用者何。解云欲言失禮而經不明欲言得禮而文言用故執不知問。致者何。解云見夫見廟禮當特祭禘而言致故執不知問。注禮夫至特祭。解云正以三月見廟見期限明其不得因事爲之故知然也。注不日至礼明。解云正以隱五年考仲子之宫下注云失禮鬼神例日然則此亦失禮而不書日故知用在廟下失禮已明不勞舉日也。

夫人何以不稱姜氏貶曷爲貶 據夫人婦姜氏入不貶 疏
注據夫至不貶。解云即莊二十四年八月丁丑夫人姜氏入是也 譏以妾爲妻也 以逆不書
入廟當稱婦姜而稱夫人者夫人當坐篡嫡也妾之以事嫡猶臣之事君同。篡嫡初患反下音的下同 疏 逆
至不書。解云欲道得家知以妾爲妻者正以初逆不書與
[illegible]莊之篇夫人文異故也。入廟當至嫡也。解云言入廟
當稱婦者正以婦者服也對舅姑服從之辭故今而稱夫人
而不服之稱明其有篡嫡之心欲得爲夫人是以稱之曰夫人
人見其前有篡嫡之罪矣猶如桓宣篡弒得即位是以春秋
亦如其意書其即位明其本意耳。注妾之事嫡猶臣之事
君同。解云注言此者欲道妾之篡嫡欲得爲夫人而春秋
書之曰夫人猶如臣子篡君欲得即位而春秋亦書其即位之
義矣 其言以妾爲妻奈何蓋脅于齊媵女之先
至者也 以不致楚女及夫人至皆不書也僖公本聘楚女爲嫡齊女爲媵齊先致其女脅僖公使用爲嫡故
致父母辭言致不書夫人及楚女至者起齊先致其女脅
後齊脅立也楚女未至而豫廢故皆不得以夫人至書也 疏

注僖公至爲媵。解云春秋説文。注故從至言致。解云即成九年夏季孫行父如宋致女是也。注起齊至言也。解云皆欲道若齊女未至而已脅魯之時可以書其至今先致其女乃後脅魯爲夫人其初至之時乃爲媵妾是以不得書其至矣。

冬十有二月丁未天王崩惠王也

九年春王三月丁丑宋公御説卒何以不書葬爲襄公諱也襄公背殯出會宰周公有不子之惡後有征齊憂中國尊周室之心功足以除惡故諱不書葬使若非背殯也。説音悅爲襄于僞反下注爲天爲桓皆同

【疏】何以不書葬 解云正以隱十一年公薨之下傳云何以不書葬彼注云据莊公書葬然則彼已有解故不重釋。注襄公至周公。解云在下經文。注後有至殯也。解云即下十八年傳云曷爲不使齊主之與襄公之征齊也桓公死豎刁易牙爭權不葬爲是故伐之也是爲齊之文也。

夏公會宰周公齊侯宋子衛侯鄭伯許男曹伯于葵丘宰周公者何天子之爲

政者也宰猶治也三公之職號尊名也以加宰知其職大尊重當與天子參聽萬機而下爲諸侯所會惡不

勝其任也宋未葬不稱子某者出會諸侯非尸柩之前故不名。惡不烏路反勝音升

疏宰周公者何。解云欲言三公而文加宰欲言卿士經書周公故執不知問。注宰猶治也。解云正以宰者制治之名得爲治事之義。注而下至其任也。解云知此注皆欲決上五年首戴之會總序諸侯乃言會王世子君以世子爲會主致諸侯于此會而會之然也今此宰周公文與彼異故知下爲諸侯所會。注宋未葬至不名。解云莊三十二年傳云君存稱世子君薨稱子某既葬稱子踰年稱公然則宋未葬宜稱子某而單稱子者非尸柩之前無父前子名君前臣名之義知宋未葬者正以宋公之卒在上三月下有七月之文當此之時不滿五月是以知其未葬君然案桓公十一年鄭忽出奔傳云忽何以名注云據宋子既葬稱子者正以其非居尸柩前故作既葬之稱非謂葬訖其說在彼。

秋七月乙酉伯姬卒此未適人何以卒據杞叔姬不卒

疏此未適人何以卒。解云正以文無所繫知其未適人。注據杞叔姬不卒。解云宜作伯姬字即莊二十七年春公會杞伯姬于洮注云

伯姬不卒者蓋不與卒于無服此未適人何以卒乎故難之也案春秋之內唯有杞叔姬來歸成八年冬杞叔姬卒更無叔姬不卒之事故如此解**許嫁矣婦人許嫁字而笄之**字者尊而不泄所以遠別也笄者簪也所以繫持髮象男子飾也服此者明繫屬於人所以養貞一也婚禮曰女子許嫁笄而醴之稱字。笄古兮反泄息列反別彼列反簪莊林反

疏注字者至遠別也。解云正以字尊於名故言尊而不泄所以遠別者正以內之公子爲大夫者卒皆稱名而內女許嫁卒而稱字者所以遠別之故也。注婚禮曰至稱字。解云士婚禮記文彼注云許嫁已受納徵禮也笄女之禮猶冠男也使主婦女賓執其禮是也

死則以成人之喪治之不以殤禮降也許嫁卒者當爲諸侯夫人有即貴之漸猶俠卒也日者恩大重於未命大夫故從諸侯夫人例。俠音協

疏注許嫁卒者至夫人。解云則知許嫁於大夫者不卒之何者爲大夫妻者賤雖在其家卒猶不書況其許嫁乎。注猶俠卒也。解云在隱九年春三月俠卒彼傳云俠者何吾大夫之未命者也彼注云未命所以卒之者貴緣從重然則未命大夫所以卒之以其將爲大夫有即貴之漸猶當記錄之今此許

嫁之女亦有將爲諸侯夫人之漸故得書之。注日者至人例。解云以侯卒不日故言日者恩尤重於未命大夫故從諸侯入人之卒例昭書日成八年冬十月癸卯杞叔姬卒之屬是也故言從諸侯夫人例。九月戊辰諸侯盟于葵丘桓之盟不日此何以日危之也何危爾貫澤之會桓公有憂中國之心不召而至者江人黃人也葵丘之會桓公震而矜之叛者九國下伐厲善義兵是也會不書者叛也叛不書者爲天子親遣三公會之而貝叛故上爲天子下爲桓公諱也會盟一事不舉重者時宰周公不與盟。不須音豫

（疏）貫澤之會。解云即上二年秋九月齊侯宋公江人黃人盟于貫是也而此言于貫澤者蓋地有二名然則案彼經盟此言會者舉其初會而言也彼直書盟者舉重故也。注下伐至是也。解云即下十五年秋七月齊師曹師伐厲注云月者善錄義兵厲葵丘之會叛天子之命也者是也。注會不至叛也。解云言厲等九國亦在于會而葵丘之會不書之者以其叛天子

之命故不錄之但書曹伯以上于會。注會盟至不與盟。解云正以文十四年公會宋公已下同盟于新城然則彼是會盟一事舉盟以爲重不言會于某今此會盟並舉故須兩解之言解周公是時實不與盟若言公會宰周公齊侯已下盟于葵丘則是文害其義不舉盟直書上會會輕於盟失舉重之例矣以此之故必須兩舉書云諸侯盟于葵丘則知周公不與盟矣

震之者何猶曰振振然亢陽之貌

疏震之者何。解云欲言是善而盟書曰欲言其惡賢伯所爲故執不知問。

矜之者何猶曰莫若我也色自美大之貌

疏矜之者何。解云既名賢伯美見天下而取夸矜異于本行故執不知問。注色自美大之貌。解云謂其顏色有自美大之勢。

甲戌晉侯詭諸卒不書葬者殺世子也。詭九委反

疏注不書葬者殺世子也。解云在上五年。春凡君殺無罪大夫例去其葬以絶之

冬晉里克弒其君之子奚齊此未踰年之君

其言弒其君之子奚齊何据弒其君舍不連先君也名者上不書葬子某

弒君名未明也。殺〔疏〕注據弒至先君。解云即文十四
其音試下及注放此 年齊公子商人弒其君舍是也。
注連名至未明也。解云言名未明者弟子本意正欲問弒
其君之子而連奚齊向之者恐人不知奚齊之名爲是先君
未葬稱子某以若子般子野之屬是也爲是被弒之故稱名
似君諸兒卓子之屬是也是以將名連弒問之欲使後人知
其稱名之義 **殺未踰年君之號也** 欲言弒其子奚齊嫌無君文與殺大夫同欲言
弒其君又嫌與弒成君同故引先君冠子之上則弒未踰年
君之號定而坐之輕重見矣加之者起先君之子不解名者
解言殺從弒名可知也弒未踰年君例當月不月者〔疏〕注
不正遇禍終始惡明故略之。冠古亂反見賢徧反 則
弒至見矣。解云言罪差於成君與殺大夫異矣。注加之
至之子。解云若不加之嫌是君子爲一人故。注不解名
至知也。解云正以傳云弒未踰年君之號止荅上云其言
弒其君之子何之文故云不解名矣既解言弒則書奚齊之
名由弒之故明矣是以不復荅之。注弒未踰至略之。解
云正以隱四年春戊申衛州吁弒其君完注云日者從外赴
辭以賊聞例然則弒成君者例書日即莊八年冬十一月癸
未齊無知弒其君諸兒之屬是弒成君者例既書日知弒未

踰年君當月明矣今此不月故須解之

十年春王正月公如齊書如者録内所與外交接也故如京師善則月榮之如齊晉善則月安之如楚則月危之明當尊賢慕大無友不如己者月者僖公本齊所立桓公德衰見叛獨能念恩朝事之故善録之。疏注故如京至榮之。解云即成十三年春三月公如京師彼注云月者善公尊天子是。注如齊至安之。解云即襄二十一年春王正月公如晉彼注云月者溴梁之盟後中國方乖離善公獨能與大國是也。注如楚則月危之。解云即襄二十八年十一月公如楚彼注云如楚皆月者危公朝夷狄也必如此注者正以朝聘例時而書月故須解矣。注明當尊賢慕大。解云反覆如齊晉則月安之。注無友不如已。解云覆如楚則月危之。狄滅温。温子奔衛。晉里克弒其君卓子及其大夫荀息及者何累也弒君多矣舍此無累者乎曰有孔父仇牧皆累也舍孔父仇牧無累者乎曰有有則此何以書賢也何賢乎荀息搭與孔父同。君卓子勑角反又丁角反左氏經無子字舍音捨下同疏及老向。解云君之與臣尊卑異等今而言及故執不知問。累也。解云桓二年注云累累從君而死齊人語也則彼已有解故此欵不復注之。曰有。解云桓二年注云叔仇仲惠伯是也。向賢乎注据與孔父同。解云桓二年傳云何賢乎孔父注云据叔仲惠伯不賢然則此言据與孔父同者謂與孔父同据叔仲惠伯矣荀息可謂不食其言矣不食言者不如食受之而消亡之以奚齊卓子皆立疏注以奚至皆立。解云欲指不食言之事狀矣。其不食其言奈何奚齊卓子者驪姬之子也荀息傅焉禮諸侯之子八歲受之少傅教之以小學業小道焉履小節焉十五受大傅教之以大學業大道焉履大節焉。驪力知反少詩照反大傅音泰疏注禮諸侯至節焉解云皆藝文志文也。注云小道謂小節正謂始甲典覔師受業大道大節謂博習盡誠也驪姬者國色也其顔色。

國之選。選，息戀反。獻公愛之甚，欲立其子，於是殺世子申生。申生者，里克傅之。獻公病將死，謂荀息曰：士何如則可謂之信矣？獻公自知殺正當有後患，欲託二子於荀息，故動之云尒。荀息對曰：使死者反生，生者不愧乎其言，則可謂信矣。荀息察言觀色知獻公欲立奚齊卓子來動已，故荅之云尒。殺為，于偽反，下文爲文公、不爲、故爲皆同。獻公死，奚齊立。里克謂荀息曰：君殺正而立不正，廢長而立幼，長謂重耳。長，丁丈反，注同。如之何？願與子慮之。荀息曰：君嘗訊臣矣。上問下曰訊。言臣者，明君臣相與言，不可負。訊音信，上問曰下訊。臣對曰：使死者反生，生者不愧乎其言，則可謂信矣。里克知其不可與謀退弑奚齊荀息立卓子里克弑卓子荀息死之荀息可謂不食其言矣起時莫不肯死緋生去敗與成荀息一受君命終身死之故言及與孔父同義不日者（疏）注故不正遇禍終始惡明故略之。背音佩鄉許亮反（疏）言至上同義。解云桓二年宋督弑其君與夷及其大夫孔父彼注云言及者使上及其君若附大國以名通明當封爲附庸不絕其祀所以重社稷之臣也今荀息一受君命終身死之故言及亦使上及其君若附大國以名通明當封爲附庸不絕其祀所以重社稷之臣故云與孔父同義。注不日者至故略之。解云正以成君見弑者例書日今此不日故解之。

。夏齊侯許男伐北戎。晉殺其大夫里克。里克弑二君則曷爲不以討賊之辭言之据衛人殺州吁（疏）注据衛人殺州吁。解云即隱四年九月衛人殺州吁于濮是也惠公之大夫也惠公篡立已定晉國君臣合爲一躰無所復貢故曰此乃惠公之大夫安得以討賊之辭言之。所蔑扶又反下同然則孰立惠公。欲難殺之意難乃旦反里克也里克弒奚齊卓子逆惠公而入里克立惠公則惠公曷爲殺之惠公曰爾既殺夫二孺子矣孺子小子也奚齊卓子時皆幼小。○夫音扶孺如住反。又將圖寡人如我有不可將復圖我如二孺子。爲爾君者不亦病乎於是殺之然則曷爲不言惠公之入據齊小白入于齊晉之不言出入者踊爲文公諱也踊豫也齊人語若關西言渾矣獻公殺申文公與惠公恐見及出奔不子當絕還入爲篡文公功足以并掩前人之惡故惠公入懷公出文公入渾皆不書恐爲文公諱故也爲文公諱者欲明文公之功大也語在下懷公者惠公子也惠公卒懷公立而秦納文公故出奔惠公文公出奔不書者非命嗣也。踊音勇豫也言渾戶昆反又戶本反下同疏注文公與惠公至嗣也。解云正以同姓之臣尚無去義況於凡子乎且惠公文公庶子假令不去亦不殺之故知去父宜當絶矣齊小白入于齊則曷爲不爲桓公諱桓公之享國也長享食美見乎天下故不爲之諱本惡也文公之享國也短美未見乎天下故爲之諱本惡也桓公功大善惡相除足封有餘較然爲天下所知文公功少嫌未足除身篡而有封功故爲之諱幷不言惠公懷公出入者明非徒足以除身篡而已有足封之明較也美不如桓公之功大。美見賢徧反下同較然音角下同。秋七月。冬大雨雹何以書記異也夫人專愛之所生也。雨于付反雹步角反【疏】冬大雨雹解云左氏作雹。注夫人專愛之所生也。解云蔽隱楚女而專取君愛所生此雹災

十有一年春晉殺其大夫丕鄭父。丕普悲反【疏】丕鄭父。解云左氏經無父字。夏公及夫人姜氏會齊侯于陽

穀。秋八月大雩公與夫人出會不恤民之應。冬楚人伐黄

十有二年春王三月庚午日有食之是後楚滅黄狄侵衛

【疏】注是後楚滅黄。解云在今年夏。注狄侵衛。解云在十三年春。夏楚人滅黄

。秋七月。冬十有二月丁丑陳侯處臼卒。處曰左氏作丼曰【疏】夏楚人滅黄。解云莊十年冬十月齊師滅譚十三年夏六月齊人滅遂然則滅例月而此不月者所傳聞之世始錄夷狄滅小國也

十有三年春狄侵衛。夏四月葬陳宣公。

公會齊侯宋公陳侯衛侯鄭伯許男曹伯于

鹹桓公自貫澤陽穀之會後所以不復舉六國者從一法之後小國言從令行大國唯曹許以上乃會。鹹音咸不復扶又反下同。秋九月大雩由陽穀之會不恤民復會于鹹城緣陵煩擾之應【疏】

注由陽至之應。解云謂上十一年夏公及夫人姜氏會齊侯于陽穀是。冬公子友如齊。

十有四年春諸侯城緣陵。孰城之？諸侯不序，故問誰城。疏注諸侯至誰城。解云案上二年春王正月城楚丘傳云孰城之，彼注云据內城不月，故問之。然彼經書月，故得此解。此經不月，傳云孰城之，漫道諸侯無所指，据緣陵之妖由來未有，故怪而問之。城杞也。曷為城杞？滅也。孰滅之？蓋徐莒脅之。以下皆狄徐也。言脅者，杞王者之後，尤微，是見恐曷而亡。恐，丘勇反。曷，火葛反。疏注以下至曷而亡。解云即下十五年冬楚人敗徐于婁林，注云謂之徐者，為滅杞不知尊先聖法度，惡重，故狄之也。文七年冬徐伐莒，彼注云謂之徐者，前共滅王者後，不知尊先聖法度，今自先犯，文對事連，可以起同惡，莒在下不得狄，故復狄徐也。一罪而狄者，明為莒狄之介是也。曷為不言徐莒脅之？為桓公諱也。曷為為桓公諱？上無天子，下無方伯，天下諸侯有相滅亡者，桓

公不能救則桓公恥之也然則孰城之桓公
城之曷爲不言桓公城之不與諸侯專封也
曷爲不與實與而文不與文曷爲不與諸侯
之義不得專封也諸侯之義不得專封則其
曰實與之何上無天子下無方伯天下諸侯
有相滅亡者力能救之則救之可也輒發傳者與城衛同義言諸侯者時桓公德衰待諸侯然後乃能存之外城不月者文言諸侯非内城明矣。爲桓于僞反下爲桓爲天下并注臣爲同

疏注外城至明矣。解云正以隱七年夏城中丘襄十九年冬城西郛城武城之屬是内城不月外城月者即上元年夏六月城邢二年春王正月城楚丘之屬是也今外不月正以文言諸侯非内城可知故省文而昭三十二年冬城成周不月蓋以城天子與内同。夏六月季姬及鄫子遇于

防使鄫子來朝鄫子曷爲使乎季姬來朝使□者臣爲君銜命文也内辭也非使來朝使來請己也使來請娶己以爲夫人下書歸是也禮男不親求女不親許魯不防正其女乃使要遮鄫子于淫泆使來請己與禽獸無異故卑鄫子使乎季姬以絶賤之也月者甚惡内也。要一遥反遮諸奢反泆音逸惡烏路反。

【疏】注下書歸是也。解云即下十五年季姬歸于鄫是也。注禮男不親求。解云即昏禮不稱主人之屬是也。女不親許。解云即致女之禮是也。注以絶賤之也。解云謂絶而賤之不以爲諸侯也。注月者甚惡也。解云正以遇例時即隱四年夏公及宋公遇于清八年春宋公衛侯遇于垂莊三十年冬公及齊侯遇于魯濟之屬是也今此月者甚惡内也范氏云魯女無故遠會諸侯遂得淫通此亦事之不然左傳曰鄫季姬來寧公怒之以鄫子不朝遇于防而使來朝此近合人情何氏以爲鄫魯相近信使泆通男女之情風流應合末世無禮容或有之若姜氏如莒之流寧可然問也。

秋八月辛卯沙鹿崩沙鹿者何河上之邑也此邑也其

言崩何据梁山言崩【疏】沙鹿者何○解云欲言是邑邑無崩道欲言其山文無山稱故執不知問○注据梁山言崩○解云即成五年夏梁山崩是也襲邑也襲者嘿陷入于地中言崩者以在河上也河崩有高下如山有地矣故得言崩也【疏】注襲者至地中○解云謂嘿然而陷矣沙鹿崩何以書記異也外異不書此何以書据長狄之齊晉不書【疏】注据長至不書○解云即文十一年傳云狄者何長狄也兄弟三人一者之齊一者之魯一者之晉其之齊者王子成父殺之其之魯者叔孫得臣殺之則未知其之晉者也何以書記異也然則長狄之齊晉皆不書之是外異不書也爲天下記異也土地者民之主霸者之象也河者陰之精爲下所襲者此象天下異齊桓將卒霸道毀夷狄動宋襄承其業爲楚所敗之應而不繫國者起天下異【疏】注宋襄至天下異○解云即下二十二年冬十一月己巳朔宋公及楚人戰于泓宋師敗績是也○狄侵鄭○冬蔡侯肸卒不書葬者潰當絶也不月者賤其背中國而附父讎故略之甚也肸立不書者父獻舞見獲陷卒於楚肸以次立非篡也

胼許乙反，注同。背音佩。（疏）注不月至墓也。解云正以大國之卒合書日，即隱八年夏六月己亥蔡侯考父卒之屬是也。今此反不月者，故言略之甚也。其父者，即蔡侯獻舞，莊公十年爲楚所獲，而卒於楚，故謂楚爲父讎。匕四年齊侯已下侵蔡，蔡潰，遂伐楚，是其背中國附父讎之事。

十有五年春王正月，公如齊。月者，善公既能念恩尊事齊桓，又合古五年一朝之義，故錄之。（疏）注月者至齊桓。解云即上十年春王正月公如齊，彼注云月者，僖公本齊所立，桓公德襃見叛，獨能念恩朝事之，故善錄之故也。注又合至錄之。解云何氏以爲古者天子五年一巡守，諸侯亦五年一朝天子，分天子諸侯爲五部，部朝一年，五年而偏，其小國事大國亦然，故以十年朝齊，今又往朝，是爲合古。桓元年傳云諸侯時朝乎天子，天子之郊，諸侯皆有朝宿之邑焉，注云緣臣子之心莫不欲朝朝莫夕，王者與諸侯別治，勢不得自專朝，故即位比年使大夫小聘，三年使上卿大聘，四年又使大夫小聘，五年一朝，王者亦貴得天下之歡心，以事其先王，因助祭以述其職，故分四方諸侯爲五部，部有四輩，輩主一時。孝經曰四海之內各以其職來助祭，尚書云群后四朝，敷奏以言

明試以功車服以庸是也。楚人伐徐。三月，公會齊侯、宋

公、陳侯、衛侯、鄭伯、許男、曹伯盟于牡丘，遂次

于匡。公孫敖率師及諸侯之大夫救徐。言次

者刺諸侯緩於人恩既約救徐而生事止次不自往遣大夫往卒不能解也大夫不序者起會上大夫君已目故臣凡也

內獨出名氏者臣不得因君録尊省文別尊卑也。別被。〔疏〕注臣不至省文。解云正以上言公會齊侯以

下是殊尊卑之文今若不舉內大夫名氏則因君録者殊尊之經而省文。夏五月，日有食

之。是後秦獲晉侯齊桓公卒楚執宋公霸道衰中國微弱之應。秋七月，齊師、曹

師伐厲。月者善録義兵厲葵丘之會救天子之命也曹稱師者桓公霸道衰曹獨能從之征伐不義故褒之

所以勸勉不能扶助霸功激揚節序也。厲世守舊音賴激古歷反衍古賣反請也徒歷反〔疏〕注月者善録義

兵。解云正以侵伐例時故也其例時者即上十一年冬楚人伐黃之屬是也。八月，螟。公久出煩擾之

所生。蝦之戎反。九月，公至自會。桓公之會不致，此何以致？据柯之會不致。久也。久暴師衆過三時。暴步卜反。○季姬歸于鄫。○己卯，晦，震夷伯之廟。晦者何？冥也。書日下冥。冥亡丁反，又亡定反，注同。疏晦者何。○解云：欲言月晦，例所不書；欲言晝冥，亦非常錄，故執不知問。震之者何？雷電擊夷伯之廟者也。夷伯者曷爲者也？季氏之孚也。孚，信也。季氏所信任臣。疏震之者何。○解云：欲言天震，文不言天；欲言地震，又與地殊，故執不知問。加之者，以雷震有一種故也。○注避問輕重兩舉之。云云之說，在隱九年。季氏之孚則微者，其稱夷伯何？大之也。曷爲大之？据陽虎稱盜。疏注据陽虎稱盜。○解云：即是定八年「盜竊寶玉大弓」是也。天戒之，故大之也。明此非但爲微者異，乃公家之至戒，故尊大之，使稱字過于大夫，以起之，所以畏天命。孔子曰：君子畏有三畏畏天命畏大人畏聖人之言何以書記異也此象桓公德衰彊楚以邢勝正諸公蔽於季氏季氏蔽於陪臣陪臣見信得權僭立大夫廟天意若曰蔽公室者是人也當去之。去起呂反。冬宋人伐曹。楚人敗徐于婁林謂之徐者爲滅杞不知尊先聖法度惡重故抑之也不月者略兩夷狄也。爲于僞反疏注不月至狄也。解云正以敗例書月即莊十年春王正月公敗齊師于長勺秋九月荆敗蔡師于莘是也以其非兩夷故書月。十有一月壬戌晉侯及秦伯戰于韓獲晉侯此偏戰也何以不言師敗績據泓之戰言宋師敗績。泓烏宏反君獲不言師敗績也舉君獲爲重也釋不書者以獲君爲惡書者以惡見獲與獲人君者皆當絕也主書者從獲人例。惡烏路反疏注釋不書至人例。解云正決二十一年釋宋公之經矣然莊十年荆敗蔡師于莘以蔡侯獻舞歸傳云曷爲不言其獲不與夷狄之獲中國也然則秦楚同類得獲晉侯者正以爵稱伯非真夷狄故與楚異。

僖十五年

十有六年春王正月戊申朔霣石于宋五是月六鷁退飛過宋都曷爲先言霣而後言石

摇星霣後言霣。十六年本或從此下別爲卷案七志七録何注此十一卷公羊以閔附莊故也後人以僖卷大輒分之尒霣于敏反是月如字或一音徒兮反六鷁五歷反水鳥

疏 注據星霣後言霣。解云即莊七年夜中星霣如雨是也

霣石記聞聞其磌然視之則石察之則五

是月者何僅逮是月也

是月邊也魯人語也在正月之幾盡故曰劣及是月也。磌然之人反又大年反聲響也一音芳君反本或作碑尺耕反僅其靳反劣也逮音代又人計反及也幾音祈

疏 是月者何。解云正以言異常例故執不知問。注是月至語也。解云案上十年傳云踊爲文公諱何氏云踊豫也齊人語若關兩言渾矣是以春秋之內於此乎悉解爲齊人語而此一文獨爲魯人語者以是經文孔子作之孔子魯人故知魯人語彼皆是諸傳文乃胡毋生公羊氏皆爲齊人故解爲齊人語注在正月之幾盡者謂晦日乃在正月之欲盡矣。

何以不日？據五石言日。疏注據五石言日。解云：等是災異，何故五石書言戊申朔，而六鷁不書日乎？故難之。晦日也。凡災異晦日不日，日食是也。日食當於晦朔，不日晦可知也。六鷁無常，故言是月以起晦也。疏注凡災至不日。解云：即莊十八年三月日有食之之屬是也。今此亦晦，故不書日。注日食至起晦也。解云：案隱三年王二月己巳日有食之，傳云：日食則曷為或日或不日，或言朔或不言朔？曰：某月某日朔日有食之者，食正朔也。注云：桓三年秋七月壬辰朔日有食之是也。傳又云：其或日或不日，或失之前，或失之後，失之前者，朔在前也。注云：謂二日食，己巳日有食之是也。傳又云：失之後者，朔在後也。注又云：謂晦日食，莊十八年三月日有食之是也。然則日食亦有二日食，此注何言日食常於晦朔乎？二日食者，雖非正朔，君欲比晦言之，亦得謂之朔矣。言若正朔食朔日，並言若二日食，則言日，則知日朔並不言，是晦日明矣，故云不日晦可知也。晦則何以不言晦？據上言朔。春秋不書晦也。事當日者日，平居無他卓佹，無所求取，言晦朔也。雖盟綮戲是也。佹，九委反，[illegible]翠軌反。疏注平居無他卓佹。解云：謂無他卓異佹戾平常之事也。注無所至戲是也。解云即指十七年二月丙午及邾婁儀父盟于趡者秋說以爲二月晦矣五月丙午及齊侯戰于奚春秋說以爲王月之朔也然則此傳云春秋不書晦謂平常之事下文朔有事則書晦雖有事不書者謂卓佹之事合書晦朔矣朔有事則書重始故書以録事若泓之戰及此皆是也疏注若泓至是也。解云即下二十二年冬十有一月己巳朔宋公及楚人戰于泓及此經皆書朔是其卓佹之事書朔也晦雖有事不書重始而終自正故不復書以録事。不復扶又反下同曷爲先言六而後言鷁據霣石後言五六鷁退飛記見也視之則六察之則鷁徐而察之則退飛鷁小而飛高故視之如此事勢然也宋都若宋國所治也人所聚曰都言過宋都者時獨過宋都退飛。所治直吏反五石六鷁何以書記異也外異不書此何以書爲王者之後記異也王者之後有亡徵非親王安存之象故重録爲戒記災異也石者陰德之專者也鷁者鳥中之耿介若皆有似宋襄公之行襄欲行霸事不納公子目夷之謀事事耿介自用卒以五年見執六年終敗如五石六鷁之數天之與人昭昭著明甚可畏也於晦朔者示其立功善甫始而敗將不克終故詳録天意也。爲王于僞反注同耿介音戒之行下孟反。疏注卒以五年見執解云即下二十一年執宋公以伐宋是計有六年而言五年者据實日月言之以合五石之數故也又六年終敗者即下二十二年戰于泓宋師敗績是也計有七年而言六年者始上説。注天之與人至畏也者解云春秋説文也。**三月壬申公子季友卒其稱季友何**据鞌戰名不稱季來歸不稱友疏注据鞌至稱季。解云即上元年冬十月壬午公子友帥師敗莒師于犂是也。注來歸不稱友。解云閔二年季子來歸是也。**賢也**閔公不書葬故復於卒賢之明季子當蒙討慶父之罰遏不行國終當録也不稱子者上歸本當稱字起事言子、疏注閔公至録也。解云正以君弒賊不討惡臣子不討賊君喪無所繫注前閔公不書葬恐季子有甚惡故書字見其賢。注不稱子至言子。解云即閔元年歸之下注云不稱季友者明齊繼魯本感洛姑之託故令與高子俱稱子起其事是也。**夏四月丙**

申鄫季姬卒。秋七月甲子，公孫慈卒。日者，僖公賢君，宜有恩礼於大夫，故皆日也。一年喪骨肉三人，故曰痛之。【疏】注日者至皆日也。解云：以所傳聞之世，大夫之卒不問有罪以否，例不日，隱元年十二月公子益師卒是也。今此季友、公孫慈之卒皆書日者，正以賢君宜有恩礼於大夫故也。然則言皆者，皆季友與公孫慈也。其鄫季姬之卒例自合日，即上九年秋七月乙酉伯姬卒之屬是也。○注一年至痛之。○解云：言由其是賢君，故宜痛骨肉之卒，若直見是賢君宜有礼于大夫，但當見季一人書日，故知宜痛其頻死故也。○冬十有二月，公會齊侯、宋公、陳侯、衛侯、鄭伯、許男、邢侯、曹伯于淮。月者，危桓公德衰，任豎刁、易牙，墮功滅項，自此始也。○墮，許規反。【疏】注月者至此始也。○解云：正以盟會之例，大信書時，今而書月，故如此解。知任豎刁、易牙者，下十八年傳文。言墮功滅項者，謂墮毀霸功而滅項，即下十七年夏滅項是也。

十有七年春，齊人、徐人伐英氏。稱氏者，春秋前黜稱氏也。伐國而舍氏言之者非主名故伐之得從國舉（疏）注伐國至主名。解云若其主名即爵等是也。夏滅項孰滅之齊滅之以言滅知非內也以不諱知齊滅。項戶講反國名（疏）注以言滅知非內也。解云案經直言滅不載主名何知非內滅之正以春秋之例內大惡諱今言滅知非內矣。以不諱知齊滅。解云春秋之例爲賢者諱故上十二年楚人滅黃不爲諱今諱不言齊人故知齊滅之曷爲不言齊滅之据齊師滅譚。（疏）注据齊師滅譚。解云在莊十年冬也。爲桓公諱也春秋爲賢者諱此滅人之國何賢爾君子之惡惡也疾始絕其始則不得終其惡。爲桓于僞反下及注同惡惡並如字一讀上烏路反善善也樂終樂賢者終其行。行下孟反。桓公嘗有繼絕立僖公也（疏）注立僖公也。解云即元年是也。存亡之功存邢衛杞（疏）注存邢衛杞。解云存邢上元年城邢是也存衛上二年城楚丘是也存杞上十四年城緣陵是也故君子爲之諱也言實皆時桓公德衰功廢而滅人嫌當坐故上述所以盛美而爲之諱所以尊其德彰其功傳不言服楚獨與繼絕存亡者明繼絕存亡足以除殺子糾滅譚遂項覆終身之惡服楚功在覆蓋惡之表所以封桓公名當如其事也不月者桓公不坐滅略小國

疏注傳不言服楚至亡者。解云其服楚在上四年傳云曷爲再言盟喜服楚也是也。注明繼至身之惡。解云殺子糾者即莊九年九月取子糾殺之是也滅譚即莊十年冬十月齊師滅譚是也其滅遂者即莊十三年夏六月齊人滅遂是也以繼絕除殺子糾以存三亡國除其三滅故云覆終身之惡。注服楚至事也。解云即莊九年齊小白入于齊是其惡文也而言之表若取以蓋藏之。注不月至小國。解云言滅國例書月者惡其篡而罪之今桓公功足除其滅是以不月故云不坐滅也而滅譚滅遂皆月者是時未足以覆之也略小國者欲道既諱不言齊知是誰滅而不書月又以略小國故也。

秋，夫人姜氏會齊侯于卞。○卞皮彥反。九月，公至自會。十有二月乙亥，齊侯小白卒。

十有八年春王正月宋公會曹伯衛人邾婁人伐齊月者與襄公之征齊善錄義兵〔疏〕注月者至征齊。解云正以侵伐例時故也戰不言伐者莊十年師解故難之。夏師救齊。五月戊寅宋師及齊師戰于甗齊師敗績戰不言伐此其言伐何宋公與伐而不與戰故言伐春秋伐者爲客伐者爲主曷爲不使齊主之據甲寅衛人及齊人戰。甗魚輦反又音言與伐音頭下不與同。〔疏〕宋公至故言伐。解云謂宋公但與伐而不與戰故不得舉重是以兩舉之。注據甲至人戰。解云即莊二十八年春王三月甲寅齊人伐衛衛人及齊人戰衛人敗績傳云春秋伐者爲客伐者爲主故使衛主之也然注云戰序上言及者爲主是也與襄公之征齊也曷爲與襄公之征齊據齊桓公霸者猶不與征衛〔疏〕與襄公之征齊也。解云謂據征而正之征是上討下之辭。注據齊至征衛解云即莊二十八年春衛人及齊人戰是也桓公死豎刁易牙爭權不葬爲是故伐之也不爲文實者保伍連率本有用兵征伐不義之道。刁音彫爲是于僞反注同［疏］注不爲文至之道。解云其爲文實者即上元年春齊師宋師曹師次于聶北救邢邢傳云曷爲先言次而後言救君也君則其稱師何不與諸侯專封也曷爲不與實與而文不與文曷爲不與諸侯之義不得專封也諸侯之義不得專封則其曰實與之何上無天子下無方伯天下諸侯有相滅亡者力能救之則救之可也其二年城楚丘之下亦復發文實之傳矣今此經何以不言宋師伐齊傳云此公也其稱師何不與諸侯專征曷爲不與實與而文不與文曷爲不與諸侯之義不得專征諸侯之義不得專征則其曰實與之何上無天子下無方伯天下諸侯有不道者力能征之則征之可也正以諸侯本無專封之道是以元年二年之經皆爲文實以保伍連率本有用兵征不義之道是以不貶宋公稱師矣。狄救齊。秋八月丁亥葬齊桓公。冬邢人狄人伐衛狄稱人者善能救齊雖拒義兵猶有憂中國之心故進之不於救時進之者辟襄公不使義兵壅塞〔疏〕注狄稱人至兵壅塞。解云案穀梁傳狄救齊傳云善救齊也又云邢人狄人伐衛傳云其稱人何也善累而後進之伐衛所以救齊也何氏廢之曰即伐衛救齊當兩舉如伐楚救江矣又傳以爲江遠楚近故伐楚救江分狄亦近衛而遠齊其事一也於義穀梁爲短以此言之則何氏之意適自伐衛不爲救齊之故而此注又以狄稱人者善能救齊者謂以其上能救齊是以於此進之不謂此時伐衛爲救齊也所以不於救時進者不使義兵壅塞也

十有九年春王三月宋人執滕子嬰齊名者著葵丘之會叛天子命者也不得爲伯討者不以其罪執之妾執之所以著有罪者爲襄公殺恥也襄公有善志欲承齊桓之業執一惡人不能得其過故爲見其罪所以助賢者養善意也月者録責之。爲襄于僞反下故爲起爲爲襄公深爲若不爲皆同見賢徧反〔疏〕注名者至命者。解云即上九年夏公會宰周公齊侯宋子衛侯鄭伯許男曹伯于葵丘九月戊辰諸侯盟于葵丘傳云桓公震而矜之叛者九國是也。注不得爲伯討。解云上四年傳云稱侯而執者伯討也稱

人而執者非伯討也今此不稱侯故解之。注明者知貢
解云正以執例書時即上四年夏齊人執陳袁濤塗五年冬晉人執虞公之類是也今此書月者録責之也。夏六月宋人曹人邾婁人盟于曹南因本會于曹南盟故以施實邾婁説在下疏注因本至在下解云言此盟之前揭與于曹南矣其實此盟在邾婁故言實邾婁矣鄫子會于邾婁其言會盟何據言諸侯會盟不録及曹伯襄言會諸侯疏注據外至會諸侯。解云舊本皆無及字言會諸侯會盟不録者正以竟春秋上下無外諸侯會盟之文若有及宜下句讀之後會也説與會伐宋同義君不會大夫刺後會者起實君也以邾婁者起爲邾婁事也不言君者爲襄公諱也魯本許嫁季姬於邾婁季姬淫泆使鄫子請已而許之二國交忿襄公爲此盟欲和解之既在人間反爲邾婁所欺執用鄫子恥辱加於宋無異故没襄公使若微者也不於上地以邾婁者深爲襄公諱使若不爲邾婁事盟而鄫子自就邾婁爲所執者也上盟不日者深順諱文從微者例使若下執不以上盟爲辭也會盟不日者言會盟不信已明無取於日自其正文也疏注説與會伐宋同義

解云即莊十四年春齊人陳人曹人伐宋夏單伯會伐宋傳云其言會伐宋何後會也彼注云本期而後故但舉會書者刺其不信。注君不會大夫。解云案莊九年春公及齊大夫盟于暨傳云公曷爲與大夫盟齊無君也然則何以不名爲其諱與大夫盟也使若衆然又莊二十二年秋及齊高傒盟于防傳云曷爲不言公諱與大夫盟也皆是君不會大夫之辭。注起其君也。解云言起上宋人曹人之屬實是宋公曹伯耳。注地以邾婁。解云正以二十八年夏公會晉侯以下盟于踐土陳侯如會傳云其言如會何後會也然則彼言陳侯如會此亦宜言鄫子如會而言于邾婁起爲邾婁事也。注不言君若。解云上甯之盟不言宋公寺是也。注季姬淫泆至微若也。解云即上十四年夏六月季姬及鄫子遇于防使鄫子來朝傳云鄫子曷爲使乎季姬來朝内辭也非使外朝使來請已也。注不於上至執者也。解云上經云盟于曹南者實是盟于邾婁故以此辭之所以不於上經地以邾婁者深爲襄公諱使若不爲邾婁事盟而鄫子自就邾婁所見執者也。注上盟不至日者。解云春秋上下微者之盟例皆書時而下文冬會陳人蔡人楚人鄭人盟于齊之屬是今此乃以不日爲微者例者正以宋襄賢君雖使微者有可采取故宜書月隱元年注云微者盟例時不能事正故責略之卄月者隱公賢君雖使微者有可采取故録也是也。注會盟至正文也。解云正以春秋之例不信者日故也言自其正文也者謂既言會盟即是不信之正文不勞書日以見

己酉邾婁人執鄫子用之惡乎用之用之社也其用之社奈何蓋叩其鼻以血社也惡無道也不言社者本無用人之道言用之已重矣故絶其所用處也日者魯不能防正其女以至於此明當痛其女禍而自責之。惡乎音烏惡無烏路反用處昌慮反

疏注日者魯至自責之。解云正以凡執例時即上四年夏齊人執陳袁濤塗之屬是也今日故解之。

秋宋人圍曹。衛人伐邢。冬公會陳人蔡人楚人鄭人盟于齊因宋征齊有隙爲此盟也是後楚遂得中國霍之會執宋公。

疏注因宋征至執宋公。解云謂上十八年襄公征齊與宋有間隙齊遂搆會諸侯之人而爲此盟以誅宋矣霍之會執宋公即下二十一年秋宋公楚子陳侯蔡侯鄭伯許男曹伯會于霍執宋公以伐宋是也。

梁亡此未

有代者其言梁亡何據蔡潰以自潰為文舉侵也疏注據蔡至侵也。解云即上四年春公會齊侯云云侵蔡蔡潰是也自亡也其自亡奈何魚爛而亡也梁君隆刑峻法一家犯罪四家坐之一國之中無不被刑者百姓一旦相率俱去狀若魚爛魚爛從內發故云爾者其自亡者明百姓得去之君當絕者疏魚爛而亡也。注梁君至絕者。史記春秋說有此文也

二十年春新作南門何以書譏何譏爾門有古常也惡奢泰不奉古制常法。惡烏路反疏注惡奢至常法。解云言其直是奢泰不依古法非僭天子也隱五年傳云始僭諸侯於此乎前此則曷為始於此僭諸公猶可言也僭天子不可言也定二年雉門及兩觀災之下何氏云立雉門兩觀不書者僭天子不可言雖在春秋中猶不書然則此新作南門書之知不僭天子也。

夏郜子來朝郜子者何宋有存文嫌不名故執不知問。郜古報反姻婣之國下同。疏注宋有存至知問。解云桓二年夏四月取郜大鼎于宋隱二年傳云始滅昉於此乎前此矣

何氏云前此者在春秋前謂宋滅郜是也然則宋人滅郜在春秋之前是以桓二年取郜大鼎于宋自尔以來不見存在之文若然則是失地之君例合書名而來朝不名故執不知問失地之君也何以不名据鄧穀名疏注据鄧穀名。解云即桓七年夏穀伯綏來朝鄧侯吾離來朝傳云皆何以名失地之君是也兄弟辭也郜魯之同姓故不忍言其絕賤明當尊遇之異於鄧穀也書者喜内見歸疏注不忍至絕賤。解云即不書其名是也何者若非兄弟宜書其名絕而賤之。注明當至見歸。解云正以穀鄧書名而此不名也。五月乙巳西宮災西宮者何小寢也小寢則曷爲謂之西宮有西宮則有東宮矣魯子曰以有西宮亦知諸侯之有三宮也西宮者小寢内室楚女所居也禮諸侯娶三國女以楚女居西宮知二國女於小寢内各有一宮也故云爾禮夫人居中宮少在前右媵居西宮左媵居東宮少在後。疏西宮者何。解云欲言是廟不書其謚欲言居寢而書宮舉災故執不知問。注西宮者至云爾。解云案襄九年春宋火傳云曷云或言災或言火大者曰災小者曰火何氏云大者謂正寢社稷宗廟朝廷也此西宮者小寢内室楚女所居也何故不言火而書災彼傳又云内何以不言火内不言火者甚之也彼注云春秋以内爲天下法動作當先自克責故小有火如大有災是以雖小言災耳。禮夫人居中宮。解云土者之制也

西宮災何以書記異也是時僖公爲齊所脅以齊媵爲嫡楚女廢在西宮而不見恤悲愁怨曠之所生也言西宮不繫小寢若小寢夫人所統妾之所繫也天意若曰楚女本當爲夫人不當繫於齊女故經亦云爾。爲適丁歷反又作嫡

○鄭人入滑。秋齊人狄人盟于邢狄稱人者能常與中國也。冬楚人伐隨叛楚故也

二十有一年春狄侵衛貶狄者爲犯中國諱。爲于僞反下不爲襄下文爲執皆同。宋人齊人楚人盟于鹿上。夏大旱何以書記災也新作南門之所生。秋宋公楚子陳侯蔡

侯鄭伯許男曹伯會于霍執宋公以伐宋執

之楚子執之以下獻捷貶霍左氏作盂（疏）會于霍。解云左氏作盂穀梁作雩蓋誤或所

見異。○注以下獻捷貶。○解云即下文冬楚人使宜申來獻捷傳云此楚子也其稱人何貶曷為貶為執宋公貶是也

曷為不言楚子執之據溴梁盟下執莒子邾婁子復出晉人也。溴古闃反（疏）

注據溴梁盟。○解云即襄十六年春公會晉侯宋公以下于溴梁晉人執莒子邾婁子以歸是也不與夷

狄之執中國也不與夷狄執為重復舉伐者刼質諸侯求其國事當赴也不為襄公諱者守信見執無恥說在下也（疏）注刼質諸侯。○解云言刼諸侯以為質而求其國事當赴也是以執伐兩舉見其外貪利也下

云楚人謂宋人曰子不與我國吾將殺子君矣是也○冬公伐邾婁○楚人使

宜申來獻捷此楚子也其稱人何據稱使知楚子貶曷

為貶之據齊侯獻戎捷不貶為執宋公貶曷為為執宋公貶

據上已沒不與執中國宋公與楚子期以乘車之會蓋鹿上之盟

疏注蓋鹿上之盟。解云即上文春宋人齊人楚人盟于鹿上是也言鹿上盟爲此約

公子目夷諫曰楚夷國也彊而無義請君以兵車之會往宋公曰不可吾與之約以乘車之會自我爲之自我墮之曰不可終以乘車之會往楚人果伏兵車執宋公以伐宋許誒刧質諸侯求其國當絕故貶。墮許規反誒音許誒一反許也又音援宋公謂公子目夷曰子歸守國矣國子之國也吾不從子之言以至乎此公子目夷復曰君雖不言國國固臣之國也所以堅宋公意絕彊楚之望

疏注君雖不言國。解云即言君假令不道是臣之國今國當是爲臣之國矣所以堅宋公意欲使宋公乃

在楚不急求還。注絕強楚之望。解云欲絕楚人使知宋雖取不復望之於是歸設守於

而守國楚人謂宋人曰子不與我國吾將殺

子君矣宋人應之曰吾賴社稷之神靈吾國

已有君矣楚人知雖殺宋公猶不得宋國於

是釋宋公宋公釋乎執走之衛襄公本謂公子目夷曰國子之國也

宋公愧前語故慙不忍反走之衛不書者執解而往非出奔也。守手又反又如字應應對之應（疏）注走之衛至奔也。解云正決襄十四年夏衛侯衎出奔齊也公子目夷復曰國爲君

守之君曷爲不入然後逆襄公歸凡出奔歸書執獲歸不書

者出奔已失國故錄還應盜國與執獲者異臣下尚隨君事之未失國不應盜國無爲錄也。國爲于僞反下爲襄爲公子注爲沒故爲皆同（疏）注凡出奔至爲錄也。解云正以桓十五年夏鄭伯突云云彼傳云曷爲或言歸或言復

歸復歸者出惡歸無惡復入者出無惡入有惡入者出入惡歸者出入無惡不應盜國盜國即入與復入是也春秋皆錄其歸以別之其執獲而歸不書者本未失國無義可省何錄之有案下二十八年三月丙午晉侯入曹執曹伯畀宋人冬曹伯襄復歸于曹晉人執衛侯歸之于京師三十年衛侯鄭歸于衛哀七年秋公伐邾婁八月己酉入邾婁以邾婁子益來八年夏歸邾婁子益于邾婁然則三者皆執獲而歸所以書之者曹伯之下注云執歸不書書者名惡當見其曹伯名者剌天子歸有罪也衛侯歸下注爲殺叔武惡天子歸有罪也執歸不書主書者名惡當見也邾婁子益之下注云善魯能悔過歸之

惡乎捷捷乎宋以上言伐宋○惡音烏**曷爲不言捷乎宋**據戎捷也**爲襄公諱也**襄公本會楚欲行霸憂中國也不用目夷之言而見詐執伐宋幾亡其國故諱爲沒國文所以申善志不月者因起其事○幾音祈

疏 注不月者因起其事○解云正以獻戎捷書六月也起事者正以春秋之義滅國例月莊十年冬十月齊師滅譚十三年夏六月齊人滅遂之類是也今此宋公幾亡國是以爲諱之去其月以起其賢曷爲不言其圍者案舊本傳注三者皆作圍字唯有守下知上一國字以其有圍

皆作圍字者誤守國即上傳設守械而守是也此圍辭也曷爲不言其圍

據上言守國知圍也爲公子目夷諱也目夷遭難設權救君有解圍存國免主之功故

爲諱圍起其事所以彰目夷之賢也歸捷書者刺魯受惡人物也○遭難乃旦反疏注設權全人物也○解云

救君者即上傳宋公釋乎執走之衛是也解圍者楚人釋宋公去而不復圍也○十有二月癸

丑公會諸侯盟于薄言諸侯者起霍之會諸侯也不序者起公從旁以議釋宋公會

盟一事也言會者因以殊諸侯也疏注起霍之會諸侯也○解云即上文秋宋公楚子陳侯蔡侯鄭伯許男曹

伯會于霍執宋公以伐宋是上文序之下文擬之故得起其上會諸侯也不序者若其序之云公會某侯某侯即無以見

公從旁別來今諸侯不序并作一文別言公會則知魯公從旁而來是以不序諸侯以起其義○注會盟一事至侯也○

解云上言會于霍下言盟於薄明其但是一出之行而更言公會諸侯者因以殊諸侯矣○釋宋公執

未有言釋之者此其言釋之何據執滕子至言釋疏釋宋

公○解云不言楚子釋宋公者何氏廢疾公羊以爲公會諸侯釋之故不復出楚耳○注據執至言釋○解云即上十九年春王二月宋人執滕子嬰齊是也

公與爲爾也公與爲爾奈何公與議爾也善僖公能與楚議釋賢者之厄不言公釋之者諸侯亦有力也

疏公與議爾○解云言魯僖公與爲釋宋公之事也

監本附音春秋公羊註疏卷第十一

監本春秋公羊註疏僖公卷第十二 起二十二年盡三十三年

何休學

二十有二年春公伐邾婁取須朐○朐其俱反左氏作句○○夏宋公衛侯許男滕子伐鄭○秋八月丁未及邾婁人戰于升陘○陘音刑○冬十有一月己巳朔宋公及楚人戰于泓宋師敗績偏戰者日爾此其言朔何據奚之戰不言朔【疏】注據奚之戰不言朔○解云即桓十七年五月丙午及齊師戰于奚春秋說以爲五月朔日也春秋辭繁而不殺者正也繁多也殺省也正得正道尤美○不殺所戒反注同省所景反何止爾宋公與楚人期戰于泓之陽泓水名水北曰陽楚人濟泓而來

濟渡有司復曰請迨其未畢濟而擊之迨及宋公曰不可吾聞之也君子不厄人吾雖喪國之餘我雖前幾為楚所喪所以得其餘民以為國喻褊弱○喪息浪反注同幾音祈寡人不忍行也既濟未畢陳有司復曰請迨其未畢陳而擊之宋公曰不可吾聞之也君子不鼓不成列軍法以鼓戰以金止不鼓不戰不成列未成陳也君子不戰未成陳之師○畢陳直覲反下及注同已陳然後襄公鼓之宋師大敗故君子大其不鼓不成列臨大事而不忘大禮有君而無臣言朔亦所以起有君而無臣惜其有王德而無王佐也君襄公所行帝王之兵也有帝王之君宜有帝王之臣有帝王之臣宜有帝王之民未能醇粹而守其禮所以敗也○王德于況反又如字下王佐同醇[illegible]純粹雖遂反以為

雖文王之戰亦不過此也言似文王伐崇陸戰與宋戰舉水者大其不以水厄人也

二十有三年春齊侯伐宋圍緡邑不言圍此其言圍何疾重故也疾痛也重故喻若重故創矣襄公欲行霸守正履信屬爲楚所敗諸夏之君宜雜然助之反因其困而伐之痛與重故創無異故言圍以惡其不仁也○緡亡巾反重故直用反又直龍反注同故創初良反下同屬音燭雜七合反父如字惡烏路反○夏五月庚寅宋公慈父卒何以不書葬盈乎諱也盈滿也相接足之辭也襄公本以背殯不書其父葬至襄公身書葬則嫌霸業不成所覆者薄故復使身不書葬明當以前諱除背殯以後諱加譏封內娶不去日略之皆功覆之也○慈父左氏作茲父復扶又反下公起呂反

【疏】注襄公至背殯○解云即九年春王三月丁丑宋公御說卒傳云何以不書葬爲襄公諱也彼注云襄公背殯出會宰周公有不子之惡後有征齊憂中國尊周室

之以功足以除惡故諱不書葬月足也○注以後諱加微故封○
解云謂以至功薄微故加而為之諱而封之其封字亦有下
句讀之非也○注內娶至覆之也○解云即下二十五年夏
宋殺其大夫傳云何以不名宋三世無大夫三世內娶也彼
注云三世謂慈父王臣處臼也內娶而責其大夫日者正以文
七年夏四月宋公王臣卒注云不日者內娶略文十六年冬
十一月宋人弒其君處臼彼注云不日者內娶略賤
之然則三世內娶二人皆略此獨書日者明是覆之○秋
楚人伐陳○冬十有一月杞子卒卒者桓公存王者後功尤
美故為表異卒錄之始見稱伯卒獨稱子者微弱為徐莒所
脅不能死位春秋伯子男一也辭無所貶貶稱子者春秋黜
杞不明故以其一等貶之明本非伯乃公也又因以見聖人
子孫有誅無絕故貶不失爵也不名不日不書葬者從小國
例也○始見賢徧反

【疏】注桓公存至錄之○解云正以傳聞之世
小國之卒未合書見故解之○注始見稱伯
解云即莊二十七年冬杞伯來朝是也○注為徐莒所脅○
解云即十四年傳云曷為城杞滅也孰滅之蓋徐莒脅之是
也○注貶稱至不明○解云正以春秋之前周王舊有黜陟
之法隱元年儀父稱字上十七年春莫氏稱氏之類今杞公

之爵雖爲伯仍悉春秋之前周王黜之非爲新周故曰不明○注故以其一等貶之○解云謂伯之與子春秋合以爲一而已杞君從恒至子乃是同事之内故云一等○注明本非伯乃公也○解云正以一等貶之明是王者之後本非伯案莊二十七年杞伯來朝之時所以不稱侯正欲此處以一等貶之故微不稱侯也聖人子孫有誅無絶者君其有過但當誅責不合絶去其爵是以雖微弱見貶仍但從伯至子不失其爵矣○注不名不日至例也○解云謂所傳聞之世大小國如此若其曹許之屬仍自書名書葬即上四年許男新臣卒秋葬許繆公彼注云得卒葬於所傳聞世者許大小次曹故卒少在曹後也

二十有四年春王正月○夏狄伐鄭○秋七月○冬天王出居于鄭王者無外此其言出何據王子瑕奔晉不言出

疏 王者無外○解云桓八年傳云女在其國稱女此其稱王后何王者無外其辭成矣是也○注據王至言出者解云即襄三十年王子瑕奔晉是也

不能乎母也不能事母

罪莫大於不孝故絕之言出也下無廢上之（疏）注明毋至義得絕之者明毋得廢之臣下得從毋命　毋命○解云正以襄王之毋於今仍在亦非繼毋與左氏異也鄭氏發墨守云聖人制法必因其事非虛之孟子曰夫人自侮而後人侮之家必自毀而後人毀之國必自伐而後人伐之今襄王實不能孝道禰惠后之心令其寵專於子失教而亂作出居于鄭自絕于周故孔子因其自絕而書之公羊以毋得廢之則左氏已死矣是也襄王正是惠后所生非繼毋又云失教而亂作自絕於周從左氏鄭氏雜用三家不苟從一

魯子曰是王也不能乎毋者其諸此之謂與德曰是王也無絕義不能事毋而見絕外者其諸謂此灼然異居不復供養者與主書者錄王者所居也○與音餘復扶又反供養九用反下餘亮反（疏）注灼然異至居也○解云公羊以為此天王出居于鄭不事其毋而自出居于鄭春秋惡其所為是以書出以絕之實非出奔故云灼然異居不復供養者與

晉侯夷吾卒篡故不書葬明當絕也不日月者先衆身死子見篡逐故略之猶辭伯（疏）注篡故不書明當絕也○解云正以惠公無立定也入之及於例夫葬以絕之○注不日月至略之

解云大國之卒例書日月上十七年冬十有二月乙亥齊侯小白卒之類是也。注猶薛伯定也。解云即定十二年春薛伯定卒彼注云不日月者子無道當廢之而以爲後未至三年失衆見弒危社稷宗廟禍端在定故略之然則惠公之子亦是不肖而以爲後未期之間文公奪之是以不書日月

二十有五年春王正月丙午衛侯燬滅邢衛侯燬何以名据楚子滅蕭不名。燬况委反絶曷爲絶之据俱滅人滅同姓也絶先祖之躰尤重故名甚之也日者爲魯見憂而録之。爲魯于僞反下同（疏）滅同姓也。解云曲礼下篇云滅同姓名是也以此言之則知公羊何氏以爲齊人滅萊楚滅隗晉滅下陽之屬皆非同姓是以不名耳。注日者至録之。解云凡滅例月即莊十年冬十月齊師滅譚之屬是而此書日也。夏四月癸酉衛侯燬卒。宋蕩伯姬來逆婦宋蕩伯姬者何蕩氏之母也蕩氏宋世大夫（疏）宋蕩伯姬者何。解云欲言婦人而來逆

婦欲言大夫而言伯姬故執不知問○注蕩氏宋世大夫○解云正以稱蕩氏若崔氏尹氏之屬文同也

其言來逆婦何據莒慶言逆叔姬連來若嫌內女爲殺直來也

疏注連來者○解云第子本意據莒慶逆叔姬難比逆婦之文宜云其言逆婦何而連來言之者正以伯姬是內女嫌經言來逆婦爲殺直來之恥非實逆婦是以連來問之似若上五年杞伯姬來朝其子傳云其言來朝其子何彼注云連來者問爲直來乎爲下朝出之類其直來者即莊二十年冬杞伯姬來傳云其言來何直來曰來彼注云直來無事而來也是也

兄弟辭也

其稱婦何有姑之辭也宋魯之閒名結婚姻爲兄弟稱婦者見姑之辭以逆實文知不殺直來也主書者無出道也○凡賢編反

疏其稱婦何○解云隱二年傳云在塗稱婦今此非在塗而稱婦故難之不注者從省文可知也○注宋魯至兄弟○解云蓋時猶然公羊子齊人而取宋魯閒語者正以蕩伯姬來逆婦宋魯之事故使解之亦何傷○注主書者無出道也○解云言伯姬無逆婦之道是以書而譏之○

宋殺其大夫何以不名據宋殺其大夫山名宋三世無大夫

三世内娶也三世謂慈父王臣處臼也内娶大夫女也言無大夫者禮不臣妻之父母國内皆臣無娶道故絶去大夫名正其義也外小惡正之若宋以内娶故公族以弱妃黨益彊威權下流政分三門卒生篡弑親親出奔疾其末故正其本。去起吕反【疏】注三世至臼也。解云即上二十三年夏宋公慈父卒文七年夏宋公王臣卒文十六年冬宋人弑其君處臼是也。注外小惡正之者所傳聞之世外小惡不書故也。注威權下流。解云謂君之威權下流于臣而臣下用之也。秋楚人圍陳納頓子于頓何以不言遂据楚子鄭人侵陳遂侵宋兩之也微者不别遂但别兩耳别之者惡國家不重民命一出兵爲兩事也納頓子書者前出奔當絶還入爲盜國當誅書楚納之與之同罪也主書者從楚絶之頓子出奔不書者小國例也不見挈者故君不可見挈於臣。惡烏路反【疏】注頓子至例也。解云正以春秋之例小國出入不兩書桓十五年夏許叔入于許注云不書出時者小國是例也。注不見挈者。解云故君不可見挈於臣者案桓十一年九月宋人執鄭祭仲突歸于鄭傳云突何以名挈乎祭仲也彼注云挈猶提挈也突當國本當言鄭突欲明祭仲從宋人命提挈而納之故上繫於祭仲不繫國者使與外納同也案莊九年夏公伐齊納糾傳曰何以不稱公子彼注云諸下言子糾知非當國本當去國見挈言公子糾此若作挈文宜言楚人納某甲于頓去其國爵以見挈于楚矣故君不可以見挈於臣。**葬衛文公**不月者滅同姓故奪臣子恩也（疏）注不月者至恩也。解云卒日葬月大國之常案桓十二年冬十一月丙戌衛侯晉卒十三年三月葬衛宣公之類是也。**冬十有二月癸亥公會衛子莒慶盟于洮**莒無大夫書莒慶者尊敬壻之義也洮內地公與未踰年君大夫盟不別得意雖在外猶不致也。別彼列反（疏）注書莒至之義也。解云即莊二十七年冬莒慶來逆叔姬傳云大夫越竟逆女非禮也。注公與未至致也。解云案莊六年注云公與二國以上出會盟得意致會不得意不致謂與諸侯會時然也今此衛子莒慶皆是卑者得意不得意亦可知故言不別得意耳今洮是內地位不合致假令在外亦不致之何者正以其與卑者會盟得意不假別之如定十二年冬公至自圍成成是孟氏之邑而書致然彼注云天子不親征下土諸侯不親征叛邑公親圍成不能服不能以一國為家甚危若從他國

來故危錄之是也

二十有六年春王正月己未公會莒子衛甯遬盟于向。遬音速向舒亮反○齊人侵我西鄙公追齊師至嶲弗及其言至嶲弗及何据公追戎于濟西不言所至又不言弗及○嶲戶圭反又欲究反侈也侈猶大也大公能却強齊之兵弗者不之深者也言齊人畏公士卒精猛引師而去之深遠不可得及故曰侈不直言大之者自爲追唯臣子得褒之耳不得與追戎同也言師者後大公所追也國內兵不書而舉地者善公敺師去則止不遠務百姓過復取勝得則止之節故録詳之○侈昌爾反又昌者反大也卒子忽反自爲于僞反下深爲同

疏注不直言至録詳之○解云案莊十八年公追戎于濟西傳云此未有言伐者其言追何大其爲中國追也此未有伐中國若則其言爲中國追何大其未至而豫禦之也其言于濟西何大之也彼注云大公除害恩及濟西也言大者當有公賞也然則彼爲諸侯追於王法當有功賞故得云大此則自爲已追但臣子得

褒之故傳不言大以見義云言師者後大公所追也著正○以上言齊人侵我西鄙下言公追齊師與上文異故也

夏齊人伐我北鄙○衛人伐齊○公子遂如楚乞師乞師者何卑辭也曷為以外內同若辭據春秋尊魯疏乞者至若辭○解云案成十六年夏晉侯使欒黶來乞師十七年秋晉侯使荀罃來乞師外亦言乞師也重師也外內皆同卑其辭者深為與人若重之曷為重師據泓之戰不重師疏注據泓之戰不重師○解云上二十二年十有一月己巳朔宋公及楚人戰于泓宋師敗績傳云宋公與楚人期戰于泓之陽楚人濟泓而來有司復曰請迨其未畢濟而擊之宋公曰不可吾聞之也君子不厄人吾雖喪國之餘寡人不忍行也既濟未畢陳有司復曰請迨其未畢陳而擊之宋公曰不可吾聞之也君子不鼓不成列已陳然後襄公鼓之宋師大敗故君子大其不鼓不成列臨大事而不忘大禮有君而無臣以為雖文王之戰亦不過此也然則宋公守古敗師而春秋善之也是其不重之文師出不正反戰不正勝也

不正者，不正自謂出當復反，戰當必勝。兵凶器，戰危事，不得已而用之爾，乃以殺人，故重而不暇別外內也。稱師者，正所乞名也。乞師例時。當復，扶又反，下同。別外，彼列反，下同。（疏）注戰必當勝。解云：以義言之，此句亦宜云戰不正勝者，不正自謂戰當必勝，但何氏者文不復備言。注乞師例時。解云：正以據文承夏，下文成十三年春晉侯使郤錡來乞師之屬，皆書時故也。○

秋，楚人滅隗，以隗子歸。

不月者，略夷狄滅微國也。不言獲者，舉滅爲重。書以歸者，惡不死位。不名者，所傳聞世見治始起，責小國略，但絕不誅之。○隗，五罪反，二傳作夔。惡，烏路反，下同。傳，直專反。見治，賢遍反，下直吏反。（疏）注不月者略夷狄。解云：正以莊十年冬十月齊師滅譚，十三年夏六月齊人滅遂之類，皆書月以故也。注不名者至不誅之。○解云：案上二十三年杞子卒之下注云：又因以見聖人子孫有誅無絕，故貶不失爵也。以此言之，似誅輕絕重，此注云但絕不誅，自相違者，凡誅有二種，一是誅責之誅，若齒路馬有誅、於予與何誅之類；一是誅絕之誅，以武王誅紂誅君之子不立之類。然則上言有誅無絕，聖人子孫但當誅責而已，不合絕去；此言但絕不誅者，謂所傳聞之世，責小國略，今此不書其名，但欲絕去一身，不聽爲君，不合誅滅其國。

哀七年八月己酉入邾婁以邾婁子益來傳云邾婁子益何以名絕之又莊十年以蔡侯獻舞歸傳曰蔡侯獻舞何以名絕之必此二文言絕之則似書名為絕之此注云不名者但絕而不誅又以不名為絕者蓋以絕亦有二種一是絕去其身一是絕滅其國蔡侯獻舞大國之君不能死難為楚所獲春秋之義不與夷狄得志于諸夏是以不得書獲故名蔡侯耻其當合絕滅矣邾婁正當所見之世亦為魯所獲春秋之義內諱獲人皆諱不書故名邾婁子以恥不死難當絕滅矣今此邾婁子既是微國復當傳聞之世若其書名恐嫌二君亦合絕滅故不名見責之略也但合一身絕去而已○冬

楚人伐宋圍緡邑不言圍此其言圍何刺道用師也時以師與魯未至又道用之於是惡其視百姓之命若草木不仁之甚也稱人者楚未有大夫未聞猶師徒自道用之故從楚文

疏邑不至用師也○解云案隱五年宋人伐鄭圍長葛之下傳云邑不言圍此其言圍何彼已注云據伐於餘丘不言圍然則彼已有注故此不復解耳○注稱人至從楚文○解云以文九年冬楚子使椒來聘彼傳云椒者何楚大夫也楚無大夫此何以書始有大夫也始有大夫則何以不氏許夷狄者不一而足也然則

文九年始有大夫則知今時未有然上四年夏楚屈完來盟
于師下二十八年夏楚殺其大夫得臣在椒來聘之前而有
大夫者屈完之下傳云屈完者何楚大夫也何以不稱使尊
屈完也曷爲尊屈完以當桓公也注云增倍使若得其君以
醇霸德成王事也然則欲尊屈完使當桓公以醇霸德非常
事子玉之下注云楚無大夫言其大夫者欲起上楚人本當
言子玉得臣所以詳録霸事○注楚自道至楚文○解云欲
道下文公以楚師得稱楚師而此不得者以楚自道用之故
從楚文也○公以楚師伐齊取穀言以者行公意別曹兵也稱師者順上文疏
注言以者行公意○解云桓十四年冬宋人以齊人衛人蔡
人陳人伐鄭傳云以者何行其意也彼注云以已從人曰行
言四國行宋意也公至自伐齊此已取穀矣何以致伐
據伐邾婁取叢不致未得乎取穀也未可謂得意於取穀曷爲未得乎
取穀據俱取邑曰患之起必自此始也魯內虛而外乞師以犯強齊會
齊侯昭卒晉文行霸幸而得免孔子曰人之生也直罔之生也幸而免故雖得意猶致伐也疏注魯內虛而外

乞師○解云言内虛者謂自無師○今言齊侯昭卒○解云即
下二十七年齊侯昭卒是也○注晉文行霸○解云即二十
八年侵曹伐衛敗楚師于城濮盟于踐土是也○注故雖至
伐也○解云莊六年注云公與一國及獨出用兵得意不致
不得意致伐然則此文公以楚師伐齊取穀是
得意宜合不致今致伐作不得意之文以解之

二十七年春杞子來朝貶稱子者起其無禮不備故魯入之（疏）注貶稱子
至入之○解云杞本公爵但春秋以新周故宋而黜之稱伯
即莊二十七年冬杞伯來朝是也至二十三年經書杞子卒
者但以微弱爲徐莒所脅不能死位故以其一等貶之見聖
人子孫有誅無絕而已至於此經復稱子者起其無禮故左
氏皆有魯入之文也○夏六月庚寅齊侯昭卒○秋八月
乙未葬齊孝公○乙巳公子遂帥師入杞日者杞屬
脩禮朝魯雖無禮君子躬自厚而薄責於人不當乃入之故錄責之○屬有嫌○冬楚人陳侯
蔡侯鄭伯許男圍宋此楚子也其稱人何據亭

諸侯之上貶曷爲貶據圍宋不貶爲執宋公貶故終僖之篇貶也古者諸侯有難王者若方伯和平之後相犯復故罪楚前執宋公僖公與其議釋之今復圍犯之故貶因以見義終僖之篇貶者言君子和平人當終身保也○爲于僞反難乃旦反下復扶又反見賢徧反〔疏〕注楚前執宋公○解云即二十一年秋執宋公以伐宋十二月公會諸侯盟于薄釋宋公傳云執未有言釋之者此其釋之何公與議爾也彼注云公旨善薄公能與楚議釋賢者之包○十有二月甲戌公會諸侯盟于宋地以宋者起公解宋圍爲此盟也宋得與盟則宋解可知也而公釋之見矣○與音預

二十有八年春晉侯侵曹晉侯伐衛曷爲再言晉侯據楚人圍陳納頓子于頓不兩事不再出楚人〔疏〕注據楚至出楚人○解云在上二十五年秋也非兩之也然則何以不言遂據侵蔡遂伐楚言遂〔疏〕非兩之也○解云上二十五年頓子之下傳云何以不言遂兩之也注云殺者不別遂但別兩舉而別之者惡國家不重民命

一出兵爲一事也以此言之初發國即有兩伐之意○注據侵蔡伐楚言遂○解云即上四年春王正月公會齊侯以下侵蔡蔡潰遂伐楚是也

未侵曹也未侵曹則其言侵曹何致其意也其意侵曹則曷爲伐衛晉侯將侵曹假塗于衛衛曰不可得則固將伐之也曹有罪晉文行霸征之衛壅遏不得使義兵以時進故著言侵曹以致其意所以通賢者之心不使壅塞也宋襄公伐齊月此不月者晉文公功未著且當脩文德不當深求於諸侯故不美也○衛壅於勇反下同又作壅同遏於葛反

疏衛曰不可至伐之也○解云言衛不可得塗則固將先伐之言其意猶自然得侵曹矣○注曹有至征之○解云言征之者謂征伐而正之上討下之辭即上十八年傳云與襄公之征齊也

○公子買戍衛不卒戍刺之不卒戍者何不卒戍者内辭也不可使往也即往當言戍衛不卒

疏不卒戍者何○解云公子買實戍乃有不卒戍之文欲言其不戍而經書

戍衛故執不知問不可使往則其言戍衛何據書戍衛行文遂公意也使臣子不可使恥深故諱使若往不卒竟事者明臣不得壅塞君命刺之者何殺之也殺之則曷爲謂之刺之內諱殺大夫謂之刺之也有罪無罪皆不得專殺故諱殺言刺之不言刺公子買但言不卒戍刺之者起爲上事刺之也內殺大夫例有罪不日無罪日外殺大夫皆時○起爲子僞反下爲下卒爲晉深爲不爲同（疏）刺之者何○解云欲言不殺文言刺之欲言實殺文不言殺故執不知問○注有罪至刺之也○解云孟子言大夫者天子命之輔助其政諸侯不得專殺大夫也然則孟子之文論有罪故此何氏云有罪無罪皆不得專殺也○注內殺大至無罪日○解云其有罪不日即此文是而不月者與上同月故也無罪日者成十六年冬十二月乙酉刺公子偃是也○注外殺大夫皆時○解云即上七年夏鄭殺其大夫申侯下三十年秋衛殺其大夫元咺之類是也○楚人救衛○三月丙午晉侯入曹執曹伯畀宋人畀

者何與也其言畀宋人何據下執衛侯言歸之于京師。畀宋必二反與
也下同【疏】畀者何。解云欲言是與，文不言歸；欲言非與，畀者與義，故執不知問。注據下至京師。解云即
下經云冬晉人執衛侯歸之于京師是也。然則彼言歸于京師，此言以畀宋人，故難之。與使聽之
也與使聽其獄也。時天王居于鄭，晉文欲討楚師，以宋王者之後，法度所存，故因假使治之。宋稱人者，明聽訟必
師斷，與其師衆共之。○斷丁亂反，下當斷同。曹伯之罪何甚惡也其甚
惡奈何不可以一罪言也曹伯數侵伐諸侯以自廣大。傳曰晉侯執曹伯
班其所取侵地于諸侯是也。齊桓既沒，諸侯背叛，無道者非一。晉與曹同姓，恩惠當先施，刑罰當後加，起而征之，嫌其失
義，故著其惡。惡者可知也。以其得不言獲者，晉文伯討，不坐獲者，故亦不責曹不死義，與同者，喜義兵得時入。○數所角
反，下數道同。【疏】注傳曰晉侯至是也。○解云即下三十一年春取濟西田之下傳云惡乎取之？取之曹也。此宋
有伐曹者，則其言取之曹何？晉侯執曹伯，班其所取侵地于諸侯是也。○注恩惠當先施。○解云即堯典云九族既睦，平

章百姓是也。注刑罰當後加。解云即小司寇議親議賢之辭是也。注故者其甚惡。解云即執而言畀宋人使治其罪是也。注晉文伯討。解云即稱侯以執是也。注不坐獲者。解云謂諸侯言獲者皆是惡其禮獲是以上十五年獲晉侯之下傳云君獲不言師敗績也注云舉君獲爲重也釋不書者以獲君爲惡書者以惡見獲與獲人君者皆當絕也主書者從獲人例是其坐獲之文今晉侯伯討故不坐獲。

夏四月己巳晉侯齊師宋師秦師及楚人戰于城濮楚師敗績

此大戰也曷爲使微者據秦稱師錄功知大戰必不使微者楚雖無大夫齊桓行霸書屈完也。濮音卜

疏注據秦稱師。解云案文十二年秋秦伯使遂來聘傳云秦無大夫此何以書賢繆公也然則至文十二年秦始有大夫則知此時未合稱師今乃稱師錄功故知大戰既是大戰則明知必不應使微者云楚雖無大夫者文九年冬楚子使椒來聘傳云楚無大夫此何以書始有大夫也以此言之則知此時未有大夫故曰楚雖無大夫矣云齊桓行霸書屈完者即上四年夏楚屈完來盟于師傳云屈完者何楚大夫也何以不稱使尊屈完也

曷爲尊屈完以當桓公也注云增倍使若得其君以醇霸德成王事是也 **子玉得臣也** 以上敗績下殺得臣〔疏〕子玉得臣也。解云傳及注意似子玉爲得臣之氏 **子玉得臣則其稱人何** 据屈完當桓公稱名氏 **貶曷爲貶** 据邲之戰林父不貶。邲音必反 **大夫不敵君也** 臣無敵君戰之義故絕正也奈[illegible]部音助霸者征伐克勝有功故褒進之齊桓先朝天子晉文先討夷狄者晉文之時楚與爭彊所遭遇異〔疏〕注齊桓先朝天子。解云正以莊十三年冬柯之盟桓公之信著于天下豈不朝天子而得然乎但以外朝不書是以無經可指耳何氏以理知之故言先朝天子言先者欲道至僖四年乃始服楚之意云所遭遇異者謂齊桓初霸之時楚未強大雖侵諸夏未能爲伯者之害是以桓公養成其悔至僖四年乃往討而服之至晉文之時楚人孔熾圍宋救衛與之爭盛是以未暇朝王先討子玉矣時事不同故云所遭遇異矣 ○**楚殺其大夫得臣** 楚無大夫其言大夫者欲起上楚人本當言子玉得臣所以詳録霸事不氏者子玉得臣楚之驕蹇臣數道其君侵中國故貶明當與君俱治也。道音導 ○**衛**

僖二十八年

四六二

侯出奔楚晉文逐之不書逐之者以王事逐之擇立其以無絕衛之心惡不如出奔重疏注擇立至奔重。解云立叔武是也叔武衛侯之弟故曰其次耳惡不如出奔重者言文公逐人之惡少於衛侯出奔之罪。五月癸丑公會晉侯齊侯宋公蔡侯鄭伯衛子莒子盟于踐土陳侯如會其言如會何據曹伯襄言會諸侯疏注據曹伯襄。解云即下文曹伯襄復歸于曹遂會諸侯圍許是也後會也說與會伐宋同刺諸侯不慕霸者反歧意于楚失信後會會不致者安信與晉文也盟日者譎也衛稱子者起叔武本無即位之意陳歧意于楚在二十七年。譎古穴反疏注盟日者譎也。解云正以春秋之例不信者日今而書日故解之而言譎者正以孔子謂之譎而不正故取其文。注衛稱子至之意。解云衛侯為王伯所逐而立叔武叔武即是成君何不稱侯而作未踰年之君號欲起其本無即位之心故也無即位之心者即下云文公逐衛侯而立叔武叔武辭立而他人立則恐衛侯之不得反也故於是己立然後為踐土之會治反衛侯是也。公朝于王所曷爲不言公如京師據三月公如京師天子在是也天子在是則曷爲不言天子在是據狩于河陽不與致天子也時晉文公年老恐霸功不成故上白天子曰諸侯不可卒致願王居踐土下謂諸侯曰天子在是不可不朝迫使正君臣明王法雖非正起時可與故書朝因正其義不書諸侯朝者外小惡不書獨錄內也不書如不言天王者從外正君臣所以見文公之功○卒七忽反下倉卒同見賢徧反下不見當見見其同

疏注時晉至錄內也　解云皆春秋說文及史記文禮弓下篇云晉獻公之喪秦穆公使人弔公子重耳曰喪亦不可久也時亦不可久也孺子其圖之鄭玄注云孺稚也孺子猶稚子則於僖九年獻公卒時仍謂之稚子今得稱云年老者正以禮記非正與向民不醇取之云明王法雖非正起時可與者言明王之法雖以爲非正欲見當時事勢不得不然是故遂書其朝云公朝于王所言因正其義者欲道臣無召君之義故不言王之所在云不書至不書者正以諸侯朝王不在京師亦是其惡但非大惡當所傳聞之世見在不錄之限是以特書公朝故隱元年公子益師卒之下何

氏云於所傳聞世見治起於衰亂之中用心尚粗觕故内其國而外諸夏先詳内而後治外内小惡書外小惡不書是也○注不書如不言至之功。○解云春秋之例内朝言如外來言朝今此魯侯不言如反言朝故云從外正君臣所以見文公之功也不言天王所以得正君臣見文公之功者以隱元年秋七月天王使宰咺來歸惠公仲子之賵下何氏云天王者時吴楚上僭稱王王者不能正而上自繫于天也春秋不正者因以廣是非然則稱王爲正稱於天則非礼今此經書不言天王者亦是正君臣以見文公之功也

○六月衛侯鄭自楚復歸于衛 言復歸者天子有命歸之名者刺天子歸有罪也言自楚者爲天子諱也天子所以陵遲者爲善不賞爲惡不誅衛侯出奔當絶叔武讓國不當復廢而反衛侯令殺叔武故使若從楚歸者復歸例皆時此月者爲下卒出也○當復扶又反令力呈反下令自同

○疏 注言復歸至歸之○解云春秋文是以傳云然後爲踐土之會治反衛侯何氏云叔武訟治於晉文公令白王者反衛侯使還國也一大子有命歸而言復歸者正以衛侯出惡歸無惡故也何者正以衛侯初出之時晉文以王事逐之是其出惡及其歸國得天子之命是其歸無惡矣桓十五年傳曰復歸者出惡歸無

惡是也○注名者至罪也解云諸侯不生名若其生名者欲絕之不以爲諸侯是以莊十年蔡侯獻舞之下傳云蔡侯獻舞何以名絕也今此衛侯王事不供而爲伯者所逐故當合絕但天子歸之失誅臣之義是以書名刺天子也○注自楚者爲天子之諱也解云正以自者有力之文故言自楚得爲天子諱者若似自得楚力而歸然云復歸至出也者案桓十七年秋蔡季自陳歸于蔡下三十年秋衛侯鄭歸于衛之屬是歸書時也其復歸書時者即下冬衛元咺自晉復歸于衛之類是例合時而出月故知爲他事出也○衛元咺出奔晉。○咺況晚反○陳侯款卒不書葬者爲晉文諱行霸不務教人以孝陳有大喪而娶會其孤故深爲恥之宋襄亦皆黷謁不爲齊桓諱者時宋襄自會之卒不日者賤其歧意于楚【疏】注卒不日者○解云以大國之卒例書日已說于上○秋杞伯姬來○公子遂如齊○冬公會晉侯齊侯宋公蔡侯鄭伯陳子莒子邾婁子秦人于溫○天王狩于河陽狩不書此何以書事也不與再致天子也一失礼尚愈，再失礼重，故深正其義，使若天子自狩，非致也魯子曰溫近而踐土遠也此魯子一說也溫近狩地故可言狩踐土遠狩地故不言狩也公以再朝而日言之上說是疏溫近而踐土遠也○解云近讀如附近之近遠為遠外之遠○注公以至上說是○解云正以上朝不日而下朝始日危錄內再失礼則知此書狩者不與再致天子也故言上說是

○壬申公朝于王所其日何據上朝不日錄乎內也危錄內再失礼將為有義者所惡不月而日者自是諸侯不繫天子若目不繫於月○惡烏路反下惡衞同

○晉人執衛侯歸之于京師歸之于者何歸于者何歸之于者罪已定矣歸于者罪未定也罪未定則何以得為伯討此難成十五年晉侯執曹伯歸于京師○難乃旦反下方難同疏歸之于者何○解云欲言伯執晉不稱侯欲言非伯而云歸之于京師似得伯執之義故執不知問歸

之于者執之于天子之側者也罪定不定已可知矣（歸之者有絶之辭執于天子之側已白天子罪定不定自在天子故言已可知）歸于者非執之于天子之側者也罪定不定未可知也（未得白天子分别之者但欲明諸侯尊貴不得自相治當斷之于天子天子亦大惡雖未可知執有罪當爲伯討矣無罪而執人當貶稱人○别彼列反）衞侯之罪何殺叔武也何以不書（據殺大夫書）爲叔武諱也春秋爲賢者諱何賢乎叔武（據失兄意○爲叔于僞反下爲賢爲叔武及注而爲深爲皆同）讓國也其讓國奈何文公逐衞侯而立叔武叔武辭立而他人立則恐衞侯之不得反也故於是已立（故上稱子）然後爲踐土之會治反衞侯（叔武訟治於晉文公令白王者

反衛侯使還國也叔武讓國見殺而爲叔武諱殺者明叔武治反衛侯欲兄饗國故爲去殺已之罪所以起其功而重衛侯之無道。爲去起呂反 衛侯得反曰叔武篡我元咺爭之曰叔武無罪終殺叔武元咺走而出此晉侯也其稱人何此以伯討而何貶者言歸之于伯討明知坐他事故更問之。篡初患反 疏注此以伯討而何貶者。解云上四年齊人執陳袁濤塗之下傳云此執有罪何以不得爲伯討然則此傳宜云此執有罪何以不稱侯而云此晉侯也其稱人何問其貶者正以言歸之于者罪定已可知即是伯討明矣知稱人更有所爲故問其稱人之義 貶曷爲貶據他罪不見 衛之禍文公爲之也文公爲之柰何文公逐衛侯而立叔武使人兄弟相疑春秋許人臣者必使臣許人子者必使子文公惡衛侯大深愛叔武大甚故使兄弟相疑 ○大深音泰下同 放乎殺母弟者文公爲之也文公本逐之非故殺此禍也遂之文不見故賤主書者以起文公逐之○放乎甫往反疏注文公本逐之非○解云上注文公以王事逐之而言非者雖于事不供罪不至逐而文公逐之疾惡大甚故以爲非也案論語云人而不仁疾之已甚亂也○注以起文公逐之○解云其主書者即文公執衞侯之事是也今執衞侯賤文公稱人見其失所是故賤以起文公逐之

○衞元咺自晉復歸于衞自者何有力焉者也有力焉者有力于晉也言恃晉有屬己力以歸方難下意故於是發問○屬音燭疏自者何解云文公賢伯而有力於晉大以非其義故執不知問此執其君其言自何上元咺出奔晉而文公執衞侯知以元咺訴執之怪訴其君而助之爲叔武爭也解文公助之意以元咺爲叔武爭訴以爲忠於己而助之雖然臣無訴君之義復於衞非也悖君臣之義故著言自明不當有力於惡人也言復歸者深爲霸者恥之使若無罪○爭爭鬬之爭下注同悖必內反○諸侯遂圍許○曹伯襄復歸于曹○遂會諸侯圍許曹伯言復歸者天子歸之也名者與

衛侯鄭同義，執歸不書。書者，名惡當見，本無事，不當言遂。又不更舉曹伯者，見其能悔過，即時從霸者征伐也。霸兵不月者，剌文公不偃武脩文以附疏，倉卒飲服，許卒不能降威信，自見襃，故不成其善。歸，户江反。

【疏】曹伯襄復歸于曹。解云：天子歸之，以得天子之命，其罪可以除，故言復歸，作入無惡之文矣。上衛侯之下，注云「言復者，天子有命歸之」，不言衛侯，而此處著言曹伯者，正以文承元咺復歸之下，辨嫌也。○注「執歸」至「言遂」。○解云：正以上二十一年宋公被執而歸，經不書之，故知執歸不書。今書者，其名之惡當須見之。○注「又不更舉曹伯者」。○解云：謂何以不言曹伯遂會諸侯圍許，正以言遂，又不更舉曹伯，皆是風疾之義，故可以見悔過，即時從霸者征伐也。○注「欲服許」至「其善」。○解云：正以上文溫之會，許男不至，是不慕霸者而從于楚，故因而服之。云卒不能降者，正以二十九年春，經書「公至自圍許」，作不得意之文。莊六年秋「公至自伐衛」之不傳云「得意致會，不得意致伐」，今此不致會，知卒不能降也。

二十有九年，春，介葛盧來。介葛盧者何？夷狄之君也。何以不言朝？据諸侯來曰朝。○介葛，音介，國名。

【疏】介葛盧者

何。解云欲言諸侯文不言朝欲言大夫文不書聘故執不知問不能乎朝也不能升陛揖讓

也介者國也葛盧者名也進稱名者能慕中國朝賢君明當扶勉以禮義【疏】注進稱名者。解云正以下三十年

秋介人侵蕭不名故知此稱名是其進○公至自圍許。夏六月公

會王人晉人宋人齊人陳人蔡人秦人盟于

狄泉文公圍許不能服自知威信不行故復上假王人以會諸侯年老志衰不能自致故諸侯亦使微者會之

月者惡霸功之廢於是也故復扶又反年未同惡烏路反【疏】注月者至廢於是。解云正以月非大信之辭也

○秋大雨雹夫人專愛之所生。雨于付反雹步角反○冬介葛盧來

前公圍許不在故更來朝不稱字者一年再朝不中禮故不復進也。中丁仲反

三十年春王正月。夏狄侵齊。秋衛殺其

大夫元咺及公子瑕衛侯未至其稱國以殺

僖二十九年

何據歸在下道殺也時已得天子命還國於道路遇而殺之坐之與至國同故但稱國不復別也言

及公子瑕者下大夫別尊卑○復扶又反別尊彼列反○衛侯鄭歸于衛此殺

其大夫其言歸何據未至而有專殺之惡與入惡同疏其言歸何解云正以

歸者是出入無惡也○注禦入惡同○解云正以復入者出無惡入有惡今此衛侯未至而殺故宜與入惡同不合言歸

故難之歸惡乎元咺也衛侯歸殺無惡則元咺之惡明矣曷爲歸惡

乎元咺據師還疏注據師還○解云即莊八年秋師還傳云還者何善辭也此滅同姓何善爾非

師之罪也彼注云明君之使重在君然則彼魯公遣師滅同姓歸善于師而歸惡于公此衛侯即歸惡于元咺與彼義違

元咺之事君也君出則已入晉人執衛侯歸之于京師元咺自晉復歸

于衛恃晉力以歸是也疏注恃晉至是也○解云即彼傳云自者何有力焉者也注云有力焉者有力于晉也

言恃晉有屬已力以歸是君入則已出衛侯鄭自楚復歸于衛元咺出奔晉是也以爲

不臣也故不從犯伯執爲天子所還言復歸從出入無惡言歸以見元咺有出入罪衛侯得殺之所以專臣事君之義名者爲殺叔武之惡天子歸有罪也執歸不書主書者名惡當見。以見賢徧反下同爲于僞反夫烏路反

○晉人秦人圍鄭○介人侵蕭稱人者畧中國故退之

疏注稱人者至退之。解云正以上二十九年來朝稱名今不名故知此稱人者退之也

○冬天王使宰周公來聘與葵丘會同義

疏注與葵丘會同義。解云葵丘之會在上九年公會宰周公以下于葵丘彼注云宰猶治也三公之職號尊名也以加宰知其職大尊重當與天子參聽萬機而下爲諸侯所會惡不勝任也此宰周公亦職大尊重當與天子參聽萬機而下聘諸侯惡不勝任故云與葵丘同義

○公子遂如京師遂如晉大夫無遂事此其言遂何公不得爲政爾不從公政令也時見使如京師而橫生事矯君命聘晉故疾其驕蹇自專當絕之不舉重者遂當有本。撟君居表反本又作矯

疏大夫無遂事。解云正以臣無自專之道也

三十有一年春取濟西田惡乎取之以不月與取運異知
非內叛邑○惡音烏疏注以不月至叛邑○解云昭元年三月取運
傳云運者何內之邑也其言取之何不聽也
注云不聽者叛也不言叛者爲內諱故書取以起之月者爲
內喜得之故書月也此不書月與彼異知非內之邑是以傳
云惡乎取之猶言何勲取之取之曹也曷爲不言取之曹據取叢言
邾婁田也諱取同姓之田也同姓行貪利惡差重恥差深○惡差初賣反下同此
未有伐曹者則其言取之曹何據伐同姓不諱即有兵當舉伐曹下
曰若甲戌取須朐疏注即有兵至須朐○解云即文七年春公伐
邾婁三月甲戌取須朐傳云取邑不日此何
以日內辭也使若他人然注云使若公
春伐邾婁而去他人自以甲戌日取之晉侯執曹伯班
其所取侵地于諸侯也班者布徧還之辭○班布徧音遍下文同晉侯
執曹伯班其所取侵地于諸侯則何諱乎取

同姓之田據晉還之得爲伯疏注據晉還之得爲伯○解云即上二十八年三月丙午晉侯入曹執曹伯畀宋人是也何者稱侯以執伯討之文然此傳云晉侯執曹伯班其所取侵地于諸侯正指上二十八年執曹伯以畀宋人之文言晉還之者謂執曹伯而還諸侯之田矣久也魯本爲霸者所還當時不取久後有悔更緣前語取之不應以得故當坐取邑○公子遂如晉○夏四月四卜郊不從乃免牲猶三望曷爲或言三卜或言四卜三卜禮也四卜非禮也三卜何以禮四卜何以非禮據俱卜也疏曷爲或言三卜○解云即襄七年夏四月三卜郊不從乃免牲是也○三卜禮也○解云案曲禮上篇云卜筮不過三是其舊典之遺存鄭玄云求吉不過三魯四卜郊春秋譏之是也三卜禮謂是魯禮若天子之郊則不卜以其常事但以魯郊非常是以卜之吉則爲之凶則巳之求吉之道三三卜吉凶必有相奇者可以決疑故求吉必三卜○奇居丑反疏求吉之道三○解云周禮大卜

享三王之龜易義亦通于此然三卜是禮理應不書襄七年三卜郊何以書正以魯人之郊博卜三正襄七年乃在周之四月以其不時是以書也

禘嘗不卜郊何以卜禘比祫爲大嘗比四時祭爲大故据之

疏 禘嘗不卜。解云即僖八年秋七月禘于太廟桓十四年八月乙亥嘗之類皆不見卜筮之文故言此。禘比祫爲大。解云禘之與祫雖皆大祭但禘及功臣於祫則否故以禘爲大是以文二年大事於大廟之下傳云五年而再殷祭彼注云謂三年祫五年禘禘所以異於祫者功臣皆祭也祫猶合也禘猶禘也審禘無所遺失盤庚曰兹予大享于先王爾祖其從與享之義亦通于此也。注嘗比四時祭爲大。解云以此傳配禘禘既大於祫則知嘗大于四時且嘗是秋成萬物薦馨故以爲盛也

卜郊非禮也禮天子不卜郊

疏 注禮天至卜郊。解云欲道天子之郊以其常事故不須卜魯郊非禮是以卜之異於禘嘗耳

卜郊何以非禮提上言三卜禮

疏 卜郊何以非禮。解云弟子之意以爲上言三卜是禮何言卜郊非禮乎荅者以爲由魯郊非正故須卜何妨天子之郊不卜乎

魯郊非禮也以魯郊非禮故卜爾昔武王既没成王幼少周公居

攝行天子事制禮作樂致太平有王功周公薨成王以王禮葬之命魯使郊以彰周公之德非正故卜三卜吉則用之不吉則免牲謂之郊者天人相與交接之意也不言郊天者謙不敢斥尊。少詩照反大平音泰王功于況反疏注謂之郊至意也。解云何氏以爲郊特牲云於郊故謂之郊禮記非正典故不從之。注不言郊天者至尊者。解云欲道禘于大廟于莊公武宮之屬皆斥尊言之若然乙亥嘗已卯烝之屬又不斥言者以是時祭于大廟小於禘故也

魯郊何以非禮據成公乃不郊惡之。惡之烏路反下皆同天子祭天郊者所以祭天也天子所祭莫重於郊於南郊者就陽位也槀鞂玄酒器用陶匏大珪不琢大羹不和爲天至尊物不可悉備故推質以事之。槀古老反鞂白交反琢大轉反和戶卧反爲天于僞反下則爲本爲主爲皆同疏注居南郊至以事之。解云皆出禮記郊特牲彼文云郊之祭也大報天而主日也兆於南郊就陽位也又云莞簟之安而蒲越槀鞂之尚酒醴之美玄酒明水之尚器用陶匏以象天地之性也大圭不琢美其質也大羹不和貴其質也鄭氏云明水司烜以陰鑑所取於月之水也蒲越槀鞂藉神席也而彼文又云祭天掃地而祭焉於其質而已矣而云槀鞂神席者

正謂對不爲壇故諸侯祭土土謂社也諸侯所祭莫重
言掃地不全無席於社卿大夫祭五祀士祭
其先疏諸侯祭土○解云欲道天子有方望之事
祖魯郊爲非禮之意也
方望謂郊時所望祭四方羣神日月星辰風疏注方望至
伯雨師五嶽四瀆及餘山川凡三十六所三十六所
解云舊說云四方羣臣是爲四也通日與月爲八星是五星
爲十一也辰是十二辰爲二十三風伯雨師爲二十五五岳
爲三十四瀆爲三十二餘小無所不通盡八極之內天之
山川爲二是爲三十六所所覆地之所載無
所不至故諸侯山川有不在其封內者則不祭
得郊也
也故魯郊疏注故魯至禮也○解云正以其曷爲或
非禮也所主狹是以不得祭天地也
言免牲或言免牛免牲禮也魯卜郊不吉免之禮
卜郊不吉則爲牲作
玄衣纁裳使有司玄端放之於疏或言免牛○解云即成
南郊明本爲天不敢留天牲七年王正月鼷鼠食郊
牛角改卜牛鼷鼠又
食其角乃免牛是也免牛非禮也免牛何以非禮

傷者曰牛養牲不謹敬有災傷天不饗用不得復爲天牲故以本牛名之非禮者非大牲不當復見免但當內自省責而已。復爲扶又反下同見免賢徧反下以見同三望者何望祭也然則曷祭祭泰山河海曷爲祭泰山河海據郊者主爲祭天。大山音泰本亦作泰下同（疏）三望者何。解云欲言祭之文在免牲之下欲言非祭因郊天爲之故執不知問山川有能潤于百里者天子秩而祭之此皆助天宣氣布功故祭天及之秩者隨其大小尊卑高下所宜禮祭天牲角繭栗社稷宗廟角握六宗五嶽四瀆角尺其餘山川視卿大夫天燎地瘞日月星辰布山縣水沉風磔雨升燎者取俎上七體與其珪寶在辨中置於柴上燒之。繭古典反燎力召反瘞於例反縣音玄磔陟百反（疏）註禮祭天至大夫。解云皆王制與禮說文耳其餘山川視卿大夫者小小川之屬但牢牛而已。注天燎至而升。解云爾雅祭天曰燔柴者蓋以燎柴而燔之故謂祭爲燔柴云地瘞者即爾雅云祭地曰瘞埋李巡曰祭地以玉埋地中瘞亦埋也云日月星辰布者即爾雅云祭星曰布孫氏云既祭布散於地位似星辰布列郭氏曰布散祭於地然則爾雅雖不言日月日月之義宜附於星故何氏連日月言之云山縣者爾雅云祭山曰庪縣郭氏云或庪或縣置之於山李氏曰祭山以黄玉及璧以庪置几上遥遥而眡之若縣故曰庪縣孫氏曰庪縣埋於山足曰庪埋於山上曰縣是也云水沈者即爾雅祭川曰浮沈孫氏曰置祭於水中或浮或沈故曰浮沈是也言風磔者即爾雅云祭風曰磔孫氏云既祭披磔其牲以風散之李氏曰祭風以牲頭蹄及皮破之以祭故曰磔郭氏曰今俗當大道中磔狗云以止風此其象云兩升者無文何氏更有所見蓋患其兩多祭使上升故祭兩曰升明上水沈是祭川也○注燎者取至燎之○解云上天燎之文其七躰者即少牢之肩臂臑肫胳正脊脡脊横脊短脅長脅代脅之屬也

觸石而出膚寸而合側手爲膚案指爲寸言其觸石理而出無有膚寸而不合○膚寸方于反側手爲膚按指爲寸**不崇朝而徧雨乎天下者唯泰山爾**崇重也不重朝言一朝也○崇朝如字崔同兩于付反又如字崇重直龍反下同**河海潤于千里**亦能通氣致雨潤澤及于千里韓詩傳曰湯時大旱使人禱于山川是也郊望卒一

獨祭三者魯郊非禮故獨祭其大者猶者何通可以已也已止何以書譏不郊而望祭也譏尊者不食而卑者獨食書者惡失禮也魯至是郊者僖公賢君欲尊明其先祖之功德不就發之譏者春秋不見事不書皆從事舉可知也不告言不從者明已意汲汲欲郊而上不從爾所以見事畏神當加精誠○秋七月○冬杞伯姬來求婦其言來求婦何兄弟辭也其稱婦何有姑之辭也書者無出道也○狄圍衛○十有二月衛遷于帝丘月者惡大國遷至小國城郭堅固人衆疆遷徙畏人故惡之也

三十有一年春王正月○夏四月己丑鄭伯接卒不書葬者殺大夫申侯也君殺大夫皆就葬別有罪無罪唯内無貶公之道不可去葬故從殺時別之○接二傳作捷別有彼列反下同去起呂反【疏】注君殺至無罪○解云正謂大夫有罪則書其君葬若其大夫無罪

則去其君葬以見惡○注唯内至别之○解云正其别文即有罪不日上二十八年春公子買戍衞不卒戍刺之是也若其無罪則書日即成十六年十有二月乙酉刺公子偃是也○衞人侵狄○秋衞人及狄盟不地者起因上侵就狄盟也復出衞人者嫌與内微者同也言及者時出不得狄君也稱人而言及則知狄盟者卑○復扶又反○冬十有二月己卯晉侯重耳卒○重直龍反

三十有三年春王二月秦人入滑○齊侯使國歸父來聘○夏四月辛巳晉人及姜戎敗秦于殽其謂之秦何據敗者稱師未得師稱人○殽本又作肴户交反或户高反

〔疏〕注據敗至稱人○解云即莊二十八年春王三月甲寅齊人伐衞衞人及齊人戰衞人敗績傳云敗者稱師衞何以不稱師何氏云據桓十三年己巳燕人戰敗績稱師傳云未得乎師也何氏云未得成列為師也然則燕人敗績稱

師徧人未得師称人今此称国故難之夷狄之也曷為夷狄之据俱見敗秦伯將襲鄭輕行疾至不戒以入曰襲○輕遣政反百里子與蹇叔子諫曰千里而襲人未有不亡者也行疾不假涂變必生道遠多險阻遭變必亡○蹇居輦反秦伯怒曰若爾之年者宰上之木拱矣宰冢也拱可以手對抱○拱九勇反以手對抱〔疏〕注宰冢也○解云正以穀梁傳云子之冢木已拱矣范氏云拱合抱未知同異如何也爾曷知師出百里子與蹇叔子送其子而戒之曰爾即死必於殽之嶔巖是文王之所辟風雨者也其處險阻隘勢一人可要百故文王過之驅馳常若辟風雨襲鄭所當由也○嶔苦銜反鄒誕生楷詮之音上林賦范同徐音欽韋昭漢書音義去瞻反又本或作嶔同岩五銜反韋音巖處昌慮反隘於賣反要一遥反傳要之同吾將尸爾焉在牀曰尸在棺

曰樞子揖師而行揖其父於師中介胄不拜爲其拜如蹲○胄直文反爲于僞反蹲音存疏

注介胄不拜○解云出曲禮上篇彼文蹲作蓌字少儀亦云介者不拜鄭注云軍中之拜肅拜是也百里子

與蹇叔子從其子而哭之秦伯怒曰爾曷爲

哭吾師對曰臣非敢哭君師哭臣之子也言恐

臣先死子不見臣故先哭之弦高者鄭商也鄭商賈人○賈音古遇之殽矯

以鄭伯之命而犒師焉詐稱曰矯犒勞也見其軍行非常不似君子恐見虜掠故

生意矯君命勞之○矯以居表反犒苦報反勞也勞力報反下同掠音亮或曰往矣或曰

反矣軍中語也時以爲鄭實使弦高犒之或以爲鄭伯已知將見襲必設備不如還之或曰緒出當遂往之然

而晉人與姜戎要之殽而擊之匹馬隻輪無

反者然然上議猶豫留往之頃也匹馬一馬也隻奇也皆喻盡○隻輪如字一本又作踼輕董仲舒云皆不

還故不得易輪轍復蹈居宜反一本作易蹈

其言及姜戎何（據秦人白狄不言及吳子主會也）

疏 注及吳子主會也○解云即黃池傳云吳何以稱子吳主會吳主會則曷為先言晉侯不與夷狄之主中國也

姜戎微也（故絕言及）稱人亦微者也何言乎姜戎之微（據邢人狄人伐衛不言及）先軫也（先軫晉大夫也言姜戎微則知稱人者尊）或曰襄公親之（以既賤又危文公葬）

疏 注以既至公葬○解云即下經云癸巳葬晉文公是也何者隱三年傳云當時而不日正也當時而日危不得葬也今此文公去年十二月薨至今年四月正宜合葬而書其日故云危文公葬

襄公親之則其稱人何（據桓十三年衛侯背殯用兵不稱人）

疏 注據桓十三年至稱人○解云即桓十三年十二月公會紀侯鄭伯已巳及齊侯宋公衛侯燕人戰云云是也知彼衛侯背殯用兵者即以桓十二年十一月丙戌衛侯晉卒至十三年三月葬衛宣公然則三月乃葬先君二月而已出戰故知背殯明矣

貶曷爲貶（據俱背殯用兵）君在乎殯而用師

危不得葬也與衛迫齊宋異故惡不子也○惡不烏路反下同疏注與衛至宋異○解云即彼注云背殯用兵而月不危之者衛弱於齊宋不從亦有危故量力不責是也詐戰不日此何以日據不言敗績外詐戰文也詐卒也齊人語也○卒七忽反盡也惡者不仁○癸巳葬晉文公○狄侵齊○公伐邾婁取叢取邑不致者得意可知例○取叢才工反一傳作取訾樓疏取叢○解云有作鄒亭者○取邑至知例○解云公與二國以上用兵之時得意致會不得意致伐若與一國及獨出用兵之時得意不致不得意致伐今此取邑例皆不致不別得意者既言取邑得意明矣何勞別之○秋公子遂率師伐邾婁○晉人敗狄于箕不月者略微者與夷狄也疏注不月至狄也○解云以隱六年注云戰例時偏戰日詐戰月今此不月故解之○冬十月公如齊月者善公念齊恩及子孫疏注月者至子孫○解云正以朝聘例時故如此解而言念齊恩及子孫者正以十年春公如齊之下注云月者僖公本齊

所立桓公德衰見叛獨能念恩朝事之故書錄云十五年公如齊之下注云月者善公既能念恩尊事齊桓又合古五年一朝之義故錄之今桓公既卒能復朝齊書月故以念恩及子孫解之

○十有二月，公至自齊。○乙巳，公薨于小寢。○隕霜不殺草，李梅實。何以書？記異也。何異爾？不時也。周之十二月，夏之十月也。易中孚記曰：陰假陽威之應也。旱霣霜而不殺萬物，至當霣霜之時，根生之物復榮不死，斯陽假與陰威，陰威列索，故陽自霣霜而反不能殺也。此禧去公室，政在公子遂之應也。○復，扶又反。索，息各反。

【疏】注陰威列索。○解云：正謂陰威列見而散萬物矣。

○晉人、陳人、鄭人伐許。

監本春秋公羊註疏僖公卷第十二

監本春秋公羊註疏文公卷第十三 起元年盡九年

何休學

元年春王正月公即位○二月癸亥朔日有食之是後楚世子商臣弒其君楚滅江六狄比侵中國（疏）注是後至其君○解云即下經云冬十月丁未楚世子商臣殺其君髡是也○注楚滅江六○解云即下四年秋楚人滅六是也○注狄比侵中國○解云即下四年夏狄侵齊七年夏狄侵我西鄙之屬是也○天王使叔服來會葬其言來會葬何據奔喪以非禮書歸含且賵不言來○歸含本又作唅戶暗反五年經同賵芳鳳反（疏）注據奔喪以非禮書○解云即定十五年夏五月壬申公薨于高寢下云邾婁子來奔喪傳云其言來奔喪非禮也是○注歸含至言來○解云下五年春王正月王使榮叔歸含且賵是也會葬禮也但解會葬者明言來者常文不為早晚施也常事書者文公不肖諸侯莫肯會之故書天子之厚以起諸侯之薄蓋以長補短也叔

文五十六

王宗

服者王子虎也服者字也叔者長幼稱也不繫王者不以親
疏録也不稱王子者時天子諸侯不務求賢而專貴親親故
尤其在位子弟刺其早任以權也魯得言公子者方録異辭
故獨不言弟也諸侯得言子弟者一國失賢輕○不爲于僞
反下不爲同長幼丁文反稱也尺證反

【疏】注但解至施也○解云在隱元年也○注常事書者○解云僖公之
辛在去年十二月至今年四月葬之是爲五月而葬叔服來
會附在葬前適得其所故謂之常事常事不書今書之故須
注解○注文公至會之○解云正以下七年秋八月公會諸
侯晉大夫盟于扈傳云諸侯何以不序大夫何以不名公失
序也公失序奈何諸侯不可使與公盟眣晉大夫使與公盟
也注云文公爲諸侯所薄賤不見序故深諱爲不可知之辭
是其不肖諸侯莫肯會之之義也○注故書至之薄○解云
言天子恩厚於文公而經書其會葬起諸侯之薄無恩於文
公故經不書矣而襄三十一年冬十月滕子來會葬亦是常
事而書之者亦起當時更無人會故彼注云此書者與叔服
同義是也○注蓋以長補短也○解云謂書天子得禮欲以
補諸侯之短令其非禮見矣其非禮者不相會葬是也○注
叔服至稱也○解云知叔服爲王子虎者正以下三年夏五
月王子虎卒傳云王子虎者何天子之大夫也外大夫不卒

此何以卒新使乎我也注云王子虎即叔服也新為王者使
來會葬在葬後三年中卒君子恩降於親親則加報之故卒
明當有恩禮也是也○注不繫至録也○解云若繫王宜云
王使王服子來會葬似若宣十五年王札子矣今不如此者
春秋王者見天子之厚使來會葬而已何須録其使人之親䟽
乎是以不言王服子矣宣十五年王札子殺召伯毛伯傳云
王札子者何長庶之號注云子者王子也天子不言子弟故
變文上札繫先王以明之是其類也○注不稱至權也○解
云言尤其在位子弟則知聘使與會盟之時不得稱子弟若
其卒與奔奔猶得稱之何者卒與出奔不復在位何須剌其早
任以權乎即下三年夏五月王子虎卒襄三十年夏王子瑕
奔晉之屬是也○注魯得至弟也○解云魯君在位公子得
言之者即桓五年公子翬如齊逆女莊二年公子慶父伐於
餘丘之屬是也言方録異辭者謂上異於天子下異於諸侯
見其為新王之義故因方録異辭矣故獨不言弟也者謂尤
其在位之弟若其卒與出奔不妨有之即宣十七年冬公弟
叔肸卒之屬是也○注諸侯至賢輕○解云諸侯在位公子
得見經者即宣二年春及鄭公子歸生戰于大棘之屬是也
其諸侯在位之弟得見經者即隱七年夏齊侯使其弟年來
聘桓十四年夏鄭伯使其弟語來盟之屬是也一國失賢輕

者雖是不務求賢而專貴親親要其一國失賢其罪輕故也○夏四月丁巳葬我君僖公○天王使毛伯來錫公命錫者何賜也命者何加我服也復發傳者嫌禮與桓公同死生異也主書者惡天子也古者三載考績三考黜陟幽明文公新即位功未足施而錫之非禮也○錫思歷反復扶又反惡烏路反

疏 錫者何○解云明始即位未有功美天子加錫異於常典故執不知問○注復發至禮也○解云莊元年王使榮叔來錫桓公命傳云錫者何賜也注云上與下之辭傳又云命者何加我服也注云增加其衣服令有異於諸侯然則若不重發卽嫌惡與桓公同故復言之明有異矣彼是贈死之衣此是朝祭之服故言死生異也云云之說在莊元年

○晉侯伐衛○叔孫得臣如京師書者與莊二十五年同知不爲喪聘書者聘爲貢職天子當得異方之物以事宗廟又欲以知君父無恙不以喪廢故不譏也如他國就不三年一譏而已○恙餘亮反

疏 注書者至譏也○解云即莊二十五年冬公子友如陳彼注云如陳者聘也內朝聘言如者尊內也書者錄內所交接也

乎此亦然故曰同也○注如他至而已○解云如他國所以合譏者正以聘是吉禮又非君父之國於喪宜廢故也言就不三年一譏而已者即下二年冬公子遂如齊納幣傳云納幣不書此何以書譏何譏爾譏喪娶也娶在三年之外則何譏乎喪娶三年之内不圖婚是也言就其重者一譏而已其餘不譏從可知○衛人伐晉○

秋公孫敖會晉侯于戚○戚千叙反○冬十月丁未楚世子商臣弒其君髡楚無大夫言世子者甚惡世子弒父之禍也不言其父言其君者君之於世子有父之親有君之尊言世子者所以明有父之親言君者所以明有君之尊又責臣子當討賊也日者夷狄子弒父忍言其日○髡苦門反左氏作頵

疏注楚無至賊也○解云下九年冬楚子使椒來聘傳云椒者何楚大夫也楚無大夫此何以書始有大夫也始有大夫則何以不氏許夷狄者不一而足也然則至下九年楚始有大夫則知此處未有大夫矣既無大夫其世子亦未當見故解之○注日者至其日○解云如此注者正決襄三十年夏四月蔡世子般弒其君固何氏云不日者深爲中國隱痛有子弒父之禍故不忍言其日是也○公

孫敖如齊書者譏喪娶吉凶不相干

二年春王二月甲子晉侯及秦師戰于彭衙秦師敗績稱秦師者愍其衆惡其將前以不用賢者之言匹馬隻輪無反者今復重師敗績師敵君不正者賊之千六反嫌得敵君○衙音牙本或作牙惡烏路反將子匠反復扶反反下不復皆同重直用反

疏注稱秦至其將○解云正以秦于是時未有大夫則不合稱師今而稱師故解之○注前以至敗績○解云在僖三十三年矣○注師敵至敵君○解云僖二十八年夏晉侯以下及楚人戰于城濮傳云此大戰也曷爲使微者子玉得臣也子玉得臣則其稱人何故大夫不敵君也然則彼是大夫嫌其與君敵故正之稱人此師者乃是秦之衆人是以不勞正之耳

○丁丑作僖公主作僖公主者何爲僖公作主也爲僖公廟作主也主狀正方穿中央達四方天子長尺二寸諸侯長一尺○爲僖公廟于僞反下注爲以爲下欲爲同

疏作僖公主者何○解云欲言是禮書而譏之欲言非禮禮有作主之事故執不知問○爲僖公

作主也。解云爲于僞反。注主狀至一尺。解云皆孝經鉤文也卿大夫以下正禮無主故不言之云云之說備在左氏

主者曷用虞主用桑禮平明而葬日中而反虞以陽求陰謂之虞者親喪以下壙皇皇無所親求而虞事之虞猶安神也用桑者取其名與其麤觕所以副孝子之心禮虞祭天子九諸侯七卿大夫五士三其奠處猶吉祭。壙苦晃反又音曠觕才古反又七奴反

疏 注禮平至反禮。解云出檀弓與士虞記也言以陽求陰者謂以日中求神是也而鄭注士虞記云朝葬而日中虞君子舉事必用辰正也者兩相須也彼鄭氏又云再虞三虞皆質明則日中而反虞者指葬日言之。注禮虞至三吉祭。解云自諸侯七以下雜記文其天子九虞者何氏差之耳異義左氏說亦有成文云云之說具左氏傳疏

練主用栗謂期年練祭也理虞主於兩階之間易用栗也夏后氏以松殷人以柏周人以栗松猶容也想見其容貌而事之主人正之意也柏猶迫也親而不遠主地正之意也栗猶戰栗謹敬貌主天正之意也禮士虞記曰桑主不文吉主皆刻而諡之蓋爲禘祫時別昭穆也虞主三代同者用意尚麤觕未暇別也。期年音基三年同人正音征下同別彼列反下同

疏 注謂期至栗也。解云出禮記文

注夏后至以栗○解云出論語也而鄭氏注云謂社主也以古文論語哀公問社於宰我故也今文論語無社字是以何氏以爲廟主耳 用栗者藏主也 藏于廟室中當所當奉事也質家藏于堂 作僖公主何以書 據作餘公主不書 譏何譏爾不時也其不時奈何欲久喪而後不能也 禮作練主當以十三月文公亂聖人制欲服喪三十六月十九月作練主又不能卒竟故以二十五月也日者重失禮鬼神 疏 注禮作至三月○解云即禮記云十三月而練是也○注日者至鬼神○解云即隱五年注云失禮鬼神例日是也 三月乙巳及晉處父盟此晉陽處父也何以不氏 據晉陽處父伐楚救江 疏 注據晉至救江○解云即下三年冬晉陽處父帥師伐楚救江是也 諱與大夫盟也 諱去氏者使若得其君如經言邾婁儀父矣不地者起公就於晉也日者起公盟也俱沒公齊高傒不使若君處父使若君者亂就其國恥不得其君故使若得其君也邾婁首不書不致者深諱之○去起呂反 疏 註諱

云至晉也○解云儀父之事在隱元年凡五等諸侯失爵者名字之例者但直書其名字不言其氏即倪黎來蔡叔邾婁儀父之類是也今此處父無氏故云使者得其君矣○注日者起公盟也○解云正以微者盟例不日故也○注俱役至君也○解云高傒之事在莊二十二年彼經云秋七月丙申及齊高傒盟于防是也○注如晉至諱之○解云正決下一年冬公如晉十有二月己巳公及晉侯盟四年春公至自晉之文也○夏六月公孫敖會宋公陳侯鄭伯晉士縠盟于垂斂盟不日者微與盟誅高臣雖不能誅猶爲疾惡故也穀盟信辭也不如平丘兩奉會盟詳錄之者時至即盟會禮不成○縠戶木反垂斂左氏作垂隴

【疏】盟于垂斂者左氏作垂隴○注雖不能誅○解云正以共討惡逆乃是義之高者若能誅之理應書見以君昭四年經書執齊慶封殺之然今無其經故知不能誅也○注不如平至不成○解云即昭十三年公會劉子晉侯以下于平丘八月甲戌同盟於平丘是也○自十有二月不雨至于秋七月何以書記異也以不言旱大旱以災書此

亦旱也曷爲以異書大旱之日短而云災一云言也言有災疏大旱以災書○解云即僖二十一年經書夏大旱傳云何以書記災也是也故以災書此不雨之日長而無災故以異書也此祿去公室政在公子遂之所致也不就莊三十一年發傳者此最甚重著疏注不就至事著○解云莊三十一年冬不雨傳云何以書記災也然則彼一時不雨是以不得發傳云不雨之日長此則歷四時故言最甚事著也○八月丁卯大事于大廟躋僖公大事者何大祫也以言大與有事異又從僖八年禘數之知爲大祫○大廟音太下太祖皆同躋僖子兮反升也本又作隮同祫音洽大祭禘數大帝反下所主反疏大事者何○解云欲言大祭無禘祫之文欲言時祭而經書大故執不知問○注以言至事異○解云宣八年夏六月辛巳有事于大廟彼是時祭不言大則知此言大者是大祭明矣○注又從僖至大祫解云春秋說文云三年一祫五年一禘爾雅云禘大祭也孫氏云禘五年大祭也然則三年一祫五年一禘禮如然也案

僖八年秋七月禘於太廟從此以後三年一祫數則十一年
祫十四年祫十七年祫二十年祫二十三年祫二十六年祫
二十九年祫三十二年祫文二年祫也若作五年一禘數則
從僖公八年禘十三年禘十八年禘二十三年禘二十八年
禘三十三年禘文五年禘則文二年非禘年正當合祫故知
此年大事為祫矣是以注云又從僖八年禘數之知爲大祫
也若然從僖八年禘數之則十一年祫十三年禘隨次而下
至僖二十三年并爲禘祫何得下傳云五年而再殷祭者盖
爲其初時三年作祫五年作禘大判言之得言五年而再殷
祭其閒三五參差隨次而下何妨或有同年時乎知非祫與
禘祖因而數爲二年五年者若從僖八年禘十一年祫十六
年祫十九年祫數之至僖二十二年禘文公二年祫亦相當
但於五年而再殷祭
之言不合故不得然　**大祫者何合祭也其合祭奈**
何毀廟之主陳于大祖　毀廟謂親過高祖毀其廟藏其主于大祖廟中禮取其廟
室笄以爲死者炊沐　大祖周公之廟陳者就陳列大祖前大
祖東鄉昭南鄉穆北鄉其餘孫從王父父曰昭子曰穆昭取
其鄉明穆取其北面尚敬○笄側白反　**疏**　大祫者何○解
炊昌垂反沐音木東鄉許亮反下同　云正以祫小于

禘而文加大故執不知問○注禮取其數祭○解云出禮記文未毀廟之主皆升合食于大祖自外來曰升五年而再殷祭殷盛也謂三年祫五年禘禘所以異於祫者功臣皆祭也祫猶合也禘猶諦也審諦無所遺失禮天子特禘特祫諸侯禘則不礿祫則不嘗大夫有賜於君然後祫其高祖○禘嘗而礿羊略反、【疏】注禘所以至皆祭也○解云出禮記與春秋說文○注禮天至時祫解云禮說及春秋說文即不主禘祫是也○注諸侯至不嘗解云即禮記王制所云夏禘則不礿秋祫則不嘗是也○注大夫至高祖○解云正以於禮不得故也躋者何升也何言乎升僖公據禘于大廟不道所升【疏】躋者何○解云先君昭穆自有常次今而言躋故執不知問○注據禘至所升○解云即僖八年秋七月禘于大廟用致夫人是也譏何譏爾逆祀也其逆祀奈何先禰而後祖也升謂西上禮昭穆指父子近取法春秋惠公與莊公當同南面西上隱桓與閔僖亦當同北面西上繼閔者在下文公緣僖公於閔公為庶兄置僖公於閔公上失先後之義故譏之傳閔後祖者僖公以臣繼閔公猶子繼父故閔公於文公亦猶祖也自先君言之隱桓及閔僖各當爲兄弟顧有貴賤耳自繼代言之有父子君臣之道此恩義逆順各有所施也不言吉禘者就不三年不復譏略爲下張本○禰乃禮反

疏注不言至張本○解云閔二年夏五月乙酉吉禘于莊公傳云其言吉何言吉者未可以吉也曷爲未可以吉未三年也然則吉禘于莊公在三年之内今此大事亦在三年之内是不須更言吉祫以譏之但略言大事于太廟爲下躋僖公張本而已

○冬晉人宋人陳人鄭人伐秦○公子遂如齊納幣納幣不書此何以書譏何譏爾譏喪娶也娶在三年之外則何譏乎喪娶據逆在四年○喪取七住反本亦作娶同

疏納幣不書○解云正以桓三年秋公子翬如齊逆女不書納幣故難之

三年之内不圖婚僖公以十二月薨至此未滿二十五月又禮先納采問名納吉乃納幣此四者皆在三年之内故云爾

吉禘于莊公譏然則曷爲不於祭

焉譏（據吉禘于莊公譏始不三年大事圖婚猶不三年大事猶從吉禘不復譏）三年之恩疾矣（疾痛）非虛加之也（非虛加責之）以人心爲皆有之（以人心爲皆有疾痛不忍娶）以人心爲皆有之則曷爲獨於娶焉譏（據孝子疾痛吉事皆不當爲非獨娶也）娶者大吉也（合二姓之好傳之於無窮故爲大吉○好呼報反傳直專反）非常吉也（與大事異）其爲吉者主於己（主於己身不如祭也尚有念先人之心）以爲有人心焉者則宜於此焉變矣（變者變慟哭泣也有人心念親者聞有欲爲之圖婚則當變慟哭泣矣況乃至于納幣成婚哉○慟杜貢反）

三年春王正月叔孫得臣會晉人宋人陳人衛人鄭人伐沈沈潰（○伐沈音審國名潰户內反）○夏五月王

子虎卒王子虎者何天子之大夫也外大夫不卒此何以卒据原仲也疏王子虎者何○解云欲言大夫例不書卒欲言諸侯而經書王子故執不知問○注据原仲也○解云即莊二十七年秋公子友如陳葬原仲是也新使乎我也王子虎即叔服也新爲王者使來會葬在葬後三年中卒君子恩隆於親親則加報之故卒明當有恩禮也尹氏卒日此不日者在期外也名者卒從正○新使所吏反疏注尹氏至外也○解云隱三年夏四月辛卯尹氏卒下傳云外大夫不卒此何以卒天王崩諸侯之主也何氏云時天王崩魯隱往奔喪尹氏主儐贊諸侯與隱交接而卒恩隆於王者則加禮録之故爲隱恩痛之日者恩録之明當有恩禮然則彼天王崩尹氏四月卒仍在期内其恩近故書日此則已經三年其恩殺故不日是以注云在期外○注名者卒從正○解云隱八年夏六月己亥蔡侯考父卒八月葬蔡宣公傳云卒從正傳氏云卒當赴告天子君前臣名故從君臣之正義言也傳云而葬從主人何氏云至葬者有常月可知不赴告天子故自從蔡臣子辭稱公然則此亦從君臣之正義言之故云名者卒從正也○秦人伐

晉。秋，楚人圍江。雨螽于宋。雨螽者何？死而墜也。以先言雨也。墜，隋地也。不言如雨言雨螽者，本飛從地上而下至地，似雨尤醇。○雨螽于付反，下及注同，一音如字。螽音終。而隊，直類反，注同。隋，大果反。上，時掌反。醇音純。

【疏】雨螽者何。○解云：欲言是雨而特施于螽，欲言非雨而文言雨螽，故執不知問。○注以先言雨也。○解云：正以先言雨後言螽，則知死而墜者也。○注不言至尤醇。○解云：欲道莊七年星霣如雨者，本從天來，又不及地，如雨不醇，故云如雨。此則初從地上而還至地，故不言如，言其真似雨也。

何以書？記異也。外異不書，此何以書？為王者之後記異也。螽猶衆也。衆死而墜者，羣臣將爭彊相殘賊之象。是後大臣比爭鬬相殺，司城驚逃，子哀奔亡，國家廓然無人，朝廷久空，蓋由三世內娶，貴近妃族，禍自上下，故異之云爾。○為王，于僞反。近，附近之近。

【疏】注是後至相殺。○解云：即七年夏宋人殺其大夫，八年冬宋人殺其大夫是也。○注司城驚逃。○解云：即八年冬宋司城來奔是也。○注子哀奔亡。○解云：十四年秋宋子哀來奔是也。○注蓋由三世內娶解云僖二十五年及下七年傳皆云宋三世無大夫三世内娶也之屬是也○冬公如晉十有二月己巳公及晉侯盟○晉陽處父帥師伐楚救江此伐楚也其言救江何據兩之當先言救也非兩之當車出處父也生事當言遂三者皆違例先後言救江丸伐楚意故明之○重直用反（疏）注據兩至救江○解云即僖二十五年秋楚人圍陳納頓子于頓傳云何以不言遂兩之也是也必知先言救者正以以江近楚遂故也○注非兩至父也○解云即僖二十八年春晉侯侵曹晉侯伐衛傳云曷為再言晉侯非兩之也是也○注生事當言遂○解云即宣元年秋楚子鄭人侵陳遂侵宋是也為諼也諼詐詐諼許元反其為諼奈何伐楚為救江也救人之道當指其所之實欲救江而反伐楚以為其勢必當引圍江兵當還自救也故云爾孔子曰自古皆有死民無信不立

四年春公至自晉○夏逆婦姜于齊其謂之

逆婦姜于齊何据不書逆者主名不言如齊不稱女【疏】夏逆婦姜于齊 解云隱二年注云不親迎例月重錄之今此書時者蓋以娶于大夫賤不可以奉宗廟故略之○注据不至稱女○解云決宣元年公子遂如齊逆女之經也略之也稱婦姜至文也逆與至共文故爲略【疏】注稱婦姜至爲略 解云欲道遂以夫人婦姜至自齊之經還至始言婦姜今此始逆已言婦姜故云逆與至共文耳高子曰娶乎大夫者略之也賤非所以奉宗廟故略之不書逆者主名卑不爲錄使也不言如齊者大夫無國也不稱女者方以婦姜見與至共文重至也不稱夫人爲致文者賤不可奉宗廟也不言氏者本當稱女女者父母辭君子不奪人之親故使從父母辭不言氏○爲于僞反使所吏反見賢徧反【疏】注不言至言氏 解云莊二十七年秋公子友如陳葬原仲案彼亦是大夫無國而得言如陳者何氏云不言如陳者不許國事實私行也是也○狄侵齊○秋楚人滅江○晉侯伐秦○衛侯使甯俞來聘○冬十有一月壬寅夫人風氏薨

○甯俞乃定反下音餘【疏】衛侯使甯俞來聘○解云正本作速字故賈氏云公羊曰甯速是也

五年春王正月王使榮叔歸含且賵含者何口實也孝子所以實親口也緣生以事死不忍虛其口天子以珠諸侯以玉大夫以碧士以貝春秋之制也文家加飯以稻米○飯扶晚反【疏】含者何○解云欲言實口上下無例欲言凶物而經書含故執不知問○注天子至貝者○解云皆春秋說文故云春秋之制也○注文家加飯以稻米○解云即禮記檀弓下篇云飯用米貝弗忍虛也

其言歸含且賵何據宰咺歸賵賵不言且也連賵何之者嫌據賵言歸○咺況阮反【疏】注據宰至且也○解云即隱元年秋七月天王使宰咺來歸惠公仲子之賵是也○注連賵至言歸○解云若傳直言且何即嫌責出賵事亦當言歸故連言賵以辯嫌

兼之兼之非禮也且兼辭以言自知幾兼之也含言歸者時王持含來也去天者含者臣子職以至尊行至卑事失尊之義也不欲含晚言來者本不當含也上書者從含也○云婉已反下同【疏】注含者臣子職○解云正以入出當之故也○注不從至

包也○解云正以會者殯前之禮逆始行之故知晚然則宜言深以見晚而不言來者正以本不當會寧得道其晚乎○注言書至會也○解云言春秋主書此事者正欲譏其含而并言賵者因譏之

○三月辛亥，葬我小君成風。成風者何？僖公之母也。風氏也任宿顓臾之姓○任音壬顓臾音專下音腴【疏】成風者何○解云欲言其妾經書小君欲言夫人不同夫人經故執不知問○注風氏至之姓○解云風氏謂此成風即文風氏蓋者矣知任宿顓臾之姓者左傳文

○王使召伯來會葬。去天者不及事也刺比失喪禮也

○夏，公孫敖如晉。○秦人入鄀。○鄀音弱

○秋，楚人滅六。○冬十月甲申，許男業卒。

【疏】注楚人滅六○解云不月者略夷狄滅小國小說作請巳十六年○許男業卒○解云正

本作

六年春，葬許僖公。○夏，季孫行父如陳。○秋

季孫行父如晉○八月乙亥晉侯讙卒○讙好官反○冬十月公子遂如晉○葬晉襄公書遂者刺公生時數如晉薨不自行非礼也礼諸侯薨使大夫弔自會葬○數所角反

疏注書遂至會葬○解云晉侯生時公數如晉者即上二年十二月乙巳及晉處父盟彼下注云亦晉不書不致者深諱之二年冬公如晉之屬是也言葬不自行非礼云云者異義公羊說云襄三十年叔弓如宋葬宋共姬譏公不自行也者與此注合

○晉殺其大夫陽處父○晉狐射姑出奔狄晉殺其大夫陽處父則狐射姑曷為出奔據蔡殺其大夫公子燮蔡公子燮出奔楚出非同姓恐見及○射姑音亦又音夜穀梁作夜

疏注據蔡至見及○解云事在襄二十年秋彼則燮是蔡之同姓言恐禍及已而出奔此非同姓而亦奔故難之

射姑殺也以非恐見及知其殺射姑殺則其稱國以殺何君漏言也自上言泄下曰漏○君漏

力丑反泄也言泄息列反又以制反其漏言奈何君將使射姑將謂作中軍大夫○姑將子匠反下同陽處父諫曰射姑民衆不說不可使將於是廢將陽處父出射姑入君謂射姑曰陽處父言曰射姑民衆不說不可使將射姑怒出刺陽處父於朝而走明君漏言殺之當坐殺也易曰君不密則失臣臣不密則失身幾事不密則害成○不說音悅下同刺七亦反又一音七賜反

【疏】注明君至坐殺也○解云襄公當坐則御去公其葬而止之經書冬十月公子遂如晉葬襄公者蓋謂葬訖乃相殺不得追去葬是以穀梁傳曰襄公死處父主竟上之事夜姑使人殺之是也然則此傳雖連言之仍不妨殺之在葬後是以經書葬在殺前矣○注易曰至害成○解云上繫辭文也鄭氏云幾微也密靜也言不慎於微而以動作則禍變必成

○閏月不告月猶朝于廟不告月者何不告朔也禮諸侯受十二

月朔政於天子，藏于大祖廟，每月朔朝廟，使大夫南面奉天子命，君北面而受之。比時使有司先告朔，謹之至也。受於廟者，孝子歸美先君，不敢自專也。言朝者，緣生以事死，親在朝朝莫夕，已死不敢渫鬼神，故事必于朔者，感月始生而朝。○大祖音泰。比，必利反。朝朝，上如字，下直遥反。渫，息列反。

【疏】不告月者何。○解云：欲言朔日，文不言朔；欲言非朔，刺其不告，故執不知問。○注"礼諸侯至受之"。○解云：出玉藻，但謂礼法然，非謂礼有成文。○注"比時至告朔"。○解云：比時者，言比至月朔之時也。○注"視在朝朝莫夕"。○解云：據礼有朝玄端、夕深衣之文故也。而文王世子云"文王之爲世子，朝於王季日三"者，蓋謂越礼之高矣。

曷爲不告朔？據具月也。天無是月也。閏月矣，何以謂之天無是月？非常月也。所在無常，故無政也。猶者何？通可以已也。朝者因視朔政尔，無政而朝，故加猶。不言朔者，閏月無告朔礼也。不言公者，内事同知。

【疏】猶者何。○解云：欲言非礼，礼則有之；欲言是礼，而經書猶，故執不知問。○注"不言至可知"。○解云：欲道下十六年"夏五月，公四不視朔"言公矣，故解之。

七年春公伐邾婁○三月甲戌取須朐取邑

不日此何以日據取叢也○朐其俱反

疏注據取叢也○解云考諸舊本叢皆作闞字是以昭三十二年春王正月取闞傳云闞者何邾婁之邑也若作叢字即僖三十三年夏四月辛巳晉人及姜戎敗秦于殽癸巳葬晉文公公伐邾婁取叢文承日月之下而將取邑不日據之非其義也且案彼叢字多作鄹字耳○

內辭也使若他人然使若公春伐邾婁而去也人自以甲戌日取之內再取邑然後甚而日也今此一取而日故使若他人然所以深諱者邑之嫌不見序抑為不得也故○抑為于偽反年未注同

疏注內再至日也○解云隱十年夏六月辛未取郜辛巳取防傳云取邑不日此何以日一月而再取也何言乎一月而再取甚之也是也若然哀二年春王二月季孫斯叔孫州仇仲孫何忌帥師伐邾婁取漷東田及沂西田亦是再取邑而不日者隱公之時新十始起當先自正不可取人邑小惡之甚者書日以甚之至定哀之時文致太平內之小惡亦諱而不書是以不書其日矣所以不全諱之者如彼注云○注今此下人然○解云舊本於下有知字○注邑之至邑故○解云

邑之盟在下文秋八月。○遂城郚主書者甚其生事困極師衆。○郚音吾○夏四月，宋公王臣卒。不書葬者坐殺大夫也，不日者內娶略。疏注不書至夫也○解云：正以僖二十四年宋公王臣即位，至二十五年夏宋殺其大夫，而不書葬，明其坐此故也。○注不日至娶略○解云：正決僖九年春王三月丁丑宋公禦説卒書丁丑故也。○宋人殺其大夫，何以不名？據宋殺其大夫山名。疏注據宋至山名○解云：即成十五年秋宋殺其大夫山是也。宋三世無大夫，三世內娶也。故使無大夫。疏注宋三至娶也○解云：僖二十五年傳云宋三世無大夫，三世內娶也。注云：三世謂慈父、王臣、處臼也。內娶大夫女也。言無大夫者，禮不臣妻之父母，國內皆臣，無娶道，故絶去其大夫名，正其義也是也。然則彼已有傳，不復發之者，恐大夫不書名更有他義，故明之。其有他義者，即莊二十六年夏曹殺其大夫，傳云何以不名，衆殺之之類是耳。○戊子，晉人及秦人戰于令狐。○令力丁反晉先眜以師奔秦。此偏戰也，何以不言師敗績據秦師敗績。○眜音蔑，左氏作蔑。疏晉先眜○解云：左氏、穀梁作先茂。○注據秦師敗績○解云：即上二年春王二月甲子晉侯及秦師戰于彭衙，秦師敗績是也。敵也俱無勝負。

此晉先眜也，其稱人何據奔無出文，知先眜也。貶之，曷爲貶據新築之戰，衛孫良夫敗績不貶。疏注據新築至不貶○解云：即成二年夏衛孫良夫帥師及齊師戰于新築，衛師敗績是也。外也。其外奈何？以師外也懷持二心，有功欲還，無功便持師出奔，故於戰陳之起其以師外也。本所以懷持二心者，其咎亦由晉侯要以無功當誅也。不起者，亂而外事可知也。○咎其九反。疏注不起至知也○解云：言所以不申[illegible]其晉侯要無功當誅之義，皆以其可知故也。

何以不言出據楚囊瓦俱戰而奔亦言出。疏注據楚至言出○解云：即定四年冬蔡侯以吳子及楚人戰于伯莒，楚師敗績，楚囊瓦出奔鄭也。以此言之，則令狐非晉地，伯莒爲楚地，亦明矣。遂在外也起其生事成於竟外，從竟外去。○狄侵我西鄙。○秋八月，公會諸侯晉大夫盟于扈諸侯何以不序大夫何以不名序次也據新城盟諸侯序趙盾名【疏】注據新城至盾名。○解云即下十四年夏六月公會宋公陳侯以下晉趙盾癸酉同盟于新城是公失序也公失序奈何諸侯不可使與公盟眣晉大夫使與公盟也以目通指曰眣文公內則欲久喪而後不能喪娶逆祀外則貪利取邑為諸侯所薄賤不見序故深諱為不可知之辭不日者順諱為善文也○眣音舜本又作眴尹乙反又大結反以目通指曰眣本又作䀢音同字書云眣䀢也以忍反【疏】注以目通指曰眣。○解云言其用目眡之而指向魯若今時瞬眼矣○注文公至不日。○解云即上二年十二月丁丑作僖公主傳云何以書譏何譏爾不時也其不時奈何欲久喪而後不能是也○注喪娶至祀○解云其喪娶即二年冬公子遂如齊納幣傳云何以書譏喪娶是也其逆祀即二年秋大事于大廟躋僖公傳云何譏爾逆祀也者是也而先引喪娶者正以納幣之前仍有數禮不如在大事之前故見之○注外則貪利取邑○解云即上春公伐邾婁取須朐是也○注不日至善之○解云正以日爲不信辭故也○冬徐伐莒謂之徐者前共滅王者後不知尊先聖法度卒自先杞文對事邇可以起同惡莒在下不得狄故復狄徐也一罪再狄者明爲莒狄之爾徐先狄在僖十五年○復扶又反【疏】注謂之至同惡○解云即僖十四年春諸侯城緣陵傳曰孰城之城杞也曷爲城杞滅也孰滅之蓋徐莒脅之是也言不知尊先聖法度者謂杞有禹法度也○注莒在至徐也○解云謂莒將被伐闕不得出主名是以無由狄之○注徐先至五年○解云即僖十五年冬楚人敗徐于婁林彼注云謂之徐者爲滅杞不知尊先聖法度惡重故狄之也是地○公孫敖如莒莅盟

八年春王正月○夏四月○秋八月戊申天王崩○冬十月壬午公子遂會晉趙盾盟于衡雍○雍於用反○乙酉公子遂會伊雒戎盟于暴四日不能刑出不卒名者非一事再見也○雒音路暴步報反本又作曝一音蒲沃反又見賢遍反【疏】注四日至

見也○解云欲道宣元年公子遂如齊三月遂以夫人婦至自齊傳云遂何以不稱公子一事而再見者卒名也注云卒竟也竟但舉名者省文者言彼是一事再見故得省文與此異也○公孫敖如京師不至復丙戌奔莒不至復者何不至復者內辭也不可使往也受命不肯行故諱使若已行但不至還爾即已行當循所至乃言復如至黃矣疏不至復者何○解云欲言不到經有如文欲言實到經有不至之稱故執不知問○注即已至黃矣解云即宣八年夏六月公子遂如齊至黃乃復是也不可使往則其言如京師何遂公意也正其義不使君命壅塞○壅於勇反何以不言出據慶父言出奔疏注據慶父言出奔○解云即上閔二年九月公子慶父出奔莒是也遂在外也諱使若從外來不敢復還者也日者嫌敖罪明則起君弱故諱但君無罪○復扶又反疏注日者至無罪○解云閔二年九月公子慶父出奔莒彼注云不日者內大夫奔例無罪者日有罪者月是也故此注云日者嫌敖無罪矣

內大夫奔例日，若襄二十三年冬十月乙亥臧孫紇出奔邾婁之屬是也○螽先是公如晉，公子遂、公孫敖淫泆，此出不可使擅往於大夫煩擾之應○螽音終

疏注先是至之應○解云：公子遂不可使者，即僖三十年冬公子遂如京師，遂如晉，傳云「大夫無遂事，此其言遂何？公不得為政爾」，注云「不從公政令也。時見使如京師，而橫生事，矯君命聘晉，故疾其驕蹇自專，當絕之」者是

○宋人殺其大夫司馬○宋司城來奔司馬者何司城者何皆官舉也皆以官名舉言之。天子有大司徒、大司馬、大司空，皆三公官名也；諸侯有司徒、司馬、司空，皆卿官也。宋變司空為司城者，辟先君武公名也

疏司馬者何○解云：欲言大夫例不官舉，欲言非大夫，而經有大夫之文，故執不知問○司城者何○解云：欲言大夫例不官舉，欲言非大夫，司城者，宋大夫之號，故執不知問○注宋變至武公名也○解云：桓六年《左氏傳》文○

曷為皆官舉據宋殺其大夫山不官舉

疏注據宋殺至官舉○解云：即在成十五年秋○

宋三世無大夫三世內娶也宋以內娶，故威勢下流，三世妃黨爭權相

殺司城驚此亡之主或不知所任朝廷父空故但舉官事也大夫相殺例皆時【疏】注子哀亡○解云即下十四年宋子哀來奔是也○注大夫相殺例皆時○解云正以此經及下九年晉人殺其大夫先都晉人殺其大夫上穀之屬皆不別書日月故也知彼此是大夫相殺之經者正以下十六年傳云大夫相殺稱人矣

九年春毛伯來求金毛伯者何天子之大夫也何以不稱使据南季稱使【疏】毛伯者何○解云欲言諸侯經不書朝欲言大夫又不言使故執不知問○注据南季稱使○解云即隱九年春天王使南季來聘是當喪未君也時王新有三年喪【疏】注時王新有三年喪○解云即去年八月天王崩是也踰年矣何以謂之未君据崩在八年踰年當即位即位矣而未稱王也未稱王何以知其即位以諸侯之踰年即位亦知天子之踰年即位也俱繼體其禮不得異以天子三年

然後稱王亦知諸侯於其封內三年稱子也各信恩於其下○信音申踰年稱公矣則曷爲於其封內三年稱子緣民臣之心不可一日無君緣終始之義一年不二君故君薨稱子某既葬稱子明繼體以繫民臣之心䟽踰年稱公解云莊三十年師解云爾故據難之不可曠年無君故踰年稱公緣孝子之心則三年不忍當也孝子三年志在思慕不忍當父位故雖即位猶於其封內三年稱子子張曰書云高宗諒闇三年不言何謂也孔子曰何必高宗古之人皆然君薨百官總己以聽冢宰三年○諒音亮又音良闇如字又音陰毛伯來求金何以書譏何譏爾王者無求求金非禮也然則是王者與据未稱王○與音餘曰非也非王者則曷爲謂之王者王者無求

曰是子也雖名爲三年稱子者其實非唯繼父之位繼文王之體守

文王之法度文王之法無求而求故譏之也

引文王者文王始受命制法度○夫人姜氏如齊奔父母之喪也不言奔喪者尊內猶不言

朝聘也故以致起得礼也書者大夫家危重言如齊者大夫繫國疏注奔父母之喪也解云知者正以諸侯

夫人尊重既在夫家終身不反唯三年之喪乃可竟而奔

之今此夫人如齊直書不諱故知其奔父母之喪也○注故

以致起得礼也○解云正以春秋之例夫人違礼而出會者

皆不致之唯此一文而書至故莊二年注云有出道乃致奔

喪致是也○注書者至危重○解云欲道夫人如齊奔父母

之喪礼既當之則是常事而書之者但此夫人所適乃是大

夫之家卑于夫人有不制之義而危重之是以書也○注言

如齊至繫國○解云案上四年逆婦姜之下注云不言如齊

者大夫無國也與此違者正以四年經云夏逆婦姜于齊逆

至其文又不書如齊見其屢于大夫故不言如齊正由大

夫無國故也今此夫人仍彼婦姜一也經書如齊明知正由

大夫繫國故也何者今既尊內不言奔喪而云如齊即文不

可施是以將大夫繫國書如文月矣○二月叔孫得臣如京師○辛丑葬襄王王者不書葬此何以書不及時書過時書重錄失時疏王者不至以書○解云正以隱三年天王崩之下師作解云天子記崩不記葬必其時也故此弟子據而難之○不及時書過時書○解云其不及時書者即宣二年十月天王崩三年正月葬匡王昭二十二年夏四月乙丑天王崩六月叔鞅如京師葬景王之屬是也以其不及七月故書之也其過時書者上下無文唯桓十五年三月乙未天王崩至莊三年夏五月葬桓王蓋以當之○注重錄失時○解云以天下共葬一人而不如禮故重錄之刺其失時矣我有往者則書謂使大夫往也惡文公不自往故書葬以起大夫會之日者僖公成風之喪襄王比加禮故恩錄之所以甚責內○惡烏路反疏注日者至書內○解云如此注者正以昭二十二年六月叔鞅如京師葬景王之屬不日故也言襄王比加禮者即元年叔服來會葬五年榮叔歸含且賵召伯來會葬之屬是也○晉人殺其大夫先都○三月夫人姜

文九年

氏至自齊出獨致者得禮故與臣子辭月者婦人危重從始至例疏注出獨至子辭○解
云書致者臣子喜其脫危而致故曰與臣子辭耳○注月者
至始至例○解云獨行無制恐有非禮之惡故曰危重也言
從始至例者即宣元年三月遂以夫人婦姜至自齊成
十四年九月僑如以夫人婦姜氏至自齊之屬是也○晉
人殺其大夫士縠及箕鄭父○楚人伐鄭○
公子遂會晉人宋人衛人許人救鄭○夏狄
侵齊○秋八月曹伯襄卒○九月癸酉地震
地震者何動地也動者震之故傳先言動者喻若物之重地以曉人也疏地震
者何○解云大陰洮重本無動性而書震故孔不知問何以書記異也天動地靜者常也地
動者象陰爲陽行是時魯文公制於公子遂齊晉失道四方
叛德星孛之萌自此而作故下與北斗之變所感同也不傳
天下異者從王內錄可知○行下孟反孛音佩疏注孛星至同也○解云即十四
年秋七月有星孛入于北斗是

也言與北斗之變所感同者即十四年注云齊晉並爭吳楚更謀競行天子之事齊宋莒魯弒其君而立之應是也○注不傳至可知○解云僖十四年秋八月辛卯沙鹿崩傳云何以書記異也外異不書此何以書為天下記異也今此地震為内録之内為新王天下明矣故言不傳天下異者從王内録可知○

冬楚子使椒來聘椒者何楚大夫也楚無大夫此何以書始有大夫也

入文公所聞世見升平法内諸夏以外夷狄也屈完子玉得臣者以起霸事此其上也聘而與大夫者本大國○椒子遥反二本作萩子小反見賢徧反

疏

椒者何○解云欲言大夫不言其氏欲言微者書名見經故執不知問○注入文至升平○解云知文公為所聞之世者春秋說云文宣成襄所聞之世是也言見治升平者升進也欲見其治稍稍上進而至于平也○注内諸夏外夷狄○解云即成十五年冬叔孫僑如會晉士燮以下會吳于鍾離傳云曷為殊會吳外吳也曷為外也春秋内其國而外諸夏内諸夏而外夷狄是也○注屈完至霸事○解云僖四年夏楚屈完來盟于師盟于召陵傳曰屈完者何楚大夫也何以不稱使尊屈完也曷為尊屈完以當桓公也何氏

云增倍使若得其君以醇霸德成王事也是也其子玉得臣者即僖二十八年夏楚殺其大夫得臣何氏云楚無大夫其言大夫者欲起上楚人本當言子玉得臣所以詳録霸事是也然則彼二人皆是傳聞之世未合書之而書之者欲起齊桓晉文霸事故也○注此其正至大國○解云等是夷狄而爵越之屬皆無大夫而楚得有大夫者正以本是大國故入所聞之世於是見法矣

始有大夫則何以不氏据屈完氏許夷狄者不一而足也許與也足其氏則當純以中國禮責之嫌夷狄質薄不可卒備故且以漸○卒七忽反

○秦人來歸僖公成風之襚其言僖公成風何兼之兼之非禮也禮士于敬當各使一使所以別尊卑○襚音遂贈喪之衣服一使所吏反別彼列反下同

疏其言僖成風之襚何○解云欲言非禮禮有襚寸欲言是禮而二人并致故亂不知問

曷爲不言及成風据及者別公夫人尊卑文也連成風者但問尊卑體當絕非欲上成風使及僖公○上時掌反文如字

疏注据及至卑文也○解云即僖十一年夏公及夫人姜氏會齊

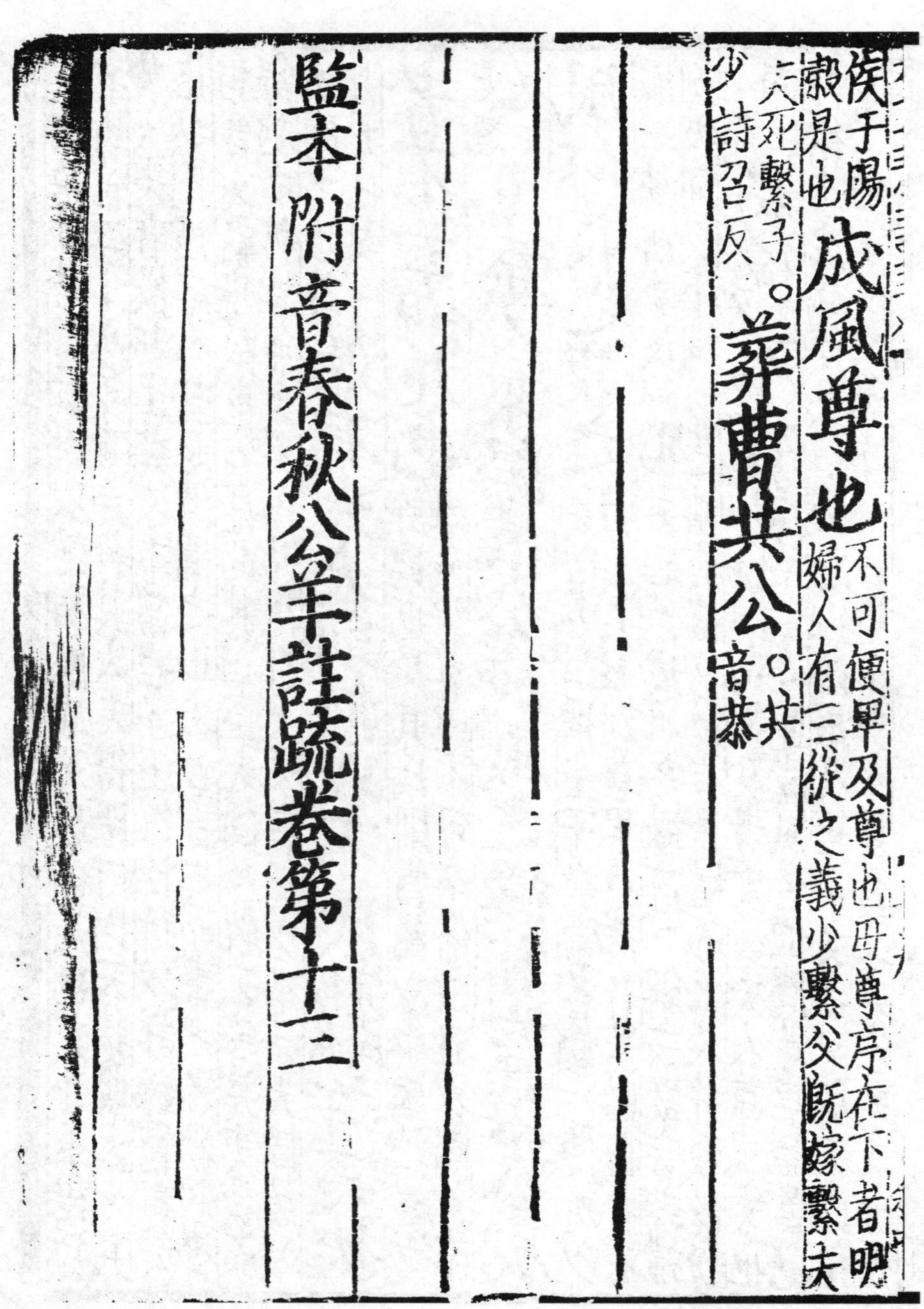

侯于陽穀是也成風尊也不可使卑及尊也母尊在下者明婦人有三從之義少繫父既嫁繫夫夫死繫子。少詩召反葬曹共公。共音恭

監本附音春秋公羊註疏卷第十三

監本春秋公羊註疏文公卷第十四 起十年盡十八年

何休學

十年春王三月辛卯臧孫辰卒。夏秦伐晉謂之秦者起令狐之戰敵均不敗晉先眛以師奔秦可以足矣而猶不知止故夷狄之。楚殺其大夫宜申。自正月不雨至于秋七月公子遂之所招。及蘇子盟于女粟。女音汝本亦作汝。冬狄侵宋。楚子蔡侯次于屈貉魯恐故書刺微弱也。屈貉居勿反又音厥下麥又戶各反二傳作厥貉

十有一年春楚子伐圈。圈求阮反一音卷說文作圈字林曰萬反二傳作麇。夏叔彭生會晉郤缺于承匡。秋曹伯來朝。公子遂如宋。狄侵齊。冬十月甲午

叔孫得臣敗狄于鹹狄者何以日嫌夷狄不能偏戰故問也○鹹音咸

疏注以日至問也○解云正以春秋之例偏戰日詐戰月夷狄不能偏戰今而書日故執不知問

長狄也蓋長百尺

疏注蓋長百尺○解云何氏蓋取關中記云秦始皇二十六年有長人十二見於臨洮身長百尺皆夷狄服天誡若曰勿大爲夷狄行將滅其國始皇不知反喜是時初并六國以爲瑞乃收天下兵器鑄作銅人十二象之是也其文穀梁左氏與此長短不同者不可強合

兄弟三人言相類如兄弟

疏注言相類如兄弟○解云正以別之三國不相援助是以知其非親兄弟

一者之齊一者之魯一者之晉不書者外異也

疏注不書者外異也○解云案上文狄侵齊而云不書者蓋以爲侵齊之狄非此等也

其之齊者王子成父殺之其之魯者叔孫得臣殺之經言敗殺不明故復云爾○復扶又反

則未知其之晉者也其言敗何據敗者內戰文非殺一人也

疏注敗者至一人也○解云以

春秋之義內魯爲王，王於諸侯無敵之義但當言戰戰則□內敗之文言敗某師則是內戰之文今敵其一人而言敗狄于鹹作內戰之三國皆欲爲君長大非一人之經故難之

大之也所能討與師動衆然後殺之如大戰長狄之三國皆欲爲君長大非一人故就其事言敗

疏注長狄至爲君○解云正以各之一國故也何者雖非兄弟若不爲君羣行亦得即長人十二見於臨洮是也

其日何据日而言敗與公子友敗莒師于犂同非殺一人文○犂力知反又力兮反

疏注据日至人文○解云即僖元年冬十月壬午公子友帥師敗据師于犂獲莒挐傳云莒人聞之曰吾已得子之賊矣以求賂于魯魯人不與爲是興師而伐魯季子待之以偏戰是也

大之也如結日大戰

其地何

大之也如大戰故地

何以書記異也魯成就周道之封齊晉霸尊周室之後長狄之操無羽翮之助別之三國皆欲爲君此象周室衰禮義廢大人無輔佐有夷狄行事以三成不可苟指一故自宣滅以往弑君二十八亡國四十○行下孟反

疏注魯成就周道之封○解云正以周公相成王而致太平意封于魯故云爾○注齊晉至之後○解云正以晉文齊桓皆率諸侯尊事天子此是齊晉之君子孫故云尔○注長狄至之助

解云謂執持此意也○注事以三成○解云即長狄之三国共成其異是也言不可苟指一者明知其異亦不苟指一事而已○注故自宣成至四十○解云案今春秋之經自宣成以下訖于哀十四年止有弑君二十三國二十四則知此注誤也宜云弑君二十七也八是衍字云國二十四也作四十者錯也其殺君二十卿宣二年趙盾弑其君夷獋四年歸生弑其君夷十年夏徵舒弑其君平國襄二十五年崔杼弑其君光吳子謁伐楚門于巢卒爲巢人所弑二十六年衛甯喜弑其君剽二十九年閽弑吳子餘祭三十年蔡世子般弑其君固三十一年莒人弑其君密州昭八年陳招殺偃師十一年楚子虔誘蔡侯般殺之十三年公子比殺其君虔棄疾殺比十九年許世子止弑其君買二十三年吳殺胡子髡沈子楹二十七年吳弑其君僚定四年蔡殺沈子嘉十三年薛弑其君比哀六年齊陳乞弑其君舍之屬是也其滅國二十四者宣八年楚滅舒蓼十二年楚滅蕭十五年晉滅潞氏十六年滅甲氏及留吁成十七年楚滅舒庸襄六年莒人滅鄫齊滅萊十年遂滅偪陽十三年取詩二十五年楚滅舒鳩昭四年遂滅厲八年楚滅陳十一年楚滅蔡十七年晉滅賁渾戎二十三年胡子髡沈子楹滅二十四年吳滅巢三十年吳滅徐定四年蔡滅沈六年鄭滅許十四年楚滅頓十五年楚滅胡

哀八年宋滅曹之屬是其二十四也然則三國亦異其起自宣年而注者所以不言自今以後而言自宣成以往者蓋以文公之年已過半以後既不得其初故遺去其實楚人滅庸宋弒處臼莒弒庶其之屬皆由此禍耳或者弒君二十八亡國四十皆春秋譏文其間亦有經不書者故不同耳

十有二年春王正月盛伯來奔盛伯者何失地之君也何以不名兄弟辭也與郜子同義月者前爲魯所滅今來見歸尤當加意厚遇之

疏盛伯者何○解云欲言諸侯不見存文欲言大夫而經書伯故執不知問○何以不名○解云桓七年夏穀伯綏鄧侯吾離來朝之下傳云皆何以名失地之君也是以此處見道失地之君即責云何以不名然則何氏此處不言據穀鄧名者正以僖公二十年郜子來朝之下已注說故也○注與郜子同義○解云即僖二十年郜子來朝傳云郜子者何失地之君也何以不名兄弟辭也何氏云郜魯之同姓故不忍言其絶賤明當尊遇之異於穀鄧也書者喜内見歸是也然則言同義者謂尊遇兄弟異於他姓是以不忍言其名不謂朝奔之文相以○注月者至遇之

解云正以穀鄧郜子之屬皆書時此特書月故須解也言前爲魯所滅者即莊八年夏師及齊師圍成成降于齊師傳云成者何盛也盛則曷爲謂之成諱滅同姓也是也○杞伯來朝○二月庚子子叔姬卒卒者許嫁疏注卒者許嫁○解云舊本皆無此注且理亦不須疑衍字此未適人何以卒許嫁矣婦人許嫁字而笄之死則以成人之喪治之其稱子何据伯姬卒亦許嫁不稱子疏此未至以卒○解云正以叔姬無所繫故知未適人也○注据伯至稱子解云即僖九年秋七月乙酉伯姬卒是也貴也其貴奈何母弟也不稱母妹而繫先君言子者遠別也礼男子不絕婦人之手婦人不絕男子之手疏注禮男至之手○解云既夕禮及喪大記皆有此文○夏楚人圍巢○秋滕子來朝○秦伯使遂來聘遂者何秦大夫也秦無大夫此何以書賢繆公也何賢乎

繆公據聘不足與大夫荆人來聘是也○使遂二傳作術繆音木【疏】秦伯使遂來聘解云左氏穀梁皆作術字經亦有作術字者疑遂字誤○遂者何○解云欲言微者書名見經欲言大夫不録其氏故執不知問○注荆人來聘是也○解云莊二十三年夏荆人來聘傳云荆何以稱人始能聘也是也

以爲能變也

其爲能變奈何惟諓諓善竫言諓諓淺薄之貌竫猶撰也○諓諓徐在淺反又子淺反又音餞尚書作截截淺薄貌也賈逵注外傳云巧言也善竫在井反撰也本或作論皮勉反又必淺反本作撰士全反又仕勉反【疏】惟諓諓善竫言○解云謂其言有淺薄之善而撰其言也

俾君子易怠俾使也易怠猶輕惰也○俾必爾反注同使也易以豉反注同惰大卧反【疏】俾君子易怠解云能撰善言故謂之君子言使此君子易爲輕惰向者自恃其善而欲慢人以自尊矣

而況乎我多有之惟一介斷斷焉無他技一介猶一槩斷斷猶專一也他技奇巧異端也孔子曰攻乎異端斯害也已○一介古拜反一介猶一槩也尚書音古貨反斷斷丁亂反專一也注同技其綺反槩古愛

反奇其宜反本又作猗同疏而況至有之○解云我謂秦伯也言況於秦伯之懷其善言無箺故曰多有之○惟一至他技○解云秦伯之善雖曰無箺若思念之旨是一繫專一之事更無奇巧異端之術言其醇粹其善無譬矣○注斷斷至異端○解云即鄭注大學云斷斷誠一之貌也他技異端之技也是與此合其心休休休休美大貌○休休許虬反美大貌能有容能含容賢者逆耳之言是難也是難行也秦繆公自傷前不能用百里子蹇叔子之言感而自變悔遂霸西戎故因其能聘中国善而與之使有大夫子貢曰君子之過也如日月之食焉過也人皆見之更也人皆仰之此之謂也疏注秦繆至言之○解云事在僖三十三年○冬十有二月戊午晉人秦人戰于河曲此偏戰也何以不言師敗績敵也曷爲以水地以水地者謂以水曲折趨地遠近所在也据戰于泓不言曲○折之設反疏此偏戰○解云以其書日故知之○注据戰于泓不言曲○解云即僖二十二年冬宋公及楚人戰于泓宋師敗績是也河曲疏矣河千

文十二年

里而一曲也河曲流以据地明故可以曲地因以起國之君數興兵相伐戰无已時故不言及不別曲直而地以河曲明兩曲也○數所角反不別彼列反下同

季孫行父帥師城諸及運帥帥師者刺魯微弱臣下不可使邑久不脩不敢從行興師厲衆然後敢城之言及者別君邑臣邑也○運二傳作鄆後皆爾

疏注書帥至城之○解云如此注者正見隱七年夏城中丘之屬皆不言帥師故也言臣下不可使者即上八年公孫敖如京師不至復丙戌奔莒傳云不至復者何不至復也內辭也不可使往也之屬是也○注言及至邑也○解云正見昭五年莒牟夷以牟婁及防茲來奔彼傳云其言及防茲來奔何不以私邑累公邑也何氏云公邑君邑也私邑臣邑也累次也義不可使臣邑與公邑相次序故言及以絕之是也

十有三年春王正月○夏五月壬午陳侯朔卒不書葬者盈爲晉文諱也晉文雖霸會人孤以尊天子自補有餘故復盈爲諱○盈爲于爲反下文盈爲爲周公皆同復扶又反

疏注不書至盈爲諱○解云盈者相接足之辭晉文於僖二十八年之時此朔之父陳侯款

夏六月卒至冬末未葬而晉文會諸侯於温經有陳子是强會人孤令失子行亦是文公恥之是以春秋遂卒竟不書葬深為文公諱也今君欵之子陳侯朔書葬則文公之惡還見是以此處須去朔葬使君陳國之君例不書葬然故言盈為晉文諱故僖二十八年夏陳侯欵卒之下注云不書葬者為晉文諱行霸不務教人以孝陳有大喪而疆會其孤故深為恥之是也○**邾婁子蘧篨卒**○蘧篨其居反下直居反○**自正月不雨至秋七月**公子遂所致○**世室屋壞世室者何魯公之廟也**魯公周公子伯禽○世室二傳作太室（疏）世室者何○解云欲言君寢於例不書欲言宗廟未有世室之名故執不知問**周公稱太廟魯公稱世室羣公稱宮**少差異其下者所以上尊周公○太廟音泰下同（疏）周公稱太廟解云即僖八年禘于太廟文二年大事于大廟是也○魯公稱世室○解云即此經是也○羣公稱宮○解云即武宮煬宮之屬是也○注少差至周公○解云正以廟者尊卑淹名嫌神所居之稱今此稱異其名知上尊周公故也**此魯公**

之廟也曷爲謂之世室世室猶世室也世世不毁也魯公始封之君故不毁也疏世室猶世室也○解云言謂之世室者猶世世室也周公何以稱大廟于魯據魯公始封也封魯公以爲周公也爲周公故語在下周公拜乎前魯拜乎後始受封時拜于文王廟也尚書曰用命賞于祖是也父子俱拜者明以周公之功封魯公也疏注尚書至於祖解云甘誓文也曰生以養周公生以魯國供養周公○以養餘亮反注皆同供養九用反下同死以爲周公主死周公死當以魯公爲祭祀主加曰者成王始受其茅土之辭禮記明堂位曰封周公於曲阜地方七百里革車千乘蓋以爲有王功故半天子也○死以爲如字注死以爲周公主同乘繩證反王于況反疏注加曰至之辭○解云即周書作洛篇曰封人社壝諸侯受命于周乃建大社于國中其壝東青土南赤土西白土北驪土中央釁以黃土將建諸侯鑿取其一面之土包以黃土苴以白茅以爲社之封故孔氏云王者封五色土爲社建諸侯則

各割其方土與之使立社燾以黄土苴以白茅茅取其蔡黄取其王者覆四方者是其茅土之文耳○注蓋以至子也解云正以天子千里方百里者百周公七百里方百里者四十九大判言之故得言半天子矣

然則周公之魯乎曰不之魯也封魯公以爲周公主然則周公曷爲不之魯據爲周公者謂生以養周公死以爲周公主周公不之魯則不得供養爲主欲天下之一乎周也周公聖人德至重功至大東征則西國怨西征則東國怨嫌之魯恐天下迴心趣鄉之故封伯禽命使遥供養死則奔喪爲主所以一天下之心于周室○鄉許亮反

【疏】注東征至東國怨解云僖四年傳文

魯祭周公何以爲牲據廟異也周公用白牲白牡殷牲也周公死有王禮謙不敢與文武同也不以夏黑牡者謙改周之文當以夏辟嫌也

【疏】注不以至嫌也○解云知黑牡爲夏牲者出明堂位文正朔三而改改天正十一月者當以十三月爲正故言當以夏矣

魯公用騂犅騂犅赤脊周牲也魯公以諸侯不嫌故從周制以脊爲差○騂

息營反擱音剛詩疏注辟擱至牲也○解云正以山
作剛辟擱赤脊也疏脊曰剛故知辟擱爲赤脊矣群
公不毛不毛不純色所以降于尊祖疏注不毛至尊祖○解云正以牲用純色祭祀之禮而言不
毛故以降子尊祖解之魯祭周公何以爲盛捄牲異也○盛成政反又音成
粢盛也在器曰盛周公盛盛者新穀魯公燾燾者冒也故上以新也○燾徒報反一本
作燾音同冒也冒亡報反疏注燾者至新也○解云正以燾詁爲覆故也若似周書燾以黃土之類也然則言周
公盛者謂新穀滿其器言魯公燾者謂下故上新裁可半平群公廩廩者連新於陳上財令半相連爾此
謂方祫祭之時序昭穆之差○廩力甚反財令力呈反下同疏群公廩○解云廩謂全是故穀但在上少有新
穀則得相連而已故謂之廩廩者希少之名是以鄭注云廩讀如羣公廩之廩者是也○注謂方至之差○解云正以其
其時祭粢食精鑿群公之饌何至此故知正是祫祭之時序昭穆之差所以降于尊祖故也世室屋壞
何以書譏何譏爾久不脩也簡忽久不以時脩治至令壞敗故譏之言

屋者重宗廟詳録之以不務公室不月者知久不脩當蒙上月（疏）注以不務至上月○解云當蒙上月者謂蒙上秋七月也不務公室月者即定二年冬十月新作雉門及兩觀傳云其言新作之何脩大也脩舊不書此何以書譏何譏不務乎公室何氏云務勉也不務公室亦可施於久不脩亦可施于不務勉公室之禮微辭也月者久也當即脩之如諸侯禮是也然則彼文不脩是以書月此亦久不脩故知當蒙上月爾○冬公如晉○衛侯會于沓○沓徒合反○狄侵衛○十有二月己丑公及晉侯盟○還自晉○鄭伯會公于斐還者何善辭也何善爾往黨衛侯會公于沓至得與晉侯盟反黨鄭伯會公于斐故善之也黨所也所猶時齊人語也文公前邑之盟不見序後能救鄭之難不逆王者之求士得尊尊之義下得解患之恩一出三為諸侯所榮故加録於其還時皆深善之○斐本又作棐芳尾反難乃旦反（疏）還者何○解云正以

不言至而言還異於常例故執不知問○注公至見亭也○解云即上七年秋公會諸侯晉大夫盟于扈傳云諸侯何以不序大夫何以不名公失序也是也○注後能至之辭○解云即上九年春楚人伐鄭公子遂會晉人宋人衛人許人救鄭是也○注不逆王者之求○解云即上九年春毛伯來求金經無不與之文是也○注上得至之義○解云即不逆王者之求是也○注下得至之恩○解云即公子遂救鄭是也

十有四年春王正月公至自晉月者爲臣子喜錄上事○爲臣于僞反下爲後當爲同（疏）注月者至上事○解云出上文也邾婁人伐我南鄙○叔彭生帥師伐邾婁○夏五月乙亥齊侯潘卒不書葬者潘立儲嗣不明下欲立舍下欲立商人至使臨葬更相篡弑故絕其身明當更立其先君之次○潘普干反更相音庚下吳楚更同篡殺申志反下同（疏）注至使至篡弑○解云即下九月齊公子商人弑其君舍是其始葬相篡弑之文○六月公會宋公陳侯衛侯鄭

伯許男曹伯晉趙盾癸酉同盟于新城盟下日者刺諸侯微弱信在趙盾○盾徒本反（疏）注盟下至趙盾○解云言信任在於趙盾若如盟日定否趙盾制之然是以下日以近之○秋七月有星孛入于北斗孛者何彗星也狀如篲○孛步內反徐扶憒反（疏）孛者何○解云欲言是星星名未有欲言非是星録爲星稱故執不知問其言入于北斗何據大辰不言入又不言孛名（疏）注據大至言入○解云即昭十七年冬有星孛于大辰是也○注又不言孛名解云謂昭十七年直言于大辰不言所孛之星名今此言有星孛入于北斗故難之何者大辰非星名故也是以昭十七年傳云其言于大辰何彼注云據此斗言入于大辰非常名是也北斗有中也[illegible]者[illegible]何以書記異也孛者邪亂之氣篲者埽故置新之象也北斗天之樞機玉衡七政所出是時相文迹息正都不能統政自是之後齊晉並爭吳楚更謀競行天子之事齊宋莒魯弒其君而立之應○爭爭鬬之爭（疏）注北斗至所出○解云即堯典云在璿璣玉衡以齊七政七[illegible]

謂日月五星也。○注齊宋至之應。○解云即下文九月齊公子商人弑其君舍，十八年夏五月齊人弑其君商人，是齊弑君事也；十六年冬宋人弑其君處臼，是宋弑其君事也；十八年冬莒弑其君庶其，是莒弑其君事；十八年冬十月子卒，傳云「子卒者孰謂？謂子赤也。何以不日？隱之也。何隱爾？弑也。弑則何以不日？不忍言也」者，是魯弑其君事也。

○公至自會。○晉人納接菑于邾婁，弗克納。納者何？入辭也。其言弗克納何？據言于邾婁，與納頓子于頓同，俱入國得立辭。○捷菑，在妾反，又如字，下側其反，二傳作捷菑。

疏納者何。○解云欲言得國，下有不克之文；欲言不得國，納者入辭，故執不知問。○注據言至立辭。○解云即僖二十五年秋楚人圍陳，納頓子于頓是也。此上言于邾婁，是其得國，下云弗克納，自相違，故難之。

大其弗克納也。克，勝也。鄭伯以勝爲惡，此弗勝，故爲大。

疏注鄭伯以勝爲惡。○解云即隱元年夏五月鄭伯克段于鄢，傳云「克之者何？殺之也。殺之則曷爲謂之克？大鄭伯之惡也。曷爲大鄭伯之惡？母欲立之，己殺之，如勿與而已矣」，注云「克者，詁爲殺，亦爲能，惡其能忍戾母而親殺之」是也。

何

大乎其弗克納據伐齊納子糾取不能納疏注據伐至能納○解云即莊九年夏公伐
齊納糾傳云納者何入辭也其言伐之何伐而言納者猶不能納也是也晉郤缺帥師革
車八百乘以納接菑于邾婁力沛若有餘沛有
餘貌○乘繩證反沛若普具反有餘貌而納之邾婁人言曰接菑晉
出也貜且齊出也出外孫也○貜且俱縛反下子餘反子以其指
指手指疏子以其指注指手指○解云子謂郤缺言子以手指指麾于邾婁令使納接菑也則接
菑也四貜且也六言俱不得天之正性疏注言俱至正性解云地四生金于
西方地六成水于北方皆非天數也言此者喻皆庶子矣貴則皆貴矣子以大國壓之壓服
也服邾婁使從命○壓於甲反又於輒反服也則未知齊晉孰有之也設齊復與
兵來納貜且亦欲服邾婁使從命未知齊晉誰能使外孫有邾婁者○齊復扶又反下同貴則皆貴

文十四年

矣[時邾婁再娶二子母尊同躰敵]疏[注時邾至躰敵○解云蓋皆是女媵之子或是左媵之子言非姪娣所生也舊云子以其指者言及立子之法以其手指相似則接菑猶人之四指貜且猶人之六指皆異於人故曰俱不得天之正性也雖然者雖皆不得正性但四不如六故長者宜立矣]雖然貜且也長[既兩不得正性又皆貴賤當以年長故立之○長丁丈反注同]郤缺曰非吾力不能納也義實不爾克也[如邾婁人言義不可奪也故云爾]引師而去之故君子大其弗克納也[大其不以己非奪人之是]此晉郤缺也其稱人何貶曷為貶[据趙鞅納蒯聵不貶]疏[注据趙至不貶○解云即哀二年夏晉趙鞅帥師納衛世子蒯聵于戚是也]不與大夫專廢置君也曷為不與[据大其弗克納]實與[與弗克納是]而文不與文曷為不與大夫之義不得專廢置君也[不復發上無天子下]

無方伯傳者諸侯本有錫命征伐憂天下之道故明有亂義大夫不得專也接菑不繫邾婁者見挈于郤缺也不氏者本當言郤婁接菑見當國也見挈賢編反下音苦結反○【疏】注不復至之道○解云欲道僖元年救邢城楚丘之經悉是實與而文不與文與此同其傳皆云上無天子下無方伯天下諸侯有相滅亡者力能救之則救之可也今此不復言之故云爾言諸侯本有錫命征伐憂天下之道故者正謂侯伍連帥本有共相存恤之義是以上無天子下無方伯之時容有存恤之道是故異於大夫耳○注明有至專也○解云言大夫若有專廢置君者即是亂義故曰明有亂義大夫不得專也正由大夫不得專廢置故也○注接菑至缺也○解云據僖二十五年納頓子繫頓也○注不氏者○解云據宣十一年納公孫甯儀行父于陳皆言氏也○注本當至當國也○解云即隱元年傳云段者何鄭伯之弟也何以不稱弟當國也注云欲當國爲之君故如其意使如國君氏上鄭所以見段之逆是也

○九月甲申，公孫敖卒于齊。已絕卒之者爲後齊嘗歸其喪有恥故爲內諱使若尚爲大夫【疏】注已絕至大夫○解云言已絕者即上八年公孫敖奔莒是也春秋之例大夫出奔之後即絕於大夫之位不復書其卒即公子慶父臧孫紇之屬是是以於此怪其書奔矣言爲後齊脅魯歸其叛有恥者即下十五年夏齊人歸公孫敖之喪傳云何以不言來內辭也脅我而歸之是也○齊公子商人弒其君舍據弒其君之子奚齊此未踰年之君也其言弒其君舍何也連名何之者首弒成君未成君俱名問例所從也疏注據弒至齊也○解云即僖九年冬晉里克弒其君之子奚齊傳云弒未踰年君之號是也已立之已殺之商人本正當立恐舍緣潘意爲害子故先立而弒之疏注商人本正當立○解云正以弒舍不書日見不正遇禍則知商人本不正明矣成死者而賤生者也惡商人懷詐無道故成舍之君號以賤商人之所爲不解名者言成君可知從成君不日者與卓子同○惡烏路反卓勑角反疏注從成君至子同○解云即僖十年春晉里克弒其君卓子彼下注云不日者不正遇禍終始惡明故略之是也○宋子哀來奔宋子哀者何無聞焉爾○冬單伯如齊齊人執單伯齊

人執子叔姬執者曷爲或稱行人或不稱行人此問諸侯相執大夫所稱例【疏】宋子哀者何○解云欲言宋君經書子哀欲言大夫文不言氏故執不知問○無聞焉爾○解云即隱二年注云言無聞者春秋有改周受命之制孔子畏時遠害又知秦將燔詩書其說口授相傳至漢公羊氏及弟子胡母生等乃始記於竹帛故有所失也是也稱行人而執者以其事執也以其所銜奉國事執之晉人執我行人叔孫舍是也【疏】注晉人至是也○解云即昭二十三年晉人執我行人叔孫舍是不稱行人而執者以已執也已者已大夫自以大夫之罪執之分別之者罪惡各當歸其本○別彼列反單伯之罪何道淫也惡乎淫淫乎子叔姬時子叔姬嫁當爲齊夫人使單伯送之○惡音烏然則曷爲不言齊人執單伯及子叔姬據夫人婦姜繫公子遂【疏】注據夫至子遂○解云即宣元年三月遂以夫人婦姜至自齊是也內辭

文十四年

也使若異罪然深諱使若各自以他事見執者不書叔姬歸于齊者深諱以赴道淫書單伯如齊者起逆叔姬也齊稱人者順諱文使若非伯討疏注不書叔姬至姬也○解云言此者欲決隱○年冬十月伯姬歸于紀之屬書歸也言深諱者正以子叔姬有罪故也言以赴道淫者謂深諱不言其歸即是以赴道淫之義何者若更忿小事而見執何須諱其歸于齊今不言歸于齊而與單伯俱見執明其在道與單伯淫于歸事不醒醒矣或曰不書歸于齊者深諱其赴道淫故也何者若言叔姬歸于齊齊人執單伯齊人執子叔姬即有道淫之理也○注齊稱人至伯討解云即僖四年夏齊人執袁濤塗之下傳云稱侯而執者伯討也稱人而執者非伯討也是也

十有五年春季孫行父如晉○三月宋司馬華孫來盟月者文公微弱大夫秉政宋亦燕於三世之黨三亂結盟故不與信辭不稱使者宋無大夫官舉者見宋亂也録華孫者明惡二國以月與華孫也○華孫戶化反見賢偏反惡二烏路反下皆同疏注月者至秉政○解云即公子遂是也○注宋亦至之黨○解云即上九年傳云曷爲皆官舉宋三世無大夫三世內娶

也是也言爲三世内娶之故三世妃黨皆強而爲君之所蔽
故云蔽于三世之黨矣○注故不與信辭○解云正以春秋
之例凡在盟來盟例皆書時所以然者欲見王者當以至信
先于天下故也是以桓十四年夏鄭伯使其弟語來盟注云
時者從内爲王義明王者當以至信先天下是也今而書月
故言不與信辭耳○不稱使至大夫○解云正決鄭伯使其
弟語來盟之文也○注官至孫也○解云大夫之義例不
官舉而此言司馬者正以見宋之亂是以得録華孫明其書
月不與信辭者不由華孫之故也○夏曹伯來朝○齊人歸公孫
敖之喪何以不言來據齊人來歸子叔姬（疏）注據齊至叔姬○解云在此年十
二月內辭也脅我而歸之筍將而來也筍者竹箯一名編輿
齊魯以此名之曰筍將送也爲叔姬淫泆惡魯類故取其尸置
編輿中傳送而來脅魯令受之故諱不言來據其來有罪不
可言來也不月者不以恩録與子叔姬異○筍將音峻竹箯
也將送也竹箯婢緜反一音步賢反服虔音編韋昭音如類
反編必緜反一音[illegible]典音步典反輿音餘爲叔于僞反
下父爲子爲君爲寡爲同傳直專反令受力呈反下同（疏）

注故取其尸。解云：謂取其死尸矣。○注不須月至嫌異。解云：正以下十有二月齊人來歸子叔姬書月故也。○六月辛丑朔，日有食之。鼓用牲于社。是後楚人滅庸，宋人弑其君處臼，齊人弑其君商人，宣公弑子赤，莒弑其君庶其。

疏 注是後楚人滅庸。○解云：即下十六年秋楚人、秦人、巴人滅庸是也。○注宋人弑處臼。○解云：在十六年冬〻。○注齊人弑商人。○解云：在十八年夏五月。○注宣公弑子赤。○解云：即十八年冬〻子卒，傳云子卒者孰謂？謂子赤也。何以不日？隱之也。何隱爾？弑也者是也。○莒弑其君庶其。解云：在十八年冬〻。○單伯至自齊。大夫不致，此致者，喜患禍解也。不省去氏者，涂當絕，使若他單伯至也。○解，户買反。省，所景反。

疏 注大夫不至禍解也。○解云：正以內大夫出聘例不書至故也。○注不省至伯至也。解云：正以昭十四年春隱如至自晉，彼是被執而歸，省去其氏，今單伯存氏，故解之。○晉郤缺帥師伐蔡。戊申，入蔡。入不言伐，此其言伐何？至之日也。其日何？据甲寅齊人伐衛日伐也。

疏 入不言伐。○解云：莊十年師解云爾，故此解子

据丙戌難之○注据甲至伐也○解云即莊二十八年春王三月甲寅齊人伐衛衛人及齊人戰衛人敗績是也

至之日也 嫌至日伐不至日入故曰入也主書與甲寅同義

疏 注主書至同義○解云即彼云伐不日此何以日至之日也何氏云用兵之道當先至竟侵責之不服乃伐之今日至便以今日伐之故日以起其暴也是也然則今此郤缺亦今日至便以今日伐之故書以日起其暴也

○秋齊人侵我西鄙○季孫行父如晉○冬十有一月諸侯盟于扈 不序不日者順上諱文使若扈之盟都不可得而知

疏 注不序至而知○解云上七年秋八月公會諸侯晉大夫盟于扈傳云諸侯何以不序大夫何以不名公失序也公失序奈何諸侯不可使與公盟云云何氏云文公內則欲久喪而後不能喪娶逆祀外則貪利取邑爲諸侯所薄賤不見序故深諱爲不可知之辭不日者順諱爲善文也然則此不序者爲不可知之辭不日者順諱爲善文也何者盟不日善文故也

○十有二月齊人來歸子叔姬其言來何 据齊人歸公孫敖之喪不言來 **閔之也** 閔傷其棄

納來歸此有罪何閔爾父母之於子雖有罪猶若其不欲服罪然孔子曰父爲子隱子爲父隱直在其中矣所以崇父子之親也言齊人不以棄歸爲文者令與敖同文相發明叔姬于文公爲姊妹言父母者時文公母在明孝子當申母恩也月者閔録之從無罪例

疏注所以至親也○解云即言來以閔之是也○注言齊人至母者○解云若以棄歸爲文即言子叔姬來歸不言齊人即宣十六年郯伯姬來歸之文是今言齊人來歸故謂之同文也言相發明者言敖爲齊所惡而來歸之今此亦爲齊人所歸之故曰相發明耳○注時文至恩也○解云正以下十六年秋八月辛未夫人姜氏薨十七年夏葬我小君聖姜傳云聖姜者何文公之母也是○注月者閔至例○解云正以棄歸之例有罪者時無罪者月故也其有罪者時即宣十六年秋郯伯姬來歸是也其無罪者月成五年春王正月杞叔姬來歸之屬是也

○齊侯侵我西鄙遂伐曹入其郛郛者何恢郭也恢大也郭城外大郭○郛芳夫反郭也恢苦回反大也

疏郛者何○解云欲言城郭經無城郭之文欲言非城郭上文言入故執不

知閒入郛書乎曰不書闔不言入入郛是也疏入郛至不書○解云案諸舊本

此傳之下悉皆無注有注云闔不言入入郛是也者衍字耳入郛不書此何以書

動我也諱使若為同姓見入郛故動懼我也動我者何內辭也其實

我動焉爾齊侵郛實為子叔姬故動懼失據二云亦繼者不大幾亦入我郛故令入郛以起僭恥且

明女之所繼尚得其罪則莫敢不

懼○繼者許亮反下同幾音祈

十有六年春季孫行父會齊侯于陽穀齊侯

弗及盟其言弗及盟何據序上會也連盟何者嫌據盟疏注據序至據盟

解云據序上會何得弗及盟乎是以問之云嫌據盟者嫌直據盟問之不見與盟也與齊期盟

為叔姬故中見簡賤不見與盟侮辱有恥故諱使若行父會而去齊侯不及得與盟故言齊侯弗及亦所以起齊侯不肯

○為于偽反疏注使若至與盟○解云使若行父會齊侯于陽穀訖即棄之而去齊侯不及盟○注亦所以起

齊侯不肯○解云君若直言不及盟文躬已具足見不得盟
而更言齊侯不及者欲道是時不肯盟者是齊侯也君若直言
季孫行父會齊侯于陽穀不及盟不
務行父不及無以見齊侯不肯矣　○夏五月公四不
視朔　視朔說在六年不舉不朝廟者禮月終于廟先受朔
政乃朝明王教尊也朝廟秋也故以不視朔爲重常
以朔者　疏　注視朔說在六年○解云即上六年注云禮諸
始重也　侯受十一月朔政於天子藏于太祖廟每月朔
朝廟使大夫南面奉天子命君北面而受之是也○注不至
至爲重○解云正以視朔之時必有朝廟之禮故上六年經
云閏月不告月猶朝于廟是也今此經直言四不視朔不道
不朝廟故解之○注常以至始也○解云言十二月之政令
所以不在年初一受之而已必以
月之朔日受之者重月之始故也　公曷爲四不視朔
据無　公有疾也　以不諱至公如有疾公有疾乃復　疏
事也　辟至公是也○乃復扶又反下同
注公有至是也○解云即昭二十三　何言乎公有疾
年冬公如晉至河公有疾乃復是也
不視朔　据有疾無惡也　疏　注据有疾無惡也○解云即昭二十
三年傳云何言乎公有疾乃復殺恥

也者是自是公無疾不視朔也有疾無惡不當書又不言有疾者欲起公自是無疾不視朔也（疏）注公自至朔也○解云即鄭氏云魯自文公四不視朔視朔之禮已後遂廢者下取此書也然則曷為不言公無疾不視朔有疾猶可言也無疾不可言也言無疾大惡不可言也是後公不復視朔政事委任公子遂○六月戊辰公子遂及齊侯盟于犀丘○犀丘彥西左氏作郪丘穀梁作師丘（疏）盟于犀丘○解云正本作犀丘故賈氏公羊曰犀丘穀梁曰師丘是也今左氏經作郪字○秋八月辛未夫人姜氏薨○毀泉臺泉臺者何郎臺也莊公所築臺于郎以郎譏臨民之漱浣○漱素侯反浣户管反（疏）泉臺者何解云泉臺之名自前未有今而言毀故執不知問○注莊公至漱浣○解云即莊二十一年春築臺于郎傳云何以書譏何譏爾臨民之所漱浣也是也然則何以知泉臺為郎臺正以彼傳云譏臨民之所漱浣書與此泉臺之義合故也郎

臺則曷爲謂之泉臺未成爲郎臺未成時但以地名之既成爲泉臺既成更以所置名之毀泉臺何以書譏何譏爾築之譏毀之譏先祖爲之已毀之不如勿居而已矣但當勿居令自毀壞不當故毀暴揚先祖之惡也築毀譏同知例皆時○令力呈反暴步卜反

【疏】注築毀至皆時○解云言築毀譏同者即上傳云築之譏毀之譏是也言知例皆時者正以此經文承月下恐蒙月故如此解賤者窮諸人首言士先自稱人今弒君亦稱人故曰窮諸人矣一云賤者窮諸盜者言士之賤名不過于盜故也

○楚人秦人巴人滅庸○巴布加反○冬十有一月宋人弒其君處臼弒君者曷爲或稱名氏或不稱名氏大夫弒君稱名氏賤者窮諸人賤者謂士也士正自當稱人○處臼二傳作杵臼大夫相殺稱人賤者窮

諸盜降大夫使稱人，降士使稱盜者，所以別死刑有輕重也。無尊上，非聖人，不孝者，斬首梟之；無營上，犯軍法者，斬要；殺人者，刎脰。故重者錄，輕者略也。不日者，內娶略賤之。○別，彼列反。梟，古堯反。要，一遙反。刎，亡粉反。頭，一本又作脰，音豆。疏注「故重至略也」。○解云：謂大夫弒君，罪重，故稱名氏，責之深。若大夫相殺，罪輕於犯君，故降稱盜者，義之輕然也。○注「不日至賤之」者，已說于上。

十有七年春，晉人、衛人、陳人、鄭人伐宋。○夏四月癸亥，葬我小君聖姜。聖姜者何？文公之母也。○聖姜，二傳作聲姜。疏「聖姜者何」。○解云：欲言夫人，謚異其夫號；欲言為妾，亦卒葬並不見，故執不知問。○齊侯伐我西鄙。○六月癸未，公及齊侯盟于穀。○諸侯會于扈。○秋，公至自穀。○公子遂如齊。

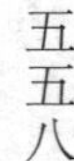

十有八年春王二月丁丑公薨于臺下○秦伯罃卒秦穆公也至此卒者因其賢○伯罃乙耕反何云穆公也左氏穆公子康公

疏注秦穆至其賢○解云正以秦是戎狄春秋外之往前以來未録其卒今乃始書故以賢解之而左氏爲康公者與此别穀梁無解

○夏五月戊戌齊人弒其君商人商人弒君賊復見者與大夫異齊人已君事之殺之目當坐弒君○復見扶又反下同下同徧反

疏注商人至弒君○解云春秋之義諸是弒君之賊皆不復見所以賤之是以宣六年書晉趙盾衛孫免侵陳傳云趙盾弒君此其復見何注云據宋督鄭歸生齊崔杼弒其君後不復見傳又云親弒君者趙穿也注云復見趙盾者欲起親弒者趙穿非盾是也今此商人於上十四年弒其君舍而復見者正以其爲君故也與大夫異者齊人以君事之殺之宜當坐弒君然則商人弒其君舍而存之欲責臣子不討賊故也是以莊二十二年注云不與念母而譏容省者本不事母則已不當忌省猶爲商人責不討賊義亦通於此

○六月癸酉葬我君文公○秋公子遂叔

孫得臣如齊。不舉重者，譏魯數使二大夫，出虛國家，廢政事，重録内也。【疏】注不舉至内也。解云：書事舉重，春秋之常，今而悉舉，故解之。穀梁傳云使舉上客而不称介，不正其同倫而相爲介，故列而數之也者，亦是直舉重之義也。而言重録内者，正以外大夫未有並見者，於内唯有此經及定六年夏季孫斯、仲孫何忌如晉之文，識知正是重録内也。○冬十月，子卒。子卒者孰謂？謂子赤也。何以不日？据子般卒日。隱之也。何隱爾？弒也。弒則何以不日？据子般卒日。○弒也，音試，下及注同。【疏】注据子般卒日。○解云：即莊三十二年冬十月乙未子般卒是也。不忍言也。所聞世，臣子恩痛王父深厚，故不忍言其日，與子般異。【疏】注故不忍至般異。○解云：正以子般爲所傳聞之世故也，是以莊三十二年子般卒之下，何氏云殺不去日，見隱者，降子赤也，是。○夫人姜氏歸于齊。歸者，大歸也。夫死子殺，賊人立，無所歸留，故去也。有去道，書者，重絶不復反。【疏】注歸者至歸也。○解云：凡言大歸，一出不反之辭，若紀侯大去其國之類。

故言歸者大歸也○注有大至不復○解云正以常事不書故也

○季孫行父如齊

○莒弒其君庶其稱國以弒何據莒人弒其君密州疏注據莒至密州○解云即襄三十一年十有一月莒人弒其君密州是也

稱國以弒者衆弒君之辭一人弒君國中人人盡喜故舉國以明失衆當坐絕也例皆時者略之也疏注例皆至之也○解云謂是夫衆而稱國以弒者皆書時以略之即定十三年冬薛弒其君比之屬是也若然昭二十七年夏四月吳弒其君僚亦是稱國而書月者彼非失衆但以見弒之義故不書時賤之是以何氏云不書闔閭弒其君者爲季子諱明季子不忍父子兄弟自相弒讓國闔閭欲其享之故爲沒其罪也月者非失衆見弒故不略之者是也

監本附音春秋公羊註疏文公卷十四

元十行本監本附音春秋公羊注疏

第三册

漢 何休注 唐 徐彦疏 唐 陸德明釋文

中國國家圖書館藏元刻明修印本

山東人民出版社·濟南

監本春秋公羊註疏宣公卷第十五 起元年盡九年

何休學

元年春王正月公即位繼弒君不言即位此其言即位何其意也桓公篡成君宣公篡未踰年君嫌其義異故復發傳 疏 注桓公至發傳○解云即桓元年傳云繼弒君不言即位此言即位何注云據莊公不言即位彼傳云如其意也注云弒君欲即位故如其意也注云弒君欲即位故如其意以著其惡是也若然案禮未踰年之君臣下爲之無服臣爲君斬衰三年誠實自異何言嫌其義異者正以聞隱者相似故也是以閔元年何氏云復發傳者嫌繼未踰年君義異故也明當隱之如一是也○公子遂如齊逆女[illegible]喪娶復書不親迎者[illegible]諱不成其文也有尋言如者緣內諱無貶公文 疏 注譏喪至其文○解云何氏以爲人君喪娶者宜有貶[illegible]之文若其言逆使[illegible]者宜書譏之見不親迎而已即叔孫僑如之徒是也今公子遂爲君喪娶宜去公子以是譏而[illegible]公子復作不親迎之經

書之者正以公子遂本是弑君之賊君去公子即嫌爲觸弑
君大惡之故諱去公子即以隱四年十年公子翬之類是以
不得成其貶文若然文公二年公子遂如齊納幣亦譏喪娶
之經而不去公子者彼是喪未畢納幣爲失禮猶淺此乃初
喪逆女固當合貶即下八年而注云元年逆女嫌爲喪娶貶
也者義亦通於此云云之說八年注備○注有母至公文○
解云下八年夏六月戊子夫人熊氏薨冬十月己丑葬我小
君頃熊頃熊者何宣公之母也是其今日有母母不命使者
婦人之命不通四方何得言如作內使之文者正以緣內無
貶公之文故也何者若其夫如則嫌宣公喪娶爲絶賊不成
爲諸侯然也正緣此事不得去如也若然莊二十八年臧孫
辰告糴于齊不言如所以不嫌莊公不能貯蓄絶而賊之者
欲告糴之事可以通臧孫之私行此
大夫不外娶無道私行之義故是○三月遂以夫人
婦姜至自齊遂何以不稱公子一事而再見
者卒名也卒竟也竟但舉名者省文夫人何以不稱姜氏据僑
如以夫人婦姜氏至自齊也經有姜不疏注据僑至齊也
但問不稱氏者嫌据夫人氏謙夫妾○解云在成十四

宣二元年

年九月。○注嫌據至去姜。○解云：即僖元年夫人氏之喪至自齊是也。貶。曷為貶？據□至于也。譏
喪娶也。喪娶者公也，則曷為貶夫人？據師還也。疏
注據師還也。○解云：即莊八年秋師還，傳曰：還者何？善辭也。此滅同姓，何善爾？病之也。曷為病之？非師之罪也。彼公自滅
同姓，非師之罪，是以歸惡于公，善還以善師。此公自喪娶，非夫人之罪，而貶夫人，與彼義違，故據而難之。內無
貶于公之道也。明下無貶上之義。內無貶于公之道，則
曷為貶夫人？據俱有諱義。疏注據俱有諱義。○解云：春秋之道多為內諱，何故此經不
為夫人諱而貶之乎？夫人與公一體也。恥辱與公共之。夫人貶，則公惡明矣。去氏比於
去姜差輕，可言，故不諱貶夫人。○差，初賣反。疏夫人與公一體。○解云：初則判合，終成一體，是以寡妻之號稱
未亡人，言其身先亡，遺餘半在爾，故傳以一體言之。○恥辱至明矣。○解云：正以夫人與公共諡，知榮辱同矣。○注去
氏至夫人。○解云：公去姜則僖元年夫人氏之喪至自齊是也。然此不諱者，以其輕，而僖元年去姜者則重矣，而亦不諱者

何氏云因正王法所加臣子不得以夫人禮治其喪也是也**其稱婦何**據桓公夫人至不稱婦

疏注據桓至稱婦○解云即桓三年九月夫人姜氏至自齊是也**有姑之辭也**有姑當以婦禮至無姑當以夫人禮至故分別言之言以者見行遂意也見繼重在遂因遠別也月者公不親迎危録之例也

疏有姑之辭也○解云隱二年傳云在塗稱婦與此違者兼二義也言在塗見夫而服從夫故謂之婦至國對姑而服從姑是以亦謂之婦矣○注有姑至禮至○解云當以婦禮至至而稱夫人者臣下録之故也○注言以至別也○解云桓十四年傳云以者何行其意也何氏云以已從人曰行然則此經云遂以夫人者欲見夫人是時進止由遂故言見繫重在遂若不言以直云遂夫人則嫌恠夫人男女無別故云因遠別也○注月者至例也○解云即桓三年九月夫人姜氏至自齊之屬是也言公不親迎故書月危録之例也○**夏季孫行父如齊**○**晉放其大夫胥甲父于衛放之者何猶曰無去是云爾**是是衛

疏放之者何○解云上大夫夫國於例言宗奔此經言放故執不知問**然**

則何言爾近正也此其爲近正奈何古者大夫已去三年待放古者刑不上大夫蓋以爲摘巢毀卵則鳳凰不翔刳胎焚夭則麒麟不至刑之則恐誤刑賢者死者不可復生刑者不可復屬故有罪放之而已所以尊賢者之類也三年者古者疑獄三年而後斷易曰繫用徽纆寘於叢棘三歲不得凶是也自嫌有罪當誅故三年不敢去。○擿吐狄反刳口孤反屬音蜀叢棘打工反

疏近正也。○解云用古放臣而言近正者正以古者放臣任其所去今此晉又處之於衛故言近耳。○古者刑不上大夫。○解云出曲禮上篇文鄭注云不與賢者犯法其犯法則在八議輕重不在刑書是也。○注蓋以爲至不至。○解云皆家語文是時孔子之晉聞趙簡子殺舜華之屬故爲此言而遂還耳。○注易曰至是也。○解云此坎卦上六爻辭也鄭氏云繫拘也爻辰在巳巳爲蛇蛇之蟠屈似徽纆也三五互體艮又與震同體艮爲門闕於木爲多節震之所爲有叢拘之類門闕之內有叢木多節之木是天子外朝左右九棘之象也外朝者所以詢事之處也左嘉石平罷民焉右肺石達窮民焉罷民邪惡之民也上六乘陽有邪惡之罪故縛約徽纆置于叢棘而後公卿以下議之其害人者置之

國土而施職事焉以明刑恥之能復者上罪三年而赦中罪二年而赦下罪一年而赦不得者不自思以得正道終不自改而出圜土者殺故凶是也○注自嫌至不敢去○解云莊二十四年曹羈之下傳云三諫不從遂去之故君子以為得君臣之義也何氏云孔子曰所謂大臣者以道事君不可則止此之謂也諫必三者取月生三日成魄臣道就也以此言之則知待放之臣三年乃去者亦取月生三日成魄臣道就之義故也

君放之非也曰無去是非也**大夫待放正也**聽君不去衛正也【疏】君放之非也大夫待放正也○解云此二句皆是今事非古法**古者臣有大喪則君三年不呼其門**重奪孝子之恩也禮父母之喪三年不從政鄭襄大功之喪三月不從政故孔子曰夏后氏三年之喪既殯而致事殷人既葬而致事周人卒哭而致事君子不奪人之親亦不可奪親也【疏】注禮父至不從政○解云禮記王制文也彼政謂縱矣○注故孔子至卒哭而致事○解云曾子問文鄭云致事者還其職位於君是也○注君子至親也○解云亦曾子問文彼云君子不奪人之親亦不可奪親也此之謂乎鄭云二者怨也孝也者是**已練可以弁**

冕此説時襃正失非謂禮當然弁禮所謂皮弁爵弁也皮弁武冠爵弁文冠夏曰收殷曰冔周曰弁加旒曰冕主所以入宗廟○冔況甫反【疏】注夏曰至曰弁。解云即郊特牲云周弁殷冔夏收是也。注加旒曰冕。解云何氏以爲弁冕之形制一耳但加旒爲異矣注主所以入宗廟。解云以其文冠故也服金革之事謂以兵事使之君使之非也非古道也臣行之禮也臣順爲命亦禮也此與君放之非臣待君放正同故引同類相發明閔子閔子騫以孝聞【疏】注閔子騫以孝聞。解云出論語也要經而服事禮已練男子除乎首婦人除乎帶。要一遥反【疏】注禮已至乎帶。解云閒傳文孔子蓋善之也者蓋猶是也言於此三事孔子皆善之其三事者初則要經而服事次則謂君之爲古者後則退而致仕是也既而曰若此乎古之道不卽人心既事畢言古者不敢斥君卽近也退而致仕退退身也致仕還禄位于君孔子蓋善之也善其服事外得事君之義致仕內不失親親之恩言古者又孫順不訢其君也不言君子者時賢者多以爲非唯孔子以爲是。○孫音遜。公會齊侯于平州。公子遂如齊。六月齊人取濟西田外取邑不書此何以書據曹取之不書。○濟子禮反【疏】注據曹取之不書。○解云即僖三十一年取濟西田傳云惡乎取之取之曹也曷爲不言取之曹諱取同姓之田也此未有伐曹者則其言取之曹何晉侯執曹伯班其所取侵地于諸侯也晉侯執曹伯班其所取侵地于諸侯則何諱乎取同姓之田久也何氏云魯本爲齗若所還當時不取久後有悔更緣前語取之不應復將故當坐取邑其濟西田本魯物而曹取之不書之矣所以賂齊也魯所以賂遺齊故稱人共國辭。○遺唯季反【疏】注魯所至國辭。○解云謂一人字齊么魯共有何者魯人篡弑以地賂人齊人失所取篡者之賂皆合稱人故也曷爲賂齊據上無戰伐無所謝【疏】注據上全所謝。○解云正決哀七年秋公伐邾婁八月己酉入邾婁以邾婁子益來八年夏齊人取讙及僤傳云外取邑不書此何以書所以賂齊也曷爲賂齊爲以邾婁子益來也然則此文之上不見戰伐之文應無所謝曷爲以地賂齊乎故難之爲[illegible]

子赤之賂也子赤齊外孫宣公篡弑之恐爲齊所誅爲是賂之故諱使若齊自取之者亦因惡齊取篡者賂當坐取邑未之齊坐者由律行言許受賂也月者與內甚于邾婁子益

疏注子赤齊外孫。解云文公四年經書娶于齊所生也。注未之至受賂也。解云十年齊人歸我濟西田傳云齊已取之矣其言我何言我者未絕于我也曷爲未絕于我齊已言取之矣其實未之齊也何氏云齊已言語許取之其人民貢賦尚屬於魯實未歸於齊不言來者明不從齊來不當坐取邑是以知其未之齊矣。注月者至子益。解云哀八年夏齊人取讙及僤傳云外取邑不書此何以書所以賂齊也曷爲賂齊爲以邾婁子益來也彼注云邾婁齊與國畏爲齊所怒而賂之恥甚故諱使若齊自取然則彼爲侵奪小國而賂齊此爲篡適而賂齊罪重於彼是以書月以諱其惡故云月者惡內甚於邾婁子益矣

○秋邾婁子來朝。楚子鄭人侵陳遂侵宋微者不得言遂遂若楚子之遂也不從鄭人去遂者兵尊者兼將。將子匠反

疏注微者至之遂也。解云正以遂者專事之文也是以僖二十五年注云微者不別遂但別兩耳是[illegible]其大例不合遂若其竟外有利國家之事亦權許之即

莊十九年秋公子結媵陳人之婦于鄄遂及齊侯宋公盟下傳云大夫無遂事此其言遂何聘禮大夫受命不受辭出竟有可以安社稷利國家者則專之可也是。晉趙盾帥師救陳宋公陳侯衛侯曹伯會晉師于棐林伐鄭此晉趙盾之師也據上趙盾救陳微者不能會諸侯。棐芳尾反疏注微者至諸侯○解云謂若是微者即不能爲會主以致諸侯于棐林而會之曷爲不言趙盾之師據公子遂會晉趙盾于衡雍伊雒戎盟再出名氏疏注據公子至名氏○解云即文八年冬十月壬午公子遂會晉趙盾盟于衡雍乙酉公子遂會伊雒戎盟于暴是君不會大夫之辭也時諸侯爲趙盾所會不與卑致尊故正之云大夫名氏使若更有師也殊會地之者起諸侯爲盾所會疏注殊會至所會解云言殊會者正謂先序諸侯訖乃言會晉師是也所以不言宋公陳侯衛侯曹伯帥師伐鄭而先言會晉師于棐林乃言伐鄭者若以趙盾之師先在是致諸侯來會之然也故曰起諸侯爲盾所會耳。冬晉趙穿帥師侵

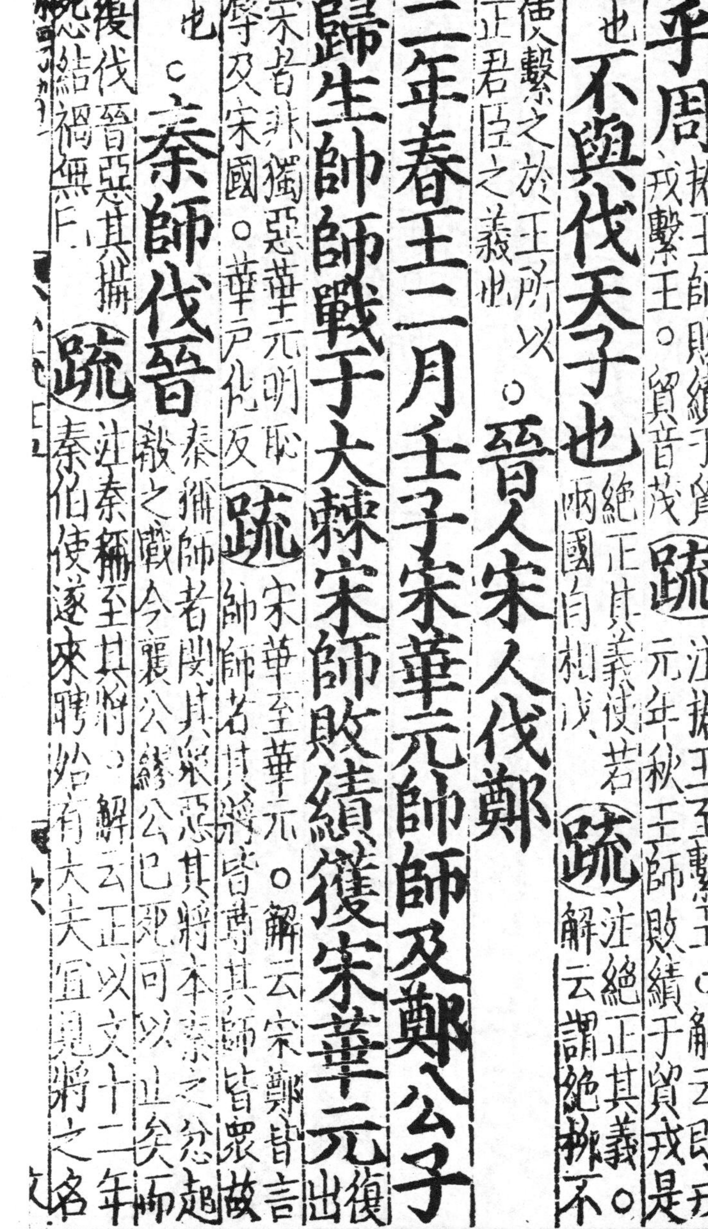

柳柳者何天子之邑也天子之間田也有大夫守之晉與大夫忿爭侵之。間音閑疏柳者何。○解云欲言是國又復未聞欲言是邑文無所繫故執不知問曷爲不繫乎周據王師敗績于貿戎繫王。○貿音茂疏注據王至繫王。○解云即成元年秋王師敗績于貿戎是也不與伐天子也絕正其義使若兩國自相伐疏注絕正其義。○解云謂絕柳不使繫之於王所以正君臣之義也。晉人宋人伐鄭

二年春王二月壬子宋華元帥師及鄭公子歸生帥師戰于大棘宋師敗績獲宋華元出復宋皆非獨惡華元明恥辱及宋國。○華戶化反疏宋華至華元。○解云宋鄭皆言師師者其將皆尊其師皆衆故也。秦師伐晉秦稱師者閔其衆惡其將本素之忿怨起殽之戰今襄公繆公已死可以止矣而復伐晉惡其搆怨結禍無已疏注秦稱至其將。○解云正以文十二年秦伯使遂來聘始有大夫宜見將之名

氏共其貶之，宜稱人、稱國，而言師者，正以閔其衆、惡其將故也。注「本秦至之戰」。解云：在僖三十三年夏。注「今襄至已死」。解云：即文六年晉侯讙卒、文十八年秦伯罃卒是也。夏，晉人、宋人、衞人、陳人侵鄭。秋九月乙丑，晉趙盾弒其君夷獋。○夷獋，戶刀反，又古刀反。二傳作夷臯。○冬十月乙亥，天王崩。匡王。

疏注「匡王」。解云：即三年春葬匡王是也。

三年春王正月，郊牛之口傷，改卜牛，牛死，乃不郊，猶三望。其言之何？據食角不言之。疏注「據食角不言之」。解云：即成七年春王正月，鼷鼠食郊牛角，改卜牛，鼷鼠又食其角，乃免牛是也。緩也。辭閒容之，故爲緩。不若食角急也。別天牲主以角。書者，譏宣公養牲不謹敬，不絜清而災，重事至尊，故詳錄其簡甚。疏注「不若食角急也」。解云：言食角之時，正以有不順之處，爲天所災，不敬簡慢故，不言之耳。注「別天牲主以角」。解云：即王制云：祭天地之牛角繭栗，宗廟之牛角握賓客之牛角尺是○注重事至簡甚○解云正謂言之是也何者之爲緩辭故以簡慢之甚言矣言簡者欲取五行傳云簡宗廟之言耳曷爲不復卜據定十五年牛死改卜牛䟽注據定至卜牛○解云据彼經云十五年春正月鼷鼠食郊牛牛死改卜牛是也養牲養二卜二卜語在卜帝牲不吉帝皇天大帝在北辰之中主總領天地五帝羣神也不吉者有災䟽注帝皇至有災○解云在北辰之中者言在北辰之處紫微宮内也云總領天地天地五帝羣神也者總領天地之内五帝羣臣也其五方之帝東方青帝靈威仰之屬是其五帝之名春秋緯文耀鈎具有其文則扳稷牲而卜之先卜帝牲養之有災更引稷牲卜之以爲天牲養之凡當二卜爾復不吉不復郊○扳普顔反又甫姦反䟽注更引至天牲○解云即定十五年牛死改卜牛者正謂此帝牲在于滌三月滌宮名養帝牲三牢之處也謂之滌者取其蕩滌絜清三牢者各主一月取三月一時足以充其天牲○于滌大歷反養牲宮名䟽注養帝至之處○解云其三牢之以出春秋說文於稷者唯具是視視其身體具無災害

而已不特養于滌宮所以降稷尊帝郊則曷爲必祭稷據郊者主爲祭天王者必以其祖配祖謂后稷周之始祖姜嫄履大人迹所生配配食也【疏】注姜嫄至所生　解云即詩云履帝武敏歆文周本紀云有邰氏女曰姜嫄爲帝嚳元妃出野見巨人迹心忻然說欲踐之踐之身動如孕者居期而生子以爲不祥棄之隘巷或棄山林寒冰之上云云姜嫄以爲神遂收養長之初欲棄之因名曰棄是也王者則曷爲必以其祖配據方父事夫【疏】注據方父事天　解云言既以爲父特祭何嫌而要須以祖配祭之乎故難之自內出者無匹不行匹合也無所與會合則不行自外至者無主不止必得主人乃止者天道闇昧故推人道以接之不以文王配者重本尊始之義也故孝經曰郊祀后稷以配天宗祀文王於明堂以配上帝上帝五帝在太微之中迭生子孫更王天下書改卜者善其應變得禮也○迭大結反更王音庚下干況反【疏】注必得至主之　解云正謂天之精神靈不明察矣○注上帝至禮也○解云此五帝者即靈威仰之屬言在太微宮內迭王天下即感精符云蒼帝之始

二十八丗滅蒼者翼也彼注云堯翼之星精在南方其色赤滅翼者斗注云舜斗之星精在中央其色黃滅斗者參注云禹參之星精在西方其色白滅參者虛注云湯虛之星精在北方其色黑滅虛者房注云文王房星之精在東方其色青五星之謀是其義。

○葬匡王。○楚子伐賁渾戎。○賁渾舊音六或音奔下戶門反二傳作陸渾

疏葬匡王○解云天子記崩不記葬今而書者正以去年十月天王崩至今年春未滿七月即文九年傳曰王者不書葬此何以書不及時書過時書我有往者書然則此未滿七月所謂不及時書也

○夏，楚人侵鄭。○秋，赤狄侵齊。○宋師圍曹。○冬，十月丙戌，鄭伯蘭卒。○葬鄭繆公。葬不月者子未三年而弒故略之也○繆音穆

疏注葬不月至之也○解云即下四年夏六月乙酉鄭公子歸生弒其君夷是也然則春秋之內卒日葬月大國之常今而不月故爲此解似若定公十三年春薛伯定卒何氏云不日月者子無道當廢之而以爲後未至三年失衆見弒危社稷宗廟禍端在定故略之之類也考諸舊本皆無注然則有者衍字耳而不月者與卒同月

故也即隱三年傳云不及時而不日慢葬也何氏云慢薄不能以禮葬是也然則薛伯定之子是失衆見弒者即定十三年薛弒其君比稱國以弒是也今此經公之子爲公子歸生弒之非失衆之文是以經書冬十月丙戌鄭伯蘭卒而不略之以此言之有注者非也

四年春王正月公及齊侯平莒及郯莒人不肯公伐莒取向此平莒也其言不肯何據取汶陽田不言棘不肯疏注據取汶至不肯○解云即成二年秋取汶陽田至三年秋叔孫僑如率師圍棘傳云棘者何汶陽之不服邑也其言圍之何不聽也何不聽也何氏云不聽者叛也不言叛者爲內諱故書圍以起之是也辭取向也爲公取向作辭也恥行義爲利故諱使若莒不肯起其平也聽公平伐取其邑以弱之者愈也莒言及者明非莒不肯起其平也書齊侯者公不能獨平也月者惡錄之○公爲于僞反疏注莒言及至其平也○解云正以及是汲汲之意亦見直之義故知此解○注月者惡錄之解云正以定十一年冬及鄭平知平例不月今而書月故以

爲惡録之若然定十年春王三月及齊平而書月何氏云月者頰谷之會齊侯欲執定公故不易是也又昭七年春王正月暨齊平而書月何氏云月者剌內暨暨也時魯方結婚于吴外慕强楚故不汲汲于齊是也○秦伯稻卒○夏六月乙酉鄭公子歸生弑其君夷○赤狄侵齊○秋公如齊○公至自齊○冬楚子伐鄭

五年春公如齊○夏公至自齊○秋九月齊高固來逆子叔姬○叔孫得臣卒不日若知公子遂欲弑君爲人臣知賊而不言明當誅

疏秋九月至叔姬○解云隱二年注云親逆例時知此月爲下卒出高固不蒙月也○注不日至當誅○解云正以所聞之世大夫之卒無罪者日有罪者月今此不日故解之但淮尋上下更不見得臣有罪之文惟有文十八年秋公子遂叔孫得臣如齊冬十月公子遂弑子赤是以何氏消量作如此解○冬

齊高固及子叔姬來何言乎高固之來據當舉叔姬爲重大夫私事不當書○爲重直用反下同〔疏〕注據當至爲重○解云正以春秋尊內故也○注大夫至當書○解云正以內之大夫直錄其如不書其大夫私事故也今書高固是以難之言叔姬之來而不言高固之來則不可禮大夫妻歲一歸宗叔姬屬嫁而與高固來如但言叔姬來而不言高固來則與曾負教戒重不可言故書高固明矣教戒重在固言及者猶公及夫人〔疏〕注故書至在固解云婦人之道既嫁從夫故也○注言及至夫人○解云即僖十一年夏公及夫人姜氏會齊侯于陽穀是也然則公羊之義以爲夫妻言及者遠別之稱刺其無別是以下注云言其雙行匹至似於鳥獸是也故桓十八年春公夫人姜氏遂如齊傳云公何以不及夫人注云據公及夫人會齊侯于陽穀夫人外也注云若言夫人已爲公所絶外也傳云夫人外者何內辭也注云內爲公諱辭其實夫人外公也注云時夫人淫於齊侯而譖公故云爾然則桓公十八年而不言及者若言夫人爲公所絶外是以不得言及以遠之子公羊子曰其諸爲其雙

雙而俱至者與言其雙行四至似於鳥獸（疏）注言其至鳥獸○解云言其無別如雄狐綏綏故曰雙行游四而來鶉鵲不異故言四至似於鳥獸矣而舊說云雙雙之鳥一身二首尾有雌雄隨便而偶常不離散故以喻焉非何氏意也○楚人伐鄭

六年春晉趙盾衛孫免侵陳趙盾弒君此其復見何据宋督鄭歸生齊崔杼弒其君後不復見○見何賢徧反（疏）注据宋督至不復見○解云其宋督之事即桓二年春王正月戊申宋督弒其君與夷及其大夫孔父者是也歸生之事即上四年夏六月乙酉鄭公子歸生弒其君夷是也崔杼之事即襄二十五年夏五月齊崔杼弒其君光是也然則春秋之內書名弒君後不復見者唯此三人耳餘見者皆著義焉即桓三年公子翬如齊逆女宣元年公子遂如齊逆女之屬欲見罪在桓宣故翬遂得見閔二年公子慶父出奔莒書者彼注云慶父弒二君不當復見所以復見者起季子緩追逸賊是也隱四年衛人殺州吁于濮彼注云書者善之也然則善其臣子討得其賊是以書見則知莊九年齊人殺無知書之者亦是討得其賊善而書之註

十二年宋萬出奔陳得書之者彼注云萬弒君所以復見者重祿彊禦之賊明當急誅之也是也僖十年晉殺其大夫里克得書之者亦輩遂之類也故彼傳云里克弒二君則曷爲不以討賊之辭言之惠公之大夫也何氏云惠公篡立定晉国君臣合爲一體無所復責故曰此乃惠公之大夫安得以討賊之辭言之然則欲歸惡於惠公尚不作討賊之辭何得怪其見于經矣襄二十七年衛殺其大夫甯喜得書之亦輩遂之類也是見其與獻公同謀而弒剽是以二十六年弒剽之下何氏云甯喜爲衛侯衎弒剽不辛衎弒剽者讓成於喜是也其二十六年晉人執甯喜之下傳云不以其罪執之也何氏云明不得以爲功當坐執人亦是其得書之義文十八年齊人弒其君商人昭十一年楚子虔誘蔡侯般殺之于申皆書者商人之下何氏云商人弒君賊復見者與大夫異齊人已君事之殺之宜當坐弒君是也昭十三年楚公子棄疾弒公子比得書者亦是加弒故也如趙盾之類矣

親弒君者趙穿也復見趙盾者欲起親弒者趙穿非盾

親弒君者趙穿則曷爲加之趙盾

不討賊也何以謂之不討賊据皆云弒不加弒

〔疏〕注据皆法

葬不加弑○解云春秋之義君弑賊不討則不書葬所以責臣子不討賊若其加弑者雖不討賊亦書其葬以其不親弑不責臣子之討賊是以昭十九年夏許世子止弑其君買冬葬許悼公傳云賊未討何以書葬不成于弑也曷爲不成于弑止進藥而藥殺也止進藥而藥殺則曷爲加弑焉爾譏子道之不盡也是以君子加弑焉爾葬許悼公是君子之赦止也赦止者免止之罪辭也是也然則此趙盾之弑君與他親弑者同文皆去其葬則趙盾不加弑趙盾既不加弑即其身是賊何得謂之不討賊乎故難之

晉史書賊曰晉趙盾弑其君夷獋趙盾曰天乎無辜辜罪也呼天告冤

疏注呼天告冤　解云冤謂冤枉之冤也

吾不弑君誰謂吾弑君者乎史曰爾爲仁爲義人弑爾君而復國不討賊此非弑君如何復反也趙盾不能復應者明義之所責不可辭

趙盾之復國奈何靈公爲無道使諸大夫皆內朝禮公族朝於內朝親親也雖有富貴者以

齒明父子也外朝以官躰異姓也宗廟之中以爵爲位崇德也宗人授事以官尊賢也升酸受爵以上嗣尊祖之道也喪紀以服之精粗爲序不奪人之親也○餕音俊【疏】注禮公族至之親也○解云此皆文王出子文彼注云內朝路寢廷也云雖有貴者以齒明父子也彼注云謂以宗族事會也云外朝以官體異姓也者彼鄭氏云外朝路寢門之外廷躰猶連結也云宗廟之中以爵爲位崇德也者鄭氏云崇高也以爵貴賤異位云宗人授事以官尊賢也者鄭氏云宗人掌禮及宗廟也以官官各有所掌也若司徒奉牛司馬奉羊司空奉豕云升餕受爵以上嗣尊祖之道也者彼文云其登餕獻爵則以上嗣尊祖之道也注云上嗣祖之正統爵謂上嗣舉奠也今此何氏以登爲升復无獻字蓋所見異也云喪紀以服之精粗爲序不奪人之親也者彼文作輕重字此作精粗者亦所見異也其上文云其公大事則以其喪服之精粗爲序注云大事謂死喪也其爲君雖皆斬衰序之必以本親也是也

然後處乎臺上引彈而彈之已趨而辟丸已已諸大夫也○已音紀是樂而已矣以是爲笑樂○是樂音洛趙盾已朝而出與諸大夫立

於朝有人荷畚荷負也畚草器若今市所量穀者是也齊人謂之鍾○有人何本又作荷胡可反又音何畚音本疏注齊人謂之鍾○解云即昭三年左傳云齊舊四量豆區釜鍾是也自閨而出者宮中之門謂之闈其小者謂之閨從內朝出立于外朝見出閨者知外朝在閨外內朝在閨內可知疏注宮中至之閨○解云釋宮文孫氏曰闈者宮中相通小門也其小者謂之閨小閨謂之閤李氏曰皆門戶大小之異是也趙盾曰彼何也夫畚曷爲出乎閨彼何者始怪何等物之辭孰視知其爲畚乃言夫畚者賤器何故乃出尊者之閨乎呼之不至怪而呼欲問之曰子大夫也欲視之則就而視之顧君責已以視人欲以見就爲解也古者士大夫通曰子○解佳賣反又如字趙盾就而視之則赫然死人也赫然已支解之貌趙盾曰是何也曰膳宰也主宰割殺膳者若今大官宰人熊蹯不熟蹯掌公怒以斗摮而殺之摮猶摮擊也

五八五

擎謂旁擊頭項。○擎，五羔反，又苦交反，猶擎也。擎，口弔反，擊也。支解，將使我棄之。趙盾曰：「嘻！」趨而入。靈公望見趙盾，愬而再拜。愬者，驚貌。禮，臣拜然後君荅拜。靈公先拜者，畚出盾入，知其欲諫，欲以敬拒之，使不復言也。禮，天子為三公下階，卿前席，大夫興席，士式几。○愬，所革反，又訴路反。疏注禮天子至士几。○解云：春秋說文亦時王禮也。趙盾逡巡，北面再拜稽首，頭至地曰稽首，頭至手曰拜手。疏注頭至地至拜手。解云：出大祝文。趨而出。本欲諫君，君以拜謝，知已意與，當覺悟，故出。靈公心怍焉，怍，慙貌。慙盾知已過。○怍，在洛反。欲殺之。於是使勇士某者往殺之。某者，本有姓字，記傳者失之。勇士入其大門，則無人門焉者；入其閨，則無人閨焉者；焉者，於也。是无人於閨門守視者也。上其堂，則無人焉。但言焉，絕語辭。堂不設守視人，故不言堂焉者。俯而闚其戶，俯，挽頭。戶，室戶。

方食魚飧勇士曰嘻子誠仁人也吾入子之大門則無人焉入子之閨則無人焉上子之堂則無人焉是子之易也易猶省也○飧音孫子爲晉國重卿而食魚飧是子之儉也君將使我殺子吾不忍殺子也雖然吾亦不可復見吾君矣負君命也遂刎頸而死勇士自斷頭也傳極道此者明約儉之衛也其於重門擊柝孔子曰禮與其奢也寧儉此而謂也○頸居郢反斷音短重直容反柝他洛反

〔疏〕注傳極至謂也○解云易下繫辭云重門擊柝以待暴客是也

靈公聞之怒滋欲殺之甚滋猶益也衆莫可使往者於是伏甲于宮中召趙盾而食之趙盾之車右祁彌明者國之力士也禮大夫驂乘有車右

有御者○而食音嗣下同祁工支反仡然從乎趙盾而入仡然壯勇貌○仡魚乞反
放乎堂下而立㸑靈公復欲殺盾故入以爲意禮器記曰天子堂高九尺諸侯七尺大夫五尺
士三尺趙盾已食靈公謂盾曰吾聞子之劒蓋
利劒也子以示我吾將觀焉授君劒當拔而進其首靈公因欲以推殺
之趙盾起將進劒祁彌明自下呼之曰盾食
飽則出何故拔劒於君所趙盾知之由人曰知之自己知
曰覺焉（疏）注由人至覺焉○解云由人曰知之此文是也自已知曰覺者卽昭三十一年傳云夏父曰以來人
未足而盱有餘叔術覺焉曰嘻此誠爾國也夫起而致國于夏父是也躇階而走躇猶超遽不暇
以次○躇丑略反與踱同一本作足音同劇不其據反本亦作遽靈公有周狗周狗可以
比周之狗所指如意○比毗志反謂之獒犬四尺曰獒○獒五刀反（疏）注犬四尺曰獒○解云釋

畜文 呼獒而屬之獒亦躇階而從之祁彌明逆而踆之以足逆蹋曰踆。踆音存以足逆蹋之蹋徒臘反疏呼獒而屬之。解云謂呼而指屬之今呼犬謂之屬義出於此絕其頷頷口○頷戶感反趙盾顧曰君之獒不若臣之獒也然而宮中申鼓而起甲即上所道伏甲約勑聞鼓聲當起殺盾有起于甲中者抱趙盾而乘之欲趨疾走趙盾顧曰吾何以得此于子猶曰吾何以得此救急之恩於子邪非所以意悟曰子某時所食活我于暴桑下者也某時者記傳者失之暴桑蒲蘇桑傳道此者明人當素積恩德趙盾曰子名為誰欲報之曰吾君孰為介介甲也猶曰我晉君誰爲興此甲兵豈不爲盾乎子之乘矣何問吾名之乘即上車也猶曰子以上車矣何不疾去而反徐問吾名乎欲令蚤逸去不望報矣。蚤音早

趙盾驅而出衆無留之者明盾賢人不忍殺也且靈公無道民衆不悅以
致見殺趙穿緣民衆不說起弒靈公然後迎趙
盾而入與之立于朝復大夫位也即所謂復國不討賊明不得用責之傳極道此上
事者明君雖不君臣不可以不臣○不說音悅而立成公黑臀不書者明以惡夷獋繼不書剽
立○臀徒門反剽匹妙反（疏）注不書至剽立解云襄公二十六年二月辛卯衛甯喜弒其君剽甲午衛侯衎復
歸于衛然則曷爲不言剽之立不言剽之立者以惡衛侯矣注云欲起衛侯失衆出奔故不書剽立剽立無惡則衛侯惡
明矣然則此亦不書黑臀之立以惡夷獋明矣故如此解○夏四月○秋八月螽
先是宣公伐莒取向公比如齊所致（疏）注先君至向○解云在上四年春也○注公如齊○解云即四年秋
公如齊五年春公如齊是也○冬十月
七年春衛侯使孫良夫來盟○夏公會齊侯

伐萊○秋公至自伐萊○大旱為伐萊踰時也○為于偽反

【疏】春衛侯至來盟○解云不書日月者桓十四年夏鄭伯使其弟語來盟之下何氏云時者從內為王義明王者當以至信先天下然則成三年冬十有一月晉侯使荀庚來聘衛侯使孫良夫來聘丙午及荀庚盟丁未及孫良夫盟亦是來盟而書日月彼下注云書者惡之詩曰君子屢盟亂是用長二國既僭禮相聘不能親信反復相疑故舉聘以非之是其惡故不舉重而書日月之義也是當文皆有注解○

冬公會晉侯宋公衛侯鄭伯曹伯于黑壤

八年春公至自會○夏六月公子遂如齊至黃乃復其言至黃乃復何据公孫敖不言至復丁公不言乃

【疏】注据公至言乃○解云即文八年冬公孫敖如京師不至復丙戌奔莒是也

有疾也乃難辭也上言乃復下有卒知以疾為難○難辭乃旦反

何言乎有疾乃復据公如晉以有疾乃復弒取以為有

疾無惡【疏】注据公如至無惡ノ解云即昭二十三年冬公如晉至何公有疾乃復傳云何言乎公有疾乃復殺恥也注云因有疾以殺畏晉之恥是也

譏何譏爾大夫以君命出聞喪徐行而不反聞喪者聞父母之喪徐行者不忍疾行文爲君當使人追代之以喪喻疾者喪尚不當反況於疾乎順經文而重責之言乃不言有疾者有疾猶不得反也敖不言乃者明無所難爲重敖當誅遂當絶

【疏】注順經文至難爲重○解云正以傳不言大夫以君命出遇疾而還非禮而言聞喪徐行而不反者是其順經文而重責之故也○注敖當誅遂當絶○解云以敖違命罪大故當誅誅者罪累家也遂前雖弒君而宣公不以爲罪直以當時行事而責之責其奉命不終而以疾辟故當絶其身而已

○辛巳有事于太廟

○仲遂卒于垂仲遂者何据不稱公子故問之公子遂也自是後無遂卒知公子遂何以不稱公子据公子季友卒雖加字猶稱公子也【疏】注据公至子也○解云即僖十六年三月壬申公子季友卒是也言雖加字者欲道仲遂亦加字而不稱公子矣

貶

曷爲貶之据叔孫得臣卒不貶疏注据叔至不貶。解云即宣五年秋九月叔孫得臣卒是也何氏云不日者知公子遂欲弒君爲人臣知賊而不言明當誅然則得臣與遂同罪而或貶或否故難之爲弒子赤貶然則曷爲不於其弒焉貶之据翬終隱之篇貶欲使於文十八年子赤卒年中貶疏注据翬至中貶。解云即隱四年秋翬帥師會宋公以下伐鄭傳云翬何以不稱公子貶曷爲貶與弒公也十年夏翬帥師會齊人鄭人伐宋傳云此公子翬也何以不稱公子貶曷爲貶隱之罪人也故終隱之篇貶也是也於文則無罪於子則無年此解十八年秋如齊不貶意也十八年編於文公貶之則嫌有罪於文公無罪於子赤也卒乃貶者元年逆女嫌爲喪娶貶也公會平州下如齊也嫌公遂如齊嫌坐乃復貶也貶加字者起嬰齊所氏明爲歸父後大宗不得絕也地者絕外卒明當有卒外禮也日者不去樂也書有事者爲不去樂張本。編必連反疏注元年逆至貶也。解云即上元年公子遂如齊逆女彼注云嫌觸諱不成其文也是也。注公會至公遂。解云即元年經云夏公會齊侯于平州公子遂如齊是也若不言公子直言遂如齊文承公會於平州之下嫌謂公遂如齊共公子遂是以不得去公子矣○注如齊嫌坐乃復貶也○解云公子輩助桓簒弒入篇即不貶見其無罪於桓公今此公子遂助宣簒弒而於宣貶者正以於子赤則無年遂之罪重不得令免會須貶之諸見之處悉皆有嫌不得作文是以正於卒時貶見其事○注貶加字至絶也○解云成十五年三月乙巳仲嬰齊卒傳云仲嬰齊者何公孫嬰齊也公孫嬰齊則曷爲謂之仲嬰齊爲兄後也爲兄後則曷爲謂之仲嬰齊爲人後者爲之子也注云更爲公孫之子故不得復氏公孫傳文云爲人後者爲其子則其稱仲何孫以王父字爲氏也然則嬰齊孰後後歸父也歸父使于晉而未反何以後之注云據已絶也傳云叔仲惠伯傳子赤者也文公死子幼公子遂謂叔仲惠伯曰君幼如之何願與子慮之叔仲惠伯曰吾子相之老夫抱之何幼君之有公子遂知其不可與謀退而殺叔仲惠伯弒子赤而立宣公宣公死成公幼臧宣叔者相也君死不哭聚諸大夫而問焉曰昔者叔仲惠伯之事孰爲之諸大夫雜然曰仲氏也其然乎於是遣歸父之家注云時見君幼欲以防示諸大夫然後哭君歸父使乎晉還自晉至檉聞君薨家遣墠帷哭君成踊反命于介自是走之齊魯人徐傷歸父之無後也注云徐者皆共之辭也關東語傷其先人爲惡身見逐絶

不忿對也於是使嬰齊後之也注云弟無後兄之義爲亂昭穆之序失父子之親故不言仲孫明不與子爲父孫是也然後既後賜而加字者欲起成十五年仲嬰齊以仲爲氏故也嬰齊者仲遂之子宜稱公孫而氏仲者明爲其兄公孫歸父之後不得氏公孫故氏仲矣所以弟爲兄後者正以大宗不得絶故也○注地者至禮也○解云欲道公子季友之文皆不地此言於垂者正以卒於外故也所以卒於外則地之者明其當有卒於外之禮故也○注日者不去樂也○解云正以春秋之例失禮鬼神例日故也○注書者至張本○解云正以時祭之禮礿夏作之即是得時不書之例而書之者爲下不去樂張本故也而言有事者礿不合書是以但言有事爲下張本而已似若文二年注云不言吉祫者就不三年不復譏略爲下張本而已之類

○壬午猶繹萬入去籥繹者何祭之明日也

禮繹繼昨日事但不灌地降神爾天子諸侯曰繹大夫曰賓尸士曰宴尸去事之殺也必繹者尸屬昨日配先祖食不忍輒忘故因以復祭禮則無有誤敬慎之至殷曰肜周曰繹繹者據今日道昨日不敢斥尊言之文意也肜者肜肜不絶據昨日道今日斥尊言之質意也祭必有尸者節神也禮天子以卿爲尸諸侯以大夫

爲尸卿大夫以下以孫爲尸夏立尸殷坐尸周旅酬六尸○屬音燭肜羊弓反

【疏】繹者何○解云欲言是祭去約大近欲言非祭繹者祭名故執不知問○注礼繹至神爾○解云正以繹天云繹又祭也孫氏云祭之明日尋繹復祭故言繼昨日事正以昨日祭已灌地降神是以今日繹上爲尸作何以爲灌乎故云但不灌地降神爾○注天子諸侯至宴尸○解云春秋說文也稍得言名繹在正祭之後故曰去事之殺也○注則無有誤○解云畏敬先君之尸而爲之設祭則無有過誤也○注殷曰肜周曰繹○解云繹天文案郭氏爾雅其下文仍有夏曰復胙之文而何氏不言之者正以諸家爾雅悉無此言故不引之復胙郭氏云未見義所出也○注繹者至意也○解云祭尊于繹欲道今日所尋繹乃是昨日之正祭故云據今日道昨日不敢斥尊乃是尊正之義故曰文意也○注肜者至神也○解云正由昨日正祭是以今日作又祭相因而不絶肜肜然故曰據昨日道今日乃是追近而不尊故曰質意也○注禮天子至孫爲尸○解云何氏差約古禮也天子不使公諸侯不使卿皆爲其大尊也卿大夫已下以孫爲尸以其昭穆同也○注夏立至六尸○解云郤礼器云周坐尸注云言此亦周所因於殷也夏立尸而卒祭注云夏禮尸有事乃坐殷坐尸注云無事猶坐周旅酬六尸

注云使之相酌也后稷之尸發爵不受旅曾子曰周礼其猶醵與注云食錢飲酒爲醵旅酬相酌似之也萬者何干舞也干謂楯也能爲人扞難而不使害人故聖王貴之以爲武樂萬者其篇名武王以萬人服天下民樂之故名之云爾○楯食允反扞户旦反疏萬者何○解云欲言其樂文無樂名欲言非樂祭祀用之故執不知問○注武王至云爾○解云春秋說文昔武王一會八伯諸侯人數皆以萬而已蓋以萬是總名故據以言耳籥者何籥舞也籥所吹以節舞也吹籥而舞文樂之長疏籥者何○解云欲言非樂籥是樂名欲言是樂臨祭見去故執不知問○注吹籥而舞文樂之長○解云正以萬是武樂入而用之而籥特備矣其言萬入去籥何據入者不言萬去樂不言名疏注去樂不言名○解云即昭十五年二月癸酉有事于武宮籥入叔弓卒去樂卒事是也去其有聲者不欲令人聞之也廢其無聲者廢置也置者不去也齊人語存其心焉爾存其心焉爾者何知其不可而爲之也明其心猶存於樂知其不

可故去其有声者而爲之【疏】存其心焉爾者何。解云欲道存心于樂而有去籥之文欲道存心于股肱而繹乃
不廢故執不知問 猶者何通可以已也 禮大夫死爲廢一時之祭有事于廟而聞
之者去樂卒事而聞之者廢繹日者起明日也言入者據未奏去籥特書凡祭自三年喪已下各以日月廢時祭唯郊社
越紼而行事可【疏】猶者何。解云欲言是礼書而譏之欲言非礼乃當正祭之明日故執不知問。禮大夫至之
祭。解云正以正祭爲吉事故也。注有事至去樂。解云即昭十五年二月癸酉有事于武宮籥入叔弓卒去樂卒事
傳云其言去樂卒事何礼也君有事于廟聞大夫之喪去樂注云恩痛不忍卒。注卒事至日也。解云即檀弓下篇云
仲遂卒于垂壬午猶繹萬入去籥仲尼曰非礼也卿卒不繹是也。注言入至時書。解云欲道所以不言萬作而言万
入之意也。注凡祭至事可。解云即王制曰喪三年不祭唯祭天地社稷爲越紼而行事鄭注云不敢以卑廢尊越猶
踐也紼輴車索是也 ○戊子夫人熊氏薨○晉師白狄伐
秦○楚人滅舒蓼○秋七月甲子日有食之

既其後楚莊王圍宋析骸易子伐鄭勝晉鄭伯肉袒晉大敗於邲中国精奪盟服強楚之應疏注是後至易子○解云圍宋者即下十四年秋九月楚子圍宋是也言析骸易子者即十五年傳云易子而食之析骸而炊之是也○注伐鄭勝晉○解云即下九年冬楚子伐鄭晉郤缺帥師救鄭十年夏晉人宋人衛人曹人伐鄭冬楚子伐鄭十一年夏楚子陳侯鄭伯盟于辰陵注云不日月者莊王行霸約諸侯明王法討徵舒善其憂中国故爲信辭然則比年之間晉楚爭共伐鄭鄭伯然服于楚盟于辰陵楚勝于晉居然明矣故云伐鄭勝晉也○鄭伯肉袒○解云即下十二年春楚子圍鄭鄭伯肉袒左執茅旌右執鸞刀以逆莊王是也○注晉大敗于邲○解云即下十二年夏晉荀林父帥師及楚子戰于邲晉師敗績○注中国精奪○解云正以日者太陽之精諸夏之象今而被食故曰中国精奪○冬十月己丑葬我小君頃熊雨不克葬庚寅日中而克葬頃熊者何宣公之母也熊氏楚女宣公即僖公妾子○頃音傾疏頃熊者何○解云欲言是妾卒于葬備書欲言夫人與君別謚故執不知問而者何難

也乃者何謂問定公曰下昃乃克葬疏而者何○解云魯公夫人薨葬多矣此獨言故執不
知問○注謂問定公曰下昃乃克葬解云即是十五年九月
丁巳葬我君定公雨不克葬戊午日下昃乃克葬是也然則
言乃之經不干此事而於此問之者正以
葬時遇雨廢葬而乃異文是以連而問之難也禮卜葬從遠日不克
葬見難者臣子重難不得以正日葬其君疏禮卜葬從遠日○解云即曲礼上篇云喪事先遠日鄭注云喪事葬
與練祥也左氏傳云礼卜葬先
遠日辟不懷也舊典之遺存也曷為或言而或言乃
乃難乎而也言乃者內而深言而者外而淺下昃日昳以故言乃孔子曰其為之也難言之得無
訒乎皆所以起孝子之情也雨不克葬者為不得行葬礼孔
子曰生事之以礼死葬之以礼祭之以礼故不得行礼則不
葬也魯錄雨不克葬者恩錄內尤深也別朝莫者明見日乃葬也○訒音刃莫音暮疏注孔子至訒乎○解云論
語文引之者證難言之事必須訒而言之似君臣子不得正
日難言重難亦須訒而葬之○注所以起孝子之情也○解
云謂春秋言而言乃者所以起見孝子之情重難有淺深故
也○注魯錄至深也○解云欲道外諸侯葬多矣而无不克

之文者以其恩淺也○注別朝至葬也解云謂日中與昃與然則朝莫猶早晚也○城平陽○楚師伐陳

九年春王正月公如齊月者善宣公事齊合古禮卒使齊歸濟西田不就十年月者五年再朝近得正孔子曰知和而和不以禮節之亦不可行也明雖事人皆當合禮

疏注月者至西田○解云即下十年春齊人歸我濟西田是也○注不就至合禮○解云何氏之意以爲春秋之道祖述堯舜天子五年一巡狩諸侯亦五年一朝天子是以桓元年注故即位比年使大夫小聘三年使上卿大聘四年又使大夫小聘五年一朝是也然則諸侯自相朝雖文不著若欲以朝亦不過是也宣公五年春公如齊今九年春又如齊乃五年之内不得正盡五年故曰近得正言近者不正是之辭也雖不正是近合於禮是以春秋此年書月以見善宣公至十年公復如齊是爲大數唯近取濟西田之文亦不得見善故言不就十年月者五年再朝近得正○公至自齊○夏仲孫蔑如京師○齊侯伐萊○秋取根牟根

牟者何邾婁之邑也曷爲不繫乎邾婁諱亟也亟疾也屬有小君之喪邾婁子來加禮未期而取其邑故諱不繫邾婁也上有小君喪而下諱取之則邾婁加禮明矣未期年從加禮數者猶王子虎從會葬數○亟去冀反宗期音基

疏根牟者何○解云欲言是国經典未有欲言非国文無所繫故執不知問○注屬有小君之喪○解云即上八年夏夫人熊氏薨是也○注邾婁子來加禮○解云謂上八年冬十月葬頃熊之時邾婁子使人來加禮但例不書之故不見也○注未期至婁也○解云去年十月來加禮今年七月而取邑故言未期也加禮者或是賵襚之屬皆是葬前之事而要繫會葬言之言未期者欲取諱亟之義強故也必知過期之後不復諱之者正以定十五年夏五月定公薨邾婁子來奔喪至於哀元年冬仲孫何忌帥師伐邾婁注云邾婁子新來奔喪伐之不諱者期外恩殺惡輕明當與根牟有差是也○注未期年至會葬數解云此文欲取未期之義而從加禮數之若取薨之時則過於期矣若以僖三十三年冬十二月公薨于小寢文元年天王使叔服來會葬夏四月葬我君僖公文三年夏五月王子虎卒傳云王子虎者何天子之大夫也外大夫不卒此何以卒新使乎我也

注云王子虎即叔服也新爲王者使來會葬在葬後三年中卒君子恩隆於親親則加報之故卒明當有恩禮也然則王子虎之卒在文三年夏若數來會葬之時則在三年之内若數公卒時四年矣與此相似故錯之

○八月滕子卒。九月晉侯宋公衛侯鄭伯曹伯會于扈。晉荀林父帥師伐陳。辛酉晉侯黑臀卒于扈扈者何晉之邑也諸侯卒其封内不地此何以地據陳侯鮑卒不地

（疏）扈者何。解云若言晉地不應書之欲道外地文无所繫故執不知問。注據陳侯鮑卒不地。解云桓五年春正月甲戌己丑陳侯鮑卒傳云曷爲以二日卒之悈也甲戌之日亡己丑之日死而得君子疑焉故以二日卒之也是其卒於封内不書地故難之

卒于會故地也起時與多窮危伐喪而卒於諸侯會上故地危之未出其地故不言會也左右皆臣民隨卒於會上危愈於竟外故不復著言會也出外死有輕重死於師尤甚於

會次之如人國次之於封内最輕不書葬者故篡也【疏】注出外死至最輕○解云時衰多窮厄伐喪師者用兵之處而君死焉故言于師者其危甚即襄十八年曹伯負芻卒于師是也是以僖四年夏許男新臣卒何氏云不言卒於師者桓公師无危是其義也云於會次之者與人交接之處或相劫詐未可知若柯之盟曹子劫桓公之類是也而君卒焉故言次之即定四年夏杞伯戊卒于會是也云於人國次之者正以時多背死向生而君卒於竟外似有掩襲之理仍於主國有賓客之道是故又以爲次矣即襄二十六年秋許男甯卒于楚之屬是也云於封内最輕者正以左右皆民臣危少於竟外是以不言於會矣但有外國之人亦有危理故書其地即此文書晉侯黑臀卒於扈是也若不聚會直卒於封内者仍自不地即陳侯鮑卒是也若然昭十三年夏四月楚公子比自晉歸于楚弑其君虔于乾谿不與人會而書地者彼注云封内地者起禍所由因以爲戒是也而云起禍所由者案彼傳云靈王爲无道作乾谿之臺三年不成楚公子棄疾脅比而立之然後令于乾谿之役曰比已立矣後歸者不得復其田里衆罷而去之靈王經而死是其致禍之由○注不書至篡也○解云春秋之義篡明者書葬即小白之屬是也篡不明者即不書其葬以見篡即此黑臀之屬是也云云

已說于上○冬十月癸酉衛侯鄭卒不書葬者殺公子瑕也疏不書葬至瑕也○解云即僖三十年秋衛殺其大夫元咺及公子瑕也不言殺元咺元咺有罪云云已說于上○宋人圍滕○楚子伐鄭○晉郤缺帥師救鄭○陳殺其大夫泄治

監本附音春秋公羊註疏宣公卷十五

監本春秋公羊註疏宣公卷第十六 起十年盡十八年

何休學

十年春公如齊公至自齊齊人歸我濟西田齊已取之矣其言我何據歸讙及闡齊已取不言我。僤本又作闡昌善反疏注據歸至言我。解云哀公八年夏齊人取讙及僤冬齊人歸讙及僤是也。言我者未絕於我也曷為未絕于我據有俄道疏注據有俄道。解云即桓二年傳云公至乎地之與之則不然俄而可以爲其有矣彼注云俄者謂須更之間制得之頃也言俄爾之間則有絕于不注之道爾來十年何言未絕于我乎故難之齊已言取之矣齊已言語許取之。其實未之齊也其人民貢賦尚屬於魯實未歸於齊不言來者明不從齊來不當坐取邑凡歸邑物例皆時疏注不言來至取邑。解云案元年注云亦因惡齊取篡者賂當坐取邑者正以篡逆之賊天下共惡齊乃許取其賂而與之同似若漢律行言許受財之類故云當坐取邑耳今言不當坐取邑者正以爾來十年仍不入已見宣有禮還復歸之功過相除可以滅其初惡是以春秋恕之不復書來以除其過故曰不當坐取邑耳○注凡歸邑物例皆時○解云其歸邑時者即定十年夏齊人來歸運讙龜陰田及此經書春之屬皆是也其歸物時者即莊六年冬齊人來歸衛寶注云寶者玉物凡名是也以此言之則知哀八年齊人歸讙及僤在日月之下不蒙日月亦可知也　夏四月丙辰日有食之與甲子既同事連故累食疏注與甲子既同○解云即上八年秋七月甲子日有食之既彼注云是後楚莊王圍宋析骸易子伐鄭勝晉鄭伯肉袒晉師大敗于邲中國精奪盡服強楚之應今此與彼同占故曰與甲子既同也○己巳齊侯元卒　齊崔氏出奔衛崔氏者何齊大夫也其稱崔氏何據齊高無咎出奔名連崔氏者與尹氏俱稱氏嫌爲采邑疏崔氏者何○解云欲言大夫而直言崔氏欲言譏者而得書于經故執不知問○注據齊至奔名○解云即成十七年秋齊高無咎出奔莒是也○注連崔氏者

解云與尹氏俱稱氏嫌爲采邑者即隱三年夏四月辛卯尹氏卒是也○貶曷爲貶據外大夫奔不貶○疏注據外大夫奔不貶○解云即王引高無咎出奔莒之屬是也譏世卿世卿非禮也復見譏者嫌尹氏王者大夫職重不當世諸侯大夫任輕可世也因齊大國禍著故就可以爲法戒明王者尊莫大於周室彊莫大於齊國世卿猶能危之○疏注復見至世也○解云即隱三年尹氏卒單稱氏是譏之今復單言崔氏故言復也○注因齊大國至危之○解云欲道等是諸侯科取即得所以不於僖二十八年衛元咺出奔晉之經見之者因齊大國有弒君之禍著明于出奔故也○公如齊不言奔喪者尊內也猶不言朝聘○疏注不言至內也○解云正以上文四月己巳齊侯元卒則知此經公如齊者奔喪而往而言尊內也者欲道定十五年夏公薨于高寢邾婁子來奔喪彼則書之今此否者尊內故也○五月公至自齊○癸巳陳夏徵舒弒其君平國○六月宋師伐滕○公孫歸父如齊葬齊惠公○晉人宋

人衛人曹人伐鄭。秋天王使王季子來聘王季子者何天子之大夫也其稱王季子何據叔服不繫王不稱子王札子不稱季。【疏】五月公至自齊。解云致例時而書五月者爲下癸巳出之。王季子者何。解云欲言諸侯而王使來聘欲言大夫而經書子故執不知問。注據叔至稱子。解云即文元年天王使叔服來會葬是也。王札子不稱季解云即下十五年夏六月王札子殺召伯毛伯是也貴也其貴奈何母弟也子者王子也天子不言子弟故變文上季繫先王以明之著其骨肉貴體親也【疏】注子者王子至明之。解云言天子不言子弟者即文元年注云叔服者王子虎也不繫王者不以親親錄也不稱王子者持天子諸侯不務求賢而專貴親親故尤其在位子弟剌其早任以權也是也既言尤其在位子弟是以不得稱之王子瑕奔晉天王殺其弟年夫難之云云已說在文元年。注著其至親也。解云以其稟氣于先王故言骨肉貴以其今王母弟故曰體親也。公孫歸父帥師伐邾婁取蘱蘱類又力對

[illegible][illegible]二反○大水先是城平陽取根牟及鄟役重民怨之所生○疏注先是城平陽解云在上八年
冬○注取根牟者解云在上九年秋○季孫行父如齊○冬公孫歸
父如齊○齊侯使國佐來聘○饑何以書以
重書也民食不足百姓不可復興危亡將至故重而書之明當自省減開倉廩贍振之哀公問於有若曰年
饑用不足如之何有若對曰盍徹乎曰二吾猶不足如之何其徹也對曰百姓足君孰與不足百姓不足君孰與足○贍
常豔反○楚子伐鄭
十有一年春王正月○夏楚子陳侯鄭伯盟
于辰陵不日月者莊王行霸約諸侯明王法討徵舒善其憂中國故爲信辭○公孫歸父
會齊人伐莒○秋晉侯會狄于攢函離不言會言會者見
所聞世治近升平內諸夏而詳錄之殊夷狄也下發傳於吳者方具說其義故從外內悉舉者明言之○疏注發

傳於吳至明言之。○解云：即成十五年冬十有一月，叔孫僑如會晉士燮、齊高無咎、宋華元、衛孫林父、鄭公子鰌、邾婁人會吳于鍾離，傳云「曷爲殊會吳？外吳也。曷爲外也？春秋内其國而外諸夏，內諸夏而外夷狄。王者欲一乎天下，曷爲以外內之辭言之？言自近者始也」，注云「明當先正京師，乃正諸夏，諸夏正，乃正夷狄，以漸治之」是也。

○冬十月，楚人殺陳夏徵舒。此楚子也，其稱人何？據下入陳稱子。

疏注據下入陳稱子。○解云：即下丁亥，楚子入陳是也。

貶。曷爲貶？據徵舒有罪。不與外討也。辟天子，故貶見之，即所謂貶絕然後罪惡見。

疏注即所謂至惡見。○解云：即昭元年傳云「春秋不待貶絕而罪惡見者，不貶絕以見罪惡也」是也。

不與外討者，因其討乎外而不與也，雖內討亦不與也。雖自討其臣下，亦不得與也。

疏雖內討亦不與也。○解云：案檀弓云「臣弑君，凡在官者殺無赦」，是以隱四年九月，衛人殺州吁于濮，傳曰「其稱人何？討賊之辭也」，注云「討者，除也，明國中人人得討之，所以廣忠孝之路」。以此言之，則弑君之賊，國內人人皆得殺之而言雖内討亦不與者正以與莊王非國内是以不與其外討又言雖内討亦不與者正以莊王身爲君而見在寧得更有弑君之賊而討之乎明知莊王内討者更以他罪耳諸侯不得專殺大夫是以不與曷爲不與據書爲齊誅之疏注據書爲齊誅之○解云即昭四年秋七月楚子以下伐吴執齊慶封殺之傳云此伐吴也其言執齊慶封何爲齊誅也其爲齊誅奈何慶封走之吴吴封於防何氏云月者善義兵是也○實與不言執與討賊同文疏注不言執至同文○解云正以昭八年夏楚人執陳行人干徵師殺之言執非討賊之文隱四年衛人殺州吁莊九年齊人殺無知皆不言執以見此不言執乃與討賊同文故知實與矣○而文不與文曷爲不與諸侯之義不得專討也諸侯之義不得專討則其曰實與之何上無天子下無方伯天下諸侯有爲無道者臣弑君子弑父力能討之則討之可也與齊桓專封同義不書兵者時不伐疏

注與齊桓專封同義。解云即僖元年齊師救邢之下傳云曷爲先言次後言救君也君則其稱師何不與諸侯專封也曷爲不與實與而文不與文曷爲不與諸侯之義不得專封也諸侯之義不得專封則其曰實與之何上無天子下無方伯天下諸侯有相滅亡者力能救之則救之可也注云主書者起文從實也今此亦然故曰齊桓專封同義耳。注不書兵者時不伐。解云欲決招四年秋楚子以下伐吳執齊慶封殺之彼實有兵故言伐今此不書兵者時實不伐非是省文之義耳。

丁亥楚子入陳日者惡莊王討賊之後欲利其國復出楚子者爲下納善不當貶不可因上貶文

疏注日者至利其國。解云正以春秋之義入例書時傷害多則書月今此書日以詳其惡故如此解。注復出楚至貶文。解云春秋之義以納爲篡辭而言爲下納善者正以上有起文故與凡納異何者上有討賊之文而即言納二子于陳故知其善所謂美惡不嫌同辭矣。

納公孫甯儀行父于陳此皆大夫也其言納何據納者謂已絕也今甯儀行父上未有出奔絕文故見大夫及言納也。甯乃定反音寧

疏注據納至言納也。解云定十四年秋衛世子蒯聵出奔宋至

哀二年夏晋趙鞅納衛世子蒯聵于戚是其上有出奔絶文而下言納矣而僖二十五年秋楚人圍陳納頓子于頓上文不言頓子出奔者正以頓是微國出入不兩書故彼注云頓子出奔不書小國例也云故見大夫者言此二子上無絶文故見任爲大夫而反言納于陳

納公黨與也

微舒弑君甯儀行父如楚訢微舒微舒之黨從後絶其位楚爲討微舒而納之本以助公見絶故言納公黨與不書微舒絶之者以弑君爲重主書者美楚能變悔改過以遂前功卒不取其國而存陳不繫國者因上入陳可知

疏 注不書至主書者○解云若書微舒絶之宜云陳公孫甯等出奔楚傳云此訢于楚矣冐爲謂之出奔微舒絶其位是以謂之奔也○注美楚至改過○解云謂之入陳是也○注以遂前功○解云討微舒是也○注不繫國至可知○解云欲决哀二年納衛世子云云繫衛是也

十有二年春葬陳靈公討此賊者非臣子也

何以書葬

据惠公殺里克不書卓子葬○

疏 注据惠至子葬○解云僖十年春里克弑其君卓子夏晋惠公弑里克是也

君子辭也楚已討之矣臣子雖欲

討之而無所討也無所復討也不從殺泄冶不書葬者泄冶有罪故從討賊書葬則君子辭與泄冶罪兩見矣不月者獨寧儀行父有恥楚力上已言納故從餘臣子恩薄略之

疏君子至討也○注無所復討也○解云然則卓子之賊亦是惠公已討之其臣子雖欲討之亦無所討而不作君子辭者正以惠公之殺里克不作討賊之意是以春秋不書卓子葬以責其臣子也今此楚莊本以討賊之意而殺徵舒一賊不可再討故不責之○注不從至有罪○解云案何氏作膏肓以為泄冶無罪而此注云有罪者其何氏兩解乎正以春秋之義殺無罪大夫者例去其葬以見之今乃經書靈公之葬則知泄冶有罪明矣而膏肓以為無罪者蓋以諫君之人罪之無文而左氏罪之故言無罪矣而此何氏以為有罪者其更有他罪乎○注從討至兩見矣○解云賊不討不書葬者欲責臣子不討賊今而書葬則知賊已討矣君子恕之不復責臣子矣又且君殺無罪大夫則不書其葬今靈公殺泄冶而得書葬則知泄冶有罪明矣故云兩見矣○注不月者至略之○解云正以卒日葬月大國之常今書春故須辨之○楚子圍鄭○夏六月乙卯晉荀林父帥師及楚子

戰于邲，晉師敗績。大夫不敵君，此其稱名氏以敵楚子何？据城濮之戰子玉得臣貶也。○疏注据城濮至貶也○解云即僖二十八年夏晉侯以下楚人戰于城濮，楚師敗績。傳云此大戰也，曷爲使微者？子玉得臣也。子玉得臣則其稱人何？貶。曷爲貶？大夫不敵君也。不與晉而與楚子爲禮也。不與晉而反與楚子爲君臣之礼，以惡晉。疏不與晉至禮也○解云但作一句連讀之。注云不與晉而反與楚子爲君臣之禮亦爲一句連讀之○注以惡晉○解云内諸夏以外夷狄，春秋之常。今叙晉于楚子之上，正是其例。而知其惡晉者，但楚莊德進行修，同於諸夏，討陳之賊，不利其土，入鄭皇門而不取其地，既卓然有君子之信，寧得殊之？既不合殊，即是晉侯之匹。林父人臣，何得序於其上？既序人君之上，無臣子之禮明矣。臣而不臣，故知惡晉也。曷爲不與晉而與楚子爲禮也？据城濮之戰貶得臣者不與楚爲禮。莊王伐鄭，勝乎皇門，勝戰勝皇門，鄭郭門。放乎路衢。路衢，郭内衢道。四達謂之衢。○疏注道四達謂之僩。解云釋宮文。鄭伯肉袒左執茅旌茅旌祀宗廟所用迎道神指護祭者斷曰藉不斷曰旌用茅者取其心理順一自本而暢乎末所以通精誠副至意。斷音短藉在夜反疏注茅旌至至意解云茅旌祀宗廟所用云者皆時王之禮正以公羊子是景帝時人是以何氏取當時之事以解其語云用茅者取其心理順一者言茅心文理皆順無逆矣云自本而暢乎末者言其文理從本而申暢于末無絶以絶之右執鸞刀鸞刀宗廟割切之刀環有和鋒有鸞執宗廟器者示以宗廟不血食自歸首疏注鸞刀宗至有鸞。解云亦時王之制祭義亦云祭之日君牽牲卿大夫序從彼注云序以次第從也既入廟門麗于碑卿大夫袒而毛牛尚耳鸞刀以刲取膟膋鄭注云麗猶繫也毛牛尚耳以耳毛爲上也膟膋血與腸間脂也又祭統云鸞刀羞嚌是鸞刀爲宗廟割切之刀矣。注執宗廟至自歸首。解云言示以宗廟者言示楚以宗廟血食之器也言已宗廟將墮滅斟酌在楚耳故言自歸首矣。以逆莊王曰寡人無良邊垂之臣諸侯自稱曰寡人天子自稱曰朕良善也無善喻有過言已有過於楚邊垂之臣謙不敢斥莊王。疏注諸侯自稱曰寡人解云曲禮文。注天子自稱曰朕 解云時王之禮也若古礼自稱爲予一人矣。以干天禍干犯也謙不敢斥莊王歸之於天。是以使君王沛焉沛焉者怒有餘之貌猶傳曰力沛若有餘。沛普蓋反疏注猶傳至有餘。解云文十四年傳文辱到敝邑遠自勞辱到於鄭也諸侯自稱國曰敝邑君如矜此喪人自謂已喪亡。錫之不毛之地墝埆不生五穀曰不毛謙不敢求肥饒。墝埆上苦交反下音确。疏注墝埆至肥饒解云墝埆者墝鹵之稱若俗言墝埆矣使帥一二耋老而綏焉六十稱耋七十稱老綏安也謙不敢多索丁夫願得主帥一二老夫以自安。多索所白反舊本作策音索。疏注六十至稱老解云七十稱老曲禮文也案今曲禮云七十曰耋與此異也蓋何氏所見與鄭注者不同或者此耋字誤耳。請唯君王之命莊王曰君之不令臣交易爲言是亦恐王謙不斥鄭伯之辭令善也交易猶往來也言君之不善臣屢往來爲惡言。屢往力住反又作數音朔。是以使寡人得見君之玉面而微至乎此微喻小也積小語言以致於此(疏)是以使至玉面。解云若孫紡云故國君取夫人之辭曰請君之玉女與寡人共有敝邑事宗廟社稷鄭注云言玉女者美言之也男子於玉比德焉然則此言玉面者亦美言之也。莊王親自手旌自以手持旌也繒廣充幅長尋曰旐繼旐如燕尾曰旆加文章曰旗錯革鳥曰旟注旄首曰旌(疏)注繒廣充首曰旌。解云此注皆爾雅釋天文其間少有不同者蓋所見異或何氏潤色之案今爾雅釋天繒作緇字孫氏云緇黑繒也郭氏云帛全幅長八尺又云繼旐曰旆孫氏云帛續旐末亦長尋詩云帛旆英英是也郭氏曰帛續旐末為燕尾者故此何氏云繼旐如燕尾曰旆也又云有鈴曰旂李氏云有鈴以鈴著旐端孫氏曰鈴在旂上旂者畫龍郭氏曰縣鈴於竿頭畫交龍於旒是以此注云加文章曰旗也又云錯革鳥曰旟李氏云以革為之置於旐端孫氏曰錯置也革急也言畫急疾之鳥于旒周官所謂鳥隼為旟者矣又云注旄首曰旌李氏云以犛牛尾旌首者郭氏云載旄於竿頭如今之幢亦有旒是也。左右據軍退舍七里將軍子重諫曰南郢之與鄭相去數千里郢楚都不能二千里言數千里者欲深感莊王使納其言。數所主反諸大夫死者數人廝役扈養死者數百人芟草爲防者曰廝汲水漿者曰役養馬者曰扈炊亨者曰養。扈養餘亮反芟魚廢反。疏注芟草至曰養。解云蓋于時猶然是以何民知之今君勝鄭而不有無乃失民臣之力乎無乃猶得無。疏注無乃猶得無。解云言得無失民臣之力乎言其失民臣之力矣莊王曰古者杅不穿皮不蠹則不出於四方杅飲水器穿敗也皮裘也蠹壞也言杅穿皮蠹乃出四方古者出四方朝聘征伐皆當多少圖有所喪費然後乃行爾踰已出征伐士卒死傷固其宜也不當以是故滅有鄭恥不能早服也。杅不音于費芳味反。疏注杅飲水器。解云其音于若今馬盂矣舊說云杅是祈字若今食瓶矣案今音作于則舊說非。是以君子篤於禮而薄于利篤厚也不惜杅皮之費而貴朝聘征伐者厚於禮義薄於財利要其人而不要其土本所以伐鄭者欲要其人服罪過耳不要取其土地猶古朝聘欲厚礼義不顧杅皮告從從服從不赦不詳善用心曰詳吾以不詳道民災及吾身何日之有何日之有猶無有日既則晉師之救鄭者至荀林父也曰請戰荀林父請戰。莊王許諾將軍子重諫曰晉大國也國大衆彊王師淹病矣淹久也諸大夫厭役死者是。君請勿許也莊王曰弱者吾威之彊者吾辟之是以使寡人無以立乎天下以是故以使寡人無以立功名于天下。令之還師而逆晉寇言還者時莊王勝鄭去矣會晉師至復還戰也言寇者傳序經意謂晉如寇虜莊王鼓之晉師大敗晉衆之走者舟中之指可掬矣時晉乘舟度邲水戰以兵敗反走欲急去先入舟者柝後扳舟者指隋舟中身隋邲水中而死可掬者言其多也以兩手曰掬礼天子造舟諸侯維舟卿大夫方舟士特舟○可掬九六反注同扳普顏反又必顏反造七報反○〔疏〕注禮天子造舟至士特舟○解云釋水文也造孫氏云比舟爲梁郭氏云比船爲橋舊說云以舟爲橋詣其上而行過故曰造舟也言以舟爲梁故謂之造造成也諸侯維舟孫氏云維連四船音義曰維持使不動搖也者是也大夫方舟者李氏云併兩船曰方舟也士特舟者郭注云單船李氏云一舟曰特舟是也案爾雅下文云庶人乘柎李氏曰併木以渡別尊卑是也此注引之不盡者蓋何氏所見者無此文矣案今孫郭所注者亦有其文**莊王曰嘻吾兩君不相好**敵大夫卽言兩君者林父本以君命來○**百姓何罪令之還師而佚晉寇**佚猶過使得過渡來去也晉見莊王行義於陳功立威行嫉妬欲敗之救鄭雖解猶擊之不止爲其欲壞楚善行以求二人故奪不使與楚成禮而序林父於上罪楚其事言及者大臣及君不嫌晉直明晉汲汲欲敗楚爾陸戰當舉地而舉水者大莊王閔隋水而佚晉寇○而佚音逸注同壞音怪

〔疏〕注晉見莊至立威行○解云卽上十一年討夏徵舒是其行義也討陳既得鄭人遂服是其功立威行也○注

救鄭至之不止。解云上文令之還師之下注云言還者時莊王勝鄭去矣會晉師至復還戰也以此言之晉師未至之時楚師已解去也非謂晉人擊之令解也言猶擊之不止者謂欲一遂而擊之非謂已擊也。

○秋七月。○冬十有二月戊寅楚子滅蕭日者屬上有王言今反滅人故深責之

疏 注日者至深責之。解云春秋之義滅例書月即莊十年冬十月齊師滅譚之屬是今乃書日故解之也言屬上有王言謂適上文云莊王曰嘻吾兩君不相好百姓何罪令之還師而佚晉寇者王霸之言也王者之道宜存人矜患今反滅人爲過深矣是故書日變於常例故曰深責之耳宋師伐陳者案諸家經皆有此文唯賈氏注者闕此一經疑脫耳

○晉人宋人衛人曹人同盟于清丘。○宋師伐陳。○衛人救陳

十有三年春齊師伐衛。○夏楚子伐宋。○秋螽先是新饑而使歸父會齊人伐莒賦斂不足國家遂虛下求不已之應。○螽音終

疏 注先新饑求〇

宣十二年

解云即十年冬書饑是也○注而使至伐莒者解云即上十二年公孫歸父會齊人伐莒是也冬晉殺其大夫先穀

十有四年春衛殺其大夫孔達○夏五月壬申曹伯壽卒日者公子喜時父也緣臣子尊榮莫不欲與君父子之故加錄之所以養孝子之志許人子者必使父也疏注日者公子至使父也○解云正以曹為小國卒月葬時即昭十八年三月曹伯須卒秋葬曹平公之屬是今而書日故以加錄解之也公子喜之讓在成十三年曹伯廬卒處也其傳云云之說在昭二十年曹公孫會自鄭出奔宋之下云所以養孝子之志者正以喜時之讓而春秋尊榮其父故曰養孝子之志也云許人子者必使人父也者謂喜時為子必使其人父亦尊榮是以加錄之似若襄二十九年傳云以季子為臣則宜有君者也之類也

○晉侯伐鄭○秋九月楚子圍宋月者惡久圍宋使易子而食之○惡烏路反○疏注月者至而食之○解云正以凡圍例時即上十二年春楚子圍鄭之屬是今而書月故

解之言使易子而食之者下十五年傳文○葬曹文公○冬公孫歸父會齊侯于穀

十有五年春公孫歸父會楚子于宋宋見圍不得與會地以宋者善内爲救宋行雖不能解猶爲見人之厄則矜之故養遂其善意不嫌與實解宋同文者平事見刺皆可知○與音預【疏】注宋見至皆可知○解云春秋盟會之義以國都爲地名者皆是主人與之可知即隱元年九月及宋人盟于宿注云宿不出主名者主國主名與可知故省文明宿當自首其榮辱也今宋見圍不得與會而地以宋者正欲善内爲救宋行養遂其善意故地于宋耳不嫌與實解宋同文者平事見刺皆可知者魯春會楚子于宋至夏宋楚始平忖度其事則知魯人不能平之宋圍自解也且下傳云此皆大夫也其稱人何貶曷爲貶平者在下也注云言在下者譏二子在君側不先以便宜反報歸美于君而生事專平故貶稱人然則二子專平口云易子析骸明其急矣遂不告君是以見刺彼貶稱人以此言之宋圍不解亦可知矣故言平事見刺皆可知舊云見刺者謂魯人見刺也者疑之○夏

五月，宋人及楚人平。外平不書，此何以書？注據蔡鄭平不書。○疏注據上至不書○解云：適上十二年春，楚子圍鄭之時，傳云莊王親自手旌，左右撝軍，退舍七里，是其平也。但經不書之，故難之。○大其平乎己也。已二大夫。何大乎其平乎己？據大夫無遂事。疏注據大夫無遂事○解云：即莊十九年傳云大夫無遂事，此其言遂何？聘礼大夫受命不受辭是也。莊王圍宋，軍有七日之糧爾，盡此不勝，將去而歸爾。於是使司馬子反乘堙而闚宋城，宋華元亦乘堙而出見之。堙，距堙，上城具。疏軍有七日之糧至歸爾○解云：考諸舊本，或云軍有七日之糧爾，七日盡此不勝，將去而歸爾，即云更留七日之糧，有糧而不得勝，將去宋而歸爾。今定本無下七日二字。○司馬子反曰：子之國何如？華元曰：憊矣。曰：何如？問憊意也。○憊，皮拜反。曰：易子而食之析骸而炊之（析破骸人骨也）司馬子反曰嘻甚矣憊雖然（雖如所言）吾聞之也圍者（古有見圍者）。柑馬而秣之（秣者以粟置馬口中柑者以木銜其口不欲令食粟示有畜積。柑其廉反以木銜馬口）使肥者應客（示飽足也）是何子之情也（猶曰何大露情）【疏】（是何子之情也）。解云言是何者猶言是何人然也子之情者言子之露情也是以何氏云猶曰何大露情。華元曰吾聞之君子見人之厄則矜之（矜閔）小人見人之厄則幸之（幸僥幸）吾見子之君子也是以告情于子也司馬子反曰諾（諾者受語辭）勉之矣（勉猶努力使努力堅守之）吾軍亦有七日之糧爾盡此不勝將去而歸爾揖而去之反于莊王（反報於莊王）莊王曰何如司馬子反曰憊矣曰何如曰易子而食之析骸而炊之莊王曰嘻甚矣憊雖然（雖已憊）吾今取此然後而歸爾（意未足也）司馬子反曰不可臣已告之矣軍有七日之糧爾莊王怒曰吾使子往視之子曷爲告之司馬子反曰以區區之宋（區區小貌）猶有不欺人之臣可以楚而無乎是以告之也莊王曰諾（先以誹受絶子反語）舍而止（受命築舍而止示無去計）雖然（雖宋已知我糧短○）吾猶取此然後歸爾（欲微糧待勝也）司馬子反曰然則君請處于此臣請歸爾莊王曰子去我而歸吾孰與處于此吾亦

從子反而歸爾引師而去之故君子大其平乎已也大其有仁恩。○此皆大夫也其稱人何貶曷爲貶據大其平平者在下也言在下者譏二子在君側不先以便宜反報歸美于君而生事專平故貶稱人等不物貶不言遂若在君側無遂道也以主坐在君側遂爲罪也知經不以文實貶也凡爲文實貶者皆以取專事爲罪月者專平不易

（疏）注等不勿貶至道也○解云案莊十九年秋公子結媵陳人之婦于鄄遂及齊侯宋公盟之下傳云大夫無遂事此其言遂何聘礼大夫受命不受辭出竟乃得專之以此言之則知大夫在君側無遂道也是以此注言等欲見大夫專平爲罪不勿貶但當言遂亦足以見其專平矣所以不言遂者正以在君側無遂道故也若當言楚圍宋宋華元楚子反遂平于宋矣○注以主至爲罪○解云凡言遂者專事之辭也爲文實貶者皆以時無王霸諸侯專事雖違古典于時爲宜是以春秋文雖貶惡其實與之即僖元年齊師云云救邢貶齊侯稱師剌其專事不言狄人滅邢而爲之諱見其實與是也今此以主坐爲在君側專事爲罪更無起文則知經稱人者實爲專貶之稱人非

是實與而文不與矣所以反覆解之者正以凡為文實貶者皆以取邑專事為罪故也○注月者專平不易○解云正以定十一年冬及鄭平不書月者易故也昭七年春王正月暨齊平注云月者刺内暨暨也定十年春王三月及齊平注云月者頰谷之會齊侯欲執定公故不易之類皆亦此○六月癸卯晉師滅赤狄潞氏以潞子嬰兒歸潞何以稱子據其滅稱氏○潞子之為善也躬足以亡爾躬身雖然君子不可不記也離于夷狄疾夷狄之俗而去離之故稱子而未能合于中國未能與中國合同禮義相親比也故猶繫赤狄晉師伐之中國不救狄人不有是以亡也以其去俗歸義亡故君子閔傷進之日者痛錄之名者亦所聞世始錄小國也錄以歸者因可責而責之責而加進之者明不當絕當復其氏○疏注以其去俗至其氏解云言以去俗歸義亡者謂去離夷狄之俗而欲歸中國之義卒無救助者是以亡也正以文在蠻夷氏之下故取以說之云日者痛錄

之者正以凡滅例月今此書日故以爲哀痛而詳録之且云名者示所聞世始録小國也者正以僖二十六年秋楚人滅隗以隗子歸彼注云不名者所傳聞世見治始起責小國略然則此書名者示所聞世始録小國也云録以歸者因可責而責之者謂因其行進在可責之限故書以歸責其不死位是以僖二十六年以隗子歸之下何氏云書以歸者惡不死位是也云明不當絶當復其氏者言其行既進明不當絶滅其國還當復其潞氏以爲國矣。○秦人伐晉。○王札子殺召伯毛伯。王札子者何？長庶之號也。天子之庶兄札者冠且字也禮天子庶兄冠而不名所以尊之子者王子也天子不言子弟故變文王札繫先王以明之不稱伯仲者辟同母兄弟起其爲庶兄也主書者惡天子不以禮尊之而任以權至令殺尊卿二人不言其大夫者挈也惡二大夫居尊卿之位爲下所拘挈而殺之大夫相殺不稱人者正之諸侯大夫顧弑君重故降稱人王者至尊不得顧【疏】王札子者何。○解云欲言王子以札間之欲言其非而經有王子之文故執不知問。○注天子至得顧。○解云言禮天子庶兄冠而不名所以尊之者時王之制與春秋同也言既加冠之後天子不復名之所以尊之也云子者王子也天子不言子弟故變文上札繫先王以明之者言子者王子也者下以子在札下故須解之言天子不言子弟者謂不言在位子弟也即文元年注云不稱王子者時天子諸侯不務求賢而專貴親親尤其在位子弟刺其早任以權也是也至於出奔彼殺仍自言子弟即王子瑕奔晉天王殺其弟年夫之屬是言故變文者謂變文不言王子也言王札繫先王以明之者謂以札於子上以札近先王明其今王之庶兄矣云不稱伯仲以辟同母兄弟起爲庶兄也者若其與君同母者即稱五十字即上十年秋天王使王季子來聘彼傳云其稱王季子何貴也其貴奈何母弟也是也今稱二十字故言辟同母兄弟起其爲庶兄也云云主書者天子不以禮尊之而任以權至令殺尊卿二人者正以經不稱爵知非公故云不以禮尊之矣正以其殺二卿故知任以權也云不言其大夫者摯也者由其爲下所提摯而殺之失大夫位故不云大夫也云居尊卿之位者正以稱其五十字知是尊卿耳云大夫相殺不稱人者正之者以文十六年宋人弑其君處臼之下傳云大夫弑君稱名氏賤者窮諸人注云賤者謂士也士正自當稱人大夫相殺稱人賤者窮諸盜注云降大夫使稱人降士使稱盜者所以別死刑有輕重也然則大夫相殺例合稱人今此不稱人者正之使稱王札

子故也所以正之者如下云諸侯大夫顧弑君重故降稱人者卽大夫弑君稱名氏大夫相殺稱人是也云王者至尊不得顧者言至尊之人無有弑之理不可顧是以大夫相殺不假降之稱人矣○

秋螽從十三年之後上求未已而又歸父比年再出會內計稅畝百姓動擾之應○

疏注從十三年至之應○解云卽上十三年秋螽注云先是新饑而使歸父會齊人伐莒賦斂不足國家遂虛下求不已之應是以此注足之云爾云而又歸父比年再出會者卽上十四年冬公孫歸父會齊侯于穀十五年春公孫歸父會楚子于宋是也○

仲孫蔑會齊高固于牟婁○初稅畝初者何始也稅畝者何履畝而稅也時宣公無恩信於民民不肯盡力於公田故履踐案行擇其善畝穀最好者稅取之

疏初者何○解云賦稅之式國之常經今而言初故執不知問○稅畝者何○解云什一而行明王舊典今而變文謂之稅畝故執不知問

初稅畝何以書譏何譏爾譏始履畝而稅也何譏乎始履畝而稅據用田賦不言初亦不言

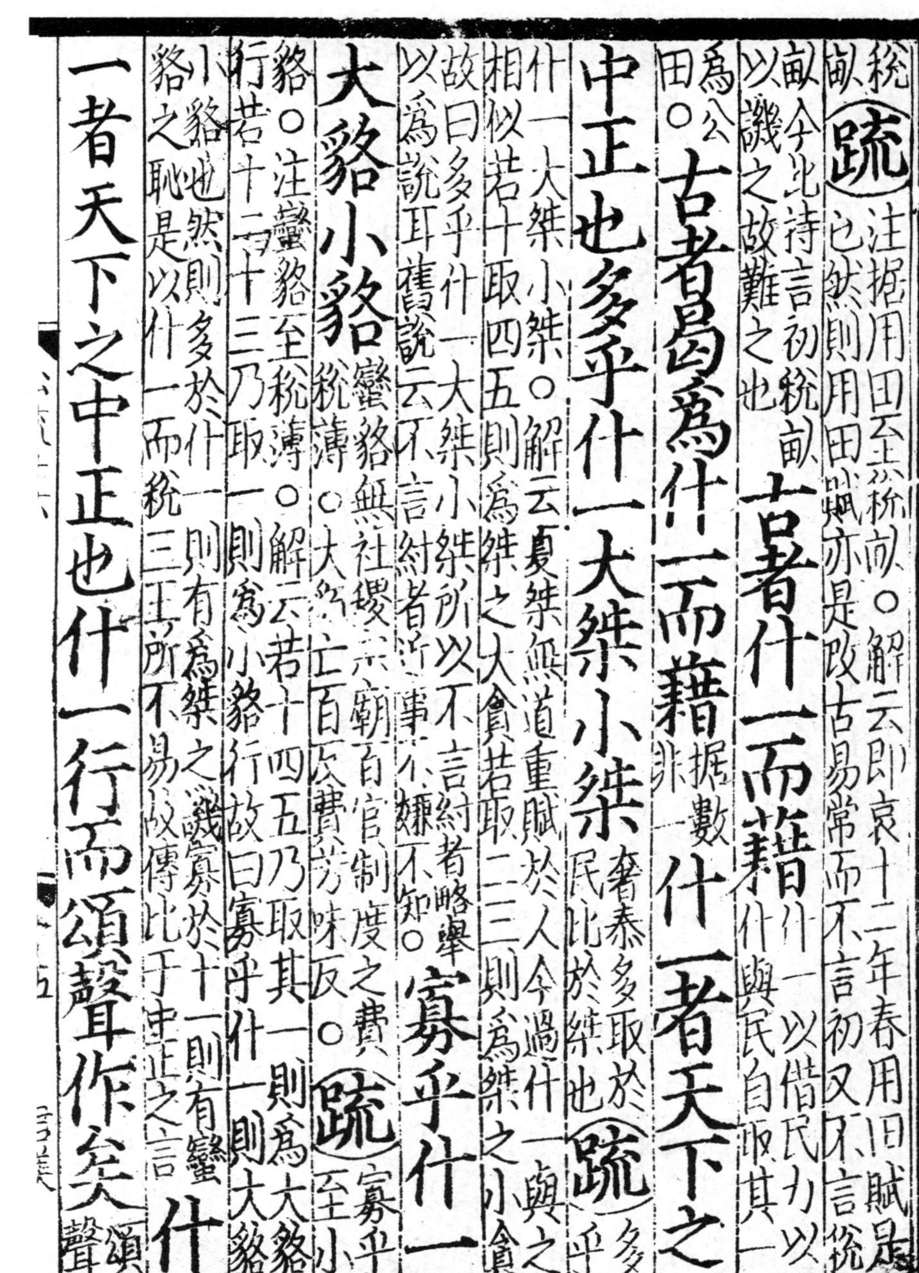

稅畝（疏）注據用田至稅畝。○解云即哀十二年春用田賦是已然則用田賦亦是改古易常而不言初又不言稅畝今此詩言初稅畝以譏之故難之也古者什一而藉什一以借民力以什與民自取其一爲公田。○古者曷爲什一而藉據數非一什一者天下之中正也多乎什一大桀小桀奢泰多取於民比於桀也（疏）多乎什一大桀小桀。○解云夏桀無道重賦於人今過什一與之相似若十取四五則爲桀之大貪若取二三則爲桀之小貪故曰多乎什一大桀小桀所以不言紂者略舉以爲說耳舊說云不言紂者近事不嫌不知。○寡乎什一大貉小貉蠻貉無社稷宗廟百官制度之費稅薄。○大貉亡百反貫勞味反。○（疏）寡乎至小貉。○注蠻貉至稅薄。○解云若十四五乃取其一則爲大貉行若十二十三乃取一則爲小貉行故曰寡乎什一則大貉小貉也然則多於什一則有爲桀之譏寡於十一則有蠻貉之恥是以什一而稅三王所不易故傳比于中正之言什一者天下之中正也什一行而頌聲作矣頌聲

者太平歌頌之聲帝王之高致也春秋經傳數萬指意無窮狀相須而舉相待而成至此獨言頌聲作者民以食爲本也夫饑寒並至雖堯舜躬化不能使野無寇盗貧富兼并雖皐陶制法不能使彊不陵弱是故聖人制井田之法而口分之一夫一婦受田百畝以養父母妻子五口爲一家公田十畝即所謂十一而稅也廬舍二畝半凡爲田一頃十二畝半八家而九頃共爲一井故曰井田廬舍在内貴人也公田次之重公也私田在外賤私也井田之義一曰無泄地氣二曰無費一家三曰同風俗四曰合巧拙五曰通財貨因井田以爲市故俗語曰市井種穀不得種一穀以備災害田中不得有樹以妨五穀還廬舍種桑荻雜菜畜五母雞兩母豕瓜果種疆畔女上蠶織老者得衣帛焉得食肉焉死者得葬焉多於五口名曰餘夫餘夫以率受田二十五畝十井共出兵車一乘司空謹別田之高下善惡分爲三品上田一歲一墾中田一歲一墾下田三歲一墾肥饒不得獨樂墝埆不得獨苦故三年一換土易居財均力平兵車素定是謂均民力彊國家在田曰廬在邑曰里一里八十户八家共一巷中里爲校室選其耆老有高德者名曰父老其有辯護伉健者爲里正皆受倍田得乘馬父老比三老孝弟官屬里正比庶人在官吏民春夏出田秋冬入保城郭田作之時春父老及里正旦開

門坐塾上晏出後時者不得出莫不持樵者不得入五穀畢入民皆居宅里正趍緝績男女同巷相從夜績至於夜中故女功一月得四十五日作從十月盡正月止男女有所怨恨相從而歌飢者歌其食勞者歌其事男年六十女年五十無子者官衣食之使之民間求詩鄉移於邑邑移於國國以聞於天子故王者不出牖户盡知天下所苦不下堂而知四方十月事訖父老教於校室八歲者學小學十五者學大學其有秀者移於鄉學鄉學之秀者移於庠庠之秀者移於國學學於小學諸侯歲貢小學之秀者於天子學於大學其有秀者命曰進士行同而能偶別之以射然後爵之士以才能進取君以考功授官三年耕餘一年之畜九年耕餘三年之積三十年耕有十年之儲雖遇唐堯之水殷湯之旱民無近憂四海之內莫不樂其業故曰頌聲作矣○數所主反以食音嗣伉苦浪反一音古杏反塾音淑莫音暮○【疏】什一行而頌聲作矣○解云頌者太平之歌案文宣之時乃升平之世也而言頌聲作者因事而言之故也何者案文宣之時乃升平之世言但能均其衆寡等其功力平正而行必時和而年豐什一而籍之則四海不失業歌頌功德而歸鄉之故曰頌聲作矣不謂宣公之時實致頌聲○注帝王之高致也解云謂帝王之行清高乃致頌聲故曰高致也◎注春秋經

傳至作矣。解云言春秋經與傳數萬之字論其科指意義實無窮然其上下經例相須而舉其上下意義相待而成以此言之則非一言可盡至此獨言頌聲作者正以此勳論稅畝之事若稅畝得所以致太平故云民以食為本也云夫飢寒並至雖堯舜躬化不能使野無寇盜云云者是謂假設之辭耳云是故聖人制井田之法而口分之一夫一婦受田百畝云云以下皆是時王之制云井田之義一曰無泄地氣者謂其冬前相助犂云二曰無費一家者謂其田器相通云三曰同風俗者謂其同耕而相習云四曰合巧拙者謂共治耒耜云五曰通財貨者謂財地相交遂生恩義貨財有無可以相通云因井田以為市故俗語曰市井者古者邑居秋冬之時入保城郭春夏之時出居田野既作田野遂相交易井田之勳而為此市故謂之市井云里正已開門坐塾上者即鄭注斈記曰古者仕焉而已者歸教於閭里朝夕坐於門閭側之堂謂之塾是也

○冬蝝生未有言蝝生者此其言蝝生何蝝即蠓也始生曰蝝大曰蠓。蝝與也。蝝生不書此何以書幸之也幸僥幸。〔疏〕蝝生不書。解云謂例不書之幸之者何聞災當懼反喜非其

類故執不知問猶曰受之云爾受之云爾者何上變古易常上謂宣公變易公田古常舊制而稅畝○疏受之云爾者何○解云災是害物宜避之今而云受之於義以垂故執不知問應是而有天災應是變古易常而有天災螽民用飢其諸則宜於此焉變矣言宣公於此天災饑後能受過變寤明年復古行中冬大有年其功美過於無災故君子深爲喜而僥倖之變螽言緣以不爲災書起其事○饑

十有六年春王正月晉人滅赤狄甲氏及留吁言及者留吁行微不進○夏成周宣謝災成周者何東周也後周分爲二天下所名爲東周名爲成周者本成王所定名天下初號之云爾○宣謝災左氏作宣謝火疏成周者何○解云欲言天子正居經無京師之文欲言是邑而錄其災故執不知問○注後周至之云爾○解云何氏之意以成周爲天子正居但至昭二十二年夏景王崩敬王即位王子猛與之爭立入于王城自號西周是故天

下之人因號成周爲東周矣是以昭二十二年秋劉子單子以王猛入于王城傳云王城者何西周也注云時居王城邑自號西周王二十六年冬十月天王入于成周傳云成周者何東周也注云是時王猛自號爲西周天下因謂成周爲東周也云名爲成周者即鄭注書序云居攝七年天下太平而此邑成乃名曰成周也者是其名作成周之義矣

宣謝者何宣宮之謝也宣宮周宣王之廟也至此不毀者有中興之功室有東西廂曰廟無東西廂有室曰寢無室曰謝○

疏宣謝者何○解云宣王親盡不宜有廟今災其榭故執不知問○注室有東西至曰謝○解云皆釋宮文李氏曰室有東西廂謂宗廟殿有東西小堂也孫氏云夾室前堂無東西廂有室曰寢者郭注云但有大室云無室曰榭者但有大殿無室內名曰榭郭注云榭即今堂堭是也

何言乎成周宣謝災據天子之居稱京師宋災不別所燒

疏注據天子至所燒○解云即桓九年紀季姜歸于京師傳云京師者何天子之居也京者何大也師者何衆也天子之居必以衆大之辭言之是也云宋災不別所燒者即襄三十年夏五月宋災是也特據宋災者以其王者之後與周相類也

樂器藏焉爾宣王

中興所作樂器〔疏〕注宣王至樂器○解云蓋夷厲之時樂器有壞故宣王作之不謂更造別樂何者正以考諸古典不見宣王別有樂名故也　成周宣謝災何以書記災也外災不書此何以書新周也新周故分別有災不與宋同也孔子以春秋當新王上黜杞下新周而故宋因天災中興之樂器示周不復興故繫宣謝於成周使若國文黜而新之從爲王者後記災也〔疏〕注使若至記災也○解云使周成爲國與宋齊之屬扒似云從爲王者之後記災也者即襄九年宋火之下傳云外災不書此何以書爲王者之後記災也是也　○秋郯伯姬來歸嫁不書者爲媵也來歸書者後爲嫡也死不卒者已棄有更適人之道或時爲大夫妻故不得待以初也棄歸例有罪時無罪月○〔疏〕注嫁不至罪月○解云正以春秋上下魯女嫁爲諸侯夫人者無不書之即叔姬歸于紀伯姬歸于宋之屬是也今此不書故知爲媵若然案隱之年叔姬歸于紀注云叔姬者伯姬之媵也媵賤書者後爲嫡然則彼後爲嫡初去則書此亦後得爲嫡而初嫁不書者蓋以不賢故也是以彼注云媵賤書者後爲嫡終有賢行紀侯爲齊所滅紀季以酅入于齊叔姬

歸之能處隱約全竟婦道故重録之是也然則彼以終有賢行故初去得書此則初夫不書明其無賢也正以其嫡不書則知伯姬非姪娣也左媵右媵皆尊于嫡姪娣故後得爲嫡耳云来歸書者後爲嫡也者正以紀叔姬後爲嫡卒葬皆書即莊二十九年紀叔姬卒三十年葬紀叔姬是也今此被出亦待書見故知後得爲嫡矣云死不卒者已棄云云案莊二十九年紀叔姬卒注云國滅卒者從夫人行待之以初也然則彼叔姬者莊十二年歸于酅時從夫人行故繼國滅猶得待之以初今此伯姬或時爲大夫妻故不得作夫人待之是以不復書其卒矣云云之説在莊二十九年云棄歸例云云有罪時者此文書秋是也無罪月者即成五年春王正月杞叔姬來歸之屬是也 ○冬大有年

十有七年春王正月庚子許男錫我卒 ○錫思歷反 ○丁未蔡侯申卒 ○夏葬許昭公 ○葬蔡文公 不月者齊桓晉文没後先背中國與楚故略之與楚在文十年 （疏）注不月至文十年 解云正以卒日葬月夫國之當例今此蔡侯不月故解之云與楚在文十年者即文十年冬楚子蔡侯次于屈貉者是也 ○ ○

六

月癸卯日有食之是後邾婁人戕鄫子于四國大夫敗齊師于鞌齊侯逆獲君道微臣道強之所致○鞌音安

【疏】注是後至之所致○解云即十八年秋邾婁人戕鄫子于鄫傳云殘賊而殺之也是也云四國大夫敗齊師于鞌者即成二年夏六月季孫行父云云會晉郤克衛孫良夫曹公子手及齊侯戰于鞌齊師敗績是也言齊侯佚獲者即成二年秋七月齊侯使國佐如師傳云君不使乎大夫此其行使乎大夫何佚獲也注云佚獲者已獲而逃亡也當絕賤使與大夫敵躰以起之是也

○己未公會晉侯衛侯曹伯邾婁子同盟于斷道○斷音短又大短反

○秋公至自會

○冬十有一月壬午公弟叔肸卒稱字者賢之宣公篡立叔肸不仕其朝不食其祿終身於貧賤故孔子曰篤信好學守死善道危邦不入亂邦不居天下有道則見無道則隱此之謂也禮盛德之士不名天子上大夫不名春秋公子不爲大夫者不卒卒而字者起其宜爲天子上大夫也孔子曰興滅國繼絕世舉逸民天下之民歸心焉

十有八年春晉侯衛世子臧伐齊○公伐杞○夏四月○秋七月邾婁人戕鄫子于鄫戕鄫子于鄫者何殘賊而殺之也支解節斷之故變殺言戕戕則殘賊惡無道也言于鄫者刺鄫無守備小國本不卒故亦不日○斷音短疏戕鄫子于鄫者何○解云欲言殘賊於鄫國鄫欲言非殘賊戕者殘文故執不知問○注小國本至不日○解云正以月滅例月即莊十年冬十月齊師滅譚之屬是若有所責者則書日即上十二年十二月戊寅楚子滅蕭注云日者屬上有王言今反滅人故深責之是也然則邾婁無道殘賊人君于其國與滅相似亦宜書日以責其暴而不日者正以鄫為微國本不合卒是以略之不書其日也而僖十九年夏六月己酉邾婁人執鄫子用之亦是無道與此相似而書日者彼注云日者魯不能防正其女以至於此明當痛其女禍而自責之是也○甲戌楚子旅卒何以不書葬據日而名疏注據日而名○解云書日書名全一是諸夏大國之例是以鄫子因遂責其不與大國例同書葬是也○

吳楚之君不書葬辟其號也旅即莊王也葬從臣子辭當稱王故絕其葬明當誅之至此卒者因其有賢行○行下孟反○疏注至此至賢行○解云正以已前未有書楚子卒者故也若文十八年春秦伯罃卒彼注云秦穆公也至此卒者因其賢○公孫歸父如晉

○冬十月壬戌公薨于路寢○歸父還自晉至檉遂奔齊還者何善辭也何善爾歸父使於晉上如晉是疏還者何○解云以大夫使反例不書今書公孫乃書還遠於常例故執不知問還自晉至檉聞君薨家遣家謂宣公所遂遣以先人弒君故也○疏注家爲至弒君故也○解云即成十五年春仲嬰齊卒之下傳云公子遂殺叔仲惠伯弒子赤而立宣公宣公死成公幼臧宣叔者相也君死不哭聚諸大夫而問焉曰昔者叔仲惠伯之事孰爲之諸大夫皆雜言曰仲氏也其然乎於是遣歸父之家然後哭君歸父使乎晉還自晉至檉聞君薨家遣墠帷哭君成踊反命于介自是走之齊是也墠帷埽地曰墠

今齊俗名之云爾將袒踊故設帷重形○墠帷音善掃地張帷哭君成踊踊辟踊也礼必踊者如嬰兒之墓母矣成踊成三日五哭踊之礼礼臣爲君本服斬衰故成踊比二日朝莫哭踊三日朝哭踊莫不復哭踊士大事之殺也○殺所戒反○疏注成三日至之礼者解云出礼記奔喪也反命乎介因介反命礼卿出聘以大夫爲上介以士爲衆介○疏注礼卿至衆介解云出聘礼○自是走之齊注書者善其不以家見逐怨懟成踊哭君終臣子之道起時莫能然也言至檉者善其得礼公撰者因介反命是也不待報罪也遂弑君本當絕小善錄者本宣公同篡之人又不當遂不日者伯討可遂故從有罪例也○懟直類反疏注不日至例也○解云凡内大夫出奔例無罪者日即襄二十三年冬十月乙亥臧孫紇出奔邾婁昭十二年冬十月公子整出奔齊之屬是也今此歸父亦無罪出奔不日者正以仲遂弑君若貢家合没但與宣公同謀魯人不合逐之若作伯討之時歸父可逐故從有罪之例矣

監本附音春秋公羊註疏宣公卷十六

監本附音春秋公羊註䟽成公卷十七 起元年盡十年

何休學

元年春王正月公即位。二月辛酉葬我君宣公。无冰 周一月夏十一月尚書曰舒柏燠若易京房傳曰當寒而温側賞也是時成公幼少季孫行父專權而委任之所致。舒栢如字緩也 䟽 注尚書至燠若。解云洪範文舒遲也栢常也若順也言人君舉事太舒則有常燠之咎氣來順之是也。注易京至賞也。解云凡為賞罰宜出君門而臣下行之故曰側賞也是以洪範云惟辟作福惟辟作威惟辟玉食鄭氏云此凡君抑臣之言也作福專慶賞作威專刑罰玉食備珍美又云臣之有作福作威玉食其害于而家凶于而國鄭氏云害于汝家福去室凶于汝國亂下民是也然則是時成公幼少季孫專政是以無冰矣桓十四年無冰之下何氏云此夫人淫泆陰而陽行之所致襄二十八年無冰之下何氏云豹揭為政之所致皆與此注合。三月作丘甲何以書譏何譏爾譏始丘使也四井爲邑四邑爲丘甲鎧也譏始使丘民作鎧也古者有四民一曰德能居位曰士二曰辟土殖穀曰農三曰巧心勞手以成器物曰工四曰通財貨曰商四民不相兼然後財用足月者重録之。鎧【疏】譏始丘使也。解云謂若伐反辟婢亦反粥羊六反不問能否以丘責甲故譏之矣。注四井全爲丘。解云司馬法、周禮經亦然。注古者至録之。解云四民之言出齊語也德能居位曰士者即彼云處士就閒宴是也辟土殖穀曰農者即彼云處農就田野是也巧心勞手以成器物曰工者即彼云處工就官府是也通財粥貨曰商者即彼云處商就市井是也云月者重録之者欲道宣十五年秋初稅畝哀十二年春用田賦皆書時今書月故如此解。夏臧孫許及晉侯盟于赤棘時者謀結鞌之戰不相負也後爲晉所執不日者執在三年外尋舊盟後非此盟所能保【疏】注時者至負也解云正以春秋之義大信者書時故也鞌之戰在下二年。注後爲至能保。解云春秋之義不信者日故如此注也言後爲晉所執者即下十六年九月晉人執季孫行父舍之於招丘是也言執在三年外尋舊盟後者即下三年冬十有一月晉侯使荀庚

來聘丙午及荀庚盟傳云此聘也其言盟何聘而言盟者尋舊盟也是秋王師敗績于

貿戎孰敗之蓋晉敗之以晉也侵柳園郊知王師討晉而敗之○貿戎音茂一音茅左比作茅戎

疏注以晉至茅戎○解云宣元年冬晉趙穿帥師侵柳傳云柳者何天子之邑也曷爲不繫乎周不與伐天子也者是晉侵柳之事昭二十三年春晉人圍郊傳云郊者何天子之邑也曷爲不繫于周不與伐天子也者是晉人圍郊之事然則圍郊之事超任此經之後得如此明義者正以往前晉人侵柳已犯天子至於在後圍郊復犯天子二經之間天子敗績據上下更無餘國犯王之處故知正是天子討晉而爲所敗故如此解

或曰貿戎敗之以地貿戎故

疏注以地貿戎故○解云蓋晉侯不臣知王討之逆社敗之亦何傷

然則曷爲不言晉敗之據侵柳圍郊言晉王者無敵莫敢當也正其義使若王自敗于貿戎莫敢當敵敗之也不日月者深正之使若不戰

疏王者至當也○解云春秋之義託魯爲王而使舊王无敵者見任爲王寧可會奪正可時時內魯見義而已○注不日至不戰○解云正

以春秋之例偏戰者日詐戰者月故如此解○冬十月

二年春齊侯伐我北鄙○夏四月丙戌衛孫良夫帥師及齊師戰于新築衛師敗績○築音竹○六月癸酉季孫行父臧孫許叔孫僑如公孫嬰齊帥師會晉郤克衛孫良夫曹公子手及齊侯戰于鞌齊師敗績曹無大夫公子手何以書据羈無氏○公子手一本作午左氏作首鞌音安

疏注据羈無氏○解云即莊二十四年冬曹羈出奔陳傳曰曹羈者何曹大夫也注云以小國知無氏爲大夫然則曹爲小國例無大夫假有須見者仍名氏不具以此言之則是不合有大夫之限故傳云曹無大夫公子手何以書

憂內也春秋託王於魯因假以見王法明諸侯有能從王者征伐不義克勝有功當褒之故與大夫大夫敵君不貶者隨從王者大夫得敵諸侯也不從內言敗

之者君子不掩人之功故從外言戰也魯率四大夫不率重者惡內多虛國家悉出用兵重錄內也○以見賢徧反年未注同惡烏路反

（疏）注大夫至侯也○解云欲決僖二十八年夏晉侯以下及楚人戰于城濮楚師敗績即傳云此大戰也曷為使微者子玉得臣也子玉得臣則其稱人何貶曷為貶大夫不敵君也注云臣無敵君戰之義故絕正也然則彼貶大夫敵君故貶之此不貶者隨從王者大夫有得敵諸侯之義故也以此言之即知宣十二年晉荀林父序于楚子之上為惡者時無王者大夫敵也○注不從至戰也○解云桓十年冬齊侯衛侯鄭伯來戰于郎傳云此偏戰也何以不言師敗績內不言戰言戰乃敗矣注云春秋託王於魯戰者敵文也王者兵不與諸侯敵戰乃其已敗之文故不復言師敗績矣然則此戰之內有魯大夫若從魯為文宜直云季孫行父以下敗齊師于鞌而已但以君子不掩人功故從外為文言戰于鞌齊師敗績耳何氏必知此解者正以桓十三年春二月公會紀侯鄭伯己巳及齊侯宋公衛侯燕人戰齊師宋師衛師燕師敗績傳云內不言戰此其言戰何從外也曷為從外恃外故從外也何氏云明當歸功乎紀鄭言戰然則此亦歸功于晉衛不掩其功故從外言戰也

○秋七月齊侯使國佐如

師己酉及國佐盟于袁婁君不使乎大夫此其行使乎大夫何據高子來盟魯無君不稱使不從上者大夫稱使者賓晉郤克爲主經先晉傳舉郤克是也○不使所吏反下及注使乎大夫同

〔疏〕注據高至稱使○解云即閔二年齊高子來盟傳云何以不稱使我無君也何氏云時閔公弑僖公未立故正其義明君臣無相適之道也春秋謹於别尊卑理嫌疑故絕去使文以起事張例則所謂君不行使乎大夫也者是○注不從至是也○解云經先晉謂未戰之時經已言及晉使盟于赤棘是也云傳舉郤克是也者即下傳云師還齊侯晉郤克投戟逡巡再拜稽首馬前之屬是也或者言先晉亦謂會晉欲克是也何者序四大夫乃言會晉郤克則似郤克先在是而四大夫往會之是爲先晉之文猶如宣元年宋公陳侯以下會晉師于斐林伐鄭然

佚獲也佚獲者已獲而逃亡也當絕賤使與大夫敵體以起之君獲不言師敗績等起不去師敗績者辟內敗文○佚獲音逸下同一本作失去起呂反

〔疏〕注君獲至敗文○解云言君獲不言師敗績者即僖十五年冬晉侯及秦伯戰于韓獲晉侯傳云此偏戰也何以不言師敗績君獲不言師敗績也注云舉

君獲爲重也是也然則君若被獲則不言師敗績今此經等欲起見齊侯被獲何不去師敗績以見之而書使乎大夫以起之者正欲辟内敗之文故也何者春秋王魯内不言戰言戰乃敗若直言季孫行父以下及齊侯戰于鞌不言齊師敗績則是内敗之文 其佚獲奈何師還齊侯還繞。○還音環注同晉郤克殺戟逡巡再拜稽首馬前逢丑父者頃公之車右也人君驂乘有車右有御者。○逡七巡反頃音傾乘繩證反 疏 晉郤至馬前。○解云禮介者不拜而郤克再拜者蓋齊師已敗行賓命之禮投戟之後得再拜矣若當戰之時將軍有不可犯之色寧有拜乎故表記曰君子衰經則有哀色端冕則有敬色甲冑則有不可辱之色鄭注云言色稱其服也是 面目與頃公相似衣服與頃公相似禮皮弁以征故言衣服相似頃公有負晉魯之心故特異丑 疏 注禮皮弁以征。○解云時王之礼即以備急欲以自伐時二十五年注云皮弁以征不盖是也韓詩傳亦有此文。○注頃公至之心。○解云即下傳云前此者晉郤克與臧孫許同時而聘于齊則客或跛或眇於是使跛者迓跛者眇者迓眇者是也代頃公當左升車象陽陽道尚左故人君居左臣居右○尚時亮反使頃公取飲頃公操飲而至不知頃公將欲堅蔽意邪勢未得去邪○公操七刀反持也曰革取清者革更也軍中人多水泉濁欲使遠取清者因亡去○濁頃公用是佚而不反不書獲者內大惡諱（疏）注不書至惡諱解云獲人君故為大惡是以諱而不書也若獲大夫則當書之是以莊十二年傳云万嘗與莊公戰獲乎莊公數月然後歸之何氏云獲不書者士也然則万若大夫書之明矣逢丑父曰吾頼社稷之神靈吾君已免矣郤克曰欺三軍者其法奈何顧問執法者曰法斮斮斬○斮在略反又仕略反斬也（疏）曰法斮○解云釋器云魚曰斮之樊光云斮斫也又說文云斮斬也故此何氏亦云斮斬也於是斮逢丑父丑父死君不賢之者經有使乎大夫於王法頃公當絕如賢丑父是賞人之臣絕其君也若以丑父故不絕頃公是開諸侯戰不能死難也如以衰

成二年

止無絕頃公者自齊所當善爾非王法所當貴○難乃旦反

疏注若以至難也○解云言君以丑父故不絕頃公似若襄二十九年吳子使札來聘傳曰吳無君無大夫此何以有君有大夫賢季子也何賢乎季子讓國也賢季子則賢君許使臣有大夫故宜有君矣今君以丑父賢以為齊國宜有君而不絕頃公卻剋諸侯不死社稷○注如以至得貴○解云丑父權以免齊侯是以齊人得善之但春秋為王法是以不得貴耳而公羊説解疑論皆譏丑父者非何氏意不足為妨

己酉及齊國佐盟于袁婁曷為不盟于師而盟于袁婁據國佐如師前此者晉郤克與臧孫許同時而聘于齊不書恥之

疏注不書恥之謂魯使尊卿聘齊為所傷戲假藉入國而雪其恥是以不書如齊恥之矣其郤克不書者自從外相如之例○注臧孫許恥也者正以當聘之時乃有內魯之義晉為大國郤克宜先而魯宜後傳先言或跛故知眇者是臧孫許矣或曰一本云臧孫許跛舊解傳言客或跛或眇據魯序上者非也案此一句注宜在不書恥之下今定本無疑脫誤也

蕭同姪子者齊君之

母也蕭同國名姪子者蕭同君姪娣之子嫁於齊生頃公○姪大結反又文乙反踊于棓而窺客踊上也凡無高下有絕加躡板曰棓齊人語、踊音勇上也棓普口反又步侯反高下有絕加躡板曰棓而窺去規反本又作闚上時掌反躡女輒反疏注九无至曰棓○解云无高下猶言莫問高下但當有縣絕而加躡板者皆曰棓矣則客或跛或眇於是使跛者迓跛者使眇者迓眇者迓迎也主迎者也聘禮賓至大夫率至于館卿致館宰夫朝服致飧明至于館○跛布可反眇亡小反迓本又作訝五嫁反迎也飧音孫腍而審反疏注聘禮至于館解云皆聘礼文二大夫出相與踦閭而語閭當道門閉一扇開一扇一人在外一人在內曰踦閭將别根爲齊所侮戚謀伐之而不欲使人聽之○踦閭居綺反踦足也又音於綺反初義反何云閉一扇開一扇一人在外一人在内曰踦閭移日然後相去齊人皆曰患之起必自此始知必爲國家憂明翙堯之言不可廢且起頃公不覺寤○翙初俱反堯如遥反二大夫歸相與率師爲鞌之戰齊師大敗齊侯使國佐如師經師勝猶不解往問之郤克曰與我紀侯之甗齊襄公滅紀所得甗邑其上肥饒欲得之或說甗玉甗○甗音言又魚輦反又音彥邑也疏注齊襄公至甗邑○解云襄公滅紀者即莊四年夏紀侯大去其國是也正以繫紀侯言之故知紀邑而或說云甗玉甑者蓋以右傳云賂以紀甗玉磬又別言與地明甗是器各非地故以玉甗解之反魯衛之侵地使耕者東畝使耕者東西如晉地疏注使耕至晉地解云蓋晉地公谷川宜東畝者皆多故言此是以下傳云使耕東畝是則土齊也何氏一云則晉悉以齊爲土地是不可行者是其晉東畝之義也舊一云如者往也使齊東西其畝往來於晉地易非公詳意也且以蕭同姪子爲質見侮戲本由蕭同姪子○爲質音致下注及下同則吾舍子矣國佐曰與我紀侯之甗請諾反魯衛之侵地請諾使耕者東畝是則土齊

也則晉悉以齊爲土也是不可行疏是則土齊○解云亦有一本云是則土齊曰不可也者○蕭同姪子者齊君之母也齊君之母猶晉君之母也不可言至尊不可爲質請戰如欲使耕者東西畝單質齊君之母當請戰壹戰不勝請再再戰不勝請三言齊新敗尚可三戰三戰不勝則齊國盡子之有也何必以蕭同姪子爲質揖而去之郤克眣魯衛之使使以其辭而爲之請郤克恥傷其威故使魯衛大夫以國佐辭爲國佐請○眣音舜又王乙反又達結反之使所吏反爲之于僞反注皆同然後許之逮于袁婁而與之盟逮及也追及國佐于袁婁也傳極道此者本禍所由生因録國佐受命不受辭義可拒則拒可許則許一言使四國大夫汲追與之盟疏注因録國至與之盟○解云其受命小受、辭者即莊十九年傳云聘禮大夫受命不受辭是也○八月壬午宋公鮑卒。鮑白卯反○庚寅衛侯遬卒。遬音速○取汶陽田汶陽田者何鞌之賂也以國佐言反魯衛之侵地請諾本所浸地非一總繫汶陽者省文也不言取之齊者恥内乘勝脅齊求賂得邑故諱使若非脅邑○汶音問【疏】汶陽田者何○解云欲言是國曾來未有欲言非國乃與取邾婁田同文故執不知問○注本所侵地至省文也○解云知侵非一者正以下二年秋叔僑如率師圍棘傳云棘者何汶陽之不服邑也以此言之則知汶陽大畔之名明矣○注不言至非齊邑○解云決襄十九年春取邾婁田自漷水繫邾婁言之故也○冬楚師鄭師侵衛○十有一月公會楚公子嬰齊于蜀○丙申公及楚人秦人宋人陳人衛人鄭人齊人曹人邾婁人薛人鄫人盟于蜀此楚公子嬰齊也其稱人何据會而盟一処知一人也○処昌慮反【疏】鄭人齊人至盟于蜀○解

云亦有一本無齊人者脱也

得一貶焉爾

得一貶者獨此一事得具見其惡故貶之亦不然則當沒公也如齊高傒矣不沒公者明不壬爲公故也上會不亭諸侯大夫者嬰齊楚專政驕蹇臣也數道其君率諸侯侵中國故獨先舉於上乃貶之明本在嬰齊當先誅其本乃及其末○數道所角反下音導

【疏】得一貶焉爾者解云正以於此処得一貶焉爾○注不然則至高傒矣○解云即莊二十二年秋及齊高傒盟于防傳云公則曷爲不言公諱與大夫盟也○注不沒公至公故也○解云言高傒本意敵公故恥之今嬰齊者止自亢性驗蹇不壬爲公是以春秋不沒公以見之矣○注數道至侵中國○解云即宣十四年秋楚子圍宋十五年夏宋人及楚人平上文冬楚師鄭師侵衛之屬是也以其非一故謂之數也

三年春王正月公會晉侯宋公衛侯曹伯伐

○辛亥葬衛繆公○繆音穆○二月公自伐鄭○甲

子新宫災三日哭新宫者何宣公之宫也以无

新宮知宣公之宮廟疏二月公至自伐鄭。解云莊公六年傳云得意故會不得意致伐何氏云此謂公與二國以上也然則此言至公自伐鄭者不得意故也莊六年注云皆例時今此書二月者為下甲子出也。新宮者何。解云欲言宮廟未有新公之名欲言非廟言宮牽災故執不知問。注以无新宮知宣公之宮廟者正以春秋上下無新公宮則知此言新宮者正是其父宣公之宮以其至近被災故謂之新宮災

宣宮則曷為謂之新宮不忍言也親之精神所依而災孝子隱痛不忍正言也謂之新宮者因新入宮易其西北角示昭穆相繼代有所改更也疏注謂之新宮至有所改更也者。解云即穀梁傳云壞廟之道易檐可也者是易其西北角之檐也乎故爾雅釋宮云西北隅謂之屋漏是也孫氏曰當室之日光所漏入也不與何氏別

其言三日哭何据桓僖宮災不言三日哭疏注据桓至日哭者即下哀三年夏辛卯桓宮僖宮災是也

廟災三日哭禮也善得礼痛傷鬼神無所依歸故君臣素縞哭之。縞古老反

疏注善得礼至縞哭之。解云即檀弓下曰有焚其先人之室則三日哭鄭氏云謂人燒其宗廟哭者哀精神之

有虧傷故此注云善得禮痛傷鬼神无所依歸是也云故君臣素縞哭之者謂著素衣縞冠哭之 新宮災何以書記災也此象宣公篡立當誅絕不宜列昭穆成公幼少臣威大重結怨彊齊將不得久承宗廟之應○幼少詩召反下同大重音泰一音他賀反 疏注此象至昭穆○解云案桓公亦篡立不災其宮者蓋以桓母言媵次第宜立隱公攝位久不還天示其變隱猶不覺是以隱九年三月癸酉大雨震電何氏云周之三月夏之正月雨當小雪雜下雷當聞於地中電未可見而大雨震電此陽氣大失其節猶隱公久居位不反於桓失其宜也然則桓正宜立隱是左媵之子攝位失宜而桓弒之雖曰篡君其罪差輕是以不災其廟豈若宣公以庶篡適其子失政將不得久承宗廟之應故災其宮矣而哀三年五月辛卯桓宮僖宮災者彼是已毀後復立之是不宜立故天災之不謂怒其篡隱也○乙亥葬宋文公○夏公如晉○鄭公子去疾率師伐許○去起呂反○公至自晉○秋叔孫僑如率圍棘棘者何汶陽之不服邑也棘民初未服於魯

疏 棘者何。解云欲言内邑不應圍之，欲言外邑不繫國，故執不知問。注棘民初未服於魯。解云言初未服者，欲言終服於魯矣。知終服者，正以汶陽田者大畔之名，棘者乃是其小邑，上二年經取汶陽田，以知叵得之，但有不服之意，故魯圍之。若然，公羊之義以圍者爲不克之文，若其得之而言圍者，正謂當時未克，何妨終得之乎？

其言圍之何？据國内兵不爭。疏 注据國内兵不爭者。解云即定八年傳云公斂處父帥師而至，經不書之是也。

不聽也。不聽者，叛也。不言叛者，爲内諱，故書圍以起之。不先以文德來之而便以兵圍之，當與圍外邑同罪，故言圍也。得曰取，不得曰圍。爲，于僞反。疏 注當與圍外邑至圍也者。欲道國内之兵本自不書，而此書者，惡其失所，令與圍外邑同矣。注得曰取，不得曰圍。解云取者是得文，故言得曰取也，即上文取汶陽田及哀九年春宋皇瑗帥師取鄭師于雍丘之屬是也。故傳云其言取之何？易也。其易奈何？詐之也。何氏云詐謂陷阱奇伏之類也。其不得曰圍者，即定四年楚人圍蔡之屬是也。正以圍而去者，非克之故也。

○大雩。成公幼少，大臣秉政，變乱政教，先是作丘甲，爲鞌之戰，伐鄭圍棘，不恤民之所生。疏 注先是作丘甲者。解云在上元年。云爲鞌之戰者在上二年云伐鄭者在上正月也云圍棘者在上文秋也○晉郤克衛孫良夫伐將咎如○將咎如咎音古刀反左氏作廧咎如【疏】伐將咎如者左氏將作廧字○冬十有一月晉侯使荀庚來聘○衛侯使孫良夫來聘○丙午及荀庚盟○丁未及孫良夫盟此聘也其言盟何据不舉重嫌生事故此以輕問重也【疏】注据不舉至重也○解云春秋之義舉重略輕即莊十年傳戰不言伐圍不言戰入不言圍滅不言入書其重者也是也今聘盟兩受命書故云不舉重矣云嫌生事者嫌是荀庚初受君命但聘而已至及於魯生事而盟故曰嫌生事矣云故此以輕問重也者聘輕而盟重即此傳云此聘也其言盟何是也聘而言盟者尋舊盟也尋猶尋繹也以不舉重連聘而言之知尋繹舊故約誓也書者惡之詩曰君子屢盟亂是用長二國既循礼相聘不能相親信反復相疑故舉聘以非之○繹音亦惡之烏路反下同屢力住反用長丁丈反反復扶又反【疏】注不舉至約誓

解云若其特結約誓當但舉重即文十五年三月宋司馬華孫來盟宣七年春衛侯使孫良夫來盟之屬皆因聘而為之不言聘而言盟故知特結盟此則言聘又言盟故知非特結盟而尋繹舊事盟矣故傳云聘而言盟者尋舊盟也○

鄭伐許謂之鄭者惡鄭襄公與楚同心數侵伐諸夏自此之後中國盟會無已兵革數起夷狄比周為黨故夷狄之○數侵所角反下同比毗志反

四年春宋公使華元來聘○三月壬申鄭伯堅卒○伯取苦刀反本或作堅（疏）鄭伯堅卒者○解云左氏作堅字穀梁作賢字今定本亦作堅字

○杞伯來朝○夏四月甲寅臧孫許卒○公如晉○葬鄭襄公○秋公至自晉○冬城運○

鄭伯伐許未踰年君稱伯者時樂成君位親自伐許故如其意以著其惡（疏）注未踰年至其意以著其惡○解云正以莊三十二年傳云君存稱世子君薨稱子某既葬稱子踰年稱公即僖二十五年夏衛侯燬卒

秋葬衛文公冬衛子莒慶盟于洮是也今此鄭伯未踰年而已稱伯故如此注矣

五年春王正月杞叔姬來歸始歸不書與鄭伯姬同（疏）注始歸不書與鄭伯姬同。解云即宣十六年秋郯伯姬來歸何氏云嫁不書者爲媵也來歸書者後爲嫡也棄歸例有罪時無罪月是也然則今書月者無罪之文矣。仲孫蔑如宋。夏叔孫僑如會晉荀秀于穀。荀秀左氏作荀首。梁山崩梁山者何河上之山也梁山崩何以書記異也何異爾大也何大爾梁山崩壅河三日不沵故不日以起之不書壅河者舉崩大爲重。壅於勇反沵音流（疏）梁山者何。解云欲言晉山文不繫晉欲言魯物見在晉竟故執不知問。沵故不日以起之。解云謂起其三日不沵也則但一日不可不書日矣若無所起例當書日即僖十四年秋八月辛卯沙鹿崩是也外異不書此何以書爲天下記異也

山者陽精德澤所由生君之象河者四瀆所以通道中國
下流河記山崩壅河者此象諸侯失勢王道絕大夫擅恣為
海內害自是之後六十年之中弒君十四亡
國三十二故溴梁之盟徧刺天下之大夫

【疏】外異不書者正以文
十一年長狄之郵晉不之故也○注河者至道同○解云釋
水云江河淮濟為四瀆四瀆者發源注海者也○注記山至
河者○解云壅河不書而言記壅河者正以不書曰以起壅
河三日不沂之義故亦謂之記壅河矣○注自是之後至亡
國三十一○春秋說文若對經數之從今以後訖於六十年則
不及於此數何者自今以後盡昭十六年弒君止有十二國
止有九即襄二十五年齊崔杼弒其君光吳子門于巢為巢
人所弒二十六年衛甯喜弒其君剽二十九年閽弒吳子餘
祭三十年蔡世子般弒其君固三十一年莒人弒其君密州
昭公八年陳招殺偃師十一年楚子殺蔡侯般十三年楚公
子比弒其君虔楚公子棄疾弒公子比是六十年弒君但十
矣其亡國止有九者成十七年楚滅舒庸襄六年莒人滅鄫
齊侯滅萊十年遂滅偪陽十三年取詩二十五年楚滅舒鳩
昭四年遂滅瑕八年楚滅陳十一年滅蔡是九也然則春秋
書逐其可書者矣說文舉者悉言之是以多少異尒或者此
匡誤也○注故溴梁至之大夫○解云襄十六年春公會晉

侯太公以下于溴梁戊寅大夫盟傳云諸侯皆在是其言大夫盟何信在大夫也何言乎信在大夫徧刺天下之大夫也曷爲徧刺天下之大夫君若贅旒然何氏云旒旂旒贅繫屬之辞以旂旒喻者爲下所執持東西是矣○秋大水先是既有兵甲鞌棘之役又重以城鄆民怨之所生○重直用反疏注先是既至之所生○解云作丘甲在元年三月鞌之師在二年夏叔孫僑如圍棘在三年秋城運在四年冬○冬十有一月己酉天王崩定王○十有二月己丑公會晉侯齊侯宋公衛侯鄭伯曹伯邾婁子杞伯同盟于蟲牢約脩彊楚○蟲牢直弓反下力刀反

六年春王正月公至自會月者前魯大夫獲齊侯今親相見故危之疏注月者前至故危之○解云諸致例時即桓二年冬公至自唐僖二十六年冬公至自伐齊哀十三年秋公至自會之屬是也今此書月故解之也言前魯大夫獲齊侯者即上二年鞌戰時也言今親相見者即上三年冬公會齊侯以下于

年是出○二月辛巳立武宮武宮者何武公之宮
也在春秋前䟽武宮者何　解云春秋之內未有武公之文而立武宮故執不知問立者何
立者不宜立也立武宮非禮也禮天子諸侯立五廟受命始封之君
立一廟至於子孫過高祖不得復立廟周家祖有功尊有德
立后稷文武廟至於子孫自高祖已下而七廟天子卿大夫
三廟元士二廟諸侯之卿大夫比元士二廟諸侯之士一廟
立武宮者蓋時衰多廢人事而好求福於鬼神故重而書之
臧孫許伐齊有功故立武宮○復扶又反好呼報反䟽立者何　解云置廟是常而乃書立故執不知問○立者
不宜立也　解云亦有直云不宜立無在上立者二字也○
注天子諸侯立五廟至元士二廟　解云皆出祭法也其文
云天下有王分地建國王云建國封諸侯也置都立邑注云
置都立邑爲鄉大夫采地及賜士有功者之地設廟祧壇墠
而祭之注云廟之言貌也宗廟者先祖之尊貌也祧之言超
也超上去意也封土曰壇除地曰墠書曰三壇同墠乃爲親
疎多少之數是故王立七廟一壇一墠曰考廟曰王考廟曰
皇考廟曰顯考廟曰祖考廟皆月祭之注云王皇皆君也顯明

也祖始也名先人以君明始者所以尊本之意也有二說享
嘗乃止云享嘗謂四時之祭諸侯立五廟一壇墠曰考廟
曰王考廟曰皇考廟皆月祭之顯考廟祖考廟享嘗乃止大
夫立三廟二壇曰考廟曰王考廟曰皇考廟享嘗乃止顯考
祖考無廟有禱焉為壇祭之適士二廟一壇曰考廟曰王考
廟享嘗乃止顯考無廟有禱焉為壇祭之注云適士上士也
此適士云顯考無廟非也當為皇考字之誤官師一廟曰考
廟王考無廟而祭之庶士庶人無廟注云官師中士下士庶
士府史之屬然則此注云禮天子諸侯立五廟者據正禮適
諸上代而言之祭法云王立七廟者據周言之耳祭法云大
夫立三廟適士二廟者皆據天子大夫士也云諸侯之卿大
夫此元士○解云更無正文何氏以意當之○注諸侯之上士一
廟禮說文云而鄭注王制云士一廟者謂諸侯之中士名曰
官師者上士廟也與何氏異○注立武至書之○解云案明
堂位云武公之廟武世室然則謂之世室者世世不毀而此
傳也及注譏其立者明堂位之作在此文之後記人見武公
之廟已立欲成魯之善故言此非實然故彼下即云魯之君
臣未嘗相弒也鄭注春秋時魯國君弒而云君臣未嘗相弒
亦近誣矣○注臧孫許伐齊有功解○取鄟鄟者何邾
云立[illegible]伐齊之由本起臧孫故也

婁之邑也曷爲不繫乎邾婁諱亟也諱會背信亟也屬相與爲蟲牢之盟旋取其邑故使若非蟲牢人矣○鄟市轉反又音專亟去異反注同背音佩屬音燭疏鄟者何○解云欲言是國曾來未有欲言是邑文無所繫故執不知問○注屬相至其邑○解云即上五年冬公會晉侯齊侯以下同盟于蟲牢是也○注故使若非蟲牢人矣○解云謂所取之邑非同盟之物然也○衛孫良夫率師侵宋○夏六月邾婁子來朝○公孫嬰齊如晉○壬申鄭伯費卒不書葬者爲中國諱蟲牢之盟約備彊楚楚伐鄭喪不能救晉又侵之故去葬使若非伐喪○費音祕爲于僞反去起呂反○疏注楚伐鄭喪不能救晉又侵之者○解云即下文秋楚公子嬰齊帥師伐鄭冬晉欒書帥師侵鄭是也○秋仲孫蔑叔孫僑如率師侵宋○楚公子嬰齊率師伐鄭○冬季孫行父如晉○晉欒書率師侵鄭

七年春王正月鼷鼠食郊牛角改卜牛鼷鼠又食其角乃免牛鼷鼠者鼠中之微者角生上指逆之象易京房傳曰祭天不慎鼷鼠食郊牛角書又食者重錄魯不覺寤重有災不重言牛獨重言鼠者言角牛可知食牛者未必故鼠故重言鼠○鼷音兮重有直用反下同[疏]注角生上指逆之象○解云言角在牲體之上指于天亦是上逆之象○注書又食者至有災也○解云重讀如煩重之重也其義公羊說云鼷鼠初食牛角咎在有司又有咎在人君取已有災而不云改更者義通于此若然改卜牛之徒皆言改而莊三年夏五月葬桓王傳云此未有言崩者何以書葬蓋改葬葬經何故不言改者蓋改卜牛之徒皆有所由故得言改其葬桓王者上未有經是以無由言之○吳伐郯吳國見者罕與中國交至升平乃見故因始見以漸進○郯音談見者賢徧反下同[疏]注吳國見者至以漸進○解云注以莊十年秋荊敗蔡師于莘傳云荊者何州名也州不若國國不若氏云云何氏不言楚言荊者楚強而近中國卒暴責之則恐為害深故進之以漸從州上等之極始也然則吳楚相敵亦宜言揚當以揚州言之而經言吳者正以罕與中國交至今升

也之出乃始見經故因其始見于升平故經青以漸進之○夏五月曹伯來朝○
不郊猶三望○秋楚公子嬰齊率師伐鄭○
公會晉侯齊侯宋公衛侯曹伯莒子邾婁子
杞伯救鄭八月戊辰同盟于馬陵公至自會
○吳入州來○冬大雩此是公會諸侯救鄭承前不恤民之所致（疏）注承
前不恤民之所致○解云即上三年大雩之下注云成公幼少六臣秉政先是作丘甲爲鞌之戰伐鄭圍棘不恤民之所
生是也○衛孫林父出奔晉
八年春晉侯使韓穿來言汶陽之田歸之于
齊來言者何內辭也脅我使我歸之也以此經加
之知見使即聞晉語自歸之但當言歸（疏）來言者何○解云語言見經於例未有今而書之故執不知問○注

以此經加之○至當言歸○解云其自歸言歸者哀八年夏歸邾婁子益于邾婁注云善魯能悔過歸之然則若自歸當言歸汶陽之田于齊今乃如此作文而又言之則知被晉使之非其本情

曷爲使我歸之據本魯邑

疏注據本魯○解云正以莊十三年曹子劫齊侯反其所取侵地之時管子曰然則君何求曹子曰願請汶陽之田又上二年傳曰反魯衛之侵地之下其經云取汶陽田以此言之汶陽之田本是魯物明矣

鞌之戰齊師大敗齊侯歸弔死視疾七年不飲酒不食肉晉侯聞之曰嘻奈何使人之君七年不飲酒不食肉請皆反其所取侵地晉侯聞齊侯悔過自責高其義畏其德使諸侯還鞌之所喪邑魯見使畀有恥故諱不言使者因兩爲其義諸侯不得相奪于地晉過可來議語之魯宜聞義自歸之爾不得使也主書者善晉之義齊○嘻許其反喪息浪反語魚據反

○晉欒書帥師侵蔡○公孫嬰齊如莒○宋公使華元

來聘○夏宋公使公孫壽來納幣納幣不書此何以書據紀履緰來逆女不書納幣○緰音須（疏）注據紀履至納幣 解云隱二年九月紀履緰來逆女是也録伯姬也伯姬守節逮火而死賢故詳録其禮所以殊於衆女（疏）注伯姬守節逮火死○解云即襄三十年夏五月甲午宋災伯姬卒秋七月叔弓如宋葬共姬傳云外夫人不書葬此何以書隱之也何隱爾宋災伯姬卒焉其稱謚何賢也何賢爾宋災伯姬存焉有司復曰火至矣請出伯姬曰不可吾聞之也婦人夜出不見傅母不下堂傅至矣母未至也逮乎火而死是也○晉殺其大夫趙同趙括○括古活反○秋七月天子使召伯來錫公命其稱天子何據天王使毛伯來錫文公命不稱天子（疏）注據天王使至稱天子○解云即文元年夏四月天王使毛伯來錫公命是也元年春王正月正也正者文不變也（疏）元年春王正月也○解云據始言之其實二年三年以下之經皆如是其餘皆通矣

其餘謂不繫于元年者或言王或言天王或言天子皆相通矣以見刺譏是非也王者號也德合元者稱皇孔子曰皇象元逍遥術無文字德明謚德合天者稱帝河洛受瑞可放仁義合者稱王符瑞應天下歸往天子者爵稱也聖人受命皆天所生故謂之天子出錫命稱天子者爲王者長愛幼少之義欲進勉幼君當勞來與賢師良傅如父教子不當賜也月者例也爲魯喜録之○見賢遍反應應對之應爵稱尺證反爲王于僞反下爲魯爲下同少詩召反勞來力報反下力代反

疏 注其餘謂不繫于年○解云何氏亦順傳文是以獨云元年矣○注或言王○解云即莊元年冬王使榮叔來錫桓公命文公五年春王使榮叔歸含且賵三月王使召伯來會葬之屬是也○注或言天王○解云隱元年秋七月天王使宰咺來歸惠公仲子之賵之屬是也○注或言天子○解云此文是也莊元年榮叔之下何氏云不言天王者桓行實惡而乃追錫之尤悖天道故云爾文五年榮叔之下注云去天者含者臣子職以至尊行至卑事失尊之義也召伯之下何氏云去天者不及事刺比失喪禮也隱元年宰咺之下何氏云言天王者時吳楚上僭稱王王者不能正而上繫於天也春秋不正者因以廣是非然則王是舊名天王者春秋時稱耳但春秋見當時之王皆繫于天是以遂其本

追正見其是非何者若單稱王者是其舊號君繫于天若明非古禮矣作春秋既不追正遂以天王作其常稱是以春秋之内不言天者皆悉解之見其失所此注云皆相通矣以見制譏是非也言皆相通矣者此三者皆是上之通稱但以天王者得當時之言王與天子者皆有所刺故曰以見刺譏是非也○注王者號也○解云言正是當時天子之號也○注德合元者稱皇○解云謂元氣是總三氣之名耳故其德與之相合者謂之皇皇者美大之名○注孔子曰皇象至明謚解云皆春秋說文宋氏云言皇之德象合元矣逍遥循勤動行其德術未有文字之教其德盛明者爲其謚矣○注德合天者至可放○解云天者二儀分散以後之稱故其德與之相合者謂之帝帝者諦也言審諦如天矣當爾之時何出圖洛出書可以受而行之則施于天下故曰何洛受瑞可放耳○注仁義合者稱王至歸往○解云二儀既分人乃生焉人之行也正直爲本行合於仁義者謂之王行合人道者符瑞應之而爲天下所歸往耳是以王字通於三才得爲歸往之義○注天子者爵稱也○解云案辨名記云天子無爵而言天子爲爵稱者言爵者醮也所以醮盡其材天子有聖德居無極之尊位謂之爵稱亦何傷而云天子無爵者謂無如諸侯以下九命之爵耳謂無尊美之爵乎禮記郊特牲云古者

生無爵死無謚天子有謚有爵明矣○注此錫命稱天子至不當賜也○解云如此注者決文元年天王使毛伯來錫公命言天王矣彼注云王者悉天子也古者三載考績三考黜陟幽明文公新即位功未足施而錫之非也然則文公初受命而未有功而王錫之故見非也但文公年長故稱天王今成公幼少當須如父教子未當錫也是以爲之張義而言天子矣○注月者例也○解云正以此經書月故知例月然外來朝聘皆例書時天王錫命而書月魯人喜得王命而詳録之故也然則莊元年錫桓公命文元年錫文公命雖承上日不蒙上日亦可知矣○冬十月癸卯杞叔姬卒棄而日卒者爲下脅杞歸其喪張本文使若尚爲杞夫人

疏注棄○日卒至杞夫人○解云外夫人之卒經例書日即襄三十年夏五月甲午宋災伯姬卒何氏云外災例時此日者爲伯姬卒日是也今此已棄而書日故解之其棄者即上五年春王正月杞叔姬來歸是也○注爲下脅杞歸其喪解云即下九年春杞伯來逆叔姬之喪以歸傳曰脅而歸之是也○晉侯使士燮來聘○叔孫僑如會晉士燮齊人邾婁人伐郯○衛人來

媵。媵不書，此何以書？据逆女不書媵也。言來媵者，君不求媵，諸侯自媵夫人。○來

媵，以證反，又繩證反。疏注据逆女不書媵也。○解云：蓋通內外言之，何者？隱二年紀履緰來逆女，桓三年公子翬如齊逆女之屬，皆不書媵故也。云媵例時者，即下九年夏晉人來媵，莊十九年秋公子結媵陳人之婦于鄄之屬是也。然則此經文承日月之下，不蒙日月明矣。

錄伯姬也。伯姬以賢聞諸侯，諸侯爭欲媵之，故善而詳錄之。媵例時。

九年春王正月，杞伯來逆叔姬之喪以歸。杞伯曷爲來逆叔姬之喪以歸？据已棄也。內辭也，脅而歸之也。言已歸者，與怨怒執人同辭，而不得專其本意，知其爲脅也。已棄而脅歸其喪，悖義恥深惡重，故使若杞伯自來逆之。○悖，布內反。疏注言以歸至爲脅。○解云：言以怨怒執人同辭者，即襄十六年春晉人執莒子、邾婁子以歸，昭十三年秋晉人執季孫隱如以歸之屬是也。○注而不得專其本意。○解云：正以以者行其意之辭故也。是以桓十四年冬，宋人以齊人、衛人、蔡人、陳人伐鄭，傳云：以者何？行其意也。何氏云：以已從人曰行，言四國行宋意。今

叔姬之喪言以歸不得專其本意明知杞伯有忿怒是以知其被脅耳言知其爲脅者爲讀如子爲衛君乎之爲也○

公會晉侯齊侯宋公衛侯鄭伯曹伯莒子杞伯同盟于蒲不日者已得鄭盟當以偹楚而不以罪執之旋使離叛楚緣隙潰莒不能救禍由中國無信故諱爲信辭使若莒潰非盟失信所以甚中國因與下潰日相起

疏 注不日者已至信辭○解云正以春秋之義不信者日故以不日爲信辭矣言已得鄭盟者有鄭伯也當以備楚者正以楚人數爲諸夏之患故也○注而不以罪執之○解云即下文秋晉人執鄭伯是也正以僖四年傳曰稱侯而執者伯討也稱人而執者非伯討也今經稱人故曰不以罪執矣○注旋使離叛者○解云即其下文云晉欒書帥師伐鄭是也○注楚緣隙潰莒○解云即下文冬楚公子嬰齊帥師伐莒庚申莒潰是也言楚人緣其有不和之隙來伐莒而潰之故曰緣隙潰莒矣知不能救者正見以下遂無救文故也○注所以甚中國○解云謂其作信辭也所以甚惡中國之無信矣○注因與下潰日相起者○解云言言因非正爲之辭矣言此盟不日非直甚中國之無信亦因欲起其下潰書日若乃是中國無信同盟不相救至爲夷狄

所潰矣言相者且兩事相共之辭則下潰書日亦起此盟之不信矣 公至自會○二月

伯姬歸于宋○夏季孫行父如宋致女未有

言致女者此其言致女何録伯姬也古者婦人三月而後

廟見稱婦擇日而祭於禰成婦之義也父母使大夫操禮而

致之必三月者取一時足以別貞信貞信著然後成婦禮書

者與上納幣同義所以彰其絜且爲父母安榮之言女者謙

不敢自成禮婦人未廟見而死歸葬於女氏之黨○廟見賢

編反下同操七刀反別

彼列反且爲于僞反

疏 未有言致女者○解云謂春秋之

無此經也○注古者婦人至之

義也○解云此皆曾子問文也其文云孔子曰取婦之家三

日不舉樂思嗣親也三月而廟見稱來婦也擇日而祭于禰

成婦之義也鄭注云謂舅姑没者也必祭成婦義者婦有共

養之禮猶舅姑存時盥饋特豚於室是也○注書者與上納

幣同義○解云即上八年夏宋公使公孫壽來納幣傳云納

幣不書此何以書録伯姬也注云伯姬守節逮火而死賢故

詳録其禮所以殊於衆女是也今此書其致女者義亦然故

云書者與上納幣同義○注所以彰其絜至敢自成○解云

重得父母之命乃行婦道故曰所以彰其絜也其女當夫葬礼不動光照九族父母得安故曰榮之○注礼婦人未至氏之黨○解云曾子問文也其文云曾子曰女未廟見而死則如之何孔子曰不遷於祖不祔於皇姑壻不杖不菲不次歸葬于女氏之黨示未成婦也鄭氏云遷朝廟也壻雖不備喪礼猶爲之服齊衰是也○晉人來媵

媵不書此何以書錄伯姬也義與上同復發傳者樂道人之善○媵扶又反

（疏）注義與同上也○解云謂亦與上致女皆同書納幣矣○秋七月丙子齊侯無野卒○晉人執鄭伯○晉欒書帥師伐鄭○冬十有一月葬齊頃公○楚公子嬰齊帥師伐莒庚申莒潰日者録責中國無信同盟不能相救至爲夷狄所潰○潰戶内反○

（疏）注日者録責至狄所潰○解云正以凡潰例月即僖四年春王正月蔡潰文三年春王正月沈潰之屬是也今而書日故如此解○楚人入運○秦人白狄伐晉○鄭

人圍許。○城中城

十年春，衛侯之弟黑背率師侵鄭。○夏四月，五卜郊，不從，乃不郊。其言乃不郊何？據上不郊不言乃，僖公不從言免牲也。疏注據上不郊不言乃。○解云：即上七年夏不郊，猶三望是也。○注僖公不從言免牲。○解云：僖三十一年夏四卜郊不從，乃免牲，猶三望是也。不免牲，故言乃不郊也。不免牲，當坐盜天牲，失事天之道，故諱使若重難不得郊。○難，乃旦反。疏注使若重難不得郊。○解云：宣八年傳云"而者何？難也。乃者何？難也。曷為或言而，或言乃？乃難乎而也"。何氏云"言乃者内而深，言而者外而淺，下具曰戝久故言乃"，然則乃者難之深。今經云"乃不郊"，故云使若重難不得郊也。重難之義，皆出於乃字。○五月，公會晉侯、齊侯、宋公、衛侯、曹伯伐鄭。不致者，成公數卜郊不從，怨懟，故不免牲，不但不免牲而已，故奪臣子辭以起之。○數，所角反。懟，直類反。疏注不致者至牲而已。○解云：莊六年傳云得意致會不得意致伐注云此謂公與二國以上也然則此經公會晉侯宋公以下伐鄭亦是二國以上若得意宜致會不得意宜致伐今全不致故知此解也言成公數卜郊不從者即此上文五卜郊不從是也五卜郊卜之多者故言數云不但不免牲而已者謂成公意卒竟而不復郊知知此者正以不免牲上文已有說今此仍不致故知更有罪也○注故奪臣子辭以起之○解云謂不致也奪其臣子之辭以起見其罪矣所以不致得謂之奪臣子辭者桓二年注云凡致者臣子喜其君父脫危而至今不書至以若不得脫危然故曰奪臣子辭也桓元年注云不致之者至而凡奪臣子辭成誅文也者義亦通于此○齊人來媵媵不書此何以書錄伯姬也三國來媵非禮也曷爲皆以錄伯姬之辭言之婦人以衆多爲侈也侈大也朝廷侈於姊上婦人侈於姊下伯姬以至賢爲三國所爭媵故侈大其能容之唯天子娶十二女○侈昌氏反大也姊了擬反娠十七任反本或作娶

疏注朝廷侈於姊上○解云言姊其有賢不而居於已上侈者是朝廷侈之姊也○注婦人侈於姊下○解云正言

不能容衆妾而妬惡之者，是婦人妬也。○故後大其能容之。解云：考諸舊本，大上無後字。○注唯天子娶十二女。解云：保乾圖文，孔子爲後王并古礼也。

○丙午，晉侯獳卒。不書葬者，殺大夫趙同等。○獳，乃侯反。

疏 注不書葬至同等。○解云：春秋之義，君殺无罪大夫，例不書其葬，見其臣子恩絶之。是以僖九年晉侯詭諸卒，何氏云不書葬者，殺世子也，是也。其殺趙同等，即上八年晉殺其大夫趙同、趙括是也。

○秋七月。

○公如晉。如晉者，冬也。去冬者，惡成公前既怨懟不免牲，今復如晉，過郊乃反，遂怨懟無事天之意，當絶之。○去，起呂反。惡，烏路反。復，扶又反。

疏 注過郊乃反至天之意。○解云：謂明年三月公至自晉，是過郊乃反，是其無事天之意。○注當絶之者。解云：當合絶之，不可爲魯侯矣。

監本附音春秋公羊註疏成公卷第十七

監本附音春秋公羊註疏成公卷十八 起十一年盡十八年

何休學

十有一年春王三月，公至自晉。○晉侯使郤州來聘。己丑，及郤州盟。○郤州本亦作犫，尺由反。【疏】晉侯至州盟。○解云：上三年冬，晉侯使荀庚來聘，丙午，及荀庚盟，傳云此聘也，其言盟何？聘而言盟者，尋舊盟也。注云以不舉重連聘而言之，知尋繹舊故約誓也。書者惡之，二國既脩禮相聘，不能相親信，反復相疑，故舉聘以非之。今此亦然，而無傳注者，從彼可知，故省文。案桓十四年夏，鄭伯使其弟語來盟，注云時者，從內爲王義，明王者當以至信先天下，是以春秋之例，並盟來盟悉書時，即僖三年冬，公子友如齊莅盟之屬是也。今此經及上三年荀庚盟之屬皆書月者，蓋以既脩禮相聘，不能相親信，反相疑，是故不與信辭耳。○夏，季孫行父如晉。○秋，叔孫僑如如齊。○冬十月十有二年春周公出奔晉周公者何天子之三公也王者無外此其言出何自其私土而出也私土者謂其國也此起諸侯入爲天子三公也周公驕蹇不事天子出居私土不聽京師之政天子不之而出走明當并絶其國故以出國録也不月者小國也

（疏）周公者何○解云既是周臣自周無出而經書出故執不知問○注私土不聽至小國○解云春秋之例大國君奔例皆書月即桓十六年十有一月衛侯朔出奔齊之屬是也小國例時者即昭三年冬北燕伯款出奔齊及此經書春皆是也又王制云天子三公之田視公侯既視公侯而言小國者據其私土之言也周公本是小國諸侯而入爲天子○三公於王畿之內雖有采地但從私土而去故從小國例

夏公會晉侯衛侯于沙澤○沙澤素禾反又如字二傳作瑣澤定七年同

○秋晉人敗狄于交剛○冬十月

十有三年春晉侯使郤錡來乞師○郤錡魚綺反○三

月，公如京師。月者，善公尊天子。疏注月者善公尊天子者○解云：正以朝聘時故也○

夏五月，公自京師，遂會晉侯、齊侯、宋公、衛侯、鄭伯、曹伯、邾婁人、滕人伐秦。其言自京師何？據僖公二十八年諸侯遂圍許不言自王所。疏五月至自京師○解云：公下自上有至字者，衍文○注據僖公至自王所○解云：僖二十八年冬，公會晉侯以下于温，天王狩于河陽，壬申，公朝于王所，諸侯遂圍許是也。然則彼亦朝天子而往圍許，言自王所，與此異，故難之。公鑿行也。以起公鑿行也。鑿猶更造之意○鑿在洛反造意也。公鑿行奈何？不敢過天子也。時本欲直伐秦，塗過京師，不敢過天子而不朝，復生事脩朝禮而後行，故起時善而褒成其意，使若故朝然後生事也。間無事復出公者，善公鑿行○復出，扶又反。疏注生事脩朝禮而行者○解云：生事之上亦有復字者，衍文○注間無復出至鑿行○解云：昭十三年秋，公會劉子、晉侯以下于平丘，八月甲戌，同盟于平丘，注云不言劉子及諸侯者，間無異事可知矣。然則彼

以間無事不勞重與劉子及諸侯此亦間無事但言夏五月遂會晉侯以下伐秦足矣而重舉公者書公盥行故也定四年召陵之會再言公者彼注自具

○曹伯廬卒于師○廬力吳反本亦作盧○秋七月公至自伐秦月者危公幼而遠用兵

疏注月者危公幼而遠用兵者解云正以凡致例時故如此解

○冬葬曹宣公

十有四年春王正月莒子朱卒莒大于邾婁至此乃卒者庶其見殺不得卒至此始卒又不得日

疏注莒大于至不得卒○解云正以莊十六年冬十有二月邾婁子克卒二十八年夏四月丁未邾婁子瑣卒春秋之序莒常在上而至此乃卒者正由文十八年莒弒其君庶其見以不得書其卒矣○注至此始卒又不得日○解云邾婁子瑣之卒所以書日者非直行進其邾子克往前已卒是以春秋得詳録之今此始卒故不得書日曹書日者何氏云老使世子來朝春秋敬老重恩故爲魯恩録之尤深是也然則此注何以不言故不得日而言又者欲道曹伯終生雖亦始卒但於魯有恩是以書日今此莒子非直始卒又無善行是以不日○夏

衛孫林父自晉歸于衛○秋叔孫僑如如齊逆女凡娶早晚皆不譏者從紀履綸一譏而已○凡取本文作娶【疏】注秋叔孫僑如如齊逆女○解云隱二年注云不親迎例月重錄之今此不月者蓋以成公即位十有四年始娶元妃非重繼嗣之義故畧之○注凡娶早至譏而已○解云隱二年九月紀履綸來逆女傳云外逆女不書此何以書譏何譏爾譏始不親迎也始不親迎昉於此乎前此則曷為始乎此託始焉爾曷為託始焉爾春秋之始也然則宣公元年春公子遂如齊逆女喪服未除是其大早也成公十四年秋叔孫僑如如齊逆女非重繼嗣之義是其大晚也故言凡娶早晚矣但昭舉一二人則桓公三年娶于齊文公四年娶于齊合在其間也然則諸侯之法合親迎而魯侯悉使大夫所以一不復發傳云何以書譏何譏爾譏不親迎者正欲從隱二年紀履綸之一譏而已是以不復發傳以解之舊解云隱二年履綸之下注云內逆女常書外逆女但疾始不常書者明當先自詳正躬自厚而薄責於人故略外也然則外之娶妻莫問早晚其不親迎者皆不復書而譏之者悉從履綸之經一譏而已所以此處注之者正以內逆女常書之末是以於此處決之更有或解不足述也

○鄭公子喜率師伐許。○九月，僑如以夫人婦姜氏至自齊。○冬十月庚寅，衛侯臧卒。○秦伯卒。

十有五年春王二月，葬衛定公。○三月乙巳，仲嬰齊卒。仲嬰齊者何？疑仲遂後，故問之。疏注疑仲後故問之。解云：何氏欲解弟子問所不知之意。何者？欲言仲遂之子，宜稱公孫。今經稱仲，故執不知問。公孫嬰齊也。未見於經爲公孫嬰齊，今爲大夫死見於經爲仲嬰齊。○未見，賢編反，下同。年未，及注皆同。疏注未見於經至仲嬰齊。○解云：未見於經者，謂未作大夫，不得見于經。當爾之時，猶爲公子之子，故爲公孫嬰齊矣。今爲大夫而死，得見于經，更爲公孫之孫，孫以王父字爲氏，故爲仲嬰齊矣。其更爲公子之孫之事，具說在下。公孫嬰齊則曷爲謂之仲嬰齊？爲兄後也。爲兄後則

曷爲謂之仲嬰齊據本公孫疏注據本公孫。解云其本公孫昭穆須正雖
代兄爲大夫寧得更爲公孫之子乎故難之爲人後者爲之子也更爲公孫之子
故不得復氏公孫。復氏扶又反年內同爲人後者爲其子則其稱仲
何據氏非一孫以王父字爲氏也謂諸侯子也顧興滅繼絕故紀族明所出
然則嬰齊孰後後歸父也歸父使于晉而未
反宣公十八年自晉至檉奔齊許今未還。使于所吏反及下使乎同何以後之據已絕也
叔仲惠伯傅子赤者也叔仲者叔彭生氏也文家字積於叔叔仲有長幼故
連氏之經云仲者明春秋質家當積於仲惠謚也。長丁丈反疏注叔仲者叔彭生氏也解云即文十一年叔彭
生之氏族也。注文家字積於叔至謚也。解云知如此者正以大夫之子皆稱叔唯有明季而已是文家字積於叔之
義也注言此者欲道彭生之經所以不連仲之意也云叔仲有長幼故連氏之者注言此者欲道彭生之傳所以違叔仲

之意也何者彭生之祖生於叔氏其父武仲又長幼當伴是以彭生遠而言之雖非正禮要是當時之事是以傳家述其私稱連言仲矣○注經云仲至積於仲○解云注言此者欲道嬰齊此經何故不連其父既以父之字而單言仲者欲明春秋當質止得積於仲是以不得更以他字連之　文公死子幼子赤幼也公子遂謂叔仲惠伯曰君幼如之何願與子慮之叔仲惠伯曰吾子相之老夫抱之禮大夫七十而致事若不得謝則必賜之几杖行役以婦人從適四方乘安車自稱曰老夫○相之息亮反下同

疏注禮大夫至稱曰老夫○解云皆上曲禮文鄭氏云致其所掌之事於君而告老謝猶聽也君必有命勞苦辭謝之其有德尚壯則不聽耳几杖婦人安車所以養其身體也安車坐乘若今小車也老夫老人稱也亦明君尊賢春秋傳曰老夫耄矣是也　何幼君之有公子遂知其不可與謀退而殺叔仲惠伯弒子赤而立宣公殺叔仲惠伯不書者與弒君爲重叔仲惠伯事與荀息相類不得爲累者

有異也叔仲惠伯直先見殺爾不如荀息死之○殺子音弒【疏】注叔仲惠伯至息死之 解云僖十年春晉里克弒其君卓子及其大夫荀息傳云及者何累也弒君多矣舍此無累者乎曰有孔父仇牧皆累也舍孔父仇牧無累者乎曰有有則此何以書賢也何賢乎荀息荀息傳云驪姬者国色也獻公愛之甚欲立其子於是殺世子申生申生者里克傅之獻公病將死謂荀息曰士何如則可謂之信矣荀息對曰使死者反生生者不愧乎其言則可謂信矣獻公死奚齊立里克謂荀息曰君殺正而立不正廢長而立幼如之何願與子慮之荀息曰君嘗訊臣矣臣對曰使死者反生生者不愧乎其言則可謂信矣里克知其不可與謀退弒奚齊荀息立卓子里克弒卓子荀息死之若然桓二年宋督弒其君與夷及其大夫孔父案彼傳文則孔父亦先見殺與此正同而得爲累者正以孔父生存殤公不可得而弒故於是先攻孔父之家殤公知孔父死已必死趨而救之皆死焉孔父正色而立于朝則人莫敢過而致難於其君者孔父可謂義形于色矣然孔父雖先見殺而事君之正義形于顏色豈如惠伯但爲傳子赤而吝之公子遂但欲弒子赤而殺之不畏惠伯衛君寧得類於孔父乎若然內之弒例皆諱不書假令成累安可作文而注言比者雖不言弒宜言及冬十月子赤及叔彭生卒

案今文公十八年經直言冬十月子卒，故言不得爲累示矣。

宣公死，成公幼，臧宣公者相也。臧孫許，宣謚。君死不哭，聚諸大夫而問焉，曰："昔者叔仲惠伯之事，孰爲之？"諸大夫皆雜然曰："仲氏也。其然乎！"於是遣歸父之家。時見君幼，欲以防示諸大夫。○雜，七合反，又如字。（疏）注時見君至諸大夫○解云：於時見君幼少，恐有禍變，欲以有防衞之義示其諸大夫。然後哭君。歸父使乎晉，還自晉，至檉，聞君薨家遣，墠帷，哭君成踊，反命于介，自是走之齊。魯人徐傷歸父之無後也。徐者，皆共之辭也，關東語。傷其先人爲惡，身見逐絕，不忽愍也。於是使嬰齊後之也。弟無後兄之義，爲亂昭穆之序，失父子之親，故不言仲孫，明不與子爲父孫。（疏）注弟無後兄至爲父孫○解云：案異義公羊說云質家立世子弟文家立世子子而春秋從質故得立其弟以此言之嬰齊為兄後正合諸春秋之義何得謂之亂昭穆之序者正以質家立世子弟者謂立之為君而已豈謂作世子之子乎今嬰齊後之者皆為歸父之子非故為亂昭穆之序言失父子之親者若後歸父即不為仲遂之子故云失父子之親矣 ○癸丑公會晉侯衛侯鄭伯曹伯宋世子成齊國佐邾婁人同盟于戚 ○世子成背倫本或作成 晉侯執曹伯歸之于京師 為篡喜時○為于偽反 疏 注為篡喜時者即昭二十年傳讓國奈何曹伯廬卒于師注云在成十三年傳又云公子喜時見公子負芻之當主也逡巡而退是也 公至自會○夏六月宋公固卒 不日者多取三國媵非禮故略之 疏 注不日者多至略之○解云即上九年伯姬歸于宋之時魯人來媵晉人來媵齊人來媵傳云三國來媵非禮也是宋得周天子禮而非之者其姬要當從諸侯故牝雞於伯姬為桀而宋公有失故死略之 ○楚子伐鄭

〇秋八月庚辰葬宋共公。共音恭〇宋華元出奔晉〇宋華元自晉歸于宋不省文復出宋華元者宋公室子幼華元以憂國爲大夫山所譖出奔晉晉人理其罪宋人反華元誅山故繫文大之也言歸者明出入無惡〔疏〕注不省文至文大之言〇解云襄二十年秋鄭良霄出奔許自許入于鄭彼則省文不言鄭良霄自許入于鄭今則不省文故決之必知不省文是大之者正以孔子曰書之重辭之復嗚呼其中必有美者焉不可不察故知也言華元以憂國爲大夫山所譖出奔晉者皆春秋說文也〇注言歸者明出入無惡〇解云即上桓十五年傳例云復歸者出惡歸無惡復入者出無惡入有惡入者出入惡歸者出入無惡是也〇宋殺其大夫山不氏者見殺在華元歸後嫌直自見殺者故貶之明以譖華元故〔疏〕注不氏者至華元故〇解云襄二十三年夏陳殺其大夫慶虎及慶寅陳侯之弟光自楚歸于陳注云前爲二慶所譖出奔楚楚人治其罪陳人誅二慶反光故言歸宋大夫山譖華元彼此不異者彼二慶而光歸譖光可知然則今此華元歸後山見殺故須貶山以見其義矣山者魚石之親若其不貶宜言魚山也〇宋魚石出奔楚與山有親恐見及也後得言復入者出無惡知非君漏言魚石不殺山（疏）注與山有親恐見及也○解云知如此者襄二十年秋蔡殺其大夫公子燮蔡公子履出奔楚同辭公子燮者明矣今此宋殺其大夫山宋魚石出奔楚文與彼同故知山之親也但山以諸華元而見殺是以不得言魚矣○注後得言復至不殺山○解云復入者即下十八年夏宋魚石復入于彭城是也言復入者出無惡者桓十五年傳文案文六年冬晉殺其大夫陽處父晉狐射姑出奔狄傳云晉殺其大夫陽處父則狐射姑爲之也射姑殺則其稱國以殺何君漏言也彼注云自上言泄下曰漏其漏言奈何君將使射姑將陽處父諫曰射姑民衆不說不可使將於是廢將陽處父出射姑入君謂射姑曰陽處父言曰射姑民衆不說不可使將射姑怒出刺陽處父於朝而走注云明君漏言殺之當坐殺也以此言之若由君漏言魚石殺山而走出是出有惡不得言復入今魚石之奔下言復入知非君漏言魚石不殺山也○

冬十有一月叔孫僑如會晉士燮齊高無咎宋華元衛孫林父鄭公子鰌邾婁人會吳于

鍾離曷為殊會吳據楚不殊○燮息協反咎其九反鰌音秋【疏】注據楚不殊解即僖二十一年秋宋公楚子陳侯蔡侯鄭伯許男曹伯會于霍是也外吳也曷為外也據襄五年不外之【疏】注據襄五年不外之○解云其經云秋公會晉侯宋公以下齊世子光吳人鄫人于戚是也春秋內其國而外諸夏內諸夏而外夷狄內其國者假魯以為京師也諸夏外土諸侯也謂之夏者大總下土言之辭也不殊楚者楚始見所傳聞世尚外諸夏未得殊也至於所聞世可得殊又卓然有君子之行吳似夷狄差醇而適見於可殊之時故獨殊吳○傳直專反行下孟反差醇初賣反下音純【疏】春秋內其國而外諸○解云即經云叔孫僑如會晉士燮齊高無咎以下是也云內諸夏而外夷狄者即經序諸大夫訖乃言會吳于鍾離是也○注不殊楚者楚始至得殊也○解云即僖二十一年秋宋公楚子陳侯蔡侯鄭伯許男曹伯會于霍之屬是也○注至於至之行解云即宣十一年夏楚子陳侯鄭伯盟于辰陵者是不殊楚之經也言卓然有君子之行者即彼注云不日月者莊王行霸約諸侯明王法討徵舒善其憂中國故為信辭也然則討

戲舒明王法勝鄭而不取今之還師送晉寇之屬皆是卓然有君子之行矣王者欲一乎天下曷爲以外内之辭言之據大一統疏注據大一統解云即元年傳云何言乎王正月大一統也注云統者始也總繫之辭夫王者始受命改制布政施教於天下自公侯至於庶人自山川至於草木昆蟲莫不一一繫於正月故云政教之始然則王者旅政欲其遠近偏及海内如○而殊外内故難之言自近者始也明當先正京師乃正諸夏諸夏正乃正夷狄以漸治之葉公問政於孔子孔子曰近者說遠者來季康子問政於孔子孔子曰政者正也子帥以正孰敢不正是也月者危録之諸侯既委任大夫後使命交接夷狄○葉公舒涉反下文同說音悅疏注子帥而正孰敢不正是也○解云師長也言子爲諸侯之長而爲正誰敢不爲正乎亦是先正於近乃及於遠之義故引之○許遷于葉

十有六年春王正月雨木冰雨木冰者何雨而木冰也何以書記異也木者少陽幼君大臣之象冰者凝陰兵之類也

冰脅木者君臣將
執於兵之徵也〔疏〕雨木冰者何。○解云雨與木冰理不不
相類如此作經故發不知問。○注木
者至之象。○解云木始於東方故曰少陽陽比君故有幼
君之義震爲六子之宗乃是乾之長子故爲大臣之象也。○
夏四月辛未滕子卒
滕始卒於宣公日於成公不名
邾婁始卒於莊於文公日於襄公名
俱葬於昭公
是以知滕小〔疏〕
注滕始在滕小。○解云滕始卒於宣公者
即宣九年秋八月滕子卒是也其日于成
公者即此經云夏四月辛未滕子卒是也二者皆不名故曰不名其
邾婁始卒于文公者即文十三年夏五月邾婁子蘧篨卒是也
其名于襄公者即襄十七年春二月庚午邾婁子瞯卒是也書
蘧篨瞯者以曰父也不俱葬于昭公者即昭元年六月丁未邾
婁子華卒秋葬邾婁悼公昭三年春王正月丁未滕子泉卒
五月葬滕成公是也然則春秋於所聞之世始錄小國之卒
書日書名明其大小滕子之葬皆在邾婁之後邾婁之君名
於所聞之世滕則未足以知其小于邾婁也何氏所以不
于會同序比之而據其卒葬者會同之次未得其義其大
小仍自難明故如此解若然案莊十六年十二月邾婁子克
卒二十八年夏四月丁未邾婁子瑣卒然則邾婁始卒書日
書名並在莊公之世而邾婁卒于文公日于襄公名者彼是

傳聞之世小國之卒例不合書而莊公之時邾婁之君得書卒者何氏於克卒之下注云小國未嘗卒而卒者爲慕霸者有尊天子之心行進也瑣卒之下注云日者附從霸者朝天子行進以此言之直是行而得書卒書日非其常例故不取之○鄭公子喜帥師侵宋○六月丙寅朔日有食之是後楚滅舒庸晉厲公見餓殺尤重故十七年復食○復扶又反疏注是後楚滅舒庸者解云在下十七年冬十二月○注晉厲公見餓殺○解云即下十八年春王正月庚申晉弑其君州蒲是也春秋說以爲厲公猥殺四大夫臣下人人恐見及正月幽之二月而死故此注云見餓殺也○注故十七年復食○解云即十七年十有二月丁巳朔日有食之是也○晉侯使欒黶來乞師○欒力官反黶於斬反○甲午晦晦者何冥也何以書記異也此王公失道臣代其治故陰代陽○冥亡定反又亡丁反治直吏反疏晦者何○解云欲言月晦例所不書欲言日冥其文不言書故執不知問○晉侯及楚子鄭伯戰于鄢陵楚子鄭

師敗績敗者稱師楚何以不稱師據宋公戰于泓敗績稱師○邪於暁反又於建反泓烏宏反疏注據宋公戰至稱師○解云即僖二十二年冬十有一月己巳朔宋公及楚人戰于泓宋師敗績是也王痍也王痍者何傷乎矢也時爲飛矢所中○痍音夷傷也所中丁仲反疏王痍者何○解云王有十二軍之衛而身見傷似非其類故執不知問然則何以不言師敗績據王痍末言爾末無也無所取於言師敗績也凡舉師敗績爲重衆今親傷人君當舉傷君爲重以言戰又言敗績知非詐戰當蒙上日也○爲于僞反下爲代公同疏注以言戰至上日也○解云正以春秋之義偏戰者日詐者月今此鄢陵之經上言戰言敗績知非詐戰當蒙上日甲矣○楚殺其大夫公子側○秋公會晉侯齊侯衛侯宋華元邾婁人于沙隨不見公公至自會不見公者何公不見見也不見見者恚乞師不得欲

執之○恚一睡反（疏）不見公者何○解云公會晉侯是與會之文言不見公疑其非類故執不知問○注不見見者恚乞師不得欲執之即下傳云其代公執奈何前此者晉人來乞師而不與公會晉侯將執公是也

公不見見大夫執何以致會据不得意扈之會公失序不致（疏）注据不得意者○解云正以莊六年傳云得意致會不得意致伐何氏云此謂公與二國以上也公與一國以上出會盟得意致會不得意不致今會不得意而致會故据而難之○注扈之會公失序不致○解云即文七年秋公會諸侯晉大夫盟于扈傳云諸侯何以不序大夫何以不名公失序也公失序奈何諸侯不可使與公盟眣晉大夫與公盟也是也然則彼是公不得意不書致今此亦不得意而反致故難之

不恥也曷為不恥据扈之會公失序恥

公幼也因公幼弱恥為諱辭不書行父執者公不見見已重矣（疏）注因公幼弱恥為諱辭○解云實不見今而致會詐若得意然故言為諱辭耳○注不書行父執者○解云昇時要代公執而下經但書其一故此注不書行父執者公不見見已重矣○

公會尹子晉齊國佐邾婁人伐

鄭○曹伯歸自京師執而歸者名曹伯何以不名而不言復歸于曹何據曹伯襄復歸于曹疏注據曹伯襄復歸于曹○解云在僖二十八年冬易也易故未言之不復舉國名○易以豉反注及下同復扶又反下而復同其易奈何公子喜時在內也公子喜時在內則何以易據本篡公喜時也○喜時左傳作欣時公子喜時者仁人也內平其國而待之和平其臣民令專心于負芻○令力呈反外治諸京師而免之訟治于京師解免使來歸其言自京師何據僖二十八年晉人執衛侯歸之于京師後復歸于衛俱天子所歸不言自京師不連歸者嫌自京師天子有力文言甚易欲并問力文與上說喜時錯疏注據僖二十八年至言自京師○解云即僖二十八年冬晉人執衛侯歸之于京師三十年秋衛侯鄭歸于衛是也○注不連歸問至喜時錯○解云問者之意欲道僖三十年衛侯鄭歸于衛亦是天子所

成十六年

歸不言自京師今曹伯亦爲天子所歸獨言自京師文相違背故問之若連歸問云其言歸自京師何即嫌歸自京師者乃是天子有力之文似若僖二十八年冬衛元咺自晉復歸于衛傳云自者何有力焉者也然上說言其所以易正猶公子喜時之力若此處并問天子有力之文即與上說喜時之力自相違

言甚易也舍是無難矣

言歸自京師者與内据臣子致公同文欲言甚易也舍此所從還無危難矣生所以見曹伯歸本据喜時平國反之書非録京師有力也執歸書者賢喜時爲兄所篡終無怨心而復深推精誠憂免其難非至仁莫能行之故書起其功也○舍是音捨注同下傳舍臣放此無難乃旦反注同

疏注言歸自京師者至致公同文○解云與上十三年公至自京師相似○注執歸書者至起其功也○解正以僖十九年宋人執滕子嬰齊二十一年執宋公之屬皆不書其歸也若然僖二十八年春晉侯執曹伯以畀宋人冬晉人執衛侯歸之于京師曹伯襄復歸于曹三十年秋衛侯鄭復歸于衛皆是被執而書之者曹伯之下注云執歸不書書者名惡當見衛侯之下注云執歸不書主書者名惡當見是也前此者晉人來乞師而不與者即十六年夏六月晉侯使欒黶來乞師晉侯及楚子鄭伯戰于鄢陵楚子鄭師敗績

於戰之經不見曾師則知不與矣○九月晉人執季孫行父舍之于招丘執未可言舍之者此其言舍之何仁之也曰在招丘悕矣悕悲也仁之者若曰在招丘可悲矣閔錄之辭○招丘章遥反又上饒反二傳作苕丘悕音希悲也執未有言仁之者此其言仁之何代公執也其代公執奈何前此者晉人來乞師而不與不書者不與無惡〔疏〕注不書者不與無惡○解云若其書之宜言晉侯使欒黶來乞師公不許之今無此經故言不與不書也言不與無惡者僖二十六年公子遂如楚乞師之下傳云乞者何卑辭也曷爲以外内同若辭重師也曷爲重師師出不正反戰不正勝也何氏云兵凶器戰危事不得已而用之爾乃以假人故重而不假別外內也者見其不與無惡之義公會晉侯會沙隨也將執公季孫行父曰此臣之罪也於是執季孫行父成

公將會厲公謂上伐鄭言諡者別嬰齊所請也明言公會晉侯者嬰齊所請事也故下與嬰齊傳合同○別彼列反

【疏】於是執季孫行父○解云此以上道今年秋會于沙隨之時事○注謂上伐鄭至傳合同○解云下十七年公孫嬰齊卒于貍軫之下傳云前此者嬰齊走之晉公會晉侯將執公嬰齊爲公請公許之反爲大夫歸至于貍軫而卒然則上言公會晉侯將執公者乃是上經沙隨之事故下與嬰齊傳文合言成公將會晉厲公言諡者欲別於嬰齊所請之事明其是上伐鄭時也案出傳沙隨之事時行父亦請而特言嬰齊所請事者欲言行父再請而嬰齊三請俱在沙隨故也

會不當期將執公季孫行父曰臣有罪執其君子有罪執其父此聽失之大者也今此臣之罪也舍臣之身而執臣之君吾恐聽失之爲宗廟羞也於是執季孫行父善其過則稱已美則稱君累代公執在危殆之地故地言舍而月之者痛傷忠臣不得其所爲代公執不稱行人者在君側非出使

○出使所吏反疏此聽失之大者也○解云言聽獄者失之大者矣○注故地言舍至得其所○解云言故地言舍而月之者即經書九月晉人執季孫行父舍之于招丘是也言月則爲傷痛之文者正以凡執例時故也即僖四年夏齊人執陳袁濤塗五年冬晉人執虞公之屬是也○注爲伐公至非出使○解云正以文十四年冬齊人執單伯之下傳云執者曷爲哉稱行人或不稱行人注云此問諸侯相執大夫所稱例傳云稱行人而執者以其事執也注云以其銜命奉國事執之晉人執我行人叔孫舍是也傳又云不稱行人而執者以已執也注云已者已大夫自以大夫之罪執之分別之者罪惡當各歸其本以此言之則知自爲已執者乃不稱行人今此行父爲代公執而亦不稱行人者正以其在君側非出使故也○冬十月乙亥叔孫僑如出奔齊○十有二月乙丑季孫行父及晉郤州盟于扈行父執釋不致者舉公至爲重疏注行父執釋不致者舉公至爲重○解云正以昭十三年秋晉人執季孫隱如以歸十四年春隱如至自晉二十三年春晉人執我行人叔孫舍二十四年春叔孫舍至自晉皆書其至今此不書至故言舉公至爲重也

○公至自會○乙酉刺公子偃（疏）乙酉刺公子偃○解云即
傳一十八年注云内殺大夫例有罪不日無罪日者正謂此文是也考諸舊本此經之下悉皆無注若有注者衍字耳
十有七年春衛北宮結率師侵鄭○夏公會尹
子單子晉侯齊侯宋公衛侯曹伯邾婁人伐
鄭○六月乙酉同盟于柯陵（柯古何反）○秋公至自
會○齊高無咎出奔莒○九月辛丑用郊用者
何用者不宜用也九月非所用郊也（周之九月夏之七月）
天氣不上升地氣下降又非郊時故加用之（疏）用者何○解云正以上下之郊例不言用此獨違例故執不知問
然則郊曷用郊用正月上辛（魯郊博卜春三月言正月者因見百王正
所當用也三王之郊一用夏正言正月者春秋之制也正月
者歲首上辛猶始新皆取其首先之意日者明用辛例不郊

則不日。因見貫編反下同

疏

注曾郊博至所當用。解云僖三十一年傳云曾郊非礼也彼注云以曾郊非礼故卜尔昔武王既没成王幼少周公居攝行天子事制礼作樂致太平有王功周公薨成王以王礼葬之命曾使郊以彰周公之德非正故卜三卜吉則用之不吉則免牲者是其曾郊博卜春三月之義也而此傳止言正月者因見其自今台百代之王正所當用之月也。注三王之郊至制也。解云三王之郊一用夏正者易説文也既用夏正而此傳特言用正月卜辛者但春秋之制也春秋因曾以制法令自今以後之郊皆用周之正月故也。注不郊則不日。解云即僖三十一年夏四月四卜郊不從乃免牲尤三望。成七年春王正月鼷鼠食郊牛角改卜牛夏五月不郊尤三望之屬是不郊則不日之文也

或曰用然後郊

或曰用者先有事存后稷神名也晉人將有事於河必先有事於惡池齊人將有事於泰山必先有事於配林魯人將有事於天必先有事於泮宮九月郊尤牲礼故言用小大尽譏之以下郊乃譏三望知郊不得譏小也又夕牲告牲后稷當在日上不在在日下。惡如字又火吳反鮑如字又火河反盬芳尾反又音配泮音判本又作郊注音全

疏

注晉人將有事至於泮宮。解云即礼器云魯人將有事於上帝必

先有事於泮宮注云上帝周所郊祀之帝謂蒼帝靈威仰也魯以周公之故得郊祀上帝與周同先有事于泮宮告后稷也告之者將以配天先仁也泮宮郊之學也詩所謂泮宮也字或爲郊宮晉人將有事於河必先有事於惡池鄭注云惡當爲呼聲之誤也呼池嘔夷并州川齊人將有事於泰山必先有事於配林注云配林林名是也○注以不郊至譏小也解云即僖三十一年夏四月四卜郊不從乃免牲猶三望傳云猶者何通可以已也譏不郊而望祭也何氏云譏尊者不食而卑者獨食也○注又夕牲告至在日下○解云言古礼郊之前日午后陳其牲物告牲之牷于后稷則知此經宜云九月用辛丑郊○晉侯使荀罃來乞師。罃乙耕反○冬公會單子晉侯宋公衛侯曹伯齊人邾婁人伐鄭十有一月公至自伐鄭月者方正下壬申故月之【疏】注月者方至月之○解云正以凡致例時故此解之言正下壬申者欲正壬申爲十月之日是以不得不言十一月以朱之○壬申公孫嬰齊卒于貍軫非此月日也曷爲以比月日卒之据下丁巳朔知壬申在十月。貍力之反，軫之忍反，左氏作脤，穀梁作蜃。【疏】卒于貍軫者。○解云：正本作貍辰字。○注据下丁巳公至十一月。○解云：即下十有二月丁巳朔日有食之是也。十二月丁巳朔，逆而推之，則丁亥爲十一月朔日，又逆而推之，即丁卯爲十月十一日矣，即從丁卯數之，戊辰、己巳、庚午、辛未、壬申，然則壬申乃爲十月十六日，故云据下丁巳朔知壬申在十月矣。待君命然後卒大夫。

曷爲待君命然後卒大夫据昭公出奔卒叔孫舍。【疏】注据昭公至孫舍。○解云：即昭二十五年九月己亥，公孫于齊，冬十月戊辰，叔孫舍卒，三十二年冬十二月，公薨于乾侯是也。前此者嬰齊走之晉不書者，以爲公請除出奔之罪也。爲，于僞反，下文爲公同。【疏】注不書者至之罪也。○解云：其請公者，謂士沙隨時也。公會晉侯，將執公，嬰齊爲公請，公許之反爲大夫，歸，至于貍軫而卒十月壬申日。貍軫，魯地。無君命不敢卒大夫國人未被君命，不敢使從大夫禮。

入公至十一月至是也（疏）注十一月至是也○解云十有一月公至自伐鄭是也君以上傳言之則嬰齊之請魯侯許之皆是沙隨時也若在沙隨會時即在伐鄭之上何故待公伐鄭之還乃始卒之正以成公許之實在沙隨但嬰齊未還公又伐鄭伐鄭未歸嬰齊已卒國人不聞公命未敢卒之亦何傷曰吾固許之反爲大夫許反爲大夫即受命矣然後卒之善其不敢自專故引其死日下就公至月卒之起其事所以激當世之驕臣○激古狄反○十有二月丁巳朔日有食之○邾婁子貜且卒○貜且俱縛反下子餘反○晉殺其大夫郤錡郤州郤至○楚人滅舒庸舒庸東夷道吳圍巢（疏）注舒庸東夷道吳圍巢○解云出左氏考諸舊本亦有無此注者

十有八年春王正月晉殺其大夫胥童○庚申晉弑其君州蒲日者二月庚申日上繫於正月者起正月見幽二月庚申日死也厲公猥殺四

大夫臣下人人恐見及以致此禍故日起其事深爲有國者戒也【疏】注日者至申日○解云正以文十八年冬莒弒其君庶其傳云稱國以弒者衆弒君之辭注云一人弒君國中人人盡喜故舉國以明失衆當坐絕也例皆時者略之也然則稱國以弒者例書時而此書日故解之而昭二十七年夏四月吳弒其君僚何氏云月者非失衆見弒故不略是也云云之說在彼知庚申二月日者亦以上十二月丁巳朔言之也去年十二月丁巳朔則知今年二月丙辰朔也何者以長曆推之今年正月小故也二月丙辰朔數之丁巳戊午己未庚申則庚申爲二月五日矣正月之中寧得有之乎故知庚申二月日也○注上繫于正月至日死也○解云春秋說云厲公猥殺四大臣下人人恐見及正月幽之二月而死是也○注厲公猥殺四大夫者解云即去年殺三郤是歲殺胥童是也 ○齊殺其大夫國佐○公如晉○夏楚子鄭伯伐宋○宋魚石復入于彭城 不書叛者楚爲魚石伐取彭城以封之本受于楚非得于宋故與伐於上起其意也楚以封魚石復本繫于宋言復入者不與楚專封故從犯君歸之主書者其專封○復入扶又反注同爲于僞反下爲失

同（疏）注不書叛者至其意也○解云如此注者欲决昭二十一年宋華亥向甯華定自陳入于宋南里以畔之文故也○注楚以至君録之○解云桓十五年傳云復入者出無惡入有惡故言從犯君録之何者魚石出時直為與山有親更無實罪故曰出無惡也今犯君而入故為入惡從犯君録之○注主書者至專封○解云言楚子伐宋下即言魚石復入于彭城是起其專封之義以起其専封者正欲責之故也○

公至自晉○晉侯使士匄來聘○匄古害反○秋杞伯來朝○八月邾婁子來朝○築鹿囿何以書譏何譏爾有囿矣又為也刺奢泰妨民天子囿方百里公侯十里伯七里子男五里皆取一也○鹿囿音又

（疏）注天子囿至取一也○解云孟子文司馬法亦云也○

己丑公薨于路寢○冬楚人鄭人侵宋○晉侯使士彭來乞師○士彭二傳作士魴襄十二年同○十有二月仲孫蔑會晉侯

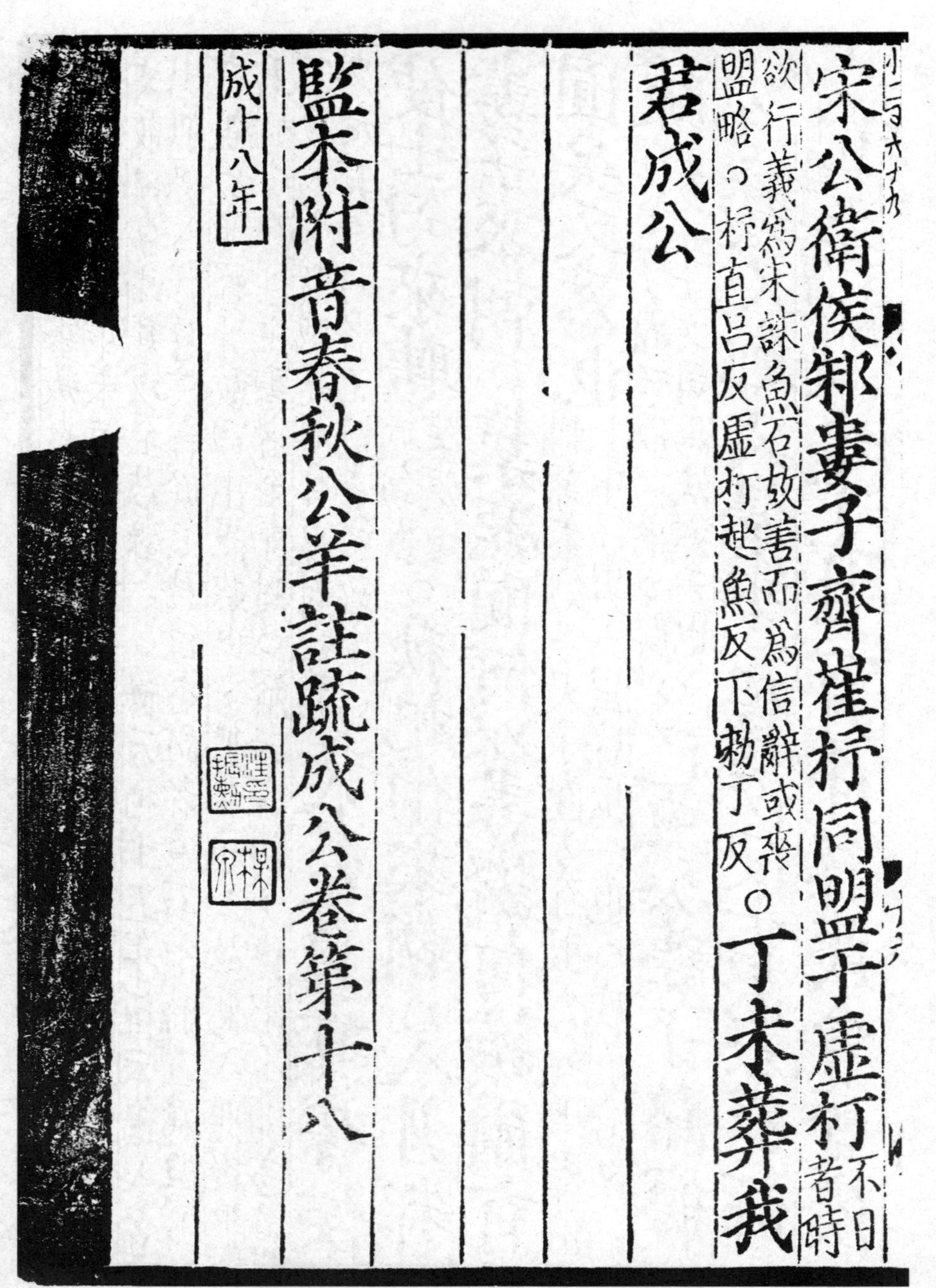
宋公衛侯邾婁子齊崔杼同盟于虛朾不日者時欲行義爲宋誅魚石故善而爲信辭或喪盟略○杼直呂反虛起魚反朾下勑丁反○丁未葬我君成公

監本附音春秋公羊註疏成公卷第十八

成十八年

監本春秋公羊註疏襄公卷第十九 起元年盡十一年

何休學

元年春王正月公即位。仲孫蔑會晉欒黶宋華元衛甯殖曹人莒人邾婁人滕人薛人圍宋彭城宋華元曷爲與諸侯圍宋彭城 据晉趙鞅以地正國加叛文今此无加叛文故問之。殖市力反

疏 注据晉至問之 解云即定十三年秋晉趙鞅入于晉陽以叛冬晉荀寅及士吉射入于朝歌以叛晉趙鞅歸于晉傳云此叛也其言歸何注云据叛與出入惡同以地正國也又注云軍以井田立數故言以地傳又云其以地正國奈何晉趙鞅取晉陽之甲以逐荀寅與士吉射荀寅與士吉射者曷爲者也君側之惡人也此逐君側之惡人曷爲以叛言之无君命也注云无君命者操兵鄉國故初謂之叛后知其意欲逐君側之惡人故録其釋兵書歸故之君子誅意不誅事今華元與諸侯操兵鄉國而不加叛文故難之云宋

華元曷爲與諸侯圍宋彭城而不加叛文，與趙鞅異乎？然則趙鞅以采地之兵逐君側之惡人以正其國，其意實善，而春秋必加叛文者，正以人臣之義本无自專之道，若其許之，恐惡逆之臣外託興義之兵，內有覬覦之意，是以雖爲善不得與之。

爲宋誅也。故華元无惡文。○爲宋，于爲反，下爲宋、楚爲并注同。

疏 注故華元无惡文。解云雖云操兵鄉國，但稟宋公之命，與諸侯之師逐去叛人，以衛社稷，春秋善之，故无惡文也。

其爲宋誅奈何？魚石走之楚，楚爲之伐宋取彭城以封魚石。魚石之罪奈何？以入是爲罪也。說在成十八年。書者善諸侯爲宋誅，雖不能誅，猶有屈彊臣之助。

疏 注魚石之楚。解云即成十五年宋魚石出奔楚是也。○楚爲至魚石。解云即成十八年夏楚子、鄭伯伐宋，宋魚石復入于彭城是也。○以入是爲罪也。解云言魚石於成十五年初出之時，直是與山有親，恐見及，是以辟而去，非其大罪也。至成十八年外託鄭、楚之兵以伐取君邑，遂居彭城，與君相拒，失人臣之義，非順行之道，故曰以入是爲罪也。注說在成十八年。解云即謂成十八年經具說楚子、鄭伯伐宋，宋魚石復入于彭城之事言上辛楚鄭伐宋下即言魚石復入復入者出无惡之文明其出奔楚時非其罪也但倚託楚鄭伐取彭城爲大惡故此傳云以入是爲罪矣非謂成十八年更有解注。注書者至之助。解云傳云爲宋誅而知不能誅者正以助其君討叛臣義之高者若能誅之理應在見似若昭四年經書執慶封殺之今但言圍而无殺文故知不能誅雖不能誅尤有絕魚石之功是以春秋書之善其爲宋誅矣**楚已取之矣曷爲繫之宋**据莒人伐杞取牟婁後莒牟夷以牟婁來奔不繫杞疏注据至繫杞。解云莒人伐杞取牟婁在隱四年春其后來奔者即昭五年夏莒牟夷以牟婁及防茲來奔是也**不與諸侯專封也**故奪繫于宋使若宋邑者楚救不書者從封內兵也疏注故奪至邑者。解云案僖二年春王正月城楚丘傳云不與諸侯專封也然則不與諸侯專封取事一也所以或繫於宋或不繫於衛者彼以衛國已滅故无所繫不言桓公城之者不與諸侯專封故也今此魚石受楚之封入邑而叛是以奪而繫國以示不成然則不與之言雖同其不與之理實異是以齊侯封衛春秋實與楚封魚石繫宋以抑之云云之說在僖二年。注楚救至兵也。解云經傳无文而知楚救者正以楚人去年封之故也楚人是時并兵于魚石魚石之叛抑而不成今華元討之即是宋國封内之兵也封内之兵例所不録是以楚救魚石不得書之知封内之兵例所不録者正以定公八年傳云公歛處父帥師而至經不書之是也若然哀三年衛石曼姑帥師圍戚亦是封内之兵而得書者彼以國夏爲伯討是以得書故彼傳云齊國夏曷爲與石曼姑帥師圍戚伯討也然則春秋不與蒯聵之直故令國夏得討之國夏得討之則非封内之兵也今此魚石不成叛是以與彼異也 ○夏晉韓厥帥師伐鄭 ○仲孫蔑會齊崔杼曹人邾婁人杞人次于合刺欲救宋而后不能也知不救鄭者時鄭背中国不能救不得刺、

【疏】注夏晉韓厥 ○解云左傳穀梁厥作厥字也 ○次于合者于合二傳作鄫皆音佩左氏合作鄫字也 ○注刺至得刺 ○解云知如此者正以莊三年冬公次于郎傳云其言次于郎何刺欲救紀而后不能也今此下文即有楚人侵宋言次于合魯人在其間故知與彼宜同例亦是初欲救宋而後不能是以春秋書其止次譏之 ○秋楚公子壬夫帥師侵宋 ○九月辛酉天

王崩○邾婁子來朝○冬衛侯使公孫剽來聘○剽匹妙反○晉侯使荀罃來聘疏九月辛酉至來聘○解云諸侯爲天子身服斬衰三年是以曾子問云諸侯相見揖讓而入門不得終禮廢者幾孔子曰六請問之曰天子崩大廟火日食后夫人之喪雨霑服失容則廢然則天王九月崩而四国得行朝聘禮者杜氏云辛酉九月十五冬者十月初也天王崩赴未至皆未聞喪故各得行朝聘之禮是也若然則四国行朝聘之時王之赴者未至於魯經書天王崩得在朝聘之上者公羊之義據百二十国寶書案而爲經雖四國未知何妨先書乎

二年春王正月葬簡王疏二年至簡王○解云隱三年傳云天子記崩不記葬必其時也而此書者即文公九年傳云不及時書過時書我有往者則書彼注云謂使大夫往也惡文公不自往故書葬以起大夫會之然則簡王去年九月崩至今年正月但始五月矣所謂不及時是以書之○鄭師伐宋○夏五月庚寅夫人姜氏薨○六月庚

辰鄭伯睔卒不書葬者諱伐喪○睔古困反（疏）注不書至伐喪○解云春秋之內諸侯之卒不書其葬非止一義而已或諱背殯用兵或譏其篡或刺不討賊枉殺大夫案此鄭伯襄公之子繼躰爲君復非篡立從成十五年即位以來未有罪惡之事明其不書葬者不爲上事明也而下又云冬仲孫蔑會晉荀罃以下云云于戚遂城虎牢傳云虎牢者何鄭之邑也其言城之何取之也取之則曷爲不言取之爲中国諱也曷爲爲中国諱諱伐喪也然則旣不爲上事下即有諱伐喪之文則知不書葬者正爲諸侯諱其伐喪故也○晉師宋師衛甯殖侵鄭○秋七月仲孫蔑會晉荀罃宋華元衛孫林父曹人邾婁人于戚○己丑葬我小君齊姜齊姜者何齊姜與繆姜則未知其爲宣夫人與成夫人與齊姜者宣公夫人九年繆姜者成公夫人也傳家依違者襄公服繆姜喪未踰年親自伐鄭有惡故傳從內義不正言也○繆音穆人與與音餘（疏）齊姜者何○解云欲

言成母謚不言宣欲言成妻與成謚別故孰不知問○注齊
姜至正言也○解云左氏以齊姜成公夫人繆姜宣公夫人
而何氏不然者正以齊姜先薨多是姑繆姜後卒理宜為婦
實無寸據以順言之也且九年襄公伐鄭不書其至若非親
母不應恥之至此矣言襄公服繆姜喪未踰年親自伐鄭者
即襄九年五月辛酉夫人姜氏薨秋八月癸未葬我小君繆
姜冬公會晉侯以下伐鄭是也然則襄公母死未期已為兵
首無恩之甚是故為諱若為祖差輕可言是以彼注云不致
者惡公服繆姜喪未踰年親自伐鄭故奪臣子辭是也舊云
傳言惡襄公喪服用師故以祖為親母所以甚責內是以何
氏順傳文也者非也公羊之義口授相傳五世以後方著竹
帛是以傳家數云無聞焉以尒此言之从或未聚止作公羊
氏實不分明何以不得而要知傳序經意依違之者正以文
與桓公九年曹世子射姑同故也案桓公九年冬曹伯使其
世子射姑來朝傳云諸侯來曰朝此世子也其言朝何春秋
有譏父老子代從政者則未知其在齊與在曹與注云在齊
者世子光也時曹伯年老有疾使世子行聘礼恐卑故使自
代朝雖非礼有尊厚父之心傳見下卒葬詳錄故叙經意依
違之也然則彼刺曹世子而傳序經意不正
言之今此文正與彼同故知亦依違言之○孫叔豹如

宋。冬，仲孫蔑會晉荀罃、齊崔杼、宋華元、衛孫林父、曹人、邾婁人、滕人、薛人、小邾婁人于戚，遂城虎牢。虎牢者何？鄭之邑也。以下戍繫鄭。疏虎牢者何。○解云：欲言鄭邑，今不繫鄭；欲言他邑，有城虎牢之文，故執不知問。○注以下戍繫鄭者。○解云：即下十年冬戍鄭虎牢是。其言城之何？據外城邑不書。疏注據外至不書。○解云：正以春秋上下無外城邑之經故也。而何氏兼邑言之者，正以外邑國都亦有書者，是以不得直言據外城國都，其書之者，即城邢、城楚丘、城緣陵、城成周之屬是也。其外城國都雖非常例，要自數數有經，是以何氏據邑言之。取之也。取之則曷爲不言取之？據取牟婁。疏注取牟婁。○解云：即隱四年二月莒人伐杞取牟婁是也。爲中國諱也。曷爲爲中國諱？據莒伐杞取牟婁不爲中國諱。○爲，中于僞反，下及注并下文鄭爲皆同。諱伐喪也。曷爲不繫乎鄭？爲中國諱也大夫無遂事此其言遂何歸惡乎大夫也使若大夫自生事取之者即實遂但當言取之○楚殺其大夫公子申疏注諱伐喪也○解云考諸古本皆无此注且與下傳文煩重若有注者是衍字也○曷爲爲中國諱○解云正据莒人取牟婁不爲中國諱矣而何氏不注之者以上文已据取牟婁是以不能重出曷爲不繫乎鄭者正据下十年冬戍之時繫鄭也爲中國諱也者若繫于鄭還有伐喪之義故云中國諱也○注即實至取之○解云若實大夫自生事即非諸侯使之取是以不勞爲諸侯諱依實書之亦无傷故言即實遂但當言取之

三年春楚公子嬰齊帥師伐吳。○公如晉。○

夏四月壬戌公及晉侯盟于長樗。○樗，勑居反

公至自晉盟地者不于都也以晉致者上盟不于都嫌如晉不得入故以晉致起之不別盟得意者成公比失意如晉公獨得容盟得意亦可知○別彼列反疏注盟地至可知○解云文三年冬公如晉十有二月己巳公及

晉侯盟彼不舉地者以其在國都故也今此舉長樗故言不于都矣云以晉至起之者昭二十八年春王三月公如晉次于乾侯二十九年春公至自乾侯居于運何氏云不致以晉者不見容于晉未至晉然此經上言盟于長樗今若又言至自長樗即嫌以次于乾侯然亦不得入晉都故以晉致起其文也云不別至可知者公與二國以上出會盟得意致會不得意不致公與一國出會盟得意致地不得意不致然則此襄公得與晉侯盟宜直致地不致地者以其可知也言戍公比失意於晉者即成公十六年秋公會晉侯以下于沙隨不見公傳云前此者晉人來乞師而不與公會晉侯將執公季孫行父曰此臣之罪也於是執季孫行父經又云公會尹子晉侯以下伐鄭傳云成公將會晉厲公會不當期將執公季孫行父曰臣曰罪執其君子有罪執其父此聽失之大者也今此臣之罪也舍臣之身而執臣之君吾恐聽失之為宗廟羞也於是執季孫行父是也○六月公會單子晉侯宋公衛侯鄭伯莒子邾婁子齊世子光己未同盟于雞澤盟下日者信在世子光也

疏注盟下至光也○解云言信任在於世子光若如盟日定否世子光制之

然是以下日以近之由如文十四年注云盟下日者剌諸侯微弱信在趙盾之類何氏何以數言信在正以下十六年傳云諸侯皆在是其言大夫盟何信在大夫也舊解云亦光亢諸侯之禮晉侯貴致大國衆人畏之故却日以待之非也

陳侯使袁僑如會其言如會何據曹伯襄言會諸侯鄫子言會盟。僑其驕反

〔疏〕注據曹伯襄言會諸侯者即僖二十八年冬曹伯襄復歸于曹遂會諸侯圍許是也云鄫子言會盟者即僖十九年鄫子會盟于邾婁是也

後會也不直言會盟者時諸侯不親與袁僑盟又下方殊及之

〔疏〕注不直至及之。解云若且諸侯親與之盟宜云公會單子晉侯以下盟于雞澤陳侯使袁僑來會盟正由諸侯不親與之盟故止得言於會矣云又下方殊及之者即下云及諸侯之大夫及陳袁僑盟是也言下方殊文道及陳袁僑盟是以此處未勞道會盟

戊寅叔孫豹及諸侯之大夫及陳袁僑盟曷爲殊及陳袁僑據俱諸侯之大夫也言之大夫者辟諸侯與大夫皆盟

爲其與袁僑盟也陳鄭楚之與國陳侯有慕中國之心有疾使大夫會諸侯欲附

疏不復備責遂與之盟共結和親故殊之起主為與袁僑盟也復出陳者喜得陳國也不重出地有諸侯在臣繫君故因上地○為其于偽反注同不復扶又反下同重直用反【疏】注陳鄭至國也○解云即宣十一年夏楚子陳侯鄭伯盟于辰陵是也知有慕中國之心者正謂使大夫如會是也且僖八年鄭伯乞盟之下注云時鄭伯欲與楚不肯自來盟勑其國遣使挹取其血而請與之約束无汲汲慕中國之心故抑之使若叩頭乞盟者也不錄使者方抑鄭伯使若自來也然則鄭伯无慕中國之心抑言乞盟又不錄其使則今不言乞盟又錄其使則有慕中國之心明矣又知有疾者非直以其不自來又見下四年三月陳侯午卒矣云復出陳者喜得陳國也者欲決成二年及國佐盟于袁婁之經彼不重言齊今重言陳者喜得陳國故也孔子曰書之重辭之復嗚呼不可不察其中必有美者焉是以禧四年傳云曷為再言盟喜服楚也故此注云復出陳者喜得陳也春秋意必如此者正以楚之強盛諸夏微弱陳侯背楚故喜得之所以奪夷狄之勢益諸夏之榮也○注不重出地○解云正決襄二十七年夏叔孫豹會晉趙武楚屈建以下于宋秋七月辛巳豹及諸侯之大夫盟于宋彼所以再出地者正以上无君故也今諸侯在臣繫於君故因上地矣下十六年春公會晉侯以

下于湨梁戊寅大夫盟之下不重出地者亦以爲諸侯在臣繫于君得因上地故彼注云不重出地者與三年雞澤大夫盟同義是也○秋公至自會○冬晉荀罃帥師伐許

四年春王三月己酉陳侯午卒○夏叔孫豹如晉○秋七月戊子夫人弋氏薨○弋氏以職反莒女也左氏作姒氏【疏】四年至夫人弋氏薨○解云左氏經作姒氏字聲勢類此同○定弋者何○解云欲言君母謚不言成欲言是妾卒葬並見故執不知問○葬陳成公○八月辛亥葬我小君定弋定弋者襄公之母也定弋莒女也襄公者成公之妾子○定弋左氏作定姒【疏】注定弋至妾子○解云正以鄫世子巫莒之外孫下五年傳意以爲與襄公爲舅出故知弋氏爲莒女也○冬公如晉○陳人圍頓

五年春公至自晉○夏鄭伯使公子發來聘

○叔孫豹鄫世子巫如晉外相如不書此何以書據晉郤克與莊孫許同時而聘于齊不書。○巫亡扶反疏注據晉至不書。○解云成二年傳云云者是也然則臧孫許不書者自是恥之故也而郤克聘齊不書之者是外相如例不書故也是以據之若然桓五年夏齊侯鄭伯如紀傳云外相如不書此何以書何氏云據蔡侯東國卒于楚不言如也何氏彼據蔡侯此據郤克者欲逐其相類故也何者彼齊侯鄭伯是君目事不干魯故據蔡侯卒于楚不言如矣此鄫世子巫事非親且叔孫豹率之故據晉大夫與臧孫許俱行者所引譬連類得其象也且其齊鄭如紀州公如曹皆得書者彼文悉有成解爲叔孫豹率而與之俱也以不繫鄫世子俱言如也○爲于僞反疏注以不至如也○解云正以不言及鄫世子與叔孫共作一文故知叔孫率之矣叔孫豹則曷爲率而與之俱據非內大夫蓋舅出也巫者鄫前夫人襄公母姊妹之子也俱莒外孫故曰舅出疏蓋舅出也者　解云謂巫是襄公舅氏之所出姊妹之子謂之出也言蓋者公羊子不受于師故疑若下傳蓋

欲立其出也之類或言此蓋宜訓為皆若隱三年傳云蓋通于下○蓋云歸哉之類言襄公與莒皆是一舅姊妹之子也

莒將滅之故相與往殆乎晉也殆疑凝讞于晉齊人語○凝讞魚竭反

莒將滅之則曷為相與往殆乎晉据當以兵救之取

後乎莒也其取後乎莒奈何莒女有為鄫夫

人者蓋欲立其出也時莒女嫁為鄫後夫人夫人無男有女還嫁之于莒有外孫鄫

子愛後夫人而無子欲立其外孫土者善之得為善者雖惡父之惡救國之滅者可也○仲孫蔑衛

孫林父會吳于善稻不殊衛者晉侯欲會吳于戚使魯衛先通好見使畀故不殊蓋

起所恥○善稻左氏作善道好呼報反疏注書者善之○解云六年秋莒人滅鄫然則不能救滅而得善之者

雖不能救有言之功故也○秋大雩先是襄公數用兵圍彭城城虎牢三年再會四年如晉踰年乃反○

又賦斂重恩澤不施所致○數所角反斂力驗反疏注先是至所致○解云圍彭城在元年春即經云仲孫蔑

會晉欒黶以下圍彭城是也其城虎牢者在上二年冬遂城虎牢是也云二年冉會者蓋爲三年六月公會單子晉侯以下同盟于雞澤下云戊寅叔孫豹及諸侯之大夫及陳袁僑盟是也雞澤一出行頻有二事得專貴重而致旱緣是之故得作然解云四年如晉踰年乃反者即上四年冬公如晉五年春公至自晉是也其元年夏仲孫蔑會齊崔杼以下次于合二年秋叔孫豹如宋冬仲孫蔑會晉荀罃以下于戚於此諸事豈不爲貴而莊不言之者正以元年雖圍彭城二年雖城虎牢三年雖再會四年雖如晉年雖一事猶而言之見其致旱之由而已其餘不足舉者文略不悉耳其二年再會並舉之者以其皆會事可以一言而盡故也

〇楚殺其大夫公子壬夫〇公會晉侯宋公陳侯衛侯鄭伯曹伯莒子邾婁子滕子薛伯齊世子光吳人鄫人于戚吳何以稱人據上善稱之會不稱人

〔疏〕楚殺其大夫公子壬夫〇解云春秋之內君殺大夫皆至葬時別有罪無罪今吳楚之君例不書葬不作此文以別之者蓋以略夷狄故之也

吳鄫人云則不

辭孔子曰言不順則事不成方以吴抑鄫國列在称人上不以順辭故進吴称人所以抑鄫者經書莒人滅鄫文與巫許巫當存惡鄫文不見見惡必以吴者夷狄尚知父死子繼故以甚鄫也等不使鄫称國者鄫不如夷狄故不得與夷狄同文○惡鄫烏路反不見賢徧反疏注所以抑至不見○解云經譏言莒人滅鄫者在下六年秋其經称人以賂黜之云又與巫許者即上文世子巫如晉是也許之許即合存之義然則上下二經皆非鄫咎故曰惡鄫文不見也

公至自會○冬戍陳孰戍之諸侯戍之曷爲不言諸侯戍之据下救陳言諸侯疏注据下救陳言諸侯○解云謂歷叙諸侯即下文云公會晉侯以下救陳是也離至不可得而序離至離別前後至也陳坐欲與中國被強楚之害中國宜雖然同心救之乃解怠前後至故不序以刺中國之无信○雜然七合反又如字十年注同解古賣反疏注陳坐至无信○解云其與中國者謂欲得與中國即上三年陳侯使袁僑如會是也其楚強楚之害者正見諸侯戍之故也故言我也言我者以魯至時書與魯微者同文微者同文者若城

楚丘辟魯獨（疏）注與魯微者同○解云以不載之戎及國戍之戍例時（疏）直言其事若若莊公二十八年冬築微之文故云與魯微者同文矣云微者同文者使若城楚丘辟魯獨戍之者城楚丘在僖二年彼時亦直言城楚丘作魯微者之文魯之微者焉能獨城乎明其更有餘國是以書月見其非內城今此戍陳之經亦作魯微者之文魯之微者焉能獨戍乎明其更有餘國矣故同使若城楚丘辟魯獨戍之云戍例時者正以此文直書冬十年冬戍鄭虎牢故知例時也

○楚公子貞帥師伐陳○公會晉侯宋公衛侯鄭伯曹伯莒子邾婁子滕子薛伯齊世子光救陳十有二月公至自救陳○辛未季孫行父卒（疏）十有二月公至自救陳○賈氏云月爲下卒起其義也

六年春王三月壬午杞伯姑容卒始卒便名日書葬者新黜未忍便略也（疏）注始卒至略也○解云案僖二十三年冬十有一月杞子卒而於此言始者彼注云卒者桓公

存王者後功尤美故爲表異卒錄之然則傳聞之世小國之卒未合書見非其常例矣至所聞之世始合書卒是以於此言始矣文十三年夏五月邾婁子蘧篨卒宣九年秋八月滕子卒其名日與葬皆未書今此盡錄故解之也言新黜未忍便略也者即莊二十七年冬杞伯朝注云杞夏後不稱公者春秋黜杞新周而故宋以春秋當新王者以其稟氣先王聖人胄嗣雖其微弱未忍便略之

○夏宋華弱來奔○秋葬杞桓公

○滕子來朝○莒人滅鄫莒稱人者莒公子鄫外孫稱人者從莒无大夫也言滅者以異姓爲後莒人當坐滅也不月者取後于莒非兵滅

疏注莒稱人者○解云從莒无大夫即莊二十七年傳言莒无大夫此何以書是也○注不月者○解云凡兵滅者例書月即莊十年冬十月齊師滅譚十三年夏六月齊人滅遂之屬是也今此非兵滅故書時矣以此言之即知僖二年晉滅下陽僖十年狄滅溫之屬皆蒙上月矣僖十七年夏滅項彼注云不月者桓公不坐滅略小國僖二十六年秋楚人滅夔何氏云不月者略夷狄滅微國也以此言之則知僖十二年夏楚人滅黃文五年秋楚人滅六之屬亦是略之故也其衛侯燬滅邢楚子滅蕭蔡歸生滅沈之屬皆當文

自釋不勞備說注據諱子言奔者即莊十年齊師滅譚譚子奔莒是也○冬叔孫豹如邾婁○季孫宿如晉○十有二月齊侯滅萊曷爲不言萊君出奔據譚子言奔○曷爲于偽反國滅君死之正也明國當有不書殺萊君者舉滅國爲重○重直用反疏注不書至爲重○解云欲決定四年四月庚辰蔡公孫歸姓帥師滅沈以沈子嘉歸殺之文也彼注云不舉滅爲重書以歸殺之者責不死位也是也

七年春郯子來朝○郯音談○夏四月三卜郊不從乃免牲○小邾婁子來朝○城費○費音秘○秋季孫宿如衛○八月螽此是郯小邾婁來朝有賀主之賦加以誠費季孫宿如衛煩擾之應○螽音終一音鍾○冬十月衛侯使孫林父來聘壬戌及孫林父盟○楚公子貞帥師圍陳○十

有二月，公會晉侯、宋公、陳侯、衛侯、曹伯、莒子、邾婁子于鄬。鄬，于委反，字林凡吹反。鄭伯髡原如會，未見諸侯，丙戌，卒于操。操者何？鄭之邑也。諸侯卒其封內不地，此何以地？據陳侯鮑卒不地。○髡原，苦門反，左氏作髡頑。操，七報反，一音七南反，左氏作鄵。

【疏】鄭伯髡頑如會。○解云：正本作頑字，亦有一本作原字，非也。○操者何。○解云：欲言鄭邑，封內不地；欲言外邑，文不繫外，故執不知問。其鄭字者，非正本也。○注據陳至不地。○解云：即桓五年正月甲戌、己丑，陳侯鮑卒，傳曰：曷爲以二日卒之？悈也。甲戌之日亡，己丑之日死而得，君子疑焉，故以二日卒之。是封內卒不地者，故據而難之。

隱之也。何隱爾？弒也。孰弒之？其大夫弒之。曷爲不言其大夫弒之？據鄭公子歸生弒其君夷書。○殺也，音試，下及注皆同。爲中國諱。

【疏】注據鄭至夷書。○解云：在宣四年夏六月。書者，謂書大夫名氏矣。

也曷爲爲中國諱據歸生弑君不爲中國諱○爲中于僞反下及注皆同鄭伯將會諸侯于鄬其大夫諫曰中國不足歸也則不若與楚鄭伯曰不可其大夫曰以中國爲義則伐我喪據虎城牢事疏注據城虎牢者○解云上二年經云遂城虎牢傳云虎牢者何鄭之邑也其言城之何取之也取之則曷爲不取之爲中國諱也曷爲爲中國諱諱伐喪也是也以中國爲彊則不若楚言楚屬圍陳不能救○屬音燭疏注言楚至能救○解云即上文云楚公子貞帥師圍陳終無救文是也於是弑之禍由中國無義故深諱使若自卒○禍由音禍鄭伯髡原何以名據陳侯如會不名疏注據陳至不名○解云即僖二十八年五月公會晉侯以下于踐土陳侯如會是也傷而反未至乎舍而卒也舍昨日所舍止處也以操定邑知傷而反也未見諸侯尚往辟知未至舍也云尒者言若深辟諸侯卒名故於

如會名之明如會時爲大夫所傷以傷辜死也君親無將見辜者辜内當以弒君論之辜外當以傷君論之○處昌慮反見辜賢徧反

疏 注以操定邑知傷而反也者○解云正以操是鄭邑操本去鄭弥遠是以知其見傷而還○注未見諸侯至舍也者○解云凡言未見者有欲見之理知尚往辭君其廻還至舍便絶未見之義經不應得言未見故如此解○注君親無將○解云莊三十二年傳云君親無將將而必誅故此注引之其弒君論之者其身梟首其家執之其傷君論之其身斬首而已罪不累家漢律有其事然則知古者保辜者亦依漢律律文多依古事故知然也

未見諸侯其言如會何致其意也 鄭伯欲與中國意未達而見弒故養遂而致之所以達賢者之心

疏 未見諸侯其言會何○解云上陳侯如會袁僑如會之等皆是至會今鄭伯既言未見諸侯而言如會故据未見而難之

陳侯逃歸 起鄭伯欲與中國卒逢其禍諸侯莫有恩痛自疾之心於是懼然後逃歸故書以刺中國之無義加逃者抑陳侯也孔子曰夷狄之有君不如諸夏之亡不當背也○背音佩

八年春王正月公如晉 月者故離之會鄭伯以弒陳侯逃歸公獨脩禮於大國得

自安之道故善録之○以殺音試 ○夏葬鄭僖公賊未討何以書葬爲中國諱也探順事上使若無賊然不月者本實當去葬責臣子故不足也○爲中于僞反去起呂反（疏）賊未討何以書葬○解云正以隱十一年傳云春秋弑君賊不討不書葬以爲無臣子也是以弟子据而難之○注不月者○解云本實當去葬責臣子故不足也者正以卒日葬月逆於春秋大國之例今鄭爲大國不月故如此解○鄭人侵蔡獲蔡公子燮此侵也其言獲何据宋師敗績獲宋華元戰乃言獲也○燮素協反（疏）獲蔡公子燮者穀梁作公子濕○注据宋至獲也○解曰即宣二年春宋華元帥師及鄭公子歸生帥師戰于大棘宋師敗績獲宋華元是也公羊之義以爲觕者曰侵故如此解侵而言獲者適得之也時適遇值其不備獲得之易不言取之者封内兵不書嫌如子糺取一人故言獲起有兵也又將兵欒難不明候伺雖不戰鬭當坐獲○易以豉反難乃旦反伺音司又息嗣反（疏）注易不言取之者○解云春秋之義取爲易辭故隱十年鄭伯伐取之傳云其言伐取之何易

也者是春秋之義封内之兵例不書之故定八年傳云公歛處父帥師而至經不書之是也莊九年齊人取子糾殺之者是取一人之文凡言獲者用兵之文即獲宋華元獲陳夏齧之輩是也然則此傳言適得之即是易之甚者所以不言取之者其人是時將兵拒鄭但未至鬬戰封内之兵例所不書既不得書有蔡師若言鄭人侵蔡取公子燮則嫌如莊九年齊人取子糾殺之然但取一人而已故言獲起其文是時亦將兵來云又將兵禦難不明伺候雖不戰鬬當坐獲者以謂蔡公子燮當以被獲爲坐罪何者以其於守禦之道不足故也

○季孫宿會晉侯鄭伯齊人宋人衛人邾婁人于邢丘○邢音刑○公至自晉○莒人伐我東鄙○秋九月大雩由城費公比出會如晉莒人伐我動擾不恤民之應

疏注由城至之應○解云城費在七年夏也公比出會者即五年冬公會晉侯以下救陳七年十二月公會晉侯以下于鄬是也如晉者即今年正月公如晉是也莒人伐我者即今年夏莒人伐我東鄙是也或者公比出會者即七年公會晉侯以下于鄬今年季孫宿會晉侯以下于邢丘是也然則季孫宿會而

言公比出會者略舉以言之是以不復別也○冬楚公子貞帥師伐鄭○

晉侯使士匄來聘

九年春宋火曷為或言災或言火大者曰災小者曰火大者謂正寢社稷宗廟朝廷也下此則小矣災者離本辭故可以見火○宋火二傳作宋災離力智反見賢偏反

疏言火者○解云左傳穀梁作宋災曷為或言災者莊二十年夏齊大災襄三十年宋災之類是○大者曰災小者曰火○解云五行書云害物為災不害物為異者謂雪霜水旱蝝螽之屬非謂火害與否與此非妨矣○注災者至見火○解云本實是火而謂之災離其本辭故曰離本辭災者害物之名故可以見其大於火也然則何氏以為春秋之義不記人火人火者皆是天害也但害於大物則言災害於小物則言火且不如左氏人火曰火故如此注所以然者正以春秋之義重於天道略於人事人火之難何足記也

然則內何以不言火据西宮災不言火

疏注据西至言火○解云即僖二十年夏五月乙巳西宮災傳云西宮者何

小寢也彼注云西宮者小寢内室楚女所居也以其非正寢社稷宗廟朝廷故謂之小若然桓十四年秋八月壬申御廩災亦應是小所以不据之者以其御用於宗廟之物於小義不強豈似西宮爲小寢内室乎

内不言火者甚之也春秋以内爲天下法動作當先自克責故小有火如大有災**何以書記災也外災不書此何以書爲王者之後記災也**是時周樂已毀先聖法度浸疏遠下用之應○爲王于僞反浸子鴆反

疏外災不書○解云莊十一年秋宋大水之下傳云外災不書此何以書注云拼鄭移不書是也○爲王者之後記災也○解云春秋之義詳内而略外是以外災列不録而書皆善文又皆有傳釋不勞備載也○注是時至之應○解云宣十六年夏成周宣謝災傳云成周者何東周也宣謝者何宣宮之謝也彼注云宣宮周宣王之廟傳云何言乎成周宣謝災樂器藏焉尒注云宣王中興所作樂器天災中興之樂器示周不復興是也然則宣公十六年時周樂已毀而宋是王者之後先聖法度所存今復災之是法度浸疏遠不用之應也

夏季孫宿如晉○五月甲午宋夫人

姜氏薨○秋八月癸未葬我小君繆姜○冬公會晉侯宋公衛侯曹伯莒子邾婁子滕子薛伯杞伯小邾婁子齊世子光伐鄭十有二月己亥同盟于戲事連上伐不致者惡公服繆姜喪未踰年而親伐鄭故奪臣子辭○戲許宜反〔疏〕注事連至子辭○解云莊六年傳得意致會不得致伐者謂公與二國以上會伐並有之時若公與二國以上出會盟得意致會不得意不致也然則今此若直同盟于戲而已容或不致今事連上伐若其得意宜致會若其不得意宜致伐不不致之理而今不致者惡其毋服未期親自用兵不子之甚故不書致言奪臣子辭者正以凡書致者皆是臣子喜其君父脫危而至今不書致似若不脫然故曰奪臣子辭惡烏路反楚子伐鄭

十年春公會晉侯宋公衛侯曹伯莒子邾婁子滕子薛伯杞伯小邾婁子齊世子光會吳

于柤。柤，莊加反。○夏五月甲午，遂滅偪陽。偪，音福，又彼力反。

【疏】遂滅偪陽。○解云：左氏經作偪字，音夫目反，一音逼近之逼。而南州人云：道仍有偪陽之、頻如逼近之逼矣。

公至自會。滅日者，甚惡諸侯不崇禮義以相安，反遂爲不仁，開道彊夷滅中國，中國之禍連蔓日及，故疾録之。滅止于取邑例不當書，嘗書致者，深諱恥，公與上會不與下滅。○惡，烏路反。道，音導。蔓，音萬。公與，音預。下同。

【疏】注滅日至下滅。○解云：凡滅例月，即莊十年冬十月齊師滅譚，十三年夏六月齊人滅遂之屬是。今乃書日，故如此解也。言反遂爲不仁者，則此經遂滅偪陽是也。云開道強夷者，昭八年夏楚人執陳行人干徵師殺之，冬十月壬午楚師滅陳，執公子招放之于越，殺陳孔瑗。十一年夏四月丁巳，楚子虔誘蔡侯般殺之于申，楚公子棄疾帥師圍蔡，冬十有一月丁酉，楚師滅蔡，執蔡世子有以歸用之。三十年冬十有二月，吳滅徐，徐子章禹奔楚。定十四年，楚公子結帥師滅頓，以頓子牄歸。十五年春，楚子滅胡，以胡子豹歸之屬，皆是強夷迭害諸夏，故言連蔓日及。是以變例書日，疾而録之。云滅比云云者，春秋之義，主書致者，正欲別其得意以不。故莊六年傳曰：得意致會，不得意致伐是也。若取邑例不書致，所以然者取得他邑得意明矣何勞書致以見之乎是以僖二十三年夏公伐邾婁取叢何氏云取邑不致者得意可知例是也然則滅得他國義如取邑故曰滅比取邑亦不當致而致之者深爲内諱使若公不與滅事故也○楚公子貞鄭公孫輒帥師伐宋○晉師伐秦○秋莒人伐我東鄙○公會晉侯宋公衛侯曹伯莒子邾婁子齊世子光滕子薛伯杞伯小邾婁子伐鄭○冬盜殺鄭公子斐公子發公孫輒不言其大夫者降從盜故與盜同文○斐芳尾反左氏作騑

〔疏〕冬盜殺云云○解云凡春秋之事君殺大夫稱國即僖七年鄭殺其大夫申侯之屬是也大夫相殺稱人即文九年晉人殺其大夫先都之屬是也今此士殺其大夫故言盜矣是以文十六年傳云大夫弑君稱名氏賤者窮諸人注云賤者謂士也士正自當稱人大夫相殺稱人賤者窮諸盜注云降大夫使稱人降士使稱盜者所以別死刑有輕重也者是其士殺大夫稱盜之義也○注不言

其至同文。解云士正自當稱人宜言鄭人殺其大夫某甲今不言其大夫者正以士既降從盜故與盜同文也其盜殺者即哀四年春盜弑蔡侯申傳云弑君賤者窮諸人此其稱盜以弑何賤乎賤者也賤乎賤者孰謂謂罪人也彼注云罪人者未加刑也蔡侯近罪人卒逢其禍故以為人君深戒不言其君者方當刑放之與刑人義同然則盜殺蔡侯申不言其君今此士殺大夫降之言盜亦不言其大夫與實盜同故云降從盜故與盜同文也而哀四年注云當刑放之與刑人義同者襄二十九年夏五月閽弑吳子餘祭傳云閽者何門人也注云以刑人為閽非其人故變盜言閽君子不近刑人近刑人則輕死之道也注云不言其君者公家不畜士庶不友放之遠地欲去聽所之故不繫國不繫國故不言其君然則刑人所止不常厥居君故出奔任其所願由此之故不合繫國既不繫國則君臣義盡是以春秋去君父以見之其殺蔡侯者由未加刑而亦不言其君者方當刑放故與刑人同義也○

戍鄭虎牢孰戍之諸侯戍之曷為不言諸侯戍之離至不可得而序故言我也刺諸侯既取虎牢以為蕃蔽不能雍然同心安附之○為蕃方元反

疏 戍鄭虎牢云云○解云五年陳戍之下已有傳而復發者蓋嫌國邑不同故也注既取虎牢者即二年冬遂城虎牢傳云虎牢者何鄭之邑也其言城之何取之也取之則曷爲不言取之爲中國諱也曷爲爲中國諱諱伐喪也是也

諸侯已取之矣曷爲繫之鄭 据莒牟夷以牟婁來奔本杞之邑不繫于杞 疏 注据莒至于杞○解云即昭五年莒牟夷以牟婁及防茲來奔是也○云本杞之邑即隱四年二月莒人伐杞取牟婁是也

諸侯莫之主有故反繫之鄭 諸侯本无利虎牢之心欲共以距楚爾无主有之者故不當坐取邑故反繫之鄭見其意也所以見之者上諱伐喪不言取今刺戍之舒緩嫌於義反故正之云尔○諸侯莫之主有絕句見其賢徧反下同 疏 注所以見之者○解云上諱伐喪不言取者即二年冬遂城虎牢傳云云是也不言取諱之似不合取既不合取戍之舒緩即不合刺而今刺之義似違是以春秋繫之於鄭見无主有明欲拒楚實无貪利即諸侯取之不合罪坐也故云不當坐取邑耳○

楚公子貞帥師救鄭○公至自伐鄭

十有一年春王正月作三軍三軍者何三卿也爲軍置三卿官也卿大夫爵號大同小異方據上卿道中下故摠言三卿○爲軍于僞反年末同

疏作三軍○解云公羊以爲王官之伯宜半天子乃有三軍魯爲州牧但合二軍司徒司空將之而已今更益司馬之軍添滿三軍是以春秋書而譏之故曰作三軍是以隱五年注禮天子六師方伯二師諸侯一師是其一隅也何氏之意以軍與師得爲通稱而臨時名耳是以或言軍或言師不必萬二千五百人爲軍也○三軍者何也○解云欲言先有不應言作欲言先无軍是常役故執不知問○注爲軍至官也○解云魯人前此止置司徒司空以爲將下各有小卿二人輔助其政其司馬事省盖摠監而已故但有一小卿輔之今更置中軍司馬將之亦置二小卿輔助其政故曰爲軍置三卿官也然則問者云三軍者何師荅之云三卿也者謂言作三軍者正是致司馬之職三卿之官爲軍將也○注卿大至小異卿大夫者皆是爵號但大同小異而已若摠而言之皆曰卿大夫若别而異之乃貴者曰卿賤者曰大夫耳如此注者欲道一卿二大夫所以摠名三卿之意也○注方據至三卿○解云言卿與大夫析而言之其實有異而皆謂之卿者方據

上卿言其中下者遂得卿稱故得通言三卿也其二小卿謂之中下者蓋二者相對有尊卑若似大司馬叙官云大司馬卿一人小司馬中大夫軍司馬下大夫然

作三軍何以書

欲問作多書乎作少書乎故復全舉句以問之○復扶又反

疏 注欲問至問之　解云欲道所以不直言何以書而舉作三軍者弟子之意欲問春秋之義書其作三軍者爲是嫌其作軍大多而書乎爲是嫌其大少而書乎故復全舉經文一句軍之頭數問之若直言何以書但問主書无以見其數故言此也

譏何譏爾古者上卿下卿上士下士

說古制司馬官數古者諸侯有司徒司空上卿各一下卿各二司馬事省上下卿各一上士相上卿下士相下卿足以爲治襄公委任強臣國家內亂兵革四起軍職不共不推其原乃益司馬作中卿官踰王制故譏之言軍者本以軍數置之月者重錄之○省所景反相上息亮反下同治直吏反共音恭

疏 注說古制○解云言古者司馬一官但上卿一人下卿一人上士一人下士一人而已所以尔者以其事省不作軍將故也○注古者至爲治○解云何氏之意知古者但有司徒司空典事者正以詩云乃召司徒乃召司空不見司馬故知司馬事省摠監而已然則司

徒卿一人其大夫二人司空卿一人其大夫二人司馬卿一人其大夫一人所謂諸侯之制三卿五大夫矣云襄公委任强臣者謂三家季孫宿之徒是也云國家内亂者謂舉事不由君命卽下十二年遂入鄆之屬是也云乃益司馬作中卿官踰王制故譏之者言乃益司馬謂添益其職内也作中卿官者謂於司馬内更作一卿官尊于小卿故曰作中卿官也言踰王制者謂過于先王舊制云言軍者本以軍數置之未其實置中卿而言作三軍者言本所以置此中卿官者正欲令助司馬爲軍將將三軍故曰本以軍數置之云月者重録之者比事无例不可相决但言重失禮故詳言之○夏

四月四卜郊不從乃不郊成公下文不致此致者襄公但不免牲尔不然懟无所起。懟直類反［疏］注成公至所起。○解云成十年夏四月五卜郊不從乃不郊傳云其言乃不郊何不免牲故言乃不郊也下云五月公會晉侯以下伐鄭注云不致者成公數卜郊不從怨懟故不免牲不但不免牲而已故奪臣子辭以起之者是其成公下文不致之文也今何氏雖明前義故令上下相曉也○鄭公孫舍之帥師侵宋。公會晉侯宋公衛侯曹伯齊世子光莒子邾婁子滕子薛伯杞伯小邾婁子伐鄭。秋七月己未同盟于京城北。○京城北左氏作亳城北疏同盟于京城北。○解云穀梁與此同左氏經作亳城北服氏之經亦作京城北乃與此傳同之也。公至自伐鄭。○楚子鄭伯伐宋。○公會晉侯宋公衛侯曹伯齊世子光莒子邾婁子滕子薛伯杞伯小邾婁子伐鄭會于蕭魚此伐鄭也其言會于蕭魚何据伐鄭常難今有詳錄之文。○難乃旦反疏注据伐至之文。○解云謂以上伐鄭多以伐致作不得意之文故曰常難言今有詳錄之文者謂錄其會蕭魚并下文公至自會之屬是也與前經異故難之蓋鄭與會爾中國以鄭故三年之中五起兵至是乃服其後无干戈之患二十餘年故喜而詳錄其會起得鄭爲重。○與音預疏注中國至爲重。○解云即上元九年冬公會晉侯以下伐

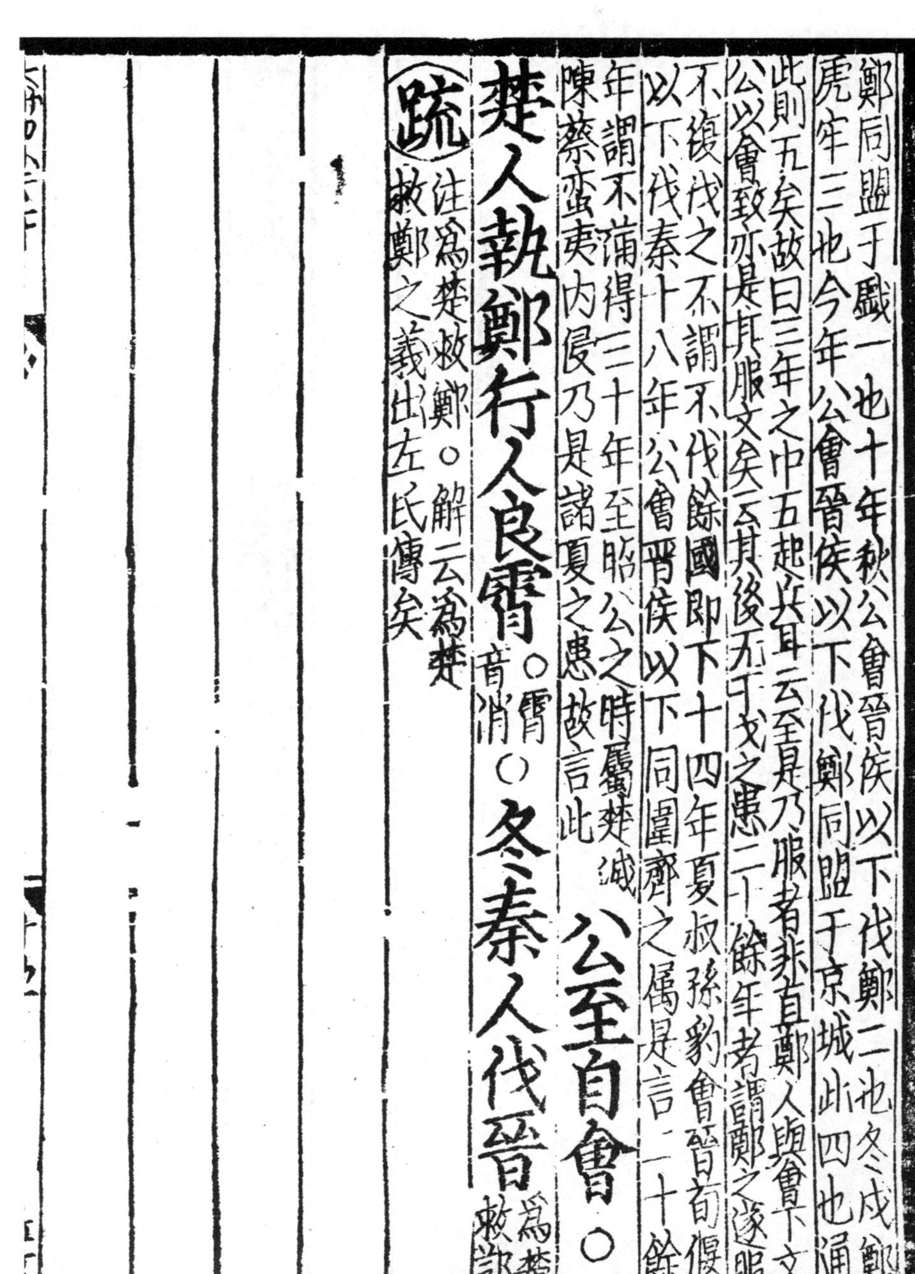

鄭同盟于戲一也十年秋公會晉侯以下伐鄭二也冬戍鄭虎牢三也今年公會晉侯以下伐鄭同盟于京城北四也通此則五矣故曰三年之中五起兵耳云至是乃服者非直鄭人與會下文公以會致亦是其服文矣云其後五年干戈之患二十餘年者謂鄭之遂服不復伐之不謂不伐餘國即下十四年夏叔孫豹會晉荀偃以下伐秦十八年公會晉侯以下同圍齊之屬是言二十餘年謂不滿得三十年至昭公之時屬楚滅陳蔡蛮夷内侵乃是諸夏之患故言此

公至自會○

楚人執鄭行人良霄○霄音消○冬秦人伐晉為楚救鄭

疏注為楚救鄭○解云為楚救鄭之義出左氏傳矣

監本春秋公羊註疏襄公卷第十九

監本春秋公羊註疏襄公卷第二十 起十二年盡二十四年

何休學

十有二年春王三月莒人伐我東鄙圍台邑

不言圍此其言圍何伐而言圍者取邑之辭也伐而不言圍者非取邑之辭也外取邑有嘉惡當書不直言取邑者深恥中國之無信也前九年伐得鄭同盟于戲楚伐鄭不救卒為鄭所背中國以弱蠻荆以強兵革亟作蕭魚之會服鄭最難不務長和親復相貪犯故諱而言圍以起之月者加責之。台他來反又音臺背音佩亟去冀反難乃旦反長丁丈反

疏 邑不言圍。解云隱五年冬宋人伐鄭圍長葛傳云邑不言圍注云據伐於餘丘不言圍也今此不注者從彼可知矣。注外取至責之。解云凡外取曾邑有所嘉有所惡皆當書見昭二十五年冬齊侯取運傳云外取邑不書此何以書為公取之也彼注云為公取運以居公善其憂內故書者是其有嘉而書也宣元年六月齊人取濟

西田傳云外取邑不書此何以書所以賂齊也曷爲賂齊爲弒子赤之賂也注云子赤齊外孫宣公篡弒之恐爲齊所誅爲是賂之故諱使若齊自取之者月者惡内甚於邾婁子益者是其有惡書也故言外取邑有嘉惡當書也然則外取魯邑有所嘉有所惡當書取今亦有所惡所以不直言取邑而言圍者深恥中國之無信故也云前九年伐得鄭知九年伐得鄭者以上言公會晉侯以下即言同盟于戲是其伐得之也言楚伐鄭不救者即下文楚子伐鄭經無救鄭之文是也言卒爲鄭所背者即十年夏楚公子貞鄭公孫輒帥師伐宋是其背諸夏之文云兵革亟作者即前年注云三年之中五起兵是也云蕭魚之會服鄭最難者正以三年之中五起兵然後得之直會下蕭魚蕭魚鄭人與會而已經無同盟之文故知服鄭最難矣云故諱而言圍以起之者不直言取而諱之言圍作無所嘉惡之文者欲以起禍深不可言故也知此莒人伐我東鄙圍合之經爲文者正以此傳作常文釋之云伐而言圍者取邑之辭也伐而不言圍者非取邑之辭也下十五年夏齊侯伐我北鄙圍成十七年秋齊侯伐我北鄙圍洮齊高厚帥師伐我北鄙圍防之屬皆從此文而不釋故知常文明矣若此是義之經至齊高厚之下傳當解之云月者加責之者欲道下十七年秋齊侯伐我北鄙圍洮及高厚圍

防之屬皆不書月故知此特月加而責之故也而十五年圍成之下注云俱祀蕭魚此不月十二年月者疾始可知者正以去此勢近故令從此義十比年者差遠故不復解之○季孫宿帥師救台遂入運入運者討叛也封內兵書者爲遂舉討叛惡遂者得而不取與不討同故言入起其事。疏注入運討叛也。解云昭元年三月取運運者何內之邑也其言取之何不聽也何氏云不聽者叛也不言叛者爲內諱故書取以起之然則運者是內邑而季孫入之故知討叛也。注封內兵書者爲遂舉。解云春秋之義封內之兵例所不書即定八年傳云公斂處父帥師而至經不書之是也今書救台與入運者爲惡季孫之遂是以舉之。注討叛至其事。解云春秋之義大夫出竟有可以安社稷利國家者專之可也然則討叛之事可以容其專之而惡其遂者正以得而不取與不討莫異知得而不取者正以經書入故也是以隱二年夏莒人入向之下傳云入者何得而不居也案下注云季孫宿遂取鄆以自益其邑然則此言得而不取者謂雖得運不取以入國家非謂全不取也言故書入起其專者以起其不取運以入國家之事也大夫無遂事此其言遂何公不得爲政爾時公微弱政教不行故季孫宿遂取鄆而自益其邑【疏】大夫無遂事云云。解云莊公十九年公子結之下已發此傳今此復言之者嫌討叛不惡遂故明之。注季孫宿至其邑。解云遂者專事之辭言季孫自專取鄆故言遂取鄆也知以自益其邑者正以討叛邑而不入國家故知以自益其邑也。夏晉侯使士彭來聘。秋九月吴子乘卒至此卒者與中國會同本在楚後賢季子因始卒其父是後亦欲見其迭爲君卒皆不日吴遠于楚，迭大結反。【疏】夏晉侯使士彭來聘。解云考諸正本皆作士魴字若作士彭者誤矣。注至此至其父。解云案宣十八年秋楚子旅卒而吴至是乃書卒者正以與其中國會同本在楚後是以春秋略之不書卒但因季子之賢乃始卒其父矣僖十九年冬會陳人蔡人楚人鄭人盟于齊二十一年春宋人齊人楚人盟于鹿上秋宋公楚子陳侯以下會于霍成十五年冬叔孫僑如會晉士燮以下會吴于鍾離然則於傳聞之世楚人數與中國會同至所聞之世吴人乃會故云與小國會同本在楚後也知賢季子乃始卒其父者正以吴子乘不慕諸夏會大晚理宜略之今得書卒問其有因是以二十九年夏吴子使札來聘之下傳云吴無君無大夫此何以有君有大夫賢季子也何賢乎季子讓國也賢季子則吴何以有君有大夫以季子爲臣則宜有君者也札者何吴季子之名也春秋賢者不名此何以名許夷狄者不壹而足也季子者所賢也曷爲不足乎季子許人臣者必使臣許人子者必使子也彼注云緣臣子尊榮莫不欲與君父共之故不足乎季子所以隆父子之親也以此言之則知由賢季子卒其父也。注足後至爲君。解云今書其父卒亦欲見其四子迭爲君之義故也襄二十九年傳云其讓国奈何謁也餘祭也夷昧也與季子同母者四季子弱而才兄弟皆愛之同欲立之以爲君謁曰今若是迮而與季子國季子猶不受也請無與子而與弟弟兄迭爲君而致国乎季子皆曰諾故諸爲君者皆輕死爲勇飲食必祝是其迭爲君之事。注卒皆不日吴遠於楚。解云言皆不日者即此文書九月下二十五年冬十二月吴子謁伐楚門于巢卒昭十五年春王正月吴子夷昧卒之屬故云卒皆不日也言吴遠於楚者正以宣十八年秋七月甲戌楚子旅卒下十三年秋九月庚辰楚子審卒之屬皆書日故決之也凡爲人宜道接而生恩楚邇於諸夏數會同親而邇近之故書其日吴側海隅而與諸夏罕接故皆不日以見其遠也 ○冬楚公子貞帥師侵宋

○入公如晉

十有三年春公至自晉○夏取詩詩者何邾婁之邑也曷為不繫乎邾婁諱亟也諱背蕭魚之會亟一取詩二傳作邿亟去冀反注同背音佩【疏】夏取詩者○解云正本皆作邿字有作詩字者誤○詩者何○解云欲言其国曾來未有欲言其邑文不繫国故執不知問○注諱背至曾亟○解云正以上十一年蕭魚之會邾婁在其間故如此解○秋九月庚辰楚子審卒○冬城防

十有四年春王正月季孫宿叔老會晉士匄齊人宋人衛人鄭公孫囆曹人莒人邾婁人滕人薛人杞人小邾婁人會吳于向月者危刺諸侯委任大夫交會彊夷臣日以強三年之後君若贅旒然○囆勑邁反二傳作蠆向舒亮反綴流知銳反又作丁悅反一本作贅

旒

疏注三年之後君若贅旒然者即下十六年春三月公會晉侯以下于溴梁戊寅大夫盟傳云諸侯皆在是其言大夫盟何信在大夫也何言乎信在大夫徧刺天下之大夫也曷為徧刺天下之大夫君若贅旒然彼注云旒旂旒贅繫屬之辭以旂旒喻者為下所執持東西者也

○二月乙未朔日有食之是後衛侯為彊臣所逐出奔溴梁之盟信在大夫

疏注是後衛至大夫。解云彊臣謂孫甯矣云溴梁之盟信在大夫者在下十六年春鄉已引之訖

○夏四月叔孫豹會晉荀偃齊人宋人衛北宮結鄭公孫蠆曹人莒人邾婁人滕人薛人杞人小邾婁人伐秦○己未衛侯衎出奔齊日者為孫氏甯氏所逐後甯氏復納之者同當相親故獨日也不書孫甯逐君者舉君絕為重見逐說在二十七年○復扶又反

疏叔孫豹會晉荀偃者。解云舊本作荀偃若作荀罃者誤。注日者至日也。解云凡諸侯出奔之例大国月重乘離之小国書時即桓十五年五月鄭伯突出奔蔡昭三年冬北燕

伯歛出奔齊之屬是也今此書曰故須解之爲孫氏甯氏所逐者下二十六年傳云衛甯殖與孫林父逐衛侯而立公孫剽是也知後甯氏復納者亦彼傳文甯殖已死其子甯喜納之也云出納之者同當相起故獨日也者欲見其出納之者同故出入皆書見其一家之事其入書日之經即下二十六年二月甲午衛侯衎復歸于衛是也云舉君絕爲重者謂書衎之名見其當絕不合爲諸侯云見逐說在二十七年者謂下二十七年夏衛侯之弟鱄出奔晉之下傳具道見逐之由也

○莒人侵我東鄙○秋楚公子貞帥師伐吳

○冬季孫宿會晉士匄宋華閱衛孫林父鄭公孫蠆莒人邾婁人于戚。閱音悅

十有五年春宋公使向戌來聘。戌音恤二月己亥及向戌盟于劉○劉夏逆王后于齊劉夏者何天子之大夫也劉者何邑也其稱劉何据宰

渠伯糾繫官。劉夏者何。解云欲言王臣文不言爵

劉夏戶雅反 疏 劉夏者何。解云欲言諸侯臣而逆王后故執不知問。

劉者何。解云欲言官名經典未有欲言非官與宰咺文相

值故執不知問。注據宰渠伯糾繫官者即桓四年夏天王

使宰渠伯糾

來聘是也。

以邑氏也

諸侯入爲天子大夫不得氏國稱本爵故以所受采邑氏稱子

所謂采者不得有其土地人民采取其租稅爾禮記王制曰

天子三公之田視公侯卿視伯大夫視子男元士視附庸稱

子者參見義顯爲天子大夫亦可以見諸侯不生名亦可以

見爵亦可以見大夫稱傳曰天子大夫是也不稱劉子而名

者禮逆王后當使三公故貶去大夫明非禮也。采邑七代

反下謂采同租稅子奴反下舒銳反見義賢遍反下同大夫

稱尺證反

去起呂反

疏 注諸侯至稱子。解云知劉夏是諸侯入爲

天子大夫者正以卒葬並書即定四年秋七月

劉卷卒葬劉文公是也若直爲大夫者假令書卒不錄其葬

即文三年夏五月王子虎卒經無葬文是也言不得氏國稱

本爵者謂不得氏本國不得稱本爵也其本國本爵今文

無記不可以指知也言故以所受采邑氏稱子者即劉子尹

子單子之屬是也言其常文然不謂此經得稱子矣。注禮

記至附庸。解云公羊之義天子畿內不封諸侯故如此解

即引王制以證之與左氏穀梁之義異若然案王制下文云天子之縣内方百里之國九七十里之國二十有一五十之國六十有三凡九十三國名山大澤不以朌其餘以祿士以爲閒田鄭氏云大國九者三公之田三爲有致仕者副之爲六也其餘三待封王之子弟次國二十一者卿之田六亦爲有致仕者副之爲十一又三爲三孤之田其餘六亦待封王之子弟小國六十三大夫之田二十七亦爲有致仕者副之爲五十四其餘九亦以待封王之子弟三孤之田不副者以其無職佐公論道耳雖其致仕猶可即而謀焉以此言之天子圻内九十三國言天子圻内不封諸侯者謂采地以爲國比圻外諸侯由自采取其統祖而已不得取即有其人民身没之後子孫不出不得以諸侯嫌之○注稱子至是也○解云參讀爲一二三之三也言凡諸侯入爲天子大夫所以稱子者三種見義何者正欲顯其爲天子大夫其稱子所以得三見義者一則可以見諸侯不生名故曰子一則可以見其本爵何者是圻外諸侯容其稱爵雖不得正稱其本爵亦得稱子以見之一則可以見大夫稱故曰參見義也言傳曰天子大夫是也者即上傳云劉夏者何天子之大夫也是也○注不稱至非禮也○解云桓八年冬十月祭公來遂逆王后于紀傳云祭公者何天子之三公也何氏云婚禮成於伍先納

采問名納吉納徵請期然後親迎時王者遣祭公來使魯爲媒可則因用魯往迎之不復成禮疾王者不重妃匹逆天下之母若逆婢妾將謂海内何哉故譏之其注并引親迎言之則知何氏以爲天子親迎是以異義公羊說云天子至庶人皆親迎所以重婚禮也者是何此注云禮逆王后當使三公者蓋謂有故之時或者何氏此注云禮逆王后當使三公卽知何氏之意以爲不親迎與桓八年注云婚禮成於五云云然後親迎者欲道士婚禮親迎之前仍有此五禮于時王者不行不謂解天子親迎也又言疾王者不重妃匹云云者正謂疾時王不行五禮不謂責親迎而異義公羊說云天子親迎者彼是章句家說非何氏之意也云故貶去大夫明非禮也者謂子是大夫之稱今貶而去之故曰貶去大夫也去其大夫正稱非禮明矣故云貶去大夫明非禮也外逆女不書此何以書過我也。明魯當共迎之禮過古禾反共音恭○夏齊侯伐我北鄙圍成俱犯蕭魚此不月十二年月者疾始可知疏注俱犯至可知。解云卽十二年三月莒人伐我東鄙圍台傳云邑不言圍此其言圍何伐而言圍者取邑之辭也彼注云不直言取邑者深恥中國之無信也前九年伐得鄭同盟于戲楚伐鄭不救卒爲鄭所背中國以弱蠻荊以强兵革亟作蕭魚之會服鄭最難不務長和親復相貪犯故諱而言圍以起之月者加責之然則今齊侯伐我北鄙圍成者亦是取邑之辭但深恥諸夏之無信故言圍以起之然則齊侯不務長和親復相貪犯背蕭魚約而特不月者疾始可知也

公救成至遇其言至遇何據季孫宿救台不言所至

疏注據季至所至。解云即上十二年春季孫宿帥師救台遂入運是也。

不敢進也兵不敵不敢進也不言止次如公次于郎以刺之者量力不責重民也故與至巂同文封內兵書者爲不進張本。巂戶圭反又因兗反爲于僞反

疏注不言至民也云云。解云莊三年公次于郎傳云其言次于郎何刺欲救紀而後不能也彼注云惡公既救人辟難道還故書其止次以起之是也。正以此量力不責之則知莊公三年者力能救之而不敢救故刺之云故與至巂同文者僖二十六年春公追齊師至巂弗及是也然則彼言至巂此言至遇故言與至巂同文彼下注云國內兵不書而舉地者善公齊師去則止不遠勞百姓過復取勝得用兵之節故詳録之即襄公知力不能敵不忍戰殺其民至遇則止亦得用兵之宜故與之同文。注封內云云。解云定八年傳

云公歛處父帥師而至經不書之則知封内之兵例不書也今此公救成亦是封内之兵書之者正爲至遇張本也至遇者是不進之文故言此也。季孫宿叔孫豹帥師城成郛。郛芳夫反

。秋八月丁巳日有食之是後湨梁之盟信在大夫齊蔡莒吳衛之禍徧滿天下

【疏】注是後至大夫。解云在下十六年春。注齊蔡至天下。解云下二十五年夏五月乙亥齊崔杼弒其君光冬〻十二月吳子謁伐楚門于巢卒二十六年春二月辛卯衛甯喜弒其君剽二十九年夏五月閽弒吳子餘祭三十年夏四月蔡世子般弒其君固三十一年冬十一月莒人弒其君密州事不次者意及則言不必見義也

。郳婁人伐我南鄙。冬十有一月癸亥晉侯周卒。周本作雕

十有六年春王正月葬晉悼公。三月公會晉侯宋公衛侯鄭伯曹伯莒子邾婁子薛伯

杞伯小邾婁子于溴梁。溴本又作湨，古闃反。戊寅，大夫盟。諸侯皆在是，其言大夫盟何？据葵丘之盟，諸侯皆在，有大夫不言大夫盟。

疏公會晉侯以下于湨梁者。○解云：爾雅釋地云：梁莫大于湨梁。孫氏曰：梁，水橋也。音義云：湨水出河內軹縣東南，至溫入河是也。○注据葵丘之盟者。○解云：在僖九年，其經云夏，公會宰周公、齊侯、宋子以下于葵丘。九月戊辰，諸侯盟于葵丘。案彼經傳，云不見有大夫之盟文，唯有僖十五年三月，公會齊侯、宋公以下盟于牡丘，遂次于匡，公孫敖率師及諸侯之大夫救徐，然則牡丘之盟即有大夫，可知。此注云葵丘之盟者，誤也，宜為牡丘字矣。信在大夫也者，言其信任在于大夫。

信在大夫也。故書大夫盟，不言諸侯之大夫者，起信在大夫。

疏注不言諸侯之大夫者，起信在大夫。○解云：欲決上三年雞澤之會，經云及諸侯之大夫也。

何言乎信在大夫？据上三年戊寅不起。

疏注据上至不起。○解云：即上三年雞澤之會，經云戊寅，叔孫豹及諸侯之大夫及陳袁僑盟，連言諸侯，是其不起之文，而言上戊寅不起者，欲道今此戊寅起之，二經皆言戊寅，故得相對為上下也徧刺天下之大夫也曷爲徧刺天下之大夫據戊寅不刺之。徧刺者音遍下及下同（疏）注據戊寅不刺之。解云不復言上戊寅者上已言之從可知省文君若贅旒然旒旂旒贅繫屬之辭若今俗名就壻爲贅壻矣以旂旒喻者爲下所執持東西旒者其數名禮記玉藻曰天子旂十有二旒諸侯九卿大夫七士五不言諸侯之大夫者明所刺者非但會上大夫并徧刺天下之大夫不殊內大夫者欲一其文見惡同也至此所以徧刺之者蕭魚之會服鄭最難諸侯勞倦莫肯復出而大夫常行三委于臣而君遂失權大夫故得信在故孔子曰唯器與名不可以假人不重出也者與三年雞澤大夫盟同義。○贅章銳反本又作綴丁衛反又丁劣反繫屬也旒音留本又作流旌旗之旒屬音燭見惡賢徧反難乃旦反復扶又反重直用反（疏）注若今俗名就壻爲贅壻矣。○解云亦是妻所持挈故名之云爾。○注礼記玉藻。○解云案今礼記玉藻即無此文唯礼說稽命徵及含文嘉皆云天子旗九刃十二旒曳地諸侯七刃九旒齊軫卿大夫五刃七旒齊較士三刃五旒齊首而言玉藻誤也云不言至大夫者注已云不言諸侯之大夫者起信在大夫分又言此者謂不言諸侯之大夫有兩種之義非但起信在大夫明徧刺天下之大夫也云不殊內大夫者欲一其文者欲一其文見惡同也者欲道上二年雞澤之會殊叔孫豹不一其文者非唯彼大夫之過豹惡亦可見故也云諸侯勞倦莫肯復出而大夫常行三委于臣而君遂失實權大夫故得信在者謂上十一年蕭魚之會以來十四年春季孫宿叔老會晉士匄以下于向夏叔孫豹會晉荀偃以下伐秦冬季孫宿會晉士匄以下于戚之屬是諸侯不出大夫常行也云故孔子曰唯器與名不可以假人者家語文成二年左傳亦有此言云不重出地者與三年雞澤大夫盟同義者即上注云不重出地有諸侯在臣繫君故因上地是也

晉人執莒子邾婁子以歸錄以歸者甚惡晉有罪無罪皆當歸京師不得自治之○惡烏路反〔疏〕注錄以至治之○解云稱人以執非伯討已是晉之惡也復言以歸不決於天子又是其惡故其錄以歸者甚惡晉矣○**齊侯伐我北鄙○夏公至自會○五月甲子地震**是時湨梁之盟政在臣下其後叛臣二弑君五楚滅舒鳩齊侯襲莒乖離出奔兵事最甚〔疏〕注其後叛臣一者○解云即下二十三年夏晉欒盈復入于晉入于曲沃二十

六年春衛孫林父入于戚以叛是也一云弒君五者即下二十五年夏齊崔杼弒其君光二十六年春衛甯喜弒其君剽二十九年夏閽弒吳子餘祭三十年夏蔡世子般弒其君固三十一年冬莒人弒其君密州之屬是也一云楚滅舒鳩者即下二十五年秋楚屈建帥師滅舒鳩是也一云齊侯襲莒者在下二十二年冬二云乖離出奔者即下十七年宋華臣出奔陳二十年蔡公子履陳侯之弟光出奔楚之屬也叔老會鄭伯晉荀偃者正本作荀偃若有作荀罃者誤矣

○叔老會鄭伯晉荀偃衛甯殖宋人伐許○秋齊侯伐我北鄙圍成○大雩先是伐許齊侯圍成動民之應○冬叔孫豹如晉

十有七年春王二月庚午邾子瞷卒○瞷音閑或下姧反左氏作牼○宋人伐陳○夏衛石買帥師伐曹○秋齊侯伐我北鄙圍洮左氏作桃○洮他刀反○齊高厚帥

師伐我北鄙圍防。○九月大雩比年仍見圍不暇恤民之應○宋華臣出奔陳。○冬邾婁人伐我南鄙

十有八年春白狄來白狄者何夷狄之君也何以不言朝不能朝也○言朝直遙反下同【疏】白狄者何○解云欲言其君經不書朝欲言其臣不見名氏故執不知問○夏晉人執衛行人石買。○秋齊師伐我北鄙。○冬十月公會晉侯宋公衛侯鄭伯曹伯莒子邾婁子滕子薛伯杞伯小邾婁子同圍齊。曹伯負芻卒于師。○楚公子午帥師伐鄭

十有九年春王正月諸侯盟于祝阿下有執不日者善同

伐齊故褒與信辭。柷阿二傳作祝柯（疏）下有至信辭。解云公羊之義不信者日今上文同盟下即執邾婁子是爲不信而不日者褒與信辭故也**晉人執邾婁子公至自伐齊**

此同圍齊也何以致伐据諸侯圍許致圍（疏）注据諸侯圍許致圍者。解云即僖二十八年冬諸侯遂圍許二十九年公至自圍許是也**未圍齊也**故致伐起**未圍齊則其言圍齊何抑齊也曷爲抑齊**据侵蔡伐楚猶不抑（疏）注据侵至不抑。解云即僖四年春王正月公會齊侯以下侵蔡蔡潰遂伐楚是也言猶不抑者正以楚爲彊夷數害諸侯論深淺甚於齊矣猶不抑之故以爲難也**爲其亟伐也或曰爲其驕蹇使其世子處乎諸侯之上也**以下葬略或說是也亟伐者并數爾加圍者明當從滅死一等奪其爵土。爲其于僞反下同亟去異反注同驕蹇紀橋反本又作驕下紀輦反并數必王反下所王反下數年同（疏）或曰爲其至上也。解云即上十一年夏公會晉侯以下伐鄭之時齊世子光在於莒子之上之屬是也。注以下至是也。解云下葬略者即下文冬葬齊靈公注云不月者卹其父嫌子可得無過故奪臣子恩明光代父從政處諸侯之上不孝也者是正以葬是生者之事故略其父葬得惡其子則知或說近其義也云亟伐者并數爾者即上圍成圍洮圍防之屬故言并數爾以如此解者正以宣九年秋取根牟傳云根牟者何邾婁之邑也曷爲不繫乎邾婁諱亟也注云亟疾也屬有小君之喪邾婁子來加禮未期而取其邑故諱不繫邾婁也然則彼言亟者謂上有小君薨邾婁來加禮於魯未期而伐取邑背信大疾故云亟今此直是頻繫伐魯故云亟故須解云亟伐者并數爾以別彼文。注加圍者至爵士。解云據未圍而言伐圍故謂之加也莊十年傳云觕者曰侵精者曰伐戰不言伐圍不言戰入不言圍滅不言入書其重者然則用兵之道滅爲最甚入次之圍次之今加言圍輕於滅入二等明不合死但合黜爵滅土耳

取邾婁田自漷水其言自漷水何據齊人取濟西田不言自濟水。漷火虢反徐音郭取濟子禮反下同【疏】注據齊人至濟水。解云即宣元年夏六月齊人取濟西田是也 **以漷爲竟也何言乎以漷爲竟**據取邑不

魯道竟界漷移也魯本與邾婁以漷為竟漷移入邾婁界魯隨而有之諸侯土地本有度數不得隨水隨水有之當坐取邑故云爾○疏漷移也○解云漷移而經不書者外異故也然則傳每言外異不書者亦据此文也

○季孫宿如晉○葬曹成公○夏衛孫林父帥師伐齊○秋七月辛卯齊侯瑗卒○瑗于眷反一音環二傳作環疏齊侯瑗卒者○解云左氏穀梁作環字也○晉士匄帥師侵齊至穀聞齊侯卒乃還還者何善辭也何善爾大其不伐喪也此受命乎君而伐齊則何大乎其不伐喪据公子買戍衛不卒戍言戍衛遂公意○疏還者何○解云欲言其善而廢君命欲言其惡還是善辭故執不知問○注据公不在公意○解云即僖二十八年春公子買戍衛不卒戍刺之傳云不卒戍者何不卒戍者內辭也不可使往也不可使往則其言戍衛何遂公意也彼注云使臣子不可使恥深故諱使若往不卒竟事者明臣

不得壅塞君命是也然則公子買不可使往而經書戍衛以遂公意以明臣子不得壅塞君命今此士匄不行君命而經大之故以爲難也

大夫以君命出進退在大夫也

禮兵不從中御外臨事制宜當敵爲師唯義所在士匄聞齊侯卒引師而去恩動孝子之心服諸侯之君是後兵寢數年故起時善之言乃者士匄有難重廢君命之心故見之言至穀者未侵齊也言聞者在竟外與侵者張本○難乃旦反見賢徧反○

疏 注禮兵至張本○解云司馬法云閫外之事將軍裁之法以須臨事制宜謂專進退也當其敵之強弱而爲師以禦之唯不爲非義而已故言唯義所在而老子云將軍有廟勝之策者謂未行之時先謀於廟授之斧鉞令有勝功既授之斧鉞之後明即自專之義裁其可否故是其宜也云恩動孝子之心義服諸侯之君者哀痛其喪是其恩故曰恩動孝子之心依禮而行是其義故曰義服諸侯之君也云是後兵寢數年者謂自此以後兵事寢伏數年不起至二十二年秋齊侯伐衛遂伐晉二十四年冬楚子蔡侯陳侯許男伐鄭者始有兵起也案明年仲孫遫帥師伐邾婁亦是兵而言數年者正以魯與邾婁竟界相近數相冒犯非齊晉之事故得然

解也云故起時善之者正以士匄此事實依古礼但時莫能
然特以爲善故云起時善之云言乃者上匄有難重廢君命
之心故見之者正以宣八年傳云乃者何難也今又言乃故
以重難解之而言重者正以乃難於而故彼注云言乃者内
而深言而者外而淺故此云重難也云言至穀者未侵齊也
者上十五年夏公救成至遇傳云其言至遇何不敢進也然
則彼言至者不進之文今至穀即聞其喪明其未行侵故云
言至穀者未侵齊也云言聞者在竟外者正以古礼無人爲
君齊襄三月若其入竟即率而尔之何道聞乎故如此解也
云率侵者張本者若如上說本未入齊但在竟外聞喪而言
侵者爲下張本耳
○八月丙辰仲孫蔑卒○齊殺其大夫
高厚○鄭殺其大夫公子喜○喜二傳作嘉 疏 鄭殺至子喜○
解云左氏穀梁作公子嘉也 ○冬葬齊靈公 不月者抑其父嫌子可得無過故奪臣子恩明
光代父從政處諸侯之上不孝也○ 疏 注不月至不孝也○解云正以卒日葬月然于春秋爲大國之例今葬不日
書月故須解之言抑其父者即上十九年傳云夫圍齊則言
其圍齊何抑齊也曷爲抑齊爲其亟伐也或曰爲其驕蹇使

其世子勤乎諸侯之上也是也言嫌子可得無過者卄以明王之制父子兄弟罪不相兼故也故奪臣子恩者正以葬是生者之事故略其父葬不書其月可以奪臣子恩也言明先伐父從政勤諸侯之上不孝也若正以孝子之道見父毋不義之事不合從父之命勤其人君之上焉得為孝乎故去其父葬月以見之○○城西郛言西郛者據鄙城錄道東西○叔孫豹會晉士匄于柯○柯古河反○城武城

二十年春王正月辛亥仲孫遬會莒人盟于向○遬音速○夏六月庚申公會晉侯齊侯宋公衛侯鄭伯曹伯莒子邾婁子滕子薛伯杞伯小邾婁子盟于澶淵○澶市然反○秋公至自會○仲孫遬帥師伐邾婁○蔡殺其大夫公子燮○蔡公子履出奔楚○陳侯之弟光出奔楚

爲二慶所譖還在二十三年○弟光左氏傳作弟黄（疏）注爲二慶至三年○解云即下二十三年經云陳殺其大夫慶虎及慶寅陳侯之弟光自楚歸于陳注云前爲二慶所譖出奔楚楚人治其罪陳人誅二慶反光故言歸宋大夫山譖華元賊之而今此不賊者殺二慶而光歸譖光可知者即其義也○叔老如齊○冬

十月丙辰朔日有食之自溴梁之盟臣恣日甚故比年日食（疏）注自溴至日食○解云自上十六年溴梁之盟信在大夫以來臣之放恣日日甚矣言比年日食即下二十一年秋九月庚戌朔日有食之冬十月庚辰朔日有食之二十二年春王二月癸酉日有食之是也○季孫宿如宋

二十有一年春王正月公如晉月者溴梁之盟後中國方乖離善公獨能與大國（疏）注月者至大國○解云正以朝聘例時故如此解○邾婁庶其以

漆閭丘來奔邾婁庶其者何邾婁大夫也邾

婁無大夫此何以書据快无氏○漆音七閭力於反快苦夬反（疏）邾婁庶其

者何○解云欲言其君經不書爵欲言其大夫邾婁无大夫故執不知問○注據快无氏○解云即昭二十七年冬邾婁快來奔是其无氏即不合書見之義𨳝若見快不書氏知邾婁无大夫既无大夫何以特書庶其乎故難之然案下二十三年夏邾婁鼻我來奔何故不據鼻我而要以據快者正以鼻我以二字爲稱嫌鼻我爲字若其據之於義不明故如此

注叱重地也惡受叛臣邑故重而書之不言叛者辛地言奔則魯坐受與庶其叛兩明故省文也○惡烏路反

○夏公至自晉○秋晉欒盈出奔楚○九月庚戌朔日有食之○冬十月庚辰朔日有食之○曹伯來朝○公會晉侯齊侯宋公衛侯鄭伯曹伯莒子邾婁子于商任○任音壬○十有一月庚子孔子生時歲在己卯○庚子孔子生傳文上有十月庚辰此亦十月也一本作十一月庚子又本无此句

疏十有一月庚子孔子生○解云左氏經无此言則公羊師從後記之○注

歲時在己卯者○解云何氏自有長曆不得以左氏難之

二十有二年春王正月公至自會月者危公前彊隨鄰有邾婁地又受其叛臣邑而分與魯不於上會月者與日食同月不得復見○與音預見賢徧反

疏注月者危公者○解云正以凡致例時故如此解云前彊隨鄰有邾婁地者即上十九年春取邾婁田自漷水是也云又受其叛臣邑者即上二十一年春邾婁庶其以漆閭丘來奔是也云不於上會云云者言所以不於上商任會時書月以見危者正以与上冬十月庚辰朔日有食之同在十月不得見此義是以於此危

○夏四月○秋七月辛酉叔老卒○冬公會晉侯齊侯宋公衛侯鄭伯曹伯莒子邾婁子滕子薛伯杞伯小邾婁子于沙隨公至自會○楚殺其大夫公子追舒

二十有三年春王二月癸酉朔日有食之○三月己巳杞伯匄卒。匄古害反○夏邾婁鼻我來奔邾婁鼻我者何邾婁大夫也邾婁無大夫此何以書以近書也以奔无他義知以治近升平書也所傳聞世見治始起外諸夏錄大略小大國有大夫小國略稱人所聞之世內諸夏治小如大廩廩近升平故小國有大夫治之漸也見於邾婁者自近始也獨舉一國者時亂實未有大夫治亂不失其實故取足張法而已○鼻我二傳作畀我以治直吏反下見治治之漸同近升平附近之近下近升同傳直專反見治賢徧反下同

疏 邾婁鼻我者何○解云已解於上○以近書也者○解云以其治近於升平故復書之○注以奔至而已○解云莊二十四年冬曹羈出奔之下傳云曹无大夫此何以書賢也何賢乎曹羈三諫不從遂去之故君子以爲得君臣之義也然則曹羈得諫義是以書之上二十一年邾庶其之奔傳云邾婁无大夫此何以書重地也昭五年夏莒牟夷以牟婁及防茲來奔傳云此何以書重地也然則庶其牟夷皆

以重地故書悉非常例今此鼻我無二諫之善無盜土之[illegible]直奔而已更無它義而得書見知以治近升平之故也云見於邾婁者自近始也者正以地接于魯故先治之也云治亂不失其實故取足張法而已者言孔子作春秋欲以撥亂世多彔小國悉有大夫則恐文害其理故曰治亂不失其實也今鼻我更無他義而得書見明其張三世之法故曰取足張法而已

○葬杞孝公

○陳殺其大夫慶虎及慶寅

○陳侯之弟光自楚歸于陳前為二慶所譖出奔楚楚人治其罪陳人誅二慶及光故言歸宋大夫山譖華元貶此不貶者殺二慶而光歸譖光所致○譖側鴆反

疏注前為至言歸○解云在上二十年秋云以言歸者正以歸者出入無惡之文故也云宋大夫山譖華元貶者即成十五年秋宋華元出奔晉宋華元自晉歸于宋宋殺其大夫山何氏云不氏者見殺在華元歸後嫌直自見殺者故貶之明以譖華元故今此殺二慶之後光乃歸歸者出入無惡之文則知譖光明矣

○晉欒盈復入于晉入于曲沃曲沃者何晉之邑也其言入于晉入

于曲沃何据當奔重。復入扶又反注同【疏】曲沃者何。解云欲言晉邑理當奔重欲言非晉邑繫晉言之故孰不知問欒盈將入晉晉人不納由乎曲沃而入也欒盈本欲入晉篡大夫位晉人不納更入於曲沃得其士衆以入晉國曲沃大夫當坐故復言入篡大夫位例時【疏】注欒盈本至例時。解云復入者出無惡之文故知其入欲有所篡也不直言入又無叛文故知不篡君位也其惡之文不繫於篡君故知此欲篡大夫也云曲沃大夫當坐故復言入也正以入者出入惡之文而入于曲沃故知從晉鄉曲沃之時有罪明矣曲沃大夫受納有罪之人故云當坐春秋欲見此義故不奔重復書入于曲沃矣云篡大夫位例時者正以經書夏故知例時昭二十一年夏宋華亥向寧華定自陳入于宋南里以畔定十一年秋宋樂世心自曹入于蕭之屬皆是也○秋齊侯伐衛遂伐晉八月叔孫豹帥師救晉次于雍渝曷爲先言救而後言次据次于聶北救邢。渝羊朱反左氏作揄聶女輒反【疏】注据次至救邢。解云即僖元年春齊師

襄二十三年

宋師曹師次于聶北救邢是也。先通君命也。惡其不遂君命而專止次，故先通君命言救。○惡，烏路反。

○己卯，仲孫遬卒。○冬十月乙亥，臧孫紇出奔邾婁。○紇，恨發反。

○晉人殺欒盈。曷爲不言殺其大夫？據箕得大夫之位。

【疏】注據箕公至之位。○解云：正以夏已入晉，冬乃殺之，傳又云"曷爲不言殺其大夫"，故知箕得大夫之位矣。

非其大夫也。明非君所置，不得爲大夫。無大夫文而殺之稱人者，從討賊辭，大其除亂也。

【疏】注明非至亂也。○解云：公羊之例，大夫自相殺稱人，即文九年"晉人殺其大夫先都"之屬是。今無大夫之文稱人，若欲從"衛人殺州吁"、"齊人殺無知"之屬，是討賊之辭故也。實非箕公命作討賊之辭者，大其除亂也。

○齊侯襲莒。

二十有四年春，叔孫豹如晉。○仲孫羯帥師侵齊。○仲孫偈，本又作羯，亦作𩣡，同，居竭反。

○夏，楚子伐吴。○秋，七

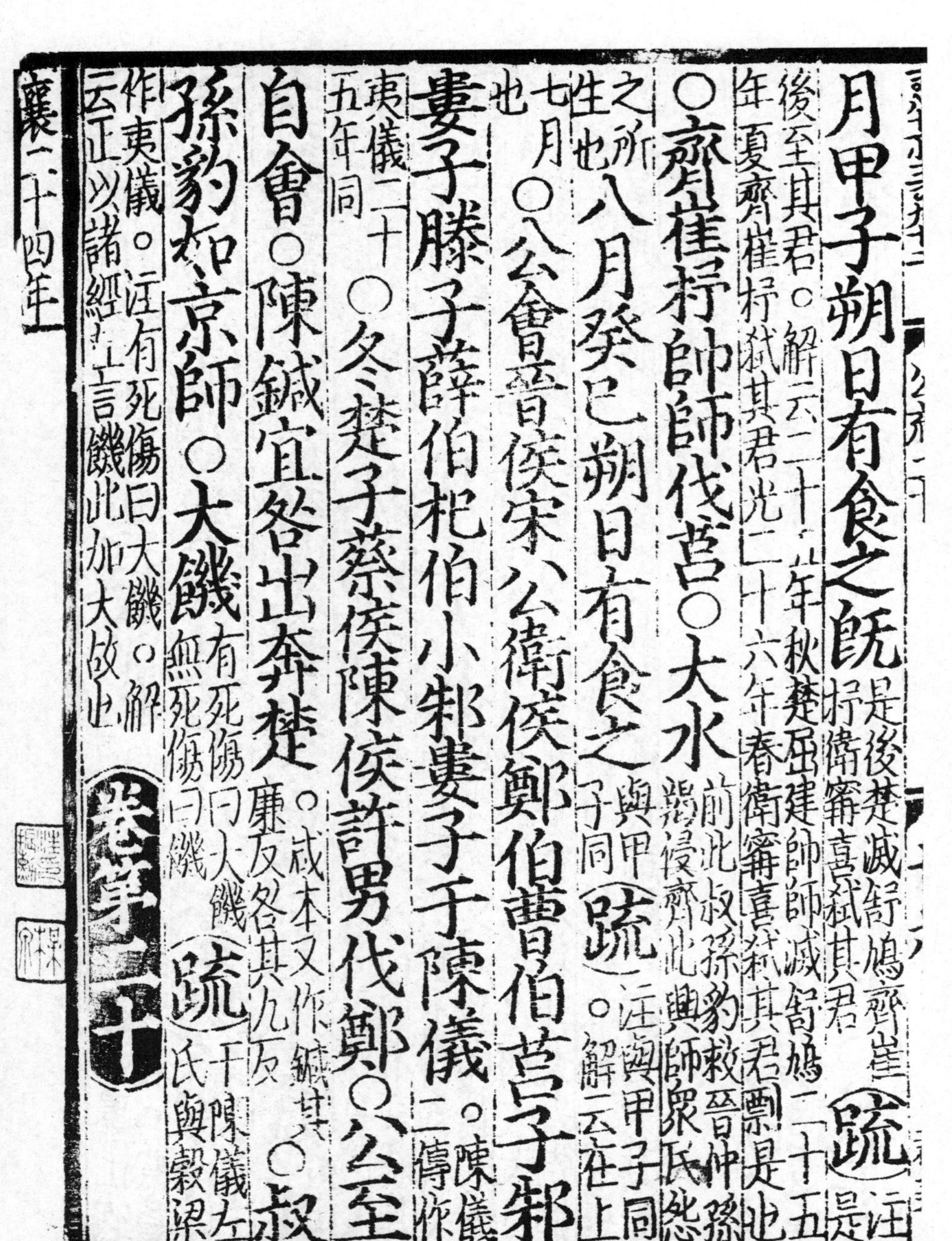

月甲子朔日有食之既是後楚滅舒鳩齊崔杼衛甯喜弒其君疏注是後至其君○解云二十五年秋楚屈建帥師滅舒鳩二十五年夏齊崔杼弒其君光二十六年春衛甯喜弒其君剽是也○齊崔杼帥師伐莒○大水前此叔孫豹救晉仲孫羯侵齊比興師衆民怨之所生也八月癸巳朔日有食之與甲子同疏注與甲子同○解云在上七月也○公會晉侯宋公衛侯鄭伯曹伯莒子邾婁子滕子薛伯杞伯小邾婁子于陳儀○陳儀二傳作夷儀二十五年同○冬楚子蔡侯陳侯許男伐鄭○公至自會○陳鍼宜咎出奔楚○鍼本又作鍼其廉反咎其九反○叔孫豹如京師○大饑有死傷曰大饑無死傷曰饑疏于陳儀左氏與穀梁作夷儀○注有死傷曰大饑○解云正以諸經之言饑此加大故也

監本春秋公羊註疏襄公卷二十一　起二十五年盡三十一年

何休學解

二十有五年春，齊崔杼帥師伐我北鄙。夏五月乙亥，齊崔杼弑其君光。公會晉侯、宋公、衛侯、鄭伯、曹伯、莒子、邾婁子、滕子、薛伯、杞伯、小邾婁子于陳儀。六月壬子，鄭公孫舍之帥師入陳。日者，陳鄭俱楚之與國，今鄭背楚入陳，明中國當憂助鄭以離楚弱陳，故為中國憂録之。○背音佩，爲于僞反。

【疏】注日者至録之。○解云：正以公羊之義，入例書時，傷害多者乃始書月，即成七年秋吳入州來，隱二年夏五月莒人入向之屬是。今此書日，故爲憂録之故也。言陳鄭楚之與國者，止以宣十一年夏楚子、陳侯、鄭伯盟于辰陵之文也。

○秋八月己巳，諸侯同盟于重丘。會盟

再出不舉重者，起諸侯欲誅崔杼，故詳録之。重直龍反【疏】注會盟至録之。解云：正以文十四年夏，公會宋公以下同盟于新城，舉盟以爲重，不言會于某。今會盟並舉，故須解之。僖九年，公會宰周公以下于葵丘之下，注云：會盟一事不舉重者，時宰周公不與盟也。昭十三年平丘之下，注云：不舉重者，欲起諸侯欲討棄疾，故詳録之。與此同、

公至自會。衛侯入于陳儀。陳儀者何？衛之邑也。曷爲不言入于衛？據與鄭突入櫟同。櫟力狄反【疏】陳儀者何。解云：欲言是国，衛侯入于；欲言其邑，不繫于衛，故執不知問。○注據與鄭至櫟同。○解云：桓十五年秋九月，鄭伯突入于櫟。櫟者何？鄭之邑。曷爲不言入于鄭？注云：據齊陽生立陳乞家，言入于齊。今此亦據哀公六年齊陽生之事與之同，故云據與鄭突入櫟同矣。哀六年傳云：景公死而舍立，陳乞使人迎陽生于諸其家，諸大夫不得已，皆逡巡北面再拜稽首而君之尓。然則陽生實入陳乞家，而言入于齊；今衛侯入于陳儀，不言入于衛，是以據而難之。然則陽生入于陳乞之家，在国都之内，故言入于齊；陳儀非国都，故不得言入于衛。

諼君以弑也。以先言入，後言弑也。時衛侯爲剽所篡逐

不能以義自復詐頗居是邑爲剽臣然后候閒伺便使甯喜弑之君子恥其所爲故就爲臣以譏君惡之未得国言入者起詐篡從此始。譏扠元反以弑音試注同后年放此伺便音司下㛐面反惡烏路反（疏）注以先至弑也。解云謂今言入二十六年弑剽是也云時衛侯爲剽所篡遂者初見篡遂在十四年今仍未復故言時也云然后候閒伺便使甯喜弑之者在下二十六年春云故就爲臣以譏君惡之者謂就其君之文以惡之云未得国言入者云云欲言小白陽生之屬得国乃言入 ○楚屈建帥師滅舒鳩。屈居勿反 ○冬鄭公孫囆帥師伐陳（疏）公孫囆云云亦有一本作公孫蠆字者 ○十有二月吳子謁伐楚門于巢卒門于巢卒者何入門乎巢而卒也入門乎巢而卒者何入巢之門而卒也 以先言門后言于巢吳子欲伐楚過巢不假塗卒暴入巢門門者以爲欲犯巢而射殺之君子不怒所不知故與巢得殺之使若吳爲自死文所以彊守禦也書伐者明持兵入門乃得殺之。謁左氏作遏卒于巢（疏）吳子遏者亦有一本作謁字者。
七忽反射食亦反 門于巢卒者何。解云欲言好者
入門于巢卒欲言其殺卒非殺之称故執不知問。入門乎
巢而卒者何。解云雖加入者仍未分明故更以不知問之
。注先言門台言于巢者。解云正以先入其門巢人乃殺
故言門于巢卒傳云入巢之門而卒也者解入于巢而卒
吳子謁何以名 據諸侯伐人不名 傷而反未至乎舍而
卒也 以名卒間无事知以傷辜死還就張本文伐名知傷而反卒繫巢知未還至舍巢不坐殺復見辜者辜內
當以弒君論之辜外當以
傷君論之。復扶又反（疏）吳子謁至卒也。解云上七
年傳云鄭伯髡原何以名傷
而反未至乎舍而卒也已是辜傳也今復發之者正以彼是
臣傷其君今此異国因其異故復發之。注以名至本文。
解云正以伐楚而書名門于巢而言卒其間更无事知以傷
之故傷辜而死是以還就于伐而書其名爲卒張本文云伐
名知傷而反卒繫巢知未還至舍者正以名者卒爵之稱今
于伐已名知其見傷而反也其卒之時乃繫巢言之故知於
彼傷還未至于舍止之處而卒也云巢不坐殺復見辜者上
注云與巢得殺是巢不坐殺也言復見辜者對上七年言之

故言復也云卓享內當云云者上注云與巢得殺之今見卓享者正以過國假途賓客之謙謹重門設守主人之宜備今吳人无禮凌暴巢國若不與殺開衰世諸侯得使縱横巢无禦備而殺人之君若今舍之又脫漏其罪是以何氏進退月之若以殺論巢君合絕若以傷論貶黜而已云云之說在上七年

二十有六年春王二月辛卯衛甯喜弒其君剽

甯喜爲衛侯衎弒剽不舍衎弒剽者諼成于喜〇剽匹妙反喜爲于僞反下文爲惡爲同

疏注甯喜至剽者　解云下二十七年傳文云不舍衎弒剽者諼成于喜者言喜若爲衎弒剽春秋舍重宜書衎弒今書喜者正由諼成于喜故也是以下二十七年傳曰甯殖死喜立爲大夫使人謂獻公曰黜公者非甯氏也孫氏爲之吾欲納公何如是諼詐于成喜之文也〇

衛孫林父入于戚以叛

衎盜國林父未君事衎言叛者林父本逐衎衎入故叛衎得誅之尤定公得誅季氏故正之云爾

疏注林父至言叛者〇解云正以凡言叛者臣盜土之辭故如此解云林父本逐衎者在十四年也〇注尤定公至云爾〇解云昔林父逐衎衎得誅之季氏不逐定

公而定公公得誅季氏者正以昭公是父公子一体榮辱同之季氏逐昭公故與定公得誅之也知如此者正以定公元年霣霜殺菽何氏云周十月夏八月微霜用事未可殺菽者少類爲稼強季氏象也是時定公喜於得位而不念父黜逐之恥反爲淫祀立煬宮故天示以當早誅季氏是也○甲午衛侯衎復歸于衛

此諼君以弒也其言復歸何據齊陽生至陳乞家時書入于齊不書復歸復歸者入无惡之

疏注據齊至歸者。○解云即哀六年秋齊陽生入于齊傳云景公死而舍立陳乞使人迎陽生于諸其家諸大夫不得已皆再拜稽首而君之亦是也云復歸者入无惡文者即桓十五年傳云復歸者出惡歸无惡是也

惡剽也主惡剽衛侯入无惡則剽惡明矣。○惡剽烏路反注及下惡剽以惡并上注故惡一反惡惡輕以惡皆同

曷爲惡剽據齊陽生不書歸惡舍剽之立於是未有說也凡篡立皆緣親親也剽以公孫立於是位尤非其次故衛人未有說喜由此得成諼禍故惡以爲戒也篡重不書反惡此者因重不得書故得惡輕亦欲以見重。○有說音悅注同以見賢徧反下出見同

疏注凡篡至

親親也者。解云正以有繼及之道故也。云剽以公孫立於是位尤非其次故衛人未有說者。解云君以昭穆言之遠於公子故曰尤非其次也昭穆既遠復无賢德是以衛未有說之也**然則曷爲不言剽之立**據衛人立晉〔疏〕注據衛人立晉者在隱四年**不言剽之立者以惡衛侯也**欲起衛侯失衆出奔故不書剽立剽立无惡則衛侯惡明矣日者起甯氏復納之故出入同文也甯喜弑君而衛侯歸則甯氏納之明矣以歸出奔俱日知出納之者同衛侯歸而孫氏叛孫氏本與甯氏共逐之亦可知也名者起盜国盜国明則復歸爲惡剽出見矣。復納扶又反〔疏〕注日者至納之 解云正以春秋之例歸與復歸例皆時即僖二十八年夏六月衛侯鄭自楚復歸于衛何氏云復歸例皆時此月者爲下卒出也是也今此書日故須解之。云故出入同文也者。解云即十四年夏四月己未衛侯衎出奔齊今此復日故曰同文也。云盜国明至見矣者。解云正以復歸者出有惡入无惡故得爲惡剽之文何若衎既盜国寧得无惡而入言復歸知更有所見

○**夏晉侯使荀吳來聘** ○**八月公會晉人鄭良**

霄宋人曹人于澶淵○秋宋公殺其世子痤痤有罪故平公書葬。痤在禾反（疏）注痤有罪至書葬。解云春秋之例君殺无罪大夫及枉殺世子者皆不書葬以明其合絕是以申生无罪不書獻公之葬至昭十一年經云叔弓如宋葬宋平公者正以痤有罪故也若隱元年鄭伯克段于鄢以其有罪故去弟痤今若有罪仍言世子者正以段有當国之罪重故如其意殺去其弟使如国君氏上鄭所以見段之惡逆矣今痤之罪微不足去世子但是合罪之科故得存其葬矣○晉人執衛甯喜此執有罪何以不得為伯討據甯喜弒君者稱人而執非伯討（疏）注稱人而執非伯討者。解云僖四年傳文也不以其罪執之也明不得以為功當坐執人○八月壬午許男甯卒于楚○甯乃定反○冬楚子蔡侯陳侯伐鄭○葬許靈公

二十有七年春齊侯使慶封來聘○夏叔孫

豹會晉趙武楚屈建蔡公孫歸生衛石惡陳孔瑗鄭良霄許人曹人于宋。孔瑗二傳作孔奐○衛殺其大夫甯喜衛侯之弟鱄出奔晉衛殺其大夫甯喜則衛侯之弟鱄曷爲出奔晉據與射姑同。鱄市轉反又音專一音直轉反射音亦又音夜【疏】注据與射姑同。解云即文六年晉殺其大夫陽處父狐射姑出奔狄傳云晉殺其大夫陽處父則狐射姑曷爲出奔彼注去据蔡殺其大夫公子燮蔡公子履出奔楚此非同姓恐見及然則今此亦据公子履出奔之事與射姑同故言据與射姑同矣其公子履之事在上二十年秋執鈇鑕若若似司弓矢云甲革椹鑕之類爲殺甯喜出奔也曷爲爲殺甯喜出奔据非同姓。爲殺于僞反下爲殺爲我爲衛注深爲皆同衛甯殖與孫林父逐衛侯而立公孫剽甯殖病將死謂喜曰黜公者

非吾意也孫氏爲之黜尤出逐○黜公勑律反下文注同我即死女

能固納公乎固尤必也喜者殖子殖本與孫氏共立剽而孫氏獨得其權故有此言○女音汝

喜曰諾甯殖死喜立爲大夫使人謂獻公曰

黜公者非甯氏也孫氏爲之吾欲納公何如

獻公曰子苟納我吾請與子盟盟者欲堅固喜意喜曰

無所用盟時喜見獻公多詐欲使公子鱄保之故辭不肯盟曰臣納君義也无用爲盟矣請

使公子鱄約之喜素信鱄以爲鱄能保献公獻公謂公子鱄

曰甯氏將納我吾欲與之盟其言曰無所用

盟請使公子鱄約之子固爲我與之約矣公

子鱄辭曰夫負羈縶縶馬絆也○羈縶本又作馽下陟立反馬絆也絆音半執

襄二十七年

鈇鑕從君東西南北則是臣僕庶孽之事也羨從者庶孽衆賤子猶樹之有孽生○鈇音甫又方丁反鑕之實反從君才用反又如字注同孽魚列反又五割反注及下同若夫約言爲信則非臣僕庶孽之所敢與也鱄見獻公多詐不敢保○與音預獻公怒曰黜我者非甯氏與孫氏凡在爾欲以此語迫從公令必約之○令力呈反公子鱄不得已而與之約已約歸至殺甯喜獻公歸至國背約殺甯喜○背約音佩下同公子鱄挈其妻子而去之鱄恚不能保獻公○挈苦結反恚一睡反將濟于河攜其妻子攜猶提也而與之盟恐乘舟有風波之害已意不得展故緣濟河與之盟曰苟有履衛地食衛粟者昧雉彼視昧割也時盟殺雉以爲盟猶曰視彼割雉負此盟則如彼矣傳極道此者見獻公無信刺鱄兄爲蘧臣

所忿既不能殺又復怨事剽背爲姦約獻公雖復因喜得反誅之小負未爲大惡而深以自絕所謂守小信而忘大義脆小介而失大忠不爲君漏言者即漏言當坐殺大夫不得以正葬正葬明喜有罪○昧舊音刎亡粉反一音末又音蔑割也見獻賢編反下見此同復扶又反介音界

疏 注詐之至大忠○解云獻公之入甯喜之由背賢弟之約殺所恃之人應爲大惡而言小負者正以甯氏殺逐兩君惡亦並同罪雖納舊君未足掩其前罪公獻公違約殺之故謂之小負何氏必知小負者正以下二十九年秋葬衛獻公若殺無罪大夫例不書葬而獻公書葬甯喜有罪明矣喜既有罪則殺之者罪輕其罪既輕謂之小負不亦宜乎○注不爲至有罪解云君漏言若即文六年傳云射殺則其稱國以殺向君漏言也是也然則君漏言者即坐殺大夫故當去其葬而文六年晉襄公由漏言以殺處父而經書公子遂如晉葬襄公者正以彼經殺在葬後是以不得去其君葬矣○

秋七月辛巳豹及諸侯之大夫盟于宋曷爲再言豹據盟于首戴不再出公

疏 注據盟至出公○解云即僖五年夏公及齊侯宋公以下會王世子于首戴秋八月諸侯盟于首戴是也

殆諸侯

也殆危也危諸侯故再出豹懼録之曷爲殆諸侯据首戴不殆爲衛石惡在是也曰惡人之徒在是矣衛侯衎不信而使惡臣石惡來故深爲諸侯所懼其將負約爲禍原先見此者衎負鱄殺喜得書辟嫌於義絶可欲起其小負會盟再出不辛重者方再出豹也石惡惡者下出奔是也疏注會盟至豹也。解云正以文十四年夏公會宋公以下同盟于新城辛盟以爲重不言會于其今此會盟亟辛故須解之○冬十有二月乙亥朔日有食之是后閽殺吳子餘祭蔡世子般弑其君莒人弑其君之應。閽殺音昏下音弑二十九年同祭側界反疏注是后至之應。解云即下二十九年夏五月閽弑吳子餘祭三十年夏四月蔡世子般弑其君固三十一年冬十月莒人弑其君密州是也

二十有八年春無冰豹猲爲政之所致疏注豹羯至所致解云成元年无氷之下注云尚書曰舒而煥君易京房傳曰當寒而温倒置也是時成公幼少季孫行父專權而委任之所致即其義也

而偏指豹羯者，正以數年以來事見豹羯之事，不見季孫，見經明是時豹羯用事故也。即上二十三年叔孫豹帥師救晉次于雍渝，二十四年叔孫豹如晉，仲孫羯帥師侵齊，二十七年夏叔孫豹會晉趙武以下于宋，案下文秋仲孫羯如晉，二十九年夏仲孫羯會晉荀盈以下城杞之屬是也。○夏，衛石惡出奔晉。○邾婁子來朝。○秋，八月，大雩。公方久如楚，先是豫賦于民之所致。疏注公方久如楚。○解云：即下十一月公如楚，二十九年夏五月公至自楚是也。○仲孫羯如晉。○冬，齊慶封來奔。○十有一月，公如楚。如楚皆月者，危公朝夷狄也。疏注如楚皆月者。○解云：即此及昭七年三月公如楚皆月之屬是也。○十有二月，甲寅，天王崩。靈王。○乙未，楚子昭卒。乙未與甲寅相去四十二日，蓋閏月也。葬以閏數，卒不書閏者，正取朞月，明朞三年之喪，始死得以閏數，非死月不得數閏。○閏數，所主反，下同。期月，居其反，又作朞。疏注葬以閏至數閏。○解云：哀五年閏月葬齊景公，傳云閏不書，何以書，注云據楚子昭卒不書閏；傳云喪以閏數也，注云謂喪服大功以下諸喪當以閏月爲數傳又云喪曷爲以閏數注云据卒不書閏傳云喪數略也注云略猶殺也以月數恩殺故并閏數然則大功以下以月爲數故得數之故此注云葬以閏數云卒不書閏者正取朞月者以其取朞月故不得書閏矣何者以閏非正月故也以此言之明朞三年之喪始死在閏月得數之何者正以閏月者前月之餘故得繼前月言之若閏不在始死之月則不得數之何者朞三年皆以年計若通閏數之則不滿朞三年故也

二十有九年春王正月公在楚何言乎公在楚

据成十一年正月公在晉不書

疏注据成至不書。解云即成十年秋七月公如晉十一年春王三月公至自晉則知正月之時公在晉明矣

正月以存君也

正月歲終而復始臣子喜其君父與歲終而復始欲執贄存之故言在在晉不書在楚書者惡襄公父在夷狄爲臣子危録之。一而復扶又反下皆同惡襄烏路反下惡以同爲臣于僞反下故爲爲季子傳凡爲同

疏注臣子至言在。解云公在国時恒以歲首存之今君在楚不得行此事故書其所在云在晉不書云云者即成十一年是也若然案昭三十一年三十二年皆云春王正月公在

乾侯何言在晉不書者昭三十年注云閔公遭貴无尺土之居遠在乾侯故以存君書明臣子當憂納之然則閔公失国遠在晉地是以書之仍非常例也○夏五月公至自楚○庚午衛侯衎卒○閽弒吳子餘祭閽者何門人也守門人號疏閽者何○解云欲言其臣閽非臣称欲言非臣而得弑吳子故執不知問刑人也以刑爲閽古者肉刑墨劓臏宮與大辟而五孔子曰三皇設言民不違五帝畫象世順譏三王肉刑揆漸加應世黠巧姦僞多○劓魚器反臏毗忍反辟婢亦反畫象音獲應世應對之應黠閑八反疏注以刑至而亡○解云何氏所以必言古者肉刑者正以漢文帝感女子之訴愍倉公之罪除肉刑之制故指肉刑爲古者矣知五刑爲此等者正以元命包云墨劓臏辟之属各千臏辟之屬五百宮辟之屬三百大辟之屬二百列爲五刑罪次三千是也案周禮司刑職云墨罪五百劓罪五百刖罪五百宮罪五百大辟五百凡二千五百與此違者鄭駁異義云臯陶改臏爲剕呂刑有剕周改剕爲刖然則司刑職周刑也孔子爲春秋採摘古制是以元命包之文與司刑名異條目不同云孔子曰三皇設言民不違五帝畫象世順譏三王肉

刑揆漸加應世黠巧姦僞多者孝經説文言三皇之時天下醇粹其若設言民無違者是以不勞制刑故曰三皇設言民無違也至五帝之時黎庶已薄故設象刑以示其恥當世之人順而從之疾之而機矣故曰五帝畫象世順機也畫猶設也其象刑者即唐傳云唐虞之象刑上刑赭衣不純注云純緣也時人尚德義犯刑者但易之衣服自爲大恥中刑雜屨屨履也下刑墨幪幪巾也使不得冠飾周礼罷民亦然上刑易三中刑易二下刑易一輕重之差以居州里而民恥之是也三王之時淳薄已甚故作肉刑以威恐之言三王必爲重刑者正揆度其世以漸欲加而重之故曰揆漸加也當時之人應其時世而爲黠巧作姦僞者彌多于本用此之故須爲重刑也云云之説備在孝經疏

刑人則曷爲謂之閽据非刑人名

刑人非其人也以刑人爲閽非其人故變盜言閽

疏注以刑至言閽○解云曲礼上篇云刑人不在君側鄭注云爲怨恨爲害祭統云古者不使刑人守門然則刑人不合爲閽故曰以刑人爲閽非其人也刑人弑君正合書盜故哀四年盜弑蔡侯申之下傳云弑君賤者窮諸人此其稱盜以弑何賤乎賤者也賤乎賤者孰謂謂罪人也是其刑人弑君正合稱盜之文是以此注云故變盜言閽

君

子不近刑人近刑人則輕死之道也刑人不自賴而用作閽由之出入卒爲所殺故以爲戒不言其君者公家不畜士庶不友放之遠地欲去聽所之故不繫國不繫國故不言其君。不近附近之近下同〔疏〕注刑人至其君○解云猶言不自重以君出人名輕賤之物云非可賴也又云公家不畜士庶不友放之遠地欲去聽所之者出礼記王制文注故不至其君者言故不繫國者謂不言吳閽也既不繫國則絕君臣之義故不言弒其君矣。仲孫羯會晉荀盈齊高止宋華定衛世叔齊鄭公孫段曹人莒人邾婁人滕人薛人小邾婁人城杞書者杞時微書能成王者後〔疏〕衛世叔齊○解云左氏經作世叔儀○晉侯使士鞅來聘○鞅於丈反○杞子來盟貶稱子者微弱不能自城危社稷宗廟當坐善諸侯城之復貶者諸侯自閔而城之非杞能以善道致諸侯〔疏〕注貶稱至當坐○解云杞是王者之後宜爲公但春秋之義假魯爲王新周故宋黜杞爲伯是以莊二十七年冬杞伯來朝注云杞夏後不稱公者春秋黜杞新周而故宋以春秋當新王然則杞之常爵正合稱伯而稱子者微弱不能自城危社稷宗廟當坐故也云云之說在僖二十三年○吳子使札來聘吳無君無大夫此何以有君有大夫据向之會稱国○札側八反

疏注据向之會稱国○解云即上十四年季孫宿叔老會晉士匄以下會吳子向是也賢季子也何賢乎季子据聘不足賢而使賢有君有大夫荆人來聘是也

疏注荆人來聘是也解曰即莊二十三年夏荆人來聘是也然則彼亦來聘而但稱人則知來聘之功不足褒美今得加文故怪之讓國也其讓國奈何謁也餘祭也夷昧也與季子同母者四與并也并季子四人季子弱而才兄弟皆愛之同欲立之以爲君謁曰今若是迮而與季子國迮起也倉卒意○迮子各反起也卒七忽反季子猶不受也請無

與子而與弟弟兄迭爲君迭猶更也。○迭大結反更也更也音庚而

致國乎季子皆曰諾故諸爲君者皆輕死爲

勇飲食必祝祝因祭祝也論語曰雖疏食菜羹瓜祭是也。○祝之又反又之六反注同疏食音嗣

【疏】故諸至爲勇○解云言其或輕其死或爲勇事即餘祭不遠刑人謁爲巢門所殺是也○注論語至是也○釋曰論語鄉黨文言雖疏食菜羹及瓜質薄之物亦必祭其所先君子有事不忘本也引之者證飲食有祭之義吳子因此祭而得自祝也

曰天苟有吳國猶曰天誠欲有吳國當與賢弟

【疏】注猶曰至賢弟○釋曰言天誠有吳而不滅之我當將国以與賢弟也

尚速有悔於予身尚猶努力速疾也悔咎予我也欲急致国于季子意

【疏】尚速至予身○解云案成十七年左氏傳云晉士燮祈死下何氏作膏肓難之曰休以爲人生有三命有壽命以保度有隨命以督行有遭命以摘暴未聞死可祈也昔周公隆天不出妖地不出孽陰陽和調災害不生武王有疾周公植璧秉珪願以身代武王疾愈周公不夭由此言之死不可請偶自天故欲盡矣

非果死今左氏以爲果死因書其事以爲信然於義左氏爲短然則今此謁等亦自祈死而得難左氏者公羊此事直見謁等愛其友弟致國無由精誠之至而願早卒遂忘死不可祈之義矣猶如周公代死子路請禱之類豈言謁等祈得死乎而謁及餘祭之死或入巢之門或閽人所殺抑亦事非天眷也豈如左氏以果死爲信然故得難之然則季子仁者知兄如此何不早去而今三君遇咎自悔者蓋謁等但爲密謀季子不知是以未去耳**故謁也死餘祭也立**故洪爲君【疏】故謁也死○解云在上二十五年餘祭也立在上二十六年餘祭也死在今年夏夷昧也立在明年夷昧也死在昭十五年春季子使而反至而君之爾者在昭十五年凡爲季子之故也者三君皆年故言凡者非一之辭**餘祭也死夷昧也立夷昧也死則國宜之季子者也季子使而亡焉僚者長庶也即之**緣兄弟相繼而即位所以不書僚篡者緣季子之心惡以己之是揚兄之非故爲之諱所以起至而君之○季子使所吏反下同僚者力雕反長庶丁丈反下注同**季子使而反至而君**

之爾不爲篡國者僚已得國無讓也闔廬曰先君之所以不與子國而與弟者凡爲季子故也將從先君之命與則國宜之季子者也如不從先君之命與則我宜立者也僚惡得爲君乎於是使專諸刺僚闔廬謁之長子光專諸膳宰僚者炙魚因進魚而剌之○闔戶臘反廬力居反命與音餘下命與同僚焉於虔反本又作惡音烏刺僚七賜反又七亦反注同者市志反

【疏】注闔廬至子光○解云正以上云則我宜立故也云專諸膳宰僚者炙魚因進魚而刺之者吳語文自闔廬以下至去之延陵皆在昭二十七年

而致國乎季子季子不受曰爾弒吾君吾受爾國是吾與爾爲篡也爾殺吾兄吾又殺爾是父子兄弟相殺終身無已也兄弟相殺者謂闔廬爲季子殺僚○爾殺吾君[illegible]

反注弑僚同篡初患反去之延陵延陵吴下邑禮公子無去國之義故不越竟終身

不入吴國不入吴朝既不忍討闔廬義不可留事疏注不入吴朝○解云正以延陵者竟内之邑而言不入吴國故以朝廷解之故君子以其不受為義以其

不殺為仁故大其能去以其不以貧賤苟止故推二事與之疏注故大其能云○解云言出其能夫之故君子與之

賢季子則吴何以有君有大夫據其本不賢其君以季子為臣則宜有君者也方以季子賢許使有臣有大夫故宜有君

札者何吴季子之名也春秋賢者不名

比何以名許夷狄者不壹而足也故降字而名疏札者何○解云欲言其名違賢者例欲言其字仍不足其氏故執不知問○許夷狄者不壹而足也者○解云壹而足者即莊二十五年春陳侯使汝叔來聘是也季子者所賢也曷為不足乎

季子許人臣者必使臣許人子者必使子也緣臣子尊榮莫不欲與君父共之字季子則遠其君夷狄常例離君父辭故不足以隆父子之親厚君臣之義季子讓在殺僚後豫於此賢之者移諱于闔廬不可以見讓故復因聘起其事○遠于萬反見賢徧反【疏】注季子至見讓解云殺僚在昭二十七年夏言移諱于闔廬者後郤季子讓國之文諱去闔廬之殺是以不得見其讓矣故彼注云不書闔廬弒其君者爲季子諱明季子不忍父子兄弟自相殺讓國闔廬欲其高之故爲沒其罪也是也○秋九月葬衛獻公○齊高止出奔北燕○燕音烟○冬仲孫羯如晉

三十年春王正月楚子使薳頗來聘月者公數如晉希見荅今見聘故喜錄之○薳于委反頗普皮反又音彼一音普何反一本作皺者音同二傳作薳罷數所角反【疏】注月者至錄之○解云文嘗言如晉見其有作如楚字者誤也言數如晉者即上三年春公如晉四年冬公如晉八年春公如

晉十二年冬公如晉二十一年春公如晉之屬是也在位之間五朝于晉故言數也言希見答者上十二年夏晉侯使士彭來聘二十九年夏晉侯使士鞅來聘是也魯侯五朝而晉人再答故謂之希二十八年公。如楚楚亦一報故喜錄之也案上元年晉侯使荀罃來聘而解之言。希者以其公如晉之前非答公之事故也。夏四月蔡世子般弒其君固不日者深爲中國隱痛有子弒父之禍故不忍言其日。般音班深爲丁爲反下爲伯不爲爲中國同[疏]注不日至其日。解云欲道文元年冬十月丁未楚世子商臣弒其君髡以其是夷狄忍言其日也○五月甲午宋災伯姬卒伯姬守禮含悲極陽居之所生外災例時此日者爲伯姬卒日。思息吏反[疏]外災至卒日。解云外災例時即莊十一年秋宋大水莊二十年夏齊大災上元年春宋災之屬是也而昭九年夏四月陳火書月者正以楚人彊暴行許杜滅君子閔之故特月矣故彼注云月者閔之是也而昭十八年夏五月壬午宋衛陳鄭災而盡日者正以四國同日而俱災四國者天下象若曰無天下云爾故日之然則此不合日而日自爲伯姬卒故也言然即魯女之卒例合書日而莊四年三月紀伯姬卒不日者彼夏六月乙丑齊侯葬紀伯姬何氏云卒不日葬日者魯本宜葬之故移恩錄之於葬是也以此言之則知莊二十九年冬十有二月紀叔姬卒三十年八月癸亥葬紀叔姬亦是魯本宜葬之故移恩錄之於葬也〇**天王殺其弟年夫**王者得專殺書者惡失親親也未三年不夫王者方悲不思慕而殺弟不與子行也不稱直稱君者舉重也邑殺意恢以失子行錄設但殺弟不能言是也不爲諱者年夫有罪〇年夫音佞又如字二傳作佞夫惡失烏路反下皆同去起呂反子行下孟反下子行其行同〔疏〕注王者至親也〇解云諸侯之義不得專殺大夫若大夫有罪而殺之者皆惡于專殺是以書見今此云王也自得專殺若殺大夫宜不書之書者以其未王而殺甚惡失親親故惡而書也〇未三至子行〇解云文九年毛伯來求金之下傳云何以不稱使當喪未君也踰年矣何以謂之未君即位矣而未稱王也未稱王何以知其即位以諸侯之踰年即位亦知天子之踰年即位也云但繼體其禮不得異以天子三年然後稱王亦知諸侯於其封內三年稱子也然則靈王之崩在二十八年十一月則於此時未三年也未合稱王而稱王者責其在父服之內方當思慕而已而殺其母弟非人子之義是以直稱天王不與其子行也而昭二

十二年夏四月景王崩至二十二年秋七月天王居于狄泉亦未三年而稱天王者彼傳云此未三年其稱天王何著有天子也何氏云時庶孽並篡天王失位徙居微弱甚故急著正其號明天下當救其難而事之是也○注不從至有罪○解云僖五年春晉侯殺其世子申生傳云曷爲直稱晉侯以殺殺世子母弟直稱君者甚之也注云甚之者甚惡殺親親也春秋公子貫於先君唯世子與母弟以今君録親親也今舍國體直稱君知以親親責之然則殺世子母弟者皆直稱君甚之今經云天王殺其弟年夫者寧知不是直稱爵之例而知天王者乃是不與子行者正以其在父服之內而不思思慕反殺先君之子以此爲重故知義然云莒殺意恢以大夫子行録者即昭十四年冬莒殺其公子意恢注云莒無大夫書殺公子者未踰年而殺其君之子不孝尤甚故重而録之稱氏者明君之子是也云設但殺弟不能書是也者正以莒殺意恢以其在喪內故書而責之則知天王殺弟若不在喪不書矣若諸侯之義不得專殺大夫而言莒殺意恢在喪內乃書者正以意恢直莒子之弟不爲大夫故也今此王者自得專殺若不在喪內何勞書乎故云設但殺弟不能書是也云不爲諱者年夫有罪者春秋之義雖言黜周而王魯乃實天子服內殺弟是甚惡何故不爲尊者諱因年夫有罪則王

者之惡㣲輕見以春秋不復諱矣。○王子瑕奔晉稱王子者惡天子重失親親。重直用反，又直勇反（疏）注稱王子至親親。解云正以文元年天王使叔服來會葬注云叔服王子虎也不繫王者不以親親疏録也今此王子瑕言王子者正惡天王重失親親故也。○秋七月叔弓如宋葬宋共姬。外夫人不書葬此何以書隱之也何隱爾宋災伯姬卒焉說在下也。共音恭其稱謚何據葬紀伯姬不言謚（疏）注據葬至言謚。解云即莊四年齊侯葬紀伯姬是也然則宋伯姬得稱謚者以其賢故也即紀伯姬不言謚者不賢明矣若然案隱七年春王三月叔姬歸于紀何氏云叔姬者伯姬之媵也媵賤書者後為嫡終有賢行紀侯為齊所滅能勵隱約全竟婦道故重録之然則紀叔姬亦有賢行而莊三十年葬紀叔姬之經不云謚者蓋以劣於宋伯姬故不得與之同又何者能勵隱約全竟婦道宜同守節盡誠逮火而死乎賢也何賢爾宋災伯姬存焉有司復曰火至矣請出伯姬

曰不可吾聞之也婦人夜出謂有事宗廟不見傅母

不下堂礼后夫人必有傅母所以輔正其行衛其身也選老大夫為傅選老大夫妻為母○傅母如字又武侯反本又作姆同疏注選老至為母○解云春秋說文作娒士之禮逮乎火而死者為火所逮環而死也傳

至矣母未至也逮乎火而死故賢而錄其說○鄭良霄

出奔許自許入于鄭鄭人殺良霄○冬十月

葬蔡景公賊未討何以書葬君子辭也君子為中國諱

使若加弒月者弒公比髡原耽尤重故足諱辭○加弒音試下同疏注君子至加弒○解云凡君弒者雖賊未討亦書其君葬故昭十九年夏五月戊辰許世子止弒其君買冬葬許悼公傳云賊未討何以書葬不成于弒也○注月者至諱辭○解云即上七年冬十二月鄭伯髡原如會未見諸侯丙戌卒于操傳云諸侯卒其封內不地此何以地隱之也何隱爾弒也孰弒之其大夫弒之曷為不言其大夫弒之為中國諱也八年夏葬鄭僖公傳云賊未討何以書葬為中

國諱也何氏云探順上事使若無賊然不月者本實當去葬責臣子故不足也然則案彼髡原爲大夫所弑雖爲中國諱而書其葬猶責不足其文今此蔡侯爲子所弑此於髡原爲恥尤重是以促其諱辭備書時月也○晉人齊人宋人衛人鄭人曹人莒人邾婁人滕人薛人杞人小邾婁人會于澶淵宋災故宋災故者何諸侯會于澶淵凡爲宋災故也會未有言其所爲者此言所爲何録伯姬也重録伯姬之賢爲諸侯所閔憂○凡爲于僞反下及注所爲同【疏】宋災故者何○解云上下諸會不録所爲唯此特書故執不知問諸侯相聚聚斂也相聚斂財物而更宋之所喪更復也如今俗名解浣衣復之爲更衣○更宋音庚又古孟反復也償也所喪息浪反下注同浣户管反曰死者不可復生爾財復矣復者如故時諸侯共償復其所喪○復生扶又反償常亮反此

大事也曷爲使微者據詳錄所爲故卿也卿則其稱人何貶曷爲貶據善事也卿不得憂諸侯也時鮮名諸侯使之恩實從卿發故貶起其事明大夫之義得憂內不得憂外所以抑臣道也宋憂內非貶者非救危亡禁不作福也

疏注時鮮至其事○解云以此言之若恩從君發而使大夫行之鮮其非正罪不至激也○注明大至臣道○解云在禮家施不及國而言得憂內者正謂救危亡之時助君憂內不謂自專行之以此言之若助君憂內以救危之時雖恩發大夫不合譏○注宋憂至福也○解云言宋雖遭災未至於滅而恩發於大夫外求鄰國近乎作福是以禁之洪範云惟辟作福惟辟作威今乃大夫行之故云禁作福也

三十有一年春王正月○夏六月辛巳公薨于楚宫公朝楚好其宫歸而作之故名之云爾作不書者見者不復見○好其呼報反見者賢編反下同

疏注公朝至云爾○解云正以上言公如楚公至自楚下言公薨于楚宫故云朝楚好其宫歸而作之故名楚宫

○注作不至復見解云哀公三年夏五月辛卯桓宮僖宮災傳云此皆毀廟也其言災何復立也曷爲不言其復立春秋見者不得見也何氏云謂内所改作也哀自立之善惡獨在哀故得省文然則言見者不復見謂春秋之義諸是内所改作者但道其重處一過見之而已其餘輕勳不復見之所以然者正以哀自作之還於哀上災之善惡獨在於哀故得省文矣今此作楚宮亦是襄自作之還復襄自爇之善惡獨在於襄故得省文故引彼傳云見者不復見也以此言之則知成六年立武宮昭十五年有事于武宮亦是内所改作而重見者正以成公立之至昭乃有事立之孫之者異故不得省文○秋九月癸巳子野卒○己亥仲孫羯卒○冬十月滕子來會葬此書者與叔服同義疏注此書至同義解云文九年春天王使叔服來會葬傳云其言來會葬何會葬禮也何氏云常事書者文公不肖諸侯莫肯會之故書天子之厚以起諸侯之薄然則今此會葬亦是常禮而書之者亦是襄公不肖諸侯莫肯會之故書滕子之厚以起諸侯之薄故云與叔服同義矣○癸酉葬我君襄公○十有一月莒人弑

其君密州莒子紏去疾及展立莒子廢之展因國人攻莒子殺之去疾奔齊稱人以弑者莒無大夫密州爲君惡民所賤故稱國以弑之

監本附音春秋公羊註疏襄公卷二十一

元十行本監本附音春秋公羊注疏

第四册

漢 何休注 唐 徐彦疏 唐 陸德明釋文

中國國家圖書館藏元刻明修印本

山東人民出版社·濟南

監本春秋公羊註疏昭公卷二十二 起元年盡十二年

何休學

元年春王正月公即位○叔孫豹會晉趙武楚公子圍齊國酌宋向戌衛石惡陳公子招蔡公孫歸生鄭軒虎許人曹人于漷戌惡皆與君同名不正之者正之當貶貶之嫌觸大惡方譏二名爲諱義當正亦可知○國酌二傳作國弱招上遙反軒虎軒依字許言反舊音罕二傳作罕虎漷音郭又音虢左氏作虢穀梁作郭

【疏】齊國酌○解云亦有作國弱者○注戌惡至大惡○解云下七年秋衛侯惡卒十年冬宋公戌卒知向戌石惡皆與君同名也然則君臣者父子之倫寧有同名之理今二子與君同名乃是不可之甚而春秋不正之者若正之當云其氏或貶稱人若其去氏嫌如宋督宋山齊无知之屬若其稱人嫌如襄二十年澶淵之大夫有作福之大惡由兹進退不得正之然則君臣同名不軌之甚得不爲大惡者正以名者

父之所置已父未必為今君之臣已或先世子而生君子既
孤礼有不更名之義是以春秋謂之小惡曲礼下篇云不敢
與世子同名鄭注云其先之生則亦不改義亦通於此以此
言之則知无駭入極之屬自是大惡故去其氏俠卒翬帥會
齊師之屬未命大夫正合无氏須辟嫌故○注方譏至可知
解云定六年冬季孫斯仲孫忌帥師圍運傳云此仲孫何忌
也曷為謂之仲孫忌譏二名二名非礼也何氏云為其難諱
也一字為名令難言而易諱所以長臣子之敬不逼下也春
秋定哀之間文致太平故見王者治定无所復為譏唯有二
名故譏之此春秋之制也然則所見之世文致太平二名者
小過猶尚譏之況名不併君乃小惡之大者乎當須正之亦
可知矣拠三世言之則為太平之首所以不譏二名而定哀
之間乃譏之者蓋欲析而言之未當孔子之身故也云云之說在定六年此陳侯之弟招
也何以不稱弟據八年稱弟疏注據八年稱弟○解云即八年經云春陳侯之弟招殺陳世子偃師
貶曷為貶據八年殺偃師猶不貶為殺世子偃師
貶曰陳侯之弟招殺陳世子偃師大夫相殺

稱人此其稱名氏以殺何難八年事○爲殺于僞反下注爲內爲注皆同
難八乃旦反二年注同疏曰陳至偃師○解云先亊八年經文然後難之○大夫相殺稱人○解云文十六年
宋人弒其君處臼之下師解故此弟子取而难之言將自是弒君也明其欲弒君故
令上文弒君而立者同文孔瑗弒君本謀在招○令力呈反疏言將至君也○解云世子者君之副貳今而殺之明
其從是以後有弒君之心故稱其名氏不作兩下相殺辭矣
○注明其至同文○解云兩下相殺例自稱人今欲明自是
弒君故与文十四年齊公子商人弒其君舍及同矣若然大
夫相殺稱人而宣十五年王札子殺召伯毛伯亦是大夫相
殺而不稱人殺者彼注云大夫相殺不稱人者正之諸侯大
夫顧弒君重故降稱人王者至尊不得顧是也○注孔瑗至
在招○解云案昭八年春陳侯之弟招殺陳世子偃師夏四
月辛丑陳侯溺卒竟无孔瑗弒君之文而知孔瑗弒君者正
以八年下文冬十月壬午楚師滅陳執陳公子招放之于越
殺陳孔瑗葬陳哀公當爾之時楚人託討于陳招殺世子追
適放之而已孔瑗見殺明其弒君故也是以九年陳火之下
傳云滅人之國執人之罪人殺人之賊葬人之君以此言之

知孔瑗爲弑君賊矣而經不書孔瑗弑君者本爲招弑當辜招爲重也但始有討不成爲弑陳侯弱卒者但自卒耳何氏之意見招作弑君之文故知本謀在招也本謀在招則招當爲首而楚人所以不殺招但放之者蓋楚失其意或陳招歸罪於孔瑗是以但罪於孔瑗而招但罪其殺世子之愆遂免弑君之咎春秋伸其事故於殺世子經書其名氏矣

今將爾詞曷爲與親弑者同君親無將將而必誅焉然則曷爲不於其弑焉貶 據未弑也

疏 今將至者同○解云言招但與孔瑗爲謀首而將欲弑陳侯爾而經曷爲書招名氏乃與親弑者同文乎○注據未弑也○解云據今仍未弑而已貶去其弟曷爲不於八年殺世子時貶之乎

以親者弑然後其罪惡甚春秋不待貶絶而罪惡見者不貶絶以見罪惡也 招殺偃師是也○見者賢遍反下同

疏 以親至惡也○解云傳言此者欲道八年之時罪惡大甚不假貶絶也云春秋不待貶絶而罪惡見者云云者解之而言春秋者欲道上下通例如此不爲此文

貶

絶然後罪惡見者貶絶以見罪惡也招稱公子及楚人討夏徵舒貶皆是也疏注招稱公子徵舒　解云此文是也○注及楚至徵舒　解云即宣十一年冬十月楚人殺陳夏徵舒傳云此楚子也其稱人何貶曷爲貶不與外討是也今招之罪已重矣曷爲復貶乎此据棄疾不讚貶○復扶又反疏今招至乎此　解云此今謂八年之時言八年殺世子之時將有弒君之意即是其罪已重矣何不逐其重累而貶之曷爲又復讚貶於此○注据棄疾不讚貶　解云下十一年夏楚公子棄疾帥師圍蔡至十三年夏楚公子弃疾弒公子比與招殺偃師無異弃疾於圍蔡之時不豫貶此則貶之故以爲難也著招之有罪也何著乎招之有罪据弃疾不著言楚之託乎討招以滅陳也起楚託討招以滅陳意也所以起之者八年先言滅後言執託討招不明故豫則於此明楚先以正罪討招乃滅陳也疏注所以至陳也　解云八年經云冬十月壬午楚師滅陳執陳公子招放之于越殺陳孔瑗葬陳哀公是其先言滅後言執之事也言託討

招不明者正以其訖討宜先執後滅今乃先言滅後言執是訖討不明楚先以正罪討招乃滅陳也而八年經先書滅者彼注云詐義不先書者本懷滅心然則楚人本懷滅人之心故先書滅而宣十一年冬十月楚人殺陳夏徵舒丁亥楚子入陳先書討賊乃言入陳者莊王討賊之後始有利陳國之意故後書入也○三月取運運者何内之邑也其言取之何據自曾之有不聽也不聽者叛也不言叛者爲内諱故書取以起之不先以文德來之而便以兵取之當與外取邑同罪故書取月者爲内喜得之

【疏】運者何 解云欲言内邑而經書取欲言内邑文無所繫故執不知問○注月者爲内喜得之 解云正以信三十一年春取濟西田不書月故知此月者以其是内之叛邑喜得之故也是以彼注云以不月者與取運異知非内叛邑故言取是也秦無大夫者正以文十二年秋秦伯使遂來聘傳云秦無大夫此何以書賢繆公也何賢乎繆公以其爲能變然則秦興西戎卒接諸夏賢于繆公始有大夫自爾以來常多移化春秋漏之無大夫名氏今得書見是以據而問之

○夏秦伯之弟鍼出奔晉秦無大夫此何

以書仕諸晉也爲仕之於晉書○鍼其廉反曷爲仕諸晉據國地足
以祿之有千乘之國十井爲一乘公侯封方百里凡千乘伯四百九十乘子男二百五十乘時
秦侵伐自廣大故曰千乘○千乘繩證反注同疏注公侯至千乘　解云王制文連言侯者據有功者言之云伯
四百九十乘者正以王制云伯七十里故也云時秦侵伐自廣大故曰千乘者正以此伯故也而不能容
其母弟故君子謂之出奔也弟賢當任用之不肖當安處之乃仕之他
國與逐之無異故云爾○六月丁巳邾婁子華卒○晉荀吳
帥師敗狄于大原此大鹵也曷爲謂之大原
據讀言大原也○大原音泰下同鹵力古反疏晉荀至大原　解云案左氏作大鹵字穀梁與此同○此大鹵
至大原　解云案古史文及夷狄之人皆謂之大鹵而今經與師讀皆謂之大原故難之○注據讀言大原也　解云時
公羊子亦讀言大原也地物從中國以中國形名言之所以曉中國教殊俗也疏他物

從中国　解云言所以今經與師讀皆言大原者正以地與
諸物之名皆須從諸夏名之故也○注以中至言之　解云
謂諸夏之稱皆從地之形勢爲名此地形勢高大而廣平故
謂之大原云所以曉中国教殊俗也者本史及夷狄皆謂之
大鹵而今經與師讀必謂之大原者正
以曉中国之人教有殊俗之義故也

邑人名從主人

邑人名自夷狄所名也不若地物（疏）邑人名從主人　解
有刑名可得正故從夷狄辭言之云此主人謂夷狄也
言大原人道云之時從其夷狄皆謂之大鹵故注云邑人名
自夷狄所名也○注不若至言之　解云諸夏地物有形名
言之夷狄之俗不如諸夏之地物有形勢之名也可得正者
猶言可能正是故本史及邑人止從夷狄辭言之謂之大鹵
也

原者何上平曰原下平曰隰分別之者地勢各
有所生原宜粟隰
宜麥當教民所宜因以制（疏）原者何　解云春秋之文既
貢賦○隰音習別彼列反同明是廣大之義原鹵名異
未有分別之言故以不知問之○上平曰原　解云釋地云
廣平曰原李氏云廣平謂土地寬博而平正者名原然則此
言上平者蓋欲對隰言之故謂之上平其實與爾雅廣平一也
異○下平曰隰　解云釋地云下濕曰隰李氏云下濕謂土

昭元年

地欲下但當名爲隰然則此言下平者正欲對上平言之仍與濕不異○秋莒去疾自齊入于莒。莒展出奔吳主書去疾者重篡也莒無大夫書展者起與去疾爭篡當國出奔言自齊者當坐有力也皆不氏者當國也不從莒無大夫去氏者莒殺意恢稱公子篡重不嫌本不當氏○去疾起呂反

疏注莒無至當氏　解云在莊二十七年傳文云當國出奔者正以襄三十一年冬莒人弑其君密州今言去疾之入入者出入惡之文而文不氏故知出時爲當國也既是當國正合書入而言自齊者刺齊有力矣其出奔不書者春秋之義微者出入不兩書故也云皆不氏者當國也者正以隱元年鄭伯克段于鄢之下傳云何以不稱弟當國也則此等下言公子者是當國之文注不從云云者下十四年冬莒殺莒公子意恢何氏云莒無大夫書殺公子者未踰年而殺其君文子不孝大甚故重録之稱氏者明君之子也然則莒爲小國大夫名氏例不録見假有録者名氏不具即莒慶之屬無氏是也今此去疾之徒寧知不爾彊云當國故不當氏者正以莒殺意恢重而録氏今邪庶並篡其事非輕固宜重而録之但欲當國爲君故如其意使惡逆見也然則意恢事重故稱公子今亦篡重明其未賤之時亦合稱

氏故云箕裘重不嫌本不當氏也○**叔弓帥師疆運田。疆運田者何？與莒爲竟也。**疆竟也。與莒是正竟界。莒言城中丘。○疆運，居良反，下同。疏疆運田者何。解云：欲言正界，而經書帥師；欲言侵伐，而道疆運，故執不知問。○與莒爲竟也。解云：若言與莒人造作竟界。○注若言城中丘。解云：隱十年夏，城中丘。傳云：何以書？以重書也。何氏云：以功重，故書。當稍稍補完之，至令大崩弛壞敗，然後發衆城之，猥苦百姓，空虛國家，故言城，明其功重，與始作無異。則彼若稍稍補完，則輕而不書，至於功重，故書而刺之。今此魯若往前之時少侵即正，則輕而不書，至於大損而興師發衆乃能正之，明其功重，與始取無異，故若城中丘。**與莒爲竟，則曷爲帥師而往？**據非侵伐。**畏莒也。**畏莒有賊臣亂子而興師與之正竟，刺魯微弱，失操煩擾百姓。疏注畏莒至百姓。解云：襄三十一年，莒人弒其君密州，是爲賊臣，而二子爭篡，是爲亂子。魯人見其賊亂，恐其轉侵，是以興兵與之正竟。賊亂之人自救無暇，焉能轉侵乎？故云微弱，失操煩擾百姓也。○**葬邾婁悼公。**○**冬，十有一月己酉，楚子**

卷卒。卷音權左氏作麇疏楚子卷卒　解云左氏作麇字二小傳本亦有作麇字者。楚公子比出奔晉辟內難也疏注辟內難也　解云正以更無他事於君薨之際而出奔故知正應辟內難故也

二年春晉侯使韓起來聘。夏叔弓如晉。秋鄭殺其大夫公孫黑。冬公如晉至河乃復其言至河乃復何據公如晉次于乾侯而還言至自乾侯不言至乾侯乃復疏注據公至乃復　解云即下二十八年春公如晉次于乾侯二十九年春公至自乾侯是也不敢進也乃難辭也時闇晉欲執之不敢往君子榮見與恥見距故諱使若至河河水有難而反。乃難如旦反下有難同疏注乃難辭也　解云宣八年傳文云故諱使若至河河水有難而反者若如川之滿不可游也然。季孫宿如晉

三年春王正月丁未滕子泉卒疏滕子泉卒　解云左

氏穀梁作原字○夏叔弓如滕○五月葬滕成公月者襄公上葬諸侯莫肯加禮獨滕子來會葬故恩錄之明公當自行不當遣大夫失禮尤重以責內疏注月者至錄之解云卒月葬時者小國之常典下六年夏葬杞文公之屬是也今而書月故以為恩錄之言襄公上葬者謂上文葬襄公時也言諸侯莫肯加禮獨滕子來會葬者即襄三十一年夏公薨于楚宮冬十月滕子來會葬癸酉葬我君襄公是也○注明公至責子說解云公羊之義鄰國諸侯及鄰國夫人喪皆公自會葬故異義公羊說云襄公三十年叔弓如宋葬恭姬譏公不自行是也然則凡平諸侯之葬公皆自行況其加禮於己者乎故言失禮尤重以責內也○秋小邾婁子來朝○八月大雩先是公季孫宿比如晉為季氏○雨于付反雹步角反為于偽反○冬大雨雹○北燕伯款出奔齊名者所見世著治大平責小國詳錄出奔當誅○治直吏反大音泰疏注名者至當誅解云春秋之義有三世異辭入所見之世小國出奔而書其名故知義然也即莊十年譚子奔莒僖五年弦子奔黃十年溫子奔衛成十二年周公出奔晉之屬皆不

名至于此文北燕伯款下三十年冬徐子章禹出奔楚之屬皆書其名是也言出奔當誅者謂太平之世民皆有禮況於諸侯不死社稷而棄國出奔當合誅滅矣

四年春王正月大雨雪爲季氏。○大雨雪于付反左氏作大雨雹爲季于偽反下文及注爲齊誅並同

疏 大雨雹 解云案正本皆作雹字左氏經亦作雹字故賈氏云穀梁作大雨雪今此若有作雪字者誤也

○夏楚子蔡侯陳侯鄭伯許男徐子滕子頓子胡子沈子小邾婁子宋世子佐淮夷會于申不殊淮夷者楚子主會行義故君子不殊其類所以順楚而病中國

疏 注不殊至中國 解云內諸夏外夷狄者春秋之常與而不殊淮夷若正以此會楚子爲主會行義其行義者即下文爲齊誅是也故君子不殊其類者君子謂孔子孔子作春秋不殊楚之類孔子之意所以然者正欲順楚之事而病諸夏之甚微何者言楚夷狄尚能行義以相榮顯況於諸夏反不能然故得病之若然春秋之式傳聞之世內其國外諸夏所聞之世內諸

夏外夷狄所見之世治致大平録夷狄則不殊淮夷因其宜
也何得此注云由楚子主會行義君子不殊其類者正以等
是大平亦有麤細昭當其父非已時事定哀之世乃醇粹也
是以定六年仲孫忌之下何氏云春秋定哀之閒文致大平
故見王者治定無所復為譏唯有二名故譏之是也然則淮
夷始見安行無禮是以此經更無進稱不當定哀之閒仍合
外限但由楚子主會故得不殊是以何氏更為立其義矣

楚人執徐子。秋七月，楚子、蔡侯、陳侯、許男、頓子、胡子、沈子、淮夷伐吳，執齊慶封，殺之。此伐吳也，其言執齊慶封何？為齊誅也。故繫之齊 其為齊誅奈何？慶封走之吳，以襄公二十八年奔魯，自是走之吳。不書者，以絕于齊，在魯不復為大夫，賤，故不復録之。○不復，扶又反，下同。

【疏】注以襄公至奔魯　解云：即彼云冬，齊慶封來奔是也。○注不書至録之　解云：案如此經上言伐吳，則犯吳之文已著，何得注云使防繫吳，嫌犯吳也？正以慶封往前已封于防為小國矣，但諸侯之義不得專封，是以春秋奪言伐吴矣實吴言之非伐吴矣今日此經若言入防則更成上伐吴之文實伐吴則爲犯吴若直言入防執齊慶封殺之則恐防是齊邑吴以進退不得作文也 吴封之於防 不書入防者使防繫吴嫌犯吴也去吴嫌齊邑也○去起呂反 然則曷爲不言伐防 據防已爲國 不與諸侯專封也 故奪言伐吴 慶封之罪何脅齊君而亂齊國也 道爲齊誅意也稱侯而執者伯討也月者善義兵 疏注稱侯至討也 解云僖四年傳文上下更無稱爵以執大夫之事唯此一經可以當之故何氏言焉若然案如此經不重出楚上以爲伯討之義僖二十一年秋宋公楚子陳侯以下會于霍執宋公以伐宋傳云曷爲不言楚子執之不與夷狄之執中國若正以此經楚子爲會主而序于上下言執慶封殺之可以因上文不勞重出也既得因上文即是稱爵以執之故知爲伯討也案霍之經宋公序上乃於楚子下言執宋公明知不得因上文矣既不因上文而不更出楚子不與夷狄之執諸夏故也云月者善義兵也者正以侵伐例時故也 遂滅厲 莊王滅蕭日此不日者靈王非賢責之略○滅厲如字又音賴左氏作賴 疏

遂滅厲　解云有作賴字者○注莊王至之略　解云宣十二年冬十有二月戊寅楚子滅蕭彼注云日者屬上有王言今反滅人故深責之是也然則以靈王非賢故責之略還依常例書月若似莊十年冬十月齊師滅譚之屬是○九月取鄫其言取之何據國言滅　疏注據國言滅　解云即滅譚滅遂之屬是也滅之也滅之則其言取之何内大惡諱也因鄫上有滅文故使若取内邑　疏内大惡諱也　解云隱二年無駭入極之下傳云此滅也其言入何内大惡諱也今又重發之者正以入取之文不同故也○注因鄫至内邑　解云直言取鄫言上有滅文若即襄六年秋莒人滅鄫是也内取邑直言取若上元年二月取運之屬是也言上有滅鄫之文鄫不復爲國因此之故遂直言取若似内自取邑然則襄六年之時鄫已見滅今而言取若從直取從乎莒非兵滅是以魯人今得取之以此言之則無駭入極不言取者正以極上無滅文故也○冬十有二月乙卯叔孫豹卒

五年春王正月舍中軍舍中軍者何復古也

善復古也○舍中甯捨下及注同

疏 舍中軍 解云襄十一年時於司馬之下爲之置中卿之官令助司馬爲軍將添前司徒司空之屬爲三軍踰王制故於彼經云作三軍以譏之今還依古禮舍司馬不復令作將帥故曰舍中軍○舍中軍者何 解云欲言非禮實如王制欲言是禮不應復書之故執不知問○復古也 解云正以魯爲州故正舍三軍今舍皆從禮故曰復古是以隱五年注云方伯二師是也○注善復古也 解云言舍皆從禮正是常事而書之者正以當時皆僭獨自能抑從禮善其復古是以書之故云善復古也

然則曷爲不言三卿 据上言作三軍今問不言軍云卿若上師解言三卿因以爲難○爲難乃旦反下同

疏 注据上言作三軍 解云弟子之意見上文襄十一年時云道作三軍今日舍之應言舍三軍而言舍中軍與上文異故難之○注等問至爲難 解云襄十一年傳云三軍者何三卿也然則今於此問何故不云曷爲不言舍三軍而言卿者正以上文襄十一年時師解以爲三軍者何三卿也是以弟子因而難之云曷爲不言舍三卿

五亦有中三亦有中 此乃解上作三軍時意作時益中軍不可言中軍者五亦有中三亦有中不知何中也今此据上作三軍

不言中則益三之中舍三之中皆可知也弟子本据上言作三難下中不言三也如師解言本益中故下言舍中爲其將復据下中難上不言中故解上以解下如此則下不言三亦可知也不言卿者欲同上下文以相起傳不足以解之者以上解下文當同亦可知月者善録之○爲于僞反復扶又反

疏五亦至有中　解云襄十一年時益司馬之戰更令將軍正是作中而不言作中軍者正以五亦有中三亦有中若言作中軍嫌是五之中故變言作三軍若欲實而言之正是作中軍故至舍時云舍中軍矣○注此乃至三也　解云上謂襄十一年時也云作時益中軍者謂於司馬之下置中卿令助司馬將軍添前二軍爲三軍故曰作時益中軍也云今此据上作三軍不言中云三者今此公羊子据上作三軍時不言中之意故言五亦有中三亦有中也如此則上益三之中下舍三之中皆可知矣何者上言作三軍下言舍中軍則非五之中亦明矣云弟子本据上言作三難下中不言三也者即此傳云然則曷爲不言舍三卿是也○注如師至可知也　解云如訓爲若若公羊荅之云本益三之中故言舍中即恐弟子難之云今舍時言中軍作時曷爲不言作中軍若其如此即是守文不縈疑惑門人非師訓之道故公羊子解上以解下何者解上作時實是中軍但有嫌疑不得

言中遂變言三軍即是解此下文舍中軍不得言三之意故云解上以解下如此言之即下文不言三軍昭然可解故云亦可知云不言卿者欲同上下文以相起者正實而言之正是舍去司馬之職中御之官何以不言舍中御而言舍中軍者正以襄十一年時云作三軍故欲同其文相起爲一物○注傳不至錄之 解云傳若足解之宜云前此作三軍之時不言中者五亦有中三亦有中此舍三軍不言三者正以前三非正稱故舍時不得言三今此傳文少故言傳不足解之也欲以上解下者以作時文在上故傳特解之上文既解訖下文不言三之意當同上義亦可知云月者善錄之者謂善其復古而詳錄之也○楚殺其大夫屈申○公如晉○夏莒牟夷以牟婁及防茲來奔莒牟夷者何莒大夫也莒無大夫此何以書重地也其言及防茲來奔何据漆閭丘不言及高張言及 疏莒牟夷者何 解云欲言莒君經不言子欲言大夫莒無大夫故執不知問○注据漆至言及 解云言漆閭丘不言及者即襄二十一年春邾婁庶其以漆閭丘來奔

是也高張言及者即哀六年夏齊國夏及高張來奔是也正以地邑無及文上下大夫乃言及與此防茲之義違故難之何者人之尊卑自有差等故可以言及地邑無尊卑之義恐其不得言及也

不以私邑累公邑也公邑君邑也私邑臣邑也累次也義不可使臣邑與君邑相次序故言及以絶之○秋七月公至自晉○戊辰叔弓帥師敗莒師于濆泉濆泉者何直泉也直泉者何涌泉也蓋戰而涌爲異也不傳異者外異不書此象公在晉臣下專爲莒叛臣地以興兵戰鬬百姓悲怨歎息氣逆之所致故因以著戰處欲明天之與人相報應之義○濆泉扶粉反濆泉踊泉也左氏作蚡泉穀梁作濆泉蚡扶粉反應應對之應

【疏】于濆泉　解云左氏作蚡字穀梁作濆泉字○濆泉者何　解云欲言地名以泉名之欲言是水戰於其處故執不知問○直泉也　解云謂此泉直上而出○直泉者何　解云欲言涌地不應言直欲言土地仍謂之泉故執不知問○注蓋戰至而涌爲異也　解云似穀洛鬬之事也○注不傳至戰鬬　解云春秋之義外異不書即襄十九年不書徼稯之屬

是今此濆泉爲異故不録經既不録傳無由發之經若書之傳宜云何以書爲天下記異似若僖十四年沙鹿崩之傳矣云此象公在晉云云者公在晉者即上春公如晉是也臣下專受莒叛臣也者即經書夏莒牟夷以下云云來奔在秋七月公至自晉之上是也以興兵戰鬬者即此戰敗于濆泉是也以敗者內戰之文故也○注百姓至所致○解云上注云外異今此云魯人悲怨致之者正以濆泉在莒魯界上二國結怨方戰於此應而爲異何以不然○注故因至之義○解云疏具僖三年○秦伯卒何以不名据諸侯名秦者夷也匿嫡之名也嫡子生不以名令于四竟擇勇猛者而立之○嫡之丁歷反注及下同【疏】注嫡子至立之○解云即內則云夫告宰名宰辯告諸男名書曰某年某月某日某生而藏之宰告閭史書爲二其一藏諸閭府其一獻諸州史州史獻諸州伯州伯命藏諸州府是其以名令於四竟之義也其擇勇猛者而立之者正以夷狄之人不尚文德故也其名何据秦伯嬰稻名【疏】注据秦伯嬰稻名○解云文十八年春秦伯罃卒宣四年春秦伯稻卒是也然則文十八年經作罃字今此嬰字者誤也寧知非彼誤者正以文十八年秦伯罃卒之下賈氏云穀梁傳云秦伯偃不道

公羊曰嬰知公羊與左氏同皆作罃字矣注獨罃稱以嫡得立之者罃字亦誤宜爲罃字矣嫡得立之也

獨嬰稱以嫡得立之○冬楚子蔡侯陳侯許男頓子沈子徐人越人伐吳吳未服慶封之罪故也越稱人者俱助義兵意進于淮夷故加人以進之義兵不月者進越爲義兵明故省文（疏）注越稱至省文○解云即上四年秋七月楚子蔡侯陳侯許男頓子胡子沈子淮夷伐吳彼注云月者善義兵然則上文淮夷雖助義兵其意不進故不稱淮人今稱人故以進辭之云義兵不月者進越爲義兵明故省文者正以侵伐例時義兵則詳錄故上四年秋七月楚子以下伐吳注云月者善錄義兵是也今此亦爲義兵而不書月故如此解

六年春王正月杞伯益姑卒不日者行微弱故略之上城杞已貶復卒略之者入所見世責小國詳始録内行也諸侯内行小失不可勝書故於終略責之見其義○復扶又反内行下孟反下同勝音升見賢遍反（疏）注不日至略之○解云正以襄二十三年春三月己巳杞伯匄卒彼已書日今而書月故

解○注上城至其義○解云上城已成者謂襄二十九年夏仲孫羯會晉荀盈齊高止宋華定以下城杞杞子來盟注云成城子者微弱不能自城危社稷宗廟當坐是也律云一人有數罪則以重者坐之然則亦不再加而卒復略之者正以此是入所見之世責小國詳始錄其內行故也諸侯內行小失寧可備盡但當卒時略之而已言不可勝書者言小行非一不可勝有不可具書猶如序云不可勝記之類也何氏必此解者正以往前經傳不見杞伯之惡而經略之知內行有失也○葬秦景公○夏季孫宿如晉○葬杞文公○宋華合比出奔衛○比如字又毗志反○秋九月大雩先是季孫宿如晉是後叔弓與公比如楚有豫賦之煩也○賦歛力驗反或無此字疏注先是至之煩也○解云文當如是言先是季孫宿如晉即上文夏季孫宿如晉是也言是後叔弓與公此如楚者即下文冬叔弓如楚七年三月公如楚故謂之比也二年事皆在後故云有豫賦之煩也亦有一本云叔弓如齊者誤○楚薳頗帥師伐吳疏楚蔿頗○解云左氏穀梁作薳罷字○冬叔弓如

楚○齊侯伐北燕

七年春王正月曁齊平 書者善録內也不出主名者君相與平國中皆安故以舉國體言之月者刺內曁曁也時魯方結婚于吳外慕強楚故不汲汲于齊○曁其器反

【疏】注書者善録內也○解云正以平爲善事今而書之故云善録內也○注月者至曁曁也○解云正以定十一年冬及鄭平則知例書時也今此書月故如此解也隱元年傳云及猶汲汲曁猶曁曁也及我欲之曁曁不得已然則曁曁是不獲已然後爲之平是善事而不汲汲故書月以刺之故云月者刺內曁曁矣○注時魯至于齊○解云下十年冬注云去冬者蓋昭公娶吳孟子之年故賊之然則十年不書冬者是其方結婚于吳之事其外慕強楚者即上文叔弓如楚下文公如楚之屬是也正以文不言及故云不汲汲于齊矣注云是後楚滅陳云云者即八年冬十月壬午楚師滅陳是也及下十一年十有一月丁酉楚師滅蔡是也云楚弑其君于乾谿者即下十三年夏四月楚公子比自晉歸于楚弑其君虔于乾谿是也○三月

公如楚○叔孫舍如齊莅盟 ○叔孫舍二傳作婼○夏四

月甲辰朔日有食之是後楚滅陳楚弒者君于乾谿○秋八月戊辰衛侯惡卒○九月公至自楚○冬十有一月癸未季孫宿卒○十有二月癸亥葬衛襄公當時而日者世子輒有惡疾不早廢之臨死乃命臣下廢之自下廢上鮮不爲亂故危錄之○當丁浪反又如字鮮息淺反【疏】注當時至錄之○解云隱三年傳云當時而日危不得葬也今此衛侯八月卒至此正五日而經書癸亥故言危錄之言世子輒有惡疾者即下三十年秋盜殺衛侯之兄輒傳云母兄稱兄兄何以不立有惡疾也是矣知其不早廢臨死乃命臣下廢之者止以危錄其葬故也其若不然更無危事不知衛使葬何以書日乎言危錄之者以其有危故錄其日也

八年春陳侯之弟招殺陳世子偃師說在元年惡其言陳者起招致楚滅陳自此始故重舉國○故重直用反年末同【疏】注說在元年○解云即元年傳云大夫相殺稱

人此其稱名氏以殺何言將自是弒君也今將爾詞曷爲與親弒者同君親無將將而必誅之屬是也。註變其全文舉國解云春秋之義大夫相殺稱人言其即莊二十二年春陳人殺其公子禦寇下陳人殺其大夫公子過文九年晉人殺其大夫先都之屬今變兩下之例言殺陳世子者起招致楚滅陳自此始是以重文舉陳矣○夏四月辛丑陳侯溺卒溺乃狄反○叔弓如晉○楚人執陳行人干徵師殺之○陳公子留出奔鄭○秋蒐于紅蒐者何簡車徒也徒衆○度所留反本亦作蒐（疏）蒐者何○解云正以常事不書今此見經故執不知問何以書蓋以罕書也說在桓六年（疏）註說在桓六年○解云桓六年秋八月壬午大閱傳云大閱者何簡車徒也何以書蓋以罕書也注云罕希也孔子曰以不教民戰是謂棄之故比年簡徒謂之蒐三年簡車謂之大閱五年大簡車徒謂之大蒐存不忘亡安不忘危不地者常也蒐例時此日者桓既無文德又忽忘武備故尤危錄然則爲蒐之法比年行之今此不然故云以罕書○陳人殺其大夫公子過。過音戈。○大雩先是公如楚半年乃歸費多賦重所致。費芳珠反。（疏）注先是至乃歸。○解云即去年三月公如楚九月公至自楚是也。○冬十月壬午楚師滅陳執陳公子招放之于越殺陳孔瑗（疏）殺陳孔瑗。○解云左傳穀梁作奐。○葬陳哀公日者疾詐諼滅人也不卒滅爲重復書二事言執者疾諼詐義故列見之訖義不先書者本懷滅心重卒陳者上已言滅不復重卒無以明。○諼況元反復書扶又反下同見賢徧反（疏）注日者至人也。○解云春秋之義滅例書月即莊十年冬十月齊師滅譚十三年夏六月齊人滅遂之屬是也上四年秋七月楚子滅厲之下旨云莊王滅蕭日此不日者靈王非賢責之略是以還依常例書月矣今而日者疾詐諼滅人故也。○注不卒至見之。○解云春秋之義卒滅爲重是以襄六年言疾滅萊之下何氏云不書殺萊君者卒國滅爲重是也今不卒滅爲重故須辨之言復書二事言執者謂復書二事又言執者以疾其詐諼訖義故須列而見之二事放招殺瑗葬哀公是。○注訖義至滅心。○解云宣十一年冬十月楚人殺陳夏徵舒丁亥楚子入陳然則彼乃楚子行義先書其殺今此楚子亦是討義討賊書在滅後者見本懷滅心故也○注重舉至以明○解云成二年秋七月齊侯使國佐如師己酉及國佐盟于袁婁不重舉齊此重舉陳者上已言楚師滅陳其不復舉陳無以明其是陳人矣

九年春叔弓會楚子于陳陳已滅復見者從地名録猶宋部以邑録不文小地者顧後當存○復見扶又反下同下賢遍反（疏）注陳已至當存○解云部者是文王之子春秋前宋人滅之至隱十年夏六月壬戌公敗宋師于菅辛未取郜辛巳取防是也云不舉小地顧後當存者言陳是總號當是會時亦必在其國都所以不舉小地而舉陳者正以楚人縣滅春秋欲閔陳而存之故還舉其大號而言也其存陳者即下經直云四月陳火是也○許遷于夷○夏四月陳火陳已滅矣其言陳火何據災異為有國者戒○陳火左氏作災（疏）陳火○解云左氏作災字穀梁與此同○陳已至火何○解云所以不言外災不書此何書之義者正以爾言存陳故書其火則外災得書之義亦

矣存陳也陳已滅復火者死灰復燃之象也此大意欲存之故從有国記災疏注陳已至記災
解云即者異鄭不陳火之類卡當誅絶天曉其君死灰更燃之意是也曰存陳悕矣書火存陳
者若曰陳爲天所存悲之〇悕音希悲也疏曰存陳悕矣〇解云悕謂悲也公羊子曰陳爲天所存者天悲痛之
故也曷爲存陳據災非一天意曷爲悲陳而存之疏注據災至存之〇解云弟子之意以
爲春秋之内書災者非止一處而已矣意曷爲正於此災之上悲陳而有之乎滅人之國執人
之罪人罪人招也殺人之賊孔瑗弒君賊也葬人之君若是
則陳存悕矣楚爲無道託討賊行義陳臣子辟門虚心待之而滅其國若是則天存之者悲之也
不書孔瑗弒君者本爲招弒當辛招爲重方不與楚討賊[illegible]没招正賊文以將與上貶起之月者閏之〇辟婢亦反開[illegible]
本爲于僞反疏注不書至閏之〇解云案如上文則孔瑗與[illegible]本謀弒君而責是弒文者正以君親無將將[illegible]
必誅故言當辛招爲重言故沒招正賊文者謂不於討處[illegible]招見其有弒君之罪矣言以將與上貶起之者上貶謂元[illegible]

稱公子傳云此陳侯之弟招何以不稱弟貶是也云月者[illegible]之者正以外災例時即下襄元年春宋火之屬是今而書月[illegible]言閏○秋仲孫貜如齊○貜具縛反又居碧反○冬築郎囿之○囿音又

十年春王正月○夏晉欒施來奔○晉欒施左氏作齊欒施○秋七月季孫隱如叔弓仲孫貜帥師伐莒○隱如左氏作意如○戊子晉侯彪卒○彪彼虬反○九月叔孫舍如晉○葬晉平公○十有二月甲子宋公戌卒去冬者蓋昭公取吳孟子之年故貶之○宋戌誘左傳者音皮何云向戌與君同名則宜音恤去起呂反

疏注去冬至貶之○解云正以禮記論語皆有昭公取于吳謂之吳孟子之文但不指其取之年歲今無冬更無他罪可指是以何氏以意當之以無正文故言蓋也取吳孟子所以不書者諱取同姓故也賈服以爲刺不咎其至親之氣范

氏以爲不書冬葬所未詳
十有一年春王正月叔弓如宋。葬宋平公
○夏四月丁巳楚子虔誘蔡侯般殺之于申
楚子虔何以名據誘戎曼子不名。○戎曼音蠻【疏】注據誘至不名。解云即昭十六年春楚子誘戎曼子殺之是也
絶曷爲絶之據俱誘之爲其誘討也徒不自知而死故加誘。○爲于僞反【疏】注傳不至加誘。解云即左氏傳云醉而殺之是也
此討賊也蔡侯般弒父而立【疏】注蔡侯至而立。解云即襄三十年夏四月蔡世子般弒其君固是也
雖誘之則曷爲絶之據與莊王外討晉文諱尊。○諱古宂反【疏】注據與至諱尊。○解云莊王外討者即宣十一年冬十月楚人殺陳夏徵舒傳云此楚子也其稱人何貶曷爲貶不與外討也曷爲不與實與而文不與文曷爲不與諸侯之義不得專討也諸侯之義不得專討則其曰實與之何上無天子下無方伯天下諸侯有爲無

道者臣弑君子殺父力能討之則討之可也若是其實與莊王外討之文也云晉文譎尊者即僖二十八年五月癸丑公會晉侯以下盟于踐土公朝于王所傳云曷爲不言公如京師天子在是也曷爲不言天子在是不與致天子也注云時晉文公年老恐霸功不成故上白天子曰諸侯不可卒致願王居踐土下謂諸侯曰天子在是不可不朝迫使正君臣明王法雖非正起時可與故書朝因正其義所以見文公之功是也**懷惡而討不義君子不予也**内懷利國之心而外託討賊故不與其討賊而責其誘詐也地者起以好會誘之○好呼報反

疏注地者至誘之○解云正以昭十六年楚子誘戎曼子殺之不書地今言于申故解之○**楚公子棄疾帥師圍蔡○五月甲申夫人歸氏薨○大蒐于比蒲大蒐者何簡車徒也何以書蓋以罕書也**說在桓六年○比音毗

疏大蒐者何○解云欲言常事而經加大欲言非常事蒐是常獵之名故執不知問○注說在桓六年○解云即桓六年秋八月壬午大閱傳云大閱者何簡車徒何

以書盡以罕書也注云罕希也孔子曰以不教民戰是謂棄之故此年簡徒謂之鬼三年簡車謂之大閱五年大簡車徒謂之大蒐存不忘亡安不忘危然則大蒐之法五年一爲今此不然故曰以罕書也上八年蒐于紅之下何氏云說在栢六年今復指之者正以蒐與大蒐希數大異亦不同是以不得相因各指其所在 ○仲孫貜會邾婁子盟于侵羊 不日者蓋諱喪盟與若議結善事○侵羊二傳作祲祥 疏 盟于侵羊○解云公穀梁傳作侵祥字服氏注引者皆作詳字侵字皆異所以異也○注不日至善事○解云上文五月夫人歸氏薨君居喪居喪而與人盟至十三年秋平丘之會邾婁子與晉爲議不容公盟而執季孫理宜書日見其不信不書日者正以身居大喪而不以爲憂是內惡可諱之限爲信辭使若此盟方欲議論結其善事然齊国酌者賈氏酌字與此同服氏及穀梁皆作齐国弱字也 ○秋季孫隱如會晉韓起齊國酌宋華亥衛北宮佗鄭軒虎曹人杞人于屈銀 ○佗大何反屈銀並如字二傳作厥慭 疏 于屈銀○解云左氏穀梁作厥慭字

月己亥葬我小君齊歸。齊歸者何？昭公之母也。歸氏，胡女，襄公嫡夫人。○嫡，丁歷反。

【疏】齊歸者何○解云：欲言夫人，至不録；欲言其非夫人，葬具書，是以執不知問。○注歸氏至夫人○解云：皆史記文。而初至不書者，蓋為世子時娶之。然則涉隨之會，襄公始生，而成公之世已娶夫人者，案公羊上下竟無初涉之文，則何氏不信左氏故也。

○冬十有一月丁酉，楚師滅蔡，執蔡世子有以歸，用之。此未踰年之君也，其稱世子何？据陳子也。

【疏】注据陳子也○解云：即僖二十八年冬，公會晉侯、齊、宋公、蔡侯、鄭伯、陳子以下于温是也。

不君靈公，不成其子也。靈公即般也。不君，不與靈公坐弒父誅，不得為君也。不成其子，不成有得稱子繼父也。上不與楚誅討，嫌有不當絶，故正之云耳。

【疏】不君至子也○解云：靈公弒父而立，弒父之人，人倫所不容，今而見誅，正是其宜，是以春秋不與靈公為君也，故曰不君靈公也。莊三十二年傳云：君存稱世子，君薨稱子某，既葬稱子，踰年稱公。然則稱子者，嗣君之稱。春秋之義，既

以與靈公得爲成君故亦不成其子有得爲嗣君以繼其後
解云曰不成其子也云云靈公坐弒父誅者即襄三十年夏四月
蔡世子般弒其君固上四月楚子虔誘蔡侯般殺之于申是
也云云上不與楚誘討者即上傳云曷爲絕之爲其誘討也此
討賊也雖誘之則曷爲絕之懷
惡而討不義故君子不與是**不君靈公則曷爲不**
成其子據惡惡止其身**誅君之子不立**雖不與楚誘討其惡坐弒以誅當以誅君
論之故云云爾言此者時楚託義滅之【疏】注當以至云爾○解云若不君靈公而以誅君論之何故上四年申之會
及伐吳之經上文楚子誘殺之時皆稱其爵者凡貶刺之例
正可於一事之上足見其惡而已寧可文文皆貶似若莊四
年冬公及齊人狩于郜傳云前此者有事矣後此者有事矣
則曷爲獨於此焉譏擇其重者而譏焉莫重乎其與讎狩也其
餘從同同是也○注言執至滅之○解云春秋之義本滅國以
爲重其餘輕者皆從略是以襄六年注云不書殺萊君者本
滅國爲重是今并書其執者正以楚人託義滅之故見其義
也似若上八年注云不本滅爲重復書二事言執者疾讓話
義故列見之是也楚既託義執用蔡之世子以滅其國當先
言其餘似若宣十一年冬十月楚人殺陳夏徵舒丁亥楚子

入陳然今乃先書滅蔡者起其本懷滅心故也是
以八年注云託義不先書者本懷滅心故是也　非怒也
無繼也　公誅子當絕（疏）非怒也无繼也○解云莊四年傳云
齊人語此非怒其先祖迁之于子孫與然則齊人謂迁怒爲
怒也言今不成有爲子者非由惡其父遷怒其子孫但由靈
公大逆理无繼嗣矣是以注父誅子
當絕也其非字有作悲字者誤也　惡乎用之用之
防也其用之防奈何蓋以築防也　持其足以頭築防惡不以
道孔子曰人而不仁疾之已甚乱也曰者疾護滅人○惡乎音烏惡不烏路反（疏）注曰者疾護滅人○解云正以
凡滅例月即莊十年冬十月齊師滅譚上四年秋
七月遂滅厉之屬是也今而書日者疾詐護故也
十有二年春齊高偃帥師納北燕伯于陽伯
于陽者何　即納上伯款非纪父命不當言于陽又微国
出入不兩書伯不當再出故斷三字問之○
斷丁管反又丁乱反（疏）注即納至問之○解云納上伯款者即上三
年冬北燕伯款出奔文月是也其非父命而見

納言于邑也即哀二年夏晉趙鞅帥師納衛世子蒯聵于戚傳云戚者何衛之邑也曷爲不言入于衛父有子子不得有父也注云明其父得有子而廢之子不得有父之所有故奪其國文正其義也者是也然則今此納北燕伯于陽若是納上伯款則非犯父之命者可以出奔稱伯不似蒯聵稱世子故也是以何氏於款之上連伯言之見非犯父之命云又微國出入不兩書者僖二十五年秋楚人圍陳納頓子于頓何以不言遂兩之也注云頓子出奔不書者小國例也是也

公子陽生也子曰我乃知之矣子謂孔子乃乃是歲也時孔子年二十三具知其事後作春秋案史記知公誤爲伯子誤爲于陽在生刋滅闕○刋苦干反在側者曰子苟知之何以不革曰如爾所不知何如猶奈也猶曰奈女所不知何寧可強更之乎此夫子欲爲後人法不欲令人妄億錯子絕四毋意毋必毋固毋我○女音汝強其丈反令力呈反下令變同億於力反錯七故反或七各反字或作措

〔疏〕注如猶至億措○解云孔子云當是歲時我已廿三具見其事奈汝在側之徒不見之何故曰奈汝所不知何也孔子雖知伯于陽者是公子陽生但在側之徒皆不委

出若改之謂巳苟出心肺故曰寧可彊更之乎莊七年星霣如雨之下傳云不脩春秋曰雨星不及地尺而復君子脩之曰星霣如雨何氏云明其狀似雨耳不當言雨星不言尺者霣則爲異不以尺寸錄之然孔子脩春秋大有改之處而特此文不改之者欲示後人重其舊事似劉公即君負芻爲不上偣之類也故曰夫子欲爲後人法不欲人妄億措也億措者億謂有所疑度措者置也置意於言也不欲令人妄億度不欲令人妄置意於言矣若億度而中之者無傷即柴也其來乎由也其死矣之類是也若億措而妄者正得行學者不思之義也則學而不思則罔之類是也云子絕四者備於鄭注引之者欲道無事億措乃孔子所絕是以脩春秋而有其義矣

春秋之信史也其序則齊桓晉文唯齊桓晉文會能以德優劣國大小相次序

（疏）注唯齊至次序○解云謂其盛時事也及其衰末亦不醇粹是以僖十二年鹹之會許男序于曹伯之上而何氏於僖四年許男新臣卒葬許繆公之下注云得卒葬於所傳聞世者許大小次曹故卒小在曹後者是鹹之會當桓末年許在曹上非其次序之事也

其會則主會者爲之也非齊桓晉文則如主會者爲之雖優劣大小相越不改更信史

也
其詞則丘有罪焉爾丘孔子名其貶絕譏刺之辭有所失者是丘之罪聖人德盛尚謙故自名爾上書者惡納篡也不書所篡出奔者微國雖未踰年君猶不錄不足陽下言于北燕者史文也北燕本在上從史文也○惡烏路反【疏】注其貶至之罪○解云即春秋說云孔子作春秋一萬八千字九月而書成以授游夏之徒游夏之徒不能改一字是也云主書者惡納篡也者正以春秋之義立納入皆爲篡辭且上有伯款出奔齊之文知今納宜是篡人也○注不書至不錄○解云正以上三年之末伯欵出奔遥歷十許年計應有君矣陽生篡之宜書其出今不書者微國之君被篡而出走者皆略而不書之假令非被篡但是微國未踰年之君卒猶不書況乎被篡出奔寧不略之乎何氏所以必將未踰年君約之者正以所見之世微國成君之出例皆錄之故也即伯款之徒是也○注不足至史文也○解云若足其文宜云齊高偃帥師納北燕公子陽生于北燕今陽生之下不言北燕者正以史之本文陽生之上有北燕之字因而從之不及改順文楚殺其大夫成然者左氏作成熊穀梁作成虔字 ○三月
壬申鄭伯嘉卒○夏宋公使華定來聘○公

如晉至河乃復○五月葬鄭簡公○楚殺其大夫成然○成然左氏作成熊○秋七月○冬十月公子憖出奔齊○憖之鎮反或作慭魚覲反○楚子伐徐○晉伐鮮虞晉者中國以無義故爲夷狄所強今楚行詐滅陳蔡諸夏懼然去而與晉會于屈銀不因以大綏諸侯先之以博愛而伐同姓從親親起欲以立威行霸故狄之

疏注謂之至狄之○解云諸夏之連國稱爵今單言晉作夷狄之辭故須解之言中國無義故爲夷狄所彊者即襄七年鄭伯髡原之下傳云曷爲不言其大夫弒之爲中國諱也曷爲爲中國諱鄭伯將會諸侯于鄬其大夫諫曰中國不足歸也則不若與楚鄭伯不可其大夫曰以中國爲義則伐我喪以中國爲彊則不若楚於是弒之何氏云禍由中國無義故深諱使若自卒之屬是中國無義之文也言遂爲夷狄所彊也者即四年夏楚子以下會于申執齊慶封殺之之屬是也云今楚行詐滅陳蔡者即昭八年滅陳十一年滅蔡是也今楚行詐者即託義討招瑗託義討蔡般是也言諸夏懼然去而與晉會于屈銀者即上十一年秋季孫隱如會晉韓起以下于屈

銀是也言并伐同姓者正以鮮虞姬姓故也

監本附音春秋公羊註疏昭公卷二十二

監本春秋公羊註疏昭公卷二十三　起十三年盡二十三年

何休學

十有三年春叔弓帥師圍費。○費音祕。○夏四月楚公子比自晉歸于楚弒其君虔于乾谿。音溪。此弒其君其言歸何？據齊陽生入惡不言歸。○谿苦兮反。【疏】此弒至歸何。○解云：正以歸者出入無惡之文，今君弒而言歸，故難之。○注據齊至言歸。○解云：即哀六年秋七月齊陽生入于齊是也。其陽生入惡者，先謀致諸大夫立於陳乞之家，自是往弒舍是也。歸無惡於弒立也。歸無惡於弒立者何？靈王為無道，作乾谿之臺，三年不成。楚公子棄疾脅比而立之，然後令于乾谿之役曰：比已立矣，後歸者不得復其田里衆罷而去之靈王經而死時棄疾許告比得有力同以歸至而脅立之比之義宜效死不立而立君因自經故加弑也言歸者謂其本無弑君而立之意加弑責之爾不日者惡靈王無道封内地者起禍所由因以爲殺。罷音皮惡靈烏路反

疏歸無至立也。解云弑謂虔也言所以書其歸者正於弑虔之時比無惡。歸無至者何。解云正據經書弑其君虔曷爲言無惡故問之。靈王經而死。解云經者謂懸縊而死也若申生雉經及論語云豈若匹夫匹婦之爲諒也自經於溝瀆者是也故何氏云君因自經。注時棄至爲戒。解云正以經書自晋故得爲有力之義故如此。解云比之義宜效死不立者下傳文云言歸者明其本無弑君而立之意加弑責之爾者桓十五年傳曰歸者出入無惡故云本無弑君而立之意言加殺責之者謂責其不效死而立矣云不日者惡靈王無道者正以宣二年秋七月乙丑晋趙盾弑其君夷獋四年夏六月乙酉鄭公子歸生弑其君夷則春秋之義不問加弑與否例皆書日今而不日故解之云封内地者起禍所由因爲戒者正以下二十五年宋公佐卒于曲棘傳云曲棘者何宋之邑諸侯卒其封内不地此何以地憂内也注云時宋公聞昭公見逐欲憂納之至曲棘而卒故恩録之然

則諸侯卒其封内倒不地今此靈王見弒乾谿之由是以書地以起之故曰起禍所由因以爲戒也楚公子棄疾弒公子比比已立矣其稱公子何据齊公子商人弒其君舍【疏】注据齊至君舍○解云在文十四年九月彼傳云此未踰年之君也其言弒其君舍何已立之已殺之成死者而賤生者也注云惡商人懷詐無道故成舍之君號以賤商人之所爲然則彼未踰年君而見弒稱成君今此亦爲未踰年君見弒稱公子故据而難之所以不据僖九年晉里克弒其君之子奚齊者正以汞成君之號以難公子義強于君之子之文故也其意不當也据上傳知其脅【疏】注据上云其脅解云即上傳云楚公子弃疾脅比而立之是也其意不當則曷爲加弒焉爾据王子朝不貶○朝如字【疏】注据王子朝不貶○解云即二十三年秋尹氏立王子朝注云貶言尹氏者著世卿之權尹氏貶于朝不貶者年未滿十歲未知欲富貴不當坐明罪在尹氏然則子朝之意與此相似子朝不貶而比加弒故難之比之義宜乎效死不立大夫相殺稱人此其

稱名氏以弒何據經言弒公子比也。疏比之至不立。○解云[illegible]守死善道若王子閭之類也。○大夫至稱人。○解云即文十六年冬宋人弒其君處臼之下傳云大夫弒君稱名氏賤者窮諸人注云賤者謂士士正自當稱人大夫相殺稱人賤者窮諸盜注云降大夫使稱人降士使稱盜者所以別死刑有輕重也然則文十六年師有戒解故此弟子取而難之。○注據經至比也。○解云言弒公子比即是兩下相殺之文而稱弃疾名氏是以據而難之

言將自是爲君也故使與弒君而立者同文也不言其者比實不立嫌觸實公子弃疾則楚子居也。疏言將至君也。○解云謂弃疾從是殺比之後遂伐比爲君矣。○注故使至文也。○解云同文也即文十四年秋九月齊公子商人弒其君舍是也。○注不言至公子。○解云莊二十二年春陳人殺其公子禦寇注云書者殺君之子重也下十四年冬莒殺其公子意恢然則彼一公子見殺言其今此公子比實已立設若言殺其公子比則嫌觸彼二公子之文故曰嫌觸實公子云弃疾即楚子居也者即下十六年秋楚子居卒是也。○

秋，公會劉子、晉侯、齊侯、宋公、衛侯、鄭伯、曹伯、莒子、

邾婁子、滕子、薛伯、杞伯、小邾婁子于平丘。

八月甲戌，同盟于平丘。不與盟者重，起諸侯欲討弃疾，故詳録之。不言劉子及諸侯者，間無異事，可知矣。

【疏】注不舉至録之。○解云：文十四年六月，公會宋公以下同盟于新城，然則彼亦是一事，舉盟爲重，不言會于某，今會盟並舉，故須解之。故云諸侯欲討弃疾，以上有弃疾弑君之事，下傳有諸侯遂亂之言，故知於間詳録此會，欲討之矣。○注不言至知矣。○解云：春秋之義，會盟咸有，而間隔事者，則重言諸侯，即定公四年三月，公會劉子、晉侯以下于召陵，侵楚，夏四月，蔡公孫歸姓帥師滅沈，以沈子嘉歸殺之，五月，公及諸侯盟于浩油，然則彼由間有隔事，劉子不與盟，是以重出諸侯。今則間無隔事，劉子復與盟，是以不勞重出劉子及諸侯，見其可知矣。

公不與盟。○與音預，注二不肯與及下文不與爲諱、公不得與、不宜與皆同。

【疏】公不與盟者何。○解云：正以盟會録即爲善事，而公不與盟，於義似違，故執不知問。

晉人執季孫隱如以歸。

公至自會。公不與盟者何？公不見與盟也。

主會疑公如楚不肯與公盟故諱使若公自不肯與盟〔疏〕注時晉至與盟○解云適言時晉主會者正以此會劉子在其間故須辨之知非劉子主會者正以當時天子微弱故也知疑公如楚不肯與公盟者正以上七年三月公如楚九月公至自楚之文十一年公如晉至河乃復是其見疑不得入晉故也

公不見與盟大夫執何以致會據得意乃致會〔疏〕注據得意乃致會○解云即莊六年注云公與二國以上出會盟得意致會不得意不致會此平丘之經亦是公與二國以上出會盟之事故言據得意乃致會也若欲伯事言之即哀十三年夏公會晉侯及吳子于黄池公至自會是也

不恥也曷爲不恥據扈之會公失序恥之〔疏〕注據扈之會至恥之○解云即文七年秋八月公會諸侯晉大夫盟于扈傳云諸侯何以不序大夫何以不名公失序也公失序奈何諸侯不可使與公盟眣晉大夫使與公盟也何氏云爲諸侯所薄賤不見序故深諱爲不可知之辭是也

諸侯遂亂反陳蔡君子恥不與焉時諸侯將征弃疾弃疾乃封陳蔡之君使詐諸使諸侯從陳蔡之君言還反不復討楚楚亂遂成故云爾公不

與盟不書成楚亂者時不受盟也諸侯實不與公盟而言公
天與盟者遂亂辭見與公猶不宜與也故因爲公張義○復
扶又反爲
公于僞反
【疏】
注齊既至之君○解云即下文是也○注公
不至賂也○解云春秋之義諱內惡故隱五
年春公觀魚于棠傳云何以書譏何譏爾遠也何氏云實錢
張魚而言觀譏遠者恥公去南面之位下與百姓爭利四夫
無異故諱使若以遠觀爲譏也然則公若與盟即成楚乱便
是內惡例諱不書今公不與盟不書楚乱者正以時不受賂
是以不得書其成亂矣桓二年春公會齊侯陳侯鄭伯于稷以
以成宋亂夏四月取郜大鼎于宋戊申納于太廟傳云何以
書譏何譏爾遂亂受賂納于太廟非禮也然則彼以受賂之
故書其成宋亂今不受賂是以不書成楚乱決之春秋之義
爲內諱大惡而桓公受賂而成宋亂不爲之諱者彼注云宋
公馮與督共弒君而立諸侯會于稷欲共誅之受賂便還令
宋亂遂成桓公本亦弒隱而立君子疾同類相養小人同惡
相長故賤不爲諱也者是也○注諸侯上張義○解云上注
云故諱使若公自不肯與之盟今又言此者正以諸侯遂乱
是以魯侯不肯與之盟然則上下二注共相爲義非別解云
因爲公張義者謂書公不與盟者非直爲國諱因見
諸侯遂亂大惡公亦不宜與故言因爲公張義也○蔡

侯廬歸于蔡。陳侯吳歸于陳。此皆滅國也。

其言歸何？据歸者有國辭。○廬，力吳反。〔疏〕注据歸者有國辭。○解云：即僖三十年秋，衛侯鄭歸于衛之屬是也。不與諸侯專封也。故使若有國自歸者。名者，專受其封，當誅。書者，因以起楚封之所以能起之者，上有存陳文，陳見滅，無君所責；又蔡本以篡見殺，但不成其子，不絕其國，即諸侯存陳，當有文實也。〔疏〕不與至封也。○解云：宜言不與楚專封，而云不與諸侯專封者，宣十一年傳云：此楚子也，其稱人何？諸侯之義不得專討也。是楚得言諸侯之義矣，而舊云楚子初無封陳蔡之意，但畏諸侯之誅，遂討封陳蔡之子孫。陳蔡爲之請于諸侯，諸侯止不伐楚，楚乃封陳蔡，然則陳蔡得封本由諸侯，故傳言諸侯以明之也。先疑焉。○注名者至當誅。○解云：諸侯之式不合生名，今陳蔡之君既已稱爵，而書名者，正以諸侯之封宜受于天子，而受國于楚，故名之，見當誅討，不合爲諸侯矣。○注書者至實也。○解云：言主書此事者，非直惡陳蔡之君不受天子之命，亦因以起楚封之所以能起楚之封者，正以上九年夏四月陳火，傳云：陳已滅矣，其言陳火何？存陳也。注云：陳已滅，復火者，死灰復燃之象也。

此天意欲存之故從有國記災故曰上有存陳文也言陳見
滅無君無所責者正以陳國已滅無君可責而火之者天意
作死火復燃之象見陳國合存之意言蔡本以篡見殺者即襄
三十年夏四月蔡世子般弒其君固至上十一年夏四月丁巳
楚子虔誘蔡侯般殺之于申是也言但不成其子者即上十一
年冬十有一月楚師滅蔡執蔡世子有以歸用之傳云未踰
年之君其稱世子何不君靈公不成其子是也子者嗣君之
稱謂不成其子有得稱嗣君以繼其父矣言不絕其國者下
以書滅是也何者僖五年晉人執虞公之下傳云虞已滅矣
其言執之何不與滅也曷爲不與滅滅者亡國之善辭注云
言王者起當存之故爲善辭也傳云滅者上下同力者也之
云言滅者臣子與君勠力一心共死之辭是也然則何氏
此者欲道陳蔡皆舊有國二君之子復先在楚楚人封之
遂反國故得言歸非謂上會諸侯與地封之若是上會諸
墠地封之當如救邢城楚丘之屬傳亦有文實之文若作
實之文宜云城陳蔡傳云孰城之諸侯城之曷爲不言諸
城之不與諸侯專封曷爲不與實與而文不與文曷爲不
諸侯之義不得專封諸侯之義不得專封則其曰實與之
上無天子下無方伯天下諸侯有○冬十月葬蔡靈
相滅亡者力能存之則存之可也

書葬者經不與楚討嫌本可責復讎故
書葬明當從誅君論之不得責臣子
疏 注書葬至臣子
○解云隱十一
年傳云然則何以不書葬春秋君弑則不討不書葬以爲無
臣子也然則靈公上十一年爲楚誘殺未見復讎之文而書
其葬者正以上十一年經不與楚討若不書其葬即嫌可以
責蔡臣子無復讎之義是以書葬靈公本者弑父而立當從
誅君論之不得責臣子復讎於楚矣言經不與楚討者即上
十一年傳云楚子虔何以不名絕也曷爲絕之爲其誘討也
此討賊雖誘之曷爲絕之懷
惡而討不義君子不與是也
○公如晉至河乃復○吴滅州來
不日者
略兩夷
疏 注不日者略兩夷○解云上四年秋
七月遂滅厲注云莊王滅蕭日此不
日者靈王非賢表之略然則吴子夷昧兄弟立謙讓位季子
即爲賢者而反滅人亦書日以責之而不日者正以兩夷
相滅故略之考諸舊本日亦有作月字者若作月字當云春
秋上下滅例書月即莊十年冬十月齊師滅譚十三年夏六
月齊人滅遂之屬是今此不月略兩夷故也是以下三十年
十二月吴滅徐之下而注云至此乃月者所見世始録夷狄
滅小國也不從上州來巢見義者因有夷文可責是也以此
言之則知此文無月明矣文承一月之下而言無月者謂不

在十月內也然則爲日字消誤云云之說在三十年

十有四年春隱如至自晉○三月曹伯滕卒○夏四月○秋葬曹武公○八月莒子去疾卒入昭公卒不日不書葬者本篡故因不序○去起呂反

疏注入昭至不序○解云春秋之義所傳聞之世略於小國不書其卒至所聞之世乃始書之即文十三年邾婁子蘧篨卒之徒是也至所見之世文致大平書小國而録之卒月葬時即下二十八年秋七月癸巳滕子甯卒冬葬滕悼公之屬是也今此莒君入昭公所見之世宜令卒日葬時而卒不日復不書其葬者正由其本是篡人故因略之不序其卒日亦不序其葬矣其本篡者即上元年秋莒去疾自齊入于莒是也然則春秋之義篡明者例書其葬即衛晉鄭突齊小白陽生之徒是今此去疾於上元年秋亦有自齊入于莒之文即是篡明例合書葬但以本篡故因不序然則入昭公所見之世小国之卒例合書日而上三月曹伯滕卒亦不日者莊二十三年冬十一月曹伯射姑卒之下何氏云曹伯達於春秋當卒月葬時也如卒日葬月嫌與大國同故復卒不日入所

聞世可日不復日然則曹伯終生於桓十年時以春秋敬老重恩之故而得卒日葬月以為大平是以入所見之世雖例可日亦不復日是故上文上曹伯不書日矣○冬莒殺其公子意恢莒無大夫書殺公子者未踰年而殺其君之子不孝尤甚故重而録之稱氏者明君之子○恢苦回反（疏）注莒無大夫○解云莊二十七年傳文○注稱氏至之子○解云小國大夫假令得見皆不書氏即莒慶之徒是也今兼書公子者欲明其是大君之子故也若言莒殺意恢無以明嗣子不孝

十有五年春王正月吳子夷昧卒○夷昧音末本亦作末○

○二月癸酉有事于武宮籥入叔弓卒去樂卒事其言去樂卒事何據入省言萬去籥言名不言卒事○籥羊略反去樂起呂反注去籥及下文去樂同（疏）注據入至卒事○解云即宣八年夏六月辛巳有事于大廟仲遂卒于垂壬午猶繹萬入去籥是也然則彼乃入者言萬此則入首言籥彼則去籥言名此則漫言去樂而已彼又不言卒事與此異是

故弟子據而難之禮也以加錄卒事即非禮但當言去樂而已君去樂矣總言樂者明悉去也君

有事于廟聞大夫之喪去樂恩痛不忍舉卒事畢其祭事

大夫聞君之喪攝主而往主謂已主祭者臣聞君之喪義不可以不即行

故使兄弟若宗人攝行主事而往不廢祭者古禮也古有分土無分民大夫不出已父未必爲今君臣也孝經曰資于事

父以事君而敬同【疏】注主謂至臣也○解云謂已於廟內主其祭事者矣云云古有分土無分民知如此者正以

詩云逝將去汝適彼樂土論語云四方之民襁負其子而至矣之言故也云大夫不出者謂凡平大夫也不得以有功德

人夫難之○注孝經至敬同○解云何氏之意以資爲取言取事父之道以事君欲以得然者而敬同故也以此言之則

何氏解孝經與鄭稱同與康成異矣云云之說在孝經疏大夫聞大夫之喪尸事

畢而往賓尸事畢而往也日者爲卒日○爲于僞反【疏】注賓尸至往也○解云正以禮大夫祭謂

之賓尸故也云日者爲卒日者正以春秋之義失禮鬼神例日今非失禮如日爲卒○夏祭昭呉

奔鄭不言出者始封名言歸嫌與天子歸有罪同故書其有國之辭明專封○昭吳左氏作朝吳

疏 夏蔡昭吳奔鄭○解云左氏穀梁皆言朝吳出奔鄭今此作昭吳字又不言出者所見之文異案左氏穀梁皆以朝吳為蔡大夫則知此昭吳亦為蔡大夫矣而舊解以昭吳為蔡侯廬之字者似非何氏之意○注不言至專封○解云今此昭吳出奔鄭不言出者正以其君始封之時名書歸見十三年蔡侯廬歸于蔡是也云嫌與天子歸有罪同者謂書名言歸者乃與天子歸有罪之文近相似故以為嫌何者僖公二十八年夏六月衛侯鄭自楚復歸于衛注云言復歸者刺天子歸有罪矣冬曹伯襄復歸于曹而注云曹伯言復歸者天子歸之名者與衛侯鄭同義然則天子歸有罪者書名言歸向上蔡侯廬歸于蔡亦有罪歸故言嫌與天子歸有罪同非謂確然相似言故奪其有國之辭者正以君子之歸有所嫌故奪其昭吳有國之辭不言其出矣云明專封者欲明其蔡侯為楚所專封矣吳既受諸侯之專封不合有國故不言大夫之出奪其國又以見之○**六月丁巳朔日有食之**幷十七年食蓋與孛于大辰同占

疏 注幷十至同占○解云謂此文日有食之幷十七年夏六月甲戌朔日有食之皆與十七年有星孛

昭十五年

於大辰同占也其占者則孛大辰之下注云是後周分爲二天下兩主宋南里以亡是也○秋晉荀吳帥師伐鮮虞○冬公如晉

十有六年春齊侯伐徐○楚子誘戎曼子殺之楚子何以不名（据誘蔡侯名○戎曼音蠻又音萬二傳作戎蠻哀四年同）

（疏）注据誘蔡侯名○解云即上十一年夏楚子虔誘蔡侯般殺之于申是也

夷狄相誘君子不疾也曷爲不疾（据俱誘也）若不疾乃疾之也（以爲固當常然者乃所以爲惡也能以無知薄責之戎曼稱子者入昭公見王道太平百蠻貢職夷狄皆進至其爵不日者本不卒不地者略也○見賢徧反）

（疏）注戎曼至其爵○解云上四年申之會伐吳再見淮夷五年冬越人伐吳一見越人所見之世而不進之者君子因事見義故也何者淮與越蓋遣大夫會此是君因可進而進之且昭公之時文致大平實不治定但可張法而已寧可文皆進乎○注不日者本不卒○解云上十一年夏四月丁巳楚子虔誘蔡侯般殺

之于申書其丁巳今亦誘殺而不日者正以戎曼乃是夷狄之内最爲微國雖於大平之世亦不合卒是故春秋略之不書其日矣云不地者略也者正以蔡侯誘殺經書于申今此不地故言略也○夏公至自晉

○秋八月己亥晉侯夷卒○九月大雩先是公會[illegible]如晉○[illegible]

婼音朔○季孫隱如如晉○冬十月葬晉昭公

十有七年春小邾婁子來朝○夏六月甲戌朔日有食之○秋郯子來朝○八月晉荀吳帥師滅賁渾戎○賁渾音六下戶門反冬有星孛于大辰

孛者何彗星也三字皆發問者或言入或言于或言方嫌爲孛異猶問録之○星孛音佩彗息遂反反因歲反

（疏）孛者何○解云欲言星名星名不有孛欲言非星録爲星稱故執不知問○注三字至録之○解云言三字皆發問者即文十四年秋七月有星孛入于[illegible]斗傳云孛者何彗星也其言入于北斗何北斗有中也何[illegible]

書記異也哀十三年冬十有一月有星孛於東方傳云孛者何彗星也其言于東方何見于旦也何以書記異也并此三處皆言孛者何故言三孛皆發問也所以三處皆問之者正以文十四年經言入于北斗此經言于大辰哀十三年經言于東方三文甚異即嫌爲孛之不同是以處處循發問而詳錄之故云或言入或言于或言方嫌爲孛異猶問錄之

其言于大辰何據北斗言入于大辰非常名

疏注據北斗言入于。解云正以此經不言入宜言于北據入而難之云大辰非常名者正以東方七宿皆謂之辰故曰大辰非七宿之常名而經著之因以爲難也

在大辰也大辰者何大火也大火謂心

疏大辰者何解云正以大辰之名非一而已不知何者故執不知問。注大火謂心解云左氏傳心爲大火是也而釋天云柳鶉火者正以柳在南方亦可爲出火之候故也不謂心星非大火然則爾雅不言心爲大火者文不備也

大火爲大辰伐爲大辰伐謂參伐也大火與伐天所以示民時早晚天下所取正故謂之大辰辰時也。參所林反

疏大火爲大辰。解云即釋天云大火謂之大辰李氏云大火蒼龍宿之心以候四時故曰大辰孫氏

郭氏云大火心也在中最明故時候主焉是也。注伐謂參伐也。解云正以伐在參傍與參連體而六星故言伐謂參伐伐與參爲一候故也

北辰亦爲大辰

北辰北極天之中也常居其所迷惑不知東西者須視北辰以別心伐所在故加亦亦者兩相須之意。別彼列反

【疏】注北辰北極。解云即釋天云北極謂之北辰李氏云北極天心居北方正四時謂之北辰孫氏郭氏曰北極天之中以正四時謂之北辰是也云天中也者以天圓言之故也然則謂之極者取於居中之義矣而春秋說云北者高也極者藏也言大一之星高居深藏故名北極也者與先儒說違其何氏兩解乎云常居其所者謂常居紫微宮所矣

何以書記異也

心者天子明堂布政之宮亦爲孛星者邪亂之氣埽故置新之象是後周分爲二天下兩王宋南里以亡。雖似嗟反

【疏】注心者至之宮。解云春秋說文星絣亦云云亦爲孛者亦始北斗爲彗所孛矣。注是後至以亡。解云言周分爲二天下兩王者謂敬王在成周王猛居王城故下二十二年秋劉子單子以王猛入于王城傳云王城者何西周也何氏云時居王城邑自號西周王經又言冬十月王子猛卒二十二年秋尹氏立王子朝然則王猛卒後子朝復篡佰與敬王處据相

指故云周分爲二天下兩主也是以運斗樞云星孛賊起守大辰於五堂乱兵塡門三王爭周以分是也然則彼有三王爭者通前後言之今此云周分爲二天下兩主者正以子猛子朝之篡是一也言宋南里以叛者即下二十一年夏宋華亥向寧華定自陳入于宋南里以畔是也○楚人及吳戰于長岸詐戰不言戰此其言戰何据於越敗吳于醉李檇李音醉本或作醉○敵也俱無勝負不可言敗故言戰也不月者略兩夷

疏詐戰至戰何○解云經文言戰而傳以詐戰問之者正以夷狄貿貿不能結日偏戰今此兩夷而言戰故以詐戰難之○注据於至醉李○解云在定十四年夏也彼此皆是兩夷無言戰之經是以据而難之○注不月者略兩夷○解云正以春秋之例偏戰者日詐戰者月今此詐戰而不月故言略兩夷

十有八年春王三月曹伯須卒○夏五月壬午宋衛陳鄭災何以書記異也何異爾異其同日而俱災也外異不書此何以書爲天下

記異也詩云貞儀不忒正是四國四國天下象也是後王室乱諸侯莫肯救故天應以同日俱災若曰無天下云爾。爲于僞反忒官得反應應對之應

疏記異也。解云經言災者以其燹宗廟朝廷故也傳云異者正以四國同日而俱災。注四國天下象也。解云正以四國得爲四方之國故得謂之天下象。注是後王室乱諸侯莫肯救。解云即下二十二年夏六月王室乱傳云何言乎王室乱注云據天子之居稱京師言不及外也注云宮謂之室剌周室之微弱邪庶並篡无一諸侯之助四夫之救如一家之乱也故變京師言王室不爲天子諱者方責天下不救之者是王室乱諸侯莫肯救之事也

○六月邾婁人入鄅。鄅音禹○又音矩

秋葬曹平公。冬許遷于白羽

十有九年春宋公伐邾婁。夏五月戊辰許世子止弒其君買蔡世子般弒父不忍日此日者加弒尔非實弒也

疏注蔡世至弒也。解云即襄三十年夏四月蔡世子般弒其君用何氏云不日者深爲中國隱痛有子弒父之禍故不忍言其

日是也然則許亦中國而言曰者正以加弒非實弒故也知加弒者下傳備文皆書夷狄弒父則忍言其日者即文元年冬十月丁未楚世子商臣弒其君髡彼注云曰者夷狄子弒父忍言其日是也 ○己卯地震 季氏稍盛宋南里以叛王室大亂諸侯莫肯救晉人圍郊吳勝雞父尹氏立王子朝之應

（疏）注季氏至之應 解云謂稍稍盛也往前時務揭為政自上十一年夏公如晉至河乃復十三年平丘之會公不與盟以來季孫隱如數見經至二十五年逐出昭公矣云宋南里以叛者在二十一年夏云晉人圍郊者在下二十三年也何傳云郊者何天子之邑也曷為不繫于周不與伐天子也是也云吳勝雞父者即下二十三年秋七月戊寅吳敗頓胡沈蔡陳許之師于雞父是也云尹氏立王子朝者即下二十三年秋尹氏立王子朝是也賊未討何以書葬者正以隱十一年傳云春秋君弒賊不討不書葬以為無臣子也然則師有解爾故此弟子据而難之

○秋齊高發帥師伐莒

○冬葬許悼公賊未討何以書葬不成于弒也曷為不成于弒 据將而誅之○于殺音試下于殺加殺皆同 止進藥而

藥殺也時悼公病止進藥悼公飲藥而死止進藥而藥殺則曷爲加弑焉爾据意善也譏子道之不盡也其譏子道之不盡奈何曰樂正子春之視疾也樂正子春曾子弟子以孝名聞疏注樂正至名聞　解云祭義云樂正子春下堂而傷其足數月不出猶有憂色門弟子云云子春曰吾聞諸曾子曾子聞諸夫子曰天之所生地之所養無人爲大父母全而生之子全而歸之可謂孝矣云云今予忘孝之道予是以有憂色云云是也復加一飯則脫然愈復損一飯則脫然愈復加一衣則脫然愈復損一衣則脫然愈脫然疾除貌也言消息得其節○復加扶又反下同一飯扶晚反下同疏復加至然愈　解云言子春視疾之時消息得其節觀其顏色力少如可時更加一飯以與之其病者脫然加愈若觀其顏色力少如弱時則復損一飯以與之則其病者脫然加愈又觀其顏色力似寒時則復加一衣以與之則病者脫然又加愈又觀其顏色力

昭十九年

似如嫚則復損一衣以與之則病者脫然而愈止進藥而藥殺是以君子加弑焉爾失其消息多少之宜曰許世子止弑其君買是君子之聽止也聽治止罪葬許悼公是君子之赦止也原止進藥本欲愈父之病无害父之意故赦之赦止者免止之罪辭也明止但得免罪不得繼父後許男斯代立无惡文是也

【疏】注明止至是也。解云正以此傳但有赦止之文而无善止之處故知但得免罪而已无嗣父之義矣云許男斯代立无惡文是也者正以昭卅以後不見許男卒葬之文唯有定六年春王正月癸亥鄭游遬帥師滅許以許男斯歸是也言无惡文者正以不見立入之文故也若正宜立而斯篡之春秋之義篡作篡文以惡斯矣似若隱四年衛桓見弑嗣子宜立而宣篡之經書立晉以爲惡晉之文也

二十年春王正月○夏曹公孫會自鄸出奔宋奔未有言自者此其言自何据始出奔未有言出者與宋華亥入宋南

里復出奔異。鄭音豪，又亡忠反，又亡貢反，一音亡增反。者此舊於此下有比者，非。復，扶又反。疏注据於至言叛

解云：謂始發國出，未有言自者，故云尔。云與宋華亥入宋南里復出奔異者，即下文冬十月宋華亥向寧華定出奔陳，二十一年夏宋華亥向寧華定自陳入于宋南里以叛，二十一年春宋華亥向寧華定自宋南里出奔楚是也。而言異者，正以華亥之徒奔而入叛邑之㪅，乃始出奔，故得言自。今會始出，故云異矣。

畔也時會盜鄭以奔宋

畔則曷爲不言其畔言叛者當言以畔，如邾婁庶期。疏注言叛至庶期。解云：若其作叛文，當言公孫會以鄭出奔宋，如似襄二十一年邾婁庶其以漆閭丘來奔之類也。

爲公子喜時之後諱也。春秋爲賢者諱諱使若從鄭出奔者，故與自南里同文。爲公子，于僞反，下爲賢、爲會、爲之諱同。

何賢乎公子喜時据喜時不書。疏注据喜時不書。解云：正以曹羈、叔肸春秋賢之者，皆書見經，即莊二十四年冬曹羈出奔陳，宣十七年冬公弟叔肸卒之文是也。今此喜時既不書見，非所賢矣，則何賢乎喜時，故難之。

讓國也。其讓國奈

何曹伯廬卒于師在成十三年則未知公子喜時從與喜時曹伯廬弟。從與才用反下音餘下從與同（疏）注喜時曹伯廬弟　解云而賈服以爲廬之庶子者蓋所見本異也公子負芻從與負芻喜時庶兄或爲主于國或爲主于師古者諸侯師出世子率與守國次宜爲君者持棺絮從所以備不虞或時疾病相代行本史文不具故傳疑之。絮從女居反說文云絮緼也一曰敝絮也（疏）注古者至不虞　解云春秋說文言率與守國者與衆也謂率衆以守國也左氏春秋傳云大子之法君行則守是也其次宜爲君者謂若大子母弟也言持棺絮從者棺者椑也即礼云以椑從之文是也絮謂新綿即礼記云屬纊以俟絶氣之文是也云或時一病相代行若正以曹伯無子喜時其母弟也當守國公子負芻若庶兄也礼當從君但或時負芻疾而喜時代之行今傳不言者正以史文不具故也公子喜時見公子負芻之當主也逡巡而退賢公子喜時則曷爲爲會諱君子之善善也長惡惡也短惡惡止其身不遷怒也○遂七句反惡惡並如字一讀上烏路反下同疏公子至其身○解云當依正禮喜時守国則負芻當主若在喪之處當主而來若其疾病求代行則負芻當主也者在国而當主矣善善及子孫賢者子孫故君子為之諱也君子不使行善者有後患故以喜時之讓除會之叛不通鄭為国如通濫者喜時本正當立有明王興當還國明叔術功惡相除裁尺通濫介○濫力甘反又力暫反疏注不通至濫爾○解云昭三十一年冬黑弓以濫來奔傳云文何以無邾婁注云據讀言邾婁通濫也注云通濫為国故使無所繫爲通濫賢者子孫宜有地也賢者孰謂謂叔術也何賢乎叔術讓國也云云然則今若通鄭為國宜云夏公孫會以鄭出奔宋傳云文何以無曹通鄭也曷為通鄭賢者子孫宜有地也賢者孰謂謂喜時也何賢乎喜時讓国也云云今不如此者正以喜時本正當立若有明王興興滅国継絶世之時當令還其国則不宜通鄭邑以為小国而已以此言之明叔術以讓国之功除其妻嫂殺顏之惡裁足通濫邑以為小國而已不足以得邾婁地○秋盜殺衛侯之兄

輒母兄稱兄兄何以不立據立嫡以長○輒左氏作縶嫡丁歷反長丁丈反

疏注據立嫡以長○解云即隱元年傳曰隱長又賢何以不宜立立嫡以長不以賢立子以貴不以長之文是也

有疾也何疾爾惡疾也惡疾謂瘖聾盲癘禿跛傴不逮人倫之屬也書者惡衛侯兄有疾不憐傷厚遇營衛不固至令見殺失親親也公子不言之兄弟言之者敵躰併嫌於尊卑不明故加之以絕之所以正名也○瘖於今反聾路工反癘力世反又力大反禿吐木反跛布可反傴於矩反惡烏路反令力呈反

疏注失親親也○解云失親親之道也

○冬十月宋華亥向甯華定出奔陳月者危三大夫同時出奔將爲國家患明當防之○向甯二傳作向寧

疏注月者危三防之解云春秋之義大夫出奔例皆書時即成七年冬衛孫林父出奔晉襄二十八年夏衛石惡出奔晉冬齊慶封來奔之屬是也今此書月故須解之言將爲國家患者即下文入于宋南里以畔是也若言三大夫同時出奔然後乃月案莊十二年冬十月宋萬出奔陳一大夫也亦書月者使與大國君出奔同明彊禦之甚是也

○十有一月

辛卯蔡侯廬卒

二十有一年春王三月葬蔡平公○夏晉侯使士鞅來聘○宋華亥向甯華定自陳入于宋南里以畔宋南里者何若曰因諸者然因諸者齊故刑人之地公羊子齊人故以齊喻也宋樂大心自曹入于蕭不言宋南里者略叛臣從刑人于國家尤危故重言宋國○重直用反（疏）入于至以畔○解云左氏穀梁皆作南里字而賈氏云穀梁曰南鄙蓋所見異也○宋南里者何解云欲言其邑而繫宋言之與蕭例異欲言非邑入之而叛與蕭相似故執不知問○注因諸至之地○解云舊說云即博物志云周曰囹圄齊曰因諸是也○注宋樂至言宋○解云即定十一年秋宋樂世心自曹入于蕭注云不言叛者從叛臣叛可知若是也何氏特引此事者正以自外而入與此相似而不繫宋故須解之○秋七月壬午朔日有食之是後周有篡禍（疏）注是後周有篡禍○解云在明年○八月

乙亥叔痤卒。○叔痤在禾反左氏作叔輒【疏】叔痤卒○解云左氏穀梁作叔輒○

冬蔡侯朱出奔楚出奔者爲東國所篡也大國奔例月此時者意背中國而與楚故略之○惡烏路反下音偏【疏】冬蔡侯朱○解云左氏與此同穀梁作蔡侯東○注出奔至篡也○解云知此者正以二十三年夏六月蔡侯東國卒于楚故也篡不書者東國之下自有注說○注大国至略之○解云大國奔例月者即桓十六年十一月衛侯朔出奔齊之徒是也言惡背中國而與楚者即奔楚是也○

公如晉至河乃復

二十有二年春齊侯伐莒○宋華亥向甯華定自宋南里出奔楚前出奔已絶賤復録者以故大夫專勢入南里犯君而出當誅也言自者別從国去○復扶又反別從彼列反下同【疏】注前出去國去○解云在上二十年冬也春秋之例大夫奔之後其位已絶即襄二十八年冬齊慶封來奔其後因魯奔吳經不書之是也今此書者正以專勢入南里犯君而出

起其當誅故也。云言自者，別從國去者，謂言自宋南里者，欲別於宋萬出奔陳之文，從國都而去者故也。

○大蒐于昌姦。○大蒐，所求反，本亦作蒐。昌姦，二傳作昌間。○夏四月乙丑，天王崩。○六月，叔鞅如京師。○葬景王。○王室亂。謂王猛之事。

疏注謂王至之事。○解云：即下文秋，劉子、單子以王猛入于王城是也。不言子朝者，子朝于時篡事未成故也。

何言乎王室亂？據天子之居稱京師，天王入于成周，天王出居于鄭，不言亂。

疏注據天至京師。○解云：桓九年紀季姜歸于京師。京師者何？天子之居也。京者何？大也。師者何？衆也。天子之居，必以衆大之辭言之是也。云天王入于成周者，即下二十六年冬十月天王入于成周是也。以上二事，以解傳文何言乎王室之意。云天王出居于鄭不言亂者，即僖二十四年冬天王出居于鄭是也。

言不及外也。宮謂之室。刺周室之微，邪無而篡，無一諸侯之助、匹夫之救，如一家之亂也。故變京師言王室，不言成周言王室者，正王以責諸侯也。傳不事事悉解者，言不及外，外當責之，故正王可知也。不爲天子諱者，方責天下不救之。○邪[illegible]

以從疏注宮謂之室○解云爾雅文云邪庶並篡者正以反疏子猛子朝皆非正適故謂之邪庶也其篡敵王故謂之並篡時子朝篡事未成而言並篡者欲見尹氏之徒已有立之之意也云無一諸侯之助匹夫之救者正以变京師言王室故知如此云不言成周言王室者正王以責諸侯也者公羊之義以成周是王居亂不言京師亂何故不言成周亂而言王室亂者又欲正其王號以責諸侯不救之謂敬王爲王矣其若不然景王之崩至今期年其嗣子在喪得云王室乎云傳不事事悉解者傳若事悉解宜云不言京師言王室者刺周家之微也如一家之乱而已責諸侯不救急者大王之號今不爾者正以言不及外之文足兼此等之意是故不復費辭耳云言不及外即是外邊諸侯之當責之可知由是之故須著言王責諸侯之不救也故曰皆可知云注不爲天子諱者方責天下不救之者閔二年傳云曷爲外之春秋爲尊者諱然則春秋之義爲尊者諱今天子微弱不能討乱失國之刑而不爲諱者方責天下不救之是以不得不見者矣

劉子單子以王猛居于皇其稱王猛何據未踰年已葬當稱子

疏注據未至稱子○解云正以莊三十二年傳云既葬稱子踰年稱公故也言已葬者即上文葬

景王是也。**當國也**。時欲當王者位，故稱王猛，見當國也。錄居者，事所見也。不舉猛爲重者，時猛尚幼，以二子爲計勢，故加以。以者，行二子意辭也。二子不舉重者，尊同權等。○見當，賢編反，下同。

（疏）注時欲至國也。○解云：正以言王，須國受師，以當國之人，鄭段之徒矣。云錄居者，事所見也者，正以當國之人，未成爲王，理宜略之，而錄其居者，春秋刺其篡逆，若不書云王猛居于皇，則其當國之事無由見，故曰錄居者，事所見也。云不舉猛爲重者，春秋之從㤅，皆舉重，是以下二十三年秋天王居于狄泉之經，不言其大夫以之。今不舉重，故如此解也。云以者，行二子意辭也者，正以桓十四年宋人以齊人、衛人、蔡人、陳人伐鄭，以者何？行其意也。何氏云：以己從人曰行，言四國行宋意是也。○秋，

劉子、單子以王猛入于王城。王城者何？西周也。時居王城邑，自號西周主。

（疏）王城者何。○解云：欲言正居，文無成周之稱；欲言非正居，王猛入之，故執不知問。

其言人何？据非成周。

（疏）注据非成周。○解云：正以公羊之義，以成周爲正居，故言此矣。是以二十六年冬十月天王入于成周是也。

篡辭也。時雖不入成周，已得京師地半，稱王置官自号

西周故從篡辭言入起其事也不言西周者正之
無二京師也不月者本無此国無可與別輕重也（疏）注以從篡
辭言入○解云正以春秋之義立納入皆爲篡辭故此謂入
爲篡辭矣○注不月至重也○解云春秋之義大国之篡例
合書月即隱四年冬十二月衛人立晉之徒是何者以其禍
大故也小国例時以其禍小矣即昭元年秋莒去疾自齊入
于莒之文是今此入于王城之邑而篡天子計其禍祭实如大
国之例而不月者正以本無可與別輕重之義是以時之也

○冬十月王子猛卒此未踰年之君也其稱
王子猛卒何據子卒不言名外未踰年君不當卒（疏）注據子卒不言名解云即文十八年
冬十月子卒是也云外未踰年君不當卒者正以春秋上下
無其事故也而僖九年冬晋里克弑其君之子奚齊書者彼
乃見殺非此之類也而言外者正以
內之子般子野之徒皆書之故也
不與當也不與
當者不與當父死子繼兄死弟及之辭也春秋篡成
者皆與使當君之父死子繼兄死弟及者篡所緣得位成爲
君辭也猛未悉得京師未得成王又外未踰年君三者皆不

當卒卒又名者非與使當成爲君也嫌上入無成周文非篡辭故從得位卒明其爲篡也月者方以得位明事故從外未踰年君例〔疏〕注春秋至辭也○解云即公及齊侯盟于柯齊侯小白卒之徒是也○注猛未至當卒○解云猛未悉得京師即從篡不成已是不當卒也假令得作外踰年君問自不得書其卒況未成外踰年君實不得書其卒言一旨不當卒矣○注卒又至篡○解云既不合卒今書其名非欲成其爲君但嫌上經入于王城之時無成周之文恐其非篡辭故從其得位而書其卒正欲明爲篡故也○注月者至君例○解云篡既不成理宜略之而書其月者春秋方書其卒君得位然以明其篡事故曰方以得位明事也言故從外未踰年君例者即僖九年冬晉里克弑其君之子奚齊何氏云弑未踰年君例當月不月者不正遇禍終始惡明故略之今此書月從未踰年君例矣○十有二月癸酉朔日有食之是後晉人圍郊犯天子邑

監本春秋公羊註疏昭公卷第二十三

監本春秋公羊註疏昭公卷二十四 起二十三年盡三十二年

何休學

二十三年春王正月叔孫舍如晉○癸丑叔鞅卒○晉人執我行人叔孫舍○晉人圍郊

郊者何天子之邑也天子閒田有大夫主之○閒音閑疏叔孫舍者○解左氏穀梁作婼字○郊者何○解云欲言外邑文無所繫欲言魯邑而不言伐我故執不知問也

曷爲不繫于周不與伐天子也與侵柳同義疏注與侵柳同義○解云即宣元年冬晉趙穿帥師侵柳傳曰柳者何天子之邑也注云天子閒田也有大夫守之晉與大夫忿爭侵之也曷爲不繫乎周注云據王師敗績于貿戎繫于王不與伐天子也注云絕正其義使若兩國自相伐今此圍郊亦然故曰與侵柳同義然則彼已有傳今復發之者正以侵圍異文故也且若不發傳無以知其伐天子

○夏六月蔡侯

東國卒于楚不日者惡背中国而與楚故略之月者比肸附父仇責之浅也不書葬者篡也篡不書者以惡朱在三年之内不共悲哀舉錯無度失衆見篡○惡背烏路反下同背音佩共音恭錯七故反（疏）注不日至略之○解云正以大国之卒例皆書日今此不日故解之言背中国而與楚者即此文卒於楚是也○注月者至浅也○解云僖十四年冬蔡侯肸卒注云不月者賤其背中国而附父仇故略之甚也然則彼過深故不月此則過浅但不日而已云云之説備於僖十四年云不書葬者篡也者以春秋之例篡不明者例不書葬今此東国篡不明不書其葬以明篡矣○注篡不至見篡○解云二十一年冬蔡侯朱出奔楚何氏云奔者為東国所篡然則東国既篡於朱而無立入之文者正欲惡朱故也何者東国篡朱而無文則知春秋之義惡朱明矣言在三年之内者即二十年冬蔡侯廬卒至二十一年冬朱即出奔故曰三年之内也所見之世始録諸侯内行小失不可勝書是以春秋但犕而見譏而已故何氏云不共悲哀舉錯無度而已矣凡是為人所篡皆失衆之所由故何氏云失衆見篡也○秋七月莒子庚輿來奔○戊辰吴敗頓胡沈蔡陳許之

師于雞父胡子髠沈子楹滅獲陳夏齧此偏戰也曷爲以詐戰之辭言之據甲戌齊國書及吳戰于艾陵俱與夷狄言戰今此從詐戰辭言敗○雞父音甫髠苦門反楹音盈左氏作逞穀梁作盈夏户雅反齧五結反艾五蓋反

疏 此偏戰也○解云正以春秋之例偏戰者日詐戰則月今此書日故言偏戰○注據甲戌至言敗○解云即哀十一年夏五月公會吳伐齊甲戌齊國書帥師及吳戰于艾陵齊師敗績獲齊國書是也

不與夷狄之主中國也序上言戰別客主人直不直也今吳序上而言戰則主中國辭也○別客彼列反下及傳同

疏 注序上言戰○解云以莊二十八年齊伐衛衛人及齊人戰衛人敗績傳云春秋伐者爲客注云伐人者爲客伐者爲主注云見伐者爲主故使衛主之也彼注云戰序上言及者爲主主曷爲使衛主之衛未有罪矣注云蓋爲幽之會服父喪未終而不至故又僖十八年春宋公以下伐齊夏宋師及齊師戰于甗齊師敗績傳云春秋伐者爲客伐者爲主曷爲不使齊主之與襄公之征齊也曷爲與襄公之征齊桓公死豎刀易牙爭權不葬爲是伐之也以此言之若主人直則主序上

若客直則客序上故云序上上言戰別客主人直不直今吳人序其上而言戰則是吳人爲主中国之辝故不得言戰直言敗而已故云不與夷狄之主中国**然則曷爲不使中國主之**據哀[illegible]国書[illegible]主吳**中國亦新夷狄也**中国所以異乎夷狄者以其能尊尊也王室亂莫肯救君臣上下壞敗亦新有夷狄之行故不使主之不稱国国出師者賤略之言之師者辝許獨稱師上五国稱国之嫌○之行下孟反下同

（疏）注君臣上下壞敗者○解云不救天子有無君臣上下之道故云君臣上下壞敗○注不稱国国出師者賤略之者○解云决桓十三年春齊師宋師衛師燕師敗績之文○注言之師者○解云若不言之直言吳敗頓胡沈蔡陳許師于雞父則嫌師文獨使許稱自陳以上單稱国是故言之以散之矣

其言滅獲何據蔡公孫歸生滅沈以沈子嘉歸殺之国言滅君言殺又獲晉侯言獲此陳夏齧亦言獲君大夫無別

（疏）注據蔡至言殺○解云即定十四年夏四月庚辰蔡公孫歸生帥師滅沈以沈子嘉歸殺之彼国言滅君言殺今此君言滅是以据而難之云又獲晉侯言獲者即僖十五年冬十一月壬戌晉侯及秦伯戰于韓獲晉侯是也然則国言滅君言殺以

解傳其言滅何之文又獲晉侯書獲以解傳其言獲何之文別君臣也君死于位

曰滅生得曰獲大夫生死皆曰獲大夫不世故不別死位

疏君死于位曰滅者 解云即此胡子髡沈子盈滅是也生得曰獲者即獲晉侯是大夫生死皆曰獲者大夫死曰獲者即此獲陳夏齧及哀十一年獲齊国書之徒是也其大夫生得曰獲者宣二年獲宋華元是也○注大夫不世故不別死位 解云正謂諸侯出奔別其死社稷與不若其死社稷者而經書滅又就若敗之言獲也大夫不世是以不嫌別之故不問生死皆謂之獲也

不與夷狄之主中國則其言獲

陳夏齧何據荆敗蔡師于莘以蔡侯獻舞歸不言獲○莘所巾反

疏注據荆至言獲 解云在莊十年秋九月彼傳云曷爲不言其獲不與夷狄之獲中國也

吴少進也能結日戰行少[illegible]故從中国辭治之髡盈下云滅者死戰當加禮使若自卒順也經先舉敗文嫌敗走及殺也故以自滅爲文明本死位乃敗之兩名若從敗辭也

疏注髡盈至順也 解云獲晉侯狀鄭子徒皆獲狀之文在今上髡盈之滅滅文在

下者以其死戰當合加禮故退滅文於下使若公子友卒于類不爲人所殺然故曰使若自卒一則不言戰不與夷狄之主中国一則其言滅不與夷狄之殺諸夏二理合符故言頓也○注名者從赴辭也　解云公羊之義合書則書不赴告而言從赴辭者正以髡頑既死故胡沈之臣述告云遂實君某甲爲吳所滅諸侯之史悉書其名孔子案諸之文而爲春秋由是之故録其名矣故曰名者從赴辭隱公八年夏六月己亥蔡侯考父卒秋八月葬蔡宣公傳云卒何以名而葬不名卒從正注云卒當赴告天子君前臣名故從君臣之正義言也而葬從主人彼注云至葬者有常月可知不赴告天子故從蔡臣子辭稱公也以此言之則此注云名者從赴辭若謂其赴告天子之辭是以稱人矣○

天王居于狄泉此未三年其稱天王何據毛伯來求金不稱天王

〔疏〕注據毛至天王　解云即文九年毛伯來求金是也彼云何以不稱使當喪未君也踰年矣何以謂之未君即位矣而未稱王也未稱王何以知其即位以諸侯之踰年即位亦知天子之踰年即位也則云俱緣始之禮不得異以天子三年然後稱王亦知諸侯於其封內三年稱子也然則天子之法三年然後方始稱王故此傳云此未三年其稱王

何據毛伯不稱天王以難之**著有天子也**時庶孽並篡天王失位徙居微弱甚故急著正其號明天下當救其難而事之○孽魚列反難乃旦反**尹氏立王子朝**貶言尹氏者著世卿之權尹氏貶王子朝不貶者年未滿十歲未知欲富貴不當坐明罪在尹氏○子朝如字（疏）注貶言尹氏者　解云即隱三年夏尹氏卒之下傳云尹氏者何天子之大夫也其稱尹氏何貶曷爲貶譏世卿世卿是也一云年未滿十歲者何氏更有所見或者正以衛人立晉莒展去疾之徒悉去公子見其當國今此王子朝經無貶文乃與楚公子比之經相似案十三年公子比之下傳云比已立矣其稱公子何其意不當也以此言之明其幼少也年既幼少未貪富貴故以未盈十歲言以下二十六年出奔之時年已稍長而不去王子者順上文也○**八月乙未地震**是時猛朝更起與王爭入遂至數年晉陵周竟吳敗六國季氏逐昭公吳光弒僚滅徐故曰至三食地爲而動○更音庚數所主反爲于僞反（疏）是時至數年　解云猛兮雖卒但囂來世近而子朝復逆故曰猛朝更起上王猛入于王城今言天王居于狄泉尹氏立王子朝二十六年天王入于成周王子朝奔楚故云與王爭入也首尾五載故曰遂至數年云

晉陵周竟者即上圍郊是也，云吴敗六國者上文云戊辰吴敗頓胡沈蔡陳許之師云云是也，云季氏逐昭公者即下二十五年九月癸亥公孫于齊是也。○注吴光殺僚滅徐者即下二十七年夏四月吴弑其君僚，滅徐者即下三十年冬十二月吴滅徐，徐子章禹奔楚是也。云故日至三食也爲再動者上二十一年秋七月壬午朔日有食之，二十二年十有二月癸酉朔日有食之，二十四年夏五月乙未朔日有食之，故云日至三食也。上十九年夏五月己卯地震，今年又震，故曰地爲再動。○冬，公如晉，至河，公有疾，乃復。何言乎公有疾乃復？據上比乃復，不言公，不言有疾。【疏】注據上至有疾。○解云：上十三年冬公如晉至河乃復，又二十一年冬公如晉至河乃復，皆言公如，而云不言公，若止謂至河之下不言公矣。殺恥也。因有疾，以殺畏晉之恥。舉公若重疾，也。子之所慎，齋戰疾。

二十有四年，春，王二月丙戌，仲孫貜卒。○叔孫舍至自晉。○夏，五月乙未朔，日有食之。是後季氏逐昭公吳滅巢弑其君僚又滅徐○秋八月大雩先是公如晉弁務穫卒民被其役時年叔倪出會故秋七月復大雩○被皮寄反○丁酉杞伯鬱釐卒○鬱釐音來反力之反二傳作郁釐○冬吳滅巢○葬杞平公（疏）叔孫舍至自晉

解云上十四年春隱如至自晉以其被執而還故省去其氏今此叔孫舍不去氏者蓋以無罪故也是以文十四年傳云稱行人而執者以其事執也注云以其所銜奉國事執之晉人執我行人叔孫舍是也不稱行人而執者以己執也注云己者己大夫自以大夫之罪執之分別之者罪惡當各歸其本以此言之則知隱如有罪故去其氏叔孫無罪故無貶文若然文十五年夏單伯至自齊案彼單伯亦以其有罪執而存其氏者恥之故也是以彼注云不省去氏者諱當絕使若他單伯至是也王昆後季氏逐昭公者在下二十五年九月云吳滅巢者在今年冬公弑其君僚者在二十七年云又滅徐者在三十年冬先言季氏逐昭公者正欲決吳事故也杞伯鬱釐卒者左氏穀梁作郁釐字今正本亦有郁字者

二十有五年春叔孫舍如宋○夏叔倪會晉

趙鞅宋樂世心衛北宫喜鄭游吉曹人邾婁人滕人薛人小邾婁人于黄父。倪音詣又五兮反左氏作詣樂世心世如字又以制反左氏作大心父音甫○有鸛鵒來巢何以書記異也何異爾非中國之禽也宜穴又巢也非中国之禽而來居此国国將危亡之象鸛鵒猶權欲宜穴又欲巢此權臣欲国自下居上之徵也其後卒爲季氏所逐○鸛音權左氏作鸛音劬鵒音欲

[疏]夏叔倪者穀梁與此同左氏經賈注者作叔詣字○有鸛鵒來巢者○解云案運斗樞云有鸛鵒來巢于榆此經不言于榆者欲道來巢即爲異不假指其處所若莊七年傳云不修春秋曰雨星不及地尺而復君子修之曰星霣如雨何氏云明其狀似雨爾不當言雨星不言尺者霣則爲異不可以尺寸録之非中国之禽也者謂是夷狄之鳥以異義公羊説云鸛鵒夷狄之鳥不當來入中国鄭君駁之曰春秋之鳥不言來者多爲夷狄來也若鸛鵒乃飛從夷狄而來則昭將去遠域之外以此言之則知非中国之禽者謂是夷狄之鳥而冬官云鸛鵒不踰濟鄭氏云無於

中国有之者何氏所不取也舊解以爲中国国中者非得注之意穀梁與此同○秋七月上辛

大雩季辛又雩又雩者何又雩者非雩也聚

衆以逐季氏也一月不當再舉雩言又雩者起非雩也昭公依托上雩生事聚衆欲以逐季氏

不書逐季氏者諱不能逐反起下孫及爲所敗故因雩起其

事也但舉曰不舉辰者辰不同不可相爲上下又日爲君辰

爲臣去臣則逐季氏意明矣上不當日言上辛者爲下辛張

本不言下辛言季辛者起季氏不孰下而逐君○下孫音遜

下文同去起呂反爲下于僞反下而爲同

疏

又雩者何○解云諸夏雩祭文悉不言又貫于常例故執不知問

注一月至事也○解云僖三年注云大平一月不雨即書春

秋亂世一月不雨未害物未足爲異當滿一時乃書然則春

秋之義一時能害方始書雩豈有兩舉其雩乎故曰一月不

當再舉雩矣既無再舉雩之例而言又雩者可以表其非實

雩故云言又雩者起非雩也○注但舉至上下○解云正以

去年夏五月乙未朔日有食之則此月上辛爲辛丑下辛爲

辛酉所以直言辛不兼言丑酉者若言辛丑辛酉即是參差

不同不可相爲上下故也○注又日至明矣○解云十日爲

陽爲幹故爲君之義十二辰爲陰爲枝故爲臣之象故云日
爲君辰爲辰○注上不至張本○解云春秋之雩其例書時
即桓五年秋大雩之文是故云上不當日也若然亦不合月
而云七月者欲見上辛下辛皆七月之日故○注不言至遂
君○解云凡言上者對下之稱既言上辛而不
言下辛者欲起季氏不執臣下之禮而逐君矣○九月己
亥，公孫于齊，次于楊州。地者，臣子痛君失位，詳錄所舍止。○楊州，左氏作陽州。○
（疏）注地者至舍止○解云地者即經書次于楊州是也春秋之義恐皆舉重不舉公孫爲重而復書次于楊州者
臣子哀痛公之失位是以詳錄公之所舍止之處矣○齊侯唁公于野井。唁公
者何？昭公將弒季氏，傳言弒者，從昭公之辭。○唁音彥，將殺音試，下及注同。（疏）
唁公者何○解云失國見唁在可諱之限今而書見故執不知問○注傳言至之辭○解云君討臣下正應言殺今傳云
弒故須解之而言從昭公之辭者即下文云吾欲弒之如何是也季氏爲無道者謂無日之道告子家駒
曰：「季氏爲無道，僭於公室久矣。諸侯稱公室。吾欲弒

昭二十五

九一〇

之何如昭公素畏季氏意者以為如人君故言弑【疏】注昭公至言弑○解云隱四年傳云與弑公何氏云弑者殺君之辭然則臣下犯於君父皆謂之弑今昭公欲討臣下而言弑違於常義故須解之子家駒曰諸侯僭於天子大夫僭於諸侯久矣昭公曰吾何僭矣哉失禮成俗不自知也【疏】注失禮成至知也○解云正以魯人始僭在春秋前至昭已久故不自知子家駒曰設兩觀禮天子諸侯臺門天子外闕兩觀諸侯內闕一觀○觀工亂反注同【疏】注禮天子至闕○解云在禮器文云天子外闕兩觀諸侯內闕一觀者禮說文也乘大路禮天子大路諸侯路車大夫大車士飾車【疏】注禮天子至飾車○解云顧命之文也云諸侯路車詩云路車乘馬是也云大夫大車者即詩云大車檻檻是也云士飾車者即書傳云乘飾車兩馬庶人單馬木車是也朱干干楯也以朱飾楯○楯食允反又音尹玉戚戚斧也以玉飾斧○戚干戚反以玉飾斧[illegible]以舞大夏大夏夏樂也周所以舞夏樂者王者始起未制作之時取先王之樂與己同者假以風化

天下天下大同乃自作樂取夏樂者與周俱文也王者舞六樂于宗廟之中舞先王之樂明有法也舞已之樂明有則也舞四夷之樂大德廣及之也東夷之樂曰株離南夷之樂曰任西夷之樂曰禁北夷之樂曰昧○大夏户雅反注曰株離音誅禁音金又居鴆反（疏）注東夷之樂至曰昧○解云以下皆樂說文彼注云陽氣始起於懷任之物名離甚株也南者任也盛夏之時物皆懷任矣草木畢成禁如收斂盛陽消盡殺其悲景昧然是也

八佾以舞大武此皆天子之禮也且夫牛馬維婁繫馬曰維繫牛曰婁○佾音逸且夫音扶下有夫并注同婁力主反（疏）此皆天子之禮也○解云以周公之功得用四代之樂而以大夏之後謂之爲僭者刺其羣公之廟若祭周公則蒲○牛馬維婁者○解云皆謂繫之於廐不得放逸于郊也○注繫馬曰維者即詩云皎皎白駒繫之維之是云繫牛曰婁者正以上言牛馬下言維婁維既屬馬婁屬於牛亦可知矣而文不次者意到則言矣舊說云婁者侶也謂聚之於廐

委已者也委食已者○委已于僞反注同已音紀委食音嗣下同而柔焉順（疏）委已者也而柔焉○解云言牛馬之數猶順於已之人而

季氏作賞有年歲矣民從之固是其宜矣季氏得民眾久矣季氏專賞罰得民眾之心

久矣民順從之猶牛馬之於餧食己者君無多辱焉恐民必不從君命反爲季氏用反逐君故

云爾子家駒上說正法下引時事以諫者欲使昭公先自正乃正季氏䟽注子家駒上說正法者○解云即謂

上文朱干玉戚之屬是也云下引時事者謂牛馬維婁是也昭公不從其言終弒

而敗焉果反爲季氏所逐䟽終弒之若　解云謂陳兵欲往攻殺之也走之齊齊

侯唁公于野井弔亡國曰唁弔死國曰弔弔喪主曰傷弔所執紼曰絻○紼音弗絻音問䟽

注弔亡國曰唁者○解云此文是也○注弔喪至曰絻○解云皆當時之制也曰奈何君去魯

國之社稷昭公曰喪人自謂亡人○喪息浪反亡也不佞不善失

守魯國之社稷執事以羞謙自比齊下執事言以羞及君䟽執事

以羞○解云言己之尊卑比齊之執事也而舉措不善失守社稷由是之故以羞及君再拜顙顙者禮今

叩頭矣謝見唁也○再拜顙息黨反見而稽顙也慶子家駒賀慶曰慶子免君於大難矣子家駒曰臣不佞陷君於大難君不忍加之以鈇鑕賜之以死鈇鑕要斬之罪即所賜之以死○大難乃旦反下同鈇音甫又方于反鑕之實反要一遥反再拜顙謝爲齊侯所慶高子執簞食簞葦器也圓曰簞方曰笥食即下所致糗也○簞音丹葦器食音嗣注葦于鬼反笥思嗣反糗去九反又昌紹反【疏】注簞葦器也至方曰笥○解云釋器無文蓋以時事言之云食即下所致糗也者即下文云敢致糗於從者是也與四脡脯屈曰朐申曰脡○脡徒頂反又大頂反朐其俱反【疏】注屈曰朐申曰脡者○解云正以脡是伸舒之名則知朐是屈疊之稱矣鄭注曲禮上篇云屈中曰朐義通於此國子執壺漿壺禮器腹方口圓曰壺反之曰方壺有爵飾【疏】注壺禮器○解云既燕禮云司宮尊于東楹之西兩方壺左玄酒南上是也云腹方至爵飾者釋器無文蓋用舊說或以時事知之言有爵飾者謂刻畫盜爵之形飾其

曰吾寡君聞君在外餕饔未就餕熟食饔食熟肉未就未成也解所以致糗之意○餕音俊【疏】注餕熟食饔熟肉○解云聘禮曰宰夫朝服設飧飪一牢在西鼎九是飧為熟食也又一云致飧饔餼五牢飪一牢云云上文對餼下文有飪一牢之言故知熟肉明矣敢致糗于從者糗糒也謙不敢斥魯侯故言從者○于從才用反注及下皆同糒音備【疏】注糗糒也○解云言糗糒者今之糒米也○糗妹紹反又羗九反糒平祕反昭公曰君不忘吾先君延及喪人錫之以大禮再拜稽首以衽受衽衣下裳當前者之器謙不敢求索○衽而甚反又而鳩反襜裳際也索所白反【疏】錫之以大禮上文糗是也○注衽衣至之器自解云所以衽受之者而以行客之人於器物之故也高子曰有夫不祥猶曰人皆有夫不善君無所辱大禮禮已受君錫荅拜謂之拜命謂之辱高子見昭公拜辱大卑故曰君無所辱大禮○大卑音泰下大學同昭公蓋祭而不嘗食必祭者謙不敢偏嘗示有所

先不嘗者待禮讓也〔疏〕注祭必至讓也○解云凡禮食必先須祭示者正欲作謙其未祭之時不敢便即嘗之欲示有所先今昭公祭訖猶不嘗者正欲待禮讓故也

景公曰寡人有不腆先君之服未之敢服腆厚也服謂齊侯所著衣服也言未敢服者見魯侯乃敢服之謙辭也禮天子朝皮弁夕玄端朝服以聽朝玄端以燕皮弁以征不義取禽獸行射諸侯朝朝服夕深衣玄端以燕燕裨冕以朝天子以祭其祖禰卿大夫冕服而助君祭朝服祭其祖禰士爵弁纁衣裳以助公祭玄端以祭其祖禰○腆他典反厚也著丁略反裨婢支反纁音葷〔疏〕注禮天子朝○解云皆出禮記漢禮亦然

有不腆先君之器器謂上所執簞壺〔疏〕注器謂上所執簞壺者上文高子執簞食國子執壺漿是也然則上言饔飧未熟今則更以簞壺盛饔飧見未之敢用敢以請請行禮

昭公曰喪人不佞失守魯國之社稷執事以羞敢辱大禮敢辭不敢當大禮故敢辭〔疏〕敢辱至敢辭○解云亦上有不字者若有不字則辭下讀是

以從者以不敢言之景公曰寡人有不腆先君之服未之敢服有不腆先君之器未之敢用敢固以請昭公曰以吾宗廟之在魯也以我守宗廟在魯時有先君之服未之能以服有先君之器未之能以出敢固辭已有時未能以事人乎已無有義不可以受人之禮〔疏〕未之能以服者 解云謂未能服之以事人矣下文未之能以出亦然○註今已无有者謂已身之已或解已爲已然之已也景公曰寡人有不腆先君之服未之敢服有不腆先君之器未之敢用請以饗乎從者欲令受之故益謙言從者○令力呈反昭公曰喪人其何稱行禮賓主當各有所稱時齊侯以諸侯禮接昭公昭公自謙夫國不敢以故稱自稱故執謙問之○故稱尺證反景公曰孰君而無稱猶曰誰爲

君者而言無所稱乎昭公非君乎昭公於是噭然而哭噭然哭聲貌感景公言而自傷○噭古弔反一音古狄反諸大夫皆哭魯諸大夫從昭公者既哭以人爲菑菑周埒垣也所以分別内外衛威儀今大學辟雍作側字○菑側其反又側吏反埒力悅反下言袁別彼列反辟音璧（疏）注菑周埒垣也者○解云猶言周匝爲埒垣云今大學辟雍作側字者謂何氏所注者是菑字今漢時大學辟雍所讀者作側字云既哭以人爲側以幦爲席幦車覆苓○幦亦壁反車覆苓也一音呼閴反覆苓力丁反（疏）注幦車覆苓○解云苓即式也但車式以苓爲之有豎者有橫者故考工記注云謂式之植者橫者也禮記君羔幦虎犆大夫士鹿幦豹犆者是也以稾爲几以遇禮相見以諸侯出相遇之禮相見○稾音安孔子曰其禮與其辭足觀矣言昭公素能若此禍不至是主書者喜爲大國所言地者爲錄公明臣子當憂納之也（疏）注地者爲錄至公也○解云書其言公于野井者正欲扁公而詳錄之下二十九年春齊侯使高張來言公不復書其地正以公居于運與在國同

故與此異下三十年晉侯使荀櫟言公于乾侯地者與此同○冬十月戊辰叔孫
舍卒。十有一月己亥宋公佐卒于曲棘曲
棘者何宋之邑也諸侯卒其封内不地此何
以地憂内也時宋公聞昭公見逐欲憂納之至曲棘而卒故恩録之疏曲棘者何。解
云欲言宋邑例所不書欲言他邑文無所繫故執不知問。諸侯卒其封内不地此何以地者正以桓五年陳侯鮑卒不
地是以弟子據而難之但宣公九年晉侯黑臀卒于扈之下已有成注故於此省文○十有一月齊
侯取運外取邑不書此何以書爲公取之也
爲公取運以呰公善其憂内故書不與伐者以言語從季氏取之月者善録齊侯○爲公于爲反注同疏
邑不至以書○解云正据襄元年傳云魚石走之楚楚爲之伐宋取彭城以封魚石而經不書楚取彭城是也但隱四年
春莒人伐杞取牟婁之下有注故此省文○注不舉伐者○解云正以隱四年春莒人伐杞取牟婁舉伐言取故決之云

月者善録齊侯者正以哀八年夏齊人取讙及僤外取邑而書時今此書月正以善憂内詳録齊侯矣

二十有六年春王正月葬宋元公○三月公至自齊居于運月者閔公失国居運致者明臣子當憂納公不當使居運後不復月者始録可知○不復扶又反下同

疏三月公至于運○解云案上公遜于齊次于楊州齊侯唁公子野井以不入齊國都而得言至自齊者穀梁傳云公次于楊州其曰至自齊何也注云据公但至楊州未至齊以齊侯之見公可以言至自齊也注云齊侯唁公于野井以親見齊侯為重故可言至自齊居于鄆者公仕外也注云若但言公至自齊而不言居于鄆則嫌公得歸国欲明公實在外故言居于鄆○注月者閔至居運者正以凡致例時故也○注致者不可知○解云桓元年三月公會鄭伯于垂之下注云不致者為下去王適足起無王未足以見無王罪深淺故復奪臣子辭成誅文也然則昭公失所爲臣所逐而致之者正以罪輕於桓公明其臣子當憂納公故也云後不復月者始録可知即此秋公至自會二十七年冬公至自齊居于鄆之屬是也○夏公圍成書者惡公失國幸而得運不脩文德以

之後摟其民圍成不從叛書者本與國俱叛故不得復以叛爲重不從定公又以親圍下邑爲譏者昭無臣子又即如定公當致也。惡烏路反。疏注不從至爲重。解云成三年秋叔孫僑如率師圍棘棘者何汶陽之不服邑也其言圍之何不聽也注云不聽者叛也不言叛者爲内諱故書圍以起之然則今此圍成是圍叛之文而知爲惡公書之者正以本與國俱叛理宜不復以叛爲重故也。注不從至臣子。解云定十二年十有二月公圍成注云天子不親征下士諸侯不親征叛邑不能圍成不能服不能以一國爲家甚危若從他國來故危録之是也然則此經不書月亦與彼異而注不決之者省文從可知。

○秋公會齊侯莒子邾婁子杞伯盟于剸陵不月者時諸侯相與約欲約公故内喜爲大信辭。剸音專本亦作專。疏注不月至信辭。解云春秋之義大信者時小信者月不信者日剸陵之會無相犯復無大信止合書月而書時者正以約欲納公故爲大信辭矣

公至自會居于運致會者責臣子明公已得意于諸侯不憂助納之而使居于運。疏注致會者至于運。解云莊六年注云公與二國以上出會盟得意致會不得意不致即哀十

三年夏公會晉侯及吳子於黄池秋公至自會宣七年冬公會晉侯以下于黒壤之屬是也然則公與二國以上出會盟得意致會明公已得意於諸侯〇

九月庚申楚子居卒〇冬十月

天王入于成周成周者何東周也是時王猛自號爲西周天下因謂成周爲東周

〔疏〕成周者何〇解云欲言正居經無京師之稱欲言非正居天王入之故執不知問〇注是時王至西周〇解云謂是上二十二年時故彼經冊秋劉子單子以王猛入於王城傳云王城者何西周也注云時居王城邑自號西周王是也

其言入何據入者篡辭

〔疏〕注據入者篡辭〇解云即莊六年衛侯朔入于衛之下傳文所云其言入何篡辭也是也

不嫌也上言天王者有天子已明不嫌爲篡王言入者起其難也不言京師者起正居在成周實外之月者爲天下喜録王者反正位〇爲天于僞反

〔疏〕注上言至難也〇解云謂此經上有天王之文下雖言入非篡可知上二十二年秋天王居于狄泉傳云此未三年其稱天王何著有天子然則此注云著有天子已明者取上傳之文云王言入者起其難也者正以隱八年春入邴之下傳其言入何難也莊二

十四年秋夫人姜氏入之下傳云其言入何難也然則入者重難之辭故云注言入者起其難也○注不言至外之○解云桓九年春紀季姜歸于京師之下傳云京師者何天子之居也則天子之居乃京師是也今言天王入于成周不言入京師者正欲起其正居在成周故也所以能起之者既爲天王所入正居明矣言實外之者正以天子之重海内瞻望宜親九族以自衛守而辟庶孽篡處于外經歷數年方歸舊寧是以不言京師欲以外之然則不言京師兼仁義矣初起成周爲王居終實外天子故云不言京師起正居在成周實外之也注云月者爲天下喜録王者反正位者正以此上二十二年秋劉子單子以王猛入于成周不書月今此月者爲天下喜録王者反正位故也

尹氏召伯毛伯以王子朝奔楚 立王子朝獨舉尹氏出奔并舉召伯毛伯者明本在尹氏當先誅渠帥後治其黨猶楚嬰齊○渠率所類反或作帥

【疏】尹氏召伯至奔楚者○解云穀梁與此同左氏召伯作召氏○注云立王子朝獨舉尹氏者○解云即上二十三年秋尹氏立王子朝是也云當先誅渠帥後治其黨者漢之賊首皆還之渠帥故何氏云焉云猶楚嬰齊者成二年冬十有一月公會楚公子嬰齊于蜀丙申公及楚人以下盟于蜀彼注云

會不序諸侯大夫者嬰齊楚專政驕蹇臣也數道其君率諸侯侵中國故獨先舉于上乃貶之明本在嬰齊當先誅其本乃及其末是也

二十有七年春公如齊公至自齊居于運○

夏四月吴弒其君僚不書闔廬弒其君者爲季子諱明季子不忍父子兄弟自相殺讓國闔廬欲其享之故爲没其罪也不舉專諸弒者起闔廬當國賤者不得貶無所明■方見爲季子諱本不討賊以明闔廬罪雖可貶猶不繫月者非失衆見弒故不略之○爲季子諱爲于僞反下同見賢徧反

（疏）注不書闔廬弒其君者○解云襄二十九年吴子使札來聘下傳云闔廬曰先君之所以不與子國而與弟者凡爲季子故也將從先君之命與則國宜之季子者也如不從先君之命與則我宜立者也僚烏得爲君乎於是使專諸刺僚者闔廬弒僚之文也今不書闔廬弒爲季子諱不討賊故也云明季子不忍父兄自相殺者即彼傳云而致國乎季子季子不受曰爾弒吾君吾受爾國是吾與爾爲篡也爾殺吾兄吾又殺爾是父子兄弟相殺終身無已也去之延陵終身不入吴國者是其文也云不舉專

諸弒者桓二年春王正月戊申宋督弒其君與夷之下何氏注云督不氏者起馮當國然則彼經貶去督之氏者起其弒君取國與馮所以不舉重書諸弒僚見取國與闔廬者正以其賊不得貶之假令書見下得稱人文無所明故也此月者明失衆見弒故不略之者文十八年冬莒弒其君庶其傳云稱國以弒何稱國以弒者衆弒君之辭向氏云一人弒君國中人人盡喜故舉國以明失衆當坐絶也例皆時者略之也然則稱國以弒者例皆不月以略之今此月者直是本不出賊以除闔廬罪是以稱國非以失衆見弒之例故不略之○楚殺其大夫郤宛○郤去逆反下紆宛反○秋晉士鞅宋樂祁犁衛北宮喜曹人邾婁人滕人會于扈○犁力兮反又力私反○冬十月曹伯午卒○邾婁快來奔邾婁快者何邾婁之大夫也邾婁無大夫此何以書以近書也詭與畀我同○邾婁快本又作噲苦夬反

【疏】注詭與畀我同義○解云即襄二十三年夏邾婁鼻我來奔傳云邾婁鼻我者

何邾婁大夫也邾婁無大夫此何以書以近書也何氏云弁無他義知以治近升平書也所傳聞世見治始起外諸録大略小大國有大夫小國略稱人所聞之世内諸夏治如大夫廩廩近升平故小國有大夫治之漸也見於邾婁者近始也獨舉一國時亂實未月大夫治亂不失其實故取張法而已然則邾婁快亦以無它義知以治近太平書見於邾婁者以其近魯故也平世獨舉一國者時亂實未有大夫治亂不失其實但取足張法而已故云說與鼻我同義也云云之說在襄二十三年。○公如齊公至自齊居于運

二十有八年春王三月葬曹悼公月者爲下出也○爲于僞反（疏）注月者爲下出也○解云正以上十八年三月曹伯須卒秋葬曹平公二十七年冬十月曹伯午卒然則曹於所見之世正自卒月葬時故知此月宜爲其下事出矣○公如晉次于乾侯乾侯晉也名月者閔公内爲強臣所逐外如晉不見荅次于乾侯不諱者憂危不暇殺恥後不月者録始可知（疏）注後不月至可知○解云即下二十九年春公如晉次于乾侯是也○夏四月丙戌鄭伯

昭二十八年

甯卒。○甯，乃定反，下同。左氏作「寧」，下滕子名並作「寧」。○六月，葬鄭定公。○秋七月癸巳，滕子甯卒。○冬，葬滕悼公。

二十有九年春，公至自乾侯，居于運。不致以晉者，不見容于晉，未至晉。○齊侯使高張來唁公。言來者，居運從國內辭。書者，如晉不見答，喜見唁也。不月者，例時也。

疏注「言來至內辭者」。○解云：正以下三十一年「晉侯使荀櫟唁公于乾侯」不言來故也。云「不月者，例時也」者，正以經不月故知例然。則知下文「荀櫟唁公」之徒雖在日月之下，不蒙日月可知。○公如晉，次于乾侯。○夏四月庚子，叔倪卒。○秋七月。○冬十月，運潰。邑不言潰，此其言潰何？據國曰潰，邑曰叛。

疏注「據國曰潰，邑曰叛」。○解云：即僖四年「蔡潰」，文三年「沈潰」者，是國曰潰之文。襄二十六年春「衛孫林父入于戚以叛」，定十三年春「宋公之弟辰及仲佗、石彄、公子地自陳入于蕭以叛」，是邑曰叛之文。郛之也。

郛郛疏注郛郛若郛之德云公國之但古今異語也曷為郛之據成三年棘潰邑不言潰也疏注據成至潰也○解云即彼經云叔孫僑如帥師圍棘棘者何汶陽之不服邑也其言圍之何不聽也彼注云不聽者叛也是也君存焉爾昭公居之故從国言潰明罪在公也不言國之言郛之者公失国也不諱者責臣子當憂而納之殺恥不如救危也孔子曰不患寡而患不均不患貧而患不安其本乃由于闔成失大得小而不能節用○疏注不言国之言郛之者○解云正以桓七年春焚咸丘之下傳云咸丘者何邾婁之邑也曷為不繫乎邾婁国之也莊二年夏公子慶父帥師伐於餘丘之下傳云於餘丘者何邾婁之邑也曷為不繫乎邾婁之国也然則彼二文皆言国之今言郛之者正以昭公居国裁得国外土地而已其国内宗廟非公之有故傳言郛之不言国之耳云孔子曰不患寡而患不均不患貧而患不安者論語文言為国家者不患土地人民之寡少而患政令之不均平不患国無儲積而患君臣上下之不能相安而引之者欲道昭公政令失所是以出奔今雖小地而復闔成擾亂其民令之不安由茲潰散無小土可居又不得国而卒於外者自取之者也云其本乃由于闔成者闔成即二十六年夏公圍成是也失魯之大而

得運邑故曰失大得小不能自節約而川之乃復擾亂其民團成也

三十年春王正月公在乾侯月者閔公運潰無尺土之居遠在乾侯故以存君書明臣了當憂納之〔疏〕注故以存君書者○解云即襄二十九年春王正月公在楚注云正月公在楚何言乎公在楚正月以存君也彼注云正月歲終而復始臣子喜其君父與歲終而復始執贄存之故言在今昭公運潰無尺土之士可居遠在他邦故以存君書之故云公在乾侯○夏六月庚辰晉侯去疾卒○去起呂反○秋八月葬晉頃公○頃音傾○冬十有二月吴滅徐徐子章禹奔楚至此乃月者所見世所録夷狄滅小国也不從上州來巢見義者固有出奔可責○見賢徧反〔疏〕注云此至国也○解云正以宣二十六年秋楚人滅隗以隗子歸何氏云不月者略夷狄滅微国也然則此亦夷狄滅微国而書月者所見之世故也○注不從至可責○解云吴滅州來在上十三年冬吴滅巢在上二十四年冬然則州來與巢皆當所見世而不書月以見之至此乃月者正以既滅其国

復奔其君因責章爲不能死位是以於二国皆不書月也於上經既不書月明其遂同所聞之例故何氏於州來之下〇注云不月者略兩夷是也

三十有一年春王正月公在乾侯〇季孫隱如會晉荀櫟于適歷時晉侯使荀櫟責季氏不納昭公爲此會也季氏負擔謝過欲納昭公昭公創惡季氏不敢入公出奔在外無君命所以書會以殊外言來者從上魯録諱亟取邑卒大夫若盈孫文〇荀櫟本又作躒又作擽亦適躒也適丁歷反一音狄〇注負簞章藥反本又作擔惡烏路反亟去冀反孫音遜 疏 季氏負簞至不敢入者〇解云春秋說文彼注云負擔者聽刑之禮也昭公創惡季氏不敢入者在傳亦有其文也〇注公出至魯録〇解云春秋之義待君命然後卒大夫明其非君命者不録之也今昭公不在所以書季孫隱如會晉荀櫟于適歷又書黑弓以濫來奔之文又以殊外若從上魯録文故得然不爲爾時有君命也〇云諱亟取邑者即下三十二年取闞傳云闞者何邾婁之邑曷爲不繫乎邾婁諱亟也注云與邪濫爲亟取也〇云卒大夫者盈孫文者即上二十五年公遜

于齊後叔孫舍卒二十九年叔倪卒之徒是也然則春秋之義爲君父諱惡春秋之義待君命然後卒大夫然今君不而国而書大夫之卒故須解之然則取闞不繫邾婁乃書大夫之卒者正欲盈足諱亦言遜之義故云盈孫文 ○夏

四月丁巳薛伯穀卒始卒便名日書葬者薛比滕最小迫後定貞皆當略

疏注始卒便名日書葬者○解云春秋之義小国始卒名曰及葬未能尒具會二見之後方始能備即宣九年秋八月滕子卒成十六年夏四月辛未滕子卒昭三年春王正月丁未滕[illegible]子泉卒五月葬滕成公之徒是也言薛比滕微小者正以[illegible]子卒於宣公之篇薛今始卒故云比於滕爲小国也而今[illegible]卒日即得名葬月書正由於後定貞皆當見略迫近之故[illegible]以二注備書矣其定見略者即定十二年春薛伯定卒彼[illegible]下不日月者予無道當廢之而以爲後未至三年失衆見弑[illegible]危社稷宗廟禍端在定故略之是也且寅見略者即哀十年[illegible]夏薛伯寅卒彼注云卒葬略者與杞伯益姑同是也昭六年[illegible]春王正月杞伯益姑卒彼注云不日者行微弱故略之入[illegible]見之責小国詳始録內行也諸侯內行小失不可勝書故於[illegible]略責之見其義是也 ○晉侯使荀櫟唁公于乾侯○秋葬

薛獻公○冬黑弓以濫來奔文何以無邾婁據讀言邾婁○黑弓一傳作黑肱濫力甘反又力暫反疏冬黑弓者謂當時公羊子口讀邾婁黑弓矣通濫也通濫爲国故使無所繫曷爲通濫據庶其不通也疏注據庶其不通也解云即襄二十一年春邾婁庶其以漆閭丘來奔是也賢者子孫宜有地也賢者孰謂謂叔術也叔術者邾婁顏公之弟也或曰羣公子疏注叔術者邾婁至弟也○解云謂母弟也或曰羣公子謂庶弟也何賢乎叔術據叔術不書讓國也其讓國奈何當邾婁顏之時顏公時也邾婁女有爲魯夫人者則未知其爲武公與懿公與孝公幼不知孝公者邾婁外孫邪將妄子邪○武公與音餘下及注皆同顏淫九公子于宮中所與淫公子凡九人疏注所與至九人○解云計顏公一人不應並淫九人故以

所言之因以納賊則未知其爲魯公子與邾婁公子與臧氏之母養公者也君幼則宜有養者大夫之妾士之妻禮也則未知臧氏之母者曷爲者也養公者必以其子入養不離人母子因以娛公也

【疏】則未知其爲魯公子與者○解云爲内諱于魯公子也○邾婁之公子與者不知爲是邾婁公子者與古者諸侯一娶九女二國媵之而邾婁一國以并有九女於魯宫由者蓋所取於邾婁相通爲九人不以盡是一人妻矣大夫之妾士之妻○注禮也○解云大夫之妾士之妻禮記内則文故注云禮也○則未知臧氏之母者曷爲者也○解云案内則大夫之妾士之妻並陳之謂士妻不吉乃取大夫之妾亦得事不具矣何者乳食一男何假二人乎則未知臧氏之臣爲是大夫之妾爲是士之妾故曰曷爲者

臧氏之母聞有賊以其子易公抱公以逃以身死公則可以其子易公非事夫之義然而於王法當賞以活公爲重也賊

至湊公寢而弑之弑臧氏子也不知欲弑孝公者納簒邪將利其国也○湊七豆反臣有鮑廣父與梁買子者聞有賊趨而至臧氏之母曰公不死也在是吾以吾子易公矣於是負孝公之周訴天子天子爲之誅顏而立叔術反孝公于魯顏夫人者嫗盈女也國色也其言曰有能爲我殺殺顏者吾爲其妻殺顏者鮑廣父梁買子也婦人以貞一爲行云爾非德也○愬音素本亦作訴爲之于爲反下爲我爲之則爲並同嫗紆具反一音紆羽反爲行下孟反下殺顏者之行亦同【疏】嫗盈女也者○解云謂此老嫗是盈姓之女○国色也者解云謂顏色一国之選叔術爲之殺殺顏者而以爲妻利其色也有子焉謂之盱夏父者其所爲有於顏者也

爲顔公夫人時所爲顔公生也○盱許于反又許孤反本或作胯一音夸夏父戸雅反盱及夏父邾顔公之二子【疏】謂之盱夏父者至有於顔者也○解云謂爲顔公妻時所以有之者盱幼而皆愛之叔術妃盈女皆愛盱食必坐二子於其側而食之有珍怪之食珍怪猶奇異也○而食音嗣盱必先取足焉夏父曰以來猶曰以彼物來置我前人未足人夏父自謂也而盱有餘言盱所得常多叔術覺焉齊悟也尔小爭食長必爭国易曰君子見幾而作不幾其神乎幾者動之微者事之先見○長丁丈反下見賢遍反下注見見王皆同【疏】注易曰至先見○解云皆出下繫辭文云知幾其神乎君子上交不諂下交不瀆其知幾乎幾者動之微吉之先見者也君子見幾而作不俟終日是也曰嘻此誠爾國也夫起而致國于夏父夏父受而中分之叔術曰不可三分之叔術曰不可四分之叔術

曰不可五分之然後受之五分受其一○曰喜許其反也夫音扶疏注五分受其一○解云服虔成長義云邾婁本附庸三十里耳而言五分之為六里国也者彼乃左氏之偏辭未足以奪公羊以為邾婁本大国汨春秋之前在名例隱元年何氏有成解公扈子者邾婁之父兄也為夫子作春秋時於邾婁君為父兄之行公扈者氏也○之行戶郎反習乎邾婁之故故事也道所以言也疏注道所至言也○解云謂道下傳所言矣其言曰惡有言人之國賢若此者乎惡有猶何有寧有此之類也言賢者寧有反妻嫂殺殺顏者之行乎○惡有音烏注同誅顏之時天子死叔術起而致國于夏父言叔術本欲讓迫有誅顏天子在爾故天子死則讓與妻嫂感兒爭食之事當此之時邾婁人常被兵于周曰何故死吾天子猶曰何故死畜吾天子違生待命而立夏父乎此天子亦則讓之效也夫子本所以知上傳賢者惡小功大也猶律

一人有數罪以重者論之春秋滅不言入是也案叔術妻嫂
雖有過惡當絕身無死刑當以殺殺顏者爲重宋繆公以反
国與與夷除馮弑君之罪死乃反国不爭生讓之大也馮殺
與夷亦不輕于殺殺顏者凡其罪不足而功有餘故得爲賢
傳復記公寔子言者欲明夫子本以上傳通〔疏〕注夫子本
之故公寔子有是言○數所壬反復扶又反　所以至惡
少功大也者○解云上傳謂五分之然後受之以上矣○云
春秋滅不言入是也者即莊十年傳云戰不言伐圍不言戰
入不言圍滅不言入書其重者也是云當絕身無死刑者但
當絕其身以爲不脩不合殺之故曰無死刑然則外內亂鳥
獸行則滅之者謂姑妹之旅合一則推父子聚麀二則嫂非
姑姊妹故也○注當以殺至爲重○解云謂犯王命殺魯賢
臣故以爲重○注宋繆公以反国與至馮弑君之罪○解云
宋繆反反国之事在隱三年彼傳文具矣其除馮弑君之
者即桓二年宋督弑其君之下注云督不氏者起馮當国下
舉馮弑爲重者繆公廢子而反国得正故爲之諱是也注云
死乃反国不如生讓之大也者言繆公死乃反国非其全讓
之意不如叔術生讓其功大矣注云馮殺與夷亦不輕於殺
殺顏者謂馮爲弑君叔術爲犯王命皆是惡逆其罪勢等今
云比其罪不足而功有餘故得爲賢者上解云其罪勢等今

而言罪不足者謂犯王命殺魯大夫豈如宋萬弒君乎故以爲罪少于萬矣其罪既少其功有餘故得賢之**通濫則文何以無邾婁**据國未有口繫于人（疏）注据國至于人○解云言若通濫是國宜應特達何故文上無邾婁所已其口仍繫邾婁言之乎故注云濫國未有口繫于人**天下未有濫也**欲見天下實未有濫國春秋新通之爾故口繫子邾婁**天下未有濫則其言以濫來奔何**据上說天下實未有濫者言春秋新通之也春秋所通之君文成矣不言濫黑弓來奔而反與大夫竊邑來奔同文（疏）注而反與大夫竊邑來奔同文者○解云即襄二十一年春邾婁庶其以漆閭丘來奔之徒是**叔術者賢大夫也絕之則爲叔術不欲絕不絕則世大夫也**此解不言濫黑弓意叔術者賢大夫也如不口繫邾婁文言濫黑弓來奔則爲叔術賢心不欲自絕于國又嫌天下實有濫無以起新通之文不可設施如口不絕邾婁文言濫黑弓來奔則嫌氏邑起本邾婁出大夫春秋口繫通之文亦不可施（疏）注起本邾婁至可施○解

云君曰云邾婁文言濫黑弓來奔即嫌大夫氏邑欲起黑
弓本是邾婁出大夫以繫于邾婁欲通之爲出大夫故也大
夫之義不得世故於是推而通之也推猶因也因就大夫
竊邑奔又通之則人夫不出叛術賢心不欲自絕兩明矣主
書者在春秋前見王者起當追有功顯有德興滅國繼絕世
疏注主書者至繼絕世○解云隱元年注云諸大夫立隱
不起者在春秋前明王者受命不追治前事今此追之
者春秋之義勸其後功是以上二十年傳曰君子之善善也
長惡惡也短惡惡止其身善善及子孫賢者子孫故君子爲
之諱是也○十有二月辛亥朔日有食之是後昭公死外晉大夫
執楚犯中
國圍蔡也疏注是後昭公死外者○解云即下三十二
年冬公薨于乾侯是也云晉大夫專執者即定元
年三月晉人執宋仲幾于京師傳云其稱人以執何貶曷爲貶不
與大夫專執也是也云楚犯中國圍蔡者即定四年秋楚人
圍蔡是也直言圍蔡足矣何須言楚犯中
國欲言日食爲夷狄強諸夏微之象故也
三十有二年春王正月公在乾侯○取闞

者何邾婁之邑也曷爲不繫乎邾婁諱亟也
與取濫爲亟○闞口暫反亟去冀反注同【疏】闞者何○解云欲言是国諸典聞欲言是邑文無所繫故執不
問○注與取濫爲亟○解云取亦作受字者二年之間比取兩邑故以爲亟而諱之矣○夏吳伐越
○秋七月○冬仲孫何忌會晉韓不信齊高
張宋仲幾衛世叔申鄭國參曹人莒人邾婁
人薛人杞人小邾婁人城成周書者起時善其廢職有尊尊之
也孔子曰謹權量審法度脩廢官四方之政行焉言城周者起正居實外之○量音亮【疏】注書者云云意也○解
云隱七年夏城中丘傳云何以書以重書也注云以功重故書也當稍稍補完之至令大崩弛壞敗然後發衆城之猥苦
百姓竭空国家故言城明其功重與始作城無異然則天子之城不時脩理至令大壞方始城之而書者正欲起其當時
之善故也何者當是之時天子陵遲諸侯奢縱忽能脩其廢職有尊尊之心是以書見故曰起時善云孔子曰謹權量至

行焉者論語文彼注云言成周者欲起正居實外之正以不言京師而言成周者欲起正居在成周故也言實外之者正以王微弱不能守成周不是小事乎猥苦天下是以不言京師實外人子云云之說在上二十六年

○十有二月己未公薨于乾侯

監本春秋公羊註疏昭公卷第二十四

監本春秋公羊註疏定公卷二十五

釋文何以定公爲昭公子與左氏異 ○起元年盡四年

何休學

元年春王定何以無正月 據莊公雖不書即位猶書正月 疏 注據莊至正月。解云即莊元年經云元年春王正月三月夫人[illegible]孫于齊是也案莊公之經上有正月下有三月今定公亦[illegible]有三月而上無正月故據之若然案隱公之經亦云元年[illegible]王正月下云三月公及邾婁儀父盟于眛亦是上有正月[illegible]有三月而不據之者正以隱公所承不薨于外且欲讓桓[illegible]非已有與定公不類寧得據之其閔僖之屬雖承弑君之[illegible]其所承者皆在位見弑元年之下復無三月之文與定不[illegible]故不據之然則桓公戕于齊昭公卒于外亦是不類而得[illegible]之者正以昭公失道爲臣所逐終死于外恥與桓同故據之耳 正月者正即位也 [illegible]有正月者正諸侯之即位 疏 注本有至即位。解云案隱元年傳云[illegible]言乎王正月大一統也何氏云統者始[illegible]

總繫之辭夫王者始受命改制布政施教於天下自公侯於庶人自山川至於草木昆蟲莫不一一繫於正月故云政之始以此言之以書正月者爲大一統也而言本有正月正諸侯即位者兼二義故也何氏云自公侯以下皆繫正即是正月者正諸侯即位之義**定無正月者即位後也**雖書即位六月實當莊公有正月今無正月者昭公出奔國當絕定公不得繼體奉正故諱爲微辭使若即位在正月後故不書正月定無正月者即位後也。解云謂定公行即位之禮在正之後也。注雖書至正月。解云依經及傳可以定公即位在正月之後故無正月何氏更言昭公出奔國當絕定公不得繼體奉正者正以書正月大一統也明不但一即位而已諸侯之法禮當死位而昭公不君棄位出奔終卒于外爲辱實甚論其罪惡君臣共有故知魯國之當絕矣是以何氏消量作如此注故諱爲微辭者謂經與傳直作無即位故無正月之義其定公當絕之文沒而不見故謂微辭爾**即位何以後**據正月正即位**昭公在外**昭公喪在外**得入不得入未可知也曷爲未可知**據已稱元年〔疏〕得入不得入未可知也者○解云謂昭公之喪在外得入不得入未可知不謂據定公之身也其實定公先在于内是以上文已稱元年矣但以君喪未入未得正行即位禮是以即位在正月之後而左氏以為喪及壞隤公子宋乃先入者何氏所不取之○注據已稱元年○解云謂已稱元年春似行即位之禮許何言昭公之喪得入不得入未可知也而即位後乎

在季氏也 今季氏迎昭公喪而事之定公得即位不迎而事之則不得即位 疏 在季氏也○解云定公是時雖以先君之喪未入未行即位之禮其實為君之道已成是以上文得稱元年春矣但猶微弱不敢逆其父喪故云在季氏也

定哀多微辭 微辭即下傳所言者是也定公有王無正月不務公室喪失國寶哀公有黃池之會獲麟故總言多 疏 定哀多微辭○解云定哀二君微辭有五故謂之多不謂餘處更有所對若然昭公定哀同是太平之世所以特言定哀者昭公之篇無微辭之事寧可彊言之乎○注微辭至是也○解云謂主人習其讀而問其傳則未知己之有罪焉爾也○注定公至正月○解云得為微辭者實為昭公出奔國當絕定公不得繼體奉正故無正月如似即位在正月之後是以無正月然故得謂之微辭○注不務公室○解云下十二年夏五月壬辰雉門及兩觀

災冬十月新作雉門及兩觀傳云其言新作之何脩大也注云天災之當滅煩如諸侯制而復脩大僭天子之禮故言新作以見脩大也脩舊不書此何以書譏何譏爾不務乎公室也注云務猶勉也不務公室亦可施於久不脩亦可施于不務如公室之禮微辭也然則書其新作雉門及兩觀者主譏其僭天子之禮可施於久不脩治而錄之傳云不務公室亦得助成微辭之義也○喪失國寶○解云下八年冬盜竊寶玉大弓傳云寶者何璋判白注云不言璋言玉者起珪璧琮璜五玉盡亡之傳特言璋者所以郊事天尤重也書大弓者使若都以國寶書微辭也謂之寶者世世寶用之辭也然則特書大弓者欲通謂之寶寶即大弓是可以世世傳保而珠玉之故謂之寶貝也○注哀公至言多○解云黄池之會者即哀十三年夏公會晉侯及吳子于黄池傳云吳何以稱子吳主會也吳主會則曷為先言晉侯不與夷狄之主中國也其言及吳子何會兩伯之辭也不與夷狄之主中國則曷為以會兩伯之辭言之重吳也曷為重吳吳在是則天下諸侯莫敢不至也彼注云以晉大國尚猶汲汲於吳則知諸侯莫敢不至也不書諸侯者為微辭使若天下盡會之而魯侯蒙俗會之者惡愈是也其獲麟者即哀十四年春西狩獲麟是也實為聖漢將興之瑞周家當滅之象今經直言獲麟不論

此事若似麟來周王更欲中興之兆得謂之微辭矣主人習其讀而問其傳謂讀經傳謂訓詁主人謂定公言主人者能爲主人皆當爲微辭非獨定公則未知己之有罪焉爾此假設而言之主人謂定哀也設使定哀習其經而讀之問其傳解詁則不知己之有罪於是此孔子畏時君上以諱尊隆恩下以辟害容身慎之至也

疏主人至焉爾○解云主人習其讀謂習其經而讀之也云而問其傳者謂問其夫子口授之傳解詁之義矣云則未知己之有罪焉爾者焉爾猶於是讀其微辭意指難明雖問解詁亦未知己之有罪乎春秋假令讀定元年經而問其傳之解詁云定何以無正月正月者正即位也定無正月者即位後也則無以知其国當絕定公不得繼體奉正之義假令讀定公二年經云新作雉門及兩觀而問其傳之解詁云僭差不書此何以書譏何譏爾不務乎公室也正以父不脩理以公室爲急務故書之無以知其僭天子是也○注此假設而言至於是○解云當爾之時未有春秋故知主人習其讀而讀之者假設而言之也既未有春秋而彊言主人故云假設而言之云主人謂定哀者正以上言定哀多微辭下即言主人習其讀故知此主人者宜指定哀言之也○注

孔子至之至也。解云此時君者謂指定哀也孔子作春當哀公之世定没未幾臣子猶存故亦畏之爲之諱惡恩於定哀故曰上以諱尊隆恩也若不迴辟其害則身無所故曰下以辟害容身也尊君卑已故生上下之文耳其傳行口授弟子而作微辭以辟其害亦是謹慎之甚故此曰慎之至也○三月晉人執宋仲幾于京師仲幾之罪何據言于京師成伯討知有罪。幾本或作

疏仲幾之罪何。解云上言晉人似非伯討言于京師是伯討之文與奪未明故難之不蓑城也若今以草衣城是也礼諸侯爲天子治城各有分丈尺宋幾不治所主○不蓑素戈反一或作蓑一或音初危反衣一既反爲天下僞反下善爲同疏不蓑城也。解云謂不以蓑苫城也并之義以爲昭三十二年城成周者是城訖故於此處責其不蓑而已不似左氏方始欲城耳注蓑若今以草衣城是也衣讀如衣輕裘之衣○注礼諸至主者○解云正以宋人不治所主者晉人執而歸之于京師得爲伯討之文故知礼有分丈尺之法不謂更存礼文其言于京師何据城言成周執不地疏注据城言成周。解云即昭三十二年冬仲孫何忌

會晉韓不信以下城成周是也○注執不地○解云謂春秋上下大夫見執例不舉地即下六年秋晉人執宋行人樂祈犂十七年秋齊人執衛行人北宮結之屬是也若然成十六年九月晉人執季孫行父舍之于招丘彼傳自有解執未有言舍之者此其言舍之何仁之也曰在招丘悕矣注云悕悲也仁之者若曰在招丘可悲矣閔錄之辭執未有言仁之者此其言仁之何代公執也是也

伯討也 大夫不得專執執無稱名氏是伯討例故地以京師明以天子事執之得伯討之義○見賢遍反

疏 注大夫至之義○解云下傳云大夫之義不得專執也故云大夫不得專執若諸侯執人即僖四年傳云稱侯而執者伯討也稱人而執者非伯討也若其大夫不得專執故其執人之時無稱名氏非伯討例雖無其例其執之有理寧得不作其文是故**伯討**地以京師明以天子事執之見其得伯討之義也

則其稱人何 據城稱名氏諸侯伯執不稱人也復發此難者弟子未解嫌大夫稱人相執與諸侯同例○復發扶又反下皆同難乃旦反解音蟹

疏 注據城稱名氏云云○解云即昭三十二年冬仲孫何忌會晉韓不信以下城成周是也○注諸侯伯執不稱人也○解云即僖四年傳云稱侯而執者伯討也称人而執者非伯討也

是也若欲指經言之即成十五年春晉侯執曹伯歸之于京師是也貶故稱人爾不以非伯討故曷爲貶據晉侯伯執稱人以他罪舉疏注據晉至罪舉○解云即僖二十八年晉人執衛侯歸之于京師也云歸之于者罪已定矣此晉侯也其稱人何貶曷爲貶衛之禍文公爲之也文公爲之柰何文公逐衛侯而立叔武使其兄弟相疑放乎殺母弟者文公爲之也然則彼乃晉文之執衛侯實得伯討之義而稱人者正由文公惡衛侯太深愛叔武太甚故致此禍是以貶之稱人故曰以他罪舉也今此晉人執仲幾亦得爲伯討之義而貶稱人故欲問其稱人之義矣不與大夫專執也曷爲不與據伯討實與言于京師是也而文不與文不與者貶稱人是也文曷爲不與大夫之義不得專執也大夫不得專相執辟諸侯也不言歸者諸侯當決於天子犯之惡甚故錄所歸大夫當決主獄爾犯之罪從外小惡不復別也无例不在常書又月者善爲天子執之○別彼列反疏文曷爲不與○解云據實與但何氏省文不復言大夫之義不得專執其曰實與之何上無天子下無方伯天下大夫有爲無道

者力能執之則執之可也異禧元年二年救邢城楚丘之傳
者正以諸侯相執執伯者之常事大夫相執例之所略詳尊略
卑之義也○注不言至別也○解云正以僖二十八年冬晉
人執衛侯歸之于京師成十五年春晉侯執曹伯歸之于京
師襄十六年春晉人執莒子邾婁子以歸者是諸侯相執録
其所歸之文所以然者正以諸侯尊貴當决於天子若其犯
之其惡深大故須録其歸之所在即執衛侯曹伯歸于京師
是其得正執莒子邾婁子以歸其國者失所明矣彼注云録
以歸者甚惡晉也有罪無罪皆當歸京師不得自治之是也
若然案襄十九年春晉人執邾婁子亦是諸侯相執而不録
其所歸者正以會上執之即會上釋之實無所歸寧得録之
也若執大夫當决於主獄之人耳若其犯之但爲小惡故從
外小惡例不復分別之也若然所見之世録外小惡而言京
外小惡不復别之者正謂時時録之以見太平之世諸夏之
惡在治之限文不盡録故得然解○注無例至執之○解云
欲道春秋上下更無大夫相執之義即昇無其比例不在
書之限今而書之又書其月詳録之與諸侯相執同例者
爲天子執故也知諸侯相執例書月者正以襄十六年三
月晉人執莒子邾婁子十九年三月晉人執邾婁子之屬皆
月故也舊云此事所以無歸于以歸之例正由大夫相執

九五一

在當書故也既不在當書而書月○夏六月癸亥
以執之者善爲天子執之故也○公
之喪至自乾侯至自乾侯若非公事齊不專中夫之晉竟不見容死于乾侯
辰公即位癸亥公之喪至自乾侯則曷爲
戊辰之日然後即位據癸亥得入已可知正棺於兩楹
之間然後即位正棺者象既小斂夷於堂昭公死於外得以君臣禮治其喪故示盡始死之禮
始死于北牖下浴於中霤飯含於牖下小斂於戶內夷於[illegible]
楹之間大斂於阼階殯於西階之上祖于庭葬於墓奪孝[illegible]
之恩動以遠也禮天子五日小斂七日大斂諸侯三日小[illegible]
五日大斂卿大夫二日小斂三日大斂夷而經殯而成服[illegible]
戊辰然後即位凡喪三日授子杖五日授大夫杖七日授[illegible]
杖童子婦人不杖不能病故也○小斂力驗反下皆同此[illegible]
音容本又作牖霤力又反飯扶晚反含戶暗反作才故反

疏注正棺至故也○解云喪大記云小斂主人即位于
戶內主婦東面乃斂卒斂主人馮之踊主婦亦如之徹帷男
女奉尸夷于堂降拜鄭注夷之言尸也士主人主婦以下從[illegible]

奉之孝敬之心降拜拜賓也是也云故示盡始死之禮者示字亦有作不字者誤也云禮始死于北牖下者即喪大記疾病寢東首於北牖下是也云浴於中霤云云者即坊記云子云賓禮每進以讓喪禮每加以遠浴於中霤飯於牖下小斂於戶內大斂於阼殯於客位祖於庭葬於墓所以示遠也是也而言夷于兩楹之間者即此傳云正棺于兩楹之間是也云奪孝子之恩動以遠也者何氏以意言之也言此者欲陳始死禮云天子五日云云者何氏差約古禮而言之欲道始死之禮五日大斂而殯殯訖成服今欲示盡始死之禮故云公之喪癸亥日至下丁卯殯而成服戊辰之日乃即位矣云凡喪三日云云者即喪服四制云杖者何也爵也三日授子杖五日授大夫杖七日授士杖或曰擔主或曰輔病婦人童子不杖不能病也是也鄭注喪大記云三日者死之後三日也爲君杖不同日人君禮大可以見親踈也引之者欲道喪入五日嗣子大夫授杖已訖可以即位正其臣矣

子沈子曰定君乎國定昭公之喪禮於國然後即位即位不日此何以日据即位皆不日錄乎內也內事詳錄善得五日變禮或諱危不得以踰年正月即位故日主書者重五始也

疏注……詳

録至始也○解云書日所以得變禮者癸亥之日公喪乃至戊辰之日然後君即位象五日殯訖即位之禮故録日以明之言其變而合禮矣○秋七月癸巳葬我君昭公○九月大雩定公得立尤喜而不恤民之應○立煬宮煬宮者何據十一公無廟○煬餘亮反【疏】煬宮者何○解云正以春秋之內更無煬公之稱而立其宮故執不知問煬公之宮也春秋前煬公也立者何立者不宜立也立煬宮非禮也不日嫌得禮故復問立也不日者所見之世諱深使若比武宮惡愈故不日【疏】立者何解云欲言是禮不應言立欲言非禮復不書日故執不知問○立者何至立也○解云隱四年冬衛人立晉之下傳云立者何立者不宜立也成六年春二月辛巳立武宮之下傳云立者何立者不宜立也然則春秋之內三發此文者公子晉之下發之是春秋之首成六年立武宮之下發之嫌立宮與諸侯異例此復發之者正以立武宮書日此不書日故同之昭二十二年秋尹氏立王子朝不復發之者從立晉之傳可知○不日至立也○解云春秋之例失禮於宗廟例書日故

此不日嫌得礼也注言此者正以成六年已有此傳今復發之故解云耳。○不日至不日。○解云例旣書日而不日者正以當所見之世故也若然案莊二十三年秋丹桓宫楹何氏云失礼宗廟例時與向說違者蓋失礼於鬼神例日故隱五年初獻六羽之下何氏云失礼鬼神例日是也若失礼脩營於宗廟則例書時即莊二十三年秋丹桓宫楹何氏云失礼宗廟例時是也莊二十四年春王三月刻桓宫桷書月者何氏云月者功重於丹楹是也若其失礼始造宗廟者例書日即成六年春王二月辛巳立武宫是也所以然者刻桷功重於丹楹猶變例以書月況於始造宗廟爲費實深寧不日乎例旣宜日而不日者正以當所見之世爲内諱深使若惡愈於武宫故也○冬十月霣霜殺菽何以書記異也菽大豆時猶殺菽不殺他物故爲異○霣于敏反疏注時殺至爲異。○解云知獨殺菽不殺他物者正以此經特舉殺菽傳云記異故也若更殺他物則經直云霣霜不舉穀名傳云記災也即桓元年秋大水傳云何以書記災也彼注云災傷二穀以上是也此則但傷一穀旣不成災故謂之異此災菽也曷爲以異書據無麥苗以災書疏注據無至災書。解云即莊七年秋大水無麥苗傳云何以書記災也是也然則大水殺麥[illegible]傳云記災今此霣霜殺菽傳云記異故据而難之若然向[illegible]若更殺他物則經直言霣霜不舉穀名何故莊七年經云秋大水無麥苗者彼傳云何災不書待無麥然後書無苗彼[illegible]云明君子不以一過責人水旱螟蟲皆以傷二穀乃書而一書穀名至麥苗獨書者民食最重是也然則一災不書今書者示以早當誅季氏故不得不録也

異大乎災也

異者所以爲人戒重異不重災君子以貴教化而賤刑罰也周十月夏八月微霜用事未可殺[illegible]菽者少類爲稼強季氏象也是時定公喜於得位而不念[illegible]黜逐之耻反爲淫祀立煬宮故天示以當早誅季氏

（疏）異大手災也。解云雖曰[illegible]傷一物若以害物言之災[illegible]必書者正以異重于災故也何者隱三年而作注云異者[illegible]常而可怪先事而至者隱五年作注云災者有害於人物[illegible]事而至者然則正由先事而至可以爲戒若其變改竟不[illegible]人物若似告以教戒臣子之義故但謂之異而[illegible]之云災者[illegible]隨事而至害於人物雖言變改亦無所及若似刑罰一施不可追更之義故謂之災而不重之故注云重異不重災君子所以貴教化而賤刑罰也然則直是美大此異故言異大於災不論害物與否五行傳云害物爲災不害物爲異亦通於此矣○注叔者至象也○解云叔季不同而得爲其象者正以叔爲第三之稱故爲少類季氏於叔孟爲第亦是少之義故得爲其象叔雖第三爲稼最強季氏雖劫彊於叔孟故曰叔者少類爲像強季氏之象也○注是時至煬宮○解云何氏以爲定公皆昭公之子與賢復異既爲昭公之子而喜於得位者正以公兄放逐薨於乾侯讎人秉政有年歲矣爲道亦何可知忽然而立寧不喜乎是以志其恥辱欲求福於淫祀天怪其所爲故示之戒也舊云定公爲昭公弟立非其次是以喜之而謂昭公爲父者臣子一例故也云故天示以早當誅季氏也者大戒若曰等欲勞心作淫祀之時不如作意早誅季氏所以然者雖作淫祀終竟無福早誅季氏可以復讎去患故也

二年春王正月○夏五月壬辰雉門及兩觀災其言雉門及兩觀災何据桓宮僖宮災不言及不但問及者方於下及聞其文問之故先俱張本於上○兩觀工奐反下及注皆同（疏）注据桓至言及○解云即哀三年夏五月辛卯桓宮僖宮災是也兩觀微也雉門兩觀皆天子之制門爲其主觀爲其飾故微也（疏）注雉

門至微也○解云知如此者正以昭二十五年傳云子家駒曰諸侯僭天子久矣設兩觀云云者此皆天子之禮然則兩觀既爲天子之禮天惡其僭故災之則知雉門與之同災者亦僭明矣故云雉門及兩觀皆天子之訓也若然昭二十五年子家駒不言雉門爲僭者正以天子諸侯皆有雉門但形制殊耳若然雉門爲僭於辭爲貶矣寧知非是主災兩觀因及雉門而已故子家駒不數雉門爲僭而何氏必言雉門亦如天子之制者正以下文新作雉門及兩觀之下傳云不務公室既言不務如公室之禮則知天子明矣

然則曷爲不言雉門災及兩觀 據下新作雉門及兩觀先言作者

主災者兩觀也 時災從兩觀起

時災者兩觀則曷爲後言之 據欲使言兩觀災及雉門若言宋督弒其君與夷及其大夫孔父

不以微及大也 何以書 不復言雉門及兩觀災何以書者上已問雉門及兩觀災故但言何以書○不復扶又反下同

疏注不復至以書○解云隱三年秋武氏子來求賻傳云武氏子來求賻何以書注云不但言何以書者嫌主覆問上所說二事不問求賻又七年夏城中丘傳云中丘者何內

之邑也城中丘何以書注云上言丘者何指問邑也欲因言何以書嫌但問書中丘欲復言城中丘何以書僖二十年傳云西宮災何以書然則彼三傳文皆舉句而問之今此不嫌不以微及大何以書而不舉句而問之者正以上傳已云其言雉門及兩觀災何不能復重言之故省文也記災也此本子家駒諫昭公所當先去以自正者昭公不從其言卒為季氏所逐定公繼其後宜去其所以失之故災亦云爾立雉門兩觀不書者僭天子不可言雖在春中猶不書○先去起呂反下同疏○注此本至云爾○解云在昭二十五年○注立雉至不書○解云知如此者以隱五年秋初獻六羽傳云何以書譏何譏爾譏始僭諸也始僭諸公昉於此乎前此矣前此則曷為始乎此僭諸猶可言也僭天子不可言也是也若然須更僭大還僭天子而得書之者但作微辭以譏之仍自不正言○

楚人伐吳○冬十月新作雉門及兩觀其新作之何據俱一門兩觀如故常疏注據俱至如常○解云以所作與舊俱一門兩以故常無異何言新作之乎脩大也天災之當減損如諸侯制而復大僭天子之禮故言新作以見

大也○見賢遍反　疏　注故言至大也○解云莊二十九年作注云繕故曰新有所增益曰作然則此言新者其料理舊牆言作者見其增益新木皆是還大於諸侯之義故言新作以見僭天矣

脩舊不書

何以書　据西宮災復脩不書　疏　注据西宮災不書○解云在僖二十年

譏何譏爾

不務乎公室也　務勉也不務公室亦可施于久不脩之可施于不務始公室之禮微辭也月者久也當即脩之如諸侯禮　疏　注不務至侯禮○解云即文十三年傳云世室屋壞何以書譏何譏爾久不脩也何氏云簡忽久不以時脩治至令壞敗故譏之然則此文不務公室者亦可以見魯人簡忽五月有災十月乃作之義故云亦可施於久不脩也云月者久也者正以莊二十九年春新延廄僖二十年春新作南門皆書時此特月者譏其久不脩故也舊云如天子之門大不可即成故月以久之

三年春王正月公如晉至河乃復　月者內有彊臣之讎外不見荅於晉故危之　疏　注月者至危之○解云正以凡朝例時假有小事亦不書月是以昭二十一年冬公如晉至河

乃復傳云其言至河乃復何不敢進也注云乃難辭也時聞晉欲執之不敢往君子榮見與恥見距故諱使若至河河水有難而反然則彼是水故不□足以□□乃□自彊臣之雖外不見荅於晉故書月以危之以其襄二十八年十一月公如楚何氏云如楚書月者危公出朝夷狄之類也而僖十年注云故如京師善則月榮之如齊晉善則月安之者善惡不嫌假令同辭亦何傷也○三月辛卯邾婁子穿卒○夏四月○

秋葬邾婁莊公○冬仲孫何忌及邾婁子盟于枝後相犯時者諱公使大夫盟又未踰年君薄公之恩故爲易辭使若義結善事○枝二傳作拔易以豉反

（疏）三月辛卯云云公羊穀梁皆作三月左氏作二月未知孰正○注後相至善事○解云其發相犯若即哀元年冬仲孫何忌帥師伐邾婁之屬是也云故爲易辭者鄭莊十三年冬公會齊侯盟于柯傳云何以不日易也何氏云易猶佼易也相親信無後患之辭是也

四年春王二月癸巳陳侯吳卒○三月公會

劉子晉侯宋公蔡侯衛侯陳子鄭伯許男曹伯莒子邾婁子頓子胡子滕子薛伯杞伯及邾婁子齊國夏于召陵侵楚月而不舉重者楚以一裘之故拘蔡昭公數年然後歸之諸侯雖然侵之會同最盛故善錄其行義兵也拘不書者惡蔡侯吝一裘而見拘執故匹夫之執歸不書者從執例○夏戶雅反邵上照反數年所主反雜七合反又如字惡蔡烏路反年未同吝一裘力刃反

疏陳子○解云上文二月陳侯吳卒下之六月葬陳惠公然則其父未葬宜稱子某而言陳子僖廿八年宋子之下注云宋未葬不稱子某者出會諸侯非尸柩之前故不名然則今此陳子亦然但從宋子省文不復注之○注月而至兵也○解云春秋之義侵伐例時即上二年秋楚人伐吳之屬是也善其義兵則書月即僖十八年春王正月宋公[illegible]以下伐齊注云月者與襄公之征齊善錄義兵是也[illegible]直舉重[illegible]云公會劉子晉侯以下侵楚不言于召陵也似如成十六年秋公會單子尹子晉侯齊國佐邾婁人伐鄭之屬今而書月復不舉重者善錄其行義兵故也若然案僖四年春王正月公會齊侯以

下侵蔡何氏云月者善義兵也然則彼亦是義兵而舉重者
正以滅下經云楚屈完來盟于師盟于召陵傳云其言盟于
師盟于召陵何師在召陵也師在召陵則曷爲再言盟喜服
楚也彼注云孔子曰書之重辭之復嗚呼不可不察其中心
有美者焉然則正以下有喜服楚之文爲義兵可知是以不
勞且錄也桓公十五年冬十有一月公會齊侯宋公以下于
侈伐鄭彼注云月者善諸侯征突善錄義兵也不舉伐爲重
者用兵重於會嫌月爲桓伐有危舉不爲義兵錄故復錄
注云之屬當文皆有成解不勞遠說也言楚以一裘之故拘
蔡昭公數年然後歸之者即下傳云蔡昭公朝乎楚有美裘
焉囊瓦求之昭公不與爲是拘昭公於南郢數年然後歸之
是也○注拘不至夫之○解云僖二十一年霍之會執宋公
以伐宋之屬皆書其執今此不書故決之所以不直言
而已而言匹夫之者以楚人執良霄之屬大夫猶書人今
書賤於大夫故言匹夫之○注執歸至執例○解云即僖二
十一年注云凡出奔歸書執獲歸不書者出奔已失國
還應盜國與執獲者異臣下尚隨君事之未失國不應盜國
無爲錄也是其伐執而歸不書之義今此蔡侯之執經雖不
書其實見執故得從其例矣
二云云之說備于僖二十一年○夏四月庚辰蔡、公孫歸姓帥師滅沈以沈子嘉歸殺之爲不會召陵故也不舉滅爲重書以歸殺之者責不死位也日者定哀滅例日定公承黜君之後有彊臣之讎故有滅則危懼之爲定公戒也○公孫歸姓二傳無歸字姓音生又音姓爲不于僞反下爲季爲下爲蔡爲蔡同

疏注爲不至故也○解云正以召陵之會蔡爲謀首召陵之經不見沈子而今滅之故知義然也○注不舉至位也○解云正以襄六年十有二月齊侯滅萊傳云曷爲不言萊君出奔國滅君死之正也彼注云明國不存不書殺萊君者舉滅國爲重然則萊君死位故得與重而沈子不死位故不得舉滅爲重而書以歸殺之也○定哀至戒也○解云定哀之時文致太平君有相滅爲罪已重故皆書日以詳其惡即此經及下六年春王正月癸亥鄭游速帥師滅許以許男斯歸之屬是也既言定哀滅例日乃是滅爲例矣而又言定公承黜君之後有強臣之讎故有滅則危懼之爲定公戒者欲道哀公之篇君有相滅例合日以見他義者若不書之即哀公八年春王正月宋公入曹以曹伯陽歸實是滅曹但辟人諱同姓之滅而不書之是以亦不書日是也然則案哀公之篇更無書滅之經而知例日者正以文承定公之下定公猶日則哀公明矣定公承黜君之後偏有危

懼是以有吳則書曰哀公無此義故諱其滅也反○五月
不救同姓之罪但如例合書其日故何氏云焉

公及諸侯盟于浩油再言公者昭公數如晉不見荅卒為季氏所逐定公初即位得與諸侯盟故喜錄之後楚復圍蔡不救不日者善諸侯能翕然俱有憂楚之心會同最盛故褒與信辭○浩油戶老反又古老反下音由一音羊又反二傳作柔數所主反楚復扶又反下而復復封同翕許及反

疏注再言公者至錄之　解云正以僖五年夏公及齊侯以下會王世子于首戴秋八月諸侯盟于首戴九年夏公會宰周公以下于葵丘九月戊辰諸侯盟于葵丘之屬皆不再言公今此再言公故以此錄之言昭公數如晉不見荅者即昭十二年夏公如晉至河乃復十三年冬公如晉至河乃復十五年冬公如晉十六年夏公至自晉二十一年冬公如晉至河乃復二十三年公如晉至河公有疾乃復之屬是數如晉之文也竟不見晉人來盟之經故云不見荅也卒為季氏所逐者即二十五年九月己亥公孫于齊是也寧知再言公為喜錄之者正以文承祥[illegible]義兵之下而再言公故知其喜似若僖四年夏楚屈完來盟于師盟于召陵傳云曷為再言盟喜服楚也之類注云孔子曰書之重辭之複嗚呼不可不察其中必有美者焉義亦通

於此

杞伯戊卒于會。不日與盟同日○戊音戊又音恤二傳作戌

【疏】注不日與盟同日○解云：考諸古本，自亦有作月者。若作日字，宜云所見之世，小國之卒例合書日，即上言三月辛卯鄫子卒之屬是也。今不日者，正以與盟同日，文不可施故也。何者？若言五月甲子，公及諸侯盟于浩油，杞伯戊卒于會，則嫌上會非信辭；若言五月，公及諸侯盟于浩油，甲子，杞伯戊卒于會，則又與盟別日，是以進退不得日也。若作月字，宜云所見之世，則例書日，若有內行失，亦但月之，即昭六年春王正月杞伯益姑卒，何氏云不日者，行微弱故畧之，入所見之世，責小國■■始錄內行也，諸侯內行小失不可勝書，故於終畧責之，見■義是也。然則今杞伯亦有內小失，宜合書月，而不書月，二國與盟同月故也。

○六月，葬陳惠公。○許遷于容城。○秋，七月，公至自會。月者為下[illegible]卷卒月者重錄恩○卷音權

【疏】注月者至卷卒○解云：公正以春秋之義，致公例時，則桓二年冬公至自唐之屬是也。若其有危，乃合書月，即下八年春王三月公至自侵齊之屬是也。今此上會有義兵之錄，上盟有信辭之美，又再言公，為喜文，則知公於時無危明矣。既無危，書而有七月，故知其月為下事

若若然案桓公十六年秋七月公至自伐鄭何氏云致者善桓公能疾惡同類比與諸侯行義伐鄭致例時此月者善其比與善行義故以致復加月也似月爲善者正以桓是篡賊動作有危而能疾惡脫危而至故致之何氏彼注必言此者欲對桓元年垂會之注云不致之者爲下去王適足以起無王未足以見無王罪之深淺故復奪臣子辭成誅文也以此言之則桓十六年注云以致復加月仍是危文但善其比與義故能脫危而至與此仍不妨矣○注月者重録恩○解云大夫之卒宜又降于微國之君但合書時而已而書月者正以新奉王命主會于召陵於魯有恩故重而録之故云月者重録恩也○

劉卷卒。劉卷者何？天子之大夫也。外大夫不卒，此何以卒？我主之也。劉卷即上會劉子。我主之者，因上王魯故王之，張義也。卒者，明主會者當有恩禮也。言劉卷皆主天子大夫，卒之，張於天子也。不日者，正尹氏以天子喪爲主重也，此卷主會輕，故不日。

（疏）劉卷者何○解云欲言諸侯未有劉國刻卷大夫大夫不卒故執不知問○注劉卷至義也○解云正以召陵之經劉子爲首今而書卒故知一人也若不然大夫之卒例則不書劉卷何事獨得録見也今而録

見明有恩於魯傳曰我主之亦其一爲矣劉子者天子之大夫奉天子之命致諸侯於召陵召陵之經序之于上此言我之主會明矣此傳宜云外大夫不卒此何以卒主我也而云我主之者正以春秋王魯因魯之文故言我主之不言主我也言張義者欲張魯君爲王之義○注卒者至禮也○解云若主會有恩禮者即違例書卒案僖九年公會宰周公成十六年十七年之時數有公會單子尹子之文而皆不卒言卒等有恩當論遠近蓋在主會之年卒者恩而録之若期外者當從恩殺略之是以尹子單子之徒不見卒文若奔喪主王者來會葬之屬其恩差重三年之外方始略之即隱三年夏四月辛卯尹氏卒傳云外大夫不卒此何以卒天王之崩爲諸侯之主也彼注云時天王崩魯隱往奔喪尹氏主儐贊諸侯與隱交接而卒恩隆於王者則加禮録之明當有恩禮也文三年夏五月王子虎卒傳云外大夫不卒此何以卒新使乎我也彼注云王子虎即叔服也新爲王者使來會葬在葬後三年中卒君子恩隆於親親則加報之故卒明當有恩禮也是○注言劉至天子○解云襄十五年劉夏之下傳云劉夏者何天子之大夫也劉者何邑也其稱劉何以邑氏也彼注云諸侯入爲天子大夫不得氏國稱本爵故以所受采邑氏稱子不稱劉子而名者禮逆王后當使三公故貶去大夫

毋非禮也然則今此劉卷乃是所外諸侯入爲天子大夫所以不言劉子卷[illegible]諸侯之則而言劉卷其但字者正欲起大夫卒之例於天子[illegible]也○注不日至不日○解云文三年王子虎之下何氏云尹氏卒日此不日者在期外也然則尹氏之主諸侯由其在期內故日之今此劉卷之主諸侯亦在期內而不日者正以尹氏之主諸侯乃是天王崩儐贊隱公其恩重矣劉卷之主諸侯乃在召陵之會故不書日見其輕矣知云不日者此尹氏以天子喪爲注重也言劉卷卒所以不書日者若此尹氏之時尹氏以天子喪爲主重故書日劉卷但爲會主其恩輕故不日矣○葬杞悼公○楚人圍蔡囊瓦稱人者楚爲無道拘蔡昭公數年而復怨蔡歸有言伐之故貶明罪重於圍

疏注囊瓦至於圍○解云正以下傳云爲是興師使囊瓦將而伐蔡故知此文楚人者是囊瓦矣言拘蔡昭公數年而復怨蔡歸有言伐之者皆下傳文云故貶明罪重於圍者謂由是之故貶之稱人明其罪重異於凡圍矣其凡常之圍罪不至貶即哀九年楚子以下圍蔡之屬是也○晉士鞅衛孔圄帥師伐鮮虞○圄魚呂反左氏作圉虞本或作吳音虞○葬劉文公外大夫

不書葬此何以書錄我主也其實以主我恩錄故云爾舉采者禮諸侯入爲天子大夫更受采地於京師天子使大夫爲治其有功而卒者當益封其子時劉卷以功盡封故不以故國以采地書葬起其事因恩以廣義也稱公者明本諸侯也。舉采上代反下采地同〔疏〕注舉采至也。解云劉卷本是諸侯者正以其葬稱公故也知天子使大夫爲治其國者正以此人身在王朝明其本國須有治之者云有師卒者當益封其子者正以父子並得之故謂之益云不故國者經使無文不知其故国是何云因恩以廣義也者因有主會之恩遂舉采稱公以廣見其本是諸侯之義也稱公者明本諸侯也者正以天子大夫本無稱公之義今葬劉文公乃與葬晉文公之屬相似故也。

冬十有一月庚午蔡侯以吴子及楚人戰于伯莒楚師敗績吴何以稱子据滅徐稱国。伯莒左氏作伯舉〔疏〕注据滅徐稱國。解云即昭三十年冬十二月吴滅徐徐子章禹奔楚是也夷狄也而憂中國言子起憂中国言以明爲蔡故也與相十四年同。

【疏】注言以至年同○解云桓十四年冬宋人以齊人以下伐鄭傳云以者可行其意也彼注云以已從人曰行言四國行宋意也是也

其憂中國奈何伍子胥父誅乎楚挾弓而去楚挾弓者懷格意也礼天子雕弓諸侯彤弓大夫嬰弓士盧弓○挾弓音協又子協反雕下遼反彤大冬反嬰弓於耕反見司馬法盧力吳反

【疏】注挾弓至意也○解云格逆拒也言所以挾弓者謂君之使人逹之時已即懷拒之意故曰挾弓者懷格意也若以人謂不順之處爲格化之類也或云格来也言所以挾弓懷欲到來復讎之意○注礼天子至盧弓○解云古礼無文也

以干闔廬不待礼見干欲因闔以復讎○禮見賢遍反下不見同闔廬曰士之甚言其以賢士之甚○勇甚將爲之興師而復讎于楚伍子胥復曰侯不爲匹夫興師以須臣事者其義可得因公以而以匹夫興師討諸侯則不亂○將爲于僞反下不爲也不爲匹爲是注爲子胥同○且臣聞之事君猶事

也虧君之義復父之讎臣不爲也於是止(蓋)

昭公朝乎楚有美裘焉囊瓦求之昭公不(與)

爲是拘昭公於南郢數年然後歸之於其(歸)

焉用事乎河時北如晉請伐楚因祭河○囊乃郎反郢以井反又以政反○疏爲拘

公於南郢○解云盖以楚於諸夏遠而近南故謂之南郢宣十二年傳云南郢之與鄭相去數千里何氏云南郢楚

之類是也○注時北至祭河解云正以河非楚蔡之間也曰天下諸侯苟有能伐(楚)

楚者寡人請爲之前列楚人聞之怒見侵後即蔡有此云

而怒疏注見侵至而怒○解云正以上文楚人圍蔡在侵蔡之後故也而伐蔡者即下楚人圍蔡是也圍而言伐

者斧燃名故也爲是興師使囊瓦將而伐蔡蔡請救于

吳伍子胥復曰蔡非有罪也楚人爲無道君(如)

如有憂中國之心，則若時可矣。猶曰若是時可與師矣。激發初欲興師意。○將子匠反。激古狄反。○於是興師而救蔡。不書與子胥俱者，舉君爲重。子胥不見於經得爲善者，以吳義文得成之也。雖不辛子胥爲非，懷惡而討不義，君子不得不與也。○

疏而救蔡。解云：不書救蔡者，止以蔡爲兵故首也。○注子胥至成之也。○解云：案此傳文有善子胥之意，子胥不得見於經而得爲善之者，正以吳得進而稱子，是其義文，以是之故，得成子胥之善，故曰以吳義文得成之也。○注雖不至與也。○解云：吳子若夏救蔡討楚而敗之也，是其憂中國尊事周室之義，但親用子胥之謀，兼有爲復讎之意，是以傳家取而說之，遂舉子胥之辭以見之。雖舉子胥之辭，但非懷惡而討不義，是以君子與之。昭十一年楚子誘蔡侯之下傳云懷惡而討不義，君子不予也，故注者取而說之。○

曰：事君猶事父也，此其爲可以復讎奈何？曰：父不受誅，不受誅罪不當誅也。子復讎可也。孝經曰：資於事父以事君而敬同。本取事父之敬以事君，而父以無罪爲君所殺，諸侯之君與王者異，於義得去，君臣已絕，故

可也孝經云資於事父以事母莊公不得報讎文姜者母所
生雖輕於父重於君也易曰天地之大德曰生故得絕不得
殺。疏注本取事父以事君。解云何氏之意以資爲取與
鄭異鄭注云資者人之行也注四制云資猶操也然
則言人之行者謂人操行也云云之說具於孝經疏。注莊
公至君也。解云即莊元年注云言遜者明但當推逐夫之
罪不可誅誅不加上之義是也。注
易曰至曰生。解云下繫辭文也。**父受誅子復讎**
推刃之道也子復因非當復討其子一往一來曰推刃。當丁浪反。**復讎不除**
害取讎身而已不得兼讎子復將恐害已而殺之時子胥
因吳之眾墮平王之墓燒其宗廟而已昭王雖可得殺
不除云。墮許規反去起呂反。疏注時子胥至而已。解云春秋說文也
彼文又云鞭平王之尸血流至踝此注
不言之者省文也案昭二十六年秋九月楚子居卒至今十
餘年矣而言血流至踝者非常之事寧可常理言之或者蓋
以子胥有至孝之至精誠感天
使血流所以快孝子之心也。**朋友相衞**同門曰朋同志曰友相衞
不使爲讎所勝時子胥因仕於吳爲大夫君臣言朋友者闔
閭本以朋友之道爲子胥復讎孔子曰益者三友損者三友

友直友諒友多聞益矣友便辟友善柔友便佞損矣○辟婢亦反辯佞如字本亦作便佞【疏】注同門至損矣○解云出蒼頡篇漢主謂司馬遷云李陵非汝同門之朋同志之友乎義亦通於此而書傳散宜生等受斈於大公大公除師斈之礼酌酒切肺約為朋友然則大公為師而言朋者盖大公知其非常人遂除師斈之礼以友朋之道待之也既除師斈之禮連朋言之亦何傷云君臣言朋友者云云即詩云朋友攸攝攝以威儀注云朋友謂群臣與成王同志好者義亦通於此云孔子曰益者三友云云論語文引之者道闔廬子胥相與益友盖以闔廬為諒何者謂一許為之興師終不變悔是也盖以子胥為直與多聞何者不敢虧君之義復父之讎是其直也子胥賢者博古今之事是其多聞矣便辟謂巧為譬喻善柔謂口柔面柔躰之屬辯佞辯為媚矣案今世間有一論語音便辟為便辯者非鄭氏之意通人所不取矣○

而不相迫 迫出表辭猶先也不當先相擊刺所以伸孝子之恩○迫音峻又音迅又玄徧反先也刺七亦反○【疏】注迫出至先也○解云依大司馬田獵習戰之時云為表百步則一為三表又五十步為一表然則表者謂其戰時教進教退之限約迫者謂不顧步伍勉力先往之意故曰出表辭若然所以伐吳之經不使子胥為兵首

者蓋以吳王討楚兵爲蔡故目舉君爲重是以不得見也古之道也○楚囊瓦出奔鄭○庚辰吳入楚吳何以不稱子據狄人盟于邢有進行稱人○行下孟反【疏】楚囊瓦出奔鄭○解云左氏以爲戰不勝而去上經稱人者貶絶氏云知見伐由己故懼而出奔蓋何氏與之同而戰時稱人者行不進矣○注據狄至稱人○解云即僖二十年秋齊人狄人盟于邢何氏云狄稱人者能常與中國也是也○反夷狄也其反夷狄奈何君舍于君室大夫舍于大夫室蓋妻楚王之母也舍其室因其婦人爲妻日者惡其無義○【疏】注日者惡其無義也者正以春秋之義入例書時傷害多則月即定五年夏於越入吳僖二十三年春王正月秦人入滑之屬是今而書日故須解之

五年春王正月辛亥朔日有食之是後臣恣日甚魯失國寶家大夫叛○【疏】注是後至夫叛○解云孟謂下八年秋晉趙鞅帥師侵鄭遂侵衛之文是也云魯失國寶即下八年

定四年

冬盜竊寶玉大弓傳云季氏之宰則微者也惡乎得國寶而竊之是也云宋五大夫叛即下十一年春宋公之弟辰及仲

佗石彄公子池自陳入于蕭以叛秋宋樂世心自曹入于蕭何氏云不言叛者從叛臣叛可知是也。夏歸

粟于蔡孰歸之諸侯歸之曷爲不言諸侯歸

之據齊人來歸衛寶。疏注據齊至衛寶解云在莊六年離至不可得而

序故言我也時爲蔡新被強楚之兵故歸之粟與戍陳同義。爲于僞反。疏注時爲至

之粟。解云即老子云大兵之後必有凶年彼注云言妨其耕稼是也。注與戍陳義。解云即襄五年冬戍陳傳云孰

戍之諸侯戍之曷爲不言諸侯戍之離至不可得而序彼注云離至離別前後至也陳坐欲與中國被強楚之害中国宜

雖然同心救之乃解怠前後至不序以剌中國之無信故言我也注云言我者以魯至時書與魯微者同文微者同文者

使若城楚丘辟魯獨戍之今歸粟于蔡之義亦然故云與戍陳同義矣然則彼已有傳而復發之者正以歸戍之文異故

同之。於越入吳於越者何越者何不言或者嫌兩國。疏

於越者何○解云正以越爲國名經典通稱忽加於字故執不知問○越者何○解云問昭三十二年夏吳伐越之屬矣正以此文加於字是以單言越者翻然可怪故執不知問○不言至兩國○解云隱元年傳云曷爲或言會或言及之屬皆言或今此何故不云曷爲或言於越或言越者弟子之意本疑於越與越爲兩國是以分別而問之舊云正以僖四年傳云執者曷爲或稱侯或稱人稱侯而執者伯討也稱人而執者非伯討也然則彼言或者乃是兩事之辭今此若云曷爲或言越或言於越則嫌爲兩國是以別之○

於越者未能以其名通也

越者能以其名通也

越人自名於越君子名之曰越治國有狀能與中國通者以中國之辭言之曰越治國無狀不能與中國通者以其俗辭言之因其俗可以見善惡故云爾亦決以赤進者狄於北方總名赤者其別與越異也吳新憂中國士卒罷敝而入之疾罷重故謂之於越○見賢徧反卒子忽反罷音皮弊亦作敝音同

（疏）注治國有狀云云治國無狀云云○解云此狀謂模狀也模狀猶規矩若有規矩是得先王之術故謂之進若無規矩是失治國之法當獲咎禍故謂之退是以此注云治國有狀云云治國無狀云云凶儀云無狀招禍義亦通

於此亦有一本狀皆作礼字但非古本是以不能得從之
注赤狄至異也○解云正以宣十一年秋晋侯會狄于欑函
之文直單言狄不言赤矣宣十五年夏晋師滅赤狄潞氏傳
云潞子之爲善也離于夷狄是其加赤爲進之事也但狄者
北方之揔名乃是鄙賤之號赤者是其别稱故得加之爲進
矣今越者乃是其國名若似齊晋魯衛之屬諸夏之人有礼
儀者其國名之上不見加於處唯有越爲此文尋檢其事此
時入吴共合罪貶故治之○注疾罪至於越○解云夷狄之
稱止有七等之名州不若國最其賤者今
乃加於見其入吴之疾故以罪重言之○

○六月丙申

季孫隱如卒

仲遂以貶起弑是不貶者其逐君者辛君
出爲重故從季辛起之猶衛孫甯○弑音
試○【疏】注仲遂至孫甯○解云宣八年仲遂卒于垂傳云仲
遂者何公子遂也何以不稱公子貶曷爲貶爲弑子
赤貶是其以貶起弑也案入公子翬仲遂之類而不据之者以
其無卒文故也今此欲道隱如之卒經無貶文故据卒時道
貶文者言之也欲舉君出爲重者即昭二十五年九月己亥
公孫于齊是也言舉其君出爲重即隱如之罪已重是以於
卒不復貶也言故從季辛起之者即昭二十五年秋七月上
辛大雩季辛又雩者彼注云不言下辛言季辛者起季氏不

執下而逐君是也言季子辛巳起其逐君之義是以於卒不勞更貶也言猶衛孫甯者即襄十四年夏四月己未衛侯衎出奔齊注云不書孫甯逐君者辛君絶爲惡是也○秋七月壬子叔孫不敢卒○冬晉士鞅帥師圍鮮虞

監本附音春秋公羊註疏卷二十五

監本春秋公羊註疏定公卷第二十六 起六年盡十五年

何休學

六年春王正月癸亥鄭游遬帥師滅許以許男斯歸○二月公侵鄭月者內有彊臣之讎不能討而外結怨故危之公至自侵鄭○夏季孫斯仲孫何忌如晉○秋晉人執宋行人樂祁犂○冬城中城○季孫斯仲孫忌帥師圍運此仲孫何忌也曷為謂之仲孫忌譏二名二名非禮也為其難諱也一字為名令難言而易諱所以長臣子之敬不逼下也春秋定哀之間文致太平欲見王者治定無所復為譏唯有二名故譏之此春秋之制也○為其于偽反令力呈反易以豉反以長丁丈反反大音泰見賢徧反治直吏反復扶又反○【疏】冬季孫斯仲孫忌○

解云古本無何字有者誤也穀梁及賈經皆無何字文哀十三年經云晉魏多帥師侵衛傳云此晉魏曼多也曷為謂晉魏多譏二名二名非禮也以此言之則此經無何明矣。賈氏云公羊曰仲孫何忌者蓋誤。此仲孫至之仲孫忌解云亦决上文夏仲孫何忌如晉之文也。注一字至逼解云難言者謂言難著既不言君父之名即是臣子之敵曰長臣子之敵也動不違禮為下之易故曰不逼下也云秋定哀之間文致太平者實不太平但作太平文而已故文致太平也案春秋說昭公亦為所見之世而此注偏指哀為太平者正以昭公之時未譏二名故也云唯有二名譏之者文王之臣散宜生孔子門人必不齊之屬皆親事人而以二字為名者謂依古禮若似堯名放勛舜名重華名文命宣王之興名子為宮皇之屬是也但孔子作春秋從改古禮為後王之法是以譏其二名故注即言此春秋之制也然則傳云二名非禮者謂非新王禮不謂非古禮也。

七年春王正月。夏四月。秋齊侯鄭伯盟于鹹。鹹音咸。齊人執衛行人北宮結以侵衛。

齊侯衛侯盟于沙澤。大雩先是公侵鄭城中城季孫斯仲孫忌如晉圍運費重不協民之應。費重芳味反下同。疏注先是公侵鄭。解云即上六年二月公侵鄭是也。云城中城者，即上六年冬城中城是也。云季孫斯仲孫忌如晉者，在上六年夏，而於城中城之下言之者，蓋遂卑者先言之故也。云圍運者，即上六年冬季孫斯仲孫何忌圍運是。○齊國夏帥師伐我西鄙。○九月大雩承前費重不協民，又重之以齊師伐我，我自救之役。○重之直用反。○

冬十月。

八年春王正月公侵齊公至自侵齊。○二月公侵齊三月公至自侵齊出入月者，內有彊臣之讎，外犯彊齊，再出尤危於侵鄭，故知入亦當蒙上月。疏春王正月公侵齊。解云侵伐例時，而此月者，正以內有強臣之讎，而外犯彊齊，故危之。○公至自侵齊。解云以例言之，不蒙上月矣。○注出入至上月。解云正以春秋之例，有雖在月下而不蒙

月者故賈氏云還至不月爲曹伯卒月是也故何氏分疏之
云此定公侵齊所以出入月者正以内有强臣之讎不能討
而外犯强齊頻煩再出尤危於六年侵鄭之時故知其入亦
當蒙月也上六年二月公侵鄭彼注云月者内有强臣之讎
不能討而外結怨故危之也下經始云公至自侵鄭則知何
氏以爲至不蒙月故此決云再出尤危於侵鄭故知入亦當
蒙月也○曹伯露卒○夏齊國夏帥師伐我西
鄙○公會晉師于瓦公至自瓦此晉趙鞅之師也但言晉師者
君不會大夫之辭也公會大夫不別得意雖得意不致
此致者諱公爲大夫所會故使若得意者○別彼列反疏
注此晉至之辭○解云正以下經云晉趙鞅帥師侵
衛故知此言公會晉師是趙鞅之師矣宣元年秋趙盾帥師
救陳宋公以下會晉師于棐林伐鄭傳云此晉趙盾之師也曷
爲不言趙盾之師君不會大夫之辭也今此文勢與彼正同
故此何氏取彼傳文以解之○注公會至不致○解云莊六
年作注云公與二国以上出會盟得意致會不得意不致公
與一國出會盟得意致地不得意不致然則公與諸侯尊同
體敵莫肯相下故須別之見其得意與否若與大夫盟會皆[illegible]

時尊卑異等得意可知何勞別之乎故僖二十五年冬公會衛子莒慶盟于洮何氏云洮內地公與未踰年君大夫盟不別得意雖在外猶不致也是云以致者諱公爲大夫所會故使若得意者正以公與一國出會盟得意致地不得意不致今此書致故云使若得意者○秋七月戊辰陳侯柳卒○晉趙鞅帥師伐鄭遂侵衛○葬曹靖公○曹竫才井反本亦作靖○九月葬陳懷公○季孫斯仲孫何忌帥師侵衛○冬衛侯鄭伯盟于曲濮○濮音卜○從祀先公從祀者何順祀也復文公之逆祀【疏】從祀者何○解云欲言其祭經無宮廟之文欲言非祭謂之從祀故執不知問文公逆祀去者三人諫不從而去之【疏】文公逆祀去者三人○解云謂文二年八月丁卯大事于大廟躋僖公傳云躋者何升也何言乎升僖公譏何譏爾逆祀也其逆祀奈何先禰而後祖也是也定公順祀叛者五人諫不以禮而去曰叛去與

叛皆不書者微也不書禘者後祫亦順非獨禘也言祀者無已長久之辭不言僖公者閔公亦得其順。【疏】不至曰叛。解云謂諫君全不以禮不從之而去者謂之也。注不書至禘也。解云何氏之意以爲三年一祫五一禘謂諸侯始封之年禘祫並作之但夏禘則不礿秋祫不嘗而已一祫一禘隨次而下其間三五參差亦有禘祫年時矣若其有喪正可於喪畢其祫禘之年仍自乘上而之即僖八年禘于大廟之時禘祫同年矣至文二年大事大廟之下傳云大事者何大祫也何氏云從僖八年禘數知爲大祫是從僖八年禘祫同年數之即文二年爲祫年五年爲禘祫同年又隨次而數之至今定八年亦禘祫同矣凡爲祭之法先重而後輕禘大於祫固當先之則知此從凡先公者是禘明矣故云不書禘者後祫亦順非獨禘若然既言是禘理宜在夏而在冬下者當之矣。注言祀者之辭。解云桓八年傳云春曰祠何氏云祠猶食也猶繼嗣也春物始生孝子思親繼嗣而食之故曰祠因以別死生然則此經何以不言從祭先公或言大事于先公而言祀者見其相嗣不已長久常然故云言祀者無已長久之辭。注不言至其順。解云閔二年夏五月乙酉吉禘于莊公僖八年秋七月禘于大廟文二年八月丁卯大事于大廟之文皆道其人今此經文所以不言從祀僖公而言先公者，正以閔公亦得其順，是以不得特指之。○盗竊寶玉大弓。盗者孰謂？微而竊大，可怪，故問之。疏注微而至問之。○解云：定四年傳云「弒君賤者窮諸人，此其稱盗以弒何？賤乎賤者也」，然則盗是微賤之稱。寶玉大弓，國之重宝，故云微而竊大也。謂陽虎也。陽虎者曷為者也？季氏之宰也。季氏之陪臣爲政者。疏注季氏至政者。○解云：季氏之宰，於國爲陪臣，而爲政于魯，故曰爲政也。季氏之宰則微者也，惡乎得國寶而竊之？陽虎專季氏，季氏專魯國。陽虎拘季孫，季氏逐昭公之後，取其宝玉藏於其家。陽虎拘季孫，奪其宝玉。季孫取玉不書者，辛隱君爲重。○惡乎，音烏。疏注季氏逐昭公者。○解云：在昭二十五年秋。孟氏與叔孫氏迭而食之，睋而鍥其板，以爪刻其饋歛板。○迭，大結反，注同。食之，音嗣，下注侠食同。睋而，五多反，下同。鍥，本又作鐵，七廉反，又且寄反。以爪刻饋歛板也，本或作鍛誤疏注以爪刻至板。解云謂以指爪刻其鑚器之上斂藏衣物之板謂蓋板也。曰某月某日將殺我于蒲圃力能救我則於是於是時。圃本又作圃同布古反又音布至乎日若時而出臨南者陽虎之出也御之爲季孫御疏至乎日若時。解云謂至于某日如約之時也以此言之則知上文云某月某日宜亦言其時但傳家省去之至此乃言若時以刻日也。臨南至之出。解云姊妹之子謂之出盖是虎之外生也或云從其家出而仕于公亦不妨下季氏云世世有子是矣於其乘焉者謂於其上車之時矣。於其乘焉季孫謂臨南曰以季氏之世世有子言我季氏累世有女以爲臣。其乘繩證反下皆同女音汝。子可以不免我死乎以義責之臨南曰有力不足臣何敢不勉陽越者陽虎之從弟也爲右爲季孫車右実衛之。從弟才用反下同疏注実衛之。解云謂守衛季孫

不令走。諸陽之從者車數十乘至于孟衢。孟氏衢四達可以橫去○數所主反

疏注衢四至橫去○解云即釋宮四達謂之衢李巡云四達各有所至曰衢孫氏曰交道四出是也○

臨南投策而墜之。策馬捶也見二家迭食之欲將季孫由孟氏免之恐陽越不聽故詐投策欲使下車○而墜直類反捶章蘂反

陽越下取策。臨南駷馬。捶馬銜走○駷本又作撒字書無此字相承用之素動反

而由乎孟氏。陽虎從而射之。矢著于莊門。莊門孟氏所入門名言幾仲季孫𩑶門閉故著門○射食亦反著直略反注同莊本或作嚴亦音莊幾音祈中丁仲反○

然而甲起於琴如。甲公斂處父所帥也琴如地名二家郊出期故於是時起兵

疏注甲公至地名○解云即下傳云既駕公斂處父帥師而至是也○注二家至起兵○解云即上傳云力能救我則於是是也

弒不成。卻反舍于郊。皆說然息。說解舍然猶如○殺不音試下同卻反去略反本又作却○說說然本又作稅始銳反又他會

反。注同。訓解舍也。然，猶如也。○〔疏〕弒不成。○解云：正以季孫於陽虎爲君，故謂之弒也。卻反舍于郊者，謂上文陽虎從而射之時逐之郊，子孟氏今而還去，舍於郊，故曰郤反舍于郊，不謂元從郊来。○

或曰：弒千乘之主，時季氏邑至於千乘。而不克，舍此可乎？嫌其近而無所依。○陽虎曰：夫孺子得國而已，得免專國家而已。○如丈夫何？如猶奈也。丈夫，大人稱也。○稱，尺證反。睋而曰：彼哉！彼哉！望見公斂處父帥而曰彼哉彼哉者，言之者切遽意。○遽，其據反。趣駕。使疾駕焉。○趣，七欲反，一音七住反。○既駕，公斂處父帥師而至，公斂處父，孟氏、叔孫氏將兵之將。○〔疏〕注公斂至之將。解云：左氏以爲孟氏家臣。○慬然後得免，自是走之晉。寶者何？璋判白，判，半也。半圭曰璋。白藏天子，青藏諸侯。魯得郊天，故錫以白。不言璋言玉者，起圭、璧、琮、璜、璋五玉盡亡之也。傳獨言璋者，所以郊事天，尤重。詩云：奉璋峨峨，髦士攸宜是也。禮，珪以朝，璧以聘，琮以發兵，璜以發衆，璋以徵召。○慬其[illegible]

反璋音章琮在宗反璜音黄峨〔疏〕宝者何。解云欲言寳
峨五多反本又作娥髦音毛 物微者竊之欲言賤物
又在弓玉之上故執不知問。注半圭曰璋。解云釋器無
文云白藏天子青藏諸侯春秋說文云不言璋言玉者起珪
璧琮璜璋五玉尽亡之也者正以玉爲摠名故也。注詩云
至微召。解云言文王祭皇天上帝時在助祭者奉此半珪
之璋其儀容峨峨盛莊矣尽是俊士之所宜利何氏與鄭同
云礼珪以朝璧以聘琮以發兵璜以發衆璋以徵召者時王
之礼也

弓繡質。質拊也言欠者力千斤。拊芳甫反又方千反〔疏〕注言大者力千斤。解云千斤之文何氏有所見家語云三十斤爲鈞謂之石然則千斤之弓其力八石三斗有餘故左傳云可以威不軌戒不虞也

龜青純。純緣也謂緣甲顧也千歲之龜青髯明于吉凶易曰定天下之吉凶成天下之亹亹者莫
善乎著龜經不言龜者以先知從宝省文謂之宝者世世宝
用之辭此皆魯始封之賜不言取而言竊者正名也定公縱
季孫假馬孔子曰君之於臣有取無假而君臣之義立主書
者定公失政權移陪臣拘其尊卿喪其玉玉無以合信天子
交質諸侯當絕之不書拘季孫者舉五玉爲重書大弓者使
若都以國宝書微辭也。青純之閏反注同純緣悅維反下

同。龜而占反。齎文匪反。著音尸。喪息浪反。疏注千歲之龜青髯。解云以時事知之也。注易曰不著龜也。解云此皆上繫辭文也今易本善作大字為異彼注云凡天下之善惡及沒沒之衆事皆成定之言其廣大無不乃也。注經不言龜至微辭也。解云弓繡質龜青純然則此等皆喪之而經言大弓特不言龜者正以禮器外特牲陳幣之時云龜為前列先知也以其先知故得從宝省文然則龜非珠玉而得從宝省文者以其能定吉凶可以世世保而用之故注云謂之宝者世世保用之辭云此皆魯始封之錫者存傳定四年具有其文也云不言取而言竊者正名也者正所以不言盜取而言竊者盜是卑賤之稱足以不得言取也竊者是其正名是以即引家語以證之定公從季孫假馬孔子曰君之於臣有取無假而君臣之義立者家語文云無以合信天子交質諸侯當絕之者即上注云珪以朝璧以聘今珪璧盡亡故言亦也云書大弓者使若都以國宝書微辭也者言大弓與龜皆可保用所以龜得從宝省文而特書大弓不省文使若都以國宝書作微辭之義何者經言盜竊宝玉大弓若似所謂宝玉者即大弓是言可世世傳保而金玉之然故得為微辭也九年春王正月。夏四月戊申鄭伯嚂卒。嚂勑邁反左氏作蠆○得寶玉大弓何以書國寶也喪之書得之書微辭也使若鄭以重國寶故書不以罪定公者其寶失之當坐得之當除以竊寶不月知得例不蒙上○喪息浪反（疏）注微辭至故書○解云寶玉大弓者乃是周公初封之時受賜于周之物而必藏之魯者欲使世世子孫無忘於周而定公失之季氏奪之皆當合絕而上文直言盜竊寶玉大弓此文直云得寶玉大弓傳云何以書國寶也得之書喪之書不見貶之者正言作微辭使若鄭以重國寶之故而書之文更無刺譏之義也然則此言微辭者仍與上文共爲一事以上元年定哀多微辭之下何氏直數喪失國寶而已○注不以至當除○解云上文之下有注云無以合信天子交質諸侯當絕今此寧知不復關絕之者正以得之當除故也杜氏云弓玉魯之分器得之足以爲榮失之足以爲辱故重而書之義亦通於此云以竊寶不月云云者即上八年經云冬衛侯鄭伯盟于曲濮從祀先公盜竊寶玉大弓是也則知今雖文承四月之下不蒙上月明矣○六月葬鄭獻公。

秋齊侯衛侯次于五氏欲伐魯也善魯能却難早故書次而去○郤難起路反下乃旦反郤亦作郄

疏注欲伐至而去○解云知欲伐魯者正以直書其次上下更無起文乃與莊十年夏六月齊師宋師次于郎公敗宋師于乘丘之文同故知正欲伐魯也故彼傳云其言次于郎何伐也我能敗之故言次也是也彼注云此解本所以不言伐言次意也二國纔止次未成於伐魯郎能敗宋師齊師罷而去故不言伐言次也明國君當強折衝當遠魯微弱深見犯至於近邑賴能速勝之故云爾所以強內者是其書次云欲伐魯善其却難早之文其餘見言次不欲伐魯者皆自有起文即次聶北救邢伐楚次于陘之屬是也○秦伯卒○冬

葬秦哀公

十年春王三月及齊平月者頰谷之會齊侯欲執定公故不易○不易以豉反下同

疏注月者至不易○解云下十一年冬及鄭平叔還如鄭涖盟則知平例書時而有月者皆見義矣而言不易者即莊十三年冬公會齊侯盟于柯傳云何以不日易也何氏云易猶佼易也相親信無後患之辭然則此書月者頰

谷之會齊侯欲執定公故不易宣十五年夏五月宋人及楚人平之下何氏云月者專平不易昭七年春王正月暨齊平何氏云月者剌內暨暨也者皆與鄉解合○夏公會齊侯于頰谷公至自頰谷上平爲頰谷之會不易故月致地者頰谷之會齊侯作侏儒之樂欲以執定公孔子曰匹夫而熒惑於諸侯者誅於是誅侏儒首足異處齊侯大懼曲節從教得意故致也○頰谷古協反左氏作夾谷熒惑音縈一音丁屢反處昌慮反

疏注上平至致地○解云莊六年何注云公與一國出會盟得意致地不得意不致即桓二年秋公及戎盟于唐冬公至自唐隱二年秋八月庚辰公及戎盟于唐之屬是也今此上平爲頰谷之會不易故月即此平不得意也而致地者正以初雖見脅終竟得意故也云頰谷之會晏子曲節從教家語及晏子春秋文也○晉趙鞅帥師圍衛○齊人來歸運讙龜陰田齊人曷爲來歸運讙龜陰田據齊嘗取魯邑

疏注據齊至魯邑○解云即宣元年六月齊人取濟西田哀八年夏齊人取讙及僤之文是也孔子行乎季孫三月不

違孔子仕魯政事行乎季孫三月之中不見違過是違之也不言政行乎定公者政在季氏之家【疏】孔子至不違○解云孔子家語亦有此言若以家語言之孔子今年從邑宰爲司空既爲大夫故有行於季孫之義

齊人爲是來歸之齊侯自頰谷會歸謂晏子曰寡人或過於魯侯如之何晏子曰君子謝過以質小人謝過以文齊嘗侵魯四邑請皆還之歸濟西田不言來此其言來者已絕魯不應復得故從外來常文與齊人來歸衞寶同夫子雖欲不受定公貪而受之此違之驗○爲于僞反復得扶又反年未及十一年同【疏】注齊侯自頰谷至還之○解云皆晏子春秋及家語孔子世家之文其四邑者蓋運也讙也龜也陰也是也而言田者桓元年傳云田多邑少稱田然則此等皆是土地頃畝多邑內人民少故稱田龜亦是邑非山名賈服與昔欲同於賈服即云上二邑邑內人民多故舉邑名龜陰言田者龜是山名直得田而不得邑而言侵魯四邑請皆歸之者謂雖有此請齊君不全許是以但得三邑而已蓋非何氏之意○注歸濟至寶同○解云宣十年齊人歸我濟西田者是其不言來之文也言已絕魯不應復得者即彼傳云齊已取之矣其言我何未絕于我也曷爲未絕於我齊已言取之矣注云齊已言語許取之其實未

齊也注云其人民貢賦尚屬於魯實未歸於齊不言來者明不從齊來不當取邑然則彼以未絕於魯魯猶合得之明其不從齊來齊人不當坐取邑故不言來此言來者入齊已久絕于魯魯不應復得之故言來從外來常文也言魯不應復得者止以不能保守先君出邑而失之故也言與齊人來歸讙實同者即莊六年冬齊人來歸衛寶是也 注夫子至之驗解云知夫子雖欲不受者王以四邑屬齊年歲淹久已絕于魯魯不應得頰谷之會討殺侏儒威劫齊侯方始歸之雖曰獲田君子不貴故知孔子之意不欲受也若然莊十三年曹子手劒而劫桓公是以齊人歸我汶陽之田何氏云劫桓公取汶陽田不書者諱行詐劫人也然則此亦威劫齊侯而得田邑與彼不異而書不諱者正以曹子本意行劫以求汶陽之田君子恥其所為故不書也今在頰谷之會孔子相儀止欲兩君揖讓行盟會之禮阻齊為不道熒惑魯侯而欲執之孔子誅之手足異處齊侯內懼歸其四邑以謝焉於其本情實非劫非書而不諱不亦宜乎言此違之驗者欲對上傳云孔子行乎季孫三月不違文也○叔孫州仇仲孫何忌帥師圍郈○郈音后○秋叔孫州仇仲孫何忌帥師圍費○宋樂

世心出奔曹。宋公子池出奔陳。池，左氏作地。疏帥師圍費者。○解云：左氏、穀梁此費字皆爲郈，但公羊正本作費字，與二家異。賈氏不云公羊曰費者，蓋文不備，或所見異也。宋樂世心者，世字亦作泄字者，故賈氏言焉。左氏、穀梁作大字。會于鞌者，左氏、穀梁作安甫，賈氏不云公羊曰鞌者，亦是文不備。穀梁經甫亦有作浦字者。

○冬，齊侯、衛侯、鄭游遬會于鞌。○于鞌，左氏作安甫。○叔孫州仇如齊。宋公之弟辰暨宋仲佗、石彄出奔陳。後出宋者，惡仲佗悉欲帥國人去，故牽國言之。公子池、樂世心、石彄從之皆是也。辰言暨者，明仲佗強與俱出也。三大夫出不月者，牽國危亦見矣。暨，其器反。佗，大多反。彄，古侯反。惡，烏路反。強，其丈反。見，賢徧反。疏注復出宋至出也。○解云：如此注者，正宋昭二十年冬十月宋華亥、向寧、華定出奔陳，不重言宋向寧也。云公子池、樂世心、石彄從之皆是也者，下十一年經文也。云辰言暨者，明仲佗強與俱出也者，正以隱元年傳云暨猶暨暨也，及，我欲之；暨，不得已也。然則弟辰是時事不得已而從去，故同明仲佗強與俱出也。知非辰詐之者正以莊三十二年公子牙昭元年招之屬以其有罪皆去弟以貶之今不去弟故知仲佗強之矣。注三大至見矣解云春秋之例外大夫出奔悉書時即襄二十一年秋晉欒盈出奔楚二十八年冬齊慶封來奔之屬是也其衆出奔者於國尤危故書月即昭二十年冬十月宋華亥向甯華定出奔陳何氏云月者危三大夫同時出奔將爲国家患明當防之是也然則彼以三大夫同出奔是以書月以見危此亦三大夫同出不月者正以舉國見其欲率國人去其危亦見矣是以不勞書月以見危也

十有一年春宋公之弟辰及仲佗石彄公子池自陳入于蕭以叛不復言宋仲佗者本舉國已明矣辰言及者後汲汲當坐重。復北又反[疏]注本舉至坐重。解云謂奔時舉言宋仲佗是其欲率國人去已明矣是以此經不復言宋也云辰言及者後汲汲當坐重者正以隱元年傳云及猶汲汲及我欲之故知辰言及者是其汲汲也而言後汲汲者欲言初出之時事不獲已未及汲汲也言當重者惡其母弟之親而汲汲於叛故當合坐重於疏者。夏四月。

秋宋樂世心自曹入于蕭不言叛者從叛臣叛可知疏注不言至可知○解云案上經自陳入于蕭以叛文也○冬及鄭平○叔還如鄭涖盟

十有二年春薛伯定卒不日月者子無道當廢之而以為後未至三年失衆見弒危社稷宗廟禍端在定故略之○見殺音弒疏注不日至略之○解云今責日月者正以所見之世小國之卒例書日月即昭三十一年夏四月丁巳薛伯穀卒之屬是也今不具日月故解之言子未三年失衆見弒者即下十三年冬薛弒其君比是也春秋之例稱国以弒者失衆見弒之辭故文十八年冬莒弒其君庶其傳云稱國以弒者衆弒君之辭何氏云一人弒君國中人人盡喜故舉國以明失衆當坐絕也例皆時者略之也故此作注云未至三年失衆見弒也云禍端在定定字亦有作在是字者今解從定也○夏葬薛襄公○叔孫州仇帥師墮郈○墮許規反下同○衛公孟彄帥師伐曹○季孫斯仲孫何忌帥師墮費曷為帥

師墮郈帥師墮費據城費（疏）注據城費。解云即襄七年城費是也然則彼時城費今乃墮之於義反故以爲難

孔子行乎季孫三月不違曰家不藏甲邑無百雉之城於是帥師墮郈帥師墮費郈叔孫氏所食邑費季氏所食邑二大夫宰吏數叛患之以問孔子孔子曰陪臣執國命采長數叛者坐邑有城池之固家有甲兵之藏故也季氏說其言而墮之故君子時然後言人不厭其言書者善定公任大聖復古制弱臣勢也不書去甲者舉墮城爲重。宰吏數所角反采長七代反下丁丈反說音悅厭於豔反去起呂反

（疏）孔子行至三月不違。解云案上十年齊人來歸邑之下傳公孔子行乎季孫三月不違以此言之三月之外違之明矣故上有注云定公貪而受之此違之驗然則三月之後必似違之今此傳文復言之者蓋不違有二何者案家語定十年之時孔子從邑宰爲司空十一年又從司空爲司寇然則爲司空之時能別五土之宜咸得其所爲季孫所重是以三月不違也齊人遂懼來歸四邑矣及作司寇上時攝行相事設法而用之國無姦民在朝七日誅亂政大夫少正卯戮于

兩觀之下，尸諸朝三日，政化大行，季孫重之，復不違三月，是以此傳文言其事矣。家不至之城。解云：同之左氏，則邑無百雉之城者，亦据侯伯大都已言之，若與之異，則魯凡邑皆然也。注大夫宰吏數叛患之者。解云：即上十年夏叔孫州仇、仲孫何忌帥師圍郈，秋叔孫州仇、仲孫何忌帥師圍費之屬是也。郈、費二邑相因言之，故謂之數耳。注以問至墮之。解云：春秋說及史記皆有此言。云故君子時然後言，人不厭其言者，論語文也。云不書去甲者，舉墮城爲重者，正以傳云家不藏甲，邑無百雉之城，明其並從二事，而特舉墮城不書去甲者，舉重故也。必知去甲亦合書者，正以成元年三月作丘甲書之於經，明知去甲亦合書矣。

雉者何？五板而堵，八尺曰板，堵凡四十尺。堵，丁古反。【疏】雉者何。解云：正以傳言邑無百雉之城，緫與未有其事，須知雉之度數，故執不知問。注八尺曰版堵者。解云：韓詩外傳文。

五堵而雉，二百尺。

百雉而城。二萬尺，凡周十一里三十三步二尺八公侯之制也。禮，天子千雉，蓋受百雉之城十，伯七十雉，子男五十雉。天子周城，諸侯軒城。軒城者，缺南面以受過也。【疏】注二萬至制也。解云：公侯方百雉，春秋說文也。古者六尺爲步，三百步爲里，計一里有千八百尺十里即有萬八千尺更以一里三十三步二尺爲二千尺通前爲二萬尺也故云二萬尺凡周十一里三十三步二尺也○云禮天子千雉者春秋説文也云盖受百雉之城十者謂公侯㕘天子十取一之義似若孟子與司馬法云天子圍方百里公侯十里是十取一之文也云伯七十雉子男五十雉者春秋説文○注天子至過也○解云天子周城諸侯軒城者春秋説文云缺其南面以受過也者正以諸侯軒縣闕南方則知軒城亦冝然案舊古城無如此者盖但孔子設法亦是後代之人不能盡用故也或者但不設射垣以備守故曰缺其南面以受過不妨仍有城○秋大雩不能事事信用孔子聖澤發疏注不能至澤發○解云並謂三月之後違之○冬十月癸亥公會晉侯盟于黄○十有一月丙寅朔日有食之是後薛弑其君比晉荀寅士吉射入于朝歌以叛○射食亦反又食夜反朝歌如字疏注是後至以叛○解云在十三年冬云晉荀寅士吉射入于朝歌以叛者亦在十三年冬案晉荀寅士吉射叛在弑比之前而後言之者正以弑君之変重故先取以應之○公至自黄○十有二月

公圍成公至自圍成成仲孫氏邑圍成月又致者天子不親征下士諸侯不親征叛邑公親圍成不能服不能以一國爲家甚危若從他國來故危錄之

疏注圍城至錄之○解云春秋義圍例書時即宜十二年春楚子圍鄭之文是今此書月故解之莊二十七年注云凡公出在外致在內不致今此在內而致故須解之云天子不親征下士者即公羊說云一國叛王自征之若四國皆叛安得四王而征之者是其義也若然桓五年秋蔡人衛人陳人從王伐鄭傳云其言從王伐鄭何從王正也彼注云美其得正義也故以從王征伐錄之然則天子不親征下士而美之者直是美諸侯之得正猶自不言桓王伐鄭之善故彼注又云蓋起時天子微弱諸侯背叛不肯從王者征伐以善三國之君獨能尊天子死節稱人者刺王者也天下之君海內之主當秉綱撮要而親自用兵故見其微弱僅能從微者不能從諸侯猶莒稱人則從不疑也是書序曰啓與有扈戰于甘之野作甘誓其經曰大戰于甘乃召六卿者何氏以爲啓非至德之主是以親征有扈非春秋所美豈害其義也云諸侯不親征叛邑者正以諸侯於天子亦宜以國爲家猶如天子之有天下也而不能全服親自征之故爲非禮而爲春秋所刺也

十有三年春齊侯衛侯次于垂瑕垂瑕如字又音加二傳作垂葭○夏築蛇淵囿○大蒐于比蒲大蒐所求反本又作蒐比音毗

疏夏築蛇淵囿○解云成十八年秋築鹿囿傳云何以書譏何譏爾有囿矣又為也彼注云刺奢泰妨民也然則彼有成說故此處不復解之○大蒐于比蒲○解云桓六年注云五年大簡車徒謂之大蒐是也所以書者即昭八年秋蒐于紅之下傳云蒐者何簡車徒也何以書蓋以罕書也但彼已解訖故此處不復論之

○衛公孟彄帥師伐曹○秋晉趙鞅入于晉陽以叛○冬晉荀寅及士吉射入于朝歌以叛○晉趙鞅歸于晉此叛也其言歸何據叛與出入惡同

疏注據叛至惡同○解云桓十五年傳例云復歸者出惡歸無惡復入者出無惡入有惡入者出入有惡歸者出入無惡然則書叛者出入惡同不宜書歸作出入無惡之文故難之

以地正國也軍以井田立數故言以地

疏

甲軍以至以地。解云假令天子六軍方伯二軍之屬皆以井田多少計出其數故曰軍以井田立數也今趙鞅以其井田之兵逐君側之惡人故云以地正國也其以地正國奈何晉趙鞅取晉陽之甲以逐荀寅與士吉射荀寅與士吉射者曷爲者也君側之惡人也此逐君側之惡人曷爲以叛言之無君命也無君命者操兵鄉國故初謂之叛後知其意欲逐君側之惡人故録其釋兵書歸赦之君子誅意不誅事晉陽之甲者趙簡子之邑以邑中甲逐之。操七曹反鄉許亮反

疏 注君子至誅事。解云君子之人探端知緒但誅其意若輕而難原不誅其事若重而可恕以趙鞅意實非逆但以持兵鄉國爲罪是以春秋書歸以舍之故曰誅意不誅事也

。薛弒其君比

十有四年春衛公叔戍來奔。晉趙陽出奔宋。晉趙陽左氏作衛趙陽

疏 晉趙陽出奔宋。解云穀梁與此同左氏作衛趙陽字也

○三

月辛巳楚公子結陳公子佗人帥師滅頓以頓子𢡟歸不別以歸何國者明楚陳以滅人爲重頓子以不死位爲重。公子佗人大何反、二傳作公孫佗人、𢡟七良反、二傳作牂、別彼列反

疏以頓子𢡟歸。解云左氏穀梁皆作頓子牂字賈氏不注文不備。

注不別至之重。解云正以上四年滅沈以沈子嘉歸六年以許男斯歸之屬其上文皆直國大夫而已是以其經宜言以歸不假分別今此經上載二國其下直言以歸而已似非詳備之義是以解之云明楚陳以滅人爲重者正以二國之卿擅相滅獲其過已深假言歸楚不足經陳之罪假言歸陳不足滅楚之疑故曰明楚陳以滅人爲重云頓子以不死位爲重者諸侯之禮當合死位頓子不死其過已深何假書言歸于其乎故云頓子以不死位爲重也。夏衛北宮結來奔。五月於越敗吳于醉李月者爲下卒出。醉李本又作雋音同爲于僞反

疏注月者爲下卒出。解云隱六年有注云戰例時偏戰日詐戰月不日者鄭詐之然則諸侯之例詐戰者月今此兩夷相敗文宜略於諸夏而經書月故知爲下卒文出矣。吳

子光卒。公會齊侯衛侯于堅。堅如字本又作掔音牽左氏作牽

公至自會。秋齊侯宋公會于洮。洮他刀反。天

王使石尚來歸脤。石尚者何。天子之士也。天子

上士以名氏通。脤市軫反〔疏〕石尚者何。解云：欲言大夫即名無字，欲言微者名氏俱見，故執不知問。注天子至氏通。解云：傳直云天子之士，而知上士者，何氏以爲春秋之例，天子上士以名氏通，中士以官録，下士略稱人。今此經書其名氏，故知之。何氏意必知例然者，正以傳云石尚者何，天子之士。隱元年傳云宰者何，官也；咺者何，名也；曷爲以官氏，宰士也。僖八年傳云王人者何，微者也；曷爲序乎諸侯之上，先王命也。然則以此三處之傳言之，則知單名繼官，不以名氏通，單稱王人云者，不以名見，故隱元年注云天子之上士以名氏通，中士以官録，下士略稱人是也。

脤者何。俎實也。實者肉也〔疏〕脤者何。解云：欲言天子賜之祭肉，不見魯侯助祭之文；欲言脤非祭肉，不應遠來歸之，故執不知問。俎實也者。解云：謂以肉眞實於俎上，故注云實俎肉也，猶言實俎之肉也。

腥曰脤熟曰燔禮諸侯朝天子助祭於宗廟然後受俎實時魯不助祭而歸之故書以譏之。燔本亦作膰文作繙音煩疏注禮諸侯至譏之。解云正以魯無朝聘天子之處而書歸脤以譏之則知助祭於宗廟者有受胙賀之禮矣論語云祭於公不宿肉者義亦通於此宗伯以脤膰之禮親兄弟之國似不通於異姓者何氏所不取。〇衛世子蒯聵出奔宋主書者子雖見逐無去父之義。蒯聵苦怪反下五怪反疏注主書至之義〇解云父子天倫無相去之義子若人為悖逆人倫之所不容乃可竄之深宮闇人周守若小小無道當安處之隨宜罪譴令其克改寧有逐之佗國為宗廟羞且子之事父雖其見逐亦可起敬起孝號泣而諫之諫若不入悅則復諫自不避殺如舜與宜咎之徒寧有去父之義乎今大子以小小無道衛侯惡而逐之父無殺已之意大子懟而去之論其二三上下俱失衛侯逐子非為父之道大子去父失為子之義今主書此經者一則譏衛侯之無恩一則甚大子之不孝故曰子雖見逐無去父之義若其父大為無道如獻公幽王之類若不迴避必當殺已如此之時寧得陷父於惡是以申生不去失至孝之名宜咎奔申無刺譏之典但衛侯爾時無殺子之意是以蒯聵出奔書氏譏之耳○衛公孟彄出奔鄭○宋公之弟辰自蕭來奔○大蒐于比蒲譏亟也○亟去冀反疏宋公至來奔　解云上十年出奔陳十一年春自陳入于蕭以叛至此乃自蕭來奔矣○注譏亟也○解云大蒐之禮五年一爲若數于此則書而譏亟也若緩於此則書而譏罕上十三年夏已大蒐于比蒲今始一年復行此禮故曰譏亟也○邾婁子來會公書者非邾婁子會人於都也知入入都當脩朝禮古者諸侯將朝天子必先會閒隙之地考德行一刑法講禮義正文章習事天子之儀尊京師重法度恐過誤言公者不受于廟○閒隙音閑下去逆反疏注書者至于廟○解云曲禮下篇云諸侯相見於隙地曰會今乃會人于都故書而非之云如入人都當脩朝禮者即桓六年注云諸侯相過至竟必假塗入都必朝所以崇禮讓絕慢易戒不虞也是其義也云古者諸侯將朝天子必先會于閒隙之地者出曲禮也云考德行一刑法者謂考校其德行齊一其刑法也云講禮義者謂習其禮儀也云言公者不受于廟者隱七年夏齊侯使其弟年來聘之下注云不言聘公者禮聘受之於廟孝子謙不敢以已當之歸美於先君且重賓也

隱十一年春滕侯薛侯來朝之下注云不言朝公者礼朝受之於大廟與聘同義莊二十三年夏公及齊侯遇於穀蕭叔朝公傳云其言朝公何公在外也彼注云時公受朝於外故言朝公惡公不受於廟然則受朝之礼礼當在廟孝子歸美于先君不敢以已當之若不於廟則言公即蕭叔朝公是也今此會礼不在廟魯侯受之於外故言來會公矣言公者不受于朝也〇城莒父及霄去冬者是歲蓋孔子由大司寇攝相事政化大行粥羔豚者不飾男女異路道無拾遺齊懼比而事魯餽女樂以間之定公聽季桓子受之三日不朝當坐淫故貶之歸女樂不書者本以淫受之故深諱其本文三日不朝孔子行魯人皆知孔子所以去附嫌近害雖可書猶不書或說無冬者坐受女樂令聖人去冬陰臣之象也〇父音甫去起呂反相息亮反粥羊六反間間廁之間近附近之近

疏 注去冬至不書〇解云隱六年傳云春秋編年四時具然後爲年今此無冬四時不具故須解之云是歲蓋孔子由大司寇攝相事者即家語始誅篇云孔子爲魯大司寇攝行相事有喜色是也魯之司寇云大者蓋以無司寇之卿是以大夫亦名大也魯有司空卿孔子爲司空不言大者具其一隅也若以家語言之即定九年始爲邑宰十年爲司空十一年爲大司寇從大司寇攝

行相事之時年月不明故此注云蓋也云政化大行粥羔豚
者不飾男女異路道無拾遺者皆是家語相魯篇文也言不
飾者舊說云魯前之時粥羔豚者皆以彩物飾之自孔子爲
相此事乃正故曰粥羔豚者不飾也云齊懼此面事魯饋女
樂以間之定公聽季桓子受之三日不朝者出孔子世家案
彼云定公十四年孔子年五十六由大司寇行攝相事云云
齊人聞而懼曰孔子爲政必霸霸則吾地近焉我之爲先并
矣盍致地焉犁鉏曰請先嘗沮之沮之而不可則致地庸遲
乎於是選齊國中女子好者八十人皆衣文衣而舞康樂文
馬三十駟遺魯君陳女樂文馬於魯城南高門外季桓子微服
往觀再三將受乃語魯侯爲周道游往觀終日怠於政事子
路曰夫子可以行矣孔子曰魯今且郊如致膰乎大夫則吾
猶可以止桓子卒受齊女樂三日不聽政郊又不致膰俎於
大夫孔子遂行宿乎屯而師已送曰夫子則非罪孔子曰吾
歌可夫歌曰彼婦人之口可以出走云云是也云當坐淫故
賤之者推尋古礼無女樂之文魯人受之故當坐淫泆之惡
既有淫泆之惡去冬以見之其晉悼公受女樂二八而爲霸
者左氏之事何氏所不取不得難此矣云魯人皆知孔子所
以去者謂皆知魯公受女樂有淫泆之惡所以孔子去之云
附嫌近害雖可書猶不書者正以其獲麟之後得端門之命

而制春秋乃自因之即云已之本出由饋女樂之故魯國之人悉知所由若其書之即是附於嫌疑近於禍患是以雖非國家之諱衣例可書于經孔子亦不書之故曰附嫌近害雖可書猶不書。注或說至象也。解云孔子自書春秋而貶去冬冬失譏遂之心違辟害之義蓋不脩春秋已無無冬字孔子因之遂存不改以爲王者之法宜用聖臣故曰姤有毋我者朞月則可三年乃有成是也又春秋之說口授相傳逮於漢時乃著竹帛夫一冬字何傷之有

十有五年春王正月邾婁子來朝。鼷鼠食郊牛牛死改卜牛曷爲不言其所食据食角。鼷音兮漫也

疏注据食角。解云即成七年春王正月鼷鼠食郊牛角改卜牛鼷鼠又食其角乃免牛是也漫者徧食其身災不敬也不舉牛死爲重復舉食者內災甚矣録內不言火是也。漫亡半反猶徧也徧音遍復舉扶又反下同

疏注災不敬至是也。解云言所以災其郊牛者正以魯人不敬故也云不舉牛死爲重云云者春秋之義悉皆舉重食死並書故解之食在死前而言復者正以食輕於死故對重以爲復矣云內録不言火是也者即襄九

年春宋火傳云大者曰災小者曰火然則內可以不言火內不言火者甚之也何氏云春秋以內為天下法動作當先自克責故小有火如大有災也 ○二月辛丑楚子滅胡以胡子豹歸○夏五月辛亥郊曷爲以夏五月郊據魯郊正當卜春三正也又養牲不過三月

疏二月辛至豹歸。解云僖二十六年秋楚人滅隗何氏云不月者略夷狄滅微國也昭三十年冬十二月吳滅徐何氏云至此乃月者所見世始錄夷狄滅小國也然則此亦所見世夷狄滅小國而書日者上四年夏四月庚辰蔡公孫歸生滅沈之下注云日者定哀滅例日定公承黜君之後有滅強臣之讎故有滅則危懼之為定公戒是也。注據魯至正也。解云即成十七年傳云然則郊曷用郊用正月上辛何氏云魯郊博卜春三月言正月者因見百王正所當用也僖三十一年注云武王既沒成王幼小周公居攝行天子事制禮作樂致太平有王功周公薨成王以王禮葬之命魯使郊以彰周公之德非正故上三卜吉則用之不吉則免牲者是其魯郊博卜春三正之之義也何氏必知然者正以哀元年穀梁傳云郊自正月至于三月郊之時夏四月郊不時五月郊不時之文也。注夏

牲不過三月。解云宣三年傳云帝牲在于滌三月彼注云
滌宮名養帝牲三牢之處也謂之滌者取其蕩滌絜清三牢
者各主一月取三月一時足以充其天牲是也**三十之運也**運轉也已卜春三正不吉復轉卜夏
三月周五月得二吉故五月郊也易曰再三瀆瀆則
不告不得其事雖吉猶不當為也不與卜者從可知**疏**注復
轉卜夏三月。解云猶言轉卜夏之正也。注得二至可知
解云必知得吉者正以經有郊文故也若其不吉宜言乃免
牲或言乃免牛乃不郊矣知其二吉者正以僖三十一年傳
云三卜禮也三卜何以禮求吉之道三彼注云三卜吉凶必
有相奇者可以決疑故求吉必三卜之是其得二吉乃可為
事之義今此五月而郊故知得二吉也云易曰再三瀆瀆則
不告者蒙卦彖辭云蒙亨匪我求童蒙童蒙求我初筮告再
三瀆瀆則不告利貞鄭氏云蒙者蒙蒙物初生形是其未開
著之名也人幼稚曰童亨者陽也互體震而得中嘉會禮通
陽自動其中德於地道之上萬物應之而萌牙生教授之師
取象焉脩道藝於其室而童蒙者求為之弟子非己乎求之
也弟子初問則告之以事義不思其三隅相況以反解而筮
者此勤師而功寡學者之災也瀆筮則不復告欲令思而得
之亦所以利義而幹事是也引之者欲道魯人瀆卜故五月

兆郊之月而得吉兆是龜靈厭之不復告其所圖之吉凶故也然則卦象之義乃是筮子請觸師之事箴故言筮以況之今此乃卜也而引者龜筮道同亦何傷乎云不得其事者謂不得其事之宜即五月郊天是也云雖吉猶不當爲也者謂吉凶會以事之善惡爲本郊非其月雖吉亦不得爲何者正以靈龜厭之不復告其吉凶故也云不舉卜者從可知者正以僖三十一年夏四月四卜郊不從云云舉卜今此直言五月辛亥郊不舉卜者正以言郊則知卜吉明矣故曰從可知

○壬申公薨于高寢○鄭軒達帥師伐宋○軒達左氏作罕達

疏壬申至高寢○解云說在莊三十二年○齊侯衛侯次于蘧篨○蘧篨其居反下直居反

疏齊侯至蘧篨○解云左氏作蘧挐字賈氏無說文不備也上九年齊侯衛侯次于五氏注云欲伐魯也善魯能却難早故書次而去然則今此亦然故省文不注而賈氏云欲救宋善恤鄰也者蓋與何氏異或者九年之次以其無起文故解爲欲伐魯今此上有鄭軒達伐宋之文下即云齊侯衛侯次于蘧篨此則知欲救宋明矣不注之者從可知省文○邾婁子來奔喪其言來奔

喪何据會葬以禮書歸含且賵不言來。含戶暗反，賵芳鳳反〔疏〕注据會葬以禮書　解云即文元年天王使叔服來會葬，傳云其言來會葬何？會葬禮也。云歸含且賵不言來者，即文五年王正月王使榮叔歸含且賵是也。

奔喪非禮也但解奔喪者，明言來者常文，不爲早晚施也。禮，天子崩，諸侯奔喪會葬；諸侯薨，有服者奔喪，無服者會葬。邾婁與魯無服，故以非禮書。禮有不弔者三：兵死、壓死、溺死。爲，于僞反。厭，於甲反〔疏〕注但解奔至晚施也。　解云在隱元年。　注禮天子至溺死　解云正以諸侯躰敵而有會葬之礼，則天子之尊吶有可知。禮記文王世子曰：喪紀以服之輕重爲序，不奪人親也。故知有服無服有差降明矣。既有差降，奔喪近於會葬，故知但以奔與不奔爲異也。云禮有不弔者三：兵死、壓死、溺死者，春秋說文。案邾婁子來奔喪，魯人無此三事而引之者，以明不弔之類非謂禮實同也。

秋七月壬申，姒氏卒。姒氏者何？哀公之母也姒氏，杞女，哀公者即鄭公之妾子〔疏〕姒氏卒。　解云穀梁作弋氏字。　姒氏者何。　解云欲言夫人，經不書薨；欲言其妾，謚同於夫，故執不知問。　注姒氏杞女者　解云正以杞女爲姒姓，故知之。

何以不稱夫人 据母以子貴 疏 注据母以子貴。○解云：隱元年傳文。彼注云：礼，妾子立則母得爲夫人，夫人成風是也。哀未君也 未踰年不稱公。○八月庚辰朔，日有食之 是後衛蒯聵犯父命，盗殺蔡侯申，齊陳乞弑其君舍。疏 注是後至君舍。○解云：即哀二年夏，晉趙鞅帥師納衛世子蒯聵于戚是也。云盗殺蔡侯申者，在哀四年春。云齊陳乞弑其君舍者，在哀六年秋。○九月，滕子來會葬。○丁巳，葬我君定公，雨不克葬。戊午，日下昃，乃克葬。 昃，日西也。易曰：日中則昃，是也。下昃蓋晡時。○昃音側。晡，布吳反。疏 注易曰日中則昃。○解云：豐卦彖辭也。彼云：日中則昃，月盈則食。云云。鄭注云：言皆有仙已，無常盛是也。○辛巳，葬定姒。定姒何以書葬 据不稱小君，子般不書葬。疏 注据不稱小君。○解云：正以夫人書葬我小君，此不言小君，故難之。○注子般不書葬。○解云：子般不書葬之事，在莊三十二年，子般未踰年，是以不書葬。今定姒之子亦未踰年，與子般義同，故乃据而難之。然則子般終不成君故略之定姒之子終爲君有即尊之漸用以了貴故書其葬但以今未踰年故其毋不稱小君未踰年之君有子則廟廟則書葬者但當連作一勢讀之乃可解**未踰年之君也**哀未踰年也毋以子貴故以子正之**有子則廟廟則書葬**姒未踰年君之礼稱謚者方當踰年稱夫人曾子問曰並有喪則姒之何先何後孔子曰葬先輕而後重其奠也其虞也先重而後輕礼也**疏**注姒未至夫人。解云未踰年之君礼則無謚今此定姒姒未踰年君之禮而稱謚者正以方當踰年稱夫人故也。注曾子至禮也。解云案禮曾子問曰並有喪姒之何先何後注云並謂父母若親同者同月死孔子曰葬先輕而後重其奠也先重而後輕云云其虞也先重而後輕禮也今汎何氏揔而引之是以直云其奠也其虞也而已引之者欲道定公五月薨定姒七月卒非其並有喪禮是以先葬定公後葬定姒若其同月當定姒先葬矣

○**冬城漆**。漆音七

監本附音春秋公羊註疏定公卷二十六

監本附音春秋公羊註疏哀公卷二十七 起元年盡十年

何休學

元年春王正月公即位○楚子陳侯隨侯許男圍蔡隨微國稱侯者本爵俱侯士地見侵削故微爾許男者戌也前許男斯見滅以歸今戌復見者自復斯不死位自復無惡文者戌以歸可知○復見扶又反下賢徧反疏注隨微國不自復○解云正以入春秋以來不稱爵大夫名氏不得見經故知其微隱五年傳云大國稱侯小國稱伯子男此微國而稱侯故須解之也言本爵俱侯者謂其初封之時與齊晉之屬俱稱侯故曰本爵俱侯也今爲小國者但以土地見侵削故也知非得褒乃得稱侯如滕侯薛侯之類而云本爵爲侯者正以滕薛入桓篇之後或稱滕子或稱薛伯故知隱篇稱侯由朝新王得褒明矣今此隨侯一無善行可褒二無稱伯子之貶故知本爵爲侯也○云許男者戌也正以下十三年夏許男戌卒故知之○云前許男斯見滅者即定六年春王正月癸亥鄭游速帥師滅許以許男斯歸是也昭十三年秋蔡侯廬歸于蔡陳侯吳歸于陳爲楚所歸皆

書之戍歸不書故知自復也○注斯不至可知○解云諸侯
之礼固當死位斯不死位其國合絕今而自復不爲惡文以
見之者正以定六年之時書滅以
歸其惡已著是以此處不勞見之○鼷鼠食郊牛災不敬故
改卜牛○夏四月辛巳郊○秋齊侯衛侯伐
晉○冬仲孫何忌帥師伐邾婁邾婁子新來奔喪伐之不諱者期外
恩殺惡輕明當與根牟有差○殺所戒反（疏）注邾婁至有差○解云邾婁子來
奔喪在十五年夏也既來奔喪於
魯有恩而魯伐之爲惡明矣內之有惡而不諱者既在期外
恩殺惡輕故也奔喪於去年之夏伐在今年冬故曰期外矣
宣九年秋取根牟傳曰曷爲不繫乎邾婁諱亟也注云亟疾
也屬有小君之喪邾婁子來加禮未期而取其邑故諱不繫
邾婁也然則彼以加禮未期其恩猶重伐之取邑其惡深矣
是以諱之今乃期外恩殺惡輕由是不諱故曰當與根牟有差
二年春王二月季孫斯叔孫州仇仲孫何忌
帥師伐邾婁取漷東田及沂西田漷沂皆水名邾婁子來奔

我取其地不諱者義與上同○漷火虢反徐音郭沂魚依反疏取漷東田及沂西田○解云公羊之義言田者田多邑少故也而穀梁傳云取漷東田漷東未盡也及沂西田沂西未盡也范氏云以其言東西則知其未盡也與此別左氏以漷東沂西爲邑名

癸巳叔孫州仇仲孫何忌及邾婁子盟于句繹所以再出大夫名氏者季孫斯不與盟○句繹古侯反下音亦與音預疏注所以至與盟○解云正以宣元年公子遂如齊逆女三月遂以夫人婦姜至自齊傳云遂何以不稱公子一事而再見者卒名何氏云卒竟但舉名省文然則今此伐邾婁及邾婁子盟于句繹之經亦是一事而再舉大夫名氏者正由季孫斯不與盟故也若此注內直云所以再出大夫名者無氏字即決昭十三年秋公會劉子晉侯以下于平丘八月甲戌同盟于平丘據彼注云不言劉子及諸侯者間無異事可知矣今此二經亦間無異事而再出大夫之名故解之也此注氏字或有或無故如此解季孫斯所以不與盟者服氏云季孫斯與尊卿與仲孫氏伐敵服而使二子盟也者即其義矣而穀梁傳云三人伐而二人盟何各盟所得季孫斯不得因故不盟與何氏不合○夏

四月丙子衛侯元卒。滕子來朝。晉趙鞅帥師納衛世子蒯聵于戚。戚者何。衛之邑也。曷爲不言入于衛據弗克納未入國文言納于邾婁納者入辭故傳言曷爲不言入于衛

疏 戚者何。○解云欲言其國經典未有欲言其邑文無所繫故執不知問。○注據弗至于衛。○解云公羊之意以爲戚與帝丘道塗非遠但大同小異而已今言于戚者實是入于衛都是以傳云曷爲不言入于衛矣言據弗克納未入國文言納于邾婁納者入辭者即文十四年秋晉人納接菑于邾婁弗克納當爾之時接菑實不入國故曰不克納未入國之辭故曰未入國文言納于邾婁與納頓子於頓文同是其已入國之辭故曰納于邾婁納者入辭也今此上言納衛世子蒯聵下無不克納之文則是入國之辭矣而言于戚不言于衛是以據而難之故注者疊之曰故傳言曷爲不言入于衛

父有子子不得有父也明父得有子而廢之子不得有父之所有故奪其國文正其義也不貶蒯聵者下曼姑圍戚無惡文嫌曼姑可爲輒誅其父故明不得也不去國見挈者不言入于衛不可醇無國文輒

出奔不書者，不責拒父也。王書者，與頓子同。爲，于僞反。去，起呂反。見挈，賢徧反。下苦結反。○〔疏〕注不貶至子同。解云：正以犯父之命，理宜貶之，不謂更有經文可決也。然則文十四年郤缺納不正，貶之稱人，今趙鞅亦是納不當得位之人，而不貶者，正以納父罪不至貶也。彼傳云「此晉郤缺也，其稱人何？貶。曷爲貶？不與大夫專廢置君也」，是其譏之義矣。云故明不得也者，正蒯聵無惡文，則知是姑不得誅之明矣。云不去國見挈者云云，正以文十四年晉人納接菑，注云「接菑不繫邾婁者，見挈于郤缺也」，今此不見挈者，不可專無國文故也。云輒出奔不書云云，知輒出奔者，正以蒯聵之入故也。諸侯之禮，禮當死位，在其出奔者皆書而責之，今不書者，正欲不責輒之拒父故也。云王書者與頓子同者，即僖二十五年「秋，楚人圍陳，納頓子于頓」，彼注云「納頓子書者，前出奔當絕，還入爲盜國，當誅，書楚納之，與之同罪也。王書者，從楚納之」。然則定十四年夏蒯聵出奔宋之時，子無去父之義，已當合絕，今復入爲盜國，復當合誅，晉納之與同罪，王書者從晉納，故曰與頓子同義。然則蒯聵犯父之命，其惡明矣，但晉爲霸，王法變所在，而納逆命之子，奪已立之侯，故云王書者從晉納矣。○秋，八月，甲戌，晉趙鞅帥師及鄭軒達帥師戰于栗，鄭師敗績。○栗，一本作秩，二傳作鐵。（疏）及鄭軒達戰于鐵者，解云：諸家之經軒達之下皆有帥師，唯服引經者無，與諸家異。於鐵者，三家同有作栗字者，誤也。今定本作栗字。

○冬十月，葬衛靈公。○十有一月，蔡遷于州來。畏彊也。州來，吳所滅。（疏）注畏彊也。○解云：正以上文爲楚所圍，今遷而近吳，故知然也。○云州來吳所滅者，即昭十二年冬，吳滅州來是也。

蔡殺其大夫公子駟。稱國以殺者，君殺大夫之辭。稱公子者，惡失親也。○惡，烏路反。（疏）注稱國以殺者稱云君殺大夫之辭者，僖七年傳文。彼注云：諸侯國爲體，以大夫爲股肱，士民爲肌膚，故以國體錄是也。

三年春，齊國夏、衛石曼姑帥師圍戚。齊國夏曷爲與衛石曼姑帥師圍戚？據晉趙鞅以地正國加叛文，今此無加文，故問之。（疏）齊國至圍戚。○解云：公羊之義，輒已出奔，曼姑禀祇之命，不得圍戚者，下傳云曼姑受命于先君，而立輒，蒯聵奪輒，是以春秋與得圍之矣。○注據晉至蒯之。○解云：定十三年秋，晉趙鞅入于晉陽以叛，冬，晉趙鞅歸于晉。

傳云此叛也其言歸何以地正國也其以地正國奈何晉趙鞅取晉陽之甲以逐荀寅與士吉射荀寅與士吉射者曷為者也君側之惡人也此逐君側之惡人曷為以叛言之無君命也彼注云無君命者操兵鄉國故初謂之叛後知其意欲逐君側之惡人故録其釋兵書歸而赦之是也然則趙鞅操兵鄉國加叛文曼姑亦操兵鄉國而使國夏首兵不加叛文是以弟子據而問之云齊國夏曷為與曼姑首兵而圍戚乎

伯討也 方伯所當討故使國夏首兵

此其為伯討奈何曼姑受命乎靈公而立輒 靈公者蒯聵之父

以曼姑之義為固可以距之也 曼姑無惡文者起曼姑得拒之曼姑臣也拒之者上為靈公命下為輒故義不可以子誅父故但得拒之而已傳所以曼姑解伯討者推曼姑得拒之則國夏得討之明矣不言圍衛者順上文辟圍輒○上為于偽反下為輒為衛不為同

疏 注曼姑臣也○解云注言臣也者欲道曼姑者乃是靈公之臣也受命于靈公當立輒得遵之乎故得拒蒯聵矣似若僖十年傳云君嘗訊臣矣臣對曰使死者反生生者不愧乎其言則可謂信矣彼注云上問下曰訊言臣者明君臣相與言不可負是○注下

言至圍輒。○解云：蒯聵去年入衛，今亦闔者，止應圍衛而言圍戚者，順上經文，且輒上出奔不見于經，若言圍衛，則恐去年蒯聵入于戚，今作圍衛者，是圍輒矣，故言圍戚以明之。

輒者曷為者也？蒯聵之子也。然則曷為不立蒯聵而立輒？據春秋有父死子繼。蒯聵為無道，行不中善道。○中，丁仲反。靈公逐蒯聵而立輒。然則輒之義可以立乎？輒之義不可以拒父，故但問可立與不。曰可。其可奈何？不以父命辭王父命，不以蒯聵命辭靈公命。以王父命辭父命，辭猶不從。是父之行乎子也。是靈公命行乎蒯聵，重本尊統之義。

【疏】注「是霸至之義」。○解云：即莊元年注云「念母則忘父背本之道也，故絕文姜不為不孝，拒蒯聵不為不順，脅靈社不為不敬，蓋重本尊統，使尊行於卑，上行於下」是也。

不以家事辭王事，以父見廢，故辭讓不立，是家私事。以王事辭家事聽靈公命立是是王事公法也是上之行乎下也是王法行於諸侯雖得正非義之高者也故冉有曰夫子爲衛君乎子貢曰諾吾將問之入曰伯夷叔齊何人也曰古之賢人也曰怨乎求仁而得仁又何怨出曰夫子不爲也主書者善伯討耳非義之高者也

（疏）注是王法行於諸侯雖得○解云正以上傳云不以父命辭王父命以王父命辭父命是父之命行乎子也彼注云是靈公命行乎蒯聵重本尊統之義也傳又云不以家事辭王事以王事辭家事是上之行乎下也故知宜是王法行於諸侯矣唯受靈公之命而拒蒯聵而引王法行于諸侯者正以靈公於蒯聵若似天子於諸侯故取以况之○注故冉有曰至伯討○解云此論語文也冉有所以疑之者正以輒之立也雖得公義失於父子之恩矣云入曰伯夷叔齊何人也者正以輒之拒父非義之高不敢正言故問古賢以測之云子曰古之賢人也者言古之賢士且有仁行若作仁字如此解之若作人字不勞解也云曰怨乎者謂諫而不用死于首陽然則然周王乎云求仁而得仁又何怨者言其兄弟相讓而求正以求爲仁道卒得成讓仁道遂成不欲汲汲乎求仁有何孜孜而怨周王乎云出曰夫子不爲也者正以伯夷叔齊兄弟讓國夫子以爲賢而知輒與蒯

瞶父子爭國者夫子不助明矣〇公主書者善伯討者一則見輒之得正二則見曼姑可拒伯〇主書善其伯討故曰主書者善伯討〇夏四月甲午地震此象季氏專政蒯瞶犯父命是後蔡大夫專相放盜殺蔡侯申弑伯晉而京師楚黃池之會吳大爲主

疏注是後至相放〇解云即下文蔡人放其大夫公孫獵于吳是也〇注盜殺蔡侯申者〇解云在四年云弑伯晉而京師楚者即下四年夏晉人執戎曼子赤歸于楚傳云弑伯晉而京師楚是也云黃池之會吳大爲主者即下十三年夏公會晉侯及吳子于黃池傳云吳何以稱子吳主會也吳在是則天下諸侯莫敢不至也是也

〇五月辛卯桓宮僖宮災此皆毀廟也其言災何據禮親過高祖則毀其廟

疏注據禮至其廟〇解云出禮記祭法文

復立也曷爲不言其復立據立武宮言立〇復立扶又反下及注同

疏注據立武宮者〇解云在成六年二月所以不據定元年立煬宮者蓋從始據之或料取一文亦何傷

春秋見者不復見也謂內所改作也哀自立之善惡獨在哀故得省文〇見者賢徧反下

同【疏】注謂內至省文○解云春秋遂義諸是內所敗作者但遂其重處一過見之而已故餘輕處不復見之所以然者正以哀自立之還於哀世災之善惡獨在于哀故得省文矣似若襄三十一年公薨于楚宮不言作楚言者正以襄自作之還復襄自薨之善惡獨在于襄故得省文之類云云之說在襄三十一年

何以不言及据雉門及兩觀○觀工喚反【疏】注据雉門及兩觀○解云即定二年五月壬辰雉門及兩觀災是也**敵也**親過高祖親疏適等**何以書**上已問此皆毀廟其言災何故不復連桓宮僖宮【疏】何以書○注上已至僖宮○解云正以隱三年秋武氏子來求賻傳云其稱武氏子何父卒子未命也何以不稱使當喪未君也武氏子來求賻何以書據彼注云不但言何以書者嫌主覆問上所以說二事不問求賻然則今此上文亦有二事之嫌主春秋見者不復見也何以不言及敵也何以書而不復爲嫌者正以上傳已云此皆毀廟也其言災何復立也分疏已訖是以不復言桓宮僖宮災何以書矣**記災也**災不宜立【疏】注災不宜立○解云謂其宮已不宜立君曰以其不宜立故災之然○**季孫斯叔孫州仇帥師城開陽**

〇開陽左氏作啓陽開者爲漢景帝諱也〇宋樂髡帥師伐曹〇髡苦昆反〇秋七月丙子，季孫斯卒。〇蔡人放其大夫公孫獵于吳。稱人者，惡大夫驕蹇作威相放，當誅，故貶。〇惡烏路反

疏注稱人至故貶〇解云：知是大夫者，正以春秋之例，君殺大夫稱國，即僖七年鄭殺其大夫申侯之屬是；大夫自相殺稱人，即文九年晉人殺其大夫先都之屬是。則知稱國以放者，君自放之，即宣元年晉放其大夫胥甲父于衛是也；則稱人以放，乃是大夫自相於，即此文是矣。而言作威者，即洪範云"唯辟作威"是也。今此大夫作威，故貶之。言當誅者，謂於王法當誅也。言故貶之者，亦正以大夫之貴，平常之時合稱名氏，故稱人爲貶之。

〇冬十月癸卯，秦伯卒。哀公著治大平之終，小國卒葬極於哀公者，皆卒日葬月。〇治直吏反大音泰

疏注哀公至葬月〇解云：即此癸卯秦伯卒，明年二月葬秦惠公是也。案昭元年夏，秦伯之弟鍼出奔晉，傳曰："秦無大夫，此何以書？仕諸晉也。曷爲仕諸晉？有千乘之國而不能容其母弟，故君子謂之出奔也。"何氏云："時秦侵伐自廣大，故曰千乘。"然則秦伯是西方之伯，國至千乘，此

注謂之小國者，正以僻陋在夷，罕與諸夏交接，至於春秋大夫名氏不見於經，是以此之小國，其實非小者也。舊說云地之張翕，彼此異時，盛衰之數不可同日而語。昭元年之時，自以千乘爲大國，至此還小，亦何傷也？而有疑焉。○叔孫州仇、仲孫何忌帥師圍邾婁。

四年，春，王三月，庚戌，盜殺蔡侯申。弒君賤者窮諸人，此其稱盜以弒何？據宋人弒其君處臼稱人。○盜殺，音弒，下同。○

疏 弒君至弒何○解云：文十六年冬，宋人弒其君處臼之下傳云「大夫弒君稱名氏，賤者窮諸人」，然則師彼解爾，故此弟子據而難之。

賤乎賤者也。賤於稱人者。

疏 賤乎賤者也○解云：彼注云賤者謂士也，士正自當稱人，然則今此非士，故言賤乎賤者也。

賤乎賤者孰謂？據無士名。謂罪人也。罪人者，未加刑也。蔡侯近罪人，卒逢其禍，故以爲人君深戒。不言其君者，方當刑放之，與刑人義同。○近附近之近。

疏 注罪人至刑也○解云：若其刑訖，當有刑稱，即襄二十九年夏「閽弒吳子餘祭」是也。今此言盜又謂之罪人故知未加刑也○云蔡侯近罪人卒逢其禍故以爲人君深戒者卒諸爲終也○注不言至義同○解云即襄二十九年閽弑其君下注云不言其君者公家不畜士庶不友放之遠也欲去聽所之故不繫國故不言其君也然則此處之盜仍未加刑而亦不言其君者正以方當刑放之故與刑人義同也○**蔡公孫辰出奔吳○葬秦惠公○宋人執小邾婁子○夏蔡殺其大夫公孫歸姓公孫霍○晉人執戎曼子赤歸于楚赤者何**欲以爲戎曼子名則晉人執曹伯言畀宋人不言名歸欲言微者則不當書故以不知問也○曼音蠻畀宋必利反下同

疏 晉人至子赤○解云左氏作戎蠻子也○注則晉至名歸○解云即僖二十八年三月丙午晉侯入曹執曹伯畀宋人從則曹伯不言名畀宋人不言歸與此異故執不知問○注欲言至當書○解云欲言亦是楚之微者自歸于楚非戎子之名則微者之例不當書見故以不知問之

戎曼子之名也其言歸于楚何据執曹伯畀宋人不言歸于宋**子**[illegible]

宫子曰辟伯晉而京師楚也此解名此言歸意也則此楚此滅頓胡諸侯由是畏其威從而圍蔡蔡遷于州來遂張中國京師自置晉人執戎曼子不歸天子而歸于楚而不名而言歸于楚則與伯執歸京師同文故辟其文而名之使若晉非伯執而未繼者曰歸于楚言歸于楚者攝伯晉京師楚主書者惡晉背叛當誅之（疏）辟伯至楚也○解云成十五年春晉侯執曹伯歸于京師是伯執人歸于京師之文今戎曼子不言名直言晉信執戎曼子歸于楚即是伯者執人歸京師無異故名戎子以辟之言亦歸于楚者似楚之微者自歸不于戎子然故曰辟伯晉而京師楚也○注此解至誅之○解云言亦歸于楚之意也云前此楚此滅頓胡者即定十四年春楚公子結師師滅頓以頓子牄歸十五年春楚子滅胡以胡子豹歸是也云從而圍蔡者即上元年春楚子陳侯隨侯許男圍蔡是云蔡遷于州來者在二年冬云遂張中國者猶言自盛大于中國也云京師自置者謂作天子自廢置也云晉人執戎曼子不歸天子而歸于楚者謂晉人畏其彊禦之勢君京師矣云而不名而言歸于楚則與伯執歸京師同文者若言執戎曼子歸于楚則與成十五年晉侯執曹伯歸于京師同文云故辟其文而名之者爲辟伯執歸京師之文而名戎

晏子也云使君晉非伯執者僖四年陳云称侯而執者伯討也称人而執者非伯討也今此經云晉人執戎曼子故云使君晉非伯執也云而亦微者自歸于楚者若似楚之微者名亦自歸于楚然猶莊二十四年冬赤歸于曹之類云言歸于楚者起伯晉京師楚者正以僖二十八年晉侯執曹伯以畀宋人然則諸侯自相執不言歸公言歸者欲起晉人以楚為京師故也云主書者惡晉背叛當誅之者言主書此事者正欲惡晉以楚為京師背叛天子當命誅絶也若然楚人是時京師自置審知不惡之者正以宣十八年秋七月甲戌楚子旅卒傳云何以不書葬吳楚之君不書葬辟其號也然則吳楚僭號非一朝之夕已不書葬一譏而已自餘京師自置之事理應不譏故以此

○**城西郛**○郛芳大反。

○**六月辛丑蒲社災蒲社者何**據亳用牲于社不言蒲。蒲社左氏作亳社

【疏】蒲社者何○解云正以社為積土非火燒之物而反書災故執不知問

亡國之社也蒲社者先世之亡國在魯竟

【疏】注蒲社至魯竟○解云公羊解以為蒲者古國之名天子滅之以封伯禽取其社以戒諸侯使事上公災之者若曰王教絶云爾左氏穀梁以為亳社亳社者殷社也武王滅殷遂取其社賜

諸侯以爲有國之戒然則傳說不同不可爲難案今穀梁經
傳皆作亳宅范氏云殷都于亳武王克紂而班列其社于諸
侯以爲亡國之戒而賈氏云
公羊曰蒲社也者蓋所見異社者封也封土爲社其言災
何据封土非火所能燒亡國之社蓋揜之揜其上而柴
其下故火得燒之得柴之者絕不得使通天地四方以爲有國者戒○揜意冉反疏亡國至其下○
解云公羊子不受于師故言蓋也○注揜柴至四方○解云
即郊特牲云天子之大社必受霜露風雨以達天地之氣也
是故喪國之社屋之不受天陽也薄社北牖使陰明也是也
然禮記作薄社何氏所見與鄭氏異云以爲有國者戒者言
若不事上當如此蒲社災何以書記災也戒社者先王所以威示教戒諸侯使
事上也災皆象諸侯背天子是後宋事彊吳齊晉前驅滕薛
俠歃魯衛驂乘故天去戒社若曰王教滅絕云爾○背音佩
俠歃古洽反下古木反十三年同疏蒲社災何以書○解
乘繩證反十三年同去起呂反云不直言何以書者
嫌覆問柴其下何以書故後更舉句而問之○注是後
至驂乘○解云春秋說文謂下十三年黃池之會時也○秋

八月甲寅，滕子結卒。○冬十有二月，葬蔡昭公。賊已討，故書葬也。不書討賊者，明諸侯得專討士以下也。疏注賊已討故書葬也。解云：此蔡昭公即上盜殺蔡侯申者是。隱十一年傳云公弒則何以不書葬？春秋君弒，賊不討不書葬，以為無臣子也。然則今此蔡侯亦弒而書其葬，故知賊已討也。○注不書至以下也。○解云：孟子曰諸侯不得專殺大夫，是以春秋之內殺大夫不問有罪無罪，皆書而譏之。若殺賊者，例所不録。今蔡作之賊乃賤者，謂子殺之，故不書，是故云明諸侯得專討士以下也者。諸本何氏之注盡於賊者，若更有注者，衍字矣。○葬滕頃公。頃音傾。

五年春，城比。○比，本又作芘，亦作庇，同，音毗。左氏作毗。○夏，齊侯伐宋。○晉趙鞅帥師伐衛。○秋九月癸酉，齊侯處臼卒。○冬，叔還如齊。○閏月，葬齊景公。閏不書，此何以書？據楚子昭卒不書閏。疏注據楚至書閏。○解云：即襄二十八年冬十二月甲

寅天下崩乙未楚子昭卒是也彼注云乙未甲寅相去四十二日蓋閏月也然則相去四十二日明其不得同在一月故以閏月言之

喪以閏數也謂喪服大功以下諸喪當以閏月爲數○閏數所主反下及外月數閏數同

〔疏〕喪以閏數也○解云此喪謂喪服也謂爲之服大功以下喪服者皆以閏數之此數讀如加我數年之數非頭數之數也○注謂喪服至爲數○解云此數乃爲頭數之數謂九月五月三月之喪旣是數月之物故得數閏以充之是以葬亦書閏矣何者葬亦數月之物故也

喪曷爲以閏數据卒不書閏

〔疏〕喪曷爲以閏數○解云此喪亦喪服大功以下者

喪數略也略猶殺也以月數恩殺故并閏數

〔疏〕注略猶至閏數○解云此數亦如加我以數年之數也言大功以下之喪所以得數閏月者正以恩殺故也鄭志趙商問曰經曰閏月不告朔猶朝于廟穀梁傳云閏月附月之餘日喪事不數又哀五年閏月葬齊景公公羊傳云閏月不書此何以書喪以閏數喪數略也此二傳義反於禮斷之何休答曰居喪之禮以月數者數閏以年數者雖有閏無與于數也然則鄭氏之意以爲彼云喪事不數者謂期與三年也此云喪以閏數者謂大功以下也若穀梁之意以爲大功

以下及葬皆不數閏云云之說在襄二十八年

六年春城邾婁葭城者取之也不言取者魯數圍取邾婁邑邾婁未曾加非於魯而悔奪之不知足有叓仲之行故諱之明惡甚○邾婁葭音加叚音遐左氏作邾瑕數所角反曾才能反行下孟反（疏）江城者至惡甚○解云正以襄二十一年遂城虎牢傳云虎牢者何鄭之邑也其言城之何取之也今言城邾婁葭文與彼同故知取之云不言取之者魯數圍取邾婁邑者即上二年冬叔孫州仇仲孫何忌帥師圍邾婁又上二年春伐邾婁取漷東田及沂西田之屬是也先言圍者便文故也云有叓狄行者正以貪而無親故也○晉趙鞅帥師伐鮮虞○吳伐陳○夏齊國夏及高張來奔○叔還會吳于柤○柤莊加反○秋七月庚寅楚子軫卒○齊陽生入于齊○齊陳乞弒其君舍弒而立者不以當國之辭言之此其以當

國之辭言立之何據齊公子商人弑其君舍而立氏公子○若舍二傳作荼音舒（疏）注據齊至公子○解云即文十四年冬齊公子商人弑其君舍是也為讓也此其為讓奈何閔其義○讓況元反景公謂陳乞曰吾欲立舍何如陳乞曰所樂乎為君者欲立之則立之不欲立則不立貴自專也（疏）注所樂至不立○解云言人之所以愛樂乎其為君者貴慕其自專故也然則此公乃有為而言非王道也君如欲立之則臣請立之陳乞欲拒言不可恐景公殺陽生陽生謂陳乞曰吾聞子蓋將不欲立我也陳乞曰夫千乘之主將廢正而立不正必殺正者晉世子申生是也○乘繩證反（疏）注晉世子申生是也○解云即僖五年春晉侯殺其世子申生是也吾不立子者所以生子者也走矣教陽

生走**與之玉節而走之**節信也析玉與陽生當其半爲後
當迎之合以爲信防稱矯也奔不
書者未命爲嗣。析思歷反爲
後于僞反下乞爲同矯居兆反〔疏〕注節信至爲嗣ヽ解云
言與之爲斷玉之信而
令之走也云奔不書者未命爲嗣者案定十四年秋衛世子
蒯聵出奔宋書見於經故知陽生出奔不書者未命爲嗣故
也然則公子陽生但是母貴宜立實非世子而上傳云廢正
而立不正必殺正者雖非夫人所生但秩次宜立謂之廢正
亦何傷而舊云陽生實是正世子但未命爲嗣故出入
不兩書君命爲嗣即是大國之君出入合兩書也者非
公死而舍立陳乞使人迎陽生于諸其家于
諸
寘也齊
人語也**除景公之喪**期而小祥服期者除
。期而音基下同〔疏〕注期而
至者除
解云期而小祥者士虞記文言服期者除者謂從服之徒矣
若其正服臣爲君斬衰三年寧得期而除乎案景公之卒在
去年九月至今七月其實未期而言服期者除者蓋陽生之
入實亦九月但事不宜月故直時是以傳云除景公之喪也
若然案隱四年冬十二月衛人立晉彼注云月者大國簒例
月小国不月立納入皆爲簒然則大国之簒例合書月齊爲大

國而言事不宜月者正以陽生之、、篡陳乞爲之故陽生之入欲移惡於陳乞故也似若莊九年夏齊小白入于齊何氏云不月者移惡于魯也之類也然則大国之篡所以月者以其禍大故也既移惡于陳乞是以不月正得述事之宜矣**諸大夫皆在朝陳乞曰常之母**常陳乞子重難言其妻故云爾〻難乃旦反**疏**注常至云爾。解云正以妻者己之私故難言之似若今人謂妻爲兒母之類是也**有魚菽之祭**齊俗婦人首祭事言魚豆者示薄陋無所有**疏**注齊俗至祭事。解云言婦設祭礼則有之何言齊俗者正以主婦設祭之時助設而已其實男子爲首即君牽牲夫人奠酒君親獻、夫人薦豆之類是也若其齊俗則令使婦人爲首故此傳云常之母有魚菽之祭即其文是矣。注言魚至所有。解云定元年冬十月霣霜殺菽彼注云菽大豆然則彼已訓解故此何氏直以豆言之若依正禮水陸飲陳而止言魚與豆者示薄陋無所有故也**願諸大夫之化我也**言欲以薄陋餘福共宴飲**疏**願諸至我也。解云桓六年傳云曷爲謂之寔求慢之也曷爲慢之化我也彼注云行過無礼謂之化齊人語也謂假相過至意以假塗入都以朝所以崇礼讓絕慢易今州公過魯都不朝魯是慢之爲惡故書寔來見其義也然則彼以州公過魯而無礼故傳謂之化我也今此陳乞亦以魚菽之薄物枉屈諸大夫之貴重亦是無礼相過之義故謂之化我也 諸大夫皆曰諾

於是皆之陳乞之家坐陳乞曰吾有所爲甲 甲鎧○鎧苦代反 【疏】吾有所爲甲○解云猶言我有所作得若干甲也 請以示焉諸

大夫皆曰諾於是使力士舉巨囊而至于中

霤 巨囊大囊囊中央曰中霤○囊乃郎反又音託霤力又反 【疏】注中央曰中霤○解云案月令中央土云其祀中霤鄭注云中霤猶中室也古者複穴是以名室爲霤云庾蔚云複地上累土穴則穿地也複穴皆開其上取明故兩霤之是以因名中室爲中霤也故此傳云中霤注云中央謂室之中央也 諸大夫見之皆

色然而駭 色然驚駭貌○色然如字本又作垝居委反驚駭貌本或作危 開之則闖

然 闖出頭貌○闖丑鴆反又丑甚反一音丑今反貝貌字林云馬出門貌丑衽反 公子陽生

也陳乞曰此君也已諸大夫不得已皆逡巡北面再拜稽首而君之爾時舍未能得衆而陽生今正當立諸大夫又見力士知陳乞有備故不得已遂君之○逡七旬反自是往弒舍陽生先詐致諸大夫立於陳乞家然後往弒舍故先書當國起其事也乞爲陽生弒舍不舉陽生弒者讓成于乞也不日者與卓子同

疏注故先書當國起其事也者謂書陽生入齊乃在弒舍之前所以起其先入後弒也云乞爲陽生弒舍不舉陽生弒者讓成于乞也者正以舉重略輕春秋之常事今而不書者讓成于乞故也○注不日至子同○解云僖十年春王正月晉里克弒其君卓子何氏云不日者不正遇禍終始惡明故略之然則今此陳乞弒舍所以不日者亦是不正遇禍終始惡明故略之故曰與卓子同若然鄉解云陽生之入實在九月但事不宜月故不書月然則陳乞之事宜云不月而云不日者正以卓子之弒實書月若言不月則與卓子同文不可設故云不日也案陳乞弒舍實不書日謂之不日亦何傷然則陳乞弒舍之事與里克弒卓子相類而不月者正以文承陽生入云齊之下陽生之事既不宜月是以陳乞之事不得月也若然

案僖九年冬晉里克弒其君之子奚齊注不月者不正遇禍終始惡明故略之然則此亦不月何氏不云不月者與奚齊同義者正以奚齊未踰年之君與舍不類寧得同之乎○冬仲孫何忌帥師伐邾婁○宋向巢帥師伐曹

七年春宋皇瑗帥師侵鄭瑗于眷反○晉魏曼多帥師侵衞○夏公會吳于鄫鄫似陵反○秋公伐邾婁八月己酉入邾婁以邾婁子益來入不言伐此其言伐何據當舉入爲重（疏）入不至伐何○解云莊十年傳例觕者曰侵精者曰伐戰不言伐圍不言戰入不言圍滅不言入書其重者也然則傳例云戰不言伐入不言圍此云入不言伐者正以此經舉伐言入亦違舉重之例是以据經以釋之傳例云者序用兵之次第輕重備言不足怪也內辭也若使他人然諱獲諸侯故不舉重而兩書使若魯公伐而去他人入之以來者醇順他[illegible]

文〔疏〕注諱獲至來文。解云若其不諱宜舉重云公入邾婁今不舉重而伐入兩書故知諱獲諸侯也云使若魯公伐而去佗人入之以來者以來是詣魯之常文故何氏言來者常文不爲早晚施是也今始若不諱宜云以邾婁子益至自某而經言來故如此解云醇順佗人來文者以上諱獲諸侯故不舉重使若魯人伐而云佗人自入之今又言來作外來詣魯之常文故曰醇順佗人求文也

邾婁子益何以名據以隗子歸不名。隗五罪反〔疏〕注據以至不名。解云即僖二十六年秋楚人滅隗以隗子歸是也

絕曷爲絕之據俱以歸獲也曷爲不言其獲據獲晉侯言獲〔疏〕注據獲晉侯言獲。解云即僖十五年冬晉侯及秦伯戰于韓獲晉侯是也

內大惡諱也故名以起之也日者惡魯侮奪邾婁無已復入獲之入不致者得意可知例。○惡烏路反復扶又反〔疏〕注故名以起之。解云擅獲諸侯乃爲大惡是以諱之不言其獲既不言獲故云言其名以起其見獲也所以能起之者諸侯之礼當死位今不能死位而生見獲書其名起其絕也案隱二年無駭入極之下傳云此滅也其言入何內大惡諱也昭四年取鄫之下傳云

㦲之則其言取之何内大惡諱也今此又言内大惡諱也重發傳者正以注前二處入取文異今此上經雖亦言入但書名之由事須備釋是以又言。注日者至獲之。解云隱二年注云入例時傷害多則月此書日故須解之言惡魯侮奪邾婁無已即上六年城葭之下注云魯數圍取邾婁邑邾婁未曾加非於魯而侮奪之不知足今復入其國獲其君故書日以惡内也。注入不至知例。解云莊六年注公與一國及獨出用兵得意不致不得意致伐即僖六年公至自伐鄭二十九年公至自圍許之屬是至於入佗國例不書致者正以既能入國得意可知似若僖三十三年公伐邾婁取叢之下注云取邑不致者得意可知例

○宋人圍曹○冬鄭駟弘帥師救曹

八年春王正月宋公入曹以曹伯陽歸曹伯陽何以名据以隗子歸不名疏注据以至不名。解云即僖二十六年秋楚人㓕隗以隗子歸是也絶曷為絶之据俱以歸滅也曷為不言其滅据滅

隗也諱同姓之滅也故名以起之䟽注故名以起之。解云諱不得書其滅故書其名所以起其滅矣所以能起之者正以失地之君例合書名即桓七年穀伯綏鄧吾離之下傳云曹何以名失地之君是今曹伯陽亦書其名故可起其滅何諱乎同姓之滅據衛侯燬滅邢不諱。○燬況委反䟽注據衛至不諱。○解云即僖二十五年春王正月丙午衛侯燬滅邢是也力能救之而不救也以屬上力能獲邾婁而不救曹故責之不日者深諱之定哀滅例日此不日者諱使若不滅故不日䟽注不日至故不日。○解云既書入以諱同姓見滅而又日故曰深諱也云定哀滅例日此不日者諱使若不滅故不日云云之說在定四年。○吳伐我不言鄙者起圍魯也不言圍者諱使若伐而去䟽注不言至魯也。○解云正以莊十九年冬齊人宋人陳人伐我西鄙注云鄙者邊垂之辭案見遠也然則鄙者邊垂之名今不言鄙直言伐我故得起其圍魯矣。○注不言至而去。○解云國君當彊折衝當遠魯微弱深見犯至于圍國故諱之但言伐者差輕也。○夏齊人取讙及僤外取邑不書此

何以書所以賂齊也曷爲賂齊据上無戰伐之文○僤昌善反
十音昌然反字林作僤左氏作闡疏取讙及僤○解云左氏穀梁作讙闡字○外取至以書○解云宣元年六
月齊人取齊西田之下傳云外取邑不書此何以書注云据曹取之不書然則此傳云外取邑不書此何以書者亦据曹
取齊西田不書但從彼省文是以不復注解○注据上至之文○解云謂此上經無魯與齊戰伐之文計無所謝無事而
賂故難之爲以邾婁子益來也邾婁齊與國畏爲齊所怒而賂之恥甚故諱使若齊
自取○爲以子僞反疏爲以至來也○解云正爲七年以邾婁子益來是以賂齊二邑也○注邾婁齊與国○解
云正以魯獲邾婁之君而賂二邑若非齊之與国理不應賂云云之說備于宣元年疏○歸邾婁子
益于邾婁獲歸不書此書者善魯能悔過歸之嫌解邾婁子益無罪書故復名之○復扶又反疏
注獲歸至歸之○解云正以傳上五年秦獲晉侯後歸不書故曰獲歸不書今此書者善魯能悔過歸之故録見之○注
嫌解至名之○解云桓十五年傳例云歸者出入無惡今此言歸是以嫌其無罪也經既書歸作無罪之文則嫌魯人解

哀八年

擇邾婁子其罪合除是以書見故復名之見其不善所以書益之名得見魯之有罪者正以上七年以益来之時傳云內大惡諱注云故名以起之然則初書名起見魯罪則知今復名者其不善明矣○**秋七月**○**冬十有二月癸亥杞伯過卒**○過古禾反○**齊人歸讙及僤**書者善魯能悔過歸邾婁子益所喪之邑不求自得故不言來使若不從齊來與歸我濟西田同文○喪自浪反

疏注書者至同文○解云言所喪之邑不求自得者正以言歸也何者歸者自與之故也若求乃得之者當言取即僖三十一年春取濟西田成二年秋取汶陽之田之屬是也故不言來使若不從齊來者謂若此邑元不入齊但以此来欲叛于魯齊人取而歸之然言與歸我濟西田同文者即宣十年春齊人歸我濟西田傳云齊已取之矣其言我何言我者未絶于我也曷爲未絶于我齊已言取之矣其實未之齊也注云不言來者明不從齊来不當坐取邑是也然則彼以未之齊故不言来今此使若不從齊来是以謂之同文矣然則彼言我者以其未絶于我此不言我者正以讙僤實絶于我故也濟西田未絶齊人不當坐取邑讙僤實絶齊人當坐取邑明矣然則我與不即是不同而言同文者

正謂皆不言来以爲同文何妨言我與不仍爲異乎

九年春王二月葬杞僖公。宋皇瑗帥師取鄭師于雍丘其言取之何據詐戰言敗也。雍於用反(疏)注據詐戰言敗也。解云即莊十年秋荆敗蔡師于莘昭二十三年秋吳敗頓胡沈蔡陳許之師于雞父傳云此偏戰也曷爲以詐戰之辭言之不與夷狄之主中国也是也易也其易奈何詐之也詐謂陷阱奇伏之類兵者爲征不義不爲苟勝而已十三年詐反不月知此不蒙上月疾略之爾。易也以豉反下同阱才性反爲征于僞反(疏)注詐謂至之類。解云何氏蓋取礼記中庸云人皆曰予知驅而納諸罟擭陷阱之中而莫之知辟也又言奇伏者奇兵伏兵之謂也。注兵者至之爾。解云下十三年春鄭軒達帥師取宋師于嵒傳云其言取之何易也其易奈何詐反也注云前宋行詐取鄭師今鄭復行詐取之苟相報償不以君子正道故傳言詐反反猶報也然則兵之設也爲欲征不義豈欲苟勝而爲詐故知春秋疾而略之皆不書月矣何者春秋之義偏戰者日詐戰者月所以然

者正疾其行詐略之故也今此二經乃設陷阱奇伏又爲詐之甚者是以春秋復深略之○夏楚人伐陳○秋宋公伐鄭○冬十月

十年春王二月邾婁子益來奔月者魯前獲而歸之今來奔明當尤加禮厚遇之

【疏】注月者至遇之。○解云正以上六年夏齊國夏高張來奔襄二十八年冬齊慶封來奔之屬則邾來奔魯者例合書時今此書月故如此解文十二年春正月成伯來奔注云月者前爲者所滅今來見歸尤當加意厚遇之也者義亦通於此以此言之則知昭二十三年秋七月莒子庚輿來奔月者爲下戊辰吳敗頓胡沈蔡陳許之師書莒子之奔雖在月下不蒙月何氏所以不注之者正以隱元年冬十二月祭伯來奔之下注云月者爲下卒也出奔例時也然則上已有注故至庚輿之下省文從可知

○公會吳伐齊○三月戊戌齊侯陽生卒○夏宋人伐鄭○晉趙鞅帥師侵齊○五月公至自伐齊○葬齊悼公○衛

公孟彄自齊歸于衛○薛伯寅卒卒葬略者與杞伯益姑同○伯寅二傳作伯夷同音以尼反疏注卒葬至姑同○解云正以所見之世詳録小國卒日葬月是其常文即上四年秋八月甲寅滕子結卒冬十二月葬滕昭公是也今乃卒月葬時故解矣言與杞伯益姑同者即昭六年春王正月杞伯益姑卒注云不日者行微弱故略之上城杞已貶復卒略之者入所見世責小國詳始録内行也諸侯内行小失不可勝書故於終略責之見其義然則今比略之者亦爲内行小失故曰與杞伯益姑同○秋葬薛惠公○冬楚公子結帥師伐陳吳救陳救中國不進者陳吳與國救陳欲以備中國故不進疏注救中至不進○解云正以僖十八年夏狄救齊冬邢人狄人伐衛注云狄稱人者善救齊雖拒義兵猶有憂中國之心故進之不於救時進之者辟襄公不使義兵壅塞也定四年冬蔡侯以吳子及楚人戰于柏舉傳云吳何以稱子夷狄也而憂中國注云言子起憂中国然則夷狄之人能憂中国也皆進之今此稱国不進者正以救陳欲以備中国故不進也知陳是吳之與國者正以吳人救之故也必知欲以備中國者非直見其不

亦以陳於諸夏之時乃是吴之屬故也

監本春秋公羊註疏哀公卷第二十七

監本春秋公羊註疏哀公卷二十八 起十一年尽十四年

何休學

十有一年春齊國書帥師伐我。夏陳袁頗出奔鄭頗破多反。五月公會吳伐齊甲戌齊國書帥師及吳戰于艾陵艾五蓋反齊師敗績獲齊國書戰不言伐夆伐者嘗與伐而不與戰不從內與伐使吳爲主者吳主會故不與夷狄主中国也言獲者能結日偏戰少進也。與伐音預下不與伐同

疏 獲齊国書。解云宣二年春獲宋華元之下何氏云復出宋者非獨惡華元明恥辱及宋国然則今此復出齊者亦然但省文從同知故不注。注戰不至與戰。解云戰不言伐者在十年傳文而此夆伐者當尔之時嘗但與其伐而不與其戰故得兩夆之矣。注不從至国也。解云成二年六月癸酉季孫行父云云會晋郤克云云及齊侯戰于鞌齊師敗績在云大夫敵君不貶者隨從王者大夫得敵諸侯也然則郤克

之徒得敵齊侯者正以曾人與在隨從王者大夫是以得序于上而主齊侯今亦云曾公與伐而不使吳爲主序齊下者正以吳是時爲主會若其與之而序于齊上即是夷狄之主中国是以退之矣若然案宣十二年晉荀林父帥師及楚子戰于邲林父序于楚子之上亦應是不與夷狄之主中国而注云不與晉而反與楚子爲君臣之礼以惡晉者正以楚莊王称子據彼君文成矣有王伯之事雖以臣及君不嫌晉直今吳称国君文不成而序国書之下寧得類乎。注言獲至進也。解云莊十年秋荆敗蔡師于莘以蔡侯獻舞歸傳云曷爲不言其獲不與夷狄之獲中国也又昭二十三年秋吳敗頓胡沈蔡陳許之師于雞父獲陳夏齧傳云不與夷狄之主中国則其言獲陳夏齧何吳少進也注云能結日偏戰行少進故從中国辭治之。令經亦然故以言此

○秋七月辛酉滕子虞母卒。○冬十有一月葬滕隱公。○衛世叔齊出奔宋

十有二年春用田賦何以書。据當賦税爲何書。爲何于爲反下爲同

宗同譏何譏爾譏始用田賦也田謂一井之田賦者斂取其財物也言用田賦者若今漢家斂民錢以田爲率矣不言井者城郭里若亦有井嫌悉賦之礼稅民公田不過什一軍賦十井不過一乘哀公外慕彊吳空尽国儲故復用田賦過什一。爲率音律又音類乘繩證反復扶又反

疏注田謂一井之田。解云知如此者正以家語政論篇云季康子欲以一井田出賦法焉又魯語下篇云孔子謂冉求曰田一井出稯禾秉芻缶米不是過也案彼二文皆論此經用田賦之事而言一井故知然也。注不言井至賦之。解云凡言田者指壑土之処言井者但是方里之名若言用井賦則嫌城郭里巷之内但有一井之処悉皆賦之故云不言井者城郭里巷亦有井嫌悉賦之。注礼稅至什一。解云謂宣十五年傳云什一者天下之中正也什一行而頌聲作矣是也云軍賦十井不過一乘者何氏以爲公侯方百里案諸典籍每有千乘之義若不十井爲一乘則不合鄭氏云公侯方百里井十則賦出革車一乘者義亦通于此云哀公外慕強吳者即上十年春公會吳伐齊十一年夏公會吳伐齊此年夏公會吳于橐皐之屬是也云故復用田賦過什一者對常賦以爲復矣

○夏五月甲辰孟子

卒孟子者何据魯大夫无孟子疏孟子者何。解云欲言魯女不言孟姬欲言夫人經不書葬故執不知問昭公之夫人也其稱孟子何据不称夫人某氏疏注据不至某氏。解云即隱二年冬十有二月乙卯夫人子氏薨之屬是也諱娶同姓蓋吳女也礼不娶同姓買妾不知其姓則卜之爲同宗共祖亂人倫與禽獸无別昭公既娶諱而謂之吳孟子春秋不繫吳者礼婦人繫姓不繫国雖不諱允不繫国也不称夫人不言薨不書葬者深諱之疏蓋吳女也。解云公羊子不受于師故疑之。注礼不至允別。解云上曲礼云取妻不取同姓故買妾不知其姓則上之鄭氏注云爲其近禽獸也妾賤或時非媵取之於賤者世无本繫者是也云爲同宗共祖乱人倫與禽獸无別者欲取曲礼上云夫唯禽獸无礼故父子聚麀是故聖人作爲礼以教人人以有礼知自別於禽獸之文乎。注昭公至孟子。解云昭十年注云去冬者蓋昭公娶吳孟子之年故貶之然則言昭公既娶者謂從昭十年以來也而諱之吳孟子者即語云君娶于吳爲同姓謂之吳孟子坊記云魯春秋尤去夫人之姓曰吳其死曰孟子卒是也。注春秋至国也。解云言婦人繫姓不繫国者即隱元年仲子下注云仲字子姓婦人以姓配字不忘本也因示不適同姓也二年夫人子氏之下注云子者姓也夫人以姓配號義與仲子同是言昭公之時諱之不謂之吳姬謂之吳孟子而春秋直謂之孟子不繫吳者正以婦人不繫国故也言雖不諱尤不繫国者正以齊義穆姜之屬亦不繫国言之故也。注不称卒諱之。解云君言夫人人若言薨當言夫人姬氏薨若葬當言葬我小君昭姬皆爲大惡大惡不可言故曰深諱之也而云孟子卒者若言宋之長女爲魯侯之妾而卒之尤如定十五年秋姒氏卒之類。公會吳于橐皋。橐章夜反一音託。秋公會衛侯宋皇瑗于運。運左氏作鄖。宋向巢帥師伐鄭。冬十有二月螽何以書記異也何異爾不時也螽者與陰殺俱藏周十二月夏之十月不當見故爲異比年再螽者天不能殺地不能理自是之后天下大亂莫能相禁宋国以亡齐并於陳氏晉分爲六卿。螽音終本亦作螽注同見賢編反

疏注比年再螽。解云即下十三年冬十二月螽是也。注宋国至六卿。解云皆在春秋后考諸舊本宋

是宗字然則宗国尤大國言天不能殺地不能埋天下大亂莫能相禁是其紀綱之国滅亡之象是故齊并于陳氏晉分爲六卿若作宋字何氏更有所見春秋說云陳氏纂齊三年千人合葬故蠡蠡冬踊者是其蠡爲齊亡之一隅也案左氏及史記皆云晉亡分爲魏趙韓今云晉分爲六卿者蓋其初時晉君失政六卿用事不妨其下滅時但三家分之也

十有三年春鄭軒達帥師取宋師于嵒其言取之何易也其易奈何詐反也前宋行詐取鄭師今鄭復行詐取之苟相報償不以君子正道故傳言詐反反尤報也。嵒五咸反一音魚及反易以豉反下同鄭復扶又反秋以下注同償時亮反

疏 其言取之何解云上九年注云据詐戰言敗也故此省文不復言之也。注前宋至鄭師。解云即上九年春宋皇瑗帥師取鄭師于雍丘傳云其言取之何易也其易奈何詐之也是也

○夏許男戌卒比陳蔡不當復卒故卒葬略。男戌本亦作成

疏 注比陳至葬略。解云昭八年冬楚師滅陳十一年楚師滅蔡至十三年秋蔡侯廬歸于蔡陳侯吳歸于陳二十年冬十有一月辛卯蔡侯廬卒二十一年春王三月葬蔡平

公定四年春王二月癸巳陳侯吳卒夏六月葬陳惠公定六年鄭游速滅許以許男斯歸今年夏許男戍卒秋葬許元公然則陳蔡之滅非吳盧之罪及其存時乃爲大国所復但以不受封於天子故書君以見之仍以前君死位非其自復其国今存故許録其卒葬也而許男斯者爲鄭所滅不能死位許国今絶不足存之而戍自復罪悪深矣若比之陳蔡不當今録而録之者正欲見其前君不死位后君自復之悪深是以書其卒葬而去其日月以見矣故曰此陳蔡不當復卒故卒葬略之也○**公會晉侯及吳子于黃池吳何以稱子**據救陳稱国（疏）注據救陳稱国○解云十年冬吳救陳是也**吳主會也**以言及也時吳彊而无道敗齊臨菑乘勝大會中國齊晉前驅魯衛驂乘滕薛俠轂而趨以諸夏之眾冠帶之国反背天子而事夷狄耻甚不可忍言故深爲諱辭使若吳大以礼義會天下諸侯以尊事天子故進稱子○背音佩（疏）注以言至而趨○解云以經言及吳即知吳主會何者正及者汲汲之辭即僖五年夏公及齊侯宋公以下會王世子于首戴注云言及者因其文可得見汲汲也然則彼云及齊侯齊侯主會則知此言及吳子吳子主會明矣故云以言及也云時

吳强而无道敗齊臨菑乘勝大會中国者即上十一年五月公會吳伐齊甲戌齊国書帥師及吳戰于艾陵齊師敗績者是敗齊師于臨菑之事正以吳爲夷狄數伐中国而敗之故謂之无道菑字然有作晋字若作晋字以黄池爲近晋晋人畏而會之故曰臨晋云齊晋前驅魯衛驂乘滕薛俠轂而趨者春秋說文也以下傳及注云則天下尽會而春秋說時夆此六国時爲之役故偏夆之或言不尽意故也。注以諸至孫子。解云諸夏衆強不復如礼反棄君父而事夷狄恥辱之甚不忍言故深爲諱進吳孫子矣而言冠帶之国者正以夷狄之人不知冠帶故也是以穀梁傳云吳王夫差曰好冠來孔子曰大矣哉夫差未能言冠而欲冠也范氏云不知冠有等差唯欲好冠是也

吳主會則曷爲先言晋侯据申之會楚子主會序上

疏 注据申至序上。解云即昭四年夏楚子蔡侯以下會于申是

不與夷狄之主中國也明其實自以夷狄之彊會諸侯尔不行礼義故序晋於上

其言及吳子何据鍾離之會殊會吳不言及僖五年公及斉侯斉侯主會益明矣

疏 注据鍾至言及。解云即成十五年冬叔孫僑如會晋士燮齊高无咎以下會吳于鍾離是也。注僖五

至明矣。解云即僖五年公及齊侯宋公以下會王世子于首戴然則案如彼經書公及齊侯齊侯主會此云及吳則是吳子主會益明矣何言不與夷狄之主中國乎是以据而難之**會兩伯之辭也**晉序上者主會

文也吳言及者亦人往爲主之文也方不與夷狄主中國而及事實當見不可醇奪故張兩伯辭先晉言及吳子使若晉主會爲伯吳亦主會爲伯半抑半起以奪見其事也語在下。當見賢補反年內皆同【疏】主吳言至文也。解云凡言及者汲汲之辭今言及吳子則似吳子先在是天下之人慕而往事之然故曰人往爲主之文。注半抑至在下。解云序晉于上是其抑之言及吳子起其爲伯也故曰半抑半起矣序晉于上是其奪言及吳子亦見其爲伯之事故曰奪見其事

不與夷狄之主中國則曷爲以會兩伯之辭言之据伯主人【疏】注据伯主人。解云謂爲伯者主領會上之人矣**重吳也**其實重在吳故言及序晉者諱而不盈【疏】注其實至不盈。解云謂其實處權重在于吳故言及吳子作汲汲之文矣經言公會晉侯是其諱爲吳所主也晉侯之下即言及吳子是其不盈爾其諱文也何者晉是大國而

汲汲乎吳還是吳爲會主之義也僖二十三年夏宋公慈父卒傳云何以不書葬盈乎諱也注云盈篇也相接足之辭也然則此言諱而不盈者意欲取彼傳文矣

曷爲重吳據常殊吳**疏**注據常殊吳解云即成十五年冬叔孫僑如會晉士燮以下會吳于鍾離襄十年春公會晉侯以下會吳于相之屬是也

吳在是則天下諸侯莫敢不至也以晉大國尚尤汲汲於吳則知諸侯莫敢不至也不書諸侯者爲微辭使若天下盡會之而魯侯蒙俗會之者惡愈斉桓兼率遠明近此但率大者非尊天子故不得褒也王書者惡諸侯君事夷狄。惡諸烏路反**疏**注不書至惡愈。解云若欲實而言之天下諸侯寧可悉至但欲見其重在吳偏至之辭而已其歷言某侯某侯則實不至者不可空言是以率其最大之国作天下盡會之義矣。注斉栢至褒也。解云僖二年秋九月斉侯宋公江人黃人會于貫傳云江人黃人者何遠国之辭也遠国至矣則中国曷爲獨斉宋至尔大国言斉宋小国言江黃則以其餘爲莫敢不至也然則斉桓之時非獨率大以明小亦兼率遠以明近今此但率晉者非尊天子不得褒爲遠夷皆至之辭則傳云大下諸侯莫敢不至者據九州之內言之亦得謂之天下矣。注

襄十三年

主書至夷狄。解云春秋見義非惟一種一則見吳之強暴一則見晉之衰微但主書之情本惡諸侯君事夷狄餘者兼見之矣。楚公子申帥師伐陳。於越入吳。秋公至自會有恥致者順諱文也(疏)注有恥至文也。解云莊六年注云公與二国以上出會盟得意致會不得意不致然則今此冠帶之国斂手從夷乃是可恥之故而致之者正欲順其諱文使若吳尊事天子以會諸侯諸侯得意以會致之然故曰順諱文也。晉魏多帥師侵衛此晉魏曼多也曷爲謂之晉魏多据上七年言曼多。魏多左氏作魏曼多(疏)注据上至曼多。解云即上七年春魏曼多帥師侵衛是也譏二名二名非禮也復就晉見者明先自正而后正人正人當先正大以帥小(疏)注復就至帥小。解云定六年冬仲孫忌帥師圍運傳云此仲孫何忌也曷爲謂之仲孫忌譏二名二名非礼也注云爲其難諱也一字爲名令難言而易諱所以長臣子之敬不逼下也春秋定哀之間文致大平欲見王者治定无所復爲譏唯有二名故譏之然則彼已於魯見訖今復就晉見之者

明先自正而后正人也等是正人而於晉者見當先正大国以師于小国故也○葬許元公○

九月螽先是用田賦又有會吳之費。○之費芳味反下同疏注先是用田賦。解云在十二年春

○冬十有一月有星孛于東方孛者何彗星

也其言于東方何據北斗言星名。○孛音佩彗星因歲反又息遂反疏孛者

何。解云欲言是星星名未有欲言非星録爲星称故執不知問。注據北至星名。解云即文十四年秋七月有星孛

入于北斗是也然則彼入于北斗言其所孛之星名今言于東方故難之見于旦也旦者日方出時

宿不復見故言東方知爲旦疏見于旦也。解云于字亦有作平字者誤也。注旦者至爲旦。解云旦者日

方出地未相去離之辭故曰旦者日方出當尒之時宿皆不見故曰時宿不復見也星孛仍見餘宿已没是以不復指其

孛之星漫道其方而已故言東方知爲旦也何以書記異也周十一月夏九月日在房心房

心天子明堂布政之庭於此旦見與日爭明者諸侯代主治典法滅絶之象是後周室遂微諸侯相兼爲秦所滅燔書道

絶。治直吏反燔扶元反【疏】注周十一月夏九月日在房心。○解云甚興云九月日体在大火故曰日在房心也云房心天子明當布政之庭出甚興星經亦云也○注是后至道絶。○解云春秋説云趨作法孔聖没周姬亡彗東出秦正起胡破術書記散亂孔子不絶也既言周姬亡彗東出故知由此孛星周室遂微也言秦正起亦由此孛星秦本紀云始皇名正以二十六年滅周而并天下故云諸侯相兼爲秦所滅也始皇胡亥並悉焚書聖人之道于斯絶矣故曰燔書道絶。○盗殺陳夏彄夫。○陳夏户雅反一本作廉彄夫苦侯反又古侯反一本作嫗音同二傳作夏區夫○十有二月螽黄池之會費重煩之所致

十有四年春西狩獲麟何以書記異也何異爾非中國之獸也然則孰狩之称西言狩尊卑未公据无主名○狩手又反麟力人反【疏】何以書記異也。○解云麟者仁獸大平之嘉瑞而言記異者當尓之時周室大衰爲天下所厭漢高方起堯衲將與者謂之瑞亡者謂之異然則何氏云吉凶不並瑞災不兼之有乎義亦通于此。○非中国之獸

也。解云謂有聖帝明王然后乃來則知不應華夏无矣然則以其非中国之常物故曰非中国之獸不謂中国不合有若似昭二十五年有鸜鵒來巢之下傳云何以書記異也何異爾非中国之禽也之類是也若然皆非中国之物鸜鵒言有來而麟不言有來者正以麟是善物春秋慕之欲其常於中国非今始有非今始來之義是以穀梁傳云其不言來不外麟于中国也其不言有不使麟不恒於中国也是也。注称西至未分。解云西者四時之叔是爲卑称狩者天子諸侯之事乃星尊名故曰称西言狩尊卑未分也必知狩是天子諸侯之事者正以僖二十八年天王狩于河陽桓四年春公狩于郎之屬故也

薪采者也 西者据狩言方地類賤人象也金主芟艾而正以春尽木火當燃之際率此爲文知庶人采樵薪者。薪音薪芟所銜反艾魚廢反樵在焦反

疏 薪采者也。解云薪采尤言采薪也言是庶人采薪者矣。注西者至方地。解云謂据其处道其方之曰西狩也。注類賤人象也。解云正以西方爲兌少女之位女子之甲草木衰落亦非可貴之義故曰類賤人象也。注金主至薪者。解云經言西者賤人象金主芟艾持斧斤之義而文正以春尽是火當絶木之時今乃率此爲文即知庶人持斧斤破木燃火之意故曰知庶人采樵薪者似若

漢高祖起于布衣之内持三尺之劒而以火應
之君臨四海從東鄉西以應周家木德之象也薪采者則
微者也曷爲以狩言之據天子諸侯乃言狩天王狩于河陽公狩于郎是也河陽
冬言狩獲麟春言狩者蓋據魯變周之春以爲冬去周之
正而行夏之時。去周起呂反行夏户雅反下子夏同疏
注天王狩于河陽。解云在僖二十八年云公狩于郎者在
桓四年春。注河陽至之時。解云若使周之正月乃夏之
仲冬得冬獵曰狩之時即大司馬職云仲冬教大閱遂以狩
田是也但孔子作春秋欲改周公之舊礼正朔三而反當欲
行夏之時取夏之孟冬以爲狩時夏之仲冬不是田狩之月
是以桓四年春正月公狩于郎何氏云狩例時此月者譏下
時周之正月夏十一月也陽氣始施鳥獸懷任草木萌牙非
所以養微者是也然則河陽言狩者周之季冬當夏之十月
故得言狩矣案僖二十八年冬天王狩于河陽之時乃冬言
狩今獲麟之經春言狩者蓋據魯爲王而改正朔方欲改周
之春以爲冬去其周之正月而行
夏之時故此之故春而言狩矣大之也使若天子諸侯曷爲
大之據略微疏注據略微。解云隱元年九月及宋人盟于宿傳云孰及之内之微者也注云内者

謂旹也微者謂土也不名者略微也是然則春秋之道略於微者今而大之故以爲難矣**爲獲麟大**
之也曷爲爲獲麟大之据鸛鵒俱非中国之禽无加文。爲獲于僞反下爲
獲孰爲注爲誰知爲皆同鸛音權鴝音欲（疏）注据鸛至加文。解云即昭二十五年夏有鸛鵒來巢是也**麟**
者仁獸也狀如麕一角而戴肉設武備而不爲害所以爲仁也詩云麟之角振振公族是也。振之
人反（疏）麟者仁獸也。解云五行傳云東方謂之仁又云視明礼脩而麟至言人君但當其視能明其礼又脩而
麟至也是以春秋說云麟生於火游于中土軒轅大角之獸然則麟爲土畜而言仁獸者正以設武備而不害物所以爲
仁而異義公羊說云麟者木精一角赤目爲火候下注亦云麟者木精者正以設武備而不害物有仁之物屬東方赤目
爲火候火乃木之子謂之木精亦何傷又鶡冠子云麟者北方玄枵之獸陰之精者正以五行相配言之水爲土妃水土
構精而生麟得土氣者性似父得水氣者性似母蓋以麟得水氣故云玄枵之獸陰之精也。注狀如至是也。解云釋
獸云麐麕身牛尾一角郭氏曰角頭有肉故此云狀如麕一角也廣雅云麟狼額肉角故此注云而戴肉云設武備而不

爲害所以爲仁也者欲道中央之畜而傳得謂之仁獸之義云詩云麟之角振振公族是也者在麟趾之篇也引之者欲道麟角末有肉示有武而不用故得謂之仁當時公族皆振振然而信厚亦爲仁之義故得并引之**有王者則至**上有聖帝明王天下太平然后乃至尚書曰簫韶九成鳳皇來儀擊石拊石百獸率舞援神契曰德至鳥獸則鳳皇翔麒麟臻。太平音泰下大平皆同拊芳甫反援音袁麒音其

疏 注上有至乃至。解云若今未大平而麟至者非直爲聖漢將興之瑞亦爲孔子制作之象故先至故孝經說云丘以匹夫徒步以制正法是其賤者獲麟兼爲庶人作法之義也。注尚書至率舞。解云咎繇謨之文也彼鄭注云簫韶舜所制樂宋均注樂說云簫之言肅舜時民樂其肅敬而紀堯道故謂之簫韶或云韶舜樂名舜樂者其秉簫乎鄭氏又云樂備作謂之成簫韶作九備而鳳皇乃來儀止巢乘匹擊石拊石百獸率舞舜者石磬也石獸服不氏所養者謂音聲之道與政通焉引之者欲道上有聖帝明王天下太平瑞物乃來之義。注援神至麟臻。解云釋獸云麢如馬一角不角者騏舍人云麢如馬而有一角不有角者名騏然則麒麟非直雄雌之異其体亦別**無王者則不至**辟害遠也當春秋時天下散亂不當

至而至故爲異（疏）注辟害遠也。解云謂无道之世刳胎殺夭是
以瑞物亦不來游也即家語云孔子曰刳胎殺
夭則麒麟不至擿巢毀卵則鳳
皇不翔是也故云辟害遠也 有以告者曰有麕而
角者孔子曰孰爲來哉孰爲來哉 見時无聖帝明王怪爲誰
來。有麕本又作麏亦 有以至角者。解云即孔叢云
作麕皆九倫反麞也 （疏） 叔孫氏之車子曰鉏商樵于野
而獲麟焉衆莫之識以爲不祥棄之五父之衢冉有告孔子
曰有麕肉角豈天下之妖乎夫子曰今何在吾將觀焉遂往
謂其御高柴曰若求之言其必麟乎到視之曰今宗周將滅
无主孰爲來哉茲日麟出而死吾道窮矣乃作歌曰唐虞之
世麟鳳游今非其時來何由麟兮麟兮我心憂是也然則此
告者其冉求也若以孔叢合之此傳則鄉云薪采者還是鉏
商也而春秋不言之者略微故也不言爲獲之者微辭也
故春秋說云不言姓名爲虛王朱氏云刘帝未至故云虛王
君書姓名時王惡之是其義也。注見時至誰來。解云下
注云夫子素案圖錄知庶姓刘季當代周見采薪獲麟知爲
其出然則夫子素知此事而云孰爲來哉以恠之者蓋畏時
遠害假爲微辭非其本心注解其語故見時无聖帝明王恠

爲誰來矣或者素案圖録知刘季當代周但初見之時未知爲新采獲麟爲之出仍自未明故作此言也乃后詳審方知爲新采者所獲於是煥然而瑞是以泣之亦何傷乎

反袂拭面涕沾袍袍衣前襟也夫子素案圖録知庶聖刘季當代周見新采者獲麟知爲其出何者麟者木精新采者庶人燃火之意此赤帝將代周居其位故麟爲新采者所執西狩獲之者從東方王於西也東卯西金象也言獲者兵戈文也言漢姓卯金刀以兵得天下不地者天下畀也又先是螟蟲冬踊彗金精埽旧置新之象夫子知其將有六国争彊從横相滅之敗秦項驅除積骨流血之虞然后刘氏乃帝深閔民之離害甚久故豫泣也○袂弥世反衣袖也涕他礼反袍步刀反又步報反衣前襟也襟音金王於于況反下火王而王之王同從横子容反驅除丞如字又上立具反下直據反

疏反袂拭目○解云目亦有作面字者云涕沾袍者袍亦有作袊字者以衣前襟言之袍似得之○注夫子至代周○解云蓋見中候云卯金刀帝出復尭之常是其案圖録從亭長之任而爲天子故謂之庶姓矣○注何者至之意○解云春秋説云麟生於火游於中土軒轅大角之獸然則麟爲土畜而言木精者正以公羊説云麟者木精一角赤目爲火候既爲火候是木之子謂之

木精亦何傷舊云木生火火生土麟爲土畜亦受氣于祖性合人仁故爲木精也庶人采薪本供庖爨意欲燃之故曰采薪庶人燃火之意也木雖生火火復燒木即漢以火德承周之后而能滅之故曰此赤帝將代周居其位也云故麟爲薪采者所執其若不然麟爲異物体形不小薪采賤夫寧能輕獲之乎。注西狩至天下。解云言西狩獲之者即是從東方而王於西方之象卯在東方金在西方故曰東卯西金象也言獲者兵戈之文是其有刀之義也故曰言姓卯金刀以兵得天下言刘季起於豐沛之間提三尺之劍而入秦宫是其卯金刀從東王于西以兵得天下之事也。注不地至異也。解云所以不言西狩于其獲麟者正以麟見于魯乃爲周王將亡之異是以不辛小地之名亦得爲王魯之義故曰不地者天下異也云又先是螽蟲冬踊者即上十二年冬十有二月螽十三年冬十有二月螽是也云彗[illegible]精埽旧置新之象者即上十三年冬十有二月有星孛于東方傳云孛者何彗星也者是孛從西方鄉東故曰金精彗者埽除之象鄉晨而見故曰埽旦也然則螽蟲冬踊者乃是天不能殺地不能埋故爲六国爭強天下大亂之象也金精埽旦乃是秦項驅除刘氏乃帝之義故何氏云焉。注夫子至之敗。解云六国者即燕斉楚韓魏趙也當爾之時斉据東番燕楚強王南北韓魏趙居於晋洛之間各自保險迭相征伐故曰六国爭強也戰国策云秦横有周故謂之横燕楚南北而遠故謂之從蘇秦在東而相六国謂之合從張儀在西而相秦以戎謂之連横故彼下文從成則楚王横成則秦帝蘇公居趙秦兵不敢東伐張儀在秦楚兵絕于西是也蘇公既死張儀以横滅從是從横相滅之敗也。秦項驅除。解云始皇挺秦籍滅周之資而殄六国項羽因胡亥之厓而龍括天下皆非受命之帝但爲刘氏驅其狐狸除其豺狼而已故曰秦項驅除。注積骨匡泣也。解云厓亦有作害者尒時天下土崩英雄鵲起秦項之君視人如芥殽函之外積骨成山平原之地血流如海故曰積骨流血之厓也自此以后高祖乃興故曰然后刘氏乃帝

顔淵死子曰噫

噫咄嗟貌。噫意於其反咄丁忽反

【疏】注意咄嗟貌。解云咄嗟尤歎息即里語曰咄嗟之間也弟子傳云顔淵少孔子三十歲三十二而卒以此言之則顔淵之生昭十九年矣及其卒時當哀三年而至此乃言之者傳家追言之亦何傷

天喪予

予我。喪息浪反予羊汝反我也

【疏】天喪予。解云聖人之道當須輔佐而成是以家語及殷傳云自予得回也門人加親也今而遭命故曰天喪予而論語云非助我者謂非師徒弟子共相發起之義謚

欲顯聰敏非是不助也**子路死子曰噫天祝予**祝斷也天生顏淵子路爲夫子
輔佐皆死者天將亡夫【疏】子路死至祝予。解云若依在
子之證。斷丁管反 氏則獲麟之後當哀十五年衞
大子蒯聵入國之時子路乃死衞人醢之孔子聞之爲之覆
醢今已言死者公羊子於後言之未足爲妨也自予得由也
惡言不至於耳是其爲輔佐之義也注祝斷也若言天祝惡
已之道德亦是斷絕之義也。注天生至之證。解云若欲
以理言之則四科十人游夏之徒皆爲夫子之輔佐故孝經
說云春秋屬商孝經屬參是也今特言二人者以其先卒故
也良輔之內二人先死亦非祐助之義故曰將亡夫子証**西狩獲麟孔子曰吾**
道窮矣加姓者重終也麟者大平之符聖人之類時得麟而死此亦天告夫子將沒之徵故云爾【疏】
西狩至窮矣。解云麟之來也應於三義一爲周亡之徵即
上傳云何以書記異也是也二爲漢興之瑞即上傳云孰爲
來哉孰爲來哉雖在指斥意在於漢也三則見孔子將沒之
徵故此孔子曰吾道窮矣是也。注加姓至云爾。解云正
以上文再發子曰皆不加姓故也云麟者大平之符聖人之
類者以皆有聖帝明王然后乃見故謂之類也注又云時得

麟而死者，即孔叢子云麟出而死，吾道窮矣是也。

春秋何以始乎隱　据得麟乃作

（疏）注据得麟乃作。○解云：止以演孔圖云獲麟而作春秋，九月書成是也。而揆命篇云孔子年七十歲知圖書作春秋，旨何氏以爲年七十歲者，大判言之，不妨尔時七十二矣。尤如卜世三十，卜年七百之類也。

祖之所逮聞也　託記高祖以來事可及問聞知者，尤曰我但記先人所聞，辟制作之害。

（疏）祖之所逮聞也。○解云：何氏以爲公取十二則天之數，故隱元年益師卒之下注云所以二百四十二年者，取法十二公天數備足是也。今此傳云祖之所逮聞者，謂兼有天數之義，亦託問聞而知，亦取制服三等之義，故隱元年注云所以三世者，礼爲父母斬衰三年，爲祖父母期，爲曾祖高祖父母齊衰三月是也。注託記至之害。○解云：假託云道我記高祖以來事者，謂因己問父得聞昭定哀之事，因父問祖得聞文宣成襄之事，因祖問高祖得聞隱桓莊閔僖之事，故曰託記高祖以來事可及問聞知者，以此言之，則无制作之義，故曰我但記先人所聞，辟制作之害也。

所見異辭，所聞異辭，所傳聞異辭　所以復發傳者，益師以臣見恩，此以君見恩，嫌義異於所見之世臣子恩其君父尤厚故多微辭也所聞之世恩王父少殺故立煬宮不日武宮日是也所傳聞之世恩高祖曾祖又殺故子赤卒不日子般卒日是也。傳直專反注傳聞同復扶又反臣見賢徧反下欲見同少殺所戒反下同般音班（疏）注所以復發至義異。解云隱元年冬十有二月公子益師卒傳云何以不日遠也所見異辭所聞異辭所傳聞異辭然則彼已有傳今復發之者正以益師之卒所以不日者以其恩遠孔子所不見欲道當時之君无恩于其臣是以大夫之卒不問有罪與不例皆不日以見之是以須發二傳與辭之言今此西狩獲麟當所見之世已與父時之事欲道當時之臣有恩于其君故爲微辭不忍正言其惡是以復須發傳道其三代異辭之意然則言益師以臣見恩者言益師之經以臣之故見君恩之薄厚也云此以君見恩者今此獲麟之經以君之故見臣恩之厚薄其義實異故重發案桓二年成宋乱之下傳云內大惡諱此其目言之何遠也所見異辭所聞異辭所傳聞異辭何氏云所以復發傳者益師以臣見恩此以君見恩嫌義異也然則桓公之時已發見君恩之傳今復發之者正以桓公之時欲見其臣无恩於其君是以不爲之諱大惡今時有恩于其君爲之諱而作微辭也彼注云嫌義異也此復注云義異是其一隅何氏不決之者從可知省文也云故多微辭也者即定元年傳云定哀多微辭注云定公有王无正月不務公室喪失国宝哀公有黃池之會獲麟故總言多是也云故立煬宮不日者即定元年秋九月立煬宮是也云武宮日者即成六年二月辛巳立武宮是也正以公羊之義失禮鬼神例日故如此解之也云子赤卒不日者即文十八年冬十月子赤卒是也云子般卒日是也者即莊三十二年冬十月乙未子般卒是也文十八年子卒之下傳云子卒者孰謂謂子赤也何以不日隱之也何隱尔弑也弑則何以不日不忍言也注云所聞世臣子恩痛王父深厚故不忍言其日與子般異是也

何以終乎

哀十四年

据哀公未終也

疏 注据哀公未終也。解云正以未見公薨之文故也且以左氏言之即哀二十七年公遜於越而因卒則知今未終

曰備矣

人道浹王道備必止於麟者欲見撥乱功成於麟尤堯舜之隆鳳皇來儀故麟於周為異春秋記以為瑞明大平以瑞應為效也絕筆於春不書下三時者起木絕火王制作道備當授漢也又春者歲之始能常法其始則无不終竟。道浹子協反一本作帀撥卜末反理也應應對之應

疏 注人道至效也。解云浹亦有作帀字者王以三代異辭因父以親祖以親曾祖以曾祖親高祖骨肉相親極

于此故云人之道浹也云王道備者正以撥乱于隱公功成
于獲麟懔懔治之至于太平故曰王道備也云以止至於麟
者正以獲麟之后得端門之命乃作春秋但孔子欲道從隱
撥乱功成于麟是以終于獲麟以示義似若堯舜之隆制礼
作樂之后簫韶九成鳳皇乃來止巢而乘匹之類也云故麟
于周爲異者即上傳云何以書記異也何異尒非中国之獸
也是也云春秋記以爲瑞者記亦有作託者今解彼記也云
明太平以瑞應爲効也者言若不致端即太平无驗故春秋
記麟爲太平之効也。注絕筆至漢也。解云四時具然后
爲年此乃春秋之常今不書下三時者欲起木應之君將亡
欲別起爲王是以此処不得記之且獲麟既記制作之道已
備當欲以之授于漢帝使爲治国之法是以不得録于三時
矣。注又春至終竟、解云所以然者始正則
僖十六年傳云朔有事則書晦有事不書也者義亦通此
君子曷爲

爲春秋據以定作五經【疏】君子曷爲爲春秋。解云君子謂孔子曷爲今日始爲春秋乎嫌其大曉
於諸典之后。注據以定作五經。解云何氏以爲孔子領
緣五經皆在獲麟之前故故言此何氏亦然者正以論語云
孔子曰吾自衛反魯然后樂正雅頌各得其所案孔子自衛
反魯在哀十一年冬則知料理舊經不待天命者皆在獲麟

之前明矣而論語直言樂正雅頌文不備矣言料理五經亦
獲麟之前何故作春秋獨在獲麟之后乎故据五經以難之

撥亂世撥猶治也**反諸正莫近諸春秋**得麟之后天下血書魯端門曰

趍作法孔聖沒周姬亡彗東出秦政起胡破術書記散孔不
絶子夏明日往視之血書飛爲赤鳥化爲白書署曰演孔圖
中有作圖制法之狀孔子仰推天命俯察時變却觀未來豫
解无窮知漢當繼大乱之后故作撥乱之法以授之○近附
近之近又如字演以善反

疏 撥乱至春秋○解云孔子未得天命之時未有制作之意故但領緣舊經之濟當時
而已既獲麟之后見端門之書知天命已制作以俟后王于
是選理典籍欲爲撥乱之道以爲春秋者賞善罰惡之書若
欲治世反歸于正道莫近于春秋之義是以得天命之后乃
作春秋矣即上云治世之要務義亦通於此○注得麟至之
萩○解云演孔圖文也疾作王者之法孔氏聖人將欲没矣
周王姬氏將亡是以十三年冬彗星出于東方矣秦始皇名
止方欲起爲天子其子胡亥破先王之術當尔之時書契紀
綱尽皆散乱唯有孔氏春秋口相傳者獨存而不絶孔子聞
之使子夏往視其血書其血乃飛爲赤鳥其書乃化爲白書
署之曰此是演孔圖中義理乃有訓作之象制法之形狀矣

案秦本紀云秦皇爲无道周人以舊典非之乃用李斯之謀欲以愚黔首於是燔詩書云然則始皇燔詩書而言故破術者謂始皇燔之不尽胡亥亦燔之科斗之亦何傷云孔子仰推天命者謂仰推尋天命即端門之命是也云俯察時變者即螽蟲冬踊彗星帚旦之象是也欲尊天命故以俯仰言之云却觀未來豫解无窮知漢當繼大乱之后故作撥乱之法以授之者謂知其承大乱之后天下未醇故作治乱之法以授之矣若欲託之春秋即所傳聞之世是也故桓三年夏齊侯衛侯胥命于蒲傳云胥命者何相命也何言乎相命近正也此其爲近正奈何古者不盟結言而退彼注云善其近正似於古而不相背故書以撥乱也是也

則未知其爲是與其諸君子

樂道堯舜之道與

作傳者謙不敢斥夫子所爲作意也堯舜當古歷象日月星辰百獸率舞鳳皇來儀春秋亦以王次春上法天文四時具然后爲年以敬授民時崇德致麟乃得稱太平道同者相稱德合者相友故曰樂道堯舜之道。其爲于僞反注所爲同是與音餘下及注同

疏

則未至是與。解云爲音于僞反公羊子謙不敢斥言孔子作春秋故依違云則未知其爲此春秋可以撥乱世而作之與。其諸至道與。解云其諸辭也

即桓六年子公羊子曰其諸以病桓與注云其諸辭也是也君子謂孔子不知爲是孔子舜樂堯舜之道是以述而道之與。注堯舜至之道。解云言堯舜當古歷象日月星辰者堯典文也云百獸率舞者舜典文也云鳳皇來儀者咎繇謨文也云春秋亦以王次春上法天文四時具然后爲年以敬授人時者欲似堯舜當古曆象日月星辰以敬授人時也云崇德致麟乃得稱大平者欲似堯舜百獸率舞鳳皇來儀是也云道同者相稱者謂孔子之道同于堯舜故作春秋以稱述堯舜是也云德合者相友者同志之名言孔子之德合於堯舜是以愛而慕之乃作春秋與其志相似也

末不亦樂乎堯舜之知君子也

末不亦樂后有聖漢受命而王德知堯舜之知孔子爲制作

疏

末不至子也。解云孔子之道既與堯舜雖合故得與堯舜相對爲首末然則指孔子言不亦也堯舜之時預知有巳而制道術預知有巳而爲君子而慕之巳亦預制春秋授劉帝是孔子亦愛慕堯舜之知君子而効之

制春秋之義以俟後聖

侍聖漢之王以爲法

疏

制春至后聖。解云制作春秋之義謂制春秋之中賞善罰惡之義也

以君子之爲亦

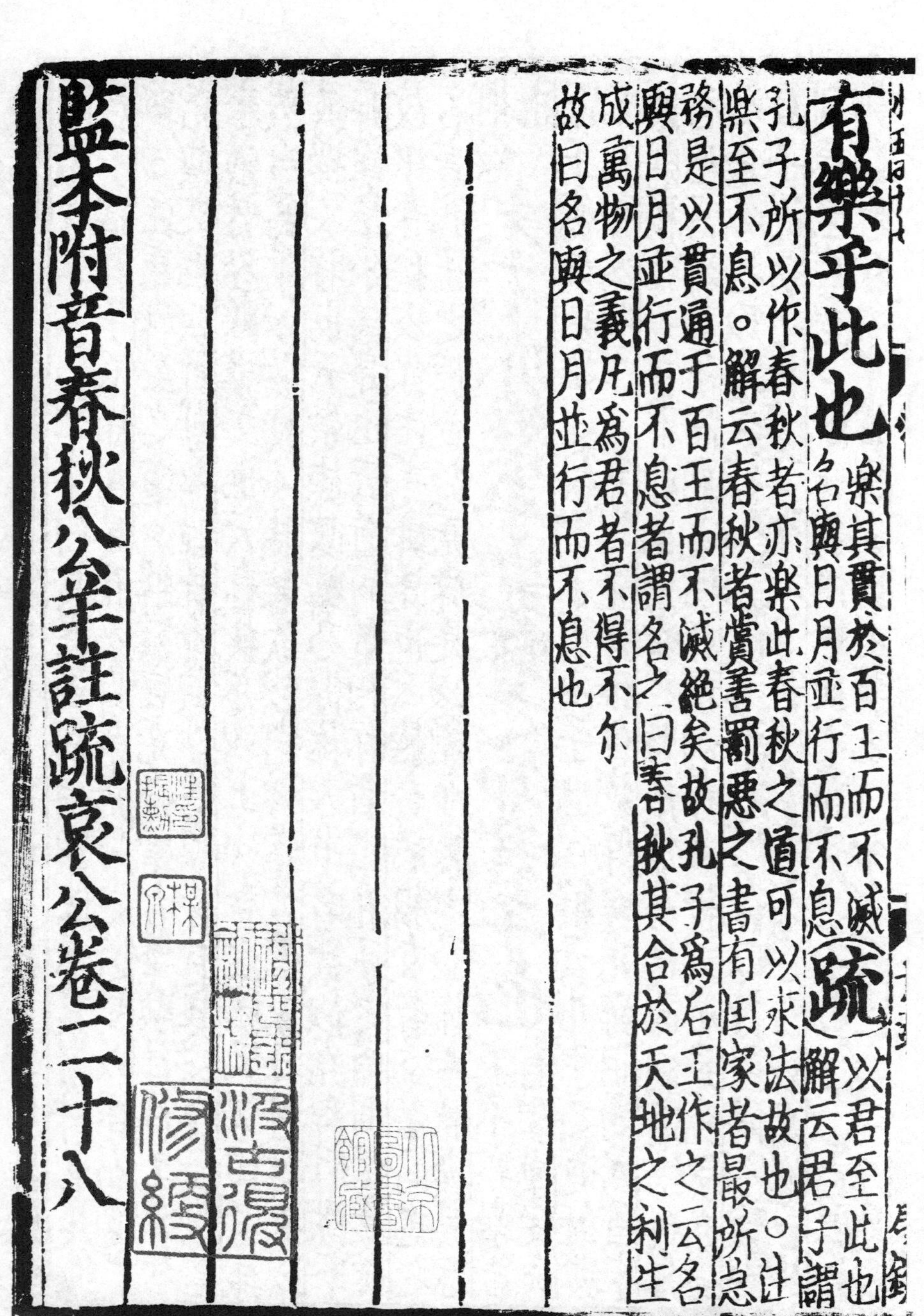

有樂乎此也樂其貫於百王而不滅名與日月並行而不息疏以君至此也○解云君子謂孔子所以作春秋者亦樂此春秋之道可以永法故也○注樂至不息○解云春秋者賞善罰惡之書有國家者最所急務是以貫通于百王而不滅絕矣故孔子爲後王作之云名與日月並行而不息者謂名之曰春秋其合於天地之利生成萬物之義凡爲君者不得不尔故曰名與日月並行而不息也

監本附音春秋公羊註疏哀公卷二十八